上海來的太極

Hong Li Yuan

Der Meister aus Shanghai

Roman

Langen*Müller*

Besuchen Sie den Langen*Müller* Verlag im Internet unter
www.langen-mueller-verlag.de

und Hong Li Yuan unter
www.tai-chi-chuan-qi-gong.de

Redaktionelle Mitarbeit: Bettina Yuan
Schutzumschlag: Wolfgang Heinzel
Umschlagmotiv: Corbis, Düsseldorf
Kalligrafie auf Vor- und Nachsatz: Hong Li Yuan
Satz: Uhl + Massopust, Aalen
Gesetzt aus 10,5/13,2 pt Garamond BQ
Druck und Bindung: GGP Media GmbH, Pößneck
Printed in Germany
ISBN 978-3-7844-3136-9

Die Sonne mochte Shanghai an diesem Tag im Juli 1984 besonders gern. Sie gab der Stadt großzügig so viel Energie, dass die Einwohner es kaum noch ertragen konnten. Die Menschen bewegten sich alle unruhig auf den Straßen hin und her, wie Ameisen, die auf einem heißen Stein laufen.
Ganz anders ein Mann, der im prallen Sonnenlicht langsam und leise lachend eine Geschäftsstraße entlangging. »Ich kann fliegen, ich habe Qi Gong gelernt! Ich habe sehr viel Energie im Körper. Jetzt werde ich von einem Hochhaus springen und durch die Luft fliegen!«, sprach er zu sich und auch zu den Passanten, die ihm begegneten.
Doch niemand wollte mit ihm plaudern. »Das ist ein verrückter Mann.« Manche sagten es und andere dachten es.
Alle versuchten sich so schnell wie möglich von ihm zu entfernen. Bei diesem heißen Wetter hatte niemand Lust, sich um einen Verrückten zu kümmern. Alle beeilten sich, in die Allee unter die Bäume zu gelangen. Von einem Hochhaus in die Luft fliegen … Die Leute glaubten einfach nicht, dass er das ernst meinen könnte. Man lachte nur darüber. Aber sie hatten sich geirrt. Er sprang tatsächlich …

1

Das Telefon klingelte wie verrückt, wieder und wieder. Als ich nach Hause kam, hörte ich es schon von unten. So schnell ich konnte, lief ich hinauf in die dritte Etage und öffnete hastig meine Wohnungstür.
»He, Da Lee! Endlich! Da bist du ja!« Sun, Liu Fong (in China nennt man immer zuerst den Familiennamen) schrie mich an, als ich den Hörer aufnahm. Er war mein Qi-Gong-Schüler und ehemaliger Arbeitskollege aus einer Werkzeugmaschinenfabrik. Nach der Kulturrevolution hatten wir gemeinsam die Aufnahmeprüfung für die Hochschule bestanden. Er hatte das Glück gehabt, einen Studienplatz in Shanghai zu bekommen, und ich war nach Peking gegangen. Jetzt war er Ingenieur an einem Institut. Zwar war seitdem viel Zeit vergangen und in der

Welt hatte sich auch viel verändert, aber einige Dinge waren bei uns so geblieben wie früher. Er lernte immer noch Qi Gong in meinem Kurs, zusammen mit seinem Vater, der von Beruf Hauptingenieur war. Und die Narbe in seinem Gesicht sah auch immer noch ganz genauso aus wie früher. Übrigens sprach er immer noch so direkt und hart. »Hast du die ›Shanghai-Abendzeitung‹ von heute schon gelesen?«, fragte er atemlos. »Es gibt eine sehr interessante Geschichte darin. Ein Mann ist von einem Hochhaus heruntergesprungen. Hast du das gelesen?« Er feuerte seine Fragen so schnell ab, dass ich kaum dazwischen kam.
»Nein! Ich habe nichts gelesen. Als ich aus dem Büro kam, war die Zeitung noch nicht da. Übrigens interessiert es mich nicht, ob jemand von einem Hochhaus herunterspringt oder nicht.« Sun, Liu Fong machte zu viel Aufhebens von dieser kleinen Sache. Wir waren in Shanghai, überall standen hohe Gebäude, und man baute sie immer größer und höher. Ständig fielen Menschen von Hochhäusern, durch Unfall oder Selbstmord. Was war daran so erstaunlich?
»Er ist ein Qi-Gong-Teilnehmer!«, schrie Liu Fong ins Telefon.
»Na und? Es gibt Millionen von Qi-Gong-Teilnehmern in Shanghai.« Morgens sah ich überall, wie die Leute für ihre Gesundheit übten, entweder Qi Gong oder Tai Chi. Mitte der Achtzigerjahre war so etwas in Shanghai sehr populär.
»Aber… aber das hat mit dir zu tun!« Vor lauter Aufregung stotterte er schon. »Er… er heißt Wu, Da Din, er ist einer deiner Schüler!«
»Was?« Jetzt wurde ich unruhig. »Wu, Da Din?« Mein Gehirn arbeitete auf Hochtouren. Einige hundert Gesichter tauchten nacheinander blitzschnell vor mir auf. Ich suchte in meiner Erinnerung das passende Gesicht zu diesem Namen. Leider fand ich es nicht. »Wer ist das denn?«
»Das ist dieser verrückte Mann mit dem dicken Hintern. Ich habe dich damals davor gewarnt, ihn aufzunehmen. Aber du hast ihn schließlich doch als Schüler in deinen Qi-Gong-Kurs aufgenommen!«
»Ja, richtig. Jetzt erinnere ich mich. Er hat sehr fleißig geübt –«
»Ja! Zu fleißig! Weißt du, was die Journalisten über ihn geschrieben haben? Warte!« Aus dem Hörer kam Papierrascheln. »Hör mal! Ich lese es dir vor. Die Überschrift lautet: Qi-Gong-Besessener will vom Hochhaus herunterfliegen und springt aus dem siebten Stock.«
»Mein Himmel, er ist bestimmt tot?«, fragte ich erschrocken dazwischen.

»Nein! Er lebt noch. Ist sogar unverletzt.«
»Zum Glück!« Ich atmete tief aus.
»Aber eine Frau bleibt dadurch gelähmt.«
»Wie denn?«
»Es waren viele Fußgänger auf der Straße. Er sprang mit seinem dicken Hintern ganz genau auf den Kopf einer Frau, die gerade unten vorbeiging.«
»So ein furchtbarer Zufall. Diese arme Frau. Ich muss die Zeitung selbst lesen. Ich gehe gleich und kaufe mir eine.«
»Nein, warte, Da Lee! Ich bringe sie morgen zum Kurs mit. Du solltest dich jetzt erst mal gut ausruhen. Ich glaube, dass wir vielleicht Probleme bekommen. Bis morgen. Tschüss!« Er legte auf.
Gut ausruhen? Wie sollte ich das anstellen? Als Qi-Gong-Lehrer hoffte ich natürlich, dass die Menschen nur Vorteile durch ihre Übungen hatten. Und jetzt das! Das schadete nicht nur meinem Ruf, das Schlimmste war, dass es dem Ruf von Qi Gong schadete. Ich ging in meiner Wohnung hin und her. In dieser Sommernacht plagte mich nur Sorge! Ich wusste gar nicht genau, was passieren konnte, aber eines war klar: Das war keine gute Sache für mich.
Am nächsten Morgen stand ich mit roten Augen auf, trank in aller Schnelle einen Tee und fuhr dann sofort zum Sportzentrum, in dem meine Kurse stattfanden. Es war ein Klub für Arbeiter, in dem es einen großen Sportsaal gab. Nur mit viel Mühe hatte ich den Leiter dazu überreden können, mir den Raum viermal wöchentlich morgens für meine Qi-Gong- und Tai-Chi-Kurse zu vermieten. Das war ein großer Erfolg für uns alle, denn nun konnten wir üben, ob es regnete oder nicht. Solange die Kurse im Park stattgefunden hatten, hatten wir oft wegen des schlechten Wetters abbrechen müssen.
Als ich ankam, waren schon sehr viele Teilnehmer im Saal und diskutierten lautstark miteinander. »Ha, Da Lee, da bist du ja! Schau dir mal diesen Artikel an.« Sun, Liu Fong kam mir an der Tür entgegen.
»Meister, wir dürfen diese Verleumdung nicht zulassen.«
»Ja, wir dürfen nicht schweigen! Qi Gong hat eine tausend Jahre alte Geschichte. Wir alle sind durch die Qi-Gong-Übungen wieder gesund geworden.«
»Nur wegen einem verrückten Mann kann doch nicht der Ruf von Qi Gong zerstört werden.« Viele Schüler kamen jetzt zu mir.

»Moment, Moment, lasst mich den Artikel erst mal lesen.«
Auf der dritten Seite hatte ihn Sun, Liu Fong schon mit roter Farbe markiert und »Das stinkt.« daneben geschrieben.
Ich stimmte ihm zu, was hatte sich dieser Journalist nur gedacht? Meine Güte, an allem sollte nur Qi Gong schuld sein. Er schrieb Dinge wie: »Qi Gong hat ihn durcheinandergebracht... Qi Gong ließ ihn phantasieren, dass er fliegen konnte...«
Ich warf die Zeitung zu Liu Fong zurück. »Wie kann man so einen Quatsch behaupten?«
»Wir müssen zurückschlagen!«, forderten einige Männer.
»Wie denn?«, fragte ich.
»Wir gehen zum Zeitungsverlag und suchen diesen Schweinejournalisten. Wir zwingen ihn, sich zu entschuldigen«, sagte einer. »Ja, richtig!«, bekundeten die anderen.
»Ich kenne diesen Wu, Da Din sehr gut, er ist mein Nachbar.« Eine Dame mittleren Alters drängte sich durch die Menschenmenge zu mir durch. »In seiner Familie gibt es viele Fälle von Geisteskrankheit. Sein Vater ist schon seit Jahren im Irrenhaus.«
»Und wo ist er?«, fragte ich.
»Er? Er ist auch darin.« Die Frau wedelte mit der Hand vor ihrem Gesicht herum.
»Mein Himmel! Das wusste ich gar nicht. Ich hatte nur den Eindruck, dass er sehr fleißig geübt hat.« Ich strich mir über den Kopf.
»Ja, sehr fleißig, zu fleißig! Er konnte stundenlang ganz intensiv Qi Gong üben. Dabei bewegten sich seine Augen gar nicht.« Liu Fong führte zwei Finger vor seinen Augen hin und her. »Ich habe damals schon gesagt, dass dieser Mann nicht in Ordnung ist und bestimmt psychische Probleme hat und dass wir ihn wegschicken sollen. Aber du wolltest das nicht. Guck mal, dieser Geisteskranke hat sich im Kurs mit so viel Energie aufgeladen, dass er mit seinem komischen Kopf glaubte, er könnte fliegen. Jetzt sollen du und dein Qi-Gong-Kurs dafür verantwortlich sein, wenn man dem Artikel glaubt.« Sun, Liu Fong war wirklich in Sorge um mich und unseren Kurs.
»Das ist doch ungerecht. Dieser Mann ist verrückt. Warum gibt man Qi Gong die Schuld dafür?«
»Ja, das ist ungerecht. Wir gehen jetzt zu diesem Zeitungsverlag.« Die Leute liefen zur Tür.

Ich ging hinterher.
»Wartet einen Moment!«, rief Sun, Liu Fongs Vater. Der Hauptingenieur hatte schon eine Weile wortlos dagestanden und uns beobachtet. Jetzt kam er zu mir. »Da Lee, wir lernen bei dir jetzt auch Tai Chi Chuan. Ich habe durch die Philosophie von Tai Chi sehr viel gelernt, und gerade ist mir eine Idee gekommen.« Der Hauptingenieur nahm die Brille ab und rieb sie mit einem Tuch sauber. Er genoss im Kurs hohes Ansehen. Die Leute hörten seine Worte gern. Jetzt blieben alle stehen.
»Die Haupttheorie von Tai Chi ist ›Grenzenlos in Harmonie‹. Man soll alle Kraft zuerst versuchen aufzunehmen und nicht einfach zurückschlagen. Ich habe diesen Zeitungsartikel mehrmals gelesen.« Er schüttelte die Zeitung in seiner Hand. »Ich habe den Eindruck, dass dieser Journalist gar keine Ahnung vom richtigen Qi Gong hat. Wir sollten ihn zu unserem Kurs einladen und ihn mit uns zusammen üben lassen. Als ich damals mit Lungenkrebs zu euch kam, hat mich das Energiegefühl von der ersten Stunde an sehr beeindruckt. Seitdem habe ich mich ganz positiv verändert. Jetzt bin ich so gesund, dass sich sehr viele Leute darüber wundern.« Er zeigte mit dem Finger auf sich selbst.
Tatsächlich sah der siebenundfünfzigjährige Hauptingenieur sehr gut aus. Unter seinem teilweise ergrauten Haar hatte er ein rosiges Gesicht, und sein schlanker Körper hielt sich noch immer gerade. Der Lungenkrebs war bei ihm schon seit langer Zeit verschwunden. Nur seine Augen wurden langsam weitsichtig, weswegen er sich eine Brille besorgt hatte. Die setzte er jetzt nach dem Putzen wieder auf und sprach weiter. »Ich glaube, dass es viele solcher guten Beispiele bei unseren Qi-Gong-Teilnehmern gibt. Wenn dieser Journalist zu uns käme …«
»Ja, genau!«, unterbrach ich ihn. Seine Idee begeisterte mich. »Das hast du ganz richtig gesagt«, pflichtete ich ihm bei. »Wenn der Journalist unser Qi Gong kennenlernt, können seine Leser auch davon profitieren. Wir gehen jetzt nicht zum Verlag, um uns über seinen Artikel zu beschweren, sondern schreiben ihm einen Brief und laden ihn im Namen des ganzen Kurses ein, zu uns zu kommen.«
»Ob er das wohl tut?« Manche aus dem Kurs hatten Zweifel.
»Ich glaube schon. Wir können es jedenfalls versuchen«, sagte ich voller Hoffnung. »Wenn er selbst einmal die Übungen mitgemacht hat,

schreibt er in Zukunft bestimmt ganz anders über diese Sache. Das kann für uns und das Ansehen von Qi Gong nur gut sein.«
Dann ließ ich erst einmal alle Teilnehmer selbst ihre Qi-Gong-Übungen machen und schrieb währenddessen einen Brief an den Journalisten. Ich erinnerte ihn an das chinesische Sprichwort »Hundertmal hören ist nicht so gut wie einmal sehen« und lud ihn ganz herzlich dazu ein, ein paar Mal im Kurs mitzumachen – natürlich umsonst. Wir hofften, dass er durch persönliches Beobachten und Probieren einen richtigen Eindruck bekäme. Ich ließ alle Teilnehmer den Brief durchlesen und unterschreiben, dann schickte ich ihn ab.

Einige Tage später kam der Journalist, ein schlanker, großer Mann mit Brille. Es wunderte mich ein bisschen, dass er sehr jung war, sogar jünger als ich, nämlich erst Mitte zwanzig.
»Sie haben mir geschrieben ›Einmal sehen ist besser als hundertmal hören‹. Gut, dazu bin ich da.« Der junge Journalist hielt seine Nase sehr hoch. Vielleicht erwartete er aufgrund seines Berufes eine besonders herzliche Begrüßung von mir. Sein Blick, den er hinter der schwarzen Brille versteckte, blieb immer über unseren Köpfen hängen.
»Gut, sehr gut, dass Sie gekommen sind. Wenn Sie nichts dagegen haben, stellen Sie sich bitte zu den anderen Teilnehmern.« Nachdem wir uns die Hände geschüttelt hatten, zeigte ich ihm seinen Platz. Ich wollte mich vorab nicht mit ihm unterhalten. Es war gerade Zeit anzufangen, und die Qi-Gong-Übung selbst sollte ihn überzeugen.
Der Journalist schaute mich zweifelnd an. »Soll ich mitmachen?«, fragte er und ging langsam zur Gruppe, bevor ich geantwortet hatte.
Ich leitete den Kurs genau so wie immer. Zuerst machten wir die Vorübungen, dann die Hauptübung. Nach nur einer Stunde, als die Übung beendet war, hatte sich der Journalist vollkommen verändert.
»Ich spüre etwas, ich spüre etwas!« Mit verwundertem Blick kam er in der Pause zu mir. Schweißtropfen liefen über sein Gesicht, das ganz rot war, vielleicht durch die Aufregung.
»Ich spüre ganz genau die starke Energie.« Er zeigte mir seine Handflächen.
»Gut, das freut mich für dich.« Ich schlug ihm leicht auf die Schulter.
»Ich spüre die starke Energie!«, wandte sich der Journalist noch lauter an die anderen. Hinter der Brille blitzte sein Blick neugierig.

»Junger Mann, Qi Gong ist kein Aberglaube und unser Meister ist auch kein Scharlatan.« Der Hauptingenieur ging zu ihm und schlug ihm ebenfalls auf die Schulter. »Ich kann dir eines erzählen: Vor neun Jahren litt ich an Lungenkrebs und ohne Qi Gong würde ich schon lange nicht mehr leben.«
»Ich hatte früher immer Probleme mit dem Herzen, aber jetzt …« Ein Mann mittleren Alters klopfte sich gegen die Brust.
»Mein Blutdruck bleibt seit langer Zeit unten.« Eine dicke Dame stellte sich dazu.
Im Nu war er von Leuten umringt. Jeder wollte ihm von den eigenen positiven Erfahrungen mit Qi Gong erzählen. Der Junge schwitzte immer mehr, nicht wegen der Übungen, sondern weil alle auf ihn einredeten.
Einige Zeit später konnte der arme Junge endlich den Kreis der Schüler um ihn durchbrechen und flüchtete. Danach sah ich ihn nicht wieder. Doch einige Tage später veröffentlichte er in der Zeitung einen Artikel, der ganz anders war als der letzte. Er war voller Lob darüber, was Qi Gong bewirken kann; es bringe den Menschen Energie und mache gesund. Zudem brachte er Qi Gong mit Selbstverteidigung in Verbindung. Er schrieb, dass man sich nicht mehr vor Schlägen fürchten müsste, wenn man genug Energie durch die Übungen aufgenommen hätte, weil die Energie den Körper wie ein Panzer beschützen würde. Man könnte unverletzlich sein. Woher hatte er dieses Wissen? Aus meiner Kursstunde bestimmt nicht! Ich nahm an, dass er zu viele Gong-Fu-Romane gelesen und einfach alles miteinander verbunden hatte.

Die Lage änderte sich schnell. Diejenigen, die an Qi Gong gezweifelt hatten, aber immer nach Möglichkeiten suchten, gesund zu bleiben, kamen wieder zu uns. Mancher brachte zur Anmeldung sogar die Zeitung mit. Meine Kurse waren wieder voll. Das freute mich natürlich sehr. Ich musste mir keine Sorgen mehr darüber machen, ob meine Kurse weiter in diesem Saal stattfinden durften oder nicht. Nach dieser unseligen Geschichte hatte ich das befürchtet, denn ich bekam ständig Beschwerdebriefe. Manchmal kamen merkwürdige Besucher, sogar Beamte tauchten in meinem Kurs auf. Ich sollte ihnen erklären, wie man als Qi-Gong-Übender auf die Idee kommen könnte, von

einem Hochhaus zu springen… Zum Glück gab es solche unangenehmen Sachen jetzt nicht mehr. Der zweite Artikel hatte mir sehr geholfen. Darüber war ich ganz froh und dankbar.
Bis eines Tages wieder Besucher kamen: Wir waren mitten in einem Tai-Chi-Kurs, als die Tür mit einem Fußtritt geöffnet wurde. Ein Mann kam mit drei muskulösen Begleitern herein. Der Typ gefiel mir schon auf den ersten Blick nicht. Er war von großer Statur, in seiner rechten Hand rollte er zwei riesige Stahlkugeln hin und her, was ein furchtbares Geräusch ergab: *Ka za za, ka za za.* In der Linken hielt er ein Exemplar der Zeitung mit dem lobenden Artikel, die schon ein paar Wochen alt war. Was klemmte da zwischen seinen Lippen? Ein Zahnstocher! Er war mit schwarzem Hemd und Hose bekleidet. Eine ebenfalls schwarze Schlägermütze hing schief auf seinem Kopf. Darunter starrten mich zwei mausähnliche Augen mit verächtlichem Blick direkt an.
»Ha! Du bist also dieser unverletzliche Meister. Eigentlich habe ich geglaubt, dass du drei Köpfe und sechs Arme hättest! Aber so, wie es aussieht, bist du noch ein schwaches junges Hähnchen! He, he!«, lachte er höhnisch. Seine Begleiter, die hinter ihm standen, lachten mit.
»Wer sind Sie? Wir haben gerade einen Kurs, bitte stören Sie uns nicht!« Ich wies mit dem Finger auf die Tür. »Verschwinden Sie sofort.«
»Was? Wir sollen verschwinden? Weißt du, wer er ist?«, schrie mich einer der Begleiter unvermittelt an.
»Da Lee, pass auf.« Sun, Liu Fong trat von hinten an mich heran und flüsterte mir leise ins Ohr. »Dieser Typ ist ein örtlicher Despot. Ich kenne ihn, er heißt Wang, Ten Tong. Lass mich das machen!« Dann wandte er sich an die Besucher. »Freunde, wir lernen und üben hier Tai Chi bei unserem Meister Chen, Da Lee. Das tun wir nur für unsere Gesundheit. Ihr seid alle bekannte Meister im Kampf. Ihr wisst doch: ›Brunnenwasser vermischt sich nicht mit Flusswasser‹. Bitte, lasst uns in Ruhe.«
Früher, während der Kulturrevolution, war Liu Fong selbst ein Straßenkämpfer gewesen. Er kannte den traditionellen Stil sogar sehr gut: Mit der linken Faust in der rechten Handfläche hielt er die Hände vor sein Gesicht und schüttelte sie dreimal mit vertraulicher Geste. Dann zeigte er mit der rechten Handfläche zur Tür. »Bitte.«
»Gut, wir gehen, aber nur unter einer Bedingung: Ich muss mir von deinem Lehrer, diesem so genannten unverletzlichen Meister, einen

Rat holen und mich persönlich mit ihm messen.« Seine kleinen runden Augen starrten mich direkt an.
Die letzten Worte hatte er so laut gesprochen, dass alle Tai-Chi-Teilnehmer im Saal ihn gehört hatten. Sie übten nicht weiter, sondern standen ganz ruhig da und schauten mit gespannten Blicken zu uns herüber.
Ka za za, ka za za. Im ganzen Raum erklang dieses furchtbare Geräusch von den beiden Kugeln in der Hand des Mannes.
»Lieber Himmel! Wofür die Kugeln?« Ich bekam innerlich einen Schreck. In China gab es nur zwei Gruppen von Personen, die mit solchen Kugeln herumspielten. Die erste Gruppe waren Kranke, die vielleicht auch teilweise gelähmt waren. Das Drehen der Kugeln in den Handflächen wirkte sehr positiv auf die Meridiane, die Energiebahnen. Es half bei der Genesung. Man nannte die Kugeln Gesundheits- oder Qi-Gong-Kugeln. Solche Kugeln waren normalerweise aus Jade oder Bronze gemacht.
Die zweite Gruppe waren Kämpfer im angeberischen Stil. Sie spielten stundenlang mit solchen Dingern, um die Kraft ihrer Hände zu verstärken oder die Leute zu beeindrucken. Ihre Kugeln wurden nur aus massivem Stahl hergestellt und waren normalerweise auch groß. Aber solch große Kugeln hatte ich noch nie im Leben gesehen. Jede hatte ungefähr zwei Kilo Gewicht. Daher kam das aggressive Geräusch, das im ganzen Raum erklang.
Das ist eine Herausforderung zum Kampf, so sagte ich zu mir selbst. Der Journalist hatte mir das alles eingebrockt. Hatte er nichts besseres zu tun, als über meinen Qi-Gong-Kurs zu schreiben? Er hatte behauptet, Qi Gong sei nicht nur für die Gesundheit, sondern auch fürs Kämpfen gut – es könne einen unverletzbar machen! Jetzt konnte ich sehen, wie ich um diesen Kampf herumkam. Ich stand bewegungslos da und dachte nach. Die furchtbare Atmosphäre im Saal machte mich ganz nervös.
»Na, hast du keinen Mut?« *Ka za za, ka za za*... drehten sich die beiden riesigen Kugeln auf seiner Hand. »Mausauges« Blick traf sich mit meinem.
»Ich... ich mache hier nur einen Kurs, keine Kämpfe«, versuchte ich dem unfreundlichen Besucher zu erklären.
»Nicht so bescheiden, lass mich etwas von dir lernen.« Er gab die Zei-

tung und die Kugeln seinen Begleitern, trat mit großen Schritten vor mich und hielt mir seine rechte Hand hin.
»Ich heiße Wang, Ten Tong.«
»Ich bin Chen, Da Lee… Hejo!« Ich zuckte vor Schmerz zusammen, meine Hand war in eine Eisenzange gequetscht! Das war eine ganz kräftige Hand, die täglich durch die großen Stahlkugeln trainiert wurde. Ich zog meine Hand sofort zurück.
»Schau auf meine Handfläche.« – *Pu!* Der Zahnstocher schoss aus seinem Mund auf mein Gesicht zu. Ich schaute schnell zur Seite und das Stöckchen flog mir am Ohr vorbei. Aber gleichzeitig wurde mein Bauch von seiner Handfläche getroffen. Dieser Typ kannte sich im Kampf wirklich gut aus. Er tat alles so wohlüberlegt und blitzschnell, dass ich überhaupt keine Chance hatte zu reagieren. Mein Oberbauch war wie von einem Auto gerammt. *Ton, ton, ton*, schwankte ich zurück und musste mich dann setzen. Meine Atmung war von dem Schlag fast blockiert, der ganze Körper zog sich zusammen. Das war eine riesige Blamage für mich. »Hahaha!«, lachten alle Besucher ganz laut.
»Junges Hähnchen, mach keine großen Worte! Du sollst aus meinem Revier verschwinden, klar?« »Mausauge« zog die Zeitung aus der Hand seines Begleiters und warf sie mir zu.
»Wo ist dein Energiepanzer? Bist du unverletzbar? Hahaha!«, lachte er siegesstolz und verließ mit seinen Leuten den Raum.
Ich blieb sitzen. Die Zeitung lag eine knappe Sekunde auf meinem Kopf, dann fiel sie zusammen mit meinem Stolz zu Boden. Im Raum war es ganz ruhig. Alles war so schnell gegangen, dass man nichts tun konnte. An die dreißig Schüler standen da wie aus Holz geschnitzt, alle sprachlos. Nur aus ihren Blicken konnte ich etwas lesen; ganz unterschiedliche Dinge, manche hatten Mitleid mit mir, manche waren böse über die Tat dieser Besucher. Aus den Augen einiger junger Männer blickte mich ihre Enttäuschung an. Sie hatten wohl immer geglaubt, dass ihr Lehrer beim Kämpfen sehr gut sein müsse, weil ich oft erklärt hatte, dass man durch Qi Gong und Tai Chi nicht nur Gesundheit erlangen, sondern sich auch gut selbst verteidigen könnte; auch behandelte die Philosophie des Tai Chi Chuan fast nur Kampftechnik. Während der Übungen hatte ich den Schülern mehrmals demonstriert, wie gut ich die Kraft des »Gegners« lenken und ihn somit besiegen konnnte. Aber jetzt war ich vor ihren Augen so leicht niederge-

schlagen worden. Das Bild, das sie sich von mir gemacht hatten, wurde vollkommen zerstört. Eigentlich sollten Schüler stolz auf ihren Meister sein können, aber sie konnten nur enttäuscht sein. Ich saß wie gelähmt auf dem Boden, hatte Schmerzen im Bauch und im Gesicht.
»Bitte, steh auf.« Sun, Liu Fong kam zu mir und zog mich hoch. »Dieser Typ ist ein bekannter Gong-Fu-Kämpfer. Du hast bestimmt große Schmerzen!«
»Es geht schon, keine Sorge.« Ich versuchte, die Sache herunterzuspielen.
Manche Schüler schimpften auf den Angreifer, andere wollten mich beruhigen, manche schüttelten lediglich die Köpfe und gingen weg. Zum nächsten Kurstermin kamen nur wenige Leute, die Woche darauf ebenso. Ich wusste schon, dass ich wegen dieser Sache mein Gesicht verloren hatte. Aber was konnte ich dagegen tun? In erster Linie lehrte ich Tai Chi und Qi Gong für die Gesundheit der Menschen, so wie ich es damals meinem Meister versprochen hatte.

Ich hoffte nur, dass ich Wang, Ten Tong nicht noch einmal begegnen würde; ich brauchte Ruhe. Leider erfüllte sich meine Hoffnung nicht. Nur zwei Wochen später kam er wieder zu mir. »In meinem Hafen dürfen nur große Schiffe liegen. Das schreckliche Boot soll den Hafen verlassen, und zwar sofort.«
Ka za za, ka za za, rollten die beiden riesigen Stahlkugeln in seinen Händen. Ich war mitten im Qi-Gong-Kurs, als »Mausauge« mit seinen drei Begleitern einfach hereinplatzte. Diesmal hatte er keinen Hut auf dem Kopf, aber der Zahnstocher hing wieder zwischen seinen Zähnen.
»Können Sie nicht ein bisschen höflicher sein? Wir machen jetzt einen Kurs. Warum stören Sie uns wieder?« Ich war richtig böse. Er hatte doch letztes Mal schon seinen Triumph gehabt. Was wollte er noch?
»Du sollst von hier verschwinden! Ich will einen Lügner wie dich nicht vor meiner Nase haben.« Wang, Ten Tong zog seine Mausaugen zu zwei schmalen Schlitzen zusammen, um mir seine Missachtung zu zeigen.
»Wer ist ein Lügner? Pass gut auf deine Worte auf!«
»Ja, wer bist du denn? Hau ab!«
»Verschwinde sofort!«
Meine Schüler ärgerten sich auch über diesen ungebetenen Besuch,

viele hörten mit ihren Übungen auf und gingen auf die Männer zu. Sie wollten mich, ihren Meister, verteidigen, denn noch einmal würden sie nicht zulassen, dass ihr Lehrer vor ihren eigenen Augen von solchen Leuten besiegt wurde.
Angesichts so vieler aufgebrachter Schüler wurden Wangs Begleiter nervös und gingen einige Schritte zurück, aber Mausauge blieb stehen, bewegungslos, nur die Stahlkugeln rollten in seinen Händen hin und her. »Ihr braucht keine Angst zu haben, ich will euch nur helfen.« Seine Stimme klang ganz ruhig, und jetzt bewegten sich seine Arme. Mit dem Finger zeigte er direkt auf mich. »Bei so einem falschen Meister könnt ihr nur eure Zeit und euer Geld vergeuden.«
»Schweig! Aus welchem Grund nennst du mich einen falschen Meister?« Ich trat einen Schritt auf ihn zu.
»Weil du lügst; zum Beispiel, dass deine Energie wie ein Panzer ist und du unverletzbar bist… Hahaha!« Sein Lachen warf im Saal ein Echo zurück.
»Das wurde von einem Journalisten geschrieben und hat mit mir nichts zu tun. Wir trainieren hier nur für die Gesundheit.«
»Schwächling! Du solltest deinen Schülern beweisen, wie gut du bist und einmal mit mir kämpfen. Hen! Aber dazu hast du keinen Mut.« Er schüttelte den Kopf, der Zahnstocher drehte sich in seinem Mund. »Nein, du hast keinen Mut! Gut, wir gehen jetzt, aber du solltest besser aus meinem Gebiet verschwinden, sonst besuchen wir dich noch oft. Tschüss, junges Hähnchen!« Er warf die beiden Kugeln von der rechten in die linke Hand, ließ sie dort weiter kreisen und ging mit seinen Begleitern zur Tür, alle mit grenzenlosem Stolz.
»Moment! Ich werde meine Kraft mit dir messen.«
»Was?« Mausauge drehte sich sofort wieder um, die kleinen runden Augen so weit aufgerissen, wie es nur ging. Er zweifelte offensichtlich, ob er gerade richtig gehört hatte. Die Kugeln bewegten sich nicht mehr in seinen Handflächen.
Die Luft im Saal war so dick, dass man sie hätte schneiden können. Viele Schüler hatten gerade lange ausgeatmet, als die aggressiven Besucher zur Tür gingen. Jetzt atmeten sie ganz schnell wieder ein und standen mit eingezogenen Bäuchen bewegungslos da. Nur einer von ihnen, Sun, Liu Fong, sprang sofort zu mir. »Da Lee, du musst dich nicht genauso benehmen wie solche Typen.« Mit beiden Händen hielt er meine

Arme fest und flüsterte mir leise ins Ohr: »Er ist ein großer Kämpfer und ganz wild. Der ist für dich zu gefährlich. Bitte, tu das nicht!« Vor Aufregung zog sich die Narbe in seinem Gesicht zusammen.

»Doch! Ich werde es diesem Typen zeigen!« Ich sprach absichtlich laut, sodass mich jeder hören konnte. Ich hatte keine andere Wahl mehr, als aufs Ganze zu gehen.

Dieser Wang, Ten Tong kam einfach zu mir und zerstörte alles, meinen Kurs und meinen Ruf. Wie hätte ich ihn einfach gehen lassen können? Ich musste ihm etwas beweisen, sonst würde er ständig wieder auftauchen, bis ich ganz erledigt war. Vor Wut brannte die Energie schon im ganzen Körper. Meine Hände waren ganz heiß, dort hatte sich der Kampfstrom gesammelt. Auch die Augen waren heiß, mein inneres Feuer war von den Füßen schon bis dorthin gestiegen.

Tong, tong. Die beiden Kugeln fielen aus Wang, Ten Tongs Hand auf den Holzboden. Er zog seine Jacke aus, während er mir ins Gesicht starrte und begann, im Kreis herumzutänzeln.

»Komm! Versuchen wir es einmal miteinander.« Seine Stimme war voller Selbstvertrauen; man konnte sehen, wie er die Muskeln unter dem Hemd und an den Armen spielen ließ.

Mein Himmel, hatte dieser Kerl gut trainiert! Ich kannte solche Muskeln. Die waren nicht vom Bodybuilding, denn sie hatten nicht die Form eines festgebackenen »Brotes«, sondern einer fest verbundenen »langen Nudel«. Solche Muskeln bekam man nur von jahrelangen Kampfübungen. Eine furchtbare Kraft versteckte sich darin. Kein Wunder, dass er mir letztes Mal so einen kräftigen Schlag versetzt hatte. Ich wurde nervös, doch leider gab es kein Zurück mehr. Ich war schon auf der Bahn.

Auge in Auge umkreisten wir uns. Seine Begleiter und meine Schüler umringten uns mit gespannten Gesichtern.

Pu!, flog der Zahnstocher aus seinem Mund direkt auf mein Gesicht zu. Diesmal hatte ich etwas gelernt und ging sofort einen Schritt nach hinten. Seine Handflächen trafen nur zehn Zentimeter vor meinem Bauch ins Leere.

Nun stellte er sich in Adlerposition, beide Arme nach links und rechts schulterhoch ganz auseinandergezogen, das rechte Bein angewinkelt und den Oberkörper so weit vorgebeugt, dass er das Knie berührte. Seine Mausaugen fixierten mich zornig erregt.

»Das ist Adlerboxen!«, schrie ein Zuschauer auf.
Ich kannte diesen Stil ebenfalls. Er gehörte zu den wildesten und grausamsten Kampftechniken. Man musste immer gut auf die »Adlerkrallen« aufpassen, die Finger des Kämpfers. Sie waren die tödliche Waffe. Er sprang auf mich zu und griff mit der rechten Hand meinen Hals, mit der linken »Kralle« meinen Bauch an.
Sofort drehte ich mich mit Tai-Chi-Technik sanft zur Seite und führte die furchtbare Kraft ins Leere.
Wang, Ten Tong hatte kurz das Gleichgewicht verloren. *Ton ton,* ging er zwei Schritte an mir vorbei. Aber er war ein wirklich gut ausgebildeter Kämpfer. Sein Körper senkte sich rasch nach unten, und das rechte Bein drehte sich blitzschnell auf dem Boden in Richtung auf meine Füße. Wenn mich diese »Stahlpeitsche« träfe, würde ich auf den Boden geschleudert, dann wäre alles vorbei! Ich sprang hastig in die Luft. Sein Bein kreiste mit einem Windstoß einmal herum. Zwar hatte er nichts getroffen, aber eine Chance gut genutzt: bevor ich fest stand, flog er schon wie ein Adler ab. *Za!* Seine »Kralle« packte meinen linken Oberarm.
Oh! Das tat weh! Meine rechte Faust schlug gegen seine Brust und zwang ihn weg von mir. Er ging tatsächlich einen Schritt zurück, aber zwischen seinen Fingern blieben ein Stück Stoff von meinem Hemd und ein Stück Haut hängen. Das Blut sprudelte aus meiner Wunde wie aus einer Quelle.
»Aufhören, aufhören!«, schrien meine Schüler alle zusammen. Einige stellten sich zwischen uns.
»Hahaha!«, lachte Mausauge laut. »Aufhören? Gut, wir hören auf! Diese Sache ist erledigt. Jetzt wirst du verschwinden!« Er benahm sich wie ein Sieger.
»Nein! Wir machen weiter!« Ich nahm ein Tuch aus der Hosentasche und verband meinen verletzten Arm, indem ich die Zähne zu Hilfe nahm.
»Da Lee. Bitte kämpfe nicht weiter, er ist ein Tier!«, bat mich Sun, Liu Fongs Vater.
»Nein, Hauptingenieur, ich muss weitermachen.« Ich schaute mich über seinen Kopf hinweg um: Das hier war mein Kursraum, und ich hatte mich sehr darum bemüht. Hier war auch mein Arbeitsplatz. Obwohl nur ein Nebenjob, war er von grenzenlosem Wert und sehr viele

Menschen profitierten davon. Man erlangte hier wieder Gesundheit, Mut und Selbstvertrauen. Die Schüler, die aus allen Berufen und Gesellschaftsschichten hierherkamen, waren sehr dankbar, dass wir unabhängig vom Wetter regelmäßig für die eigene positive Entwicklung üben durften. Nein! Ich würde nicht einfach beschämt gehen und ging wieder in den Kreis zurück. »Komm, machen wir weiter.« Ich wollte zurückschlagen und diesen hochnäsigen Typen fertigmachen. Ob ich dazu in der Lage war oder von ihm zusammengeschlagen wurde, kümmerte mich jetzt nicht mehr.

»Gut, gut. Nicht ganz schlecht. Aber pass auf, was kommt, könnte dich für immer ruhigstellen«, sagte Wang, Ten Tong mit einem komischen Lachen. Plötzlich stand er auf, senkte den Körper nach unten und breitete die Arme aus. Wieder eine Adler-Position. Er sprang auf mich zu und begann von neuem. Ich versuchte seine Angriffskraft immer mit Tai-Chi-Technik zu lenken, vermied nach Möglichkeit, mich packen zu lassen und suchte die Chance, ihn zu schlagen. Nach einigen Runden bluteten wir beide.

Langsam verlor Mausauge die Geduld. Er hatte mich schnell fertigmachen wollen – nun merkte er, dass ich dazugelernt hatte, sodass er mich nicht einfach festhalten konnte. Er versuchte es mit einer neuen Technik. Seine Hände tanzten ganz schnell vor meinem Gesicht. Seine Finger bewegten sich wie Wind und Blitze. Ich war von dieser Bewegung vollkommen geblendet. Meine Augen konnten nichts Genaues mehr sehen. *Pa!*, krallte sich etwas fest in meine linke Schulter. Mein Himmel! Das war seine Hand.

»Haha! Jetzt sollst du mein Adlerboxen richtig kennenlernen.« Seine Mausaugen waren beim Lachen wie zwei Schlitze.

Im gleichen Moment spürte ich den schrecklichen Schmerz! Seine rechte Hand krallte mich immer fester, die Finger bohrten sich tiefer und tiefer, bis auf die Knochen und Gelenke meiner Schulter. Er hatte eine furchtbar kräftige Hand, jeden Tag trainierte er sie mit den beiden Stahlkugeln. Bald spürte ich, dass die ganze linke Seite meines Körpers gelähmt war und sank nach unten. Wang, Ten Tong grinste siegessicher. Um sein Können vor den Zuschauern noch einmal zu betonen, zog er seine linke Hand aus der Kampfposition zurück und bearbeitete meine Schulter ganz locker nur mit seiner rechten Hand. Sein Blick fixierte mich und wanderte langsam nach unten. So wie ein Adler beobachtete

er das Opfer in seinen Krallen. Seine Begleiter begannen schon zu jubeln. Meine Schüler schwiegen, alle schauten mich gespannt an. Sie mussten meine Niederlage mit ansehen. Fast war ich auch schon dieser Meinung, bis eine Chance vor meinen Augen auftauchte.
Dieser hochnäsige Mann hatte vor lauter Hochmut alles um sich herum vergessen. Seine linke Hand hing herunter, sodass sein ganzer Oberkörper offen und ungeschützt war. Dort, auf dem Herz-Meridian, befand sich ein lebenswichtiger Punkt, und zwar zwischen den Rippen. Nur Qi-Gong-Fachleute kannten diesen Punkt, Laien wussten nichts davon. Mein Meister hatte mir einmal erzählt, dass der Gegner sofort gelähmt wäre, wenn man den Punkt mit starker Energie drücken würde. Das war allerdings sehr gefährlich und deshalb nur in Notsituationen erlaubt. Jetzt musste ich es tun, denn es war die letzte Gelegenheit für mich. Ich lenkte sofort Energie in meine rechte Hand. Jetzt kam mir mein jahrelanges Training zugute, obwohl ich schon verletzt war, sammelte ich sehr schnell Energie in den Fingern. Mein Mittel- und Zeigefinger standen unter Strom und ich legte sie auf diesen Punkt.
Wang, Ten Tong wusste überhaupt nicht, was passierte. In seinen Augen war ich so gut wie erledigt, deshalb achtete er überhaupt nicht auf meine Finger und ließ sie auf seinen Rippen liegen. Doch nun, nachdem ich Energie auf seinen Meridianpunkt fließen ließ, spürte er, dass etwas nicht stimmte; aber zu spät. Sein Gesicht wurde blass, die Beine schwach. Seine Hand, die sich an meiner Schulter festgekrallt hatte, löste sich und er fiel der Länge nach zu Boden.
»Hong!«, schrien alle Zuschauer auf. Sie konnten nicht verstehen, was sie sahen. Blitzschnell hatte sich die Lage verändert und die Auseinandersetzung war beendet. Aber ich als der Sieger war auch halbtot. Jetzt erst merkte ich, dass auf meinem zerrissenen Hemd und auf der Hose überall Blutspuren waren. Es tat weh, wirklich weh! Langsam setzte ich mich neben Wang, Ten Tong auf den Boden.
Der Kreis der Zuschauer wurde enger, immer enger. Sie kamen auf uns zu. Jeder versuchte zu helfen. Eine Schülerin in mittlerem Alter brachte mir eine Tasse warmen Tee aus ihrer Thermosflasche. Den brauchte ich ganz dringend.
Dann war mein Gegner weg, aber er war nicht gegangen – seine drei Begleiter hatten ihn hinausgetragen.

Drei Tage später waren die Schmerzen in meinem Körper verschwunden. In dieser Zeit hatte ich sehr intensiv Qi Gong geübt und viel Lebensenergie aufgetankt, deshalb verbesserte sich meine gesundheitliche Situation ganz schnell. Als ich wieder im Kurs erschien, begrüßten mich alle Teilnehmer mit überraschten und erfreuten Gesichtern. Viele umarmten mich und schüttelten mir die Hand, als wäre ich ein Held.
»Da Lee, komm hierher.« Sun, Liu Fong zog mich zur Seite. »Weißt du, was mit dem Typen los ist?«
»Welchem Typ? Meinst du Wang, Ten Tong? Nein, keine Ahnung. Ich will auch nichts von ihm wissen.« Ich winkte ab, er sollte nicht weitererzählen.
»Aber er ist im Krankenhaus und liegt auf der Intensivstation wegen deinem Schlag.« Liu Fong zeigte mir zwei zusammengehaltene Finger.
»Wie ist das möglich? Das wirkt normalerweise nur ein paar Stunden, danach sollte es wieder in Ordnung sein.« Ich verstand diese Geschichte nicht.
»Ich weiß auch nichts Genaues. Ich habe nur gehört, dass es ihm direkt nach dem Kampf sehr schlecht gegangen sein soll, dann besser, aber nachher wieder schlechter. Gestern lag er auf dem Bett und konnte sich kaum bewegen, dann wurde er von einem Krankenwagen abgeholt. Du musst dir aber keine Sorgen machen. Man erzählt sich, dass er aufgeschrieben hat, egal, was mit ihm passiert, es hat nichts mit dir zu tun, weil er selbst diesen Kampf wollte.«
»Irgendwie hat er schon Charakter. Aber ich verstehe das trotzdem nicht.« Mein Kopf schwang wie ein Pendel hin und her.
Nach dem Kurs ging ich in mein Büro in der Firma und schaute den ganzen Tag das Material über chinesische Medizin durch, das ich auf dem Tisch und im Regal stehen hatte. Ich arbeitete damals in einer großen Maschinenbaufirma, in die man mich nach dem Studium geschickt hatte. Leider gab es dort für meine Fachrichtung, die Geisteswissenschaften, keine Arbeit. Drei weitere junge Kollegen teilten das gleiche Schicksal mit mir, auch sie waren eigentlich fehl am Platz. Seit Mitte der Achtzigerjahre wurde in China zwar die Wirtschaft reformiert, aber viele Systeme bewegten sich noch nicht. Die Personalorganisation in staatlichen Firmen und Abteilungen war noch ziemlich schwerfällig. Man konnte sich sehr schwer selbst bewerben. Damals hatte jeder Mensch eine Arbeitsplatzgarantie nach der Ausbildung,

aber was das war und wohin man ging, das mussten die Chefs, wie zum Beispiel Parteisekretäre, entscheiden.
Es war die Zeit, als die Kulturrevolution schon acht Jahre lang beendet war, die kommunistische Utopie nach dem Tod Maos Schritt für Schritt verschwand und Chinas Tore sich langsam öffneten. China, dieser riesige Gigant, staunte, was es sah. Das Land wollte nicht länger in Armut und Rückstand verharren. Man wollte alles verändern, modernisieren und an der Spitze der Welt stehen. Dafür brauchte man gut ausgebildete Menschen, und so wurden vom Zentralkomitee bis in die niedrigen Organisationsebenen überall Talente gesucht und gefördert.
»Wir brauchen dringend junge Leute, die mit dem Studium fertig sind und ein Diplom haben. Je mehr, desto besser.« Das sagte unser Hauptmanager oft. Er trug eine schwarze Brille, einen blauen Anzug und vor seinem weißen Hemd hing eine blaue Krawatte. Seine Haare waren ganz ordentlich gescheitelt: siebzig Prozent nach rechts und dreißig Prozent nach links. Diese Form war damals sehr modern, ebenso wie seine Kleidung und seine Art zu reden. Aber wir hatten auch gehört, wie er zu seinem Vorgesetzten sprach: »In meiner Firma habe ich viele junge Leute aufgenommen, die fast alle ein Diplom von einer bekannten Universität haben.«
Wollte er nur das Ansehen seiner Firma mit Hilfe von uns Universitätsabsolventen verbessern? Unsere Gehälter wurden ja ohnehin vom Staat bezahlt.

Leider konnten wir nicht einfach gehen, obwohl jeder von uns seinen idealen Arbeitsplatz in Shanghai schon gefunden hatte. Dieser verdammte Manager wollte unsere Akten einfach nicht hergeben! Man konnte sich damals in diesem sozialistischen System gar nicht frei bewegen. Die Vorgesetzten hatten geheime Akten über jeden von uns angefertigt, die wir nie zu Gesicht bekamen.
Nichts zu tun! Das war eine richtige Strafe für Leute, die vor Kurzem ihr Studium erfolgreich beendet hatten. Zum Glück hatte nach einiger Zeit in diesem langweiligen Büro jeder von uns etwas gefunden. Li, Lin zum Beispiel war ein fleißiges Mädchen aus der Fakultät für Rechtswissenschaften. Jetzt studierte sie in unserer Maschinenbaufirma selbst weiter und bereitete sich auf die Aspirantenaufnahmeprüfung vor. Sie wollte es irgendwann schaffen, eine große Richterin zu werden.

Wen, Yie Zuan war eine junge Frau von kleiner Statur. Sie hatte das Diplom in chinesischer Sprache und Literatur und träumte davon, einmal eine große Schriftstellerin zu werden. Während der Arbeitszeit schrieb sie ständig Romane und Erzählungen, die sie an verschiedene Verlage schickte. Aber kein einziger wurde angenommen, alle wurden mit dem immer gleichen Begleitschreiben zurückgeschickt: »Sehr geehrte Genossin Wen. Vielen Dank für Ihr Manuskript. Leider können wir…« Sie erhielt jedes Mal einen maschinengeschriebenen Vordruck, nur der Name war jeweils von Hand geschrieben. Jeder Verlag musste wöchentlich ein paar hundert solcher Schreiben verschicken. In Shanghai, der Stadt mit zehn Millionen Einwohnern, hatten nicht wenige Leute den gleichen Traum wie meine Kollegin.

Zhau, Bin hatte Wirtschaft studiert. Man konnte nicht sagen, dass sein Fach hier überhaupt nicht herpasste. Er bekam durchaus zu tun, beschäftigte sich aber nicht gerne damit. »Solche Sachen sollte die Sekretärin des Managers erledigen.« Er warf einen dicken Stapel Papier auf den Tisch und nahm wieder den Hörer zur Hand. Nebenberuflich war er Berater einer privaten Fabrik in der Vorstadt. Oft saß er gar nicht im Büro, und wenn er zufällig bei uns war, wurde das Telefon fast nur von ihm besetzt.

Ich kam von der Zweiten Pekinger Fremdsprachen-Hochschule. Der Chef hatte mich mit dem Versprechen eingestellt, dass ich eine große Rolle im Export spielen sollte, sobald unsere Firma die Lizenz dafür bekäme. Doch nun waren schon ein paar Jahre vergangen, und ich hatte nichts mehr davon gehört oder gesehen. Für mich selbst hatte ich allerdings genug Arbeit gefunden. In diesem Büro gab es eine Kopiermaschine, damit hatte ich tausendfach Lehrmaterial über Qi Gong und Tai Chi für meine Schüler hergestellt, auf Kosten des Staates. Im Übrigen studierte ich gerade Traditionelle Chinesische Medizin an einer Universität für berufsbegleitende Studiengänge. Meine Hausaufgaben erledigte ich während der Arbeitszeit im Büro. Niemand beschwerte sich. Meine Vorgesetzten kamen sogar häufig zu mir, wenn sie gesundheitliche Probleme hatten, setzten sich an meinen Tisch und ließen sich beraten.

Oh, welche Toleranz gab es in den staatlichen Firmen des Sozialismus! Das war auch der Grund, warum es in meinem Regal im Büro sehr viel Material und Bücher über chinesische Medizin gab.

An diesem Tag hatte ich ungefähr zwanzig Bücher durchgeschaut, von Beschreibungen der sichtbaren Dinge wie der menschlichen Organe bis zu denen der unsichtbaren Vorgänge, der Meridiane und des Energiekreislaufs. Doch ich hatte keine Erklärung dafür gefunden, was mit Wang, Ten Tong passiert war. Es war mir am Ende immer noch ein Rätsel, warum er einige Tage nach unserem Kampf, bei dem ich ihm meine Finger auf den Meridianpunkt gedrückt hatte, ins Krankenhaus musste. Ich wartete auf den Feierabend, weil ich zu Hause noch ein ganz wichtiges Buch liegen hatte. Ich war ganz sicher, dass ich darin eine Erklärung finden würde. Es war das große Notizbuch, das mir mein Meister geschenkt hatte, kurz bevor er ins Jenseits ging. Zu Hause nahm ich das Buch zur Hand, das gut verpackt in einem Koffer lag. Bald hatte ich die genaue Erklärung für den Vorfall und konnte nicht länger ruhig bleiben. Ich sprang sofort zum Telefon und wählte die Nummer von Sun, Liu Fong. »Weißt du, wo Wang, Ten Tong ist, in welchem Krankenhaus?«, schrie ich in den Hörer.
»Ja! Warum? Willst du ihm Blumen schenken?«, fragte Liu Fong scherzhaft.
»Nein! Er ist in Lebensgefahr. Ich habe gerade im Notizbuch von Meister Yun, Fe gelesen. Wenn dieser Punkt beim Herzmeridian von energiegeladenen Fingern gedrückt wird, kann man sofort gelähmt sein. Einige Stunden später ist es möglicherweise wieder in Ordnung. Aber wenn der Punkt während der Mao-Zeit, das bedeutet zwischen 5 und 7 Uhr morgens, verletzt wird, ist man schwer geschlagen. Die Meridiane befinden sich dann in tiefer Ruhe und der ganze Energiekreislauf kann zerstört werden! Dann lebt man nicht mehr länger als zehn Tage!«
»Haha. Er hat den Kampf selbst gesucht und dieses Ergebnis verdient.« Sun, Liu Fong lachte sogar.
»Nein! Er hat es nicht verdient zu sterben, auch wenn er einiges Unrecht getan hat. Warte auf mich! Ich hole dich mit dem Taxi ab, und dann fahren wir zusammen ins Krankenhaus.« Bevor er etwas sagen konnte, legte ich auf.

Auf der Intensivstation des großen Krankenhauses fanden wir ihn. Er lag auf einem weißen Bett. In seinem Körper steckten viele Schläuche, und an der Wand hingen zwei Geräte mit blinkenden Lampen. Wang, Ten Tong, dieser große Kämpfer lag jetzt im Koma. Sein muskulöser

Körper bewegte sich nicht mehr, wie ein Adler, der aus der Luft geschossen worden und auf den Boden gefallen war.
»Tschü, tschü, haut ab!«
»Verschwindet sofort von hier!«
Seine Begleiter kamen sofort zu mir und schoben mich aus dem Raum heraus.
»He, Leute, bitte versteht mich nicht falsch, ich komme, um ihm zu helfen!«, erklärte ich sofort.
»Geh weg von hier! Du brauchst keine Angst zu haben. Mein Bruder ist ein großartiger Mann. Er hat uns schon gesagt, dass es nichts mit dir zu tun hat, egal, was mit ihm passiert. Geh nach Hause.« Einer der Begleiter, der auch wie ein Kämpfer aussah, schob mich immer weiter.
»Geh zur Seite!« Ich schob seine Arme weg von mir. »Euer Bruder könnte bald sterben, wenn ich ihn nicht behandle.« Ich sprach ganz laut und mit sicherer Stimme.
Im Raum war es sofort ruhig. Die drei Begleiter und eine dicke Krankenschwester schauten mich mit erstaunten Blicken an.
»Ja, richtig! Ihr solltet Chen, Da Lee vertrauen.« Sun, Liu Fong kam ein paar Schritte näher. »Es heißt ja, wer den Karren in den Dreck gefahren hat, der soll ihn auch wieder herausziehen. Da Lee ist ein richtiger Qi-Gong- und Tai-Chi-Meister. Nur er ist in der Lage, ihn zu retten.« Liu Fong zeigte mit seinem Finger direkt auf den Patienten.
Die drei Begleiter gingen zur Seite, um mir Platz zu machen. Wut und Zweifel verschwanden von ihren Gesichtern.
Ich ging zum Bett und fuhr mit den Handflächen prüfend von Kopf bis Fuß über Wang, Ten Tongs Körper. Ein wenig Lebensenergie war noch in ihm zu spüren. Das freute mich sehr, weil es ein Zeichen dafür war, dass ich ihn retten konnte.

Mein Meister Yun, Fe hatte notiert, dass man in solchen Situationen frische Energie auf einen bestimmten Punkt des Meridians Du am Rücken des Patienten übertragen solle und durch seinen Mittelfinger die gesammelte kranke Energie ausführen könne. Dann würde er schnell wieder wach und die Todesgefahr gebannt. »Bitte kommt und helft mir. Ich will, dass er sich aufsetzt«, bat ich die Leute.
Ohne ein Wort kamen die Männer zu mir, entfernten alle Schläuche und brachten den Bewusstlosen in eine sitzende Position.

»Moment, Moment, so geht das nicht!«, schrie die Krankenschwester. »Ich muss dem Doktor Bescheid sagen.« Sie rannte hinaus.
Ich fand sofort den Punkt auf dem nackten Rücken von Wang, Ten Tong. »Haltet ihn fest«, wies ich die Männer an, die jetzt alle meine fleißigen Helfer waren.
»Was machen Sie hier? Sofort aufhören!« Ein kleiner, schlanker Mann mit Brille und im weißen Kittel stand an der Tür. Er war mittleren Alters und fast nur halb so dick wie die Krankenschwester, die neben ihm stand. »Hier ist ein Krankenhaus, nur wir Ärzte dürfen die Patienten behandeln!« Dieser kleine Doktor hatte eine ganz laute Stimme.
»Entschuldigung! Ich bin Qi-Gong-Meister.« Ich ging auf ihn zu und streckte ihm meine Hand entgegen, aber er gab mir seine nicht; peinlich für mich. Ich zog meine Hand zurück und sprach trotzdem weiter. »Ich heiße Chen, Da Lee. Ich bin nur hierhergekommen, um diesen Patienten zu retten.«
»Wir sind das modernste Krankenhaus von Shanghai! Haben Sie Medizin studiert?« Hinter der Brille wurden seine Augen schmal, als ob er einen Schüler der Grundschule befragen würde.
»Nein, noch nicht. Aber ich lerne zur Zeit in einer berufsbegleitenden Hochschule chinesische Medizin.«
»Haha!«, lachte er abfällig. »Ich sage Ihnen etwas: Ich habe vor zehn Jahren mein Studium der Schulmedizin an der Universität beendet. Hier bekommen Sie bestimmt keinen Job, gehen Sie bitte!« Er wies mit der Hand nach draußen.
»Nein, ich kann nicht gehen. Ich muss ihn retten. Wissen Sie, ich habe mit ihm gekämpft und hier auf diesen Punkt gedrückt.« Ich zeigte ihm den Punkt bei mir mit zwei Fingern. »Wenn ich ihm keine Energie durch einen speziellen Punkt auf dem Meridian Du übertrage, muss er bald sterben«, sagte ich ganz aufgeregt.
Der Arzt blieb ganz ruhig und schüttelte nur den Kopf. »Ich verstehe kein Wort. Moment! Sie haben gesagt, sie hätten auf seine dritte Rippe geschlagen? Kommen Sie her.« Er ging zur Wand, an der eine weiße Glasscheibe befestigt war, und schaltete eine Lampe an, die sich dahinter befand. Gleichzeitig öffnete er den Aktendeckel, holte ein großes Röntgenbild heraus und hängte es an die Glasscheibe. »Nein, das ist nicht wahr. Hier gibt es gar keine negative Veränderung.« Sein Finger deutete auf den Negativfilm. »Und hier gibt es auch keine Spur einer

Verletzung.« Jetzt zeigte er auf die Haut von Wang, Ten Tong, der nun wieder lag.

»Er ist durch Energie verletzt worden, das kann man nie mit den Augen oder einem Röntgengerät sehen. Wissen Sie, ich mache schon seit mehr als fünfzehn Jahren Qi-Gong-Übungen ...«

»Hören Sie bitte auf, sich selbst aufzublähen. Qi Gong, Tai Chi, was ist das schon. Auch Gong Fu, solche Sachen sind nicht weit vom Aberglauben entfernt.« Er wedelte mit seiner Hand vor der Nase, um uns zu zeigen, dass man solchen Dingen keinerlei Beachtung schenken sollte. »Ich habe den Grund für seine Probleme schon anhand der medizinischen Symptome herausgefunden. Er leidet an einem chronischen Herzinfarkt. Morgen werde ich an ihm eine Herzoperation durchführen.«

»Was?« Wir waren sehr erstaunt.

»Ja! Ich werde seinen Brustkorb öffnen. Wer von Ihnen ist mit ihm verwandt? Hier muss man unterschreiben. Dieser Patient hat eine starke Herzschwäche. Er könnte morgen auf dem Operationstisch sterben. Dafür ist unser Krankenhaus nicht verantwortlich. Ja! Jetzt sagen Sie mir bitte, wer mit ihm verwandt ist, und unterschreiben Sie hier.« Er zog ein Formular aus der Akte heraus und schüttelte es vor unseren Augen hin und her.

»Niemand von uns ist mit ihm verwandt. Aber diese Operation dürfen Sie... dürfen Sie nicht machen!« Ein Begleiter protestierte mit zitternder Stimme.

»Was? Was haben Sie gesagt?« Der Arzt traute seinen Ohren nicht. »Ich darf in meinem eigenen Krankenhaus die Patienten nicht behandeln? Raus! Verschwinden Sie alle, sofort!«, schrie er uns an.

»Ja! Gehen Sie!« Die Krankenschwester schrie noch lauter.

»Nein, Sie gehen!« Ich wusste selbst nicht, woher ich den Mut nahm, so zu den beiden Menschen im weißen Kittel zu sprechen. »Bitte bringt die beiden von hier weg. Ich muss Wang, Ten Tong retten«, bat ich die anderen Männer.

»Tschü, tschü, geht raus!« Keiner der Besucher mochte den Arzt und die Krankenschwester, und sie schoben die beiden gemeinsam hinaus. Bevor diese begriffen hatten, was passiert war, standen sie schon draußen. Die Tür war hinter ihrem Rücken zugeschlagen worden. Sie schlugen wütend wie verletzte Löwen dagegen. Normalerweise durfte man

die Patientenzimmer nicht vor ihnen verschließen, doch die beiden konnten sie trotzdem nicht öffnen. Drei Männer stemmten sich von innen dagegen.
»Tong, tong … tong«, stieß die dicke Krankenschwester wie ein Panzer an die Tür. »Lassen Sie uns hinein, sonst rufen wir die Polizei!«, schrie sie von draußen.
Niemand im Raum wollte sich darum kümmern. »Schnell! Behandelt bitte unseren Bruder«, baten die drei Männer Liu Fong und mich, gleichzeitig drückten sie mit ihrem Rücken fest gegen die Tür.
Sun, Liu Fong brachte Wang, Ten Tong auf dem Bett wieder in eine sitzende Position. Ich hatte den Punkt auf seinem Du-Meridian auch gefunden und übertrug durch meine Hand Energie darauf. Es dauerte nur zwei Minuten: Zuerst bewegten sich die Finger des Patienten ein bisschen, dann öffnete er die Augen.
»Gut, sehr gut, du hast es geschafft!«, sagte Liu Fong begeistert.
»Danke schön! Vielen Dank!« Die Männer an der Tür freuten sich auch sehr. Jetzt standen sie dort ganz locker, vielleicht waren die Angreifer von draußen ja auch schon weg.
»Moment, die Sache ist noch nicht beendet. Ich muss die verbrauchte Energie durch seinen Mittelfinger hinausführen.« Ich verband zuerst meine Energie mit seiner und führte sie seinen Arm entlang bis zum Mittelfinger. Von dort ließ ich die verbrauchte Energie aus seinem Körper herausströmen. Am Anfang spürte ich einen eiskalten Strom von ihm durch die Hand kommen, doch langsam wurde es wärmer, immer wärmer.
»Warum rettest du mich?« Eine schwache Stimme drang an mein Ohr, während ich mich mit gesenktem Kopf auf die Behandlung konzentrierte.
»Warum? Ich … ich weiß selbst nicht. Vielleicht tue ich es für meinen inneren Frieden. Moment! Wang, Ten Tong! Bist du schon zur Besinnung gekommen?« Ich konnte es kaum glauben: Er war zurück! Seine Mausaugen schauten mich ganz direkt an, mit dankbarem Blick.
»He! Du bist wach!« »Schön! Großartig, großartig!« Seine drei Begleiter kamen sofort zum Bett.
»Ihr bringt mich bitte sofort weg von hier«, bat Wang seine Freunde mit leiser Stimme.
»Ihr solltet vielleicht dem Arzt Bescheid sagen«, schlug ich vor.

»Nein, gehen wir einfach. Ich nehme die Sache selbst in die Hand. Da Lee, nein, Meister Chen, Da Lee.« Wang hielt mühsam meine Hand. »Was du gerade mit dem Doktor gesprochen hast, habe ich alles gehört, obwohl ich mich nicht bewegen konnte. Ich… ich werde dich zu einem großen Essen einladen, im besten Restaurant. Ich verspreche es! Jetzt… jetzt lasst uns gehen.«
Wir gingen. Zwei seiner Begleiter stützten Wang, Ten Tong rechts und links, der Dritte nahm seine Sachen mit. Sun, Liu Fong und ich gingen hinterher. Wir sechs Männer gingen in den Korridor, zur Treppe, die nach unten führte. Interessanterweise versuchte niemand, uns daran zu hindern. Die Weißkittel machten automatisch Platz für uns, wenn wir vorbeikamen. Nur vor dem Haupttor begegnete uns ein Polizeiwagen, der mit Blaulicht und Sirene an uns vorbei ins Krankenhaus hinein fuhr.

2

In Shanghai, dieser modernen Metropole, gibt es ein Gebiet, das unverändert geblieben ist. Schon seit der Ming-Dynastie läuft die Zeit hier besonders langsam. In diesem Gebiet kann man noch überall kleine, aus Holz gebaute Häuschen mit glasierten oder schwarzen Dachziegeln sehen. Viele kleine Straßen ziehen sich wie ein Netz zwischen den Wohngebäuden und den Ladengeschäften hindurch. Die Läden, die man nicht mit den großartigen Kaufhäusern auf der Nanjing- oder der Huaihai-Straße vergleichen kann, haben alle eine lange Tradition und ihre Spezialitäten. Vom Juwelier bis zu den Bekleidungsgeschäften haben alle bekannte Namen. Eine der Geschäftsstraßen ist nur für Antiquitäten bekannt. In hundert verschiedenen Läden werden lauter Waren der gleichen Art verkauft: Alt. Je älter, desto besser. Wenn man vorbeikommt, zeigen die Leute gerne die Waren in ihrer Hand: Dieses Bild ist schon einhundert Jahre alt, dieses Porzellan einhundertfünfzig, und diese Jade ist mehr als zweihundert Jahre alt. Aber etwas wirklich Altes liegt unter den Füßen der fleißigen Verkäu-

ferinnen und Verkäufer. Nur haben sie es selbst noch nicht bemerkt. Es ist die Straße mit Kopfsteinpflaster, die vor mindestens fünfhundert Jahren gebaut wurde. Eine wunderschöne, künstlerische Arbeit: glatt, hart und gleichzeitig gefühlvoll. Im Sonnenlicht leuchtet die Farbe wie uraltes Gold, dunkelgelb. Aber im Regen zeigt sie sich wie Silber, von dunklem Weiß. Sie liegt einfach dort, unveränderlich und bewegungslos. Niemand will nach ihrem Wert fragen, alle lassen sie nur ihr eigenes Gewicht tragen. Einige hundert Jahre lang passiert immer das Gleiche. Nur eines wissen viele Leute nicht: Solche Straßen tragen auch menschliche Freuden und Schmerzen, unzählige Geschichten verbergen sich darin. Sie sind historische Beweise von Shanghai. Leider gibt es immer weniger kopfsteingepflasterte Straßen in dieser modernen Stadt, die sich wie verrückt weiterentwickelt. An ihre Stelle kommen viele Schnellstraßen und Autobahnen. Nur in diesem Viertel gibt es noch einige der alten Straßen, wahrscheinlich sind sie die letzten. Die schlauen Händler haben ihre Chance genutzt und auf einigen anderen alten Straßen viele Tee- und Kaffeehäuser gebaut, alle im Stil der Dreißigerjahre des letzten Jahrhunderts. Man muss sich über die Ausschmückung wundern, wenn man in ein solches Lokal hineinkommt. An den Wänden hängen vergilbte Fotos, Kalender und Bilder. Uralte Radios und Plattenspieler stehen in den Ecken. Aus den Lautsprechern tönen Schlager, die in der damaligen Zeit sehr populär waren.
Jeder weiß, hier kann man gute Sachen einkaufen und kulinarische Spezialitäten genießen.
Essen? Ja! Hier gibt es beste chinesische Küche und einige alte Restaurants mit sehr gutem Ruf. Jeden der acht bekanntesten Kochstile kann man in »Alt Shanghai« probieren. Wegen der vielen Besucher bekommt man heute leider nur noch sehr selten die Originalgerichte. Das ist eine Regel: Zu gutes Geschäft geht auf Kosten der Qualität. Nur fünfzehn Jahre früher habe ich hier in einem Restaurant sehr gut gegessen. Dieses Lokal gibt es heute noch: Es heißt »Grüne Wellen« und liegt an einem Teich voller grüner Lotusblätter.
Wang, Ten Tong hatte im ersten Stock neben dem Teich einen Tisch reserviert. Es war ein Tag zu Herbstbeginn im Jahr 1984. Ich saß neben dem Fenster, draußen begannen die Lotusblumen zu verblühen. Einige junge Samenkapseln hatten es zu eilig und waren schon zwischen den anderen Blumen herausgewachsen. Sie standen ganz hoch

über dem Wasser und wirkten im Kontrast zur Brücke noch reizvoller. Es war eine kleine Brücke mit neun Wendungen, die aus Holz gebaut war. Sie begann auf der Seite, auf der ein bekanntes Nudellokal lag, das als Spezialität »Xiao Long Bao Ze« anbot, und schwamm im Zickzack wie eine Schlange über die Wasserfläche bis zur Mitte des Teiches. Dort verband sie sich mit einem großen Teehaus. Dieses Teehaus nennt man »Hun Xin Ting«; das bedeutet »Teepavillon in der Mitte des Sees«. Aber hier war kein See, nur ein kleiner Teich, und der Pavillon lag nur ein paar Meter weit vor meinen Augen; dazwischen waren der Lotus und Goldfische im Wasser. So einen schönen Namen konnte man nur mit intelligenter Phantasie erfinden.

»Brüder, lasst uns auf meinen Meister anstoßen!« Wang, Ten Tong stand auf. In seiner Hand hielt er ein Glas voll von bestem chinesischem Schnaps: »Moutai«. Um den großen runden Tisch saßen acht Männer. Außer Sun, Liu Fong und mir waren es alle seine Kumpane. Er hatte den besten Platz in der »Grünen Welle« reserviert. Dieser Tisch stand gerade am Fenster. Viele Vorspeisen wie Quallensalat, Huhn- und Gurkensalat, Kieferblüten, Eier wurden schon von den Kellnern aufgetragen.

»Moment, Moment! Seit wann bin ich dein Meister?« Ich stand ebenfalls auf. Nur das Glas blieb noch auf dem Tisch.

»Seit heute! Hier ist mein Anmeldungsbrief.« Er nahm einen roten Briefumschlag aus seiner Tasche. »Mein Geburtsdatum und Tierkreiszeichen stehen auch darin.«

»Und hier sind unsere Anmeldungsbriefe.« Die fünf anderen Männer nahmen ebenfalls rote Umschläge in die Hand.

Ich war fassungslos. Eigentlich hatte ich geglaubt, er wollte mich nur zum Essen einladen wegen der Behandlung einige Monate zuvor. Aber so, wie es jetzt aussah, sollte vor meinen Augen eine Aufnahmezeremonie ablaufen.

»Ihr … ihr sollt nicht bei mir lernen, weil … weil ihr alle gute Gong-Fu-Kämpfer seid.« Ich wusste nicht, wie ich ihnen absagen sollte. In meinem Kurs lernte man Qi Gong und Tai Chi normalerweise nur für die Gesundheit, und es herrschte eine ruhige und ganz friedliche Atmosphäre dort. Die Kämpfer mit ihren furchtbaren Muskeln und der aggressiven Energie passten überhaupt nicht zu uns.

»Sind wir zu primitiv, um deine Schüler zu werden? Vielleicht glaubst

du, dass wir zu primitiv sind?« Wang, Ten Tong schaute mir in die Augen und ich sah die Enttäuschung in seinem Blick. Seine rechte Hand mit dem Glas sank ganz langsam nach unten.
»Nein, nein, das habe ich nicht gemeint.« Ich wehrte mit beiden Händen ab.
»Dann stoßen wir an.« Mausauge erhob sein Glas erneut.
Mir blieb nichts anderes übrig, als zu tun, was er verlangte. *Tang* trafen sich unsere beiden Gläser. *Tang, tang …*, diesmal stießen acht Gläser mit Moutai-Schnaps zusammen an.
»Gut, gut, jetzt bist du unser Meister.« Wang, Ten Tong freute sich sehr. Nachdem wir uns gesetzt hatten, belud er meinen Teller mit Speisen.
»Aber Da Lee hat noch nichts dazu gesagt«, mischte sich Sun, Liu Fong ein. Ich wusste ganz genau, dass er solche Typen ungern im gleichen Kurs hatte.
»He, was ist mit dir los? Er hat doch schon mit uns angestoßen. Also hat er uns aufgenommen. Stimmt das, Meister?« Ein Mann von großer Statur und mit dicken Muskeln klopfte mir auf die Schulter. Er saß rechts neben mir, einen Platz weiter war Sun, Liu Fong. Der Gastgeber Wang, Ten Tong saß links von mir. Er schien ganz zufrieden mit den Worten seines Begleiters zu sein. *Ka za za, ka za za …*, spielte er wieder mit den Kugeln in seiner Hand und wartete lächelnd auf meine Antwort.
»Sagt mir bitte eins: Warum wollt ihr auf jeden Fall Tai Chi und Qi Gong bei mir lernen?« Ich schob die Hand des Muskelmanns von meiner rechten Schulter herunter. Es tat ein bisschen weh.
»Tai Chi Chuan?« Er riss seine Tigeraugen auf. »Nein! Wir wollen nur Qi Gong lernen. Du hast letztes Mal nur mit einem Finger einmal auf unseren alten Bruder gedrückt, und schon musste er auf dem Boden liegen. Toll! Diese Fähigkeit müssen wir lernen. Stimmt's?«, fragte er seine Leute. Alle nickten.
»Gut, ihr wollt also nur Qi Gong lernen? Aber ich darf euch nicht die Kampftechnik von Qi Gong beibringen.«
»Warum nicht?«, fragten die Männer gleichzeitig.
»Weil wir Qi Gong nur für die Gesundheit lernen und üben. Übrigens, um solche Fähigkeiten …«, ich hielt den rechten Zeige- und Mittelfinger in die Luft, »… zu erlangen, muss man ungefähr zehn Jahre lang üben und viele Bücher lesen.«

»Was? Zehn Jahre lang lernen und Bücher lesen? Wir machen erst zwei, drei Jahre lang Gong Fu und haben schon Erfolg!« Tigerauge zeigte mir seine kräftige Faust. »Zehn Jahre? Nein, das ist zu lang für uns. Ich lese auch nicht gerne Bücher. Ihr auch nicht, oder?« Einige Männer schüttelten die Köpfe.
»Ich glaube, ihr solltet nicht bei mir lernen. Hier sind eure Umschläge zurück, bitte!« Ich verteilte die roten Briefe.
»Warte! Meiner bleibt noch bei dir.« Wang, Ten Tong schob mir seinen Umschlag zu. »Ich habe diese Geduld.« An unserem Tisch war es sofort ruhig. Er sprach mit ganz sicherer Stimme, jeder von uns glaubte ihm unbesehen.
Ich schwieg einige Zeit. Es war nicht nötig, noch einmal nach dem Warum zu fragen. »Ja, gut. Aber zwei Bedingungen stelle ich dir.«
»Sag mir einfach, was.«
»Erstens: wenn du zum Kurs kommst, sollst du dich nicht von deinen Brüdern begleiten lassen. Weißt du, bei uns gibt es viele ältere Leute, und auch Kranke. Wenn drei, vier muskulöse Männer mit kämpferischer Energie auftauchen, macht das meine Schüler nervös.«
»Das ist kein Problem. In Zukunft komme ich allein. Und die zweite Bedingung?« *Ka za, ka za, ka za,* rollten die Kugeln in seiner Hand.
»Die zweite Bedingung ist gerade das.« Ich zeigte auf seine Hand. »Du sollst diese Kugeln nicht zu uns bringen. Solche großen Dinger aus Stahl machen den anderen Angst.«
»Darf ich nicht mehr damit spielen? Das ist eine sehr wichtige Übung für das Adlerboxen.« Er hielt die Kugeln in seiner Handfläche an und schaute mich mit überraschtem und scharfem Blick an.
»Doch, du darfst deine Übungen immer machen, nur nicht in unserem Übungssaal.«
»Das ist auch kein Problem.« Die Kugeln drehten sich wieder in seiner rechten Hand, seine linke Hand streckte sich in die Luft. »Herr Ober, die Hauptspeise bitte, warum dauert das so lange?«
»Sie kommt gleich.« Der Kellner, ein Mann mittleren Alters, trug die traditionelle blaue Kellnerjacke mit rundem Kragen und langen Knöpfen aus Baumwollstoff. Wahrscheinlich war er schon lange in seinem Job: Die unhöfliche Behandlung machte ihm nichts mehr aus, er zeigte immer noch sein lächelndes Gesicht. Natürlich nur beruflich! Er kam zu uns und räumte die Teller voller Knochen und Gräten weg. Er

kam in Begleitung eines jungen Kellners wieder aus der Küche. Sie schleppten Schüsseln voller Spezialitäten aus Shanghai. An unserem runden Tisch stieg sofort ein verführerischer Duft auf: von Hühnergeschnetzeltem mit Bambussprossen, Schmorfleischklößen, süßsaurem Fisch und vielem mehr. »Das ist unsere bekannteste Speise: gebratenes Garnelenfleisch.« Der ältere Kellner stellte seinen letzten Teller ab. »Wir nehmen dafür nur lebende Süßwassergarnelen; zuerst wird die Haut entfernt, dann ...«

»Ah, so sieht das also aus!«, unterbrach ihn Wang, Ten Tong. »Ich habe gehört, solches Fleisch könnte dreimal hoch springen, wenn man es auf den Tisch wirft. Zeig uns das einmal, bitte.«

Er schlug die Beine übereinander und schielte auf den Kellner, in der rechten Hand die Stäbchen und in der linken seine Kugeln.

Dieser arme Kellner hatte zwar lange Erfahrung mit dem Bedienen, aber so eine Aufforderung und so eine merkwürdige Sitzposition wie von Mausauge erlebte er wohl zum ersten Mal. »Nein, nein!«, schüttelte er sofort den Kopf. »Das kann ich nicht zeigen. Bitte langsam essen! Gutes Genießen!« Er ging.

»Dann mach ich das selbst!« Wang, Ten Tong nahm ein Stück Garnele zwischen seine Stäbchen und warf es auf den Tisch. »Pong, pong!« Tatsächlich sprang es in die Höhe.

»Nur zweimal!« Mausauge zeigte sich enttäuscht.

»Lass es mich probieren!« »Ja, ich will auch!«, riefen die anderen Männer. Und schon sprangen etliche Garnelen zwischen den Tellern auf dem Tisch herum. Gleichzeitig fingen die Männer laut an zu lachen, so laut, dass die Blicke von allen Tischen sich auf uns richteten.

»Sünde, Sünde!« Eine alte Dame, die am Nebentisch saß, schüttelte nur den Kopf.

»Aufhören, aufhören! Das ist zu schade!« Sun, Liu Fong konnte sich nicht mehr zurückhalten. Er hielt mit beiden Händen die Hände seiner Nebensitzer fest.

»Ja, genug. Wir haben schon den Beweis, dass alles ganz frische Garnelen sind, sonst wären sie unmöglich so elastisch. Bitte aufhören! Mit dem Essen soll man nicht spielen.« Ich musste auch etwas sagen. Mein Herz tat ein bisschen weh, denn ich dachte an meine Kindheit zurück, als meine Großmutter noch lebte. Sie ließ mich jedes Mal die Reiskörner, die von meinem Mund und meinen Stäbchen auf den Tisch

gefallen waren, wieder in die Schale zurücknehmen. Manchmal senkte sie ihren weißhaarigen Kopf unter den Tisch und steckte einige Reiskörner vom Boden mit ihrer faltigen Hand in den eigenen Mund.
»Da Lee, weißt du, die Bauern haben sich mit dem Reis sehr viel Mühe gegeben.« So oft hatte sie mir das erzählt!
Endlich warfen die Männer die Garnelen nicht mehr auf den Tisch, sondern in ihren Mund. Und nicht nur die, sondern das andere Fleisch und Gemüse auch. Alle Männer, die am Tisch saßen, trainierten fast täglich körperlich. Jeder von ihnen hatte einen großen Magen und sie aßen wie der Wind, der die letzten Wolkenfetzen hinwegjagt. Ganz schnell waren die Teller leer.
Die Küche von Shanghai schmeckte mir ebenfalls ausgezeichnet. Man kocht hier nicht so scharf wie in Sichuan, aber auch nicht so süß wie in Suzhou. Man versucht nur, den Eigengeschmack der Speisen hervorzuheben. Gewürz wird so wenig wie möglich verwendet, deshalb steht Frische an erster Stelle. Die rohen Zutaten müssen ganz frisch sein! Toter Fisch oder gefrorenes Fleisch stehen auf der Verbotsliste. Wenn der Gast vor solchen Speisen sitzt, genießt er zuerst mit den Augen, dann mit Nase und Mund.
Die Suppen gefallen mir immer am besten. Sie enthalten nicht, wie in Nordchina, sehr viele Gewürze und sind von dunkler Farbe; auch haben sie nicht viele Bestandteile wie im Süden oder in Hongkong. Die Shanghai-Suppen sind leicht und zart. Die Brühe ist so klar, dass man bis auf den Grund der Schale sehen kann, und schmeckt perfekt. Nur Gott weiß, wie die Köche das so gut schaffen können.
Aber als der Kellner die Suppe in einer großen Terrine zu uns brachte, ärgerte sich unser Gastgeber. *Pa!*, schlug er mit der Handfläche auf den Tisch. »Warum bringst du jetzt schon die Suppe zu uns?« Seine kleinen, runden Augen traten fast aus den Höhlen, so starrte er den älteren Mann an. Dann blickte er vorwurfsvoll auf den Tisch, wo ungefähr zehn leere Teller standen. Jeder wusste, dass die Suppe der letzte Gang war. Danach kamen keine weiteren Speisen. Aber diese Gäste waren wie Löwen und Tiger. Wir hatten alles gefressen außer den Tellern, die aus Porzellan waren. Wang, Ten Tong befürchtete, dass er sein Gesicht verlor: Man könnte glauben, der Gastgeber wäre geizig, wenn zum Schluss nichts mehr auf den Tellern übrig blieb. »Wir brauchen noch mehr Speisen!«, schrie er dem Kellner entgegen.

»Aber, aber, Sie haben … haben nichts mehr bestellt.« Der arme Kellner stand fassungslos da, die Suppenterrine in den Händen.
»Schon gut, schon gut, ich bin fast satt, die Suppe kommt gerade richtig.« Ich half dem Mann, die Suppe auf den Tisch zu bringen. Als Hauptgast sollte ich mich höflicherweise darum kümmern, dass der Gastgeber sein Gesicht wahren konnte. »Ich glaube, wir brauchen nur noch einen leichten Imbiss, das ist dann schon in Ordnung. Die kleinen Nudeln hier aus der ›Grünen Welle‹ sind sehr bekannt. Du kannst das für uns als Nachtisch bestellen, oder?«, fragte ich in die Runde.
»Ja, ja.« Sie nickten alle, wenn auch teilweise widerwillig.
»Gut, gebt mir die Karte.« Wang, Ten Tong winkte dem Kellner mit der Hand. »Ach nein, sag uns einfach, was ihr habt.« Er ließ sich wieder auf den Stuhl sinken.
»Was wir haben? Wir haben sehr viele Nachtische, zum Beispiel Reisbrei mit Lotuskernen, Reismehlklößchen mit süßer Füllung, Obstsalat …«
»Das ist alles süß. Haben Sie Xiao Long Bao Ze?«, mischte sich Sun, Liu Fong ein.
Ich wusste, dass er diese Frage nicht nur seinetwegen, sondern auch meinetwegen stellte, weil er oft von mir gehört hatte, wie gern ich diese Bao Ze aß.
»Bao Ze? Nein, die haben wir nicht. Aber gegenüber, bei der Brücke …«, der Kellner zeigte mit dem Finger zum Fenster nach draußen. »Dort liegt das Spezialitätenrestaurant für Xia Long Bao Ze. Wir können sie liefern lassen.«
»Ja, dann lass sie hierher liefern.« Der Gastgeber drehte seine Kugeln wieder auf der Handfläche.
»Ja, gut. Wie viele?«
»Hundert!«
»Hundert? Gut, ich rufe dort an. Und möchten Sie noch süßen Nachtisch?«
»Ja, natürlich!« Dieser Wang, Ten Tong war wirklich kein freundlicher Typ. Er sprach extra laut. Vielleicht glaubte er, dass er dadurch sein Gesicht wiedererlangen könnte.
Der arme Kellner verschwand. Als er wieder zurückkam, schob er einen kleinen Wagen, auf dem acht Stückchen süßer Nachtisch aus Reisbrei mit Lotuskernen und ein wenig Teegebäck lagen. Gleichzeitig

sah ich durch das Fenster eine junge Frau und einen Mann am Teich entlang auf unser Restaurant zukommen. Beide trugen weiße Kellnerkleidung und hielten aufeinandergestapelte Behälter aus Bambus in den Händen. In der Menschenmasse fielen sie sofort auf.
Sie kommen bestimmt wegen der Xiao Long Bao Ze zu uns, dachte ich.
Tong, tong, tong, rannten die beiden die Treppe hinauf und kamen dann an unseren Tisch.
»Haha, danke schön, danke schön.« Ich stand sofort auf und half den Kellnern, auf dem Tisch Platz für die heißen Behälter zu schaffen. Jeder konnte sehen, wie begeistert ich von diesen kleinen runden Dingern war. Sie schmeckten himmlisch, vor allem die aus dem Restaurant, das an der »Zick-Zack-Brücke« lag. Ich hatte sie dort schon ein paar Mal probiert, einfach gut. Es wunderte mich immer sehr, wie man es schaffen konnte, dass in dem fast durchsichtigen Nudelteig der Fleischkern in der Brühe schwamm. Es waren die bekanntesten Xiao Long Bao Ze, mit vollem Namen hießen sie Nan Qiang Xiao Long Bao Ze. Keine anderen chinesischen Bao Ze enthielten so viel leckere Brühe.
»Das ist mein Lieblingsgericht.« Angesichts dieses schmackhaften Essens kümmerte ich mich nicht mehr um Tischsitten. Ich nahm schnell die Stäbchen und steckte eine Bao Ze in den Mund; obwohl sie sehr heiß war, versuchte ich sie zu genießen. Dabei nuschelte ich: »Nur der Teufel kann wissen, wie man die mit so guter Brühe machen kann.«
»Das kann man sehr einfach erfahren. Lass es die beiden doch erklären.« Mausauge schlug das rechte Bein über das linke und zeigte mit zwei Fingern auf die beiden Kellner. »He! Mein Meister will wissen, wie man das mit diesen Dingern macht. Sagt es uns bitte.«
Die Kellnerin flüchtete, ohne sich zu verabschieden. Wahrscheinlich fand sie die Männer hier ganz ungehobelt und furchtbar aggressiv.
»Lass nur, lass nur, ich muss das nicht wissen«, wehrte ich ab.
»Doch, du sagst es uns.« Wang, Ten Tong zeigte mit dem Finger erneut auf den jungen Kellner, der noch dastand und uns mit begeistertem Blick ansah. Menschen sind interessant. Zwei Menschen können von der gleichen Sache einen ganz unterschiedlichen Eindruck haben. Schon auf den ersten Blick sind die Gefühle der Menschen unterschiedlich. Was der eine schrecklich findet, ist für den anderen wun-

derschön. Der Junge in der weißen Kellnerjacke war von den Männern mit dem kämpferischen Gebaren sehr beeindruckt. »Was bekomme ich, wenn ich es sage?« Er lachte ein bisschen.
»Was du bekommst? Gut! Ich sage es dir.« Mausauge legte seine Beine jetzt einfach auf den Tisch. »Ich habe drei Tische auf dem Fischmarkt am Hafen. Du kommst morgen früh zu mir und suchst dir zwei so große Fische aus; die kannst du mit nach Hause nehmen.« Er hielt seine Hände ungefähr einen Meter weit auseinander. Dann zeigte er etwas anderes. Mit der rechten Hand nahm er ein Glas vom Tisch und drückte es fester und fester. »Oder du bekommst das.« Er atmete einmal ganz tief ein, dann schrie er laut: »He!« Sofort war das Glas unter seiner Hand zersprungen. Die winzigen Glassplitter rieselten wie Mehl auf den Tisch. »Hong!«, schrien alle Männer gleichzeitig. Einige hielten den Daumen nach oben, als Zeichen der Anerkennung. Das war eine außergewöhnliche Hand, deren Kraft durch das Adlerboxen und die Übungen mit den Stahlkugeln entstanden war. Sie konnte fast alles zerstören und blieb selbst unverletzt.
»Gut, ich sage es euch, ich sage es euch. Dieses Know-how ist sowieso schon bekannt.« Der Junge war ganz aufgeregt. Seine Erklärung dauerte nicht lange. Ob er am nächsten Morgen tatsächlich zum Fischmarkt gekommen ist, weiß ich allerdings nicht.
Unser Essen nahm seinen Fortgang. *Pa.* Wang, Ten Tongs Hand schlug auf meine Schulter. Seine Mausaugen schauten schelmisch. »Da Lee, ich habe eine Idee. Wir sollten Blutsbrüderschaft schließen. Ich bin im Jahr 1954 geboren. Mein Tierkreiszeichen ist Pferd, du bist Hahn und drei Jahre jünger als ich. Wenn du willst, trinken wir diesen Schnaps zusammen.« Er zeigte mir das neue Glas in seiner Hand. »Dann bin ich von heute an dein älterer Bruder. Ich kümmere mich um alles, was dich betrifft, dein Problem ist auch mein Problem. Ich helfe dir zukünftig mit all meinen Möglichkeiten. Na, willst du?« Er hielt sein Glas sehr nahe an mein Gesicht.
Dieses Angebot nahm ich nicht an. Natürlich musste ich ihm erklären, warum nicht. »Belassen wir es zunächst bei der Beziehung zwischen Schüler und Lehrer.« So sagte ich ihm zum Schluss.
Dann genoss ich die erstklassigen Xiao Long Bao Ze. Sie schmeckten mir sehr gut. Schade, dass ich zur Zeit nicht in Shanghai wohne, denn so etwas kann man woanders schwer bekommen. Aber zum Glück

habe ich das Rezept erfahren, deswegen kann ich sie selbst herstellen: Erst muss man den Kern gut vorbereiten. Man besorge sich frisches Hackfleisch vom Schwein und vermische es mit Sherry, Salz und kleingehackten Lauchzwiebeln. Dann kommt das Wichtigste: Man hackt ein Stück gekochte Schweinehaut und mengt alles zusammen. Danach werden kleine Klößchen in Nudelteig gepackt und anschließend über Dampf gegart. Die ungewohnte gehackte Haut spielt eine ganz wichtige Rolle. Sie macht den Kern elastisch und sorgt für eine leckere Brühe.

3

Meine Kurse liefen gut, sehr gut. Morgens war es immer voll im Saal, egal, ob das Wetter gut oder schlecht war. Die Schüler übten sehr fleißig Qi Gong und Tai Chi, den Wert der Übungen erfuhr jeder durch die positiven Veränderungen am eigenen Körper. Kaum jemand, der eine Weile bei mir war, konnte das einfach vergessen. Nach den Übungen wollten viele Leute diesen Saal noch nicht gleich verlassen. Einige Teilnehmer brachten jedes Mal eine Thermoskanne mit Tee von zu Hause mit und machten eine Teeparty. Sie plauderten und lachten zusammen. Langsam entstand eine besondere Atmosphäre. Eine Atmosphäre, in der die Menschen sich wohlfühlten und automatisch gut beeinflusst wurden. Leider musste sich etwas verändern.

»Herr Chen, Herr Chen, Da Lee!«, schrie die Chefin des Sportzentrums von hinten. Sie war etwa fünfzig Jahre alt und hatte eine freundliche Ausstrahlung. Auf ihrem Gesicht stand immer ein Lachen.

Doch heute spürte ich, dass etwas nicht stimmte. »Herr Chen, ich muss Ihnen etwas sagen. Sie wissen schon, dass unser Land sich seit der Reformation und der Öffnungspolitik sehr stark verändert hat. Überall wird neu gebaut…«

»Chefin Liu, bitte sagen Sie mir direkt, was los ist.« Ich wusste, dass diese politische Sekretärin sehr schwer aufhören konnte, wenn sie ein-

mal begonnen hatte, über die Lage des Landes und der Welt zu erzählen.
»Ja, gut. Sie wissen schon, Genosse, o nein!, Herr Chen. Ja, jetzt ist es modern, die Leute mit ›Herr‹ anzureden. Unser Sportzentrum hat sich sehr gut entwickelt, immer mehr Leute kommen. Aber wir sind noch von dem entfernt, was von oben gefordert wird, vom Parteikomitee. Wir müssen uns noch darum bemühen …«
»Frau Chefin Liu, bitte kommen Sie zur Sache. Der Kurs ist schon beendet, ich muss in meine Firma gehen.« Ich schaute demonstrativ auf die Uhr.
»Gut, gut, kommen wir zur Sache. Herr Chen, Sie wissen, dass unser Land gerade eine Phase der Modernisierung durchläuft. Unser Sportzentrum muss das auch mitmachen. Dieser Saal …« Sie wies auf das große Gebäude, aus dem ich gerade gekommen war. »Dieser Saal ist schon zu alt. Wir müssen ihn renovieren lassen, deshalb … deshalb muss ich den Mietvertrag mit Ihnen leider auflösen.«
»Warum, wenn renoviert werden muss, können meine Schüler und ich warten.« Ich wunderte mich sehr über ihre Worte und betrachtete sie genau. Was war heute nur mit ihr los?
Sie trug wie immer ein geschmackloses weißes Hemd und einen langen schwarzen Rock, und sie lächelte wie immer. »Herr Chen, ich muss Ihnen sagen, dass die Vertragslösung von meinen Vorgesetzten verlangt wird. Ich habe mich schon für Sie eingesetzt, damit Sie nicht sofort aufhören müssen. Jetzt haben Sie noch einen Monat Zeit.« Sie schaute mich mitfühlend an. »Ja, ich weiß, Ihre Kurse laufen sehr gut. Ihre Schüler brauchen diesen Saal auch …«
»Wir haben einen Fünfjahresvertrag für ein paar Stunden wöchentlich morgens. Weiß Ihr Chef das nicht?« Ich schrie sie an. Es war kaum zu glauben, was sie getan hatte.
»Ich weiß, ich weiß, aber … aber das ist eine Entscheidung von oben. Ich, ich konnte auch nichts dagegen tun.« Sie hielt mir beide Hände hin. »Wir machen es so! Sie gehen erst mal in Ihre Firma. Morgen kommen Sie in mein Büro. Dann reden wir in Ruhe weiter.« Sie ging, ich auch.
Am nächsten Tag informierte ich zunächst meine Schüler über die neue Lage. Niemand wollte das Vorhaben der Funktionäre akzeptieren, denn alle wussten, dass wir einen Vertrag über fünf Jahre abge-

schlossen hatten. Aber nun war nach nur zwei Jahren alles blockiert. Hoffentlich war das nur ein Witz. Doch als die Leute merkten, dass ich keinen Spaß gemacht hatte, ärgerten sich alle. »Das ist kaum zu fassen! Wie können sie so etwas machen? Vertrag ist Vertrag! Sie müssen ein bisschen Vertrauen haben. Wir sollten gemeinsam zur Chefin gehen und mit ihr sprechen«, schlugen mir einige vor.

»Es hat keinen Sinn, dorthin zu gehen.« Ein Mann hielt die Leute zurück. »Ich arbeite als Beamter im Stadtbezirk, ja, als kleiner Beamter. Ich habe dort gehört, dass ein großer Händler sich für diesen Saal interessiert. Er hat einige unserer Vorgesetzten zum Essen eingeladen, um die Erlaubnis zu erlangen, aus dem Saal ein Karaoke-Haus zu machen. Ich glaube, dass er auch viel Geld dafür bezahlt hat. Jetzt scheint es so, als ob er es geschafft hat. Die Sache mit dem Renovieren muss man nicht glauben, das ist nur eine Ausrede.«

»Wie heißt dieser Händler?« Das Feuer des Ärgers brannte in mir.

»Zhou, Fa Zei.«

»Mein Himmel, er ist sehr bekannt!«, rief Sun, Liu Fong.

»Kennst du ihn?«, fragte ich.

»Nicht persönlich. Aber hast du seinen Namen noch nicht in der Zeitung gelesen? Er kommt von Hongkong, ein großer Investor.«

»Ja, ich habe auch schon oft von ihm gehört«, mischte sich ein Junge ein. »Nur eins verstehe ich nicht. Dieser Typ hat schon fünf Karaoke-Häuser in Shanghai eröffnet. Warum will er auch noch diesen Saal haben?«

Wer konnte das verstehen? Niemand von uns. Einige Tage später hatte ich über seine Sekretärin einen Termin mit diesem großen Händler in einem seiner Karaoke-Häuser ausgemacht. Ich wollte den Mann kennenlernen und von seinem Vorhaben abbringen. In so einer großen Stadt konnte er überall ein Lokal eröffnen! Warum musste er unbedingt diesen Saal haben?

Das Karaoke-Lokal lag an einer bekannten Geschäftsstraße, der Huaihai-Straße, in einem Gebiet, in dem es keine Nacht zu geben schien. Wenn man nachts dorthin kam, schienen einem Tausende von Neonlichtern entgegen und verwirrten die Sinne. Zur Zeit der ausländischen Niederlassungen gehörte es zu Frankreich. Aus dieser Zeit stammten auch die Platanen und der französische Stil der Gebäude.

Im ersten Stock eines neuen, großen Gebäudes fanden wir das Lokal. Zwei hübsche Mädchen in roten Kleidern standen neben der goldfarbenen Tür. Sun, Liu Fong ging zu ihnen. »Wir haben einen Termin mit Ihrem Boss.«
»Herzlich willkommen«, begrüßten sie uns gleichzeitig mit einer Verbeugung. Eine von ihnen begleitete uns hinein. Drinnen war es dunkel, obwohl wir erst Nachmittag hatten und draußen die Sonne schien. Der Raum schien von der Außenwelt isoliert zu sein. Die ständig wechselnden roten und blauen Lichter schufen eine geheimnisvolle Atmosphäre. Das Mädchen führte uns weit in den Raum hinein, zwischen vielen Tischen hindurch, an denen die Gäste saßen.
Langsam gewöhnten sich meine Augen an das düstere Licht, sodass ich genauer sehen konnte. Es wunderte mich sehr, dass hier alles so luxuriös war.
»Sie beide setzen sich zuerst hierhin, ich bitte unseren Chef her.« Das Mädchen wies auf einen Tisch an einem halbrunden Sofa. Ich bemerkte, dass es aus schwarzem Leder war, ebenso wie die anderen Sitzgelegenheiten in diesem Raum. Es war sehr tief und breit, ganz bequem für meinen Hintern.
»Ha, Sie kommen zu zweit, ja?« Ein Mann in rotem Jackett und weißer Hose trat auf uns zu, hinter ihm zwei junge Frauen, die dick geschminkt waren und sich aufreizend bewegten.
»Ja, darf ich vorstellen: Das ist mein Freund, Sun, Liu Fong.« Ich stand auf und machte uns miteinander bekannt. Liu Fong hatte mir sehr viel geholfen, deshalb nahm ich ihn gern überall hin mit.
»Wir haben uns schon mal gesehen, oder?«, fragte Sun, Liu Fong den Besitzer des Lokals, nachdem wir uns wieder gesetzt hatten. Gleichzeitig trat er mich unter dem Tisch.
Es stimmte! Im Licht der kleinen Tischlampe erkannte ich ihn auch wieder. Er hatte einmal eine Probestunde in unserem Qi-Gong-Kurs gemacht. Allerdings hatte er damals besser Hochchinesisch gesprochen und war sportlich gekleidet gewesen. Gerade eben hatte er in starkem Hongkong-Dialekt gesprochen. Auch sein Haarstil war verändert, das Haar war in Wellen gelegt und glänzte fettig im Schein der Tischlampe.
»Ja, ja, ja. Ich hatte schon lange von Ihnen gehört, deshalb war es für mich eine Ehre, bei Ihnen etwas zu lernen.« Sein rundes Gesicht verzog sich in einem breiten Lachen.

»Aber Sie haben spioniert! Unter dem Vorwand, etwas lernen zu wollen, kamen Sie in unseren Saal und haben uns beobachtet. Jetzt wollen Sie den Saal einfach kaufen und uns hinausjagen. Ist das gut?« Ich war sauer. Dieser Mann aus Hongkong nahm alles, was er wollte, nur weil er viel Geld hatte.
»Herr Chen, bitte nicht böse sein. Ich will diesen Saal nicht kaufen, nur mieten; ja, ja, mieten für eine schöne Sache.« Er gab seinen beiden Begleiterinnen ein Zeichen. Sie setzten sich sofort ganz dicht neben Liu Fong und mich. Ihr duftendes Parfum erfüllte meine Nase. An meinen rechten Arm schmiegte sich etwas, das elastisch, warm und weich war. Lieber Himmel! Es war der Busen der Frau, die neben mir saß. Sie hatte nur wenig an, lediglich ein weißes Unterhemd und einen kurzen, roten Rock. Dieses Unterhemd war vermutlich aus Seide, sehr hautfreundlich, aber es machte mich trotzdem ganz nervös. Ich wich nach links aus, aber ihr Körper folgte. »Was willst du trinken? Ich trinke gerne Martini rot, du auch?« Ihre Stimme klang sexy, gleichzeitig spürte ich ihre Hände an meiner rechten Schulter. Sie hängte sich mit dem Oberkörper einfach auf mich. Woher hatte sie so großen Mut, dass es mir peinlich sein musste?
Liu Fong hingegen fühlte sich ganz wohl. Er begann sofort, mit dem anderen Mädchen auf dem Sofa gegenüber zu schmusen. Er hatte bestimmt schon sehr viele solcher Situationen erlebt.
»Ja, was wollen Sie trinken? Martini mit Eis?« Diesmal fragte der Lokalbesitzer. Er saß im Dämmerlicht und beobachtete uns. Auf seinem runden Gesicht zeigte sich ein Lachen voller Stolz auf sich selbst.
»Ja, gern!« Sun, Liu Fong drehte seinen Mund vom Gesicht des Mädchens weg zur Seite, um zu antworten, und wandte sich ihr dann sofort wieder zu.
»Herr Zhou, ich bin heute hierhergekommen, um …« Das hier gefiel mir nicht ganz. Plötzlich wurden wir wie seine Stammkunden behandelt. Was wollte dieser reiche Mann? Er sollte nicht vergessen, warum ich heute in sein Lokal gekommen war. Deshalb wollte ich dringend mein Anliegen vortragen. Aber ich wurde von ihm unterbrochen.
»Ja, ja. Sie sind zum ersten Mal bei uns. Bitte genießen Sie erst einmal etwas.« Der Lokalbesitzer lachte mich sehr freundlich an. Dagegen konnte ich gar nichts machen, ich musste einfach sitzen bleiben und mich ein bisschen mit der Dame neben mir amüsieren.

Unsere Getränke kamen, gleichzeitig klang schöne Musik aus modernen Stereolautsprechern. Die Tischlampen wurden dunkler, und im Gegensatz dazu wurde die Mitte des Raumes heller. Einige Lichter sammelten sich dort wie auf einer Bühne. Eine junge Frau kam in die Mitte, nahm ein Mikrofon und begann dann zu singen. Vor ihren Augen war ein riesiger Bildschirm, auf dem sich ein Liebespaar auf der grünen Wiese küsste.

Eine junge Kellnerin brachte uns zwei große Karten. »Bitte wählen Sie.« Sie lachte sehr süß.

Ich öffnete eine Karte und wunderte mich. Es war keine Liste von Speisen, sondern von Liedern. Ich legte sie sofort auf den Tisch zurück. »Nein, das ist nichts für mich.«

»Aber ich habe etwas gefunden. Dieses Lied gefällt mir: ›Der Weg zur Heimat‹.« Sun, Liu Fong zeigte es dem Mädchen.

»Herr Chen, Sie sollen auch eines auswählen.« Der Besitzer des Lokals, Zhou, Fa Zei, hielt mir bittend die Hände entgegen, eine dicke Zigarre zwischen den Fingern haltend.

»Nein, ich singe nicht gern.« Ich schüttelte die Hand.

»Probieren Sie es einmal. Sie haben starke Energie, Sie können bestimmt gut singen. Lassen Sie uns genießen! Ich mache meine Ohren ganz weit auf.«

»Ja, dieses Lied kannst du bestimmt gut singen.« Das Mädchen neben mir zeigte auf ein Lied.

»Der Mond symbolisiert mein Herz? Nein, das ist ein Frauenlied. Ich kann nicht...«

»Doch, jeder kennt es. Du kannst bestimmt gut singen.« Ihre Hände lagen wieder auf meiner Schulter.

Die Kellnerin hatte meine Antwort gar nicht abgewartet und war schon mit der Karte weggegangen.

Wieder ertönte Musik, und Sun, Liu Fong ging in die Mitte, um zu singen. Dieser Typ überraschte mich wirklich. Wir kannten uns schon so lange, aber ich hatte noch nie bemerkt, dass er so geschickt mit Karaoke umgehen konnte. Er stand ganz natürlich dort. Das Mikrofon, das viele Menschen nervös machen konnte, behandelte er wie ein Spielzeug. Er ließ es links und rechts zwischen seinen Händen umherspringen. Seine Stimme? Mein Himmel! Seit wann hatte er so eine gute Stimme, dass ich meinen Ohren nicht mehr traute? Die Lautsprecher

halfen ihm sicher sehr viel, und er selbst musste ganz bestimmt ein Stammkunde in solchen Lokalen sein. Die Musik ging langsam zu Ende, und Liu Fong hörte auf zu singen. Lauter Beifall explodierte im Raum. Er kam wie ein Held zu seinem Platz zurück.
»He du! Du bist Klasse!« Ich klatschte vor seinem Gesicht in die Hände.
»Oh, das ist nichts Besonderes.« Er lachte in sich hinein. Im dunklen Licht sah seine Narbe gar nicht schrecklich aus. »Weißt du, ich habe zu Hause auch Karaokegeräte, natürlich viel einfacher und kleiner, wenn man sie mit diesen hier vergleichen muss. Hier ist es wirklich gut! Jetzt bist du an der Reihe, das nächste Lied ist für dich.«
»Was? Mach keine Witze. Ich habe im ganzen Leben noch nie in ein Mikrofon gesungen.«
»Sind Sie früher nicht einmal in einem Karaoke-Lokal gewesen, Herr Chen?« Der Hongkong- Händler schenkte meinen Worten plötzlich große Aufmerksamkeit und mischte sich ein.
»Nein, ich habe die Stimme einer männlichen Ente. Ich habe mich das noch nie getraut!«
Ich zeigte auf meinen Hals und schüttelte abwehrend die Hand.
»Hahaha!«, lachte der Lokalbesitzer sehr laut. »Sie sind zu bescheiden, zu bescheiden. Wir haben jetzt große Lust, etwas von Ihnen zu hören; bitte!« So wie von seiner Hand gesteuert, begann die Musik. Ich kannte sie. Sie gehörte zu dem Lied »Der Mond symbolisiert mein Herz«. Ich hörte das Lied sehr gern. Es klang melancholisch und lieblich. Manchmal versuchte ich die Töne nachzusingen, wenn niemand dabei war.
»Herr Chen, das ist für Sie, bitte gehen Sie ans Mikrofon.« Zhou, Fa Zei riss seine lachenden Augen auf. Er war aufgeregt wie vor dem Beginn eines unerwarteten lustigen Theaters.
»Nein, nein, das ist absolut nichts für mich.« Ich saß auf dem Sofa und bewegte mich nicht.
»O.K., ich singe das für dich.« Liu Fong stand auf. Ich schaute ihn mit dankbarem Blick an. Er versuchte, mich aus der peinlichen Situation zu retten. Darüber freute ich mich natürlich, aber zu früh.
»Moment, Moment!« Der Lokalbesitzer versperrte Liu Fong den Weg mit weitgeöffneten Armen. »Wir wollen gern von Ihrem Lehrer etwas hören. Das ist sein Bier, Sie sollten es ihm nicht wegnehmen.« Er gab

seinem Angestellten neben dem Mischpult ein Handzeichen. Sofort stoppte die Musik. »Herr Chen, Zeit ist Geld. Bitte lassen Sie uns nicht zu lange warten.« Er wies mit beiden Handflächen auf die Mitte des Raumes.

»Nein, das ist nichts für mich. Ich bin nicht hierhergekommen, um zu singen, sondern wegen, wegen unseres Übungssaals. Darüber will ich mit Ihnen sprechen.« Mein Hintern erhob sich immer noch nicht vom Sofa, obwohl einige Gäste schon pfiffen, weil die Musik aufgehört hatte und sie so lange warten mussten.

»Ja, ja, ich weiß schon, warum Sie heute gekommen sind. Das besprechen wir nachher in aller Ruhe. Jetzt zeigen Sie uns bitte etwas. Sie sind ein großer Meister. Mit Ihrer starken Energie können Sie bestimmt perfekt singen. Heute ist mein Tag. Ich will auf jeden Fall Ihre Stimme genießen.« Er gab der Frau neben mir ein Zeichen mit den Augen.

»Ja, richtig, wir alle wollen etwas von dir hören.« Das Mädchen zog mich mit beiden Händen hoch und schob mich Schritt für Schritt in die Mitte.

»Nein! Ich kann nicht. Ich habe noch nie ...« Gegen das süße Lachen der Frau konnte ich mich nicht mit viel Kraft verteidigen. Meine Füße standen nach einer Weile schon im Zentrum des Raumes, gegen meinen eigenen Willen. Die Musik begann wieder. Das Licht blendete mich, sodass ich die Augen zusammenkneifen musste. Plötzlich spürte ich etwas in meiner Hand. Es war das Mikrofon, das mir das Mädchen gebracht hatte. »Bitte zeig uns etwas, hehe.« Sie ging lachend zu ihrem Chef zurück.

Ich stand dort in der Mitte, im hellen Licht. Im Dunkeln um mich herum leuchteten viele Sterne. Das waren die Augen und Zähne der Zuschauer. Meine Hände zitterten. Singen? Ich sollte vor Publikum singen? Nein, das hatte ich noch nie erlebt. Ich konnte nicht überall meine Gesangskunst zeigen wie manche Männer und Frauen. Egal, welche Reaktion sie bei den Zuhörern auslösten, sie genossen zuerst selbst, was sie taten. Nein, ich konnte das nicht.

»He! Sie sollten jetzt bereits singen.« Der junge Angestellte sprach vom Mischpult zu mir.

Das stimmte. Auf dem großen Schirm, unter den laufenden Bildern, erschien bereits die grüne Farbe auf dem Text. Ich hielt das Mikrofon vor den Mund und sang mit ganzer Kraft ein paar Takte.

»Hong!«, lachten die Leute im Dunkeln. Es war schrecklich. Ich erkannte meine Stimme selbst nicht mehr. Durch die Stereo-Lautsprecher klang sie ganz verändert. Eigentlich sollte sie schöner sein. Bei mir klang es ein bisschen wie Geschrei, sogar mit Echo, schlimm. Noch schlimmer war, dass ich überhaupt keine Zeit zum Überlegen oder Verbessern hatte. Der Text des Liedes wanderte über den Bildschirm und die verdammte grüne Farbe kam wieder. Ich musste singen, immer weiter singen, schwitzend und beschämt. Das Lachen der Zuhörer wurde immer lauter.

Als ich endlich zu Ende gesungen hatte, klatschte jemand in die Hände. Es war der Lokalbesitzer. »Schön, sehr schön. He, he!«, lachte er ironisch. Die dicke Zigarre zitterte zwischen seinen Lippen.

Ich wollte mich gar nicht um seine Reaktion kümmern und ging an ihm vorbei.

»He, he, he!« Die beiden Mädchen lachten so sehr, dass ihre Körper auf dem Sofa schief lagen. Auch dazu sagte ich nichts. Ich fiel auf das Sofa wie ein Gummiball, dem die Luft ausgegangen ist. Liu Fong gab mir eine Serviette. In seinen Augen zeigte sich Mitleid.

»Gut, gut. Ja, Herr Chen, Sie können so gut singen, bestimmt können Sie auch so gut verhandeln. Sagen Sie mir bitte, was Sie von mir wollen?« Der Händler lehnte sich bequem im Sofa zurück und kreuzte die Beine. Er nahm die dicke Zigarre mit zwei Fingern aus dem Mund und warf mir einen Blick voller Hochnäsigkeit zu. Handeln? Wie konnte ich noch verhandeln, in so einer peinlichen Situation?

»Sie… Sie sollen unseren Saal in Ruhe lassen«, sagte ich endlich zu ihm, allerdings ein bisschen kraftlos.

»He, he, Ihren Saal? Nein, China ist noch immer ein sozialistisches Land. Soviel ich weiß, gehört dieser Saal wie so viele andere Dinge dem Staat, und ich habe sehr viele Freunde bei den Staatsbehörden. Gestern habe ich noch gemeinsam mit dem Vizebürgermeister zu Abend gegessen. Dieser Saal gefällt mir sehr. Ich will ihn als mein nächstes Karaoke-Lokal nutzen…«

»In Shanghai gibt es so viele Gebiete und Gebäude, warum können Sie nicht irgendwo etwas anderes finden?«, mischte sich Sun, Liu Fong ein.

»Dieser Saal hat eine wunderschöne Energie und Feng Shui. Ich habe das schon gespürt. Sie haben das sehr gut aufgebaut. Hahaha!«, lachte er laut.

»Ja, wir haben das sehr gut aufgebaut, für Tai Chi und Qi Gong. Übrigens habe ich einen Untermietvertrag. Wie können Sie einfach alles kaputt machen?« Ich war böse.
»Kaputt machen? Nein, ich will einen hohen Wert aufbauen. Ich will diesen Saal sehr gut renovieren, wie ein modernes Schloss.« Er streckte beide Hände in die Luft, um uns zu zeigen, dass es ungefähr so gut würde wie hier. »Dann kommen die Leute, viele Leute, weil sie bestimmt in dieser modernen Anlage viel Spaß haben können. Ich will dort ein riesiges Kulturzentrum aufbauen. Diese Idee wird auch von Ihrem Staatschef unterstützt, sie passt zu den heutigen Parteilosungen. Ihre Regierung fordert eine Reform und Öffnungsmaßnahmen. Stimmt das? Ja. Ich tue jetzt schon etwas dafür. Ich bin ein richtiges Vorbild, oder, mit ihren Worten, ein Arbeitsheld. Hahaha!«, lachte er mit lauter Stimme.
»Und wohin gehen meine Schüler? Viele von ihnen sind Kranke und Alte. Haben Sie keine Sympathie für Menschen?«
»Wohin Ihre Schüler gehen? Ja, ja, sie können in den Park gehen, so wie die anderen Qi-Gong- und Tai-Chi-Teilnehmer. Dort gibt es frische Luft. Hehehe!«, lachte er wieder komisch.
»Wenn schlechtes Wetter ist, zum Beispiel Regen …?«
»Dann beschützen Sie Ihre Schüler mit Energie. Sie sind Großmeister. Sie können ein Energiedach aufbauen, gegen Wind und Regen, so wie ich das in Gong-Fu- und Märchenbüchern gelesen habe. Sie können das bestimmt schaffen. Hehehe!« Jetzt lachte nicht nur er, sondern auch die beiden Frauen.
»Puh!« Ich stand auf.
»Da Lee, gehen wir.« Sun, Liu Fong folgte meinem Beispiel. »Rechnung, bitte!«, rief er dem Kellner zu.
Die Rechnung kam sehr schnell. Der junge Kellner legte sie einfach auf den Tisch vor Liu Fong.
»Ich bezahle das.« Ich nahm den Zettel. Doch plötzlich wurde das Papier in meiner Hand ziemlich schwer, nachdem ich die Zahl genau gelesen hatte. »Mein Himmel! Zweihundert Yuan, nur für zwei rote Martini?«
»Nein, es waren vier, die beiden Frauen haben auch etwas bestellt«, klärte mich der Kellner auf.
»Oh, die beiden Frauen? Soll ich für sie auch bezahlen?« Ich schaute

mir die beiden aufreizend gekleideten Damen an. »Aber trotzdem ist das zu teuer. Für zweihundert Yuan können zehn Leute ein großes Bankett machen …« Ich glaubte es einfach nicht. Außerdem hatte ich in meinem Geldbeutel maximal fünfzig Yuan. Mein Gesicht war heiß.
»Witz, Witz! Das ist nur ein Witz. Sie sind hierhergekommen, um mich zu besuchen. Natürlich werden Sie von mir eingeladen.« Der Besitzer nahm mir die Rechnung aus der Hand und knüllte sie zu einer Papierkugel zusammen. Dann warf er sie wieder auf den Tisch. Die ganze Bewegung sah ziemlich elegant aus. »O.K., Herr Chen. Ich gebe Ihnen noch zwei Monate Zeit. Dann muss ich diesen Saal auf jeden Fall haben. Ich lade Sie ein, mich in Zukunft dort zu besuchen. Sie können in meinem Karaokesaal Ihre sängerischen Fähigkeiten zeigen. Lassen Sie uns das noch einmal genießen. Hehehe.« Damit ging er.
»Vergiss es! Solche Leute können mit ihrem Geld alles machen. Wahrscheinlich hat er auch unsere Kader gekauft. Du hast gar keine Chance gegen ihn!« Draußen auf dem Weg nach Hause versuchte Liu Fong mich zu beruhigen.
»Halt deinen Mund. Wer wurde denn ausgelacht und zum Narren gemacht?« Ich benahm mich wie ein Kampfhahn, der verloren hat. Das Sonnenlicht blendete meine Augen ganz unangenehm, weil ich so lange im Dunkeln gewesen war. Aber noch unangenehmer war das Gefühl in meinem Kopf. Ich wusste, dass ich nun keine Möglichkeit mehr hatte, den Saal weiter zu behalten. Doch dass ich so verloren hatte, ärgerte mich. Dieser verdammte Hongkong-Händler hatte sehr clever mit mir gespielt. Ich war nicht nur mit meinen Bemühungen gescheitert, sondern hatte auch mein Gesicht verloren. Scheiße! Ich hasste meine Naivität und Erfolglosigkeit. Der arme Sun, Liu Fong bemerkte meinen Ärger und sagte nichts mehr.
Am nächsten Tag informierte ich mit traurigem Gesicht meine Kursteilnehmer darüber, dass wir nicht mehr lange in diesem Raum üben konnten. »Was bedeutet das denn, dass man alles machen kann, wenn man Geld hat?« »Wir tun hier etwas für die Gesundheit. Jetzt müssen wir für die Geldsucher Platz machen. Diese Welt ist dunkel!«, schimpften und kritisierten sie.
»Ich glaube das einfach nicht, ich glaube das einfach nicht.« Das war Mausauge Wang, Ten Tong. Er lernte nun schon eine Weile bei mir Qi Gong. Jedes Mal, wenn er zum Kurs kam, hielt er sich an sein Ver-

sprechen; keine Kugeln und keine Begleiter. Immer war er ruhig und bescheiden, wie ein fleißiger Schüler; doch jetzt zeigte er sich plötzlich verändert. »Hat dieses Hongkong-Schwein drei Köpfe und sechs Arme? Ich glaube das einfach nicht!«, schrie er.

»Egal ob du es glaubst oder nicht: er hat Geld und Macht. Unsere Kader stehen auch hinter ihm ...«, versuchte ich ihm zu erklären. Doch er hörte nicht auf meine Worte, wedelte mit der Hand hin und her und verließ den Saal.

Die Zeit verrann. Überall in Shanghai suchte ich nach einem neuen Raum. Aber es war sehr schwer, entweder waren sie zu teuer oder sie wurden nur ganztags vermietet. Niemand wollte mir einen günstigen Raum stundenweise vermieten.

»Notfalls können wir wieder im Park üben«, wollten mich einige alte Teilnehmer beruhigen.

»Ja, das geht auch, aber bald kommt der Winter. Dann ist es morgens eiskalt und es regnet oft. Das könnt ihr nur sehr schwer aushalten.« Ich schaute die alten Schüler dankbar und voller Sympathie an. Ich hasste diesen Hongkong-Händler. Seinetwegen ging alles durcheinander. Ich hoffte nur, dass ich diesen Menschen nie mehr im Leben sehen musste. Aber wir sahen uns wieder, sogar sehr schnell.

»Warum kommen Sie jetzt schon? Wir haben noch mehr als einen Monat Zeit. Sie haben es mir selbst versprochen. Haben Sie das vergessen?« Meine Laune verschlechterte sich sofort, als ich ihn sah. Ich sprach so laut, dass es im Saal ein Echo gab. Es war an einem Sonntagmorgen im Herbst. Der Kurs war schon seit einiger Zeit zu Ende, und die Teilnehmer waren nach Hause gegangen, nachdem sie noch geplaudert und Tee getrunken hatten. Ich war allein im Raum zurückgeblieben, um aufzuräumen, und trug noch den weißen, traditionellen Übungsanzug.

»Darf ich hereinkommen? Ich habe schon lange Zeit draußen gewartet. Jetzt, jetzt dachte ich, dass der Kurs wohl beendet ist.« Er sprach sehr leise und war außergewöhnlich höflich. Zitternd stand er in der Tür.

Ich merkte sofort, dass sein Zittern nicht nur vom kalten Wind kam. Er war merkwürdig verändert. Sein Gesicht war nicht mehr rund wie ein Ball, sondern sah aus wie ein waagrecht liegendes Ei. Die linke Seite war viel dicker als die rechte und blau und rot verfärbt. Anstelle seines roten Jacketts trug er heute einen blauen Anzug mit ganz ordentlich gebundener Krawatte. Man sah deutlich, dass er Schmerzen hatte und litt. »Gut, kommen Sie herein. Was wollen Sie von mir? Ich habe nicht sehr viel Zeit.« Ich war überhaupt nicht gastfreundlich zu diesem unangenehmen Besucher.

Es machte ihm interessanterweise gar nichts aus. »Danke, danke; ich will nur ganz kurz stören. Entschuldigung, Entschuldigung!« Er kam mit nickendem Kopf hinein und versuchte so höflich wie möglich zu mir zu sein. Die Arroganz, die er letztes Mal gezeigt hatte, war spurlos über die höchsten Sphären hinaus verschwunden. »Herr Chen, oh, Meister Chen. Ich komme heute für eine Entschuldigung ...«

»Entschuldigung? Ja, Sie haben sich gerade schon für Ihren Besuch entschuldigt.« Ich fand es überhaupt nicht nötig, am Anfang eines Gesprächs so betont höflich zu sein.

»Nein, ich entschuldige mich jetzt für meine komische Idee, dass ich hier ein Karaoke-Lokal aufbauen will. Sie machen in diesem Saal Kurse für die Gesundheit und haben einen Mietvertrag. Ich soll das hier nicht zerstören ...«

»Sie müssen mir gegenüber nicht so mitleidig tun wie die ›Katze, die die getötete Maus beweint‹. Jetzt haben Sie schon alles erreicht. Keine Sorge, noch einen Monat, und dann gehen wir.«

»Nein, nein, ich habe meine Pläne schon geändert.« Er schüttelte gleichzeitig Kopf und Hände. »Ich will diesen Saal nicht mehr.«

»Was? Was haben Sie gesagt?« Ich traute meinen Ohren nicht. »Sie wollen diesen Saal nicht mehr?«

»Nein, nicht mehr! Hier, bitte nehmen Sie das. Sagen Sie bitte Ihrem älteren Bruder, dass er mich in Ruhe lassen soll.« Er gab mir mit beiden Händen einen Briefumschlag.

»Moment. Älterer Bruder? Ich habe keinen älteren Bruder! Und was ist das?« Ich öffnete den dicken Umschlag. Mein Himmel! Lauter große Geldscheine waren darin. Jetzt traute ich auch meinen Augen nicht mehr. »Was ist denn los? Wenn Sie uns in Ruhe lassen, danke ich Ihnen schon tausendmal! Wofür ist das denn?« Ich gab ihm den Umschlag zurück.

»Herr Chen, Meister Chen! Ich bitte um Verzeihung wegen meiner Störung. Sie haben recht: Shanghai ist so groß, wo kann man nicht einen Platz für ein neues Lokal finden? Ich komme nicht mehr hierher. Sie und Ihre Schüler können weiter in diesem Saal bleiben; nur... nur...« Er schob den Umschlag wieder zu mir hin. »Nur lassen Sie Ihren älteren Bruder mich nicht mehr besuchen. Ich danke Ihnen...«

»Ich habe schon einmal gesagt: Ich habe keinen älteren Bruder, nur einen jüngeren. Er ist dreizehn Jahre jünger als ich.«

»Aber er... er bezeichnet sich selbst als Ihren älteren Bruder. Er hat mich mehrmals über meine Sekretärin angerufen. Leider habe ich mich nicht darum gekümmert. Sie wissen, dass ich viel zu tun habe. Gestern... gestern hat er mich mit einigen Begleitern besucht.«

»Wie sieht er aus?«

»Wie er aussieht?« Der Hongkong-Händler bekam einen starren Blick. Auch seine schwarze Haarwelle bewegte sich nicht mehr. Seine linke Hand wanderte langsam zur linken Gesichtshälfte, die deutlich dicker war. Jetzt sah ich, dass darauf ein roter Handabdruck zu sehen war. Sogar die fünf Finger konnte man ganz deutlich sehen. »Er sieht aus wie...« Der Besitzer mehrerer Karaoke-Lokale war in eine furchtbare Erinnerung vertieft, als ob ein hungriger Tiger vor seinen Augen auftauchte. »Ja, er sieht etwa fünf Jahre älter aus als Sie und hat kleine runde Augen. Zwischen seinen Lippen hängt immer ein Zahnstocher. In seiner Hand dreht er zwei Stahlkugeln, groß, sehr groß...«

4

Da Lee, komm, setz dich hierher. Ja, richtig, neben mich.« Tante Liu zeigte mir einen Platz auf dem Sofa. Dann sah sie mich mit freundlichem Lächeln von oben bis unten ganz genau an. Sie war seit einiger Zeit pensioniert. Auf ihrem Kopf gab es kein einziges schwarzes Haar mehr, sie waren weiß, silberweiß. Irgendwie passte das zu ihrem Gesicht, das viele Wechselfälle des Lebens erlebt hatte, sehr gut. Sie war eine alte Revolutionärin. Schon vor der Gründung der Volksrepublik China hatte sie für die kommunistische Idee gekämpft. Durch sie wurde meine Mutter in der kommunistischen Partei vorgestellt, später als Mitglied aufgenommen und dann als Chefin in ihre alte

Firma zurückgeschickt, nachdem die Partei die Macht in der Hand hatte. In Wirklichkeit war Tante Liu mit meiner Mutter nicht verwandt. Doch meine Mutter nannte sie immer »ältere Schwester«, und so sagte ich »Tante« zu ihr. »Da Lee, in diesem Jahr bist du schon siebenundzwanzig Jahre alt, stimmt das?«

»Ja, Tante.« Ich saß ganz gerade auf dem Sofa. Bei ihr fühlte ich mich immer wie ein Grundschüler. Ihre Augen blickten scharfsinnig. Ich glaubte, dass sie durch meinen Kopf hindurchsehen konnten. Jetzt schauten mich diese Augen zärtlich an.

»Hast du eine Freundin?«, fragte sie mich. Ihre rechte Hand lag auf meiner linken Schulter.

»Ich … ich habe eine. Wir haben uns an der Uni kennengelernt«, stotterte ich.

»Ich habe gehört, dass sie schon vor Langem nach Amerika gegangen ist, stimmt das?« Sie schaute mich mit weichem Blick an, und ich spürte ihre Sympathie.

Jetzt war mir klar, warum sie mich heute auf jeden Fall hatte sehen wollen. Sie wollte sich um mich kümmern. »Ja, das stimmt. Wir haben aber immer noch Briefkontakt.«

»Da Lee, deine Mutter wartet schon lange auf einen Enkel. Auch ich würde es gern sehen, dass du eine glückliche Familie aufbaust. Deine Freundin wohnt jetzt in Amerika. Ich glaube nicht, dass ihr wieder ein Paar werden könnt.« Sie trank einen Schluck Tee aus einer blau bemalten Tasse und wies mit der Hand auf den Tisch. Dort stand eine genauso schöne Tasse, die ihre Haushälterin vorhin mitgebracht hatte. Ich nahm die Tasse und trank ebenfalls einen Schluck Tee. Es war erstklassiger grüner Drachentee. Er wirkte in meinem Mund frisch, verbreitete einen angenehmen Duft und hinterließ eine andauernde, leichte Süße. Aber in meinem Kopf gab es etwas Bitteres: Tante Liu hatte recht. Ich konnte nicht mehr mit meiner Freundin zusammenkommen. Die Briefe aus Amerika kamen immer seltener. Im letzten Brief hatte sie eine Andeutung gemacht, dass sie sich bereits mit einem anderen Mann verheiraten wollte. He, kein schönes Gefühl für mich!

»Da Lee, du sollst dir keine Sorgen um dich machen. Es gibt genug hübsche Mädchen hier, nicht wahr?« Die Tante klopfte mir auf die Schulter.

»Ja, richtig, es gibt genügend hier.« Ich antwortete ganz mechanisch.
»Gibt es eine Frau, die dir besonders gefällt?«
»Ja, viele Frauen gefallen mir.«
»Nenn mir bitte einige. Ja, du hast viele Schülerinnen in deinem Kurs. Es gibt bestimmt einige davon, die zu dir passen würden. In diesem Bereich habe ich mehr Erfahrung als du.« Tante Liu strich mit der Hand über ihr weißes Haar und wartete mit großer Aufmerksamkeit auf meine Antwort.
»Meine Schülerinnen? Sie sind alle nett, aber zum großen Teil älter als ich. Manche sind sogar doppelt so alt wie ich. Tante, bitte lass uns über ein anderes Thema sprechen!«
»Nein, heute habe ich dich nur wegen dieses Themas herkommen lassen. Sag mir genau, ob du zur Zeit eine feste Freundin hast oder nicht.« Ihr Blick blieb gespannt auf meinem Gesicht.
»Nein.« Ich schüttelte den Kopf.
»Gut.« Die Tante atmete tief aus.
Gut? Warum war das gut? Ich wunderte mich ein bisschen.
»Da Lee, ich habe eine Nichte. Sie ist drei Jahre jünger als du und hat ihr Studium auch schon beendet. Hier…« Sie stand auf und ging zum Bücherregal. Von dort brachte sie ein Foto zu mir. »Hier ist ein Bild von ihr. Sie ist das einzige Kind der Familie und wird von ihren Eltern wie eine Perle behandelt. Schau mal, wie hübsch dieses Mädchen ist!« Eine junge Frau mit großen, lachenden Augen zeigte sich mit halbem Körper vor mir in der Luft. »Tante, wenn ich eine Freundin brauche, kann ich selbst eine finden.« Ich nahm das Bild nicht in die Hand. Irgendwie fand ich es unnatürlich, dass man durch Vermittlung einen Partner bekommen sollte. Ich zweifelte überhaupt nicht daran, eine nach meinen Bedingungen ideale Frau zu finden. Aber ich wollte die Tante auch nicht verletzen. Ich stand schnell auf. »Ich danke dir für deine Bemühungen. Tante, glaub mir, ich schaffe das!«
»Ja, gut, aber lass uns nicht zu lange warten! Machen wir es so: Ich rufe dich in einiger Zeit an. Wenn du bis dahin noch keine Freundin hast, arrangiere ich hier ein Treffen mit meiner Nichte für dich; nur damit ihr euch einmal sehen und einander kennenlernen könnt. Zum Schluss müsst ihr jungen Leute sowieso selbst entscheiden, ob ihr zusammenbleiben wollt oder nicht. Jetzt leben wir im modernen China. Im neuen System ist es nicht mehr wie früher, wo ein Ehepaar durch

die Vorstellung beim Ehevermittler und auf Befehl der Eltern zusammengeführt wurde. Nein, so ist es nicht mehr.« Sie lachte.

Nach dem Abschied von Tante Liu machte ich mir oft Gedanken darüber, eine Frau zu finden, die mit mir gemeinsam eine Zukunft aufbauen würde. Nicht nur wegen des Vorschlags meiner Tante, sondern auch wegen meiner seelischen und körperlichen Wünsche. Ich lebte schon eine Weile allein in einer großen Wohnung. In einer Stadt, die einen großen Mangel an Wohnraum hatte, sollten meine Bedingungen nicht schlecht sein. Damals heirateten viele hübsche Frauen schreckliche oder unpassende Männer nur wegen der Wohnung. Man nannte solche Frauen »schöne Blumen, die auf Ochsendung stehen«. Ich wusste, dass ich nicht zum Ochsendung gehörte. Außer einer Wohnung hatte ich noch andere Dinge vorzuweisen, zum Beispiel ein Diplom. Aber welche Frau sollte an meinem Leben teilhaben? Dafür hatte ich auch Ansprüche: eine Norm. Ich konnte mich nicht mit irgendeiner jungen Frau verheiraten. Sie sollte nicht nur hübsch sein, sondern auch mein Herz berühren können. Wer denn?
Ich suchte zuerst in meiner Erinnerung. Ein Lesezeichen, das immer auf meinem Bücherregal lag, brachte meine Gedanken zu einem Mädchen. Dieses Lesezeichen war das getrocknete Blatt eines Ahornbaums, ganz rot. Das Gesicht des Mädchens war auch oft rot gewesen, mit ihren zwei Grübchen wie eine geöffnete Blume. Sie hatte sich immer gern in Weiß gekleidet. Ihre Kulleraugen leuchteten wie Sterne, wenn sie sich mit mir unterhielt. Sie sprach langsam und ruhig, mit schöner Stimme. Drei Jahre lang hatten wir in der Grundschule auf der Bank zusammengesessen, und wir waren auch Nachbarn gewesen. Leider war sie in der Zeit der Kulturrevolution mit ihren Eltern und Geschwistern weggezogen. Doch ich konnte sie wiederfinden. Chau, Hong, ja, sie hieß Chau, Hong. Früher hatte ich sie einfach nur beim Vornamen genannt, Hong.
Hong, wie es ihr wohl geht?, dachte ich. Jetzt wollte ich so gerne alles von ihr wissen. Siebzehn Jahre waren vergangen, wie sie sich wohl verändert hatte? Nach einigen Tagen fand ich ihre aktuelle Adresse heraus. Ein Bekannter hatte mir erzählt, dass Hong noch mit ihren Eltern zusammenwohnte und noch nicht verheiratet war. Das war keine schlechte Nachricht für mich.

An einem Sonntag fuhr ich einfach zu ihr. Es war weit; sie lebte in einer Vorstadt von Shanghai, in Anting. Dort war ein neues Industriegebiet, eine Stadt für den Autobau. Die Firma VW hatte dort eine Joint Venture mit Shanghai begonnen. Sie schickte nicht nur ihr Wissen, ihre Ingenieure von Deutschland dorthin, sondern auch ganze Fließbänder. Die Unternehmer hofften, dass die Wagen, die auf den eigenen Fließbändern in China hergestellt wurden, den chinesischen Automarkt besetzen und vor der Nase der Konkurrenz, der japanischen Autoindustrie, eine Festung aufbauen konnten.
Doch die Chinesen, die nach dem Ende der Kulturrevolution endlich aufgewacht waren und die Türen ihres Landes geöffnet hatten, hatten andere Ideen im Kopf. Sie wollten durch die Zusammenarbeit das moderne Wissen, die Technik und das ganze System des Westens kennenlernen. Deswegen duldeten sie, dass die ausländischen Kapitalisten bei ihnen Fabriken bauten und Geld verdienten. Gleichzeitig lernten sie immer mehr von eigener Hand zu schaffen. Wenn irgendwann alles komplett »made in China« war, käme der erwartete wirtschaftliche Aufschwung auch direkt bis vor die Tür. Deshalb war man damals von solchen Joint-Venture-Projekten wie mit der Firma VW ganz begeistert. Die Unterstützung kam von oben und von unten. Zum ersten Mal seit der Gründung der VR China durften die Angestellten und Arbeiter viel mehr verdienen als normalerweise, nämlich wenn sie in private und Joint-Venture-Firmen gingen. Anting war lange Zeit ein unbekannter Dorfname für die Shanghaier gewesen; doch jetzt war es zu einem heißbegehrten Ziel geworden, und viele Shanghaier zogen dorthin um.
Warum wohnt Chau, Hong mit ihren Eltern auch dort? Wahrscheinlich arbeitet sie ebenfalls in dieser neuen Firma, nicht schlecht. So dachte ich auf dem Weg. Ich hatte mich für diesen Besuch nicht vorher angemeldet. Es war mir lieber, wie zufällig vorbeizukommen, denn egal, ob ich sie selbst treffen würde oder nur ihre Eltern, konnte ich viel über sie erfahren. So glaubte ich. Hongs Eltern arbeiteten als Ärzte im Krankenhaus. Solche Familien waren in China an unangemeldeten Besuch gewöhnt.
Bis Anting würde es noch eine Stunde dauern. Ich saß in einem Überlandbus am Fenster. Felder und Gebäude zogen vor meinen Augen vorbei, viele Baustellen, auf denen gearbeitet wurde. Eine große Schnell-

straße war im Bau. Leider war sie noch nicht fertig. Unser Bus holperte fürchterlich auf dem alten Weg, flankiert von Autos und Fahrrädern. Doch das Geholper störte mich nicht besonders, und auch die Landschaft draußen konnte meine Aufmerksamkeit nicht erregen. In meinem Kopf tauchte immer wieder ein Mädchen auf: Sie trug einen weißen Rock mit Jacke. Im gleichen Haus waren wir aufgewachsen, bis zum Alter von zehn Jahren. Hong war ein ruhiges Mädchen gewesen, so ruhig wie Tautropfen, die sich morgens auf den grünen Blättern sammeln oder wie die Blume Telosma, die sich in tiefer Nacht heimlich öffnet. Oh, ein wunderschönes Mädchen, das machte meine Erinnerung ganz süß. Nur die beiden Frauen, die hinter mir saßen, gingen mir auf die Nerven. Ich wusste nicht genau, wann die beiden eingestiegen waren. Sie sprachen und lachten endlos und ohne Pause miteinander. Ihre hohen Stimmen wurden immer lauter, sodass mittlerweile der ganze Bus mitbekam, wovon sie redeten. Es ging nur um Schuhe, Jacken und Hosen. Ich drehte mich um und sah zwei kräftige Frauen von dunkler Hautfarbe. Nur aufgrund ihres Dialekts konnte man bemerken, dass sie Shanghaierinnen waren, von ihrem Aussehen hätte man eher darauf geschlossen, dass sie vom Land kämen. Damals gab es mehr als eine Million von solchen jungen Leuten allein in Shanghai. Sie hatten zu Beginn der Kulturrevolution als die »Rote Garde« für die Macht des Vorsitzenden Mao gekämpft. Nachdem Maos Position in China ganz stabil geworden war, hatte er seine jungen Kämpfer alle aufs Land geschickt. Die Parolen hießen »Annehmen der erneuten Erziehung durch Bauern« und »Stählen und Heranwachsen auf den weiten ländlichen Gebieten«. In Wirklichkeit wollte Mao seine damaligen jungen Beschützer und Kämpfer jedoch alle aus den Städten hinausjagen. Am Anfang der Kulturrevolution hatte er ihnen zu viele Rechte beim Kampf gegen seine Kritiker eingeräumt und sie verwöhnt. Auch nachdem sie ihre Aufgabe schon erledigt hatten, verbreiteten sie das Feuer des Kampfes noch überall in China weiter, das schon ganz Mao gehörte. Doch nun konnte er ihr Treiben nicht weiter zulassen: Er musste das gebrauchte Werkzeug sofort wegwerfen, bevor es neue Probleme schaffte. Für so etwas war der Vorsitzende Mao ein Spezialist. Im Verlauf seiner Geschichte hatte er schon zahlreiche seiner besten Genossen, die für ihn gekämpft und ihm zu großem Erfolg verholfen hatten, zum Schluss geopfert, um die Macht weiter allein in seinen Händen zu halten. Diesmal waren es jedoch viel zu viele Menschen, die dafür mit Geld, Lebenszeit und heißem Blut bezahlt hatten. Sehr interessant war, dass damals fast niemand kritisierte, was Mao verlangte: Dass Schüler von Bauern neu erzogen werden sollten, passte sehr gut zur proletarischen Theorie von Karl Marx. Die Jugendlichen packten einfach ihre Mao-Bibel in den Rucksack und zogen aufs Land. Nach dem Tod des großen Vorsitzenden durften sie, braungebrannt und mit schwieligen Händen, in ihre Heimatstädte zurückkehren. Einige Jahre lang hatte man sie gezwungen, in den armen Provinzen wie Bauern auf dem Feld zu arbeiten. Was hatten die jungen Leute dort lernen können außer einem primitiven Lebensstil? Was sie in der Schule gelernt hatten, ging jedenfalls im Lauf der Zeit tatsächlich verloren.

»Weißt du was, diese Teufelin ist gestern wieder mit neuen Schuhen in die Fabrik gekommen, mit so hohen Absätzen«, sagte jetzt eine der beiden.

»Teufelin? Welche Teufelin?«, fragte die andere.

»Die, von der ich dir schon oft erzählt habe. Sie kleidet sich immer gern elegant und schminkt sich täglich. Jetzt läuft sie wieder mit solchen komischen Schuhen herum. Diese Teufelin ist bestimmt schon ein paar Mal gestürzt, hehehe!« Sie lachte.

»O ja, jetzt weiß ich, wen du meinst. Schuhe mit hohen Absätzen sind zurzeit wieder modern. In unseren Laden sind auch einige Modelle gekommen. Aber ich selbst kaufe mir sicher nicht solche Schuhe. Nie im Leben. Wie hat man so etwas früher genannt? Man sagte doch, dass sie zum Lebensstil des Kleinbürgertums gehören. Die passen einfach nicht zu meinen revolutionären Füßen. Hehehe!« Sie lachte ebenfalls laut.

Ich gab mir Mühe, mich nicht von ihnen stören zu lassen, um mit meinen Gedanken weiter in der Erinnerung bleiben zu können. Das war schwer, denn die weiblichen Stimmen griffen wie das Geräusch des fahrenden Busses meine Ohren pausenlos an. Ich konnte nur die Fähigkeiten aus meinen Meditationen und aus dem Qi Gong einsetzen und den Blick durch das Fenster in die Ferne, in eine unsichtbare Ferne, verlängern. Ich sah nichts, gar nichts mehr, obwohl die Landschaft an mir vorbeizog. Hong, ein Mädchen in sauberer weißer Kleidung, war

wieder vor mir aufgetaucht. Sie lachte, auf ihrem rosigen Gesicht zeigten sich zwei Grübchen, wie eine geöffnete Blume. Die Zeit drehte sich schnell zehn, fünfzehn Jahre zurück. Hong stand unten an der Treppe. Ihre großen Augen schauten mich, der oben stand, direkt an. Ich ging Stufe für Stufe die Treppe hinunter. In beiden Händen hielt ich eine große Tasche, die voller zerbrochenem Porzellan und kleinen Möbelteilen steckte. Gerade hatte bei uns eine Hausdurchsuchung der »Revolutionären Rebellen« und der »Roten Garde« stattgefunden. Es war der Anfang der Kulturrevolution. Meine Mutter war als »Machthaberin auf kapitalistischem Weg« angeklagt worden. Damals war ich ungefähr zehn Jahre alt, genauso alt wie Hong.
Sie stand dort. Ihr Blick begleitete mich, bis ich ganz nah bei ihr war, dann hielt sie mir ihre Hand hin und half mir beim Tragen. Jetzt erst merkte ich, dass ihre Augen rot und noch voller Tränen waren. Ja, sie weinte, sie weinte wegen des unglücklichen Schicksals meiner Familie. Auf dem Weg zu den Mülltonnen schwiegen wir. Viele Nachbarn sahen uns zu, manche waren voller Mitleid, manche voll Zweifel und manche voller Schadenfreude.
Hong ging weiter, sie sagte nichts. Mit einer Hand hielt sie einen Griff der Tasche, die zwischen uns hing. Ihre weiße Kleidung bewegte sich im Wind. Oh, das weiße Hemd und der Rock, sie war so sauber, so schön und auch so unschuldig! Das konnte nur Hong sein. Und weiß, dieses faszinierende Weiß…
»He, Sie, Genosse, der Herr dort! Hier ist die Endstation.« Der Schaffner holte mich in die Realität zurück.
»Entschuldigung, Entschuldigung, ich steige sofort aus.« Nun merkte ich, dass ich als Einziger noch im Bus war, und sprang schnell zur Tür heraus nach unten.
Die Haltestelle lag mitten im Wohngebiet von Anting. Viele neue Gebäude standen hier, überall waren Fußgänger unterwegs. Wohin sollte ich gehen? Ich konnte mich nicht sofort entscheiden, weil fast alle Häuser gleich aussahen, in der Form einer Zigarettenschachtel. Die beiden Frauen, die im Bus hinter mir gesessen hatten, tauchten wieder auf. Sie standen da und verabschiedeten sich lauthals voneinander. »Tschüss, mach's gut«, sagte die große junge Frau zu der kleinen. »He, he, du solltest deine Hose noch einmal bügeln. Sie sieht schon aus wie ein Putztuch.«

»Bügeln? Seit wann bügeln wir Hosen? Schau mal deine an, die ist auch nicht in Ordnung, sie sieht fast wie eine gebrauchte Windel aus.«
Jetzt lachten beide unbändig. Plötzlich hielten sie inne, vier Augen schossen merkwürdige Blicke zu mir. Diese Blicke kannte ich. Sie kamen sehr oft von Jugendlichen, die nach der Kulturrevolution vom Land zurückgekommen waren. Sie hatten zu viel verpasst, so wie die Chance für ihre weitere Ausbildung, für ein gutes Leben und für Fortschritt. Das Einzige, was ihnen geblieben war und worauf sie stolz sein konnten, war die Geschichte des Überlebens in Notsituationen. »Wir sind nach dem Aufruf des großen Vorsitzenden Mao ins Gebirge und aufs Land gegangen und wurden dort gestählt, nicht wie du ...«
Sie sagten das oft, wenn sie Bekannte trafen, die eine weiße Hautfarbe und elegante Kleidung hatten.
Ich wusste, dass meine Kleidung heute diese beiden jungen revolutionären Damen störte, denn sonst gab es für solche Blicke keinen Grund. Wegen des geplanten Besuchs hatte ich extra schöne Sachen gewählt. Ich trug einen graugrünen Anzug mit orangerotem Hemd. Statt eine Krawatte umzubinden, ließ ich den Hemdkragen weit offen und aus dem Jackett herausschauen, sodass ich ein bisschen sportlich-elegant aussah. Hong stammte aus einer intellektuellen Familie. Ich glaubte, dass meine Kleidung ihr und ihren Eltern gefallen könnte. Ich ging weiter und versuchte, schnell an diesen beiden Frauen vorbeizukommen.
»Hong, schau mal, dieser Stoff, den der Typ trägt. Wurde der auch in der Fabrik hergestellt, in der du arbeitest?«, fragte die Kleine die Große, ihre Hand zeigte auf mich.
Meine Schritte wurden langsamer. Hong? Sie hieß auch Hong? Ich schaute sie etwas genauer an. Sie trug ein weißes Hemd und blaue Hosen. Mein Himmel! Sie hatte auch ganz schöne Augen, die mir nicht vollständig unbekannt waren.
»Ja, das ist achtzig Prozent Wolle und zwanzig Prozent Polyester ...« Sie antwortete mit lauter Stimme, als wenn sie vor einer laufenden Textilmaschine stehen würde. »Je, dieser Mann, warum schaut er mich so komisch an? Er hat Probleme mit seinen Augen oder vielleicht mit seinem Kopf?«, sagte sie zu ihrer Freundin. Ihre Stimme war allerdings überhaupt nicht leise, so als ob sie mich extra hören lassen wollte, was sie sagte.

»Entschuldigung, meine Dame, o nein, meine Genossin, ja, Genossin. Ich will nach dem Weg fragen. Wohnen Sie hier?« Ich wusste selbst nicht, warum meine Füße nicht schnell an ihr vorbeigingen, sondern noch näher kamen. Mein Unterbewusstsein sagte mir, dass ich mehr über sie erfahren musste. Irgendwie hoffte ich, dass sie mit Nein antworten würden.
»Ja, sprechen Sie geradeheraus, nicht so umständlich.« Sie blitzte mich mit ihren großen Augen an.
»Ja, ich will zum Wohngebiet 3, Hausnummer 151. Können Sie es mir zeigen?«
»Hehehe!«, lachte die kleine Frau. »Hong, das ist doch dein Haus.«
Mein Herz blieb fast stehen. Doch ich hatte noch eine kleine Hoffnung: In jedem Haus gab es mehrere Familien. Vielleicht wohnten dort zwei junge Frauen mit Vornamen Hong.
»Wen wollen Sie besuchen?«, fragte mich die große Frau.
»Ich will Familie Chau besuchen.«
»Haha, so ein Zufall, das ist meine Familie. Sie sind bestimmt ein Patient meines Vaters.«
»Und Sie sind …?« Mein Finger richtete sich ganz langsam und schwach nach oben auf sie.
»Ich heiße Chau, Hong. Kommen Sie, ich bringe Sie dorthin.«
»Nein, nein, ich komme nachher. Ich … ich habe noch etwas zu tun.« Meine Zunge war steif. Mir war furchtbar schwindelig, und meine Augen konnten die Umgebung nicht mehr genau sehen. Weiß, überall war nur weiße Farbe, dann kam die rote. Hong war darin verschwunden.
Ich wusste nicht, wie lange ich alleine dort gestanden hatte. Aber ich fuhr mit dem nächsten Bus sofort zurück.

Tante Liu freute sich sehr, als sie mich wiedersah. Ihre Augen waren vor Lachen zu zwei Schlitzen zusammengepresst, die weißen Haare zitterten auf ihrem Kopf. »Da Lee, sie ist schon da«, sagte sie mir an der Tür, dann senkte sie ihre Stimme. »Du sollst gut aufpassen und höflich sein, weil sie drei Jahre jünger ist als du.« Die Tante strich einige Mal mit der Hand über meinen blauen Anzug, damit er ein bisschen glatter aussah. »Ich sage dir etwas, sie ist das einzige Kind meiner Schwester und war von der Grundschule bis zur Universität immer nur die Klassenbeste.

Ich habe dich immer wie einen richtigen Neffen behandelt. Ich hoffe sehr, dass es diesmal mit euch beiden klappt.«
Ich nickte und folgte der Tante in ihr Wohnzimmer.
Es waren schon einige Monate vergangen, seit ich sie das letzte Mal hier besucht hatte. Die Tante hatte auf meinem heutigen Besuch bestanden. »Nur einmal sehen, wo ist das Problem? Zum Schluss müsst ihr jungen Leute sowieso entscheiden, ob ihr heiraten wollt oder nicht«, so hatte sie am Telefon gesagt. Ich war davon überzeugt, dass sie recht hatte: Ja, wo ist das Problem, nur einmal sehen. Dann würde ich zu meiner Tante sagen: »Leider passt sie nicht zu mir. Ich suche selbst weiter nach meiner Partnerin.« So hatte ich es mir vorgestellt, deshalb war ich zu der heutigen Verabredung gekommen. Als ich jetzt das Wohnzimmer betrat, schaute ich mich nach ihr um, doch ihr Gesicht war von einer großen Zeitung verdeckt. Ha, sie ist scheu und tut so, als ob sie eine Zeitung liest. So dachte ich und fühlte mich gleich mutiger.
»Darf ich vorstellen: Das ist Zhou, Lin. Lin, das ist Chen, Da Lee.« Gleichzeitig zog die Tante meine Hand ein Stück nach vorne. Ich verstand die Andeutung und verhielt mich entsprechend. »Guten Tag.« Ich ging einen Schritt auf das Sofa zu und streckte ihr meine Hand entgegen.
»Guten Tag.« Sie stand auf, legte erst die Zeitung zur Seite und gab mir dann ihre Hand. Es war eine ganz weiche Hand. Ich spürte es sofort, als unsere Hände sich trafen. Sie trug eine gelbe Jacke und eine blaue Hose. Nicht schick, aber es passte sehr gut zu ihr. In der Taille war die Jacke etwas enger geschneidert, das zeigte ihre schlanke Figur perfekt. Doch als unsere Blicke sich trafen, wunderte ich mich ein wenig. In ihren Augen, ihren großen Augen, gab es überhaupt keine Schüchternheit, sondern sie waren voller Stolz und hatten einen provokativen Blick. »Passt du zu mir?«, so fragten ihre Augen.
Mein Mut schwand. Ich wandte meinen Blick ab und schaute an mir selbst hinunter. Meine Lederschuhe und langen Hosen waren zum Glück ordentlich. Aber ich war kein hübscher Junge. Das konnte man leider jetzt nicht mehr ändern ...
»Ihr beide seid richtig erwachsen geworden. Die Zeit vergeht so schnell. Setzen wir uns erst einmal.« Die Tante ging selbst zum Sessel und zeigte mit der Hand auf ihr Ledersofa. Gleichzeitig brachte die Haushälterin drei Tassen Tee.

Die Tante war heute sehr lebhaft, ihre freundlichen Augen bewegten sich sehr schnell zwischen unseren Gesichtern hin und her.
»Die Zeit läuft zu schnell. In meinem Kopf sind immer noch die Bilder aus eurer Kinderzeit, aber jetzt seid ihr schon so groß.« Sie trank einen Schluck Tee. »He, wie glücklich ihr jetzt seid! Als ich so alt war wie ihr, habe ich noch für den Aufbau unseres sozialistischen Landes gekämpft. Damals hatten wir fast nichts. Nur die revolutionären Ideen in unseren Köpfen ... Oh, ich soll nicht zu viel erzählen. Solche Worte sind schon veraltet, revolutionär! Das interessiert heute niemanden mehr. Ihr jungen Leute sollt miteinander sprechen. Ihr habt beide euer Diplom. Bitte langweilt euch nicht mit mir.«
»Nein, nein, das langweilt uns nicht.« Wir schüttelten unsere Köpfe. Als Angehörige der nachfolgenden Generation sollten wir vor ihr bescheiden und höflich sein.
»Doch, doch, ich störe euch jetzt nicht mehr. Ihr sollt euch miteinander unterhalten. Ich habe im Nebenzimmer etwas zu tun. Ich gehe.« Sie ging wirklich weg und schloss die Tür hinter sich.
Das Wohnzimmer war sehr groß und auch sehr gemütlich. An der Wand hingen einige chinesische Malereien und Kalligrafien. In der Mitte des Teetisches stand ein wunderschöner Bonsai, der schon ungefähr fünfzig Jahre alt war; der kleine Baum lebte ruhig in einem rechteckigen Topf vor sich hin.
»Das ist ein schöner Bonsai, nicht wahr?«, fragte ich. Ich suchte ein Gesprächsthema, um die Stille zu durchbrechen. Mein Plan, sie nur einmal kurz zu sehen und dann der Tante abzusagen, hatte sich gerade in Luft aufgelöst. Lag es an ihrer Schönheit oder an ihrem Selbstbewusstsein? Ich wollte beweisen, dass ich gut genug für sie war.
»Ja, er ist sehr schön.« Sie sah erst den Bonsai, dann mich an und senkte den Blick wieder. Erneut herrschte Stille.
»Ich ... ich habe gehört, dass du Naturwissenschaften studiert hast. Das ist bestimmt ein sehr schwieriges Studium«, versuchte ich es mit einem anderen Thema.
»Ja, ich habe Physik studiert. Es ist sehr schwer, aber dieses Fach spielt eine große Rolle bei der wissenschaftlichen Entwicklung, nicht wie ... oh, Entschuldigung.« Sie unterbrach sich und trank einen Schluck Tee.
Das gefiel mir nicht. Ihr Studienfach sollte viel wichtiger sein als meines? Sicher hatte sie von der Tante gehört, dass ich Geisteswissen-

schaften studierte. In Shanghai, dieser Industriestadt, glaubten viele Leute, dass Fächer wie Geisteswissenschaften für den Aufbau des Landes überhaupt nicht nötig wären. »Ihr Lebensinhalt besteht nur aus dem Lippenbewegen«, so sagte man. Mein Himmel, sie hatte wahrscheinlich auch so einen merkwürdigen Eindruck von meinem Fach. Das waren schlicht Vorurteile. Ich fand das ungerecht, trotzdem äußerte ich meine Meinung nicht. Schließlich war ich drei Jahre älter als sie und wollte ihr zeigen, dass ich reifer und toleranter war. »Ich … ich habe gehört, dass du in den Prüfungen sehr gute Noten hast und jetzt als Dozentin an der Universität arbeitest. Du bist so jung. Du hast bestimmt eine gute Zukunft in deinem Beruf.« Dann fügte ich hinzu: »Du kannst wahrscheinlich sehr schnell deinen Doktor machen und Professorin sein.«
Sie schüttelte den Kopf. »Solche Titel sind nicht wichtig für mich. Ci, kennst du Ci?« Ihre Miene zeigte, dass sie ein Nein erwartete. Sie hatte recht.
»Nein, ich weiß nicht, was Ci bedeutet.«
Sie lachte leise. »Das ist das Zeichen für Bestrahlungsstärke in der Physik und hat etwas mit einer Frau zu tun, Madame Curie. Kennst du Madame Curie?«
»Ja, natürlich.« Ich atmete aus. »Sie ist eine bekannte Chemikerin aus England und hat den Nobelpreis für Chemie bekommen.«
»Und den für Physik.« Ihre Stimme war plötzlich laut, als wollte sie betonen, wie wichtig dies war.
»Ja, richtig, sie hat zwei Nobelpreise bekommen.« Ich nickte schnell mit dem Kopf.
Zhou, Lin entspannte sich. »Madame Curie ist eine großartige Frau. Mein Vorbild. Weißt du, wie viele Jahre man zurück wäre, wenn es sie nicht gegeben hätte?«
Ich schüttelte den Kopf.
»Ungefähr einhundert Jahre.« Ihre Stimme ging wieder hoch.
»Ja, ja, das ist gut möglich.«
»Ihr Ehemann war auch ein bekannter Wissenschaftler.«
»Ja, ich weiß. Monsieur Curie war auch ein bekannter Physiker. Er hat lange an der Universität unterrichtet.«
Zhou, Lin nickte. Auf ihrem Gesicht zeigte sich jetzt sogar ein kleines, zufriedenes Lächeln.

»Ich habe einige Bücher über das Ehepaar gelesen«, sagte ich.
»Hast du alles verstanden? Die Theorie ihres Fachs ist sehr kompliziert.« Vor Überraschung machte sie große Augen.
»Nein, nein, es waren keine Bücher über ihre Forschungen, sondern über sie selbst, ihre persönliche Geschichte. Weißt du, eine der Geschichten hat mich sehr berührt.«
»Eine Geschichte? Was für eine Geschichte?« Zhou, Lins Augen leuchteten.
»Sie hat etwas mit dem Tod von Monsieur Curie zu tun.« Ich stand auf und ging mit meiner Tasse zum Fenster. In meinem Kopf liefen viele Bilder ganz schnell vorbei, obwohl ich sie selbst nie gesehen hatte und alles nur durch das Lesen des Buches entstanden war. »Herr Curie war durch einen Unfall auf der Straße plötzlich gestorben. Das war ein großer Schlag für Madame Curie, weil die beiden nicht nur ein liebendes Ehepaar waren, sondern auch ein Herz und eine Seele bei ihrer wissenschaftlichen Arbeit. Alle ihre Bekannten wussten vom Tod ihres Mannes und litten mit ihr, besonders die Studenten. Als sie hörten, dass Madame Curie selbst als Ersatzlehrerin die Vorlesungen ihres Mannes halten wollte, kamen sie alle. Vor dem Beginn der ersten Stunde war der ganze Hörsaal voll besetzt, sogar auf der Fensterbank saßen sie. Alle wollten wissen, wie die beiden erfolgreichen Wissenschaftler für ihr gemeinsames Ziel gekämpft und gearbeitet hatten. Sie wollten auch spüren, welche tiefen Schmerzen Madame Curie wegen ihres Ehemannes hatte.
Die Zeit war da, Frau Curie war pünktlich. Sie trug einfache Kleidung, in der Hand einen dicken Stapel mit Material für den Unterricht. Sie ging mit ruhigen Schritten auf das Podium. Im Saal war es still – alle hielten den Atem an und schauten mit weitgeöffneten Augen in ihre Richtung. *Go lo lo,* trank ich einen Schluck Tee.
»Dann, was passierte dann?«, fragte Zhou, Lin aufgeregt direkt neben meinem Ohr. Ich hatte nicht bemerkt, dass sie aufgestanden und ebenfalls zum Fenster gekommen war.
»Dann begann Madame Curie ihre Vorlesung. ›Bitte öffnen Sie Ihre Bücher‹, forderte sie ihre Zuhörer als Erstes auf. Sie ließ die Studenten ihre Bücher auf der Seite öffnen, bis zu der ihr Mann das letzte Mal unterrichtet hatte. Dann erklärte sie den Text weiter. Bis zum Ende der Vorlesung hatte Madame Curie kein einziges Wort gesagt, das nicht

zum Thema des Unterrichts gehörte. Viele Zuhörer weinten. Man hatte den weiten geistigen Horizont einer Wissenschaftlerin gesehen, obwohl man kein einziges privates Wort von Madame Curie gehört hatte.«
»Oh! Ich habe noch nie eine so faszinierende Geschichte über sie gehört.« Zhou, Lins Augen waren feucht.
»Diese Geschichten lernt man in den Geisteswissenschaften …« Mein Blick blieb auf dem Gesicht des hübschen Mädchens hängen. Ich wollte sehen, welche Wirkung meine Bemühungen bei ihr gezeigt hatten. Doch ich wurde enttäuscht. »Nicht schlecht«, sagte sie ganz leise und wandte den Blick ab. »Ich … ich gehe jetzt zur Tante und dann … dann gehe ich nach Hause. Tschüss.« Hinter ihrem Rücken schloss sie die Tür.
Jetzt war ich ganz allein in diesem Raum. War es das?, fragte ich mich selbst. Plötzlich spürte ich eine Unruhe, als ob ich etwas verloren hätte. Endlich hörte ich Schritte. Die Tür wurde langsam geöffnet. Es war Tante Liu.
»Ist sie weg?«, fragte ich.
»Ja, sie ist weg.« Tante Liu lachte mir zu, irgendwie hatte ich den Eindruck, dass sie mich mit ihrem Lachen nur beruhigen wollte.
He, schade. Ich habe kein Glück!, dachte ich und setzte mich langsam auf das Sofa. »Und, hat sie nichts gesagt?«, fragte ich mit trauriger Stimme.
»Doch, sie hat schon etwas gesagt. Da Lee, schau mal, was ist das?« Die Tante lachte immer weiter. Jetzt merkte ich, dass ihr Lachen ganz echt war. Das weiße Papier in ihrer Hand zitterte schon aufgrund ihres glücklichen Lachens.
»Die Telefonnummer? Ist das ihre Telefonnummer?« Fast schrie ich.
»Ja! Du sollst sie in ein paar Tagen wegen einer Verabredung anrufen. Du bist ein Glückspilz.«
»Moment, ich … ich schreibe das ab.« Wie ein ungeduldiger Affe suchte ich dringend einen Kugelschreiber und irgendeinen Zettel in meinen Taschen.
»Du musst das nicht abschreiben. Das hier hat sie extra für dich geschrieben.« Die Tante gab mir das Papier. »Ich muss dir noch einmal sagen, Lin wird zu Hause wie eine Perle behandelt. Sie ist ein bisschen verwöhnt und zart. Du sollst ihr gegenüber bescheiden sein und dich viel um sie kümmern. Und …«

»Ja, Tante,… ja, Tante…« Ich nickte nur und verabschiedete mich sehr schnell.

Was? Ich sollte in ein paar Tagen anrufen? Nein! Am nächsten Tag tat ich es schon.

5

In Shanghai gibt es ein Gebiet, man nennt es den Bund. Er liegt zwischen dem riesigen Fluss Huangpu und einer langen Häuserzeile, in der sich fast alle europäischen Baustile vereinen. Die Leute, vor allem aber die Jugendlichen, kommen gerne hierher.
Man kommt wieder und immer wieder. Nicht nur wegen der historischen Bedeutung und der unverwechselbaren Umgebung, sondern auch wegen der romantischen Atmosphäre, die hier an der mit Marmor ausgelegten Promenade, auf der Allee und in der glänzenden Fußgängerzone herrscht. Die Luft ist erfüllt von vielen unsichtbaren, sprühenden Funken. Bei gutem Wetter scheint abends das Licht des Mondes und der Sterne bis hinunter zur Wasseroberfläche. Von dort kommt dann die Spiegelung zurück und erschafft zusammen mit dem Licht der unzähligen Neonlampen eine geheimnisvolle Welt. In dieser Welt kann man viele Funken sehen, nein, man kann sie nicht sehen, sondern spüren. Sie finden ihren Weg in die Herzen vieler Liebespaare. So auch bei uns. Nach mehreren Verabredungen spürte ich bei Zhou, Lin endlich den Liebesfunken. Nun verbarg sie sich auch nicht mehr vor mir, sie zeigte sich und traf sich mit mir. Hier hatten wir uns zum ersten Mal geküsst. Oh, die Küsse, diese süßen Küsse am Bund! Ihre heißen Lippen zitterten, wenn sie meine berührten.
»Da Lee, weißt du, ich habe zum ersten Mal in meinem Leben einen Mann geküsst«, so sagte mir Lin. Ihr Gesicht war ganz rot, fast wie ein reifer Apfel. Ihre feuchten Augen schauten mich an, wandten sich ab und schauten mich wieder an. Der Wind, der vom Fluss kam, brachte ihr schwarzes, schulterlanges Haar in Bewegung.

»Lin, ich bin so glücklich mit dir. Wie du weißt, habe ich eine Wohnung ganz für mich allein. Warum gehen wir nicht dorthin? Hier am Bund ist es zwar sehr schön, aber auch kalt. Komm bitte mit.« Es war an einem Abend im Dezember 1984. Gerade hatte es geschneit. In Shanghai fiel nicht viel Schnee, und der wenige blieb auch nicht lange liegen. In manchen Wintern schneite es sogar überhaupt nicht. Viele Menschen machten daher einen Spaziergang am Bund, der von der Natur teilweise weiß gemalt war. Zhou, Lin trug einen grauen Mantel und ich hatte eine dicke, schwarze Lederjacke an. In Wirklichkeit war mir gar nicht kalt. Im Gegenteil, mein Blut kochte fast vor Aufregung. Meine Wohnung sollte eine Welt nur für uns beide sein, und vielleicht würden wir nicht nur beim Küssen bleiben ... Das konnte ich kaum erwarten.

Lin lachte ein bisschen. Ihr Blick zeigte mir, dass sie schon wusste, worauf ich hinauswollte. Sie schüttelte langsam den Kopf. Sie hatte ihren Kopf schon mehrmals geschüttelt, weil ich ihr dieses Angebot bei jeder unserer letzten Verabredungen gemacht hatte. Aber diesmal tat sie mehr. Sie erklärte: »Da Lee, wir sind noch sehr jung. Ich habe noch viele Wünsche für meine Zukunft. Ich ... ich kann nicht so früh abhängig von dir sein ...«

»Abhängig? Was bedeutet abhängig?«

»Ich weiß schon, was du machen willst, wenn ich mit dir alleine in deiner Wohnung bin. Das ist zu früh für mich, weil ich dich noch nicht sehr gut kenne. Übrigens tue ich eine solche Sache erst nach der Hochzeit. Du musst warten!« Sie lehnte sich an mich.

Ich spürte ihren klopfenden Herzschlag. Der Duft ihres Haares stieg direkt in meine Nase. Mein Himmel, das Blut kochte in meinem ganzen Körper! Nur musste ich mit ganzer Kraft versuchen, wieder kühl und vernünftig zu werden. Lin hatte recht: Wir kannten uns noch nicht richtig. Im damaligen China war es auch ganz normal, dass man erst nach der Hochzeit Sex hatte. Doch ein Wort hatte ich zum ersten Mal gehört. Ich wollte es jetzt nicht wieder loslassen. »Hochzeit? Du hast Hochzeit gesagt?«

»Ja, aber ich weiß nicht, wann und mit wem!«

»Natürlich mit mir.« Ich zeigte mit dem Finger auf mich.

»Da Lee. Ich habe mir immer vorgestellt, dass ich einmal einen Mann heiraten will, der in seinem Bereich sehr erfolgreich ist. Ich mag solche Leute überhaupt nicht, die politisch ganz rot sind, aber fachlich nicht

qualifiziert. Zum Glück bist du das nicht! Nur... nur sollst du mir...«
»Ich soll dir beweisen, welche Erfolge ich schon vorweisen kann, stimmt das?« Ich hatte ihre Worte verstanden.
Sie nickte mit lachendem Gesicht.
»Gut, ich sage dir etwas, ich bin zwar jung, aber schon ein Qi-Gong- und Tai-Chi-Meister mit vielen Schülern.« Ich schlug mir mit der rechten Hand auf die Brust.
»Das weiß ich schon. Das ist dein Hobby. Was ist mit deinem Studienfach?«
»Mit meinem Studienfach? Du weißt schon, dass ich Geisteswissenschaften studiert habe, aber... aber ich wurde in eine Industriefirma geschickt. Ich habe im Büro fast gar nichts zu tun. Wie kann ich da Erfolge vorweisen?« Nun klopfte ich mir nicht mehr mit der Hand auf die Brust, sondern formte den Schnee vom Geländer zu einem Schneeball. Als ich ihn ganz fest zusammengedrückt hatte, warf ich ihn in den Huangpo-Fluss. Ich warf ihn sehr kräftig, so als könnte ich damit auch den Ärger von meinem Arbeitsplatz wegwerfen.
»Es passiert oft, dass man von den Vorgesetzten nach dem Studium an einen falschen Platz geschickt wird, vielen meiner Studienkollegen geht es auch so. Aber du kannst selbst etwas schaffen.« Sie schaute mich mit ihren großen Augen direkt an. Auf ihrem Gesicht war jede Spur von Lachen verschwunden. Sie zeigte mir, dass sie ganz ernst meinte, was sie sagte. »Du hast Literatur studiert. Die Geschichten, die du erzählst, sind alle so faszinierend. Warum versuchst du nicht, einen großen Roman zu schreiben?«
»Einen großen Roman? Nein, das ist zu schwer. Vielleicht kann ich zuerst mit einigen kleinen Erzählungen und Novellen beginnen, dafür habe ich schon einiges Material gesammelt.«
»Gut, tu das. Dann kann ich meinen Eltern deine Veröffentlichungen mit deinem gedruckten Namen ›Chen, Da Lee‹ zeigen. Dann werden wir stolz auf dich sein, dann will ich..., will ich...« Ihre Stimme wurde immer leiser, ihr Gesicht rötete sich wieder.
»Dann willst du mich heiraten?«
Sie schwieg, nickte ein wenig mit dem Kopf. Das war genug für mich. Ich umarmte sie und küsste sie ganz fest. »Lin, ich... ich verspreche dir, ich... ich fange sofort mit dem Schreiben an.« Mein Mund sprach an ihren warmen Lippen.

Ich kam nicht mehr sehr oft zum Bund. Auch meine Verabredungen mit Zhou, Lin wurden seltener. Es gab keine Zeit mehr, einige Monate lang schrieb ich nur, in jeder freien Minute. Eine Rolle, die im damaligen Shanghai nicht unbekannt war, wurde unter meinem Füller geboren.

Es war ein Intellektueller, der vor der Kulturrevolution sein Studium abgeschlossen hatte. Mit heißem Blut und voller Hoffnung wollte der junge Ingenieur in seiner Firma Karriere machen. Doch er hielt nicht gerne seinen Mund und sagte immer zu direkt seine Meinung, die nicht ganz zu den Ideen Maos passte und von der Arbeiterklasse, dieser revolutionären Klasse, nicht gern gehört wurde. Deshalb wurde er während der Kulturrevolution sehr stark kritisiert und fast zur Zwangsarbeit aufs Land geschickt. Nach dieser zehn Jahre dauernden Revolution wurde er aufgrund einer neuen politischen Maßnahme in eine leitende Stellung befördert. Leider veränderte er sich schon bald. Beim neuen Direktor konnte man seinen früheren Charakter, der kühn zu denken, zu sprechen und zu handeln wagte, nicht mehr erkennen. Durch die so genannte neue Erziehung der kommunistischen Partei hatte er sich völlig verwandelt. Er war nun brav, treu und durchtrieben. Er äußerte nur, was zur politischen Lage passte und suchte jede Chance, um aufzusteigen und befördert zu werden. Dafür ließ er sich von der höheren Ebene Befehle erteilen und tat alles nach ihrem Wunsch. Nur um die Interessen und Wünsche der ihm untergeordneten Ebene und der normalen Angestellten, die auf seiner Beamtenlaufbahn keine große Rolle spielten, kümmerte er sich nicht mehr...

Ich schrieb und schrieb, bis ich den letzten Satz beendet hatte, waren es schon mehr als 200 Seiten. »He, das ist ein echt guter Roman«, sagte ich zu mir selbst und strich langsam über den dicken Stapel Papier auf dem Tisch. Meine Hand zitterte darauf wie auf einem unbezahlbaren Juwel. Zum ersten Mal in meinem Leben war ich so stolz auf meine Arbeit. Das war ein sehr guter Roman, daran hatte ich überhaupt keine Zweifel. Alle Rollen, egal ob groß oder klein, konnte man immer in der Umgebung finden, als ob die Figuren zum Leben erwachen würden, wenn man sie rief. »Sie leben!« Ich spürte das von dem dicken Papierstapel.

Zweimal kopierte ich ihn. Einen gab ich Zhou, Lin, den anderen behielt ich selbst. Das Original schickte ich an den Verlag einer Literaturzeitschrift. Es war einer der größten und bekanntesten Verlage in Shanghai, sogar in ganz China. Wenn das Manuskript eines Autors von ihm genommen wurde, bedeutete das eine große Leistung. Viel zu viele Literaten hatten davon geträumt, dass der eigene Name als Autor darin gedruckt wurde. Jetzt gehörte ich auch dazu.

Nachdem ich meinen Beitrag abgesendet hatte, konnte ich nicht mehr ruhig bleiben. Mehrmals täglich rannte ich zum Briefkasten. Einerseits hoffte ich, dass etwas vom Verlag käme, andererseits hatte ich Angst davor. Wenn mir ein dicker Umschlag zurückgeschickt würde, bedeutete das eine komplette Rückgabe: keinen Erfolg! Das hoffte ich natürlich nicht, aber täglich nichts vom Verlag zu hören machte mich auch verrückt.

Nach Monaten lag endlich ein Brief vom Verlag in meinem Briefkasten. Ich öffnete ihn sofort. Es war ein Schreiben von Lektor Chang. Er hatte nicht viel geschrieben, aber schon genug, um mich zum Lachen zu bringen, sogar so, dass mir das Herz im Leibe lachte.

»Wir sind von Ihrem Roman sehr begeistert.« So schrieb er mir. »Sie sind mit Sujet und Stil nicht auf billige Klischees verfallen und die Charaktere sind auch gut gezeichnet. Ich bitte Sie, Ihren Lebenslauf so schnell wie möglich an uns zu schicken, weil die Herausgabe Ihres Romans schon für die nächste Saison geplant ist…« Ich konnte kaum eine Sekunde warten und verabredete mich sofort nach dem Lesen telefonisch mit Zhou, Lin beim Bund.

»Schön! Da Lee, du hast schon etwas erreicht. Ich gratuliere dir herzlich!« Lin umarmte mich ganz fest, in ihrer Hand hielt sie noch den Brief, den sie gerade gelesen hatte. Sie freute sich unbändig, für mich sowie für sich selbst. Es war gerade einen Tag nach dem chinesischen Neujahrsfest. In China nennt man dieses Fest auch Frühlingsfest, weil im chinesischen Kalender an diesem Tag der Frühling schon beginnt. Es veränderte sich tatsächlich etwas, obwohl die Bäume am Bund noch nicht austrieben. Aber den Wind vom Fluss spürte man nicht mehr so eiskalt im Gesicht, sondern er hinterließ ein angenehmes Gefühl. Wir beide standen da und spürten sogar Hitze, die aus dem Inneren unserer Körper kam. Lin war besonders aufgeregt heute. »Du, worauf wartest du denn? Schick deinen Lebenslauf sofort hin!«, bat sie eindringlich. Sie konnte nicht mehr die Ruhe bewahren.

Also tat ich es gleich. Doch nachdem ich mein Material abgeschickt hatte, verging die Zeit besonders langsam. Die Zeitschrift erschien alle zwei Monate, es würde bis zur nächsten Herausgabe noch einen Monat dauern.
»Leute, ihr müsst die nächste Ausgabe dieser Zeitschrift kaufen. Darin gibt es interessante Dinge zu lesen.« Ich erzählte das in meinen Qi-Gong- und Tai-Chi-Kursen, in meiner Firma und allen anderen Leuten bei jeder Gelegenheit. Ich konnte meine Freude kaum mehr verbergen. Wenn die Leute mich fragten, was genau denn darin sein würde, antwortete ich immer voller Stolz: »Hat was mit mir zu tun!« Darum waren viele Leute gespannt auf die nächste Ausgabe. Der größte Nachteil der Hähne: Angeberei und Nachlässigkeit.
Endlich war der ersehnte Tag da, der 1. April 1985. Ich wartete schon ganz früh am Kiosk und schaffte es, die neue Zeitschrift als Erster zu erhalten. Mit zitternden Fingern öffnete ich das große Heft. Zuerst schlug ich das Inhaltsverzeichnis auf. Dort gab es keinen Roman von mir, auch nicht den Autorennamen Chen, Da Lee. Ich traute meinen Augen nicht mehr, doch auch nach dem dritten Lesen war nichts zu finden. Dann begann ich die ganze Zeitschrift durchzusuchen, vom Anfang bis zum Ende und vom Ende zurück zum Anfang. Das dicke Papier lief zwischen meinen Fingern hin und her, *za, za, za,* machte es.
Eine lange Zeit war schon vergangen, und ich hatte immer noch nicht gefunden, was ich suchte. Mit schwerem Kopf kam ich langsam zum Sportsaal. Dort sollte ich einen Qi-Gong-Kurs geben.
»He, Da Lee, du hast uns gesagt, dass in der neuen Zeitschrift etwas steht, was mit dir zu tun hat; ist sie das?« »Ja, zeig es uns bitte.« Die Teilnehmer hatten die Zeitschrift in meiner Hand gesehen und kamen zu mir. Ich hatte mich schon verspätet, doch das machte niemandem etwas aus. Alle schauten mich mit gespannten Blicken an.
»Entschuldigung! Ich … ich habe mich geirrt.« Es war so peinlich für mich, dass ich keine weiteren Worte für Erklärungen finden konnte. »Jetzt machen wir zusammen unsere Übungen«, forderte ich die Leute auf. Nach der Stunde fuhr ich mit dem Fahrrad zu meinem Arbeitsplatz, auf dem Weg dorthin warf ich die Zeitschrift weg.
»He, Da Lee, da bist du endlich.« Meine Kollegin Wen, Yie Zuan saß im Büro. Sie schüttelte die Zeitschrift in ihrer Hand. »Ich habe sie auf

dem Weg gekauft, aber deinen Namen nicht darin gefunden. Hast du ein Pseudonym benutzt?«

»Nein, nein, ich habe kein Pseudonym benutzt.« Ich ging an meinen Tisch.

»Wo ist es denn? Ich bin ganz gespannt auf dein Erstlingswerk.« In ihrem Gesicht spiegelten sich unbeschreibliche Gefühle wider. Sie hegte schon seit langer Zeit den Traum, eine große Schriftstellerin zu sein, doch war bisher keine einzige Zeile von ihr veröffentlicht worden. Sie freute sich nicht unbedingt über den Erfolg ihres Kollegen.

»Ja, zeig uns, wo dein Roman ist. In der letzten Zeit hast du nur geschrieben und geschrieben…« Die anderen beiden Kollegen kamen ebenfalls zu mir.

Ich musste fast weinen. Wenn es unter meinem Bürotisch einen Riss gegeben hätte, hätte ich mich sofort darin versteckt. »Entschuldigung. Ich… ich habe mich geirrt. Es gibt darin nichts von mir.« Meine Stimme war ganz traurig.

»Oh, tut mir so leid! Aber das macht nichts, dann versuchst du es noch einmal.« Wen, Yie Zuan beruhigte mich lächelnd. »Hat man dir einen weißen Zettel zurückgesendet?«

»Nein, noch nicht! Aber das hier habe ich erhalten.« Ich öffnete die Schublade und warf den Brief vom Verlag auf den Tisch.

Wen, Yie Zuan nahm ihn sofort in die Hand. Nach dem Lesen war ihr Gesicht wieder angespannt. »Ich… ich habe bis jetzt nur weiße Zettel erhalten, so einen Brief vom Lektor habe ich noch nie gesehen.«

»Gratuliere, Da Lee, du bist schon einen Schritt hineingekommen«, meinte Li, Lin, die früher Jura studiert hatte. »Nur ist das nicht korrekt, was der Verlag getan hat. Wenn man etwas versprochen hat, dann soll man es auch halten. Dieser Lektor hat mit seinem Namen unterschrieben. Und, Da Lee, hast du auch deinen Lebenslauf geschickt, so wie sie es verlangt haben?«

»Ja, natürlich. Das habe ich sofort gemacht.« Meine Stimme war schon wieder viel kräftiger.

»Dann ruf doch einfach an und frage, warum dein Roman nicht erschienen ist«, riet mir Zhou, Bin. Er selbst telefonierte zur Zeit sehr wenig, weil er seinen Nebenjob als Berater einer Dorffabrik schon gekündigt hatte. Er wollte eine große Karriere machen und hatte seine

neue Stelle dafür auch schon gefunden. Leider war sie nicht in Shanghai, sondern in Shenzhen, einer so genannten Wirtschaftssonderzone nahe Hongkong.
Die traditionelle kommunistische Planwirtschaft Chinas war dort schon verschwunden. Stattdessen hatte die freie Marktwirtschaft Einzug gehalten, genau wie in den westlichen Ländern. Um das alles zu beschützen und illegale Auswanderung zu verhindern, hatte man zwischen Shenzhen und dem chinesischen Hinterland eine Mauer gebaut. Sie war 86 Kilometer lang und 3 Meter hoch, und auch das alte bürokratische System Chinas musste davor anhalten. Zhou, Bin wollte um jeden Preis hinter diese Mauer gelangen. Er hatte einfach bei der Firma gekündigt und bereitete sich auf seine Fernreise vor.
»Hast du keine Angst? Wenn unser Chef deine Akte nicht dorthin schickt, dann hast du keine Sozial- oder Rentenversicherung mehr«, fragte ich ihn am letzten Tag.
»Angst? Wovor soll ich Angst haben? Wie viel bekommst du von der verdammten Firma? 200 Yuan? Höchstens 300! Der Boss in Shenzhen hat mir versprochen, dass er mir im ersten Monat 3000 Yuan in die Hand gibt.« Er zeigte mir seine Handfläche, so als ob schon ein dicker Schein darauf liegen würde.
»Mein Himmel. Im ersten Monat verdienst du schon 3000 Yuan, dann musst du ein paar Jahre später furchtbar viel verdienen.« Ich beneidete ihn schon ein bisschen.
»Ein paar Jahre später? Dann bin ich selbst Boss! Dort ist ein Gebiet der grenzenlosen Chancen. Die Akte vom kommunistischen Parteikomitee brauchen sie gar nicht. Das Diplom allein ist schon genug. Ich sage dir, ein paar Jahre später bin ich bestimmt schon ein Boss.« Zhou, Bin erzählte mit solchem Stolz. Ich hatte keine Zweifel daran. »Jetzt rufst du an.« Er stellte mir den Telefonapparat auf den Tisch und ging dann an seinen eigenen Platz. Dort packte er seine Sachen weiter. Was mit Literatur zu tun hatte, schien ihn nicht besonders zu interessieren. Ich wählte also die Nummer des Verlags. Es war gar nicht schwer, mit Lektor Chang verbunden zu werden.
»Ah, Sie sind Genosse Chen, Da Lee. Sehr erfreut, sehr erfreut!«, kam es aus der anderen Seite der Leitung. An seiner Stimme erkannte man, dass er schon an die fünfzig Jahre alt war. »Sie rufen bestimmt wegen Ihres Romans an, oder?«

»Ja. Ich habe ihn in der neuen Ausgabe nicht gefunden. Ich weiß nicht, was ... was ...«

»Was dazwischen gekommen ist?« Der Lektor hatte bestimmt schon sehr viel Erfahrung in seinem Job. »Das tut mir so leid: Ihr Roman hatte bei der politischen Kontrolle einige Schwierigkeiten.«

»Was? Was bedeutet das?« Ich verstand das nicht.

»Ich kann Ihnen leider nicht alles sagen. Sie wissen schon: wegen unseres politischen Systems! Ja, lassen Sie es mich so erklären: Ihren Lebenslauf haben wir in Ihre Firma zurückgeschickt, zu Ihrem Chef vom Parteikomitee.«

»Warum? Warum schicken Sie meinen Lebenslauf an unseren Parteisekretär?« Ich verstand überhaupt nichts mehr.

»Es ist eine Regel bei uns, den politischen Zustand der Autoren und ihrer Produkte kontrollieren zu lassen. Das Verlagswesen sowie Zeitungs- und Rundfunkwesen gehören zu den Propagandamitteln der Partei.« Er klang gelangweilt, als wollte er mir zeigen, dass er selbst solche politischen Dinge satt hatte.

»Mein Lebenslauf sollte doch gar kein Problem sein«, sagte ich.

»Nein, Ihre Geschichte ist ganz in Ordnung. Sie stammen aus einer Familie der revolutionären Elite. Sie haben im Alter von fünfzehn Jahren in der Armee gedient und dann als Arbeiter in einer Fabrik gearbeitet. Von dort sind Sie durch eine Aufnahmeprüfung zur Universität gelangt. Nicht schlecht! Es ist kein Wunder, dass Ihr Roman so lebensnah ist, obwohl Sie noch nicht lange mit dem Studium fertig sind.«

»Ja, gut, dann sagen Sie mir bitte ...«

»Wo die Schwierigkeit liegt, ja?!« Er kannte den Typ von jungen Schreibern, den ich verkörperte, schon sehr gut. »Ich sage Ihnen jetzt etwas, obwohl es ein bisschen gegen unsere Arbeitsprinzipien verstößt. Das Problem besteht darin, dass Ihr Chef nach der Prüfung Ihren Lebenslauf nicht mit einem roten Stempel an uns zurückgeschickt hat, sondern verlangte, dass wir Ihr Manuskript dem Parteikomitee Ihrer Firma zuschicken. Bis jetzt haben wir noch nicht wieder davon gehört.«

»Das ... das bedeutet, meine Sache liegt jetzt in der Hand meines Chefs?« Ich war vollkommen durcheinander.

»Ja. Aber Sie sollten nicht böse darüber sein. Der Parteisekretär hat immer das Recht, Menschen und Dinge zu kontrollieren. Bei uns im

Verlag muss das Material kontrolliert werden, bevor es veröffentlicht wird.«
»Das kann man kaum glauben. In China macht man zur Zeit eine Reformation. Warum hat sich in diesem Bereich noch nichts verändert?«
»Ja, es gibt eine große Reformation, aber leider nur im Wirtschaftssystem. Im politischen Bereich hat sich noch nichts bewegt. Aber, Genosse Chen: Sie sollten nicht aufhören, Literatur zu machen. Sie haben diese Begabung...«
»Ich danke für Ihre Bemühungen, Genosse Chen.« Ich legte auf und rannte hinaus. »Ich besuche die Parteisekretärin«, rief ich meinen Kollegen noch zu.
Im Büro des Parteikomitees traf ich zwei Chefs an: die Hauptparteisekretärin und ihren Stellvertreter, der auch als Hauptmanager tätig war.
»Guten Tag. Ich komme wegen meines Manuskripts.« Ich bemühte mich, das Feuer des Ärgers in meinem Körper herunterzudrücken.
»Manuskript? O ja, ja, das ist bei ihm.« Die Parteisekretärin zeigte mit gekünsteltem Lächeln auf den Hauptmanager. Sie stand kurz vor der Rente. So wie die anderen politischen Kader, die keine Ahnung vom Geschäft oder Fachkenntnisse vom Betrieb hatten, kümmerte sie sich um viele Dinge schon lange nicht mehr. Die Hauptrolle spielte in dieser Firma in Wirklichkeit nur der stellvertretende Parteisekretär, der Hauptmanager.
»Ja, ja, das ist bei mir. Kommen Sie bitte.« Der Manager stand sofort auf und führte mich sehr höflich in den Nebenraum, wo sein Schreibtisch stand. »Das ist alles hier. Ich habe es durchgelesen, nicht schlecht.«
Er nahm mein Manuskript aus seiner Schublade und legte es auf den Tisch.
Es sah genauso aus wie früher, nur ein bisschen gealtert. Manche Seiten rollten sich schon ein. Dieses dicke Papier, in dem sich so viel von meiner Kraft, Energie und Hoffnung gesammelt hatte, lag jetzt auf dem Tisch meines Chefs herum.
»Warum...warum wollten Sie mir keinen roten Stempel geben? Gibt es Probleme mit meinem politischen Verhalten?« Ich konnte es nicht mehr aushalten, fast schrie ich ihn an.
»Nein, nein! Sie und Ihre Eltern, alle haben Sie eine makellose Vergangenheit und sind politisch unbelastet, sogar besser als ich. Sie wissen

schon, dass ich in meiner Vergangenheit einige politische Fehler gemacht habe. Deswegen bin ich sehr dankbar für die Hilfe und Rettung durch unsere Partei.«

»Wo ist dann das Problem bei mir?«

»Bei Ihnen? Nein, es gibt gar kein Problem, nur hier stimmt etwas nicht!« Seine linke Hand zeigte auf das Papier auf dem Tisch, und die rechte Hand ordnete das Haar auf seinem Kopf. Es sollte dort siebzig Prozent nach rechts und dreißig Prozent nach links liegen. Aber einige Haare hatten selbstständig die Seiten gewechselt. Er schob sie hektisch wieder in Form zurück. »Wie ist das möglich? Kann ein Firmenchef, der neu vom Parteikomitee gewählt und auf eine wichtige Position geschickt wurde, so egoistisch und machtsüchtig sein, wie Sie das beschrieben haben? Glauben Sie nicht, das könnte etwas gegen die Politik der Partei verstoßen?«

»Nein, überhaupt nicht! Ich wollte den Leuten nur eine Wahrheit zeigen: Egal, aus welcher sozialen Schicht, ob schlecht ausgebildeter Arbeiter und Bauer oder gut ausgebildeter Intellektueller; alle können sittlich verkommen und moralisch sinken, wenn sie Macht in der Hand haben. Haben Sie nicht gehört, dass es überall Korruption gibt, die immer mit den Machthabern zu tun hat?« Ich verteidigte mich mit lauter Stimme.

»Gut, gut, Sie haben Geisteswissenschaften studiert und können sich ausdrücken. Ich bin nicht in der Lage, mit Ihnen weiter zu diskutieren. Nur dieser Stempel …« Er zeigte mir das große Gummisiegel auf dem Tisch. »Es tut mir so leid, dass ich ihn Ihnen nicht geben darf. Wir, das Parteikomitee, haben schon darüber diskutiert. Leider geht es nicht …«

»O.K.« Ich nahm trotzig den dicken Stapel Papier in die Hände. »Ich gehe jetzt in mein Büro zurück.«

»Moment! Wir haben trotzdem eine gute Nachricht für Sie.«

»Eine gute Nachricht?« Ich blieb stehen.

»Ja. Sie wollen schon seit Langem Ihren Arbeitsplatz wechseln und zu einer anderen Firma gehen. Jetzt sind wir mit Ihrem Antrag einverstanden.«

»Was?« Ich traute meinen Ohren nicht. Ich hatte mich so sehr darum bemüht, immer ohne Erfolg. Wie konnte er seine Meinung plötzlich ändern?

»Ja. Wir haben eine neue Entscheidung getroffen. Wir glauben, dass

die Stelle dort besser zu Ihrem Studienfach passt. He, eine Firma für internationale Reisen, nicht schlecht für Sie! Ich habe gehört, dass sie auch noch im Im- und Exportgeschäft tätig ist. Eine gute Zukunft wünsche ich Ihnen!« Er hielt mir die Hand hin.
»Ist das wahr? Darf ich Sie wirklich verlassen?« Ich hatte es noch nicht ganz klar begriffen, trotzdem schüttelte ich seine Hand.
»Ja, Sie dürfen sich morgen schon bei Ihrer neuen Firma melden. Ihre Akte schicken wir sofort nach.«
»Danke, vielen Dank.« Das kam zu plötzlich. Ich war fassungslos. Ich ging zur Tür, mein Manuskript trug ich vor mir her.
»Moment!«, sagte der Hauptmanager.
Ich blieb erneut stehen.
»Sie ... Sie arbeiten in Zukunft sowieso nicht mehr bei uns. Ich will Ihnen eine Frage stellen, aber das soll bitte unter uns bleiben.« Er kam zu mir und senkte seine Stimme.
»Ja, fragen Sie nur.«
»Haben Sie in Ihrem Roman eine Andeutung gemacht? Zum Beispiel diese Hauptrolle, dieser Hauptmanager, hat der etwas mit mir zu tun?« Er schob seine schwarze Brille mit den Fingern ein bisschen nach oben.
»Was? Nein! Wie kommen Sie auf diese Idee?« Meine Augen wurden ganz groß. Jetzt verstand ich, warum er mir plötzlich einen Wechsel gestattete. Aber irgendwie war seine Vermutung auch nicht ganz falsch. Wenn ein Autor etwas schrieb, hatte es bestimmt mit seiner Umgebung zu tun. Doch sein Verhalten brachte mich fast dazu, laut heraus zu lachen.
Dann ging ich. Sein Büro besuchte ich danach nie wieder.
In meinem Büro erwarteten mich die jungen Kollegen schon lange.
»Wie war es?« Drei Leute fragten mich gleichzeitig.
»Ich lade euch morgen ein. Meinem Antrag auf Firmenwechsel wurde vom Chef stattgegeben.« Bei uns gab es diese Vereinbarung: Wer es geschafft hatte, diese langweilige Firma ganz legal zu verlassen, sollte die anderen Kollegen einladen. In einer Ecke des Büros fand ich einen Karton und begann, meine Sachen zu packen. Den unveröffentlichten Roman warf ich auch hinein. Darüber wollte ich meinen Kollegen nichts weiter erzählen, aber meiner Freundin sagte ich alles.

Am gleichen Abend traf ich Zhou, Lin wieder beim Bund. Wir beide standen am Kai. Der Huangpu lief vor unseren Augen wie immer mit unzähligen Wellen zum Yangtse, dann mündeten beide zusammen in das ostchinesische Meer. Doch heute Abend bewegte er sich besonders ruhig und kraftlos. Von der Mitte des Flusses ertönten einige Dampfpfeifen. Es klang so einsam und melancholisch, als wollten sie zusammen mit meinem Herzen weinen. Auch die Neonlichter hinter uns leuchteten heute Abend so langweilig und wenig faszinierend.
»He, ein Pech! Das ist mein Pech! Alle meine Bemühungen werden in den Fluss geworfen.« Ich warf meine Zigarettenkippe ins Wasser.
»Du solltest nicht aufhören. Meine Eltern und ich, wir alle haben dein Manuskript durchgelesen. Es gefällt uns sehr gut.« Lin, die neben mir stand, sagte das voller Sympathie. Vorher, als ich die Geschichte erzählt hatte, hatte sie schweigend zugehört.
»Gut, ich versuche, weiterzuschreiben. Doch in diesem Land spielen politische Dinge immer die Hauptrolle, es gibt zu viele Kontrollen. Schwer, sehr schwer.« Ich schüttelte meinen Kopf. »Aber ein Glück im Unglück: Ich darf diese verdammte Firma endlich verlassen. Weißt du was? Mein neuer Arbeitsplatz liegt im Zentrum, nicht weit von hier. Das zukünftige Büro solltest du einmal anschauen, sehr schön, wie im Fünf-Sterne-Hotel.« Ich lachte ihr zu, jedoch ein bisschen bitter.
»Da Lee, du sollst weiterschreiben, egal wie schwer das ist. Sonst wäre es zu schade! Jetzt finde ich, dass ich sehr glücklich sein soll, wenn ich mein Fach mit deinem vergleiche.« Lin schob die Haare aus ihrem Gesicht. Der Wind vom Fluss ließ ihr schulterlanges Haar immer weitertanzen. »Zum Glück gibt es in der physikalischen Welt keine solchen Elemente, die mit der Politik verbunden werden müssen.«
»Ja, zum Glück!«, stimmte ich zu.
»Aber trotzdem sollst du weiterschreiben.« Lins Stimme wurde etwas höher.
»Ja, ich schreibe weiter.«
»Gut, übrigens … übrigens bleibe ich bei meinem Versprechen.« Sie wurde rot.
»Ja, einverstanden! Ich versuche, weiter meine literarische Arbeit zu machen, bis ich Erfolg habe. Dann gehen wir zum Standesamt.«
»Nein, Da Lee, ich will dir sagen – bevor du den Roman geschrieben hast, tue ich, was wir vereinbart haben.«

»Ja! Ich schreibe weiter, bis man in den Regalen der Buchläden mein Buch sehen kann oder mein Name in einer Zeitschrift als Autor gedruckt wird; dann heiraten wir.« Meine rechte Hand ballte sich in der Luft zu einer Faust, um meine Schwüre zu betonen.

»Nein, Da Lee, ich wollte nur deine Bemühung sehen…«

»Was? Lin, du willst mir sagen: obwohl ich diesmal keinen Erfolg hatte, willst du mich trotzdem heiraten. Stimmt das?« Vor Aufregung zitterten meine Hände, die Zhou Lins Arme ganz fest umfassten. Auch Lins Stimme zitterte daraufhin bei ihrer Antwort. »Ja, das will ich.«

»Oh! Du bist mein Engel, Lin. Ich will dich sofort heiraten.« Ich drückte sie ganz fest an meine Brust.

»Tuuu…« Auf dem Fluss ließ ein riesiges Schiff die Sirenen lange ertönen, so als ob sie für uns feierten. Unzählige Wellen tanzten im bunten Licht der Neonlampen.

Plötzlich fühlte ich mich, als ob ich schon im Paradies wäre. Diese Welt konnte so schön sein. »Bund, Symbol von Shanghai. Ich liebe dich!«

6

Heiraten war damals das größte Thema für einen Chinesen. Keine andere Sache musste man so groß, so übermäßig und so lebhaft feiern. »Das ist eine einmalige, die glücklichste Gelegenheit, man muss sie großzügig begehen.« So sagten die Leute. Man sammelte alle Kräfte, alles Kapital und alle Energie für diesen Moment; so wie das volle Orchester zusammen tönte, wenn ein Bühnenstück auf dem Höhepunkt angelangt war. Alle Menschen, die damit zu tun hatten, waren gespannt. Doch die Hauptpersonen, Braut und Bräutigam, mussten natürlich mehr als nur gespannt sein. Sie standen jetzt ganz in der Mitte der Lebensbühne. Vor ihren Verwandten, Freunden und Bekannten sollten sie etwas darstellen. Sie sollten sich von ihrer schönsten Seite zeigen, zumindest was das Äußere betraf.

»Was soll ich anziehen? Ich will nicht in Weiß gehen, aber was dann?« Zhou, Lin hatte mich schon hundertmal gefragt.

»Ich weiß auch nicht. Irgendetwas! Du siehst sowieso gut aus, egal in welcher Bekleidung.« Ich wusste wirklich nicht, was ich ihr raten sollte. Unser Hochzeitstermin war schon fest geplant: der 1. Mai 1985. Dieser Tag kam immer näher, und mein Herz schlug auch immer schneller. Außer Freude spürte ich noch Aufregung und Nervosität. Viel zu viele Arbeiten musste ich vorher noch erledigen. Zuerst renovierte ich meine Wohnung von Grund auf neu. »Zhou, Lin ist ein ganz hübsches und sauberes Mädchen. Du musst deine Räume richtig putzen, sonst beleidigst du deine zukünftige Frau, und ich muss mich dann auch für dich schämen«, ermahnte mich meine Mutter. Sie hatte Lin schon bei ihrem ersten Besuch ins Herz geschlossen. Mutter hatte recht. Ich, als alleinlebender junger Mann, hatte mich in letzter Zeit zu wenig um Ordnung in meiner Wohnung gekümmert. Jetzt jagte ich den ganzen Staub hinaus und bat einige Jungen, mit mir zusammen den Boden neu zu lackieren und neue Tapeten an die Wände zu kleben. Dann sollte ich neue Möbel kaufen.

»Vierzig Füße« musste der Bräutigam in Shanghai damals auf jeden Fall schaffen, dazu noch Fernseher und Kühlschrank, sonst verlor er das Gesicht. »Vierzig Füße« bedeutete: Man musste für die erste gemeinsame Wohnung genügend Möbel mit vier Füßen wie zum Beispiel einen Tisch, Stühle, Schrank, Sofa und Bett kaufen; die Zahl der Füße sollte mindestens vierzig betragen. Um die »weichen« Dinge, so wie Bettwäsche, sollte sich die Braut kümmern. Ein Glück für mich. Wir beide hatten viel zu tun, jeder traf seine eigenen Vorbereitungen. Aber eines mussten wir gemeinsam tun: Wir sollten gleichzeitig zum Standesamt gehen. Bevor unser Hochzeitsbankett stattfinden konnte, brauchten wir das rote Papier, die Bescheinigung über die Eheschließung.

»Haben Sie die Referenz Ihres Chefs schon dabei?« Der Standesbeamte war schon über fünfzig Jahre alt. Er saß in einem völlig geschmacklosen Büro, das überhaupt nicht geschmückt war. Ihm gegenüber saß noch eine Beamtin. Als wir eintrafen, hörten beide gerade genussvoll eine Aufführung der Peking-Oper aus einem kleinen Radio, das auf dem großen Tisch zwischen ihnen stand.

»Was brauchen Sie genau?« Ich hatte nicht ganz verstanden, ebensowenig wie Zhou, Lin.

»Das Empfehlungsschreiben Ihrer Arbeitsstelle, ohne das können Sie

bei uns keinen Antrag stellen.« Die Frau stellte das Radio ein bisschen leiser.
»O ja, das haben wir schon.« Lin und ich holten schnell die Papiere mit dem roten Stempel aus der Tasche, die wir bei den Personalabteilungen besorgt hatten. Außerdem zeigten wir das Familienbuch und die Arbeitsausweise.
»Gut! Füllen Sie alles aus.« Der Mann gab uns zwei Formulare.
»Sollen wir das jetzt schon machen?«, fragte Zhou, Lin. Sie war heute besonders schick in einem orangefarbenen Anzug, weil sie glaubte, dass unser Besuch beim Standesamt ein glücklicher und wichtiger Moment sein sollte. Doch die Atmosphäre enttäuschte sie sehr, ebenso wie mich.
»Ja, natürlich! Meinetwegen können Sie es aber auch später machen, ist mir egal! Sie wollen jetzt heiraten, nicht ich.« Der Beamte lachte.
Wir sagten nichts mehr. Am Nebentisch füllten wir die Formulare ganz schnell aus und gaben sie dann zurück.
»Hier müssen Sie auch unterschreiben.« Die Dame hielt uns ebenfalls zwei Papiere hin. »Was ist das denn?«, fragte ich.
»Der Familienplan für nur ein Kind. Nach der neuen Politik dürfen Sie nach der Hochzeit nur ein Kind haben, und je später, je besser. Unser Land hat schon zu viele Bürger. Sie sollen es nicht weiter belasten. Klar? Nur ein Kind, sonst machen Sie sich strafbar!« Die Beamtin klopfte mit ihrem Kugelschreiber auf den Tisch.
»Dürfen wir uns das überlegen?«, fragte Lin leise.
»Natürlich. Sie dürfen überlegen, so lange Sie wollen. Aber bedenken Sie: Sie wollen heiraten, nicht ich.« Da war es wieder, das merkwürdige Lachen.
»Lass es! Wir unterschreiben jetzt.« Ich führte Lin zum Tisch und erledigte die Angelegenheit. Ich wusste ganz genau: Gegen dieses bürokratische System und diese Menschen hatten wir kaum eine Chance.
»Kommen Sie in einer Woche wieder hierher, um Ihre Bescheinigung abzuholen.« Der Beamte stellte sein Radio wieder laut, und die Klänge der Peking-Oper erfüllten den ganzen Raum.

»Das war so schrecklich und eiskalt, und dafür habe ich mich noch extra gut vorbereitet.« Lin schlug mit der Hand gegen ihre neue Jacke. Auf dem Heimweg hatte sie keine gute Laune mehr.

»Warte! Noch eine Woche, dann bekommen wir die Bescheinigung über die Eheschließung. Das soll ein glückliches Zeichen für uns sein. Beim nächsten Mal benehmen sich die Beamten sicher netter. Vielleicht findet eine spezielle Zeremonie für uns statt.« So beruhigte ich sie.

Eine Woche später gingen wir wieder gemeinsam dorthin. Ich hatte mich diesmal auch schick gemacht und trug einen hellblauen Anzug. Mit Lin in ihrem orangefarbenen Anzug erregten wir die Aufmerksamkeit der Passanten.
»Das sind Ihre Bescheinigungen.« Der alte Beamte warf zwei rote Formulare mit goldenen chinesischen Zeichen auf den Tisch.
»Gratuliere, von heute an sind Sie beide ein legales Ehepaar.« Endlich sagte uns die Beamtin ein paar menschliche Worte. »Aber eines muss ich Ihnen nochmals sagen …« Sie erhob ihre Stimme und ihre Finger drückten fest auf unsere roten Bescheinigungen, sodass wir sie unmöglich an uns nehmen konnten. »Sie dürfen nur ein Kind haben, und je später, je besser. Sie dürfen niemals ein zweites Kind haben! Das besagt der Familienplan unseres Landes. Sie müssen sich strikt daran halten, sonst werden Sie bestraft. Klar?«
»Ja, klar! Ja, klar!« Wir hatten verstanden.
»Gut. Sie dürfen gehen.« Sie zog ihre Finger zurück. Ich nahm die Bescheinigungen ganz schnell an mich und verließ mit Lin sofort den Raum.

»Kaum zu glauben, dass alles so schnell erledigt ist. Das ging sogar schneller, als meine Krawatte zu binden.« Ich versuchte die Stimmung zu retten.
»Schrecklich, ganz schrecklich! Sie haben uns wie Angeklagte behandelt.«
»Lass nur. Die Hauptsache ist, dass wir diese Dinger haben.« Ich schüttelte die beiden roten Formulare. »Ab heute sind wir ein richtiges Ehepaar. Komm, fahren wir zu mir.« Ich hielt meine Hand ganz hoch, um ein Taxi zu bekommen.
»Da Lee, warte!« Zhou, Lin zog meine Hand herunter. »Nur noch eine Woche, dann feiern wir unsere Hochzeit. Hast du keine Geduld mehr? Weißt du, nach der Begegnung mit diesen Beamten habe ich keine

gute Laune mehr. Ich glaube ... ich glaube, das erste Mal sollte romantisch und heilig sein.« Ihr Gesicht war rot. Sie wusste genau, was ich wollte. Und wieder einmal wies sie mich ab.

Eine Woche, eine ewige Woche! Doch endlich kam dieser Tag. Am ersten Mai fuhr Sun, Liu Fong ganz früh zu mir. Er war ganz festlich gekleidet und genauso aufgeregt wie ich. Heute sollte er mein Trauzeuge sein. Im damaligen China galten nur Beamte als gesetzliche Ehezeugen. Aber niemand wollte das wirklich glauben. Solche eiskalten, fremden Menschen sollten unsere Trauzeugen sein? Nein! Wir versuchten, das so schnell wie möglich zu vergessen. Dorthin waren wir, wie die anderen Leute auch, nur wegen der Papiere gegangen. Doch jetzt kam unsere richtige Hochzeit, mit eigenem Bankett und eigenen, richtigen Trauzeugen. »Ich hoffe, dass ich mich für heute nicht zu gut gekleidet habe.« Sun, Liu Fong zeigte sich mit seinem blauen Anzug und weißer Krawatte. »Sonst wird das Pferd am Schwanz aufgezäumt, das heißt, der Gast macht sich zum Wirt. Das darf nicht sein, du spielst die Hauptrolle.« Seine Stimme war voller Witz.
»Du darfst dich ganz schick machen, das stört mich überhaupt nicht. Im Gegenteil, es freut mich für dich.« Das sagte mein Mund, aber insgeheim dachte ich: »Du! He, egal, wie du dich kleidest, du kannst unmöglich die lange Narbe in deinem Gesicht bedecken ...« Ich zog einen silberweißen Anzug mit blauer Krawatte an.
Tut ... tut ... Die Hupe unseres Wagens ertönte von unten. Es war der Hochzeitswagen, den ich bestellt hatte. Damals waren viele Dinge in Shanghai noch nicht modernisiert. Der so genannte Hochzeitswagen war eigentlich nur ein Taxi: Statt des Taxizeichens befestigte man eine große rote Papierblume auf dem Dach. Damit musste ich schon sehr zufrieden sein, denn es war pünktlich gekommen.
Sun, Liu Fong und ich liefen ganz schnell nach unten und fuhren gemeinsam zu Zhou, Lins Wohnung. Dort sollten wir die Braut abholen. *Ton ... Pa!* Drei Feuerwerkskörper flogen lautstark in den Himmel, gerade als wir vor dem Wohngebäude ausstiegen. Danach explodierte *pih, pih, pih!*, eine lange Reihe Knallfrösche. Die Leute meiner Braut schienen schon gut vorbereitet zu sein. Zahlreiche Freunde, Verwandte und Nachbarn standen vor der Haustür. Einige Kinder sprangen sofort auf uns zu und hielten uns ihre Handflächen hin. »Bonbons, Bonbons!«

»Nein, ich bin nicht der Bräutigam, sondern er.« Sun, Liu Fong schob die Kinder alle zu mir. Ich hatte mich gut darauf vorbereitet. In der Tasche, die ich mitgebracht hatte, gab es genügend solcher süßen Sachen. Ich warf alle in die Luft. Die Kinder balgten sich auf dem Boden um die Süßigkeiten. In diesem Moment gingen Liu Fong und ich schnell vorbei, durch die Mauer von Menschen mit ihren lächelnden und neugierigen Gesichtern, die Treppe hinauf bis in die vierte Etage. Dort wohnte Zhou, Lin mit ihren Eltern.
»He! Der Bräutigam kommt.« In der Wohnung waren auch schon viele Leute. Außer Zhou, Lin und ihren Eltern kannte ich fast niemanden. Viele Blicke bewegten sich zwischen Liu Fongs Gesicht und meinem hin und her. Manche blieben bei ihm hängen. »Nein, ich bin nicht der Bräutigam, sondern er.« Sun, Liu Fong schob mich nach vorne. Daraufhin kamen die Leute zu mir, um zu gratulieren. Aber die Blicke einiger Mädchen blieben weiter an Liu Fong hängen. Dieser Typ erregte überall große Aufmerksamkeit bei den Frauen, sogar während meiner schönen Zeit. Das verstand ich einfach nicht. Aber ich stellte ihn trotzdem meinen zukünftigen Schwiegereltern und meiner Frau vor.
Nach einer Woche Warten sah ich Zhou, Lin jetzt wieder. Sie saß auf dem Stuhl, in ihrem neuen roten Mandarinanzug. Um sie herum standen viele junge Frauen, alle schön gekleidet. Sie lachte mir einmal etwas verschämt zu. Ihr Gesicht sah etwas abgezehrt aus, wahrscheinlich wegen der anstrengenden Vorbereitungen. Deshalb wirkten ihre Augen noch etwas größer als sonst.
»Willst du sie jetzt abholen? Dann musst du zuerst ihre Eltern fragen«, sagte eines der Mädchen lachend. Sie hatte ein schönes Gesicht mit langen Brauen und feiner Nase. Sie war bestimmt Zhou, Lins Trauzeugin. Alle lachten.
Ich ging zu Lins Eltern, die am Tisch saßen, um sie zu begrüßen. Ich hatte beide vorher ein paar Mal gesehen, und sie waren sehr nett zu mir gewesen. Zwar arbeiteten sie beide in leitenden Positionen in staatlichen Firmen, als Direktor und Parteisekretärin, aber sie hatten keine Beamtenallüren und waren nicht hochmütig. Bei meinen Besuchen hatten sie mich jedes Mal sehr freundlich begrüßt und verlangten auch keine Geschenke; im Gegenteil, sie ließen mich immer wieder mitnehmen, was ich gebracht hatte. Bei meinem letzten Besuch war das

sehr schlimm für mich gewesen, weil ich zwei Schinkenkeulen dabeigehabt hatte und sie wieder mitnehmen sollte. Diese großen Dinger waren verdammt schwer. Ich hatte sie, wie die andern jungen Männer auch, als symbolisches Geschenk für die zukünftigen Schwiegereltern mitgebracht; sogar zwei Stück, um meinen Wunsch zu betonen. Aber sie wollten sie nicht annehmen.

»Nein, wir gehören zum revolutionären Kader. Solche uralten traditionellen Bräuche soll man erneuern und verändern. Da Lee, du musst es nicht genauso machen wie die anderen Leute. Bitte nimm das zurück«, bat mich Lins Vater. Er war groß und schlank, und seine Augen waren besonders groß. Seine Tochter hatte dieses schöne Merkmal geerbt.

»Aber, aber ich habe sie schon mitgebracht. Du sollst sie auf jeden Fall nehmen.« Meine Augen blieben an seiner Frau hängen in der Hoffnung, dass sie mir helfen würde. Leider enttäuschte sie mich.

»Ja, Da Lee, er hat es ganz richtig gesagt.« Lins Mutter war ebenfalls schlank, aber kleiner. Ihre Stimme klang wie die ihrer Tochter. »Du sollst nicht bei jedem Besuch ein Geschenk mitbringen, Da Lee. Du kommst auch aus einer Familie von revolutionären Chefs, wir dürfen uns nicht so bürgerlich benehmen.«

Ich schaute Zhou, Lin an. Leider wollte sie mir auch nicht helfen.

»Zwei so große Schinkenkeulen, was kann man damit machen? Ein kleiner, süßer Kuchen wäre viel besser.« Sie lachte ein bisschen.

»Ja, nächstes Mal bringe ich sicher wieder Kuchen mit, aber jetzt sind diese Schweinebeine schon da, und sie sind außerdem auch für deine Eltern.« Ich wusste schon, dass sie gerne Kuchen aß. Deshalb besorgte ich zu meinen Besuchen immer etwas Süßes, nur dieses Mal hatte ich diese beiden Geschenke mit, die so groß waren und auch fettig, dass ich für ihr Lieblingsessen keine Hand mehr frei hatte.

»Für meine Eltern? Wenn du etwas geschrieben hättest, zum Beispiel ein Gedicht, das wäre viel schöner.«

»Ja, richtig. Dein Roman gefällt uns sehr.« Die Mutter stimmte ihrer Tochter zu.

»Je, so groß und fett. Es riecht auch komisch. Warum hast du das denn gekauft?«, fragte mich Lin.

»Warum? Das ist Tradition!«, antwortete ich.

»So eine geschmacklose Tradition. Musst du das unbedingt mitmachen?«, fragte sie weiter.

»Ich … ich …« Ich konnte nicht mehr antworten. »Gut, ich bringe sie wieder weg.« Ich zog die beiden Schinkenkeulen zur Tür. »Das Schwein war zu seinen Lebzeiten bestimmt ganz riesig, vielleicht so groß wie ein Rind«, jammerte ich.

»Gut, gut. Da Lee, lass sie hier.« Lins Mutter hatte Mitleid mit mir. »Wir können sie nach und nach aufessen, nur bringe nächstes Mal keine Geschenke mehr mit. Für deine Freundlichkeit bedanke ich mich.«

»Ja, richtig! Du sollst keine Geschenke mitbringen.« Ihr Mann unterstützte sie.

Ich nickte. Meine zukünftigen Schwiegereltern gefielen mir schon ein bisschen, solche Menschen gab es im damaligen Shanghai sehr selten. Viele Leute taten das genaue Gegenteil: Sie nutzten jede Chance, so wie die bevorstehende Hochzeit der Tochter, um von ihrem zukünftigen Schwiegersohn so viel wie möglich zu verlangen, und rupften ihm alle Federn aus. Ich hatte wirklich Glück, dass ich nicht an solche Schwiegereltern geraten war.

Die beiden saßen heute hinter ihrer Tochter neben dem Tisch. Lins Mutter trug ein buntes Kleid, der Vater einen blauen Anzug mit Weste und eine rote Krawatte hatte er auch umgebunden. Sie hatten meinen Gruß sehr freundlich erwidert. »Du darfst mit Lin zuerst gehen, wir kommen nach«, sagte Lins Vater zu mir.

So einfach! Zwar wusste jeder, dass die richtige Zeremonie im Restaurant stattfinden sollte, doch in diesem Moment, gerade in diesem Moment, konnte noch sehr viel passieren: Manche Eltern ließen ihre Tochter nicht weggehen, weil etwas mit dem Verlobungsgeschenk oder dem Brautpreis nicht stimmte; oder weil sie mit diesem Mann, der ihre Tochter abholen wollte, aus irgendeinem Grund nicht zufrieden waren. Wenn die Familie der Frau aus irgendeiner Provinz südlich von Shanghai zugezogen war, sollten sie nach der Tradition weinen, auch wenn alles schon in Ordnung war. Die Mutter sollte Tränen zeigen, um ihren Abschiedsschmerz zu beweisen. Die Tochter sollte sich mit ihren Tränen für die Erziehung und Fürsorge ihrer Eltern bedanken. Sie durften in dieser Situation auf keinen Fall lachen, egal wie froh sie im Herzen auch waren. Auch wenn sie keine Tränen aus den Augen drücken konnten, sollten sie vorgeben, beim Abschied traurig zu sein.

Zum Glück musste mir Zhou, Lin nicht solch ein Theater vorspielen. Sie ging einfach mit mir weg. Ihre Trauzeugin begleitete sie, beide saßen mit Sun, Liu Fong und mir im Auto.
Inmitten explodierender Feuerwerkskörper und Knallfrösche fuhren wir ab in Richtung Restaurant. Wir mussten als Erste da sein, um die Gäste an der Tür zu empfangen.
Ich hatte fünfzehn Tische reserviert. An jedem Tisch konnten zehn Personen sitzen. Ich hatte sehr viele Freunde und Bekannte, die gerne zu meiner Hochzeitsfeier kommen wollten. Wang, Ten Tong, der Adlerboxkämpfer, wollte allein schon zwei Tische besetzen. »Meine Kumpel möchten alle mit dir zusammen feiern. Bitte, lass mich nicht mein Gesicht verlieren!«, bat er mich eindringlich. »Du musst dir keine Sorgen machen, sie kommen alle mit einem roten Umschlag.« Er rieb drei Finger aneinander. Damals war es üblich, zu einer Hochzeit einen roten Papierumschlag mitzubringen. Darin steckten normalerweise zwischen zehn und hundert Yuan zusammen mit Glückwünschen.
»Gut, lass deine Leute kommen! Deine Freunde sind auch meine Freunde!« Unserer Vereinbarung gemäß hatte er nie einen seiner Kumpane zum Kurs mitgebracht. Aber diesmal konnte ich nicht ablehnen. Zudem brauchte ich dringend Geld: Die Summe auf meinem Konto wurde immer weniger und weniger. Ich kannte meine Gäste. Sie würden zum großen Teil nicht mit Geld, sondern mit Geschenken kommen. Und die Bekannten unserer Eltern waren fast alle Führungskräfte aus der revolutionären Zeit. Keiner von ihnen würde den traditionellen roten Umschlag mitbringen.
Nun, leider musste ich diese Entscheidung sofort wieder bereuen. Das Bankett hatte noch nicht richtig begonnen, da machten Wang, Ten Tongs junge Männer an ihren beiden Tischen schon ein Affentheater. Bevor die Speisen an die Tische gebracht wurden, lagen schon einige Füße darauf. Sie plauderten und lachten immer lauter und lauter. Sie ernteten böse Blicke von den anderen Tischen. Sun, Liu Fong musste sich sehr bemühen, um diese Gong-Fu-Kämpfer ruhig zu halten. Er war heute nicht nur mein Trauzeuge, sondern auch Bankettführer. »Ruhe, Ruhe bitte!« Er stand mitten zwischen den vielen runden Tischen und drückte beide Hände herunter. Dann nahm er sein Glas zur Hand: »Wir wünschen unserem jungen Ehepaar eine schöne Zukunft!«

»Schöne Zukunft!« Alle standen auf und prosteten uns zu.
Unser Tisch stand vor einer Wand, auf der in riesigen chinesischen Zeichen »Freude« geschrieben stand. Lin und ich erwiderten den Gruß mit unseren Gläsern.
»Gut, jetzt machen wir die Kotau-Zeremonie«, verkündete der Bankettführer laut.
Das bedeutete, Lin und ich sollten jetzt zu den Eltern gehen, nach alter Tradition vor ihnen einen Kniefall machen und dann den Kopf zu Boden senken.
Jetzt näherten wir uns dem Tisch unserer Eltern. Mein Vater strich mit beiden Händen ein paar Mal über den weißen Offiziersanzug der Marine, der schon seit Langem im Schrank hing und den er eigens zu diesem Anlass trug. »Nein, nein, einen Kniefall müsst ihr nicht machen!« Er erhob sich und schüttelte seine Hand hin und her.
Alle an diesem Tisch standen ebenfalls auf. »Nein, nein, das müsst ihr nicht machen.« Sie schüttelten ihre Hände oder Köpfe und lächelten.
»Gut, gut, hier sind lauter Revolutionäre, lasst uns die Bräuche reformieren«, schlug Tante Liu vor. Heute freute sie sich besonders. Einer ihrer größten Wünsche war es gewesen, aus uns ein Paar zu machen.
»Ihr verbeugt euch dreimal, statt einen Kniefall zu machen.« Sie wies mit der Hand auf unsere Eltern. »Und im Übrigen sollt ihr ab heute eure Schwiegereltern nur noch Vater und Mutter nennen.«
»Vater, Mutter!«, wandte ich mich zuerst an Lins Eltern, dann tat sie das Gleiche bei meinen Eltern. Die vier Alten lachten gemeinsam.
»Moment, Moment! Das war noch nicht alles!« Tante Liu deutete eine Verbeugung an.
Lin und ich taten es ihr nach, und jetzt lachten mehr als hundert Menschen gemeinsam, weil unsere Bewegungen sehr unnatürlich aussahen.
»Tiefer!«, schrie jemand schon nach der ersten Verbeugung. Also taten wir unser Bestes, nahmen beide Hände vor den Kopf und beugten unsere Oberkörper so tief wie möglich, einmal und noch einmal, bis die Gäste zufrieden waren; zum Schluss hatten wir uns viel öfter verbeugt, als es die Tante von uns verlangt hatte.
Ein Hochzeitsbankett war in China manchmal eine Katastrophe für Braut und Bräutigam, weil sie sich nicht unfreundlich oder unzufrieden zeigen durften. Egal, wie die Gäste sich auch benahmen, die Brautleute mussten immer ein lachendes Gesicht zeigen und alle Forderun-

gen so gut wie möglich erfüllen. Sonst verlor das neue Paar sein Gesicht...

Aber meine Geduld hatte ich schon fast verloren. So viele Gäste waren da, mehr als hundert; zwar hatten Lin und ich schon für jeden eine Zigarette angezündet oder das Getränk nachgegossen, doch das war noch nicht genug; sie verlangten von uns zu singen. Das war bekanntlich mein Schwachpunkt. Ich suchte sofort nach Sun, Liu Fong, denn wir hatten vorher vereinbart, dass er notfalls an meiner Stelle singen sollte. Aber er schmuste gerade mit einer Frau.

»Liu Fong, singst du bitte für mich?« Ich ging zu ihm.

»Gut, kein Problem.« Er stand zwischen den beiden jungen Frauen auf, holte Luft und begann einfach zu singen. Seine gute, geübte Stimme trug ihm die allgemeine Aufmerksamkeit ein.

»Schön, wunderschön!«, sagte ein Mädchen leise zu sich selbst, das mit gefalteten Händen dastand. In seinen Augen glitzerten Tränen.

»Er singt sehr schön, nicht wahr?«, fragte ich sie.

»Er hat so eine wunderschöne Narbe auf dem Gesicht, faszinierend! Ganz faszinierend!«, antwortete das Mädchen mit rotem Gesicht. Sie konnte ihren Blick nicht von ihm abwenden.

Ich war einer Ohnmacht nahe. »Ist das der Schönheitssinn von Frauen?«

Nach dem Lied verschwand Sun, Liu Fong wieder in der Menge von begeisterten Frauen. Und ich musste mich allein gegen die Leute verteidigen, die versuchten, mich betrunken zu machen.

»Da Lee, wir kennen uns schon lange. Du musst gemeinsam mit mir diesen Schnaps austrinken, sonst verliere ich mein Gesicht.« Ein Mann kam mit zwei kleinen Gläsern auf mich zu. »Ja, wir dürfen auch nicht unser Gesicht verlieren.« Andere Männer standen ebenfalls vom Tisch auf.

»Gut, dann trinken wir zusammen aus!« Die Methode, die ich von Bekannten übernommen hatte, konnte ich jetzt gut benutzen. Ja, es war schon klar, dass man weniger Alkohol in den Bauch bekam, wenn man mit allen zusammen trank, als mit jedem einzeln anzustoßen. Doch ich hatte Gäste an 15 Tischen. Nach dem fünfzehnten Mal Anstoßen wusste ich kaum noch, wo oben und unten war. Ich spürte nur meinen Kopf besonders schwer und meine Füße ganz leicht. Alles verschwamm vor meinen Augen. Es wunderte mich sehr, dass die gekochten Enten und Hühner auf den Tischen sich plötzlich bewegten; wie war das möglich? Ich strich mir ein paar Mal über die Augen. Daraufhin konnte ich genauer erkennen, dass sie nicht selbst liefen, sondern einige Gäste sich das Geflügel in die Tasche packten. Bei einer chinesischen Hochzeitsfeier musste man für jeden Tisch ungefähr zehn verschiedene Speisen bestellen. Die ganzen gekochten Enten und Hühner wurden in die Mitte des Tisches gestellt. Während des Banketts wurden sie nicht angerührt, sondern dienten nur als Dekoration. Doch zum Schluss durften die Gäste sie mit nach Hause nehmen, was einige jetzt taten, denn das Geflügel sollte ihnen Glück bringen.

Ungefähr zwanzig junge Leute kamen mit uns nach Hause. Sie wollten den nächsten Teil des Programms bestreiten, nämlich das Brautpaar am Hochzeitsabend zu necken und aufzuziehen. Lin und ich sollten den Gästen zeigen, wie gut wir die neue Wohnung eingerichtet hatten. Sie war nicht luxuriös, aber es gab fast alles, was ein junges Ehepaar normalerweise haben sollte.

In meiner Wohnung waren zum ersten Mal so viele Menschen, fast gab es keinen Platz mehr zum Stehen. Man trank, plauderte und lachte zusammen, und dazwischen kamen immer wieder neue Ideen auf. »Ihr beiden müsst euch leider vor unser aller Augen küssen, sonst gehen wir nicht!«, schlug ein junger Mann vor.

»Ihr müsst dieses Bonbon gemeinsam essen, sonst gehen wir nicht!« Ein etwas älterer Mann hielt einen Faden hoch in die Luft, an dem ein kleines Bonbon hing.

»Ihr müsst eure Liebesgeschichte erzählen, sonst gehen wir nicht!«, rief eine junge Frau laut. Ihr Gesicht war vor Aufregung schon ganz rot.

Zhou, Lin schüttelte nur den Kopf angesichts dieser Vorschläge. Aber ich bat sie, mitzumachen. Heute war unsere erste Nacht, und wir sollten zum ersten Mal Sex haben. Darauf wartete ich schon ganz dringend. Zwar kreiste eine große Menge Alkohol in mir, und in meinem Kopf drehte sich auch schon alles, aber trotzdem brannten die Feuer des Begehrens überall in meinem Körper. Ich konnte und wollte sie nicht löschen. Doch hoffte ich, dass die Besucher alle schnell verschwinden würden. Deshalb bemühte ich mich, alle Anforderungen sofort zu erfüllen. Nur beim Erzählen unserer Liebesgeschichte hatten wir Schwierigkeiten. Lin sagte fast gar nichts dazu, und auch ich fand, dass unsere Geschichte zu kurz war, wir kannten uns noch gar nicht lange. Es war ja auch nicht sonderlich romantisch. Im Übrigen wollte ich den Leuten auf keinen Fall sagen, dass wir uns durch eine Vermittlung gefunden hatten. Zum Schluss wurde die Geschichte etwas bearbeitet. Ich erzählte den neugierigen Leuten, dass Zhou, Lin und ich uns zufällig bei einem Verwandten kennengelernt hatten. Auf den ersten Blick hatten wir uns schon ineinander verliebt...

Die Gäste schienen mit meiner Erzählung zufrieden zu sein, einer nach dem anderen ging nach Hause. Um zwei Uhr hatten wir endlich unsere Ruhe.

Ich durchsuchte alle Zimmer einschließlich Toilette und Küche noch einmal ganz genau, um ganz sicherzugehen, dass keiner der Gäste sich versteckt hatte. Dann schloss ich die Tür ab und ging sofort ins Schlafzimmer. Dort zog ich die Gardinen zu.

Lin saß mit hängendem Kopf auf dem Bett. Ihr Gesicht hatte die gleiche Farbe wie ihre Mandarinjacke, ganz rot. In diesem Raum waren wir ganz allein, und die Welt war plötzlich so ruhig. Lin schwieg, ich schwieg, die Luft schwieg ebenfalls. Ich konnte nur meinen Herzschlag hören. Er klang laut, immer lauter. Mein Energiekreislauf ging auch schneller, immer schneller.

Meine sämtlichen Organe brannten heiß. Ich konnte nicht mehr warten. Jetzt! Jetzt wollte ich sie haben. Unser erstes Mal sollte sofort beginnen. Ich kam Schritt für Schritt näher zu Lin, zum Bett... Doch alles ging schief.

7

Die Sonne schien in Shanghai im Mai sogar morgens schon sehr kräftig. Sie kam durch das offene Fenster meines Wohnzimmers direkt in meine Augen und weckte mich sehr unfreundlich.

Ich bereute sehr, dass ich die Gardinen nicht geschlossen hatte. Heute hatte ich frei, eigentlich durfte ich länger schlafen, aber jetzt war ich wach und hatte wahnsinnige Kopfschmerzen. Solche Kopfschmerzen hatte ich schon lange nicht mehr erlebt. Sie kamen bestimmt von der Sauferei beim Hochzeitsbankett. Auch mein Rücken tat mir weh. Das Ledersofa, auf dem ich lag, war zu hart. Als ich es gekauft hatte, wusste ich noch nicht, dass es mir in meiner »ersten Nacht« als Bett dienen würde. Sonst hätte ich bestimmt kein Leder gewählt. Es war schrecklich unbequem.

Ich drehte mich auf den Rücken und ließ die Füße über die Lehne hängen. Ja, jetzt fühlte ich mich ein bisschen besser. Auch die Kopfschmerzen ließen nach. Die Bilder der vergangenen Nacht zogen an mir vorbei. Ja, ich hatte auf dem Bett gesessen, neben Zhou, Lin. Ich hatte sie geküsst, umarmt, dann hatte ich ihr die Jacke ausgezogen … eins nach dem anderen, bis auf den BH …

»Da Lee, Moment!« Lin hielt meine Hände fest. »Du weißt schon, ich habe das noch nie gemacht. Sag mir die Wahrheit: Hast du es schon einmal getan?« Ihr Blick richtete sich direkt auf mich, auf mein Gesicht, und verharrte dort.

»Ich … ich …« Ich wusste nicht, was ich antworten sollte. Nur meine Finger zogen sich von selbst zurück.

»Da Lee, sag es mir!« Lin hatte meine Nervosität bemerkt.

»Später, Lin!« Meine Finger tasteten sich wieder zu ihrem BH zurück. Dort gab es zwei faszinierende Sachen. Sie waren nicht sehr groß, aber geheimnisvoll. Sie bewegten sich schon unter dem weißen, dünnen Stoff, denn Lin atmete heftig. Ich wollte sie dringend für mich befreien.

»Nein, jetzt! Ich weiß nicht sehr viel über dich.« Sie schob meine Hände zurück und rutschte ein Stück von mir weg. »Da Lee, wir sind jetzt ein Ehepaar. Du sollst nichts bedecken. Hast du keinen Mut?«

Nun musste ich mein Geheimnis preisgeben. Was? Ich hätte keinen Mut? Ich würde es ihr zeigen. Viel zu viel Alkohol, den ich bei der Hochzeitsfeier getrunken hatte, war schon aus meinem Bauch in mein Blut gelangt. Mit meinem schwindeligen Kopf kannte ich überhaupt keine Grenzen mehr. »Ja, bevor ich dich kennengelernt habe, habe ich zwei Frauen geliebt. Aber das ist alles schon so lange her …«

»Hast du mit den beiden Frauen geschlafen?« Sie war ganz gespannt.

»Nein, nein. Bei der ersten Frau war ich sehr jung. Ich verstand damals

noch gar nichts von zwischenmenschlichen Beziehungen. Weißt du, damals habe ich in Xinjiang gelebt, einem Gebiet für Minderheitsnationen.« Ich versuchte, die Geschichte ein bisschen romantisch zu erzählen.
»Ja, ich weiß. Du hast damals bei der Armee gedient. Das hast du mir schon gesagt.«
»Ja, richtig. Ich hatte Glück, sonst wäre ich wie meine Schulkameraden als Bauer aufs Land geschickt worden, so wie der Vorsitzende Mao es sich gedacht hat. Es war nicht wie bei dir, du bist jünger. Als du die Schule beendet hast, war die verrückte Kulturrevolution schon vorbei. Du und deine Schulkameraden, ihr durftet direkt über die Aufnahmeprüfung an die Hochschule gehen …«
»Ja, ich weiß. War was mit dieser Frau? War sie eine Soldatin?« Lin hatte mein Ablenkungsmanöver durchschaut.
»Nein, in unserer Truppe gab es keine weiblichen Soldaten. Sie war eine Kasachin. Sie heißt Oigulie.« Der Schnaps lockerte meine Zunge. »Ich habe sie zufällig kennengelernt, bei der Geburtstagsfeier ihres Bruders. Sie ritt auf einem weißen Pferd …«
»War sie hübsch?«
»Sehr. Wenn sie mit ihrem Pferd über die Steppe geritten ist, war sie so faszinierend wie eine Nymphe, die vom Himmel kommt, weißt du. Das Gebiet dort liegt hoch. Himmel und Erde verbinden sich in der Ferne miteinander.« Ich versuchte, Worte für das zu finden, was ich damals empfunden hatte.
»Ja, und ihr konntet euch auch miteinander verbinden. Du hattest bestimmt ein Verhältnis mit ihr?« Lins Stimme klang schon ein bisschen verändert.
»Nein, weißt du, ich war damals noch ziemlich jung, nur achtzehn Jahre alt. Ich verstand noch nicht ganz, was Liebe bedeutet. Sogar als sie mir das rote Taschentuch zuwarf, hatte ich nicht den Mut, es zu nehmen.«
»Rotes Taschentuch? Was ist mit dem roten Taschentuch?«
»Oh, das gehört zu den Traditionen der kasachischen Minderheitsnation: Wenn ein Mädchen sich in einen Jungen verliebt, wirft sie ein rotes Taschentuch vor ihn auf den Boden. Nimmt er es in die Hand, dann heißt das, er hat ihre Liebe angenommen und will sein Leben lang mit ihr zusammenbleiben. Das bedeutet die Heirat.«

»Wie romantisch! Aber warum hast du es nicht genommen? Du hast vorhin gesagt, dass du auch in sie verliebt warst.« Lins Stimme war wieder normal.
»Ja, ich war in sie verliebt. Aber ich kannte sie nicht sehr gut. Ich lebte damals in der Armee, ich kannte viele Dinge noch nicht. Auch mich selbst kannte ich noch nicht gut. Als ich das rote Taschentuch sah, wurde ich nervös. Ich wusste nicht, was ich wollte. Aber mein Freund, Lin, Min Jiang, tat das Gegenteil von mir. Nachdem er von mir gehört hatte, dass ich das rote Taschentuch nicht genommen hatte, sprang er sofort aufs Pferd und ritt in die tiefe Steppe, zu Oigulie. Er hatte sie heimlich auch geliebt.«
»Und hat Oigulie ihm auch das Taschentuch gegeben?«
»Er kam auf meinem Pferd, in der gleichen Uniform wie ich. In der Dämmerung konnte Oigulie nicht genau sehen und dachte, ich wäre zurückgekehrt. Erst nachdem sie das rote Taschentuch geworfen hatte, bemerkte sie ihren Irrtum. Doch es war zu spät. Mein Freund hatte es schon genommen …« Ich senkte den Kopf.
»Na und? Ihr hättet trotzdem etwas für euer eigenes Schicksal tun können. Warum habt ihr zugelassen, dass ein kleines Tuch über alles entscheidet?«
»Ein kleines Tuch? Ja, gerade dieses kleine Tuch spielt dort eine entscheidende Rolle. Traditionell muss eine Frau den Mann heiraten, der ihr rotes Tuch genommen hat, sonst wird sie von der Dorfgemeinschaft bestraft.«
»Haben die beiden geheiratet?«
»Ja, innerhalb von zehn Tagen. He! Das war sehr schwer für mich.« Dann schwieg ich. Und es blieb still. Es war schon fast früher Morgen, was die dunkelste Zeit des Tages sein sollte.
»Erzähl mir bitte von der anderen Frau!« Zhou, Lin durchbrach die Stille.
»Die nächste Frau? Was ist mit der nächsten Frau?« Ich wusste nicht, warum mir Zhou, Lin in unserer ersten Nacht so viele Fragen stellte, doch ich spürte, dass mein heißes Begehren langsam abkühlte.
»Du hast mir vorhin gesagt, dass du vor mir schon zwei Frauen geliebt hast. Erzähle mir bitte von der nächsten. Wie heißt sie? Ist sie jetzt in Shanghai?«
»Nein, sie lebt momentan in Amerika. Wir haben an der gleichen Uni-

versität studiert. – Kann ich dir das nicht morgen erzählen? Ich bin müde.«
»Ich auch, aber ich will es jetzt trotzdem wissen.« Sie zog sich ein Stück weiter zur Lehne des Bettes, umfasste ihre Knie und legte ihren Kopf darauf. Es waren zwei nackte, jadeweiße Arme, die diese Knie umfassten. Lin trug nur noch ihren BH, doch ihre Strumpfhose hatte sie unpassenderweise noch an.
Ich wusste genau, dass sie die Hose kaum freiwillig ausziehen würde, bevor ich weitererzählte. »Gut. Sie heißt Hu, Lei und ist ein Jahr jünger als ich. Wir haben uns in der Mensa kennengelernt.«
»Hat sie nicht an der gleichen Fakultät studiert wie du?«
»Nein. Ich war an der Fakultät für Europa und sie für Amerika.«
»Hast du mit ihr geschlafen?«
Ich musste ihre Frage beantworten. Man sagt eher die Wahrheit, wenn man Alkohol getrunken hat. »Ja«, gab ich zu.
Lin zuckte zusammen. »Sag mir: Wie sieht sie aus? Ist sie hübsch?«
Ich bejahte immer weiter. »Sie ist relativ groß, einen Meter siebzig, und hat ein sehr feines Gesicht.«
»Hast du es oft mit ihr gemacht?«
»Was gemacht?«
»Sex.«
»Nein, nicht sehr oft, jede Woche ungefähr zweimal. Du weißt ja, an der Uni sind Männer und Frauen in getrennten Wohngebäuden untergebracht. Wir mussten jede Chance nutzen, wenn die Mitbewohner nicht...«
»Mein Himmel, mein Himmel!« Zhou, Lin hielt sich die Ohren zu. »Jede Woche zweimal, ein Jahr hat zweiundfünfzig Wochen. Ihr habt es in vier Jahren Studienzeit vierhundertsechzehnmal gemacht!«
»Nein, nicht so oft. Wir haben uns erst im zweiten Semester kennengelernt.«
»Dann habt ihr es also ungefähr dreihundertachtundsechzigmal gemacht.« Lin konnte so schnell rechnen, das wunderte mich ein wenig. Das hatte bestimmt mit ihrem Studienfach zu tun. »Mein Himmel, mein Himmel!« Sie schüttelte nur den Kopf.
Als ich bemerkte, dass viel zu viele Worte aus meinem dummen Mund herausgekommen waren, war schon alles zu spät. Lin zog sich ein Hemd über, dann eine lange Hose.

»He, was machst du?« Ich wurde schlagartig wach und fand, dass sie eigentlich das Gegenteil von dem tat, was sie gerade tun sollte.
»Hu ... hu ... hu ...« Zhou, Lin weinte.
»Warum weinst du?« Zum ersten Mal sah ich sie weinen. Das machte mich nervös. »Bitte, hör auf zu weinen. Heute ist unsere erste Nacht ...«
»Die erste Nacht? Für dich ist es schon lange nicht mehr die erste. Du hast es schon ein paar hundert Mal mit einer anderen Frau gemacht. Du bist ein Lügner. Hu ... hu ...« Sie weinte lauter.
»Lin, vergiss das! Das ist doch alles lange vorbei!« Ich rückte näher zu ihr und versuchte, ihr das Hemd wieder auszuziehen.
»Nein!« Lin stieß meine Hände zurück. »Das geht nicht.« Plötzlich hörte sie auf zu weinen, doch die Tränen hingen noch auf ihrem Gesicht. »Nein, Da Lee. Das geht nicht.« Ihre Gesichtszüge waren angespannt, ebenso wie ihr ganzer Körper, als ob sich ihre ganze Energie und Kraft dort gesammelt hätten. »Nein, Da Lee, ich kann nicht mit dir schlafen, weil ... weil ich auch einen Geliebten habe.«
»Was?« Jetzt zuckte ich zusammen. »Warum hast du mir das nicht vorher gesagt? Schläfst du mit ihm?«
»Quatsch! Wir sind nicht so wie du, wir haben nicht so leicht und verantwortungslos mit unseren Leben gespielt. Das erste Mal ist für uns ganz heilig. Ich könnte mich nur einem Mann hingeben, der genauso jungfräulich und unberührt ist.«
»Aber ... aber warum hast du mich dann geheiratet?«
»Das ging alles so schnell. Ich ... ich hatte keine Zeit, zu überlegen. Aber jetzt ... jetzt wird mir klar, dass ich ihn richtig geliebt habe ...«
»Wer ist dieser Mann? Sage es mir ganz genau.« Schwindel und Kopfschmerzen waren verschwunden, aber jetzt überkam mich das unangenehme Gefühl der Eifersucht. Meine Stimme klang sehr merkwürdig.
»Er ... er ist mein Studienkollege. Jetzt ... jetzt schreibt er seine Doktorarbeit an der Universität in Peking. Ich ... ich will auf ihn warten.« Sie wurde immer leiser und mir wurde immer kälter.
»Du willst auf ihn warten? Das bedeutet, dass wir uns scheiden lassen werden. Wir sind gerade am Anfang unseres süßen Honigmonats. Wie sollen wir das alles unseren Verwandten und Bekannten erklären? Was sagen wir zu unseren Eltern? Und Tante Liu wird auch ihr Gesicht verlieren.«
»Hu ... hu ... hu ...« Zhou, Lin weinte wieder.

Das war wirklich schwer für mich. Ich fühlte mich schon furchtbar, und angesichts Lins Treue konnte ich nicht mehr weiter für die Verwirklichung meiner eigenen Wünsche kämpfen. Also kapitulierte ich. Wir vereinbarten, dass wir für die Leute weiterhin die Rolle des Ehepaars spielen sollten und uns am Ende des Honigmonats wieder scheiden lassen würden. Als Grund dafür würden wir einfach allen Verwandten, Freunden und Bekannten sagen, dass wir nicht zueinander gepasst hätten.

»Ich schlafe auf dem Sofa. Du bleibst hier und schläfst jetzt besser auch, du bist auch sehr müde.« Ich zwang mich dazu, wie ein Ehrenmann zu handeln. Das ist eine typisch männliche Krankheit: die harte und unbeugsame Haltung beizubehalten, obwohl man schon alles verloren hat. Ich ging aus dem Schlafzimmer und hoffte insgeheim, dass Lin mich zurück in ihr Bett rufen würde. Doch sie schloss ohne Weiteres die Tür hinter mir zu.

Oh, dieses eiskalte Ledersofa! Es zerstörte endgültig meinen romantischen Traum von der ersten Nacht. Ich lag darauf und die Sonne beschien mich ohne Gnade.

Die Tür zwischen Wohn- und Schlafzimmer wurde leise geöffnet. Zhou, Lin stand mit roten Augen da. Sie schien ebenfalls wenig geschlafen zu haben. »Heute … heute Abend können wir tauschen. Du schläfst im Bett und ich auf dem Sofa.« Ihre Stimme klang ein wenig mitleidig.

»Nein, das muss nicht sein. Ich kann weiterhin hier schlafen. Du weißt schon, ich war Soldat, und jetzt mache ich täglich Sport. Es macht mir nichts aus, auf diesem Sofa zu schlafen.« Ich setzte mich auf und hüpfte ein paar Mal mit dem Hintern auf und ab, um es zu beweisen. Doch ein bitteres Lachen konnte ich nicht unterdrücken.

»He, gratuliere! Gratuliere!« Unsere Nachbarn schlugen sofort die Hände zusammen, als sie uns sahen.

»Danke schön, danke schön.« Wir bedankten uns lächelnd.

Auf dem Weg zum Markt trafen wir Bekannte, die ebenfalls gleich gratulierten. Auch bei ihnen bedankten wir uns, ebenfalls bitter lächelnd. Ich war hier aufgewachsen und kannte fast alle Häuser ganz genau, obwohl sie alle gleich aussahen. Viele der Menschen, die in den dreistöckigen Häusern wohnten, waren Bekannte von mir, manche waren sogar mit mir in der Grundschule und der Mittelschule gewesen. Als Kinder hatten wir zusammen im Garten gespielt und kleine Fische in dem Fluss gefangen, der künstlich angelegt worden war und das Gebiet in Form eines Kreises einschloss.

Nach nur zwei Tagen wussten alle Leute in meinem Wohngebiet, dass ich eine schöne Frau hatte. Wir waren sehr oft auf der Straße und in den Läden. Zhou, Lin war neu hierhergezogen, und ich sollte sie herumführen und ihr zeigen, wo man gutes Fleisch, Fisch und Gemüse für Mittag- und Abendessen kaufen konnte und wo man Bohnenmilch und Mehlspeisen wie Bao Ze und Wan-Tan-Suppe für das Frühstück bekam. Im Übrigen entsprach es auch unserem Plan, uns am Beginn des Honigmonats besonders nett miteinander in der Öffentlichkeit zu zeigen, um Probleme mit den geschwätzigen Leuten zu vermeiden; denn sonst würden sehr schnell Gerüchte über uns verbreitet werden. Wenn ein jung verheiratetes Paar nach der ersten Nacht schon Probleme hatte, dann glaubte man zu dieser Zeit, es könnte mit den beiden ganz gewiss etwas nicht stimmen: Entweder wäre die Frau keine Jungfrau mehr gewesen, oder der Mann impotent. Nein! Wir wollten nicht, dass die Leute hinter unserem Rücken über uns redeten. Deshalb mussten wir immer gut aufpassen. Unsere Nachbarin aus der Etage unter uns war nach unserer ersten Nacht schon misstrauisch geworden, weil Lin und ich uns nicht an den Händen hielten. Fast jedes Mal, wenn sie hörte, wie ich die Tür aufschloss, kam sie aus ihrer Wohnung und tat so, als treffe sie mich zufällig auf der Treppe. Damit sie ihren schnellen Mund geschlossen hielt, gingen wir also von da an demonstrativ Hand in Hand die Treppe hinauf.

Nach der Tradition sollten wir bis zum dritten Tag nach der Hochzeit unsere beiden Eltern besuchen. Wir kamen Hand in Hand. Sie lachten über das ganze Gesicht und konnten uns bei keinem Schnitzer ertappen.

Nur einen Tag später traf meine Faust Sun, Liu Fongs Bauch.

»He, Da Lee, wir haben uns ja schon ein paar Tage lang nicht gesehen. Du siehst so schlank aus. Wie viel Kilo hast du verloren?«, fragte er laut vor dem morgendlichen Tai-Chi-Kurs.

»Shü, shü… geh zur Seite!« Ich hatte keine Lust auf seine Späße.

Aber er gab nicht auf. »He, he, sag uns, wie viel Energie hast du deiner neuen Frau gegeben? Du darfst nicht die ganze Energie, die du zwanzig Jahre lang gesammelt hast, auf einmal bei ihr vergießen, du sollst geduldig sein und sparen …« Alle Teilnehmer schütteten sich vor Lachen über diesen Witz aus, außer Liu Fong. Bevor er noch richtig geendet hatte, kam schon meine Rechte auf ihn zu.

Wie hätte ich solche Späße aushalten sollen? Ich konnte den Leuten nicht erzählen, was tatsächlich passiert war. Vier Nächte hatte ich schon auf dem Ledersofa verbracht, und es schien so, als ob ich noch eine Weile darauf übernachten müsste. Dieser Ärger, dieses unangenehme Feuer suchten geradezu nach einer Gelegenheit zu explodieren. Leider traf es zuerst Liu, Fong.

Er hielt sich mit beiden Händen den Magen und sah mit blassem Gesicht nach unten. »Ich wollte … ich wollte nur einen Spaß mit dir machen.« Er keuchte.

»Mein Freund, Entschuldigung. Ich habe mich selbst nicht unter Kontrolle. Ich wollte das nicht.« Ich half ihm beim Aufstehen und entschuldigte mich mehrmals.

Nach elf Tagen waren unsere Hochzeitsferien zu Ende. Zhou, Lin und ich gingen wieder beide unserer Arbeit nach. Meine neue Firma lag im Zentrum von Shanghai. Von den Angestellten wurde erwartet, dass sie sich elegant kleideten, die Männer mit Anzug und Krawatte, da wir häufig mit ausländischen Kunden und Kollegen zu tun hatten. Doch an diesem Morgen saß ich ohne Krawatte in meinem blauen Anzug am Bürotisch, ich hatte sie vergessen.

»He, Da Lee, was ist mit dir los? Mag deine neue Frau keine Krawatten?« Wu war ein Familienvater mittleren Alters. Er hatte bereits zwei Söhne und eine Tochter, bevor die Ein-Kind-Familienpolitik Gesetz wurde. Seine Frau band seine Krawatten immer sehr ordentlich.

»Das … das hat nichts mit meiner Frau zu tun. Ich … ich selbst habe sie vergessen«, antwortete ich ausweichend.

»Dann muss ich deiner Frau sagen, dass sie deine Krawatte jeden Morgen mindestens einmal kontrollieren soll. Weißt du, wenn die Frau einmal täglich mit den Fingern über dieses lange Ding streicht, verbindet sie das immer mit ihrem Mann.« Er lachte. »Na, darf ich mit deiner Frau telefonieren?« Sein Kopf war schon zur Hälfte kahl, und durch das starke Gelächter zitterte das Sonnenlicht, das durch das Fenster hereinschien, auf der hellen Glatze.

»Quatsch!« Mein anderer Kollege, Wang, Dan, begann ebenfalls zu lachen. »Ich sage euch, dass die Beziehung und Verbindung zwischen Mann und Frau nur durch dieses lange Ding kommt.« Er wies mit dem Finger unter den Tisch, zwischen seine Beine. Obwohl zwei Jahre jünger als ich, hatte er angeblich schon mit sieben Frauen geschlafen. Manchmal wunderte ich mich darüber, woher er so viel sexuelle Energie hatte, bei seinem bambusschlanken Körper.

»Ich muss es jeden Abend mit meiner Freundin im Park machen.« Das hatte er schon öfters im Büro erzählt. Wenn keine Besucher da waren, gehörte dieser moderne, klimatisierte Raum nur drei Männern. Drei Männer saßen in ihren Ledersesseln hinter den Bürotischen. Was taten wir, wenn wir uns mit unserer Arbeit langweilten? Plaudern! Frauen waren unser Hauptthema, so wie es umgekehrt für drei plaudernde Frauen die Männer wären. Wang, Dan hatte zu Hause bei seinen Eltern kein eigenes Zimmer, seine Freundin anscheinend auch nicht. Deshalb verbrachten die beiden oft ihre Nächte im Park. Es konnte ihnen passieren, dass sie in einer Nacht mehr als zehn Mal die Hosen aus- und anziehen mussten, weil Parkwächter, Spanner oder auch normale Spaziergänger in der Nähe auftauchten. Oft mussten sie mittendrin abbrechen und sich blitzartig wieder anziehen. Aus diesem Grund verloren sie ständig etwas am Tatort, so wie Ohrringe, Knöpfe, Kugelschreiber und ähnliche Dinge. Einmal hatte Wang, Dan sogar seine Brieftasche dort verloren. Jetzt spann er seine Theorie aufgrund seiner persönlichen Erfahrungen immer weiter. »Ich weiß schon, warum du deine Krawatte vergessen hast!« Er wies wieder nach unten. »Du weißt schon, das lange Ding da …«

Ich schüttelte lediglich den Kopf. Einmal hatte ich ihn auf der Toilette gesehen: Ein Esel war nichts dagegen …

»Egal. Deine Frau wollte dich heute Morgen wohl nicht gehen lassen, und deswegen hast du deine Krawatte zur Hose vergessen.«

Jetzt lachten beide. Ich musste mitlachen, was konnte ich anderes tun? Doch dieses Lachen schmeckte so bitter wie Schweinegalle.

8

Langsam glaubte ich, dass jeder Mensch schon von Geburt an die Fähigkeit zum Schauspielern hatte. Jeder konnte schauspielern, ohne irgendeine Ausbildung, das war einfach angeboren. Zhou, Lin und ich waren der beste Beweis dafür. Nach wenig mehr als zwanzig Tagen erhielten wir überall begeisterte, manchmal sogar neidische Blicke. »Ein glückliches Paar!«, sagten die Leute hinter uns her, wenn Lin und ich Hand in Hand an ihnen vorbeikamen. Besonders der alte Händler tat das. Er lachte mit seinen Augen, die wie zwei schmale Schlitze waren, wenn er uns bei seinem Laden sah.
Der so genannte Laden war in Wirklichkeit nur eine Hütte, die er aus einigen weißen Kunststoffteilen zusammengebaut hatte, einfach gegen die riesige Mauer der Markthalle; so wie ein Pilz, der am Baum klebt. Er schlief sogar oft darin. In diesem Laden konnte man nur ein Produkt kaufen, Bohnenmilch, die der Alte ebenfalls selbst herstellte. Früher war ich einer seiner Stammkunden gewesen. Doch nachdem ich feststellen musste, dass der Preis für seine weiße, flüssige Ware stieg, kam ich nicht mehr gern zu ihm, sondern ging lieber in den staatlichen Laden. Trotzdem lachte er mir immer zu, besonders wenn er den Topf in meiner Hand sah, ein stapelbares Kochgeschirr, das meine Großmutter zu Lebzeiten schon immer benutzt hatte. Jetzt verwendete ich ihn für meine Bohnenmilchkäufe.
»Da Lee, komm! Setz dich mit deiner Frau hierher.« Einmal konnte er es nicht mehr aushalten. Er wies auf eine Holzbank und wollte, dass wir uns auf jeden Fall zu ihm setzten. »Ich lade euch heute ein.« Bevor wir etwas dazu sagen konnten, standen schon zwei Schalen Bohnenmilch auf dem Holztisch vor uns. Mit dem weißen Dampf stieg der Duft in unsere Nasen. Dieser Duft ließ mir das Wasser im Mund zusammenlaufen. Ich kannte diesen Duft. Es konnte nur eine salzige Suppe sein. In China gibt es für Bohnenmilch nur zwei Arten der Zubereitung, außer wenn man sie roh trank. Entweder war sie süß oder salzig. Süße Suppe wurde nur mit Zucker zubereitet. Doch für salzige Suppe musste man noch viele Zutaten außer Salz verwenden: gehackten Lauch, getrocknete Krabben, Sojasoße und ein wenig Paprika- oder Sesamöl. Zum Schluss wurden auch geschnittene Ölgebäckstangen dazugege-

ben. Die ganzen Zutaten wurden schon vorher in eine Schale gegeben. »Süße oder salzige?« Der Verkäufer stand neben einem Topf mit kochender Bohnenmilch, in der Hand eine große Kelle. Unabhängig von der Antwort des Kunden tat er immer den gleichen Handgriff zuerst, er nahm eine volle Kelle der kochenden Milch aus dem Topf und goss sie in eine Schale. Als süße Suppe blieb die Milch mit Zucker weiß, doch in der salzigen Schale veränderte sich die Farbe sofort und wurde braun, ganz braun! Auch die Form veränderte sich blitzschnell: Die Bohnenmilch zog sich in der Suppe zusammen wie tausend geöffnete kleine Blumen.
Ich aß diese salzige Suppe besonders gern, anders als manche anderen Leute, die sie nur süß oder roh mochten und sogar behaupteten, dass diese Milch gut für Haut und Augen wäre. Ich fand, dass die salzige Milchsuppe absolut das Richtige für mich war und auch besser schmeckte. Für mich war es sehr wichtig, ob das Essen schmeckte.

Der alte Verkäufer wusste über mich Bescheid. Deshalb standen die beiden salzigen Milchsuppen schon auf dem Tisch, bevor ich etwas gesagt hatte. »Da Lee, du darfst einen alten, wertlosen Mann wie mich nicht gleich vergessen, nachdem du so eine hübsche Frau hast.« Er zeigte mit dem Kinn zu Zhou, Lin, die neben mir saß.
»Ich habe dich nicht vergessen!«, versicherte ich und schüttelte ihm die Hand.
»Aber warum, warum kommst du nicht mehr zu mir? Den Topf in deiner Hand kenne ich schon von deiner Großmutter. Und du, ich habe an diesem Tisch genau beobachtet, wie du wächst. Und jetzt musst du deine hübsche Frau in den staatlichen Laden führen und dort Bohnenmilch einkaufen, warum?« Der Alte sprach immer schneller und lauter.
Er wartete meine Antwort gar nicht ab, sondern sprach schon weiter. »Ja, warum? Dort kommt die ganze Bohnenmilch aus der Fabrik, vom Fließband, schmeckt sie dir besser als bei mir?« Er saß uns am Tisch gegenüber, ein weißes Tuch über den Schultern. Der Blick aus den kleinen Augen in seinem faltigen Gesicht blieb unbeweglich direkt auf meinem Gesicht.
»Nein, nein, es schmeckt nichts besser als bei dir, aber es ist billiger.« So antwortete ich.

»Billiger? Ja, dort ist es billiger, und ich musste den Preis anheben.« Seine Stimme klang traurig. »Teuer, jetzt ist alles teuer, was kann ich machen? Soja kostet auch viel mehr als früher. Diese Suppe...«, er zeigte mit seinem Finger auf meine Schale, »ich habe nur drei Fen mehr verlangt und habe versucht, sie genauso gut wie früher zu machen. Dafür stehe ich täglich schon um vier Uhr früh auf, mahle Soja, mahle Soja. Aber in der Fabrik machen das die Maschinen, die Maschinen. He...« Er sagte nichts mehr; dann stand er langsam auf und ging zu dem Topf mit kochender Milch, weil dort schon einige Kunden standen und warteten.
Was er gesagt hatte, war richtig. In China heißt es, dass es für einen Menschen zwei schwierige Arbeiten gibt. Die eine ist Fischefangen, die andere Sojabohnen zu mahlen. Warum die alten Chinesen glaubten, dass es zu den schwierigsten Arbeiten gehört, mit einem Boot zur See zu fahren und die Fische im Netz zu fangen, das wusste ich noch nicht. Aber wie der Alte seine Sojabohnen mahlte, hatte ich mit eigenen Augen gesehen.
Wenn ich früh morgens zu meinen Qi-Gong- und Tai-Chi-Kursen ging, musste ich immer an seiner Hütte vorbeigehen. Dort war er schon lange bei der Arbeit, wenn ich vorbeikam. *Ka, la, la,* mahlte er Soja. Dieses Geräusch, *Ka, la, la, ka, la, la,* klang schwer und ermüdend, wie tiefe Töne in der Morgendämmerung. Die Nachbarn hatten sich schon an diese Morgenmusik gewöhnt. Niemand beschwerte sich darüber, sie hallte zusammen mit dem Vogelgezwitscher in dem Wohngebiet wider und ließ die Menschen wie ein Wiegenlied noch tiefer in ihre Träume sinken; bei anderen wirkte es wie eine Morgenglocke und weckte diejenigen, die ihr Bett sowieso schon früh am Morgen verlassen mussten.
Nachdem wir die Suppe gegessen hatten, zu der er uns eingeladen hatte, konnten Zhou, Lin und ich nur mit den Köpfen nicken.
»Hat er hier eine Familie?«, fragte mich Lin auf dem Weg nach Hause.
»Ich glaube nicht, denn ich habe noch niemanden außer ihm in dieser Hütte gesehen.«
Nun war ich wieder ein Stammkunde des Alten. Seit einigen Tagen hatten Lin oder ich die Sojamilch für das Frühstück bei ihm geholt; doch heute konnte ich nichts Zusätzliches mehr tragen. »He, ich habe heute Besuch zum Abendessen eingeladen! Ich habe sehr viel dafür einge-

kauft.« Als ich bei ihm vorbeiging, hielt ich ihm meine vollgepackten Taschen entgegen.

Zhou, Lin war nicht mitgekommen. Sie war zu Hause geblieben, um alles für die Besucher vorzubereiten.

Unsere Show, monatelang das frischverliebte Paar zu spielen, ging bald zu Ende.

Schon fünfundzwanzig Tage lang hatten wir gemeinsam geschauspielert. Alle Bekannten, Verwandten und Nachbarn waren zweifellos von uns getäuscht worden, doch heute Abend würden besondere Zuschauer kommen, meine früheren Kameraden aus der Armee. Drei Männer mit ihren Frauen sollten unsere Gäste sein. Ich war gespannt auf das Treffen, weil wir uns schon lange nicht mehr gesehen hatten; außerdem würde ich einer Frau wieder begegnen, bei der der erste Liebesfunken meines Lebens entstanden war.

Lin war ebenfalls aufgeregt. Sie wusste, wie wichtig diese Gäste mir waren und hatte versprochen, die Wohnung aufzuräumen und mir beim Kochen zu helfen. Sie konnte nicht gut kochen. Solche Arbeiten hatten bei ihr zu Hause entweder ihre Mutter oder die Haushälterin erledigt. In der letzten Zeit hatte sie oft mit einem Notizbuch in der Hand neben mir gestanden, wenn ich kochte. Das tat sie auch heute.

»Sag mal, wie sieht diese Oigulie aus?« Sie schien sich nicht mehr auf das Kochenlernen konzentrieren zu können. Das Notizbuch in ihrer Hand war noch nicht einmal geöffnet, obwohl ich einige spezielle Speisen schon fertiggestellt hatte.

»Vorsicht! Das heiße Öl könnte hochspritzen. Stell dich lieber ein bisschen weiter weg. Ich wartete, bis sie einen Schritt zurückgegangen war, dann warf ich die geschnittenen Tintenfischstücke in den Topf. *Za!,* öffnete sich das Fleisch im heißen Öl und rollte sich dann sofort zusammen wie eine offene weiße Blüte. »Du willst wissen, wie sie aussieht? Ich sage dir, sie sieht aus wie die schönste Blume der ganzen Wiese.«

»Wie eine Blume? So romantisch?«

»Ich weiß es selbst nicht genau. Wir haben uns schon neun Jahre lang nicht mehr gesehen. Sie kommt bald. Du wirst es selbst sehen.« Es wunderte mich überhaupt nicht, dass Zhou, Lin nur nach Oigulie fragte. Auch in meinem Kopf stand schon lange die gleiche Frage. Um meine Aufregung zu verdecken, hatte ich mich den ganzen Tag lang

pausenlos mit den Vorbereitungen beschäftigt. Kurz bevor die Gäste kommen sollten, um 19 Uhr, hatte ich sieben Speisen und eine Suppe fertig.
Ton, ton!, klopfte es laut an die Tür.
Ich öffnete. Zwei Männer in den Uniformen der Luftwaffe standen vor mir.
»He, Da Lee. Du hast dich gar nicht verändert.« Der dicke Offizier schlug mir auf die Schulter.
»Du? Du bist Hun, Chi! Oh, mein Himmel! Ich hätte dich kaum noch erkannt.«
»Er ist mein Fahrer«, zeigte Hun, Chi mit der Hand auf seinen Begleiter; dann kam er mit großen Schritten herein. »Wo ist deine Frau? Mein Himmel, Da Lee, ich schlage dir den Hintern kaputt! Sag mir, mit welcher Methode hast du es geschafft, so eine hübsche Dame in die Hände zu bekommen?« Seine Stimme war noch immer zu laut. Zhou, Lin, die im Wohnzimmer am Tisch stand, konnte natürlich alles hören und lächelte ein bisschen beschämt über seinen Witz. Sie bereitete gerade den Tee.
»Nehmt bitte erst einmal Platz.« Ich führte die beiden Männer zum Tisch.
Tong! Chis dicker Hintern fiel einfach auf den Stuhl. »Schön, sehr schön! Eure neue Wohnung ist sehr schön geworden.« Er nahm die Mütze vom Kopf und schaute sich um.
»Darf... darf ich mich auch setzen?«, fragte der junge Soldat seinen Offizier ganz vorsichtig.
»Natürlich sitzt du hier.« Bevor Hun, Chi antworten konnte, hatte ich ihn schon auf den Stuhl gedrückt.
Ton, ton, klopfte es wieder an die Tür, diesmal leiser. Zhou, Lin öffnete.
»Guten Abend. Ich bin Lin, Min Jiang, und das ist meine Frau Oigulie. Und Sie sind bestimmt Da Lees Frau, Zhou, Lin.« Die wohlbekannte, dunkle Stimme ließ mein Herz sofort schneller schlagen. Nach neun Jahren sah ich ihn wieder. Wir hatten uns damals am Balu-Berg in Xinjiang verabschiedet, beide in Uniform. Seine jungverheiratete Frau Oigulie hatte in ihrer engen Jacke und dem weiten Rock auf einem weißen Pferd gesessen und war auf einem Bergrücken in einiger Entfernung hin- und hergeritten. Sie hatte mir mit einem weißen Ta-

schentuch zugewunken. Oh, dieses weiße Tuch, es war so weiß und so sauber, als wäre es ein Teil der Schneeberge hinter ihr.

Jetzt stand sie, die ich niemals vergessen hatte, ganz dicht hinter ihrem Mann an meiner Wohnungstür. Sie trug einen weißen Anzug. Auf ihrem hochgeschnürten Busen lag eine rote Seidenblume.

Ihre Blicke trafen sich mit Zhou, Lins. Die beiden Frauen schauten einander mit höflichem Lächeln an. Dann wandten sich ihre Augen langsam mir zu. Mein Herz klopfte wie verrückt. Es sprang mir fast aus dem Mund heraus. Ihre Augen, ihre wunderschönen blauen Augen schickten einen Blick über Lin, Min Jiangs Schultern direkt zu mir hin und blieben fest auf meinem Gesicht haften. »Da Lee, wie geht es dir?«, fragte sie mich durch ihre Augen.

»He, Da Lee, wie geht es dir?« Lin, Min Jiang kam mit geöffneten Armen auf mich zu. »So lange haben wir uns nicht gesehen. Wir gratulieren zu deiner Hochzeit!«

»Danke, danke, mir geht es gut. Du siehst auch gut aus!« Ich umarmte ihn, dann begrüßte ich seine Frau. »Oigulie, vielen Dank, dass du gekommen bist.«

»Da Lee, vielen Dank für deine Einladung!« Ihre Stimme klang genauso wie früher. Sie klang wie eine silberne Glocke. Doch beim Händeschütteln konnte ich spüren, dass ihre Hand leicht zitterte, ebenso wie meine.

Hun, Chi stand auf und begrüßte die beiden ebenfalls. Alle waren gerade von Xinjiang gekommen und freuten sich über das Wiedersehen bei mir in Shanghai. »Die Luftwaffenstation von Shanghai hat ihn mir als Fahrer zugewiesen«, stellte Hun, Chi den jungen Soldaten vor.

»Lasst uns erst einmal etwas trinken.« Ich führte meine Gäste zum Tisch, auf dem schon einige kalte Speisen bereitstanden: Gurkenscheiben, schwarze Eier, gesalzene Erdnüsse und anderes.

Zhou, Lin hatte für uns Bier geöffnet und in Gläser gegossen.

»Zum Wohl, auf eure Gesundheit!« Als Gastgeber nahm ich das erste Glas in die Hand.

»Auf das junge, glückliche Ehepaar!« Min Jiang prostete Zhou, Lin und mir zu. Er trug heute einen sehr eleganten, dunkelblauen Anzug. Ich konnte sehen, dass der Anzug und die rote Krawatte von erstklassiger Qualität waren, mit dem Markenzeichen »Pierre Cardin« darauf. Für solche importierten Waren mussten normale Chinesen damals jahrelang sparen. Er benahm sich darin ganz ungezwungen und hatte ein elegantes Auftreten. Neun Jahre lang hatten wir uns nicht mehr gesehen. Der Lin, Min Jiang von heute war kein einfacher Soldat mehr. Er hatte die Ausstrahlung eines erfolgreichen Unternehmers.

»Zum Wohl, vielen Dank.« Wir stießen miteinander an. Wieder spürte ich Bitterkeit. Glückliches Ehepaar? Er und die anderen Gäste wussten nicht, dass Zhou, Lin und ich ihnen nur etwas vorspielten. Einige Tage später würden wir uns für immer trennen.

»Nehmt Platz und lasst uns etwas essen.«

»Wo ist Wang, Jung? Soviel ich weiß, sollte er heute doch auch kommen?«, fragte Hun, Chi.

»Oh, der! Er hat momentan sehr viel zu tun. Wusstet ihr, dass er schon wieder einen höheren Titel erlangt hat? Er ist jetzt stellvertretender Stadtbezirkschef.«

»Hu, dieser Typ hat überall Glück. Schon damals in der Armee war er solch ein Glückspilz«, warf Hun, Chi ein.

Ton, ton!, klopfte es an die Tür.

»Ha, der Glückspilz kommt!« Ich ging zur Tür. »Was ist das?« Als ich die Tür geöffnet hatte, tauchte ein großer Karton vor meinen Augen auf.

»Vorsichtig nehmen, bitte! Darin ist französisches Porzellan«, sagte jemand hinter dem Karton. Ich kannte diese Stimme. Sie gehörte Wang, Jung. Es wunderte mich sehr, dass der frühere hochnäsige Kamerad aus der Armee und heutige hohe Beamte mir sein Geschenk persönlich brachte.

»Warum bringst du mir das? Ich habe dir doch am Telefon schon mehrmals gesagt, dass man keine Geschenke … Oh, das ist zu schwer.« Ich konnte nicht mehr weitersprechen, nachdem er mir den Karton übergeben hatte.

»Warte im Auto«, sagte Wang, Jung zu seinem jungen Träger. »Das ist mein Sekretär.«

Wang, Jung klopfte mir auf die Schulter und wir gingen zusammen in die Wohnung. »Gratuliere, mein Junge!«

»Danke, aber du solltest kein Geschenk bringen.« Ich stellte den Karton auf den Boden und führte Wang, Jung zum Tisch, um ihn Zhou, Lin vorzustellen. Was ich ihm gesagt hatte, war keine Höflichkeitsfloskel, sondern mein ehrlicher Wunsch. Geschenke von den Gästen streuten Salz in meine Wunde. Deshalb hatte ich alle gebeten, auf keinen Fall etwas mitzubringen. Doch Wang, Jung hatte schon in der Armee nie getan, was ich ihm gesagt hatte. Er war damals ein junger Unteroffizier und ich nur ein kleiner Soldat gewesen, und er hatte mich niemals richtig wahrgenommen. Genauso empfand ich es heute wieder.

»Ich wünsche euch, dass ihr immer glücklich zusammen bleibt, bis eure Köpfe weiß sind.« Jung drückte Zhou, Lin die Hand.

»Wo ist deine Frau? Kommt sie später?«, fragte Lin.

»Meine Frau? Sie kann leider nicht kommen, sie hat zu viel Arbeit. Ich kann heute auch nicht lange hierbleiben. Wie geht es euch allen denn?« Wang, Jung stellte sich zu den anderen. Seine blaue Mao-Jacke stand offen, obwohl er keinen großen Bauch hatte. Wahrscheinlich wollte er seine Lockerheit demonstrieren, wie die anderen chinesischen Kader auch. »Wer bist du? Ich habe dich noch nie gesehen«, fragte er den schüchternen jungen Soldaten, als er an ihm vorbeikam.

»Das ist mein Fahrer. Jetzt gehst du ins Auto.« Bevor der arme Junge etwas sagen konnte, jagte ihn Hun, Chi schon weg. Als der Soldat gegangen war und wir bei Tisch saßen, kritisierten wir sein Verhalten.

»Er hatte gerade begonnen zu essen. Du hättest zumindest warten können, bis er satt war«, sagte ich.

Die anderen nickten.

»Was denn? Was denn?« Chis dickes Gesicht war ganz rot. »Die Soldaten haben es hier zu gut, wenn man es mit unserer damaligen Situation in Xinjiang vergleicht. Habt ihr vergessen? In dieser Welt von Eis und Schnee! Und dann war damals diese verdammte Kulturrevolution. Unser Essen hat wie Schweinefutter geschmeckt!« Er stellte sein Glas mit einem Knall auf den Tisch.

»Das stimmt. Damals war es auch sehr gefährlich. Wir mussten jederzeit auf einen eventuellen Krieg gegen die Sowjetunion vorbereitet sein. Selbst jetzt fährt mir der Schrecken noch durch Mark und Bein, wenn ich daran zurückdenke. Unsere Betten waren nur zwei Kilometer von den russischen Kanonen entfernt, wie furchtbar! Mein Himmel!« Wang, Jung strich sich ein paar Mal durch sein Haar, das ganz ordentlich zurückgekämmt war, und schob seine Goldbrille hoch. Ich sah, dass er am linken Handgelenk eine Rolex trug. Mein Blick wanderte nach unten. Er hatte die Füße überkreuzt, an denen er elegante Lederschuhe trug. So wie seine schwarzen Stiefel in der Armee waren sie spiegelblank geputzt. Dies alles passte nicht zu seiner Mao-Jacke. Doch zu der damaligen politischen Lage passte sein Aufzug perfekt. Viele hohe Beamte, die zu Beginn der Reformation schnell mächtig und reich geworden waren, hatten den gleichen Stil wie er.

Die Mao-Jacke war für sie nur so etwas wie ein Aushängeschild. Sie sollte zeigen, dass ihre Träger immer noch dem kommunistischen System und Amtsbereich angehörten, das seit mehr als 35 Jahren fest an der Macht war.

»Ja, natürlich. Doch gerade darauf sind wir ja auch stolz. Wir haben damals für unser Land gekämpft.« Jetzt hörte er sich wie ein typischer Beamter an. Er nahm sein Glas wieder in die Hand und trank ganz gemütlich einen Schluck. Man konnte sehen, dass er mit seiner heutigen Situation sehr zufrieden war.

»Wie sieht es denn zurzeit an der Grenze aus?«, fragte ich Hun, Chi, der als Einziger von uns in der Armee geblieben war.

»Du fragst, wie die Beziehungen zwischen der russischen und der chinesischen Armee stehen? Oh, ich sage dir: Ganz anders als damals! Jetzt sind wir keine Feinde mehr, und die Bevölkerung im Grenzgebiet ist auch nicht mehr so arm. Grenzhändler, so wie sie ...«, Chi nickte zu Lin, Min Jiang und Oigulie, »... haben sich mit den Russen schon das goldene Schwein verdient.« Er blies seine ohnehin schon dicken Wangen noch größer auf und stülpte die Lippen nach vorn, um ein Schweinegesicht zu zeigen.

Wir mussten alle lachen. Eine silberhelle Stimme klang dazwischen; sie gehörte Oigulie. Die ganze Zeit hatte sie geschwiegen. Jetzt lachte sie so sehr, dass sie fast vom Stuhl fiel.

»Quatsch! Quatsch! So einen guten Verdienst haben wir sicher nicht.« Lin, Min Jiang schüttelte beide Hände verneinend. »Zwar wollen die Russen fast alles haben, was in China hergestellt wird. Doch sie haben keine harte Währung. An der Grenze machen wir zurzeit größtenteils nur Tauschhandel, das ist nicht sehr einfach. Und manche Sachen bekommt man hier auch nicht so leicht.«

»Was denn zum Beispiel?«, mischte sich der Bezirkschef ein.

»Zum Beispiel ›Grünes-Blatt‹- Männerhemden, die Russen sind ganz verrückt danach. Und ›Goldstern‹-Farbfernseher. Die wollen die Einwohner von Xinjiang auch, doch sie sind auch in Shanghai schwer zu bekommen. Von den Hemden habe ich zwanzigtausend Stück bestellt. Doch das war schon vor zwei Monaten, und bis jetzt wurden nur tausend geliefert. Von den Fernsehern habe ich noch keinen einzigen! Leider haben wir keine Beziehungen zu den entsprechenden Beamten, die uns weiterhelfen könnten.«

»Warum bist du nicht zu mir gekommen?« Wang, Jung kreuzte seine Beine in die andere Richtung und lehnte sich im Stuhl zurück.

»Zu dir? Ja, natürlich, du bist schon ein großer Chef. Aber soviel ich weiß, bist du doch im Städtebau tätig?«

»Na und? Ich kann dir trotzdem helfen. Komm morgen in mein Büro. Ich gebe dir ein Schreiben, mit dem du schnell und sicher deinen Vertrag mit den Lieferanten abschließen kannst.« Seine Stimme klang sehr stolz.

»Oh, danke, vielen Dank. Du bekommst auf jeden Fall zehn Prozent vom Gewinn unserer Firma.« Lin, Min Jiang stand jetzt ein breites Lachen auf dem Gesicht.

»Wir waren Kameraden in der gleichen Armee. Lass uns erst einmal nicht von solchen Dingen reden. Morgen kommst du dann in mein Büro.« Wang, Jung nahm mit zwei Fingern eine Visitenkarte aus seiner Reverstasche und legte sie vor Min Jiang auf den Tisch.

Während sie sich über den Handel unterhalten hatten, waren Zhou, Lin und ich in die Küche gegangen, um die Hauptspeisen zu bringen. Die Gäste schienen vollkommen zufrieden. Jeder lobte den Gastgeber für das gute Essen. Sie wussten, dass Kochen mein großes Hobby war.

»Ich hoffe, dass ihr auch alle satt werdet«, entgegnete ich mit typisch chinesischer Höflichkeit. Es freute mich sehr, wenn man mit meiner Arbeit zufrieden war.

»Ah, diese scharfen Hühnerbeinchen schmecken sehr gut, die Suppe auch.« Wang, Jungs Mund konzentrierte sich die ganze Zeit fast nur auf diese beiden Speisen. »Ihr wisst, dass ich immer verrückt auf Hühnergerichte bin. Da Lee, ich bin heute nicht nur gekommen, um dir zur Hochzeit zu gratulieren, sondern auch, um etwas zu erbitten.« Er schaute mich direkt an. Die Stäbchen in seinen Fingern bewegten sich nicht weiter.

»Du willst mich um etwas bitten? Ich habe weder Macht noch Beziehungen. Was kannst du von mir erbitten?« Ich traute meinen Ohren

nicht. »Weißt du, ich bin nur ein ganz normaler Angestellter in meiner Firma.«
»Es geht nicht um deine Firma, sondern deinen Qi-Gong-Kurs betreffend habe ich eine Bitte.«
»Du hast auch Lust, Qi Gong zu üben? Dann kannst du einfach vorbeikommen. Das tut deiner Gesundheit bestimmt gut.«
»Nein, nein, dafür habe ich keine Zeit... Bei dir ist jemand, der das Rezept für ›Lotoshuhn‹ erfunden hat. Stimmt das? Er kommt aus der Wen-Zhou-Provinz. Groß, schlank, mit dunkler Haut. Hen! Ein gerissener Händler.« Wang, Jung schien nicht sehr begeistert von diesem Mann zu sein.
»Der Erfinder von ›Lotoshuhn‹? Oh. Ich erinnere mich an ihn. Er ist neu bei mir. Woher weißt du das?« Es wunderte mich sehr, dass Jung so eine »lange Nase« hatte, weil der besagte Händler die Öffentlichkeit scheute und nicht berühmt sein wollte, trotz seines riesigen Erfolges.
»Der Mensch hat Angst davor, bekannt zu werden und das Schwein hat Angst davor, dick zu werden.« Diese alte chinesische Redewendung hatte ich schon mehrmals von ihm gehört. Klar: Wenn ein Schwein dick ist, wird es geschlachtet, und wenn ein Mensch bekannt ist, erwartet ihn eine unruhige und gefährliche Zukunft.
Jetzt gab es in ganz Shanghai sein gegrilltes Huhn und überall konnte man seine Lokale sehen, aber nur wenige Leute kannten seinen richtigen Namen; auch wurde sein Foto niemals in der Zeitung veröffentlicht. Als er das erste Mal zu mir kam, hatte er mir zwei gegrillte Hühnchen mitgebracht. »Das ist mein Anmeldungsgeschenk für den Meister. Dieses Lotoshuhn habe ich selbst gemacht, hoffentlich bist du damit zufrieden. Aber *chü!*, sag es bitte nicht den anderen.« Er hielt den Finger an den Mund.
Leider konnten sich an diesem Morgen viele Qi-Gong-Teilnehmer kaum auf ihre Übungen konzentrieren. Es duftete im ganzen Saal.
Dieser Mann war in eine Familie hineingeboren worden, die auf das Hühnergrillen spezialisiert war. Sein Urgroßvater hatte seinem Vater etwas vererbt, einen kleinen Stoffbeutel, gefüllt mit einem Gemisch gehackter Kräuter.
Wenn man den Beutel in den Bauch eines Grillhuhns füllte, wurde das Fleisch schmackhaft bis zu den Knochen und fettlos. Das Aroma, das

sich aus dem Duft des Hühnerfleisches und den geheimnisvollen Kräutern zusammensetzte, behielt man nach dem Essen noch den halben Tag lang im Mund. Doch der Großvater hatte dem Vater nicht nur seinen Kräuterbeutel, sondern außerdem auch noch fünf Restaurants vererbt. Eigentlich hätte sein Vater ihm zehn Lokale und den Kräuterbeutel weitergeben können, doch leider war es gerade die Zeit des chinesischen Kommunismus. Sein gesamtes Kapital wurde verstaatlicht; er selbst wurde in der Kulturrevolution als ungeheurer Kapitalist kritisiert und von der Roten Garde so zusammengeschlagen, dass er eine halbseitige Körperlähmung davontrug. Mit dem letzten Atemzug sagte er seinem Sohn: »Ich kann dir leider nur diesen Beutel als Familienschatz vererben. Damit wirst du überleben können. Aber eins musst du wissen: Du darfst dadurch nicht reich und bekannt werden. Das würde dich nur in eine Katastrophe führen.«
Diese letzten Worte hatte sein Sohn nur halb im Kopf behalten. Nach der Reformation wurde China wieder privatisiert, und er nutzte seine Chance gut. Zuerst holte er sich die zehn Restaurants in seiner Heimat zurück, und dann ging er in die Metropole Shanghai, um dort etwas Großartiges zu leisten. Er schaffte es – nur zwei bis drei Jahre später schossen seine Lokale für Lotoshühnchen wie Pilze nach dem Regen überall in Shanghai aus dem Boden, und es gab kaum eine Familie, die dieses Gericht noch nicht probiert hatte. Er war reich, superreich. Jetzt konnte er sich auch um seine Gesundheit kümmern, und aus diesem Grund war er zu mir gekommen. »Sage niemandem, wer ich bin«, bettelte der Millionär mich an. Doch trotzdem wussten es die Leute.
»›Es gibt keine Wand, durch die nicht Luft hindurchgehen kann.‹ Dieses alte chinesische Sprichwort ist völlig richtig«, sagte ich zu Wang, Jung.
»Hahaha!«, lachte er laut. »Du hast wohl vergessen, welchen Job wir in der Armee hatten? Nachrichtendienst, oder? Übrigens hat dieser Typ allein in unserem Bezirk schon mehr als zwanzig Hühner-Lokale aufgebaut. Ich muss mich um ihn kümmern.«
»Wie hat er das geschafft?«, fragte Lin, Min Jiang. Er war jetzt auch ein Händler. Die Erfolge seiner Kollegen interessierten ihn natürlich auch.
»Oh, dieser Mann ist sehr clever. Er geht einfach in die Supermärkte und Markthallen und sagt den Betreibern: ›Wir sollten zusammenar-

beiten und Lotoshühner anbieten. Das lohnt sich ganz sicher! Sie stellen den Raum und die Arbeitskräfte zur Verfügung, und ich liefere die Grillmaschine und spezielle Gewürzbeutel. Den Gewinn teilen wir einfach zur Hälfte!‹ Wer könnte so ein gutes Angebot ablehnen? In Wirklichkeit verdient er allerdings am besten, denn die Maschinen kauft er alle sehr billig in Shanghai, und die Beutel, die in seinem Familienbetrieb hergestellt werden, enthalten nur eine Mischung aus verschiedenen Kräutern. Sie sind bestimmt auch sehr billig herzustellen; wahrscheinlich kann man die Kräuter kostenlos pflücken. Ich muss wissen, was darin ist. Da Lee, hilf mir bitte dabei.« Sein Blick wanderte zu dem Geschenk, das er mitgebracht hatte.

Jetzt wusste ich, warum er mir dieses französische Porzellan schenken musste. »Ich? Ich soll ihn überreden, dir das Rezept zu verraten? Nein, das ist absolut unmöglich!«

»Sag ihm, dass ich dafür 100 000 Yuan bezahle!«

»100 000? Woher hast du so viel Geld?«, fragte Hun, Chi dazwischen. Vielleicht war ihm zu heiß, denn nun öffnete er die Knöpfe seiner grünen Uniformjacke. Die Rangabzeichen mit den beiden goldenen Streifen und dem silbernen Stern leuchteten im Licht der Lampe auf seinen Schultern. Als Major verdiente man damals nur ein paar hundert Yuan im Monat. Die Summe, die der Bezirkschef ausgeben wollte, war für ihn unvorstellbar. »Woher hast du denn so viel Geld?« Schon damals während unseres gemeinsamen Armeedienstes hatte er ihn nicht gemocht. Jetzt zeigte sich auf seinem Gesicht ein großes Fragezeichen.

»Warum so aufgeregt? Das ist nur ein Witz!« Wang, Jung lachte. »Aber wenn man das Know-how für das Lotoshuhn in der Hand hätte, könnte man bestimmt furchtbar reich werden. Und ganz legal! Überlegt doch mal, wie groß China ist. Nur Shanghai allein lässt diesen Typen schon einen Wagen voll Gold verdienen ... oh, ich habe keine Zeit mehr.« Er schaute demonstrativ auf seine Rolex. »Ich treffe mich noch mit einigen Unternehmern zum Essen. Mein Sekretär wartet noch im Auto.« Er verabschiedete sich.

»Eine Maus, die in den Reisbehälter gefallen ist ...«, sagte Hun, Chi mit Blick auf die Tür.

»He! Er hat jetzt einen wirklich profitablen Posten als Beamter«, meinte Lin, Min Jiang, während er mit den Stäbchen einen Happen nahm.

»Warum? Kannst du das genauer erklären?«

»Weißt du das wirklich nicht? Er ist im Städtebau tätig, zuständig für Lizenzen und Verträge. Wenn die Unternehmer in seinem Bezirk etwas tun wollen, müssen sie bei ihm darum betteln.«
»Ja, na und?« Ich verstand noch nicht ganz.
»Na und? Dann kann man vieles davon zu ihm bringen.« Min Jiang hielt drei Finger zusammen, das Zeichen für Geld. Oigulie, die neben ihm saß, nickte. Sie half ihrem Mann schon lange bei seinem Geschäft und wusste bestimmt ganz genau, wie dunkel die Beziehungen zwischen Händlern und Beamten war.
»So eine Ungerechtigkeit!« Hun, Chi warf seine Stäbchen auf den Tisch. »So viele Leute werden immer ärmer, aber manche werden so schnell reich, nur wegen ihrer Macht! Es ist kein Wunder, dass überall auf der Straße Demonstrationen stattfinden. Wenn ich nicht in der Armee wäre, würde ich auch dorthin gehen.«
»He, du bist Offizier der kommunistischen Armee. Pass auf deine Worte auf!«, sagte Min Jiang mit lachendem Gesicht.
»Quatsch! Scheißegal. Ich habe keine Angst vor so etwas. Das ist eine ungerechte Welt!« Hun, Chis Stimme wurde noch lauter. »Gut, gut! Als Soldat darf ich darüber nicht sehr viel reden.« Er nahm sein Glas und stand auf. »Ich kann euch jetzt nur beneiden. Schaut mal, bis heute trage ich noch diese Tigerhaut.« Er zeigte auf seine Uniform. »Und in ein paar Tagen muss ich wieder zur Armee nach Xinjiang zurückfliegen!«
»Aber als Major bist du ein Offizier! Ich habe bis jetzt noch gar nichts, weder ein Amt noch Geld.« Mein Schicksal gefiel mir zur Zeit überhaupt nicht, deshalb äußerte ich mich gleich.
»Ach, dummes Zeug! Du hast eine hübsche Frau und eine schöne Wohnung. Du kennst doch das Leben in der Armee, oder? So ein Ledersofa dürfen wir erst gar nicht haben. Das gehört bei uns schon zum Luxus. Pu!«, setzte er sich mit seinem großen Hintern darauf.
Ich musste fast weinen. Mein dicker Exkamerad hatte sich gerade auf mein »Bett« gesetzt. Als hätte ich Schweinegalle geschluckt, verbreitete sich die Bitterkeit in meinem ganzen Körper: »Ja, ja, ich kenne natürlich das Leben in der Armee. Aber jetzt ist es dort sicher viel besser als früher.« Ich versuchte, ihn anzulächeln; Zhou, Lin ebenfalls. Doch wir wirkten wohl etwas betreten und die Gäste gingen alle schon kurz nach dem Essen.

»Da Lee, du hast mir doch erzählt, dass Oigulie wunderschöne Augen hat?«, fragte mich Zhou, Lin beim Tischabräumen.
Mir war aufgefallen, dass die beiden Frauen sich beim Abschied lange in die Augen gesehen hatten.
»Ja, findest du nicht, dass sie wunderschöne blaue Augen hat?«
»Doch! Sie beobachtet sehr genau, glaube ich.« Als Shanghaierin beurteilte Lin die Menschen immer sehr schnell.
Ich sagte nicht viel dazu. Doch zwei Tage später erhielt ich einen Anruf von Oigulie. »Wir sollten uns noch einmal treffen. Hast du Zeit? Heute abend gegen zwanzig Uhr im Café Huang He beim Bund?«, klang ihre zauberhafte Stimme aus dem Hörer. Wie konnte ich dazu Nein sagen?
Das »Huang He« war ein wunderschönes britisches Kaffeehaus. Seit der Zeit der englischen Niederlassung hatten die alten, dunklen Bänke und Tische schon unzählige Gäste empfangen. Wegen seiner schönen Lage am Bund und auf der Hauptgeschäftsstraße von Shanghai und aufgrund eines hervorragenden Rufes blühte das Geschäft im Café zu jeder Jahreszeit. Auch heute Abend, als ich hineinkam und die Treppe hinunterging, tauchten lauter schwarze Köpfe vor meinen Augen auf. Manche glänzend vor Pomade, die gehörten normalerweise Männern. Manche Köpfe trugen einen Wasserfall von Haaren bis zu den Schultern, die gehörten natürlich den jungen Frauen. Einer, nur ein goldbrauner Funke, leuchtete dazwischen auf. Der gehörte Oigulie. Die braune Farbe erregte hier besondere Aufmerksamkeit, sodass ich sie unter den vielen Gästen sofort ausmachte.
»Oigulie! Schön, dich wiederzusehen.« Ich ging zu ihr und hielt ihr meine Hand hin.
Ihre blauen Augen blitzten, und ihre rechte Hand traf sich mit meiner.
»Da Lee, schön, dass du gekommen bist. Setz dich hierher!« Sie wies auf den freien Platz neben sich; die anderen waren schon von einem Liebespaar besetzt. Sie küssten einander gerade auf der anderen Seite des runden Tisches.
»Bist du allein? Wo ist Lin, Min Jiang?«, fragte ich nach ihrem Mann.
»Er ist geschäftlich nach Peking geflogen. Darf ich dich alleine nicht einladen?«
»Doch, doch, natürlich!« Meine Stimme zitterte ein bisschen. Ich setzte mich neben sie und bestellte gleich einen Kaffee. Oigulie hatte

eine halbleere Tasse vor sich stehen. Wahrscheinlich wartete sie schon länger hier.
»Was für einen Kaffee wollen Sie haben? Wir haben französischen, englischen und spanischen.« Die junge Kellnerin fragte mit sehr netter Stimme.
»Egal, irgendetwas. Danke.« Es war mir wirklich egal. Hauptsächlich wollte ich die Zeit mit Oigulie genießen. Es war schon zehn Jahre her, dass wir das erste Mal alleine miteinander waren. Damals war sie ein achtzehnjähriges Mädchen, das noch lange Zöpfe trug. Unsere Pferde liefen zusammen über die grenzenlosen grünen Wiesen im fernen Nordwesten. Sie trug damals eine kasachische schwarze Jacke und einen weiten, roten Rock. Heute war sie in blauem T-Shirt und weißen Hosen, und auf ihrem Busen lag eine goldene Halskette. Zwei große goldene Ohrringe bedeckten ihre Wangen. Den Schmuck hatte sie vorher bei uns zu Hause noch nicht getragen. »Oigulie, du bist heute sehr schön, o nein! Du bist immer sehr schön, aber heute besonders ...« Ich kam ins Stottern.
»Hahaha!«, lachte Oigulie mit ihrer silberhellen Stimme ganz laut, sodass viele Blicke zu ihr wanderten. »Danke, Da Lee, danke!«, sagte sie. »Du bist immer so süß.« Ihre Hand kam über den Tisch zu meiner und hielt sie fest.

Ich fühlte ein Wohlbehagen, das sich wie ein Strom durch die Hand in meinem Körper verbreitete, und hoffte nur, dass ihre Hand immer weiter bei mir bliebe, so lange wie möglich. Aber leider trennten sich unsere Hände wieder, weil der Kaffee kam. »Dumme Kellnerin, warum arbeitest du heute so fleißig?«, schimpfte ich innerlich.
»Da Lee, geht es dir gut?«, fragte mich Oigulie, nachdem der Kaffee vor mir stand.
»Mir? Ja, es ist schon o.k. Natürlich bin ich nicht so reich wie ihr und habe auch keine Macht wie andere. Aber ich mache Qi Gong und Tai Chi. Viele Leute sind durch den Besuch meiner Kurse schon wieder gesund geworden. Ich bin schon mit mir zufrieden. Haha.« Ich versuchte, durch das Lachen Lockerheit vorzutäuschen. Vor einer Frau will sich kein Mann selbst klein machen, der noch seinen Stolz hat. Ich wusste ganz genau, dass ich ein erfolgloser Mann war, wenn man mich mit meinen früheren Kameraden von der Armee verglich.

»Da Lee, bist du glücklich? Was ich dich fragen will: Bist du glücklich mit deiner Frau?« Oigulies Hand fasste wieder nach meiner. Doch dieses Mal spürte ich nicht mehr das gleiche Gefühl wie vorher. Bitterkeit und Schmerzen breiteten sich in mir aus. Ich senkte den Kopf.

»Da Lee, sag mir die Wahrheit! Du bist nicht glücklich mit ihr, oder? Ich bin eine Frau. Frauen können immer die Verliebtheit in den Augen einer anderen Frau sehen. Aber bei Zhou, Lin …«

»Bitte, Oigulie, sprich nicht weiter.« Ich wollte nichts mehr davon hören, obwohl ich wusste, dass sie sich um mich kümmern wollte. Ich konnte nur schweigen.

Oigulie sagte auch nichts mehr. Unser Tisch war plötzlich wie eine ruhige Insel im Kaffeehaus. Das junge Liebespaar, das mit uns den Tisch teilte, hatte aufgehört zu schmusen und taxierte Oigulie schon eine ganze Weile. Ausländerin oder nationale Minderheit?, fragten ihre Augen. Das war damals ein himmelweiter Unterschied. Westliche Ausländer waren ein Symbol für Zivilisation, Reichtum und Schönheit. Die blonden Haare der Ausländer nannten die Shanghaier voller Neid »Goldhaar«. Aber bei den nationalen Minderheiten würdigten sie die gleiche Farbe keines Blickes, weil diese Menschen ihrer Meinung nach der untersten Klasse angehörten. Unsere Tischnachbarn ließen ihre Blicke von oben bis unten über Oigulie wandern und von links nach rechts, voller Neid und Missachtung. Das weckte nicht nur bei Oigulie, sondern auch bei mir unangenehme Gefühle.

»Gehen wir?«, fragte ich absichtlich laut.

»Ja, wir gehen.« Oigulie zahlte, dann verließen wir gemeinsam das Lokal.

Langsam spazierten wir zum Bund. Hier war alles so bekannt für mich, der Wind, der vom Fluss kam, die Neonlampen an den großen Gebäuden, die Allee und der Damm … He, dieser kilometerlange Damm; wie oft war ich hier schon spazieren gegangen? Doch jedes Mal tauchten in meinem Kopf neue Gedanken auf, Sorge, Hoffnung, Trauer oder Glück. Ja, jetzt sollte ich glücklich sein. Die Frau, die vor zehn Jahren zum ersten Mal die Liebe in mir erweckt hatte, ging jetzt Schulter an Schulter neben mir. Ihr Parfüm, dieses Parfüm, dessen Duft mir unbekannt war! Wahrscheinlich stammte es aus Paris, und es versüßte mir die Luft vom Fluss. Viele Passanten schauten mich neidisch an. Ja, ich sollte glücklich sein.

»Oigulie, du hast recht! Ich bin unglücklich mit meiner Frau, sogar sehr.« Ich wollte ihr alles erzählen. »Versprichst du mir, dass du niemandem etwas davon sagst?«
»Ja, das verspreche ich.« Oigulie lehnte sich an das Geländer und hob ihre rechte Hand hoch.
»Gut.« Ich stützte mich mit beiden Ellbogen auf die Brüstung und sah auf den Huang-Po-Fluss hinunter, der gerade vor meinen Augen mit tausend Wellen in Richtung Ostmeer floss. Das erste Mal, als ich Zhou, Lin kennenlernte, die Hochzeitsnacht, unser Täuschungsmanöver. Ich erzählte und erzählte, während wir am Fluss standen. Das Wasser floss wie immer in Wellen und im Schein der Neonlampen an mir vorbei, nur dass heute Oigulie an meiner Seite war. Sie sagte nichts, aber sie hörte ganz konzentriert zu. Nachdem ich meine Erzählung beendet hatte, schwiegen wir gemeinsam und schauten nur in den Fluss.
»Da Lee, warum tust du nichts dagegen?«, fragte mich Oigulie nach einer Weile. Ihre Stimme klang plötzlich hart. Der Wind ließ ihr braunes Haar nach hinten tanzen, aber ihr Gesicht blieb ganz still. Die blauen Augen schauten mich bewegungslos an.
»Etwas dagegen tun? Wie denn, was kann ich dazu sagen?«
»Du musst nichts sagen, du hast doch Hände und Füße! O Allah, großer Allah, hilf dem armen Da Lee und gib ihm Kraft!« Oigulie schaute zum Himmel und kreuzte ihre Arme vor der Brust.
»Mit meinen Händen und Füßen? Was bedeutet das, Oigulie?«
»Das bedeutet, du sollst ihr eine Ohrfeige geben und dann einen Fußtritt; lass sie für immer aus deinen Augen verschwinden.«
»Was?«
»Wenn sie eine Kasachin wäre, aus meiner Heimat, würde sie schwer bestraft werden. Man würde sie aus dem Dorf jagen und …«
»Wir sind hier nicht in deinem alten Dorf in Xinjiang. Wir sind hier in Shanghai!«
»Oh, Da Lee, du bist arm dran.« Oigulie umarmte mich. Ihr heißes Gesicht traf meines. Mein Herz raste wie verrückt, und mir wurde warm. Ich umarmte sie ebenfalls ganz fest.
»Da Lee, erinnerst du dich noch? Vor zehn Jahren, als wir im Dorf Tali waren, da hast du etwas über meine Augen gesagt«, fragte Oigulie ganz leise an meinem Ohr. Ihre Hände hielten mich immer noch fest.

»Ja, natürlich.« Meine Stimme zitterte ein bisschen. »Ich habe gesagt: Deine Augen sind wie zwei wunderschöne blaue Seen. Ich muss darin ertrinken, wenn ich sie immer weiter anschaue.«
»Ja, Da Lee, das hast du damals gesagt.« Sie trat einen Schritt zurück und schaute mich an. In ihren Augen zeigte sich nicht nur Sympathie, sie waren voller Liebe. »Ich … ich muss dir jetzt etwas verraten: Auf das rote Taschentuch, das du damals nicht genommen hast, hatte ich etwas geschrieben.«
»Was?«, flüsterte ich.
»Ich hatte geschrieben: Deine Augen sind wie zwei tiefe, dunkle Brunnen. Ich will darin versinken, für immer!«
»Oh, wie schön! Oigulie, bis heute habe ich immer bereut …«
»Da Lee, ich weiß, ich weiß. Aber das ist unser Schicksal.« Sie legte mir zwei Finger auf den Mund, um weitere Worte zu verhindern. »Das ist unser Schicksal!«, wiederholte sie und plötzlich trafen ihre Lippen auf meine. Je! Sie hatte mich geküsst. Das hatte sie noch nie vorher getan. Es passierte so schnell, so plötzlich, dass ich wie in Trance war.
Leider ging sie wieder einen Schritt zurück, bevor ich das Ganze richtig wahrgenommen hatte und reagieren konnte, zum Beispiel, indem ich sie fest umarmt und ihren Kuss erwidert hätte.
»Da Lee. Ich wohne im Hotel ›Shanghai Mansions‹.« Sie zeigte mit dem Finger nach hinten. Nicht weit von uns lag das riesige, graue Gebäude. »Wenn du … wenn du willst, kannst du in einer halben Stunde kommen.« Oigulies Stimme klang plötzlich unnatürlich. »Meine Zimmernummer ist 1122.« Sie drehte sich um und ging. Ganz schnell verschwand sie in dem Menschenstrom, in dem sich Haarfarben und Kleider unter dem Licht der Neonlampen ständig veränderten.
Ich blieb steif wie eine Holzfigur da. Ich brauchte Zeit, um wieder klar zu werden. Dann begannen meine Füße wie von selbst zu gehen, Richtung Hotel Shanghai Mansions. Eine Brücke erschien vor meinen Augen. Es war eine schwarze Stahlbogenbrücke, die »Waibaidu-Brücke«. Unter ihr lief der Suzhou, dessen Wasser durch die industrielle Verschmutzung schon schwarz war. Diese schwarze Farbe verband sich nur zwanzig Meter von der Brücke entfernt mit der gelben Farbe des Huangpu. Normalerweise sah ich mir dieses Schauspiel gerne an, wenn ich die Brücke überquerte. Aber jetzt drehte ich meinen Kopf noch nicht einmal dorthin, sondern ging schnurstracks weiter. Am Ende der

Brücke war das Hotel, ein bekanntes Haus, das im Jahr 1934 in der Form eines Berges gebaut worden war. An diesem Abend trug ich ein rotes Hemd und lange, beigefarbene Hosen, eigens für Oigulie. Jetzt ging ich zu ihr. Ich fuhr mit dem Fahrstuhl bis in die 11. Etage. Das Zimmer 22 lag nur ein paar Schritte vom Fahrstuhl entfernt. Die Tür stand ein Stück weit offen.
Pong. Ich drückte die Tür mit dem Rücken zu. Oigulie stand bewegungslos am Fenster. Ihr Gesicht war ziemlich rot. Die blauen Augen schauten mich jetzt ganz direkt an. In diesem Raum, in dieser kleinen, ruhigen Welt gab es nur uns beide. Ich konnte sogar meinen Herzschlag hören, nein, nicht nur meinen, sondern auch ihren. Schritt für Schritt kam ich näher, vorbei an der Tür zum Waschraum und am Bett, immer näher zum Fenster und zu ihr.
Sie bewegte sich immer noch nicht, und auch ihre groß geöffneten Augen blieben regungslos. Sie wartete in Ruhe auf etwas, das unklar und doch auch ganz klar war.

Ich blieb vor ihr stehen, hob meine Hände und begann ganz langsam, ihr Gesicht zu streicheln. Meine Hände zitterten. Dann kamen ihre Hände ebenfalls, und sie streichelte meinen Handrücken. Ich spürte ein wunderschönes Gefühl, ein starker angenehmer Strom breitete sich von meinen Handrücken her im ganzen Körper aus. Gleichzeitig stieg auch mein Mut. Meine Finger wanderten von ihrem Gesicht weiter nach unten und schoben ihr T-Shirt hoch.
Oigulie hob die Arme, sodass ich ihr das T-Shirt leicht abstreifen konnte. Meine Hände fuhren entlang der Bänder nach hinten, wo meine Finger den BH-Verschluss öffneten. *Pa!* Ihre Brüste zeigten sich jetzt vollkommen unbedeckt vor meinen Augen; oh! Zehn Jahre zuvor, als ich sie zum ersten Mal bemerkt hatte, hatten sie mir schon das Herz bange gemacht und meinen Körper erzittern lassen. Sie hatten sich beim Reiten unter dem schwarzen Baumwollstoff bewegt. Aber ich konnte nicht lange nur mit den Augen genießen. Ein Wunsch brannte in meinem Körper und meiner Seele: eine Verbindung, eine Verbindung von Yin und Yang, von weiblich und männlich, von Himmel und Erde mit Oigulie. Eilig zog ich mich aus, sodass die Knöpfe von meinem Hemd abrissen.
Oigulie begann wortlos, ihre Kleidung ganz auszuziehen. Zuerst die

lange, weiße Hose, dann die silberfarbene, seidene Unterwäsche. Sie tat das so langsam wie bei einer heiligen Zeremonie.
Doch ich wollte nicht mehr lange warten. Ich umarmte ihren nackten Körper ganz fest. Wir fielen gemeinsam auf das Bett, ich lag auf ihr.
»Ah!«, hauchte Oigulie, als sie mich in ihr spürte. Es war ihr erster Laut nach unserem langen, gemeinsamen Schweigen. Danach schloss sie ihre Augen.
Ich wurde fast verrückt, so eine glückliche Gelegenheit hatte ich noch nie erlebt, noch nicht einmal im Traum. Ich küsste sie, mein Körper bewegte sich immer schneller und stärker. Aber Oigulie bewegte sich nur nach meinem Rhythmus, mit geschlossenen Augen, als wollte sie mir zeigen, dass sie jetzt alles in Ruhe tragen wollte, egal, was ich täte. Mein Blut kochte, es war eine ganz gegenseitige sexuelle Verbindung, wie Wasser und Feuer, was den männlichen Mut, die Lust und heiße Wünsche um ein Vielfaches vergrößern konnte, besonders beim ersten Mal. »Oigulie, ich liebe dich!«, keuchte ich. Ich hatte das Gefühl, dass sie bereit war, die Sache bewegungslos bis zum Ende zu bringen, und bewegte mich so stark wie möglich. Ich wollte die Freiheit, die mir von Oigulie geschenkt wurde, richtig genießen. Das Bett knarrte geräuschvoll *ka -chi, ka- chi,* und dann plötzlich schrie sie auf.
Ihre blauen Augen öffneten sich plötzlich. Sie begann, sich wellenförmig zu bewegen, immer stärker und stärker. Die Wellen unter mir schlugen immer höher und stärker. Mein Körper war jetzt wie ein kleines Boot, das auf dem Huangpu schaukelte.
Ihr Atem ging schneller, ebenso wie meiner. Sie löste sich kurz von mir und setzte sich auf mich. Nun begannen diese Wellenbewegungen erneut, diesmal von oben, über mir.
»Ah!«, schrie ich. Mein Blut und meine Energie kreisten wie heißes Magma von einem Vulkan in meinem ganzen Körper, der nicht mehr unter meiner Kontrolle war und von selbst bebte.
Das Bett unter mir jammerte jetzt nicht mehr nur *ka-chi, ka-chi*, sondern schrie *Ho long long!* Es schien bald zusammenzubrechen. »Ah!« Endlich kam bei mir der »Vulkanausbruch«. Meine Hände krampften sich um Oigulies Beine, dann ließ ich sie los. Jetzt brauchte ich Ruhe, eine Pause nach der starken Befriedigung. Aber Oigulie ließ das noch nicht zu, nein, die Frequenz ihrer Wellenbewegung wurde immer kürzer und stärker, sodass ich es fast nicht mehr ertragen konnte.

Oh, diese Kasachin! Sie war auf der Wiese im nordwestlichen China geboren und gehörte einer Nation an, die auf dem Rücken der Pferde lebte. Heute ließ sie mich im Hotel »Shanghai Mansions« ihre Kraft richtig spüren. Mein Himmel! Sie bewegte sich wie auf einem laufenden Pferd. Einige Jahre zuvor hatte ein Meister mir gesagt, dass er ein spezielles Qi Gong zur Verstärkung der sexuellen Fähigkeiten kenne und es mir aus Freundschaft kostenlos beibringen wollte. Ich hatte gelacht und abgelehnt. Doch jetzt bereute ich das unendlich. »Oigulie, ich brauche eine Pause …« Eigentlich wollte ich sagen, dass ich nicht mehr konnte. Aber ich schämte mich, das zu äußern.
»Tschüh! Warte … warte!« Sie bedeckte meinen Mund mit einer Hand, mit der anderen stützte sie sich auf meine Brust. »Warte! Oh!« Ihr Unterleib stieß immer öfter und kräftiger gegen meinen, doch innerlich hoffte ich, dass dieses »warte!« auf keinen Fall noch stundenlang dauern würde.
»Oh … Guli … Toni …« Aus ihrem Mund kamen plötzlich unverständliche Worte, ihr Körper bewegte sich nicht mehr regelmäßig wie eine Welle, sondern wie ein Erdbeben. »Ah!«, stieß sie einen ganz lauten Schrei aus, dann war es ruhig, ganz ruhig. Ihr heißer, nackter Oberkörper senkte sich langsam auf mich. »Schön, sehr schön. Für dich auch? Da Lee?«, fragte sie mich leise. *Tong!* Bevor ich antworten konnte, war sie von mir heruntergeglitten und legte sich neben mich.
»Es war sehr schön, Oigulie!« Ich streichelte ihren Bauch. »Sag mir, wie lange willst du in Shanghai bleiben?«
»Ich fliege morgen schon nach Peking zu Min Jiang, die Karte ist schon gekauft. O Allah, ich weiß nicht, wie ich ihm das erzählen soll!« Oigulie setzte sich auf das Bett und kreuzte ihre Hände vor dem Busen. Das braune Haar fiel ganz nach vorne, sodass ihr Gesicht zum Teil bedeckt wurde.
»Erzählen? Warum willst du es ihm erzählen?« Jetzt war ich wieder in der Realität angekommen. Ja, richtig! Sie hatte einen Ehemann, der auch mein Freund war. Aber dieser Freund hatte mir Oigulie damals weggenommen. War es nötig, dass sie ihm sofort unser neues Verhältnis gestand? »Bitte, überleg es dir noch einmal genau!« Ich fürchtete eine Katastrophe.
»Es gibt nichts zu überlegen. Als Tochter der Wiese darf ich nicht betrügen.«

»Aber was hilft es, wenn du es ihm erzählst?« Ich setzte mich ebenfalls auf. »Bitte, tu das nicht!«, bettelte ich.
»Da Lee!« Oigulie schob ihr Haar nach hinten. Ihre blauen Augen, die mir direkt ins Gesicht sahen, waren vor Erstaunen riesengroß. »Du, du hast dich verändert!« Sie stieg aus dem Bett und zog sich wieder an. Ich folgte ihrem Beispiel und fragte: »Was bedeutet das? Kannst du mir das erklären?«
»Da Lee!« Oigulie schaute aus dem Fenster. Ihre Stimme klang etwas traurig. »Du ... du warst so willensstark und mutig wie ein unbeugsamer Adler vom Schneeberg. Vor zehn Jahren, an diesem Abend, nachdem meine Hochzeit mit Min Jiang stattgefunden hatte, da hast du dich auf dein Pferd geschwungen und es vom Balu-Berg bis zu uns getrieben, weil du herausgefunden hattest, dass Min Jiang in deine Rolle geschlüpft war und ich in Wirklichkeit nur dich als Ehemann gewählt hatte. Du hast so hart und rücksichtslos gegen Min Jiang gekämpft. Du wolltest dich sogar mit ihm duellieren ...«
»Ich ... ich war damals sehr jung, nur achtzehn Jahre alt. Ich habe nicht viel über die Folgen nachgedacht. Ich war sehr naiv. Es freut mich, dass damals nichts Schlimmes passiert ist und ich nun wieder mit Min Jiang befreundet bin.«
»Aber du warst so mutig! Die Hälfte der Einwohner meines Dorfes haben damals die Daumen für dich nach oben gehalten ... Jetzt bist du anders!« Oigulie schüttelte den Kopf. »Ich habe es schon letztens bemerkt, als ich dich in deiner Wohnung besucht habe. Du bist anders als der Da Lee, der in meinem Kopf gelebt hat.«
»Nach so langer Zeit muss man sich verändern. Ich ... ich will meinen Freund nur nicht verletzen, deshalb sollten wir vernünftig handeln!«, bettelte ich wieder.
»Vernünftig?« Oigulie schaute mich mitleidig an. »Da Lee, ich sage dir jetzt etwas. Dein Freund und mein Ehemann, Lin, Min Jiang, weiß bereits von unserer Verabredung.«
»Was?«
»Ja, er weiß es.« In ihrer Stimme war kein Zweifel. »Er weiß ganz genau, warum ich noch eine Nacht in Shanghai bleiben wollte.«
»Mein Himmel!«, entfuhr es mir, dann war es ruhig, totenstill in diesem Hotelzimmer. Ich stand am Fenster wie eine hölzerne Figur. Draußen fuhren unter meinen Blicken viele kleine Boote auf dem Suzhou

vorbei, die wie ein Zug miteinander verbunden waren und von einem Motorboot gezogen wurden. In der Ferne, auf dem Huangpu, sah ich einige riesige Schiffe, alle leuchteten durch verschiedene bunte Lampen

»Da Lee, seit langer Zeit liegt ein Stein auf meinem Herzen.« Oigulie trat hinter mich. Ihre Händer legten sich auf meine Schultern. Ihre Stimme klang jetzt ruhig und gefühlvoll. »Dieser Stein liegt auch auf Min Jiangs Herzen. Er glaubt, dass er sich an dir schuldig gemacht hat. Morgen, wenn ich ihn in Peking treffe, werde ich ihm erzählen, was zwischen uns passiert ist. Und ich werde ihm sagen: Das war unser erstes Mal, und auch unser letztes Mal.« Ihre Hände rutschten von meinen Schultern herunter, und sie stellte sich vor mir an das Fenster.

Es war Zeit für den Abschied. »Ich wünsche euch, dass ihr glücklich seid!«, sagte ich zu ihrem Rücken. Dann ging ich zur Tür.

»Da Lee!« Oigulie drehte sich plötzlich um und kam mit geöffneten Armen einige Schritte auf mich zu, aber nur einige Schritte. Dann blieb sie wieder stehen. »Da Lee, ich ... ich wünsche dir alles Gute für die Zukunft.« Ich hörte die Tränen in ihrer Stimme.

»Danke, Oigulie, ich wünsche dir das Gleiche.«

Es war schon tiefe Nacht, auf den Straßen fuhren keine Linienbusse mehr. Ich nahm ein Taxi, um nach Hause zu fahren. Auf dem Weg versuchte ich mich an die schönen Dinge zu erinnern, die ich auf dem Bett mit Oigulie getan hatte. Doch es gelang mir nicht, die Erinnerung daran zu genießen, weil Oigulie mir gezeigt hatte, wie enttäuscht sie von mir war. Es war kein schönes Gefühl für mich zu erkennen, dass mein Wert in den Augen meiner früheren Geliebten schon sehr gesunken war. Aber was konnte ich dagegen tun? Ich lebte in einer Welt, in der es überall Druck gab. Ich musste mich verändern, mich meiner Umgebung anpassen ... Mein Kopf lehnte am Fenster, und so dachte und dachte ich ...

»He, mein Herr! Haben Sie geschlafen oder was?« Der junge Taxifahrer drehte seinen Kopf.

Ich schrak auf.

»Sie sind schon da! Wie lange soll ich noch warten?«

»Oh, Entschuldigung.« Ich kam wieder in die Realität zurück. Nachdem ich gezahlt hatte, stieg ich aus und ging in die dunkle Nacht hinaus.

In unserem Wohngebiet war schon alles ruhig, außer dem Zirpen einiger Insekten konnte man nichts mehr hören. In meiner Laune kümmerte ich mich nicht um die Nachtruhe der Nachbarn. In der dritten Etage öffnete ich geräuschvoll die Tür meiner Wohnung.
Die Schlafzimmertür war schon geschlossen. Aufgrund unserer Vereinbarung durfte ich sie nicht öffnen. Auf dem Sofa im Wohnzimmer lag eine Decke, sicher hatte Zhou, Lin sie mir dorthin gelegt. Ich spürte wieder die Bitterkeit in mir aufsteigen. *Pong* setzte ich mich mit dem Hintern darauf. Den rechten Schuh schleuderte ich mit dem Fuß in die Luft. Er drehte sich einmal um sich selbst und fiel *Pa* polternd auf den Boden. Das gefiel mir. Dann stieß ich den linken Schuh vom Fuß in die Luft. Doch ich fing ihn auf. In der letzten Zeit hatte Lin sich mehrmals darüber beschwert, dass ich ihren Schlaf sehr stören würde, wenn ich draußen im Wohnzimmer beim Ausziehen Lärm machte. Sie konnte es hinter der geschlossenen Schlafzimmertür genau hören, wenn ich die Schuhe von mir warf. Ich stellte den Lederschuh, den ich aufgefangen hatte, ganz vorsichtig mit beiden Händen auf den Boden, leise und geräuschlos. Heute war die letzte Nacht unseres so genannten Honigmonats. Morgen sollte Lin für immer gehen. Sie sollte die letzte Nacht in meiner Wohnung ungestört schlafen, das wünschte ich! Ich ging unter die Dusche, wusch mich und tappte leise zu meinem Sofa zurück.
Ich legte mich, wie ich es schon monatelang getan hatte, zum Schlafen zwischen das Leder von unten und Baumwolle von oben. Ich schlief sofort ein, doch dann hörte ich eine Stimme.
»Warum, warum machst du nur einmal *Pa*? Warum? Sodass ich nicht mehr schlafen kann. Jetzt ist es bald hell!« Sie setzte sich neben mich aufs Sofa und redete.
»Was?« Ich wähnte mich noch im Traum. Doch nachdem ich mir dreimal die Augen gerieben hatte, merkte ich, dass alles Wirklichkeit war: Die Tür zum Schlafzimmer war weit geöffnet. Das Licht der Lampe schien mir von dort ins Gesicht. Lin war im Schlafanzug, mit wirrem Haar und roten Augen. »Was hast du gesagt?« Ich wollte es noch einmal genau hören und setzte mich auf.
»Warum wirfst du deinen Schuh beim Ausziehen wieder von dir? Machst Geräusche: *Pa*, und dann sogar nur einmal?«
»Oh, Entschuldigung, ich hatte es vergessen. Aber ich habe es gleich bemerkt, deshalb kam nur ein *Pa*. Schon besser, oder?«

»Das ist überhaupt nicht besser, sondern viel schlimmer.«
»Warum?«, fragte ich perplex.
»Früher hast du dieses Geräusch in der Nacht zweimal gemacht. Aber heute kam das *Pa* nur einmal. Ich musste im Schlafzimmer die ganze Nacht auf das zweite *Pa* warten. Jetzt ist schon bald Morgen. Die Vögel singen schon draußen, aber ich habe noch nicht geschlafen. Daran bist du schuld!«
»Tut mir leid, dass deine letzte Nacht hier von mir gestört wurde. Aber du hast meinen schönen Traum auch kaputt gemacht.« Ich umfasste meine Knie und blieb sitzen.
»Das tut mir auch leid.« Sie lachte ein bisschen.
»Nach unserem Plan sollen wir heute einen Streit haben, den alle Nachbarn hören. Wie machen wir das denn? Willst du mich jetzt laut beschimpfen?«
»Das kann ich nicht!« Ich schüttelte den Kopf. »Dort steht eine Thermoskanne. Du darfst sie auf den Boden werfen und mich beschimpfen. Dann hört es bestimmt das ganze Haus.«
»Ich? Ich soll sie auf den Boden werfen? Nein, ich kann das nicht!« Zhou, Lin blieb sitzen und schaute auf die Thermoskanne, die auf dem Tisch stand, rot lackiert und mit vielen Schmetterlingen bemalt. »Ich habe vor unserer Hochzeit lange gesucht, bis ich diese Kanne gefunden habe. Wenn du willst, kann ich sie hierlassen. Hier ist ein Glas! Das darfst du auf den Boden werfen.« Sie zeigte auf ein Glas, das auf dem Beistelltisch neben dem Sofa stand.
»Soll ich das nehmen? Gut.« Ich nahm das Glas in die Hand.
»Nein! Tu das bitte nicht!« Lin hielt meinen Arm fest. »Das ist lächerlich, es geht auch ohne Streit!«
»Hast du schon gepackt?« Ich stellte das Glas wieder auf den Tisch.
»Ja, fast. Ich packe noch heute Vormittag fertig, und am Nachmittag nehme ich ein Taxi.«
»Das … das bedeutet, dass wir uns heute Abend nicht mehr sehen.« Ich fühlte mich traurig, obwohl ich schon lange gewusst hatte, dass dieser Tag kommen würde.
Zhou, Lin nickte.
»Moment.« Ich stand auf und ging zur Schublade, um einen Umschlag herauszuholen. »Das habe ich schon vor einigen Tagen geschrieben. Es ist für dich bestimmt.«

»Was ist das?«
»Mein Nachweis, dass ich mit dir keinen Verkehr hatte. Ich habe schon unterschrieben, für deinen Freund in Peking.«
»Das ist nicht nötig!« Sie schob meine Hand mit dem Umschlag zurück.
»Wenn du zukünftig irgendwelche Hilfe brauchst, sag mir bitte Bescheid. Ich glaube, ich kann zumindest dein Freund sein.«
»Ja, du bist mein Freund! Du bist mein Freund! Da Lee, ich danke dir.« Sie drückte mir die Hand. In ihren Augen sah ich Tränen.
»Danke? Wofür?« Meine Stimme war auch ein bisschen traurig.
»Für dein Verständnis, für deine Sorge um mich. Ich … ich bin vielleicht zu kindisch und zu phantastisch …«
»Nein, nein, du bist eine sehr gute Frau. Du bist so hübsch und so zärtlich, das habe ich gar nicht verdient.«
»Bitte aufhören.« Lin ließ mich nicht weitersprechen. »Da Lee, du musst gut auf dich aufpassen. Du schläfst zu wenig. Du solltest früher ins Bett gehen, weil du morgens oft Kurse geben musst.« Jetzt sprach sie voller Gefühl, als ob ihr der Abschied schwerfalle.
»Ja, ich gehe früher ins Bett.« Bei mir dachte ich: Endlich kann ich ins Bett gehen und muss nicht mehr auf dem Sofa schlafen. Doch ich konnte mich gar nicht darüber freuen.
»Du solltest nicht immer so einfach leben. Deine Decke ist von der Armee, sie ist zu alt. Ich lasse dir drei neue Decken hier.«
»Danke, aber ich würde die alte doch nicht wegwerfen, weil sie schon lange bei mir ist und wir schon viel zusammen erlebt haben.«
»Du musst auch gute Nahrungsmittel kaufen. Die Sojamilch sollst du beim Alten kaufen. Er macht sie viel besser.«
»Ja, mache ich«, versprach ich verdutzt.
»Übrigens, wenn du spät nach Hause kommst, solltest du leiser sein. In diesem Haus wohnen noch andere Leute. Beim Schuheausziehen darfst du nicht so poltern.«
»Ich soll nicht poltern. Aber wenn ich das vergesse, muss ich nicht nach dem ersten *Pa* aufhören, sondern erst nach dem zweiten.«
Lin lachte; ich lachte auch. Zum Glück hatten wir keinen Spiegel vor uns.
»Gut. Lin, es ist Zeit für mich, zum Kurs zu gehen. Du kannst dich erst noch gut ausruhen, dann … Ich gehe mich waschen.« Ich wollte mich

mit lachendem Gesicht verabschieden und gab mich extra locker, um meine Trauer zu verbergen. Ich wollte nicht noch einmal in den Augen einer Frau sehen, dass sie mich für einen Schwächling hielt. »Auf Wiedersehen, Lin. Ich wünsche dir alles Gute.« Nachdem ich mich frisch gemacht hatte, ging ich sofort, ohne Zhou, Lin zum Abschied noch einmal zu küssen oder ihr die Hand zu drücken. Ich zwang mich dazu, um meinen männlichen Stolz, der fast schon wertlos geworden war, noch einmal zu zeigen.

An diesem Tag merkte mir fast jeder etwas an. »He, Da Lee, du siehst heute so traurig aus, warum?«, fragte Wang, Tan Tong mich nach dem Qi-Gong-Kurs. Mit seinen kräftigen Händen schlug er mir auf die Schultern. »Ich bin dein Bruder, dein Problem ist auch mein Problem! Sag mir einfach, was mit dir los ist.«

»Danke, es geht mir gut!« Heute konnte mir der große Kämpfer nicht helfen.

»He, Da Lee, was ist mit dir los? Du hast wieder deine Krawatte vergessen und siehst ganz müde aus.« In der Firma kümmerte sich mein Kollege Wu ebenfalls um mich.

»Meine Frau hat mich verlassen.« Ich musste es jemandem erzählen. Wu war der richtige Mann dafür. Er war wesentlich älter als ich und hatte viel Lebenserfahrung.

»Habt ihr gestritten?«, fragte er.

»Nein, das haben wir nicht.«

»Als sie gegangen ist, hat sie ihr Schlafzeug mitgenommen oder nicht?« Er strich sich mit der Hand über die Glatze und wartete dann mit gespanntem Gesicht auf meine Antwort.

»Ich … ich bin zuerst gegangen. Aber nach unserem Plan wird sie alle ihre Sachen …«

»Was? Du bist heute Morgen als Erster gegangen? Gerade meintest du aber, dass sie dich verlassen hätte. Und was war das mit einem Plan? Das frisch verheiratete Paar hat einen Plan fürs Verlassen? Haha!«, lachte er ganz laut. »Junge, Junge! War dein Honigmonat zu süß, sodass ihr es jetzt langweilig findet und eine neue Aufregung braucht? He! Das sind die jungen Leute heutzutage!« Er glaubte mir nicht mehr. Kopfschüttelnd packte er seine Sachen zusammen, um Feierabend zu machen.

Nachdem Wu gegangen war, hoffte ich, dass mein anderer Kollege

Wang, Dan auch schnell verschwinden würde. Ich wollte heute so lange wie möglich im Büro bleiben, und zwar alleine. Die leere Wohnung würde mich bestimmt traurig machen, und ich wollte diesen Anblick so weit wie möglich hinauszögern.

Interessanterweise ging mein junger Kollege nach Feierabend nicht sofort wie sonst, sondern räumte Papier und Zeitungen vom Sofa und setzte sich wieder auf seinen Stuhl.

»He, warum gehst du nicht nach Hause? Ich kann mich hier um alles kümmern.« Ich war zu dieser Zeit schon Abteilungsmanager, und es war ganz normal, als Nachwuchschef länger im Büro zu bleiben.

»Ich … ich warte auf ein Fax aus Deutschland«, sagte er stockend.

»Das ist kein Problem. Wenn das Fax kommt, lege ich es dir auf den Schreibtisch.«

»O.k., o.k.! Danke!« Der schlanke Junge stand langsam auf.

To, to!, klopfte es an die Tür.

Ich öffnete.

Ein Mädchen von Mitte zwanzig in engen Jeans stand vor mir. »Ich möchte Wang, Dan besuchen«, sagte sie mit rotem Gesicht.

Jetzt war alles klar: Dieser Raum, dieses geräumige Sofa sollten heute Abend nur dem jungen Paar gehören. Der Einzige, der gehen sollte, war ich!

»Tschüss, viel Spaß!« Ich verließ das Büro unter den dankbaren Blicken der beiden.

Draußen hatte es schon begonnen zu dämmern. Die Leute beeilten sich, nach Hause oder zu einem anderen Zielort zu gelangen. Sie liefen in allen Richtungen an mir vorbei. Nur ich ging langsam und ziellos die Hauptgeschäftsstraße entlang. Das Heiratsspiel war endlich beendet. Doch ich hatte überhaupt kein Gefühl von Befreiung, sondern fühlte mich im Gegenteil so, als hätte ich alles verloren.

Irgendwie vermisste ich es sehr, mit Zhou, Lin Hand in Hand zum Einkaufen zu gehen und ihre Stimme zu hören, die mir bei meiner Rückkehr nach Hause entgegenrief: »He, bist du zurück!«

Zwar hatten wir das alles nur für die anderen Leute getan, doch wir hatten gut gespielt!

Mit bleiernen Beinen ging ich immer weiter. Zahlreiche Busse, Autos und Fahrräder fuhren an meiner linken Seite vorbei. An meiner rechten Seite bewegte sich ein riesiger Strom von Fußgängern, manche davon mit Partner, manche auch allein wie ich, doch niemand schenkte mir Aufmerksamkeit. Ob ich da war oder nicht, hatte keinerlei Bedeutung. Bevor ich noch meine Wohnung erreicht hatte, die ich nun wieder allein bewohnte, fühlte ich mich schon einsam.

Es war merkwürdig mit dieser Einsamkeit. Lange Zeit hatte ich sie gebraucht, um zur Ruhe zu kommen, zu meditieren und bei meinen Energieübungen ungestört zu sein. Aber heute fürchtete ich sie. Ich wollte vor ihr fliehen, doch es gelang mir nicht. Im Gegenteil, sie kam immer näher zu mir.

Ich ging weiter und weiter und ließ die Geschäftsstraßen hinter mir zurück. Meine Füße bewegten sich auf mein Wohngebiet zu. Es war später Abend, und der Himmel hing voller Sterne, die versuchten, all ihr Licht zu unserer Erde zu schicken. Leider waren sie zu weit von uns entfernt. Nur das Licht der Lampen, die von den Menschen selbst geschaffen waren, konnte unser Wohngebiet tatsächlich erhellen. Diese Lichter kamen aus Hunderten von Fenstern. Jetzt war für die Einwohner die Zeit, sich nach dem Abendessen zusammenzusetzen, fernzusehen oder Radio zu hören, Zeitung zu lesen oder zu plaudern. Es war die Zeit, in der man die familiäre Atmosphäre genoss. Fast alle Fenster waren erleuchtet, auch in meinem Haus, das dreistöckig war und in dem es neun Wohnungen gab. Jetzt kam das Licht der Lampen durch alle Fenster nach draußen.

Moment! Oben rechts, in der dritten Etage, sollten die beiden Fenster dunkel sein. Warum waren sie ebenfalls hell? Ich strich mir über die Augen und sah wieder nach oben. Ja, ich hatte richtig gesehen: Die Fenster meiner Wohnung waren hell erleuchtet! »Wie ist das möglich? Vielleicht hat Zhou, Lin vergessen, das Licht auszumachen, vielleicht…« Ich stieg die Treppen hoch und öffnete meine Wohnungstür. Ich traute meinen Augen kaum. Eine Frau im roten Kleid saß auf dem Sofa: Zhou, Lin!

»Du… du bist noch da?« Ich wusste nicht, was ich sagen sollte.

»Ja, Da Lee, ich bin noch da. Ich warte schon lange auf dich.« Sie sprach ganz leise. Mit ihren großen Augen schaute sie mich kurz an und senkte ihren Blick dann sofort wieder nach unten auf ihre Hände. Sie rieb ihre Finger gegeneinander. »Weißt du, ich war schon mit dem Taxi weggefahren. Aber unterwegs habe ich den Fahrer wieder umdrehen lassen.« Sie sprach mit gesenktem Kopf weiter.

Jetzt erst bemerkte ich, dass ihr Gepäck noch neben ihr auf dem Boden stand. »Gut, gut… du bist noch da…« Ich konnte nur stottern.
»Ich konnte nicht…nicht einfach so gehen. Als ich die Wohnung verlassen hatte, fühlte ich mich plötzlich, als ob ich alles verloren hätte. Weißt du, Da Lee, ich bin irgendwie schon daran gewöhnt, dich täglich zu sehen und Dinge gemeinsam mit dir zu unternehmen. In der letzten Zeit habe ich sogar begonnen, mir Sorgen zu machen, wenn du später nach Hause gekommen bist. Das…das alles gehörte zu meinem Leben. Ich…ich…« Sie begann zu weinen.
»He! Warum weinst du? Es freut mich schon, dass du zurückgekommen bist.« Ich gab ihr ein Taschentuch und setzte mich neben sie.
»Da Lee, ist das wahr? Freust du dich wirklich, wenn ich hierbleibe?« Lin nahm nicht nur das Tuch, sondern auch meine Hand in ihre beiden Hände. Ihre großen, weitgeöffneten Augen voller Tränen schauten bewegungslos in meine.
»Ja, natürlich! Nur, was ist mit deinem Freund?«
»Freund? Welcher Freund?«
»Der, von dem du mir in der Hochzeitsnacht erzählt hast. Du hast gesagt, dass er in Peking gerade seine Doktorarbeit schreibt und dass du später eine Familie mit ihm gründen wolltest. Wie heißt er? Das weiß ich noch nicht.«
»Das kann ich dir leider nicht sagen, weil…weil es diesen Freund überhaupt nicht gibt. Ich habe ihn mir nur ausgedacht.«
»Was?« Ich sprang auf. »Warum hast du das getan?«
»Weil…weil ich in dieser Nacht sehr enttäuscht war. Du hast mir erzählt, dass du es schon ein paar hundert Mal mit einer anderen Frau getan hast. Hen!« Sie trocknete ihre Augen. Es schien, als wäre sie noch immer böse wegen dieser Sache. »Weißt du, ich hatte früher immer ein Wunschbild von meinem zukünftigen Ehemann im Kopf. Er sollte eine gehobene Ausbildung haben und ein Fach wie Naturwissenschaft studiert haben. Aber das war nur mein Traum, in meiner Phantasie!«
»Ja, ich kann das verstehen. Ich habe auch viele Phantasien in meinem Kopf.« Ich setzte mich wieder und strich ihr über Kopf und Rücken, um sie zu beruhigen. »Du bleibst hier und packst deine Sachen aus, und ich gehe in die Küche und koche. Du hast Hunger, oder? Bestimmt hast du Hunger!«
Sie nickte wie ein braves Kind mit dem Kopf.

In der Küche wollte ich am liebsten schreien und tanzen. Schnell hatte ich eine Mahlzeit zubereitet, und noch schneller war ich mit dem Essen fertig.
Nach dem Essen ging Lin zuerst unter die Dusche und dann ins Bett. Diesmal machte sie die Schlafzimmertür nicht zu. Ich folgte ihr.
Sie saß auf dem Bett, nur mit einem dünnen, weißen BH und Unterwäsche bekleidet. Mit einer Geste forderte sie mich auf, näher zu kommen. »Darf ich heute im Bett übernachten? Oder soll ich weiter auf dem Sofa schlafen?«, fragte ich sie neckend.
»Du… du bist schlimm!« Ihr Gesicht wurde sofort rot. Doch sie lächelte mich ein bisschen an. Ich setzte mich zu ihr und küsste sie.
»Da Lee, sind wir von heute an ein richtiges Ehepaar?«
»Ja, natürlich!«, sagte ich mit sicherer Stimme.
Meine Hände wanderten an ihrem Körper herab, bald hatte sie ihre Unterwäsche verloren.
»Mein Himmel!« Es erstaunte mich sehr, dass sie an ihrem kleinen Bauch so feine, weiße Haut hatte und dass ihre Schamhaare ganz ordentlich wuchsen, als ob ein Maler sie mit schwarzer Farbe schön gemalt hätte.
»Hast du dich rasiert?«, fragte ich verdutzt.
»Soll man das beim ersten Mal tun? Entschuldigung, ich habe das nicht gewusst.« Lin versuchte, sich mit ihrer Hand zu bedecken.
Ich lachte. »Nein, das muss man nicht.«
»Du bist schlimm! Du lachst mich aus! Ich bin nicht wie du, der schon ein paar hundert Mal Sex gemacht hat.«
»Ich? Nein! Ich habe schon alles vergessen.«
Zhou, Lin lag unter mir auf dem Bett. Ihr Mund öffnete sich langsam und blieb offen, als würde etwas nicht von unten zu ihr hinein kommen, sondern oben zu ihrem Mund. Bis zum Schluss blieb sie in dieser Position.
»Da Lee, ich habe gehört, dass die Frau beim ersten Mal große Schmerzen haben könnte. Aber ich habe es letzte Nacht nicht so schlimm gespürt!«, sagte Lin am nächsten Tag.
»Weißt du, warum? Weil ich es extra langsam und vorsichtig gemacht habe. Man nennt das zärtlich!«
»Du, du hast viel Erfahrung. Ja! Du hast es schon ein paar hundert Mal gemacht!«

Ich wehrte sofort ab und schüttelte die Hand hin und her. »Ich wollte nur etwas Nettes für dich tun.«
Einige Tage später sagte sie: »Da Lee, du musst nicht so zärtlich mit mir sein, ich meine, bei dieser Sache.«
»Warum soll ich nicht zärtlich sein? Bei welcher Sache?« Ich wusste schon, was sie meinte, und machte mir einen Spaß daraus, absichtlich zu fragen.
»Du bist schlimm! Du weißt ganz genau, welche Sache!«
»Haha, warum sagst du mir nicht einfach, dass ich es beim Sex stärker und kräftiger machen soll?«
»Warum lachst du? Was gibt es zu lachen?« Sie schlug mich mit ihrer kleinen Faust. Aus Scham erröteten ihre Wangen wie reife Äpfel.
»Ich lache nur aus dem Grund, dass Frauen Sex fast so machen, als ob sie Tai Chi üben. Die Sanftheit besiegt das Starke. Haha!«
»Oh, du bist wirklich schlimm! Du hast es schon ein paar hundert Mal mit anderen Frauen gemacht!«
»Ich? Nein! Ich habe schon alles vergessen.« Ich sagte das jetzt schon ganz selbstverständlich und automatisch.
Von diesem Abend an redete Zhou, Lin nicht mehr sehr viel mit mir über Sex. Aber sie tat es immer mehr. Unser Bett schrie jede Nacht *ka zi zi, ka zi zi!,* sodass die dicke Nachbarin von unten sich indirekt beschweren musste. »Ihr beiden seid noch jung, aber trotzdem solltet ihr euch um eure Gesundheit kümmern«, sprach sie uns auf der Treppe mit merkwürdigem Lächeln an.
Doch wir taten es weiter, genauso wie vorher.
Lin wurde viel lockerer und kräftiger. Ich hatte manchmal sogar Angst, dass sie so kräftig wie Oigulie würde. Zum Glück hatte sie ihre Grenzen …

Oigulie! Seit wir uns im Hotel »Shanghai Mansions« verabschiedet hatten, hatten wir uns nicht wieder gesehen und auch nichts mehr voneinander gehört. Nur in meinem Kopf war sie mehrmals aufgetaucht. Ich wünschte ihr von Herzen alles Gute.
Einmal war sie in meinem Traum aufgetaucht, in dem wir einige tausend Kilometer entfernt in ihrer Heimat Xinjiang waren. Ich stand allein auf der grenzenlosen Wiese mit gelbem Herbstgras. Ein kasachisches Mädchen in kurzer schwarzer Jacke und weitem, rotem Rock ritt

auf einem weißen Pferd auf mich zu. Als sie näher kam, bemerkte ich, dass es Oigulie war.
»He, Oigulie, wie geht es dir?«, fragte ich sie.
Sie lachte mich an, erwiderte aber nichts, sondern beobachtete mich nur mit ihren schönen Augen! Dann ritt sie auf ihrem Pferd wieder von mir weg. Das weiße Pferd lief und lief, immer schneller. Ich folgte ihr. Plötzlich wuchsen dem weißen Pferd zwei große Flügel und es flog mit Oigulie auf die Spitze des Schneebergs. Ich sprang hinterher. Doch Oigulie ließ ihr fliegendes Pferd auf eine weiße Wolke fliegen, wo ich sie nicht mehr erreichen konnte. Als ich gerade auf der Spitze des Schneebergs weder vor- noch zurückkonnte, wachte ich auf. Ich lag auf dem weichen Bett in meiner Wohnung. Zhou, Lin schlief neben mir. Es war noch tiefe Nacht.
Ich brauchte einige Minuten, um in die Realität zurückzufinden. Dieser Traum versetzte mich sehr in Aufregung. Ich strich mir ein paar Mal mit der Hand über das Gesicht und dann über den Körper meiner Ehefrau, die neben mir träumte.
»Ich, ich soll mit meinem jetzigen Leben zufrieden sein«, sagte ich mir in der Dunkelheit. Ich fühlte mich in meiner heutigen Situation wohl und hoffte, dass sich nichts verändern würde. Doch es veränderte sich etwas.
Einige Wochen später, als ich nach Hause kam, bemerkte ich sofort, dass etwas nicht stimmte. In der Wohnung roch es merkwürdig. Der Fernseher lief, aber Zhou, Lin schaute nicht, sondern ging in der Wohnung hin und her.
»Was ist passiert?«, fragte ich sie.
»Es ist nichts passiert! Alles in Ordnung!« Sie setzte sich aufs Sofa, stand dann sofort wieder auf und kam zu mir. »Da Lee, ich bin heute im Krankenhaus gewesen. Der Arzt hat mir gesagt…« Sie schwieg.
»Was?« Ich war sehr besorgt. »Bist du krank ?«, fragte ich.
»Er hat mir gesagt, dass ich schwanger bin. Aber ich glaube es noch nicht ganz. Vielleicht ist dieses Untersuchungsergebnis falsch. Morgen gehe ich noch einmal hin. Weißt du, in unserem Labor von der Uni müssen alle wichtigen Untersuchungen dreimal…«
»Moment, Moment, was hast du gesagt? Der Arzt hat dir erzählt, dass du schwanger bist?« Ich hielt sie ganz fest in den Armen. »Vergiss den Vergleich mit dem Labor deiner Uni. Du bist schwanger!«

»Das bedeutet, dass wir ein Kind haben werden. Du bist bald Vater. Freust du dich darauf?«
»Ich? Ich möchte sofort tanzen. Du weißt schon, dass ich Kinder sehr mag. Und du? Freust du dich darauf, bald Mutter zu sein?«
»Ja, schon! Doch es kommt zu schnell. Ich glaube, dass ich noch viel über Hausarbeit lernen muss.« Sie löste sich von mir weg und setzte sich an den Tisch. Ihr Gesicht war plötzlich rot. »Da Lee, du darfst nicht böse sein. Ich hab heute etwas für dich gekocht.«
»Böse? Warum soll ich deswegen böse sein?« Jetzt erst sah ich, dass der Tisch schon mit Tellern und Schalen gedeckt war.
»Ich habe diesen Fisch gebacken. Das habe ich zum ersten Mal im Leben gemacht. Du darfst nur die Oberseite essen.« Sie nahm einen Pozellandeckel hoch. Darunter lag ein dunkelrot gebackener Fisch.
»Warum soll ich nur die Oberseite essen?« Das verstand ich nicht.
»Weil ... weil die Unterseite schon schwarz ist ... Ich habe ihn zu lange gebacken.« Sie sprach sehr leise, wie ein Schulmädchen, das einen Fehler gemacht hat. »Aber probiere mal die Oberseite, vielleicht schmeckt sie dir noch.« Sie füllte schnell eine Schale mit Reis für mich und wartete selbst nur mit weit geöffneten Augen auf mein Urteil.
»Hast du sehr viel Sojasoße dazugegeben?«, fragte ich sie nach dem ersten Probieren.
»Fast so viel wie du immer, und danach habe ich noch einiges Salz dazugegeben. Schmeckt es dir nicht?«
»Doch, doch! Es schmeckt gut. Nur darf man kein Salz mehr ans Essen geben, wenn schon Sojasoße daran ist, denn die Sojasoße ist schon salzig genug. Es schmeckt gut! Sehr gut!« Ich musste sie für ihre erste Kochleistung loben.
»Es gefällt dir? Gut! Dann nimmst du alles.« Lin lachte über das ganze Gesicht.
Ich lachte ebenfalls. Aber nach dem Essen trank ich sehr viel Tee. Der Fisch war so salzig, wie ich in meinem ganzen Leben noch keinen Fisch gegessen hatte.

9

Ich stand im Korridor der Frauenklinik. Mein Gesicht klebte ganz eng am Glas des Fensters zum Innenraum. Darin standen viele kleine Betten mit Rahmen. Auf jedem Bett lagen ungefähr vier »gepackte Kerzen«. Alle waren nummeriert. Mein Blick ruhte auf der Nummer 13. Er sah fast genauso wie die anderen aus: Mit einer weißen Decke rund eingepackt, sodass man nur einen kleinen Kopf mit Haaren am Ende der Decke sehen konnte. Aber diese »gepackte Kerze« gehörte zu mir! Er war mein neugeborener Sohn!

»Darf ich jetzt zu ihm gehen?«, fragte ich die Krankenschwester, die neben mir stand und mir nach der Liste in ihrer Hand gerade meinen Sohn gezeigt hatte.

»Nein, das geht nicht! Sie dürfen nicht!« Sie antwortete sehr ruhig. Die gleiche Antwort gab sie bestimmt mehrmals täglich.

He! Es ging wieder nicht! Am gestrigen Nachmittag, als ich meine Frau in die Klinik gebracht hatte, hatte auch eine Krankenschwester gesagt: »Nein, das geht nicht, Sie dürfen nicht hineingehen.« Sie stand mit weit ausgebreiteten Armen vor dem Kreißsaal wie eine weiße Wand, die mich am Hineingehen hinderte. Wie die anderen Begleiter musste auch ich draußen warten.

Der Warteraum war voller Leute. Alle waren gespannt, vor allem die jungen Männer, weil ihre Frauen drinnen um die neugeborenen Leben kämpften. Hier gab es kein Gefühl von Fremdheit. Jeder unterhielt sich mit jedem. Das Hauptthema war natürlich die Frage: Junge oder Mädchen?

Zwar brauchte die Familie in einer Stadt wie Shanghai keine männlichen Arbeitskräfte für das Feld, wie es auf dem Land der Fall war. Doch wurde der Familienname nach chinesischer Tradition über die Männer weitergegeben. Jetzt, wo jedes junge Ehepaar nur ein Kind haben durfte, hofften viele umso mehr, einen Jungen zu bekommen.

»Wer ist der Ehemann von Frau Liu, Li Jun?« Die Tür des Kreißsaales öffnete sich, während die Krankenschwester ihre Frage laut in den Warteraum hineinrief.

»Hier!« Ein junger Mann mit Brille ging zu ihr.

»Gratuliere! Ihre Frau hat das Kind ohne Komplikationen zur Welt gebracht. Vier Kilo, ein Junge.«
»Danke, danke! Darf ich zu ihr gehen?« Er freute sich sehr.
»Nein, Ihre Frau und das Kind brauchen Ruhe. Kommen Sie morgen Mittag wieder. Keine Sorge, wir kümmern uns um alles.«
»Danke schön, danke schön. Hier, darin ist Ginsengsuppe.« Er gab der Schwester eine kleine Thermosflasche. »Meine Mutter hat mir gesagt, dass eine Frau nach der Geburt eines Kindes sofort die Suppe der heiligen Pflanze essen soll, dann bekommt sie all ihre verlorene Energie zurück.«
Die Krankenschwester ging mit dem Ginseng in den Saal zurück.
»Ich weiß ganz genau, dass meine Frau auch einen Sohn bekommen wird«, sagte ein kräftiger Mann mit sicherer Stimme zu uns.
»Wie können Sie das wissen?«, fragte ich.
»Der Wahrsager hat es uns gesagt. Übrigens hatte meine Frau heute Morgen schon Bauchschmerzen, das ist ein Zeichen für einen Jungen.« Man hörte den Stolz in seiner Stimme.
Ich kam ins Nachdenken. »Vielleicht wird Zhou, Lin ein Mädchen bekommen. Das ist auch schön. Bestimmt wird es sehr hübsch.« So dachte ich.
»Wer ist der Begleiter von Frau Lu, Min Min?« Die junge Krankenschwester kam wieder aus dem inneren Raum heraus.
»Das bin ich.« Der kräftige Mann ging sofort zu ihr. In seiner Hand hielt er eine Tasche. »Ist mein Sohn schon geboren? Bitte, hier ist das Lieblingsessen meiner Frau, Hühnersuppe, es ist auch Ginseng darin. Bitte!« Er hob die große Tasche hoch.
»Ja, Ihre Frau hat das Kind geboren. Ein Mädchen! Gratuliere!«
»Was? Haben Sie sich nicht geirrt? Es muss ein Junge sein. Es wurde schon vorhergesehen: Wir bekommen einen Sohn ...« Er stotterte.
»Ist Ihre Frau am 20.07.1961 geboren?« Sie schaute auf das Papier und dann ins Gesicht des Mannes. »Dann haben Sie eine Tochter!«
»Wie konnte so etwas passieren? Wie konnte so etwas passieren?« Er drehte sich langsam um und ging mit schweren Schritten davon.
»He, was ist mit der Tasche?«, rief ihm die Schwester hinterher.
»Oh, Entschuldigung.« Er gab ihr schnell die Tasche und verschwand. Die Schwester schüttelte den Kopf und ging wieder hinaus. Ich war ganz gespannt und aufgeregt. Fast alle, die ich vor einigen Stunden hier

kennengelernt hatte, waren schon nach Hause gegangen. Jetzt sah ich nur neue Gesichter um mich herum. Ich plauderte mit ihnen über das Geschlecht der Kinder und wir diskutierten, ob der männliche Samen oder die weiblichen Eier die Hauptrolle für das Geschlecht eines Kindes spielten. So konnte ich mich selbst etwas entspannen.
»Wer ist der Begleiter von Frau Zhou, Lin?« Die Krankenschwester trat wieder aus der Tür.
»Hong!« Meine ganze Energie und das Blut stiegen mir in den Kopf.
»Ja, ich ... ich bin's.« Ich sprang sofort zu ihr hin. »Wie geht es meiner Frau?«
»Es geht ihr gut. Gratuliere, Sie haben einen Sohn. Er wiegt vier Kilogramm.« Ihre runden Augen lachten mich an.
»Danke, vielen Dank! Darf ich zu ihr gehen? Ich habe kein Ginseng dabei. Das habe ich zu Hause vergessen. Wissen Sie, es ist alles durcheinandergegangen, als wir abfuhren. Aber ich kann meiner Frau Qi-Gong-Energie geben. Sie ist bestimmt schwach. Sie braucht das jetzt bestimmt!«
»Sind Sie Qi-Gong-Meister?« Der Blick ihrer runden Augen wanderte zweimal an mir herauf und hinab. »Sie können mir zuerst Energie geben. Oh! Ich brauche Ihre Qi-Gong-Behandlung jetzt auch. Mein Rücken tut weh!« Blitzschnell machte sie mir schöne Augen.
»Darf ich zu meiner Frau gehen?« In diesem Moment hatte ich überhaupt keine Lust, mich um etwas anderes zu kümmern.
»Nein. Sie dürfen nicht.« Sie ging in den Saal zurück. *Pang!* Die Tür wurde kräftig vor meiner Nase geschlossen.
Jetzt stand ich vor dem Säuglingszimmer, und die Krankenschwester, die neben mir stand, sagte ebenfalls »Nein«. Obwohl mein Sohn schon einen Tag alt war, erhielt ich keine Chance, ihn auf den Arm zu nehmen.
»Warten Sie im Krankenzimmer Ihrer Frau, in einer Stunde beginnt die Stillzeit. Dann dürfen Sie ...«
»Danke! Vielen Dank. Tschüss.« Bevor sie ausgesprochen hatte, war ich schon zu Zhou, Lin gerannt.
Sie lag in einem Sechsbettzimmer, das sehr eng und klein wirkte, weil einige Besucher darin waren. Auch Lins Eltern waren da. Beide saßen mit strahlenden Gesichtern neben dem weißen Bett und unterhielten sich mit ihrer Tochter. »Da Lee, der Arzt hat mich vorhin untersucht.

Er hat gesagt, dass ich schon morgen mit dem Kind die Klinik verlassen darf.« Als sie mich sah, erzählte sie mir sofort die gute Nachricht. »Das habe ich dir zu verdanken!«
»Warum?«, fragte ich. »Weil du mich vorher mit Qi Gong behandelt hast. Ich fühle mich jetzt viel besser.« Sie saß in einem weißen Klinikhemd in der Mitte des Bettes. Sie sah gut aus.
»Wie soll das Kind heißen? Habt ihr schon einen Namen für ihn?«, fragte Lins Mutter.
»Da Lee will ihm den Namen eines Mönchs aus dem Tempel geben«, sagte Lin.
»Warum? Da Lee, ist das nötig? Findest du das passend für unsere revolutionäre Familie?«, fragte meine Schwiegermutter, die Chefin einer Firma war.
»Es ist vielleicht nicht schlecht. Das könnte Glück bringen«, sagte Lins Vater. »Aber, du, Da Lee, und Lin, ihr beide seid Akademiker. Es sollte euch nicht schwerfallen, einen Namen für euren Sohn zu finden, oder?«
»Natürlich!« Seine Tochter wollte sich nicht unterschätzen lassen. »Ich glaube, er soll Chen, Curie heißen. Vielleicht wird er in Zukunft auch ein Wissenschaftler.«
»Nein, der Name ist zu weiblich und klingt nicht mehr chinesisch. Lieber ein Name, der mit Kraft zu tun hat«, schlug ich vor.
»Ein Name, der ›Kraft‹ bedeutet? Das ist gut! Aber noch besser ist es, das eher indirekt auszudrücken«, sagte Lins Vater.
»Was ist mit Chen, She Da? She Da bedeutet: Was man hofft, schafft man auch!« Die Idee war mir sehr schnell gekommen.
»Gut, das ist gut!« Alle waren meiner Ansicht. Wir lachten miteinander. Von den anderen Betten wurden uns viele nette Blicke zugeworfen. Sie freuten sich mit uns über den neuen Namen.
Chen, She Da wurde zu uns gebracht.
Ein kleiner Wagen wurde vor die Tür gestellt. Drei Krankenschwestern kamen ins Zimmer, jede von ihnen mit zwei »gepackten Kerzen« im Arm. Eine Schwester gab zuerst ein Kind am ersten Bett ab und kam dann mit der zweiten »gepackten Kerze«, die ein Schild mit der Nummer dreizehn trug, zu Zhou, Lin. Das war mein Sohn, She Da! Ich nahm ihn entgegen. Zum ersten Mal in meinem Leben durfte ich mein eigenes Kind im Arm halten. Vor Aufregung zitterten mir die Hände.

Er war so klein, so klein! Der kleine Kopf, der als Einziges nicht in weiße Decken eingewickelt war, hatte fast nur die Größe meiner Faust. Seine Gesichtshaut war so fein und so dünn, dass sie das darunter fließende rote Blut kaum verdecken konnte. Mein Blick blieb ganz fest auf dem neugeborenen Leben, das zu mir gehörte. Ein Gefühl von Stolz und Verantwortung stieg in mir auf…

Am nächsten Nachmittag hielt ich ihn wieder in den Armen. Diesmal sollte ich Frau und Sohn nach Hause bringen. Meine Mutter war auch dabei. »Fahren Sie bitte zuerst zum Jadebuddha-Tempel«, wies ich den Taxifahrer an.

»Warum zum Tempel?« Lin und Mutter wunderten sich sehr.

»Ich will She Da vor Buddha legen und um eine schöne Zukunft für ihn beten.«

»Da Lee, das ist Unsinn! Das passt nicht zu unserer Familie, überhaupt nicht!« Mutter erlaubte es nicht. Ich bereute sehr, dass ich die alte Kommunistin in unserem Wagen hatte mitfahren lassen.

»Viele Leute machen das. Es gehört auch zur Tradition…« Ich versuchte es zu erklären. Aber Mutter unterbrach mich. »Seit wann bist du so abergläubisch? Nicht alle Traditionen muss man hochhalten…«

»Ich bin ganz deiner Ansicht. Nicht alle Traditionen.« Ich wiederholte ihre Worte. »Zum Beispiel diese ›gepackte Kerze‹. Sie hält das Kind so fest, dass es sich nicht mehr bewegen kann. Zu Hause werde ich die Tücher als Erstes entfernen.«

»Nein, das darfst du nicht!«, rief Mutter ganz laut vom Rücksitz. »Das wird von Generation zu Generation weitergegeben. Damit werden die Kinder geschützt. Wenn sie gerade aus dem Bauch der Mutter kommen, sind sie ganz schwach und nervös. Die ›gepackte Kerze‹ ist wie ein Nest, das der große Vogel für den kleinen Vogel gebaut hat, der gerade aus dem Ei geschlüpft ist.«

»Mein Sohn ist kein kleiner Vogel!« Ich versuchte, für seine Freiheit zu kämpfen.

»Da Lee, hör auf. Mutter hat recht. Wenn man es immer so gemacht hat, gibt es bestimmt gute Gründe dafür«, sagte Zhou, Lin, die hinten neben meiner Mutter saß.

»Ja, richtig. Du solltest auf die Vorschläge der alten Generation hören. Nach der Geburt sind wir alle eingepackt worden.« Der Taxifahrer nahm auch an unserem Streit teil. Er sprach von links auf mich ein.

»Ich habe damals nach der Geburt das Gleiche mit dir gemacht.« Die Unterstützung ließ die Stimme meiner Mutter noch lauter werden. »Zwanzig Tage lang muss er in der ›gepackten Kerze‹ geschützt werden, nicht kürzer!« Das klang wie ein Befehl, der mich verstummen ließ.

Armes Kind! Zwanzig Tage lang hatte er nur beim Windelwechseln die Gelegenheit, seine vier Gliedmaßen frei zu bewegen. Vielleicht hatte der Kleine diese Regel auch durchschaut, denn er machte ständig in die Windeln und weinte dann laut. Seine Mutter und ich waren deswegen richtig im Stress. Natürlich spürten wir auch Freude. Diese Kinderfreude hatten wir besonders, wenn er lachte. Er lachte gern, und wenn er nur ein bisschen lachte, strahlten unsere Gesichter schon. Im Lauf der Zeit freuten wir uns auch über jedes Zeichen seiner Entwicklung: Er konnte sehen, er konnte hören, er konnte sitzen, er konnte stehen, er konnte »Papa, Mama« sagen, er konnte laufen. Alle diese Leistungen waren so großartig für uns, als ob wir sie selbst erbracht hätten.

An seinem dritten Geburtstag wollte ich endlich tun, was ich mir schon lange für ihn gewünscht hatte: Ich wollte ihn zum Jadebuddha-Tempel bringen. An diesem Tag hatte ich mir für den Nachmittag freigenommen und fuhr direkt zu seinem Kindergarten. Es war ein schöner Kindergarten mit viel Grün und einem großen Spielplatz. Er gehörte eigentlich zum Marinehauptquartier von Shanghai. Nur über Beziehungen meines Vaters war She Da hier aufgenommen worden.

»Warum holen Sie Ihren Sohn heute so früh ab?«, fragte die Erzieherin an der Tür des Zimmers, in dem etwa dreißig Kinder gerade sangen »Wir sind Blumen, und die kommunistische Partei ist die Sonne...«. Alle sangen eifrig mit, einige kleine Köpfe wippten im Takt mit. Einer davon gehörte Chen, She Da. Er saß mit den anderen Kleinen zusammen im Kreis und sang ganz glücklich.

»Heute ist sein Geburtstag. Ich will ihn zum Jadebuddha-Tempel bringen.« So antwortete ich.

»O ja, richtig, er wird heute drei Jahre alt. Sie haben Glück, Ihr Sohn ist sehr klug und gesund und übrigens auch sehr hübsch. Er vereint nur die Vorteile seiner Eltern auf sich.«

»Danke, vielen Dank.« Es gab kaum etwas Besseres als so ein Lob für

mich. Obwohl es nur meinen Sohn betraf, hatte es zehnfach mehr Wert als ein Lob, das mir galt. Ich lächelte breit.
»Aber warum wollen Sie ihn jetzt zum Jadebuddha-Tempel bringen? Was gibt es dort zu besuchen?«, fragte mich die Erzieherin mit gespanntem Gesicht.
»Nun, es gibt dort nicht sehr viel zu besuchen!« Ich musste entsprechend antworten. Hier stammten fast alle Kinder aus Offiziersfamilien, und ihre Eltern waren bestimmt alle Kommunisten, ebenso wie diese Erzieherin. Sie hätte mich ganz sicher für verrückt erklärt, wenn sie wüsste, dass ich meinen Sohn zu Buddha bringen wollte, um dort für ihn zu beten. »Wegen einem Märchen gehen wir dorthin!«
»Gut, gut.« Das Fragezeichen auf ihrem Gesicht war verschwunden. »She Da, komm hierher!«, rief sie ins Zimmer hinein. »Einen schönen Geburtstag wünsche ich dir, und sei unterwegs vorsichtig. Du darfst nicht von deinem Vater weglaufen!« Sie strich mit der Hand über seinen Kopf und schob ihn dann zu mir.
Ich brachte meinen Sohn zum Tempel, der eine ungewöhnliche Lage im Stadtzentrum hatte. Die extreme kommunistische, revolutionäre Zeit des Vorsitzenden Mao sowie die Kulturrevolution waren schon dreizehn Jahre vorbei. Die Menschen in China durften ihren religiösen Glauben offiziell zeigen. Als wir den Jadebuddha-Tempel erreichten, rochen wir gleich den stark duftenden Rauch von unzähligen Räucherstäbchen, eine viel besuchte Kultstätte! Mein Sohn zeigte große Neugier und Lust darauf, dieses Gebiet kennenzulernen. Er war nicht erstaunt oder nervös vor der riesigen Buddhafigur wie ich damals als Kind bei meinem ersten Besuch hier. Im Gegenteil, er lachte darüber und lief mit seinen kleinen Füßen überall zwischen den Besuchern im Saal herum, sodass ich ihn ständig suchen musste. »Jetzt reicht es, wir gehen zusammen zum Jadebuddha.« Nachdem ich ihn wieder einmal gefunden hatte, packte ich ihn am Kragen.
»Gibt es dort auch viel Obst und Kuchen?«, fragte er mich mit seiner hellen Kinderstimme.
»Was? Was hast du gefragt? Moment…« Ich hatte bemerkt, dass seine Jackentasche ausgebeult war wie ein kleiner Ball. »Ah, eine Orange? Woher hast du die?« Ich holte sie aus seiner Tasche.
»Von dort, vor dem Buddha liegen sehr viele«, antwortete er stolz und zeigte auf die Figur des Buddhas Guanyin.

»Mein Himmel! Das ist eine Opfergabe! Bring sie sofort zurück.« Ich zog ihn an seiner kleinen Hand zum Buddha hin.
»Nett, nett! Das ist ein nettes Kind«, sagte ein Mönch mittleren Alters in gelber Kasaya, der am Fuß der großen Buddhafigur saß. Er lachte meinen Sohn an und legte die Handflächen gegeneinander. Um seinen Hals trug er einen außergewöhnlich großen Rosenkranz. Ich vermutete, dass er Fang Zhang war, der neue Vorstand des Tempels. Zu seinem Vorgänger hatte ich eine sehr gute Beziehung gehabt. Leider war er schon im Nirwana. Von diesem Mann hier, der einen ganz runden Glatzkopf mit sechs weißen Punkten hatte, wusste ich sehr wenig. Man erzählte nur, dass er lange Zeit Buddhismus studiert hatte.
»Fang Zhang, ich muss mich bei Ihnen entschuldigen. Mein Sohn hat diese Opfergabe gestohlen.« Ich zeigte ihm die Orange, die der Kleine gerade auf den Berg Obst zurückgelegt hatte.
»Mein Wohltäter, aus welchem Grund müssen Sie sich entschuldigen? Ihr Sohn hat etwas sehr Nettes getan. Omito Fo!« Er senkte seinen Kopf vor Buddha wieder nach unten.
»Aber mein Sohn hat etwas Unehrliches getan!«, sagte ich.
»Sie haben sich wieder geirrt. Mein Wohltäter: Wenn Ihr Sohn Ihnen nicht die Wahrheit gesagt hätte, wie hätten Sie hierherkommen können? Das ist ein aufrichtiges Kind, nett, nett!« Er sprach sehr ruhig mit einer Stimme, die wie eine langsam gespielte Melodie klang, und ich konnte kaum widersprechen.
»Fang Zhang, Ihre Worte bewirken, dass ich mich wohlfühle. Danke! Heute komme ich hierher, um bei Buddha um eine gute Zukunft für meinen Sohn zu beten. Können Sie mir einen Ratschlag geben?« Ich wandte mich ihm mit zusammengelegten Handflächen zu.
»Leider kann ich Ihnen keinen Ratschlag geben, weil Sie das Kind schon ins bittere Meer gebracht haben. Omito Fo! Lassen! Lassen!«
»Wie bitte? Ich verstehe Sie nicht. Können Sie mir das erklären?« Seine Worte wunderten mich sehr. Ich wusste gar nicht, was sie bedeuten sollten. Mein Sohn verstand sowieso nicht, worüber wir sprachen. Er schaute sich die ganze Zeit mit großen Augen im Saal um.
»Mein Wohltäter. Haben Sie noch nicht bemerkt, dass die Menschenwelt nur ein Ort von Leid und Plage ist? Von Anfang an muss man Hunger, Kälte, Schmerzen und Krankheit erleiden, und zwischen den Menschen gibt es überall Betrug und Hass. Schade, schade!«

»Aber es gibt auch Glück und Freude unter den Menschen«, antwortete ich mit sicherer Stimme.
»Natürlich, natürlich. Nett, nett. Omito Fo. Mein netter Wohltäter, darf ich den Namen Ihres Sohnes erfahren?«
»Ja, den darfst du wissen. Ich heiße She Da. Chen, She Da.« Endlich hatte der Kleine eine Gelegenheit gefunden, sich einzumischen.
»Danke, danke, das ist ein sehr schöner Name: Was man sich wünscht, erreicht man auch!« Er strich zweimal mit seiner Hand über den Kopf meines Sohnes, dann sagte er zu mir, als ob er zu sich selbst spräche: »Die armen Eltern dieser Welt! Alle glauben, dass die Kinder ihnen gehören und ein Teil von ihnen sind. Aber sie wissen nicht, dass die Eltern in Wirklichkeit nur ein Werkzeug sind, um den Kindern die Samsara zu ermöglichen.«
»Samsara? Meinen Sie die Seelenwanderung?«, fragte ich.
»Richtig! Mein Wohltäter, jetzt habe ich doch einen Ratschlag für Sie. Wenn Sie erlauben, gebe ich Ihnen meinen Ratschlag.« Er nahm seinen Rosenkranz in die Finger und sein Blick heftete sich auf mein Gesicht.
»Ja, bitte geben Sie mir den Ratschlag. Ich bin Ihnen sehr dankbar dafür.« Wieder legte ich die Handflächen zusammen vor den Kopf und verbeugte mich.
»Gut, gut. Es gibt eine Redewendung, die heißt ›Strömendes Wasser gräbt sich mit der Zeit ein Bett‹. Ihr Sohn kommt mit seinem eigenen Schicksal in unsere Welt. Sie sollten sich für ihn nicht solche bürgerlichen und oberflächlichen Leistungen wünschen. Das Karrierestreben ist nur eine Strafe für die Menschen. Es gilt eins zu vermeiden: ›An einem Schößling ziehen, um ihn schneller wachsen zu lassen.‹«
»Danke, Fang Zhang, für Ihre Belehrung. Danke!«
»Bitte, bitte.« Er lachte. »Das ist ein Kind mit viel Geist. Wer weiß? Vielleicht kann er für Sie einiges Missgeschick in Glück umwandeln. Omito Fo.« Er beugte seinen Kopf mit aneinandergelegten Handflächen wieder vor Buddha nach unten.
Ich verabschiedete mich von ihm und ging mit meinem Sohn ins Hinterhaus, zum Jadebuddha. Der Weg führte eine Treppe hoch, dann durch eine kleine Holztür bis in einen Saal.
Der Jadebuddha ist eine sehr schöne Figur, die nur aus einem einzigen

Stück Jade hergestellt wurde. Sie ist zwei Meter groß und stellt den Buddha Sakyamuni dar. Mit gekreuzten Füßen sitzt er immer dort, und seine Ausstrahlung weckt Ehrfurcht in jedem Besucher. Schon in meiner Kindheit war ich oft hier gewesen. Mein damaliger Qi-Gong-Meister Yun, Fe ließ mich die gleiche Position wie der Jadebuddha einnehmen. »In Wirklichkeit ist das auch eine Qi-Gong-Übung«, sagte er zu mir.
»She Da, geh vor dem Buddha auf die Knie und bete mit gefalteten Händen für deine Zukunft«, wies ich jetzt meinen Sohn an.
»Darf ich dann nachher die Orange haben?« Er zeigte auf die gelben Opfergaben vor dem Jadebuddha.
»Nein, das geht nicht. Zu Hause haben wir genug davon, warum willst du diese hier haben? Sie gehören Buddha.«
»Aber Buddha bewegt sich nicht. Er kann gar nicht essen.«
»Das... das...« Der Kleine hatte nicht ganz unrecht, sodass ich nicht wirklich etwas dagegen sagen konnte. Zum Schluss betete ich selbst für ihn. Ich zündete ein Duftstäbchen an und hielt es zwischen den Handflächen. Dann verbeugte ich mich dreimal vor Buddha. Gleichzeitig wünschte ich mir, dass Buddha meinen Sohn beschützte, damit er nicht die gleiche Kindheit hatte wie ich, der die zehn Jahre dauernde Kulturrevolution erlebt hatte; eine Zeit, in der die Menschenwürde außer Kraft gesetzt war und es überall nur Sünde und menschliche Katastrophen gab. Ich wusste, dass die Umgebung immer eine große Rolle für das Schicksal eines Menschen spielt. Deshalb betete ich dafür, dass es nicht noch einmal solch eine schlimme Zeit geben würde...
Nach dem Gebet ging ich mit meinem Sohn zum Ausgang. Als wir beim Guan-Yin-Buddha vorbeikamen, sah ich Fang Zhang immer noch dort stehen, mit gesenktem Kopf und gefalteten Händen. Sein Rat kam mir wieder in den Sinn, und ich fand, dass er vollkommen richtig war. Nur eines konnte ich nicht verstehen: Warum beschrieb er unsere menschliche Welt so dunkel und verglich sie mit einem bitteren Meer? Warum? War es nur eine buddhistische Theorie oder ein wirkliches Bild unserer Erde? Darüber würde ich noch lange nachdenken...
Wir ließen das rote Tor und die gelben Mauern des Tempels hinter uns zurück und waren wieder in der realen Welt. Zwischen den Geschäften und auf der Straße bewegten sich Busse, Autos, Fahrräder und Men-

schen. Ein Demonstrationszug kam uns auf der Straße entgegen. Die Lautsprecher und Megafone verrieten schon von Weitem, wogegen die Demonstranten waren. »Nieder mit den korrupten Beamten! – Wir wollen Pressefreiheit haben! – Wir brauchen Demokratie!« Die Demonstranten, alles Studenten, gingen an uns vorbei. Sie hielten Plakate hoch, auf denen ihre Losungen wie in die Luft geschrieben standen. Damals, im April 1989, gab es überall in den chinesischen Städten solche Züge.

Immer mehr Leute gingen zum Demonstrieren auf die Straße. Damals glaubte man noch, dass die Volksrepublik China dem chinesischen Volk gehörte, wie es die politische Propaganda immer verkündete, und dass die Menschen die Herren dieses Landes wären. Dieses Bewusstsein zeigte sich jetzt, und die Machthaber sollten wissen, dass die Geduld des Volkes erschöpft war. Das Volk ging auf die Straße mit Plakaten und Losungen, Wut und auch Hoffnung. Das Resultat: Sie wurden von den Machthabern ausgelacht.

Sie waren zu naiv! Die Geschäftsleute, die sich am Volk bereicherten, hatten enge Beziehungen zu hohen Beamten, ja manche von ihnen waren sogar selbst Machthaber, indem sie öffentliche Ämter wie das des Parteisekretärs mit einem Posten als Manager in privaten Firmen verknüpften. Durch die Verbindung von staatlicher Macht und privatem Geschäft hatten sie sich eine goldene Nase verdient. Sollten sie das alles aufgeben? Nein! Das Fleisch war schon gefressen und im Magen, wer wollte es wieder ausspucken?

Das arme Volk konnte seine Hoffnung jetzt nur noch in die hohen Kader setzen, die sich ihr Gewissen bewahrt hatten. Im damaligen bürokratischen System Chinas spielten die persönliche Meinung und die Entscheidung der Hauptmachthaber eine ganz wichtige Rolle für die ganze Nation. Man war es gewöhnt, dass die Wünsche für die Verbesserungen im Land durch solche Menschen verwirklicht wurden. Doch gerade jetzt war ein beliebter Exvorsitzender gestorben. Er hieß Hun, Yao Bang, ein Mann von kleiner Statur, aber mit einen großem Herzen für sein Volk. Er hatte bemerkt, wie schlimm es in China um die Korruption stand und heftig dagegen gekämpft. Viele Beamte hassten ihn deswegen und schoben ihn schließlich aufs Abstellgleis. Seine Regierungszeit war in der chinesischen Geschichte seit Gründung der V.R. China die kürzeste.

Der abberufene Kader war mit großer Empörung im Herzen in die andere Welt gegangen. Seine Gegner freuten sich sehr über seinen Tod. Sie wollten sich bei ihm sogar die Staatstrauer sparen. Doch nun war die Geduld des Volkes zu Ende. In Peking marschierten die Leute auf den Tiananmen-Platz. Sie versammelten sich dort auf dem »Platz des himmlischen Friedens«, um den toten Politiker zu betrauern, und zeigten so auch ihre Meinung über die ungerechte Welt. Die Studenten, deren junges, heißes Blut es nicht zuließ, sich die Lage weiterhin ruhig anzusehen, blieben auf dem Platz. Sie wollten eine sofortige Veränderung. Sie waren die Zukunft dieses Landes, oder nicht? Zahlreiche Vorträge fanden auf dem Platz statt. Junge Frauen und Männer riefen mit ihren frischen und kraftvollen Stimmen die Bürger auf, sich zu erheben. »Wir dürfen nicht länger wie Lämmer brav unter dem Druck dieser Regierung leben.« – »Liebe Leute! Es gibt keinen, der uns vor unserem Schicksal errettet! Man muss mit eigener Kraft für Freiheit und Demokratie kämpfen!« – »Die Ideen von Karl Marx gehören der Vergangenheit an. Unser System soll in den Mülleimer der Geschichte geworfen werden wie in der Sowjetunion.« So riefen die Studenten zu den Leuten, die unten standen, und zur ganzen Welt.

Mein Herz zog sich zusammen, und ich war sehr gespannt und erregt, als ich in Shanghai von den Reden hörte. Ich bewunderte den Mut der jungen Leute. Der Tiananmen-Platz ist für Chinesen ein heiliges Zentrum. Viele große politische Veränderungen waren von dort ausgegangen. Muss sich unsere Welt bald verändern? So fragte ich mich selbst. Ich beobachtete die Vorgänge auf diesem Platz mit großer Aufmerksamkeit, ebenso wie der Rest der Welt. Man schrieb das Jahr 1989. Die Utopie vom Kommunismus war in vielen europäischen Ländern wie ein geplatzter Ballon zu Boden gegangen. Jetzt ist China an der Reihe!, fanden die westlichen Länder. Doch sie hatten die alten Kräfte in diesem Land unterschätzt.

Im Politbüro, dem damaligen höchsten Führungsorgan der kommunistischen Partei, gab es zwei Meinungen zur Lösung des Problems. Die erste war eine friedliche Lösung, was bedeutete, zumindest für kurze Zeit den Forderungen der Studenten nachzukommen. So wollte man die jungen Leute beruhigen, damit sie freiwillig den Tiananmen-Platz verließen. Der frühere Parteivorsitzende Zhao, Zi Yang vertrat

diese Meinung. Er kam sogar gemeinsam mit seinem Bürosekretär Wen, Jia Bao, dem heutigen Ministerpräsidenten Chinas, um den Studenten beizustehen. Leider war Zhao zwar damals offiziell der Hauptkader Chinas, aber die Schlüsselmacht, die Militärmacht, lag nicht in seiner Hand, sondern in der Hand Deng, Xiao Pings, einem alten Mann, der die wirkliche Hauptrolle im Land spielte.
Deng, Xiao Ping hatte selbst viel Unbill und Not durchlitten. Sein unbestreitbarer Erfolg in der chinesischen Geschichte war die wirtschaftliche Reformierung. Er hatte sie ins Leben gerufen und erreicht, dass die steife sozialistische Planwirtschaft nun der Vergangenheit angehörte und die Marktwirtschaft in China neu entstanden war. Nach der verrückten Zeit der Kulturrevolution, in der die chinesische Wirtschaft am Boden gelegen hatte und alle Staatsorgane durcheinandergeraten waren, hatte China, dieser Riese, durch diese Veränderung eine neue Entwicklungsmöglichkeit gefunden.

Nun stand er im Gebäude des Nationalen Volkskongresses am Fenster. Draußen, unter ihm, hatten sich zahlreiche Studenten auf dem Tiananmen-Platz versammelt. Die Stimmung war explosiv, ständig wurden Losungen dazwischengeschrien und man sah, wie sich viele Fäuste in die Luft streckten.
Was unten geschrien wurde, konnte Deng nicht genau hören, dazu war das Stimmengewirr zu groß; auch trennte ihn ein dickes Fensterglas von außen. Ganz nah um ihn herum standen lauter hohe Beamte.
»Das ist ein antirevolutionärer Aufruhr! Wenn wir ihn nicht unterdrücken, könnten unsere Partei und die ganze Nation unterjocht werden«, flüsterte der Bürgermeister von Peking, Chen, Xi Tong, Deng ins Ohr. Dieser Bürgermeister wurde neun Jahre später der illegalen Unterschlagung riesiger Geldmengen überführt, an die er aufgrund seiner Machtposition gelangt war. Insgeheim hatte er wie ein Kaiser gelebt. In seiner Villa gab es sogar eine goldene Toilette. Er wurde zu sechzehn Jahren Gefängnis verurteilt.
»Wir müssen ihnen die Faust zeigen, sonst gibt es in unserem sozialistischen Land keine Ruhe mehr«, fanden die alten hohen Beamten, die neben Deng am Fenster standen. Sie waren alle alte Revolutionäre und hatten lange Zeit für die Ideen des Kommunismus gekämpft. Nach der Gründung der Volksrepublik China waren sie in Ministerämter aufge-

stiegen. Jetzt hatten sie die große Sorge, dass sie plötzlich alles verlieren könnten.
»Wir sollten lieber mit den jungen Leuten sprechen. Auf keinen Fall dürfen wir sie unterdrücken.« Einige Kader wie der Parteivorsitzende Zhao, Zi Yang glaubten, dass China nicht nur eine wirtschaftliche, sondern auch eine politische Reform brauchte.
»Wir sollten die Forderungen des Volkes akzeptieren. Sie versammeln sich dort unten und machen einen Hungerstreik. Das gehört zum Menschenrecht. Wir müssen auch bedenken, dass die ganze Welt uns jetzt beobachtet. Alle harten Lösungen wären unvernünftig.« Der Parteivorsitzende wollte die Lage mit friedlichen Mitteln beruhigen. Doch im Politbüro, Chinas höchstem Machtkreis, hatte er wenig Einfluss. Er war zwar offiziell der höchstrangige Beamte Chinas, doch er war noch jung und hatte diese Position erst seit Kurzem inne. Jetzt bemühte er sich um die alten Leute, die über das Schicksal Chinas entscheiden würden.
»In unserem Land herrscht die Diktatur des Proletariats. Gegen solche jungen bürgerlichen Anarchisten sollte unsere Hand nicht schwach sein!«, sagte ein alter Mann mit aufgeregter Stimme. Andere Alte nickten beifällig mit den Köpfen.
Das dicke Fensterglas zitterte schon, denn die Losungen draußen wurden immer öfter und lauter gerufen und schlugen wie ständig höher brandende Wellen gegen das Gebäude. »Wir müssen sie zurückschlagen, wir müssen …«
»Aber wie denn? Die Polizei und die örtlichen Streitkräfte stehen schon auf ihrer Seite.«
»Wir brauchen keine Gewalt, sondern eine friedliche Methode.« – »Wir dürfen nicht kapitulieren, sonst wird die revolutionäre Sache des Proletariats, um die wir so lange gekämpft haben, ganz schnell wieder verlieren.« Am Fenster stehend, stritten und diskutierten die Machthaber miteinander.
Hua, la la. Als wenn eine tosende Flut ans Ufer schlüge, erzitterte das ganze Haus durch den Beifall Hunderttausender. »Was ist denn los?« Jeder, der sich im Gebäude des Nationalen Volkskongresses befand, schaute aus dem Fenster auf den Platz. Sie trauten ihren Augen kaum: Eine große weiße Figur wurde in aller Eile aufgestellt.
Sie hob den Kopf und streckte die Brust nach vorn. In ihrer hochge-

hobenen Hand war eine Fackel. »Das ist die Freiheitsstatue!«, schrie ein Beamter am Fenster.
»Nicht zu fassen! Nicht zu fassen! Wo sind wir? Hier ist nicht die kapitalistische Stadt New York!« – »Wie kann man es zulassen, auf dem Tiananmen-Platz so ein Ding aus dem Westen stehen zu lassen? Sind wir wirklich schon so ohne Macht und haben keine Handhabe gegen solche verrückten jungen Leute?« – »Fertig! Fertig! Unsere kommunistische Partei und unser sozialistisches Land sind fertig!« So redeten die Alten.
Doch ein Mann blieb immer ruhig. Er rauchte eine Zigarette der Marke »Panda« nach der anderen, die zu den Besten gehörte und damals nur für wichtige Kader wie ihn hergestellt wurden. Es war Deng, Xiao Ping. Ein Wort von ihm konnte jetzt das Schicksal dieses Landes bestimmen. Man wartete im ganzen Haus darauf, aber er schwieg. Woran dachte er? An die Zeit der Kulturrevolution? Damals sah der gleiche Platz, den er jetzt vor Augen hatte, fast so aus wie ein rotes Meer, unzählige rote Flaggen und rote Armbinden der »Roten Garde« waren hier in Bewegung. Der Vorsitzende Mao hatte die heißblütigen Jugendlichen schon zehn Mal hier empfangen. Er lobte seine jungen Kämpfer. »Ihr seid die Besten der Besten!«
Jetzt schnippte er die Zigarette weg und drehte sich zu seinen Leuten um. »Lassen Sie die Grenzschutztruppen vom Norden nach Peking abmarschieren.« Deng hatte in seinem Leben schon sehr viele Kriege für Rotchina geführt. Nun würde er noch einmal einen Krieg beginnen, um das Land zu beschützen. Dieser weltbekannte Politiker, der in China die Wirtschaftsreform und eine öffentliche Politik durchgesetzt hatte, wollte mit Gewalt der Welt zeigen, dass die Modernisierung in seinem Land nicht westlich, sondern nur chinesisch war! Der vollständige Ausdruck dafür war »Chinesische Sozialismus-Modernisierung«. Die Zeit, in der die jungen Leute alles tun durften, war vorbei!
Ich war richtig nervös, als ich im Fernsehen die zahlreichen Panzer und die Soldaten mit geschwärzten Gesichtern und in Kampfanzügen sah. Sie kamen alle von weit her, aus den wilden Gebieten an der Landesgrenze. Dort hatte ich ebenfalls vier Jahre lang meinen Armeedienst geleistet. Wegen der schlechten Lebensbedingungen hatten wir ständig geklagt. In solch einer Umgebung empfand man schnell Neid auf andere Menschen, denen es besser ging.

Bei den Regierungssoldaten, die jetzt in die Hauptstadt Peking geschickt wurden, konnte der gleiche Neid schnell in Hass umschlagen. Ich war nervös, sehr nervös. Tag und Nacht saß ich vor dem Fernseher und beobachtete die Lage auf dem Tiananmen-Platz.

»Wir müssen uns keine Sorgen machen. Die Volksbefreiungsarmee wird unmöglich auf das eigene Volk schießen.« Vater war sich ganz sicher. Er trug zurzeit wieder seine weiße Marineuniform, obwohl er schon lange pensioniert war. Seine Wohnung wurde in dieser aufregenden Zeit zum Treffpunkt für die ganze Familie. Mein jüngerer Bruder, der an der Universität Pädagogik studierte, meine Frau und ich mit dem Kleinen besuchten die Eltern öfter als früher. Jeder äußerte hier seine eigene Meinung ganz direkt, außer She Da. Doch auch er bemerkte, dass etwas Besonderes vorging und war ganz brav. Er störte uns nicht bei unseren Diskussionen und kämpfte auch nicht wie sonst darum, sein Kinderprogramm im Fernsehen anschauen zu dürfen, sondern ließ uns großzügig die Nachrichten sehen.

»Egal, ob sie schießen oder nicht! Diesmal muss die Scheißregierung wechseln, und das steife Sozialismussystem wird auch bald am Ende sein.« Mein Bruder war gerade neunzehn Jahre alt, groß und lebhaft, und er redete sich in Rage.

»Was? Was hast du gesagt? Unser Sozialismus soll fertig sein?« Mutter und Vater wurden auch laut. Kritik gegen die Regierung duldeten meine Eltern noch, aber man durfte in ihrer Gegenwart nichts gegen unser System sagen. Nach ihrer Meinung war das sozialistische System immer noch das beste von allen. Für dieses System hatten sie ihr Leben lang gekämpft.

»Ja, natürlich. Schaut doch selbst, was in der Sowjetunion und in Osteuropa passiert. Dort hat man gerade auf den Sozialismus verzichtet. Die kommunistischen Ideen von Karl Marx waren von Anfang an nur eine Utopie.«

»Halt deinen Mund!« Vater konnte es nicht länger anhören. Die vergoldeten Abzeichen auf seiner Schulter, die ihn als Offizier kennzeichneten, zitterten schon im Licht der Lampe, so aufgeregt war er.

»In Wirklichkeit ist es egal, welches System wir haben! Wir normalen Bürger kümmern uns nur um unser eigenes Leben«, sagte ich dazwischen, um Vater und Bruder zu beruhigen, damit es nicht wieder einen Streit gab wie so oft in letzter Zeit.

»Ja, richtig.« Zhou, Lin teilte meine Meinung. Seit wir ein Kind hatten, waren wir viel realistischer geworden als früher. Für uns standen jetzt ganz andere Dinge im Vordergrund als noch vor einiger Zeit, wo bekamen wir Nahrungsmittel für die Familie und Kinderkleidung her?
»Ja, gerade für diesen Zweck, um das Leben zu verbessern, müssen wir kämpfen und eine Revolution durchführen. Sonst lassen diese korrupten Beamten alles in ihre eigenen Taschen wandern. Dafür muss man unser politisches System sofort verändern; sofort! Egal, was es kostet.« Chen, Hais Faust bewegte sich vor seinem Gesicht hin und her, als könnte er die Lage bestimmen.

Mein jüngerer Bruder überraschte mich in letzter Zeit oft. Zuerst, was seine Größe betraf. Wir hatten immer gern verglichen, wer von uns beiden größer war. Das taten wir jetzt nicht mehr: Nur ein Blinder konnte übersehen, dass mein Bruder viel größer war als ich. Er bewies großes Interesse und auch Wissen in Bezug auf Politik, sodass unsere Eltern als alte Revolutionäre nicht mehr in der Lage waren, mit ihm zu diskutieren. Aber seine Meinung wurde von der Familie immer weniger unterstützt, so wie jetzt.
»Warum soll man alles verändern? Seit der Gründung der Volksrepublik führt die kommunistische Partei dieses Land, schon seit vierzig Jahren. Zwar gab es einige Probleme, aber auch viele Erfolge«, sagte Mutter.
»Ja.« Meine Frau und ich nickten zustimmend. Unser Sohn auch. Er saß auf meinen Beinen und nickte mit seinem kleinen Kopf einfach mit.
»Weißt du, worüber wir reden?« Mein Bruder ging zu ihm und nahm ihn auf den Arm. Er mochte seinen Neffen sehr und küsste ihn ständig. Jetzt gab er ihm wieder einen dicken Kuss auf die Wange. »Du, du sollst in Zukunft in einem besseren System leben. Am besten gehst du in ein westliches Land, wenn du erwachsen bist. Dort gibt es schon lange Demokratie und Freiheit.« Er wiegte den Kleinen in seinen Armen hin und her, dann wandte er den Kopf wieder zum Fernseher.
Man zeigte gerade Nachrichten aus Peking. Überall auf der Straße standen Panzer. Die Einwohner schauten alle erstaunt auf diese Stahlgebilde. Einige Studenten näherten sich ganz vorsichtig mit Tee und Essen den Todesmaschinen. Sie gaben ihre warmen Geschenke den

Soldaten in die Hände. Man konnte sehen, dass die jungen Leute sich freundlich unterhielten, egal ob sie Uniform trugen oder T-Shirts. Dann schwenkte die Kamera zu einem Interview.
Eine Journalistin stellte sich mit ihrem Mikrofon vor einen bewaffneten Offizier. »Warum sind Sie mit Panzern in Peking einmarschiert?«
»Einmarschiert? Nein, wir sind auf der Straße entlanggekrochen. Überall nur Straßensperren. Schauen Sie mal, hier ist wieder alles verstopft.« Er zeigte auf die zahlreichen Panzer und Lastwagen.
»Können Sie verstehen, warum die Bürger Sie daran hindern wollen, auf den Tiananmen-Platz zu gelangen?«
»Nein, das kann ich nicht verstehen. Wir sind nur auf Befehl in die Hauptstadt gekommen.«
»Was war das für ein Befehl?« Die Journalistin hielt das lange, schwarze Mikrofon direkt vor seinen Mund.
»Dazu darf ich nichts Genaues sagen.« Er strich über seinen Gürtel mit der Pistole. »Unser Vorgesetzter hat gesagt, dass es in Peking einen konterrevolutionären Putsch gibt.«
»Was? Die Scheißregierung behauptet, dass die Demonstration der konterrevolutionäre Putsch ist! Sind die alten Schweine verrückt?« Mein Bruder schimpfte im Shanghai-Dialekt. In unserer Familie gab es nicht nur verschiedene politische Meinungen, sondern auch verschiedene Sprachen. Wir Jüngeren, mein Bruder, Zhou, Lin und ich, sprachen miteinander nur im Shanghai-Dialekt. Aber wenn mein Vater dabei war, unterhielten wir uns nur auf Hochchinesisch. Obwohl Vater schon lange in Shanghai lebte, versuchte er noch nicht einmal, sich mit uns in der ortsüblichen Sprache zu unterhalten. Wie die anderen Leute in Uniform sprach er nur Hochchinesisch.
»Ich muss sofort zur Uni. Meine Kameraden machen jetzt bestimmt eine Versammlung.« Chen, Hai setzte meinen Sohn auf meine Knie zurück, und bevor Vater noch richtig auf seinen Dialekt reagiert hatte, war er schon verschwunden.
Dies war das letzte Bild der chinesischen Fernsehsendung. Danach gab es aus der Stadt keine richtigen Presseberichte mehr über diesen Platz. Aktuelle Nachrichten konnte man nur noch von ausländischen Sendern erhalten, doch auch das war schwierig, weil die Regierung es nach Möglichkeit verhinderte. Unsere Firma hatte ein Zimmer im Jinjiang-Hotel langfristig als Büro angemietet. Jetzt kamen fast alle Angestell-

ten hierher, um über Satellit Bilder aus amerikanischen und englischen Sendungen zu sehen.
»Überall sind bewaffnete Soldaten. Die Armee hat mit ihren Panzern schon den Tiananmen-Platz erreicht und ist bereit für den Angriff.« So sagte eine britische Journalistin vor der Kamera. Hinter ihr sah man viele Einwohner von Peking hin und her laufen. Einige Lastwagen voller Soldaten fuhren vorbei.
»Was sagt die Ausländerin?« Unser Hauptmanager konnte sehr gut Englisch sprechen und reagierte sehr schnell auf die Sendung. »Diese Menschen aus dem Westen hoffen nur, dass etwas Schlimmes passiert. Ein Angriff? Nein, unsere Armee könnte unmöglich die Studenten angreifen.« »Nein, das glauben wir auch nicht.« Viele Angestellte, ich ebenfalls, waren der gleichen Ansicht. Langsam fand ich, dass die Meldungen aus dem Satellitenfernsehen übertrieben waren. Die Regierung wollte die jungen Leute bedrohen und einschüchtern. Bald würde wieder Ruhe herrschen. »Die Volksbefreiungsarmee wird nicht auf das eigene Volk schießen.« Die Worte meines Vaters gingen mir immer wieder im Kopf herum. Sie klangen ganz logisch. Aber ich hatte mich geirrt, mein Vater hatte sich geirrt, und viel zu viele Bürger dieses Landes hatten sich ebenfalls geirrt.

An diesem Tag zeigte der Kalender Sonntag, den 4. Juni 1989. Wegen des Feiertags waren die Ziffern rot gedruckt. Rot! Eine Farbe von höchster Bedeutung in China! Sie symbolisierte Revolution, Widerstandsgeist, aber auch Liebe. Als Kind in der Grundschule war ich Pionier und trug ein rotes Halstuch. Damals hatte man uns erzählt, dass das Tuch eine Ecke der roten Flagge darstellte. Und warum war es rot? Weil so viele Revolutionäre, die für unser Glück gekämpft hatten, als Märtyrer mit ihrem Leben bezahlt hatten. Ihr Blut hatte das Tuch rot gefärbt.
Rot, eine Farbe, die fest mit Blut verbunden war. An diesem Morgen spürte ich, dass etwas in der Luft lag.
Wie immer fuhr ich mit meinem Fahrrad zum Sportsaal. Es wunderte mich sehr, dass so wenig Fußgänger unterwegs waren. Einige Leute gingen mit nervösem Gesichtsausdruck eilig vorbei. Im Saal angekommen, warteten nur ein paar alte Qi-Gong-Teilnehmer auf mich, die sich ohnehin nicht für die politische Lage interessierten. Ich sagte den Kurs

ab und fuhr mit dem Fahrrad im schnellsten Tempo in Richtung Hotel weiter, das mir möglich war. *Fu,fu…fu.* Der kühle, frühmorgendliche Wind pfiff mir um die Ohren.

Als ich ganz außer Atem in das Zimmer hineinrannte, standen genauso viele Leute drinnen wie in der letzten Zeit, und auch die Luft war genauso schlecht wie vorher. Doch es gab keine lauten Diskussionen und Gespräche mehr. Die Menschen schauten alle wie erstarrt auf den Fernseher. In ihren Blicken spiegelte sich Furcht und Erstaunen. *Hong!* Es war, als ob etwas in meinem Kopf explodierte. Mein ganzer Körper war wie gelähmt. »Ist das wahr?« Ich traute meinen Augen nicht. Die Soldaten, die alle Stahlhelme trugen, schossen mit Maschinengewehren auf die wehrlosen Studenten und Bürger. Überall war nur Blut.

Die Einwohner von Peking retteten die Verletzten, mit Karren fuhren sie vor der Kamera vorbei. So viele, so viele. Auf einer Holzplatte lagen sogar gleich drei blutige, junge Gestalten. Sie wurden von dem dreirädrigen Karren hin- und hergeschüttelt und gaben kein Lebenszeichen mehr von sich. Einige Zuschauerinnen, darunter auch meine Kollegin, wimmerten in dem totenstillen Raum vor sich hin. Angesichts dieser Bilder konnten sie ihre Tränen nicht mehr zurückhalten.

Nun wurde in der Sendung die Einstellung geändert, und man sah, was auf dem Tiananmen-Platz passierte. Ein Panzer fuhr mit Vollgas auf die Freiheitsstatue zu und stieß sie um. Die weiße Figur fiel in sich zusammen, gemeinsam mit den Hoffnungen von unzähligen jungen Herzen. Feuer und Rauch überzogen den ganzen Platz. Die Truppe rückte mit ihren automatischen Waffen zu den Studenten vor, die wie gefangene Lämmer Schritt für Schritt zurückwichen.

Ein Junge breitete beide Arme aus. Er wollte mit seinem Körper die Studentin schützen, die hinter ihm stand. Zahlreiche Gewehrmündungen waren direkt auf ihn gerichtet. Ich kannte solche Waffen. Während meines Armeedienstes hatte ich auch so ein Sturmgewehr gehabt. Es enthielt 30 Kugeln, die man in nur wenigen Sekunden abfeuern konnte. Bis 2000 Meter wirkten sie tödlich. Und er und die anderen jungen Demonstranten waren nur 30 Meter davon entfernt! Der Abstand verringerte sich immer mehr. Mein Herz zog sich zusammen. »Die armen hoffnungslosen Studentinnen und Studenten! Wer kann

sie retten?«, schrie ich innerlich und hoffte, es würde ein Wunder passieren und Retter auftauchen.
Die Luft im Raum wurde dichter und immer dichter. Unsere Blicke, Köpfe und Herzen verbanden sich jetzt nur noch mit dem Schicksal der Studenten. Sie sahen alle so jung aus, manche hatten noch unschuldige Kindergesichter. Sie zogen sich zusammen, in ihren Augen zeigte sich Angst und Nervosität. Der Junge stand noch immer mit ausgebreiteten Armen vorne. Er wollte seinen Körper als Schutz für die Studienkollegen benutzen.
Plötzlich wurden die Bilder verwackelt. Einige Soldaten liefen mit ihren Waffen direkt auf die Kamera zu. Die Sendung wurde abgebrochen.
Hong! Es war, als wäre eine Bombe im Hotelzimmer explodiert. Aus allen Ecken kamen die lange unterdrückten Stimmen. Man schimpfte auf die unmenschliche Regierung, teilweise wurde noch angezweifelt, was wir gerade in der Fernsehsendung gesehen hatten. Das Schluchzen der Frauen steigerte sich zu lautem Weinen.
Ich verließ den Raum. Auf dem Weg nach Hause fuhr ich mit meinem Rad ganz langsam. Meine Beine waren sehr schwer, ebenso wie mein Kopf. Plötzlich kannte ich diese Welt nicht mehr. »Wo bin ich?« Diese Frage stellte ich mir tausend Mal.
Alle, die auf der Straße unterwegs waren, hatten angespannte Gesichter. Viele Polizisten standen zwischen den Bürgern. Angst und Nervosität beherrschten die ganze Atmosphäre. Man spürte, dass auch hier etwas Schlimmes passieren könnte. Mein Fahrrad brachte mich langsam weiter ins Zentrum dieser unruhigen Stadt.
Zu Hause wusste Zhou, Lin schon, dass in Peking etwas Furchtbares passierte. »Hör mal, die ganze Zeit läuft im Radio nur die komische Stimme«, erzählte sie mir sofort, als ich zurückkam. Aus unserem Radio kamen die Befehle des militärischen Hauptkommandos. »In Peking wird ab sofort der Ausnahmezustand verhängt, es gab einen antirevolutionären Putsch ... Alle Einwohner müssen zu Hause bleiben, das Verlassen der Wohnungen erfolgt auf eigene Gefahr ...« Diese Worte wurden immer wieder wiederholt. Die Stimme des Moderators aus der chinesischen Sendezentrale war uns gut bekannt, doch jetzt klang sie, als ob eine Totenmesse gelesen würde, traurig und schmerzerfüllt! Bestimmt wollte er der ganzen Welt zeigen, dass er gegen sei-

nen Willen gezwungen war, diese Dinge zu sagen. Es war klar, dass die gesamte Presseabteilung in Peking, Fernsehen und Radio, schon von bewaffneten Soldaten besetzt war.

Ich ging zur Kommode, um das Radiogerät auszuschalten. »Ich will dir erzählen, was ich gerade im Satellitenfernsehen gesehen habe.«

Zhou, Lin hörte mit weit aufgerissenen Augen zu. »Ich ... ich hoffe, dass meinen Studenten von der Uni nichts passiert ist. Einige von ihnen sind zur Demonstration nach Peking gefahren«, sagte sie mit großer Sorge, nachdem ich meine Erzählung beendet hatte.

»Ich habe auch einen Panzer.« She Da zeigte mir stolz das Spielzeug in seiner Hand. Die ganze Zeit hörte er von mir nur das Wort »Panzer«, deshalb wollte er mit diesem Ding auch an unserem Gespräch teilnehmen. Der Minipanzer in seiner Hand war nur so groß wie meine Faust. Er war aus hartem, grünem Gummi gemacht, sah aber von der Farbe bis zu der angelegten Waffe aus wie echt.

»Wirf das weg!« Bevor der Kleine reagieren konnte, hatte ich ihm das Spielzeug schon aus der Hand gerissen und zur Seite geworfen. Die blutigen Bilder aus Peking waren noch in meinem Kopf, deshalb konnte ich es nicht verkraften, so ein schreckliches Spielzeug in der Hand meines eigenen Sohnes zu sehen.

Sein Mund zitterte, die großen Augen schauten mich direkt und bewegungslos an und füllten sich mit Tränen.

Sofort zog ich ihn an mich und umarmte ihn. »Du ... du wirst in Zukunft kein solches Spielzeug mehr in die Hand nehmen. Du bist noch jung. Ich sage dir später den Grund dafür. Morgen kaufe ich dir einen kleinen Wagen mit Motor, der kann mit einer Batterie von selbst fahren. Das ist viel besser als das hier.«

Er lachte unter Tränen.

Aber mein Herz weinte. Wie sollte ich das alles meinem Jungen erklären? Was ich ihm früher erzählt hatte, von Vaterlandsliebe und Stolz auf die Soldaten, daran glaubte ich selbst nicht mehr. Ich hoffte mit aller Kraft, dass er in Zukunft nicht wie die Studenten in Peking gegen Panzer kämpfen musste.

Als ich am nächsten Tag ins Büro kam, traf ich niemanden an. Bestimmt waren alle meine Kollegen wieder im Hotel. Also fuhr ich auch dorthin. Es war genauso wie in der ganzen letzten Zeit: schlechte Luft, viele Leute und traurige Atmosphäre! Nach mehreren Versuchen hatte

ich es geschafft, einen Blick auf den Fernsehmonitor zu werfen. Es gab wieder eine Livesendung, die durch den Satelliten übertragen wurde. Die Panzer füllten die Hauptstraße von Peking von fern bis nahe. Es waren nicht nur ein oder zwei Wagen, sondern eine ganze Panzerkolonne. Man konnte kaum das Ende sehen. Ein furchtbarer, tödlicher Strom aus Stahl, der triumphierend vorwärtsrollte.
Plötzlich tauchte ein junger Mann auf. Er trug ein weißes Hemd und lange, blaue Hosen, so wie viele Studenten damals. Schritt für Schritt ging er auf die Mitte der Straße. Er stand einfach dort vor der heranrollenden Panzerarmee. Er sagte nichts und bewegte sich auch nicht. Doch seine Botschaft war klar: »Bitte, hört auf zu töten. Wenn ihr weitermachen wollt, dann tötet nur mich, aber nicht die anderen Studenten und das Volk!«
»Ah ...!« Einige Kolleginnen schrien auf und bedeckten ihre Augen mit beiden Händen. Sie konnten nicht weiter mit ansehen, was mit dem Jungen passierte.
Der Abstand zwischen den Panzern und dem jungen Mann wurde immer kürzer. »Geh weg!« – »Auf die Seite!« Im ganzen Zimmer hörte man nur die Schreie meiner Kollegen. Ich schrie auch mit, obwohl wir alle wussten, dass der junge Mann tausend Kilometer von uns entfernt stand. Ich ballte meine Fäuste, Schweißtropfen liefen daran herunter. Aber er blieb stehen, ganz ruhig blieb er dort vor der rollenden Todeswaffe. Er wollte seine letzte Sekunde einfach so erwarten! Die stählerne Raupenkette drehte sich vorwärts ...
Aber ein Wunder geschah: Der Panzer hielt an, nur drei Meter vor dem jungen Mann wurde er gebremst. Der ganze Strom aus Stahl, der hinter diesem Führungspanzer herfuhr, musste ebenfalls stehen bleiben. Einer nach dem anderen mussten sie bremsen. Davor, vor dieser ganzen Panzerarmee, stand nur dieser schlanke, junge Mann mit bloßen Händen.
»He ...!« Alle Zuschauer vor dem Fernseher atmeten lange aus. »Wer ist das?« – »Was ist das für ein Mensch?« – »Woher hat er so einen großen Mut?« Es gab keine Ruhe mehr in unserem Hotelzimmer. Wir alle waren stark beeindruckt von diesem jungen Helden.
Wer war dieser junge Mann? Ganz China, ja die ganze Welt wollte das wissen. Man suchte ihn überall. In den Augen des chinesischen Volkes war dieser Junge natürlich der mutigste Kämpfer, aber für die Regierung

war er ein Verbrecher und gehörte ins Gefängnis. Nach westlicher Meinung würde er der Totengräber für das sozialistische und kommunistische System sein. Der damalige amerikanische Präsident George Bush rief die ganze Welt dazu auf, ihn zu unterstützen und nahm ihn als ein Vorbild, um den roten Strom weltweit zu blockieren.

Doch wo war er jetzt? Niemand wusste es. Der chinesische Vorsitzende Jiang, Ze Ming sagte einmal einem ausländischen Journalisten: »Wir haben ihn überall in ganz China gesucht. Ich habe dem Innenminister die Aufgabe gegeben, sich ebenfalls darum zu kümmern, aber ohne Erfolg. Er ist einfach verschwunden, wie von der Erde verdampft.«

Es sind viele Legenden über diesen Mann entstanden. Angeblich hieß er Wang, Wei Lin. Man sagt, er hätte lange Zeit Qi-Gong-Übungen gemacht, sonst hätte er sich unmöglich mit solch einer Ruhe so vielen Panzern entgegengestellt. Andere meinen, er sei ein Außerirdischer; wie hätte er sonst so spurlos verschwinden können? Wieder andere behaupten, er sei ermordet worden ... Viel zu viele Geschichten! Doch keiner weiß wirklich, was mit dem Jungen passiert ist.

Ich würde es auch gerne wissen. Er ist mein Held und mein Stolz. Doch über einen anderen Mann möchte ich ebenfalls gerne etwas wissen. Ich hatte lange Zeit nach ihm gesucht, leider ohne Erfolg. Es handelt sich um den Offizier, der in dem Führungspanzer saß. Was für ein außergewöhnlicher Soldat! Er war bis an die Zähne bewaffnet und hatte die Lizenz zum Töten in der Tasche, und trotzdem hielt er seinen Panzer vor dem Jungen an. Man muss wissen, dass ein Soldat sich nicht schämen muss, einen Menschen zu töten, sondern er muss sich schämen, wenn er keinen Mut hat, Menschen zu töten. Er hatte das Recht, das Leben des Studenten zu nehmen. Aber er tat es nicht. Dafür musste er einen hohen Preis zahlen, seine militärischen Ränge, das hohe Ansehen, das er bei seinen Vorgesetzten genoss, seine Beamtenlaufbahn ... Doch hatte er eines, zumindest eines nicht verloren. Das war seine Menschlichkeit. Wie schwer war es wohl für ihn? So viele Menschen hatten für die Macht und eigene rücksichtslose Interessen alle Menschlichkeit über Bord geworfen. Aber er hatte sie zum Schluss noch fest in der Hand gehalten. Wo ist er? Er ist mein Held und mein Stolz.

Folgende Geschichte ist wahr: Ein Korpskommandeur wurde nach dem blutigen Zwischenfall auf dem Tiananmen-Platz von einem Mili-

tärgericht zu fünf Jahren Gefängnis verurteilt, weil er sich dem Schießbefehl von Deng, Xiao Ping widersetzt hatte.
Er wollte seine Armee auf keinen Fall auf Bürger schießen lassen. »Wenn Sie auf dem Marsch bei den Einwohnern von Peking auf Widerstand stoßen, dürfen Sie mit Ihren Gewehren nur mindestens zehn Zentimeter über den Köpfen der Menschen das Feuer eröffnen, haben Sie das verstanden? Also in die Luft schießen!« So hatte er seine Soldaten instruiert. Dafür wurde er auch bestraft. Und andere Offiziere, die auf Befehl Blut vergossen hatten, wurden gelobt und in Würden gebracht.
Man sagt, dieser Korpskommandeur sei in dem Panzer gewesen.

10

Du sollst deine Mutter anrufen. Sie hat uns heute schon mehrmals angerufen wegen deines Bruders«, sagte meine Frau zu mir, als ich zurückkam.
»Wegen Hai? Ist etwas mit ihm passiert?« Ich ging sofort zum Apparat.
»Da Lee, du musst Hai suchen!« Mutter sprach hastiger als sonst, ihre Stimme klang vor Sorge schon verändert. »Dein Vater und ich haben schon einige Tage lang nichts mehr von ihm gehört. Weißt du, wo er ist?«
»Ich weiß auch nichts Genaues, aber keine Sorge! Ich gehe zu seiner Uni. Dort finde ich ihn bestimmt.« Ich versuchte, Mutter zu beruhigen.
»He, dein Bruder ist noch jung, und er traut sich immer zu viel zu. In dieser unruhigen Zeit habe ich Angst, dass ihm etwas passieren könnte.«
»Keine Sorge, keine Sorge, ich gehe ihn jetzt gleich suchen«, versprach ich Mutter. In Wirklichkeit machte ich mir selbst große Sorgen. Ich kannte meinen Bruder gut. Er hatte einfach zu viel kämpferische Energie im Körper. Jetzt, in dieser kritischen Zeit, blieb er bestimmt nicht ruhig.
Die pädagogische Universität lag in einer Vorstadt von Shanghai. Es

war schon Nacht, als ich dort ankam, doch hier war noch mehr in Bewegung als normalerweise tagsüber. Die Studenten konnten alle nicht schlafen, sie versammelten sich in der Mensa, auf dem Sportplatz und in den Unterrichtsräumen. Alle Lampen leuchteten. Manche Jungen und Mädchen gingen mit Fackeln nach draußen. Losungen klangen durch die Luft, sie kamen wie eine Welle nach der anderen.
»Wir müssen diese unmenschliche Regierung stürzen!«, rief gerade ein Junge mit rotem Stirnband ganz laut seinen versammelten Kameraden zu, als ich in den Saal der politischen Fakultät kam.
»Ja! Nieder mit der Verbrecher-Regierung!« Fast alle Zuhörer streckten die Fäuste zur Decke. Das Blut kochte in all diesen jungen Körpern.
»Wie kann eine Regierung der Armee befehlen, auf das eigene Volk zu schießen? Aber die Entwicklung von Freiheit und Demokratie lassen sich nicht verhindern. Unsere Studienkollegen in Peking haben das schon mit ihrem Blut bewiesen. Sie sind unsere Vorbilder…« Dieser Junge sprach temperamentvoll. Er stand auf dem Tisch, wie ein erfahrener Politiker bewegte er seinen Mund und seine Hände.
»Entschuldigung.« Ich wandte mich den Umstehenden zu und fragte mit leiser Stimme eine Studentin: »Kannst du mir sagen, wo Chen, Hai ist?«
»Chen, Hai? Er ist nicht hier in der Uni, er ist draußen…« Sie hatte eine feine Stimme, die ihrem Aussehen entsprach. Doch leider wurde ihre Antwort von den anderen Zuhörern unterbrochen. »Moment, Moment! Wer bist du?«, fragte mich ein kräftiger Student mit lauter Stimme. Seine scharfen Augen schauten mir direkt ins Gesicht.
»Ich? Ich bin Chen, Hais Bruder.«
»Kannst du das beweisen?« Er hielt mir seine rechte Handfläche entgegen und schob mit der linken Hand das kleine Mädchen hinter seinen Rücken.
»Natürlich, hier ist mein Ausweis.« Ich zog meine Brieftasche aus der Hosentasche. »Schau mal. Ich heiße Chen, Da Lee.«
»Nein, das ist kein Beweis. Hast du ein Foto von Chen, Hai?« Mit seinen Fragen bewirkte er, dass sich die Aufmerksamkeit der anderen jungen Leute auf uns richtete. Sie kamen näher zu uns, und alle richteten zweifelnde Blicke auf mich. Der Sprecher hatte seine Rede beendet. Er schaute von oben zu mir.

»Ein Foto? Nein, ich habe keines dabei. Ja, ich weiß, dass ich meinem Bruder nicht sehr ähnlich sehe. Ich bin dreizehn Jahre älter als er. Aber schau mal, ich heiße auch Chen …« Ich zeigte den Leuten noch einmal meinen Ausweis.
»Chen? Das spielt keine Rolle. Bei uns heißen viele Chen. Das ist der am weitesten verbreitete Familienname in China, davon gibt es mehr als zehn Millionen!« Der kräftige Junge schob meine Hand zurück. Seine runden Augen wurden langsam schmal. »Du, ich glaube, dass du vielleicht ein Spion bist, ein Sicherheitsbeamter in Zivil!« Die Leute waren von seinen Worten beeindruckt. Viele schauten mich mit dem gleichen komischen Blick an wie er.
»Ich? Nein, nein! Ich bin kein Sicherheitsbeamter.« Ich schüttelte meine Hände abwehrend. Wie kam er zu so einem Eindruck über mich? Ich überlegte schnell, wie ich aussah. In dieser Nacht trug ich ein blaues T-Shirt und eine grüne lange Hose, gar nichts Besonderes!
»Hau ab!« Der Student mit dem roten Stirnband sprang herunter und schob seine Zuhörer zu beiden Seiten auseinander, sodass er direkt Auge in Auge mit mir stand. »Von solchen Lakaien, wie du es bist, haben wir heute schon zwei hinausgejagt. Geh! Raus hier!« Er schob mich mit beiden Händen weg. »Geh raus!« Viele Hände schoben mich jetzt nach draußen.
»Nein, ich bin kein Lakai! Ich bin kein Spion!«, sagte ich zu den jungen Leuten, während sie mich rückwärts nach draußen schoben. Niemand wollte meine Worte hören.
»Hast du Chen, Hai gesehen?«, fragte mich Zhou, Lin, als ich nach Hause zurückkam. Unser Sohn lag schon im Bett und war in seine Träume gesunken.
»Nein, Pech! Ich bin fast von den Studenten geschlagen worden.« Ich setzte mich neben sie auf das Bett und erzählte ihr die Geschichte.
»Du darfst nicht böse darüber sein, zurzeit gibt es einfach kein Vertrauen mehr. Weißt du was? An meine Uni kommen auch viele merkwürdige Leute. Sie sind bestimmt Polizisten in Zivil. Das Parteikomitee von oben will, dass alle Studenten an der Uni sind. Sie haben komischerweise eine Tanzparty im Saal organisiert.«
»Haben deine Studenten daran teilgenommen?«, fragte ich.
»Nein! Kein Einziger ist dort hingekommen. Viele wollen nur auf der Straße weiter demonstrieren. Ja, richtig! Mach den Fernseher an. Die

ganze Zeit werden nur die Bilder und Worte vom Bürgermeister wiederholt.«
»Gut.« Ich ging zum Apparat und schaltete ihn ein. Im Programm lief eine Sendung im Shanghai-Dialekt. »Meine jungen Studienkolleginnen und -kollegen. Sie müssen vernünftig und ruhig bleiben. Was in Peking passiert ist, muss irgendwann ganz klar erklärt werden.« Der Bürgermeister von Shanghai, Zhu, Rongji, sprach vor der Kamera. »Ich verstehe eure Forderungen und euer Verhalten. Doch auf einige Maßnahmen solltet ihr verzichten, weil unsere Stadt nicht gelähmt werden darf. Errichtet keine Straßensperren auf den Straßen der Vorstadt mehr. In Shanghai gibt es keine Panzer, keine militärischen Maschinen.
Weshalb tut ihr das also? Ihr sollt wissen: Wenn unser Rathaus die Straßensperren nicht beseitigen lässt, wird diese Zehnmillionenstadt im Nu unter Nahrungsmangel leiden. Ich bin ein legal gewählter Bürgermeister. Ich kann nicht zulassen, dass Familien keinen Reis mehr bekommen und Kinder keine Milch, weil der Transport blockiert wird. Morgen früh gehe ich selbst auf die Straße und werde mit eigenen Händen die Straßensperren beseitigen.« Er sprach gefühlvoll.
Zhu, Rongji, ein rechtschaffener Mann, machte sich echte Sorgen um seine Stadt. Als Politiker wusste er natürlich, wie kompliziert und gefährlich die Lage war. Was er selbst in diesem Land erlebt hatte, konnte man als gutes Lehrmaterial für die naive Jugend benutzen. Im Jahr 1957 wollte der Vorsitzende Mao alle seine Feinde im Kampf um die Macht finden. Dafür hatte er den Intellektuellen absolute Freiheit und Demokratie gegeben; jeder durfte die Partei und Maos Ideen kritisieren und seine eigene Meinung öffentlich äußern. Zhu, Rongji war in diese Falle gelaufen. Er hatte ein paar Worte geäußert, um die Führungsmaßnahmen und die Arbeitsmethode der Partei zu verbessern. Dafür wurde er als »Rechtsabweichler« gebrandmarkt. Zehn Jahre später, während der Kulturrevolution, musste er aus dem gleichen Grund zur Strafe fünf Jahre lang Schweine hüten. Das Wort »Schwein« ist im Chinesischen gleichlautend wie sein Familienname »Zhu«. Deshalb hatten die Rote Garde und die revolutionären Rebellen ihm diese Strafe gegeben, um ihn zusätzlich zu beschämen. Nach Maos Tod wurde Zhu, Rongji rehabilitiert. Jetzt stand er als Bürgermeister in dieser schwierigen Situation an vorderster Front, und dazu brauchte er

echten Mut. Seine Worte mussten sicher viele Leute beeindrucken, ebenso wie mich!
»Ich gehe morgen früh auch auf die Straße zum Räumen«, sagte ich zu Lin.
»Bist du verrückt? Hast du keine Angst mehr, geschlagen zu werden? Nein! Du bleibst hier!« Sie sorgte sich aus gutem Grund um mich.
»Weißt du was? Ich glaube, mein Bruder errichtet auch Straßensperren. Nicht weit von seiner Uni liegt ein wichtiger Verkehrsweg, den die Lieferwagen benutzen müssen, wenn die Nahrungsmittel in die Stadt gelangen sollen. Ich gehe morgen früh dorthin. Vielleicht kann ich ihn finden.«
»Gut. Dann komme ich auch mit.« Sie drehte ihr Gesicht zur Wand.
»Unsinn. Was ist mit She Da?« Ich dachte, dass sie nur im Ärger so sprach, deshalb vergaß ich ihre Worte gleich wieder.
Nach nur vier Stunden Schlaf stand ich leise wieder auf. Meine Frau und unser Sohn lagen noch tief schlafend im Bett. Ich verließ sie heimlich und fuhr mit dem Rad weg.
Im Juni war die Luft in Shanghai frühmorgens noch relativ kühl und frischer als im Hochsommer. Die Morgenröte sah aus, als hätte ein Maler sie neu an den Himmel gemalt, nur wurde die rote Farbe immer dünner und heller. Leider hatte ich keine Zeit mehr, dieses sich ständig verändernde Bild in Ruhe zu beobachten. Ich trat schneller und schneller in die Pedale. *Fu, fu, fu!,* strich mir der Wind um die Ohren. Auf der Straße war noch nicht viel Verkehr, es fuhr kaum ein Lastwagen vorbei. Mein Rad raste wie ein Geschoss unaufhaltsam vorwärts. Auf beiden Seiten flogen Häuser und Bäume an mir vorbei. Noch nie in meinem Leben war ich in so einem schnellen Tempo Rad gefahren. Die Fahrt dauerte ungefähr eine Stunde, dann musste ich bremsen. Vor meinen Augen stand eine riesige Mauer quer über der Straße, eine schreckliche Wand, die aus kaputten Autos, Reifen, Möbeln, Steinen und ähnlichem gebaut war. Sehr viele Menschen hatten sich hier versammelt.

Viele Studenten standen Arm in Arm eingehakt davor. Dahinter, hinter dieser Mauer, hielten etliche Lieferwagen; einer nach dem anderen, eine endlose Reihe. Normalerweise trafen sich hier die Wagenströme in Richtung Innenstadt, doch jetzt war alles blockiert. Alle Fahrzeuge

standen mit ausgeschalteten Motoren ganz ruhig auf der Straße. Nur die Menschen waren nicht ruhig. Sie schrien alle durcheinander.
»Was machen Sie hier? Bitte machen Sie die Straße wieder frei!« – »Junge Leute, wollt ihr das Gleiche wie in der Kulturrevolution wieder machen? Bitte nicht! Das war eine furchtbare Zeit. Ihr seid noch jung, ihr habt so etwas noch nicht erlebt.« – »Wir sind auf eurer Seite. Wir brauchen auch Freiheit und Demokratie. Wir hassen diese unmenschliche Regierung auch. Aber warum sperrt ihr die Straße?« Viele Bürger aus der Stadt und die Fahrer der Lieferwagen redeten auf die Studenten ein.
»Wir müssen diese staatlichen Organe zerstören.« Die Studenten äußerten ebenfalls ihre Meinung. »So viele Studienkollegen wurden in Peking getötet. Wir müssen diese Stadt und dieses Land lähmen, damit die böse Regierung zu Fall gebracht wird.«
»Aber Sie verhindern den Transport von Nahrungsmitteln. Wollen Sie, dass unschuldige Bürger verhungern?«, fragte eine ältere Dame. Sie bekam keine Antwort von dem Jungen, der gegenüber stand und Arm in Arm mit den anderen Studenten die »Straßenmauer« beschützte.
»Genossinnen und Genossen. Meine Damen und Herren.« Ein Junge stand auf der Mauer aus Müll und sprach durch das Megafon zu den aufgeregten Leuten. Er trug ein rotes Band um den Kopf, wie bei den anderen jungen Revolutionären waren seine Körpersprache und seine Stimme voller Kampfenergie. Mit der linken Hand hielt er das Megafon vor den Mund, während er die rechte Faust immer wieder hoch in die Luft stieß. »Bitte, hört alle in Ruhe meine Worte an. Was wir heute hier getan haben, dazu wurden wir nur gezwungen. Das heißt: Das Volk wird von der Obrigkeit zur Rebellion gezwungen. Wir Studenten wollten eigentlich nur dafür demonstrieren, dass Freiheit und Demokratie in dieses Land gebracht werden und die Korruption der Beamten bekämpft wird. Doch was hat diese Regierung gemacht? Sie hat befohlen, dass unsere Kollegen in Peking durch Panzer getötet werden. Sie hat die Volksbefreiungsarmee gezwungen, auf das eigene Volk zu schießen. Darf so eine Regierung noch an der Macht bleiben?«
»Nein!«, schrien fast alle Zuhörer.
Ich kämpfte mich mit meiner ganzen Körperkraft durch die versammelten Menschen nach vorne. Ich musste das tun, weil die Stimme des Redners mir nicht unbekannt war! Ich drängte mich immer weiter

nach vorne, und die Leute machten mir unwillig Platz. Manche beschimpften mich.
Aber ein Mann zwängte sich gleich neben mir ebenfalls durch. Gleichzeitig sprach er in seine geöffnete Jacke. »Gut, zu Befehl. Ich bringe ihn aufs Revier.« Diese Worte ließen mich genau hinhören. Ich konnte sehen, dass er in seiner blauen Jacke ein Gerät mit Antenne versteckte. Ich drückte ihn mit den Schultern zur Seite und drang allein durch die Menschentraube vorwärts.
»Meine Damen und Herren.« Der Student sprach weiter in sein Megafon. Jetzt war ich ganz sicher, dass es Chen, Hai war. Nur wegen des roten Bandes um seinen Kopf hatte ich ihn zuerst nicht wiedererkannt. Mein Herz schlug wie verrückt. Ich hatte solche Angst um ihn.
»Diese Regierung ist am Ende. Aber die Machthaber wollen das Volk illegal weiter beherrschen. Dagegen müssen wir etwas tun. Wir müssen zuerst die veraltete Staatsmaschine zerstören, meine Damen und Herren.« Chen, Hais Stimme klang jetzt viel gefühlvoller. Alle Leute, egal ob Studenten ober Stadtbewohner, wandten sich ihm mit voller Aufmerksamkeit zu. Es wunderte mich sehr, dass er so eine Redefähigkeit besaß. »Sie! Sie sollen nicht glauben, es wäre unnötig, diese Straßensperre zu bauen, nur weil auf den Straßen von Shanghai bis jetzt noch keine Panzer fahren. Nein. Das sollen Sie nicht glauben! Weil wir nämlich diese Sperre für eine bessere Zukunft gebaut haben, weil wir sie für Freiheit und Demokratie gebaut haben. Bitte, halten Sie noch eine kurze Zeit aus, bis die Stadt gelähmt ist, bis alle behördlichen Funktionen nicht mehr funktionieren und diese böse Regierung der Macht enthoben ist. Dann lasst uns zusammen das neue und freie China begrüßen.«
Viele Zuhörer, besonders die jungen Leute, spendeten ihm Beifall. Er stieg von der Barrikade herunter. Vielleicht hatte er mich schon gesehen, denn er kam jetzt direkt auf mich zu. Ich bemühte mich, durch die Menschen hindurch zu ihm zu gelangen.
»He, du! Du bist toll! Sehr beeindruckend, sehr beeindruckend. Deine Rede war erste Klasse.« Plötzlich tauchte der Mann in der blauen Jacke vor mir auf. »Wie heißt du? An welcher Universität studierst du?« Der Mann hatte Chen, Hais Hand schon fest im Griff. Er hatte ganz kurze Haare und eine sehr kräftige Figur. »So, gehen wir zur Seite, hier sind zu viele Leute. Wir müssen einander kennenlernen. Du bist wirklich

der Beste!« Er zog meinen Bruder nach rechts zur Seite. Ich sah, dass dort ein Jeep wartete. Zwei große Männer standen daneben und schauten zu meinem Bruder hin, der von dem Geheimpolizisten mit schönen Worten immer näher zu ihnen gezogen wurde.

»He, Da Lee! Seit wann bist du hier? Warte! Ich komme bald zu dir zurück!«, rief Chen, Hai mir zu, als er an mir vorbei kam, von diesem Typen fest am Arm gehalten. Auf Hais Gesicht zeigte sich ein zufriedenes Lachen.

»Warte, bleib stehen!« Ich hielt seine Hand mit aller Kraft fest.

»Nein, gehen wir weiter.« Dieser Mann zog meinen Bruder immer weiter. »Du hast mich durch deine Worte sehr stark beeindruckt, du musst mir auf jeden Fall noch etwas beibringen. In meinen Augen bist du ein echter Held.«

»Was für ein dummer Held! Wirst du wohl sofort diese Straßensperre entfernen!«, schrie ich meinen Bruder an.

»Was? Was hast du gesagt?« Chen, Hai blieb stehen. Er schaute mich ganz erstaunt an, als ob er mich nicht mehr wiedererkennen würde.

»Ihr sollt die Straße wieder frei machen!« Ich schob ihn mit beiden Händen zu der Sperrmauer zurück und drückte gleichzeitig den Mann in der blauen Jacke zur Seite, um ihn von meinem Bruder zu trennen.

»Bist du verrückt?« Hai schob mich zurück. Er schrie so laut, dass alle Leute ihre Aufmerksamkeit auf uns richteten.

Pa!, gab ich ihm eins hinter die Ohren. Es war das erste Mal im Leben, dass ich ihn schlug. Ich wusste selbst nicht, warum ich das tat, auch noch vor den Augen aller Leute. Aber etwas wollte ich auf jeden Fall tun, um die Katastrophe zu verhindern, die auf uns zukam.

»Du … du …« Chen, Hai riss seine Augen auf. Mit der rechten Hand hielt er sich die rote Wange. Er konnte nicht genau verstehen, was zwischen uns passiert war.

»Schlagt diesen Lakaien kaputt!« – »Ja, macht ihn fertig!« Einige Jungen rannten mit Stöcken auf mich zu.

»Halt! Er ist mein Bruder.« Chen, Hai hielt seine Kameraden mit geöffneten Armen zurück.

»Entfernt die Sperre!« »Ja, wir wollen weiterleben!« Viele Bürger standen plötzlich neben mir. Blitzschnell hatten sich ungefähr hundert Menschen in zwei Gruppen aufgeteilt. Wie zwei feindliche Armeen standen wir Auge in Auge, alle mit verkrampften Gesichtern.

Die Sonne stand über uns, das heiße Licht ließ uns nass werden, Schweißtropfen liefen uns über Gesicht und Körper, aber niemand kümmerte sich darum. Alle blieben still stehen, bewegungslos, obwohl die Kampfenergie schon von innen nach außen brannte. Doch es konnte etwas passieren. Es musste etwas passieren! Diese Ruhe war nur die Stille vor dem Gewittersturm.

»Onkel!« Eine Kinderstimme klang ganz klar und laut durch die Stille – She Da!

Dieser Kleine lief einfach zwischen beiden Gruppen hindurch zu Chen, Hai. In seinen Händen hielt er eine leere Milchflasche. Meine Frau ging hinter ihm her.

»Du! Warum kommst du hierher?« Chen, Hai nahm She Da auf den Arm.

»Ich habe schon zwei Tage lang keine Milch mehr getrunken.« Er schüttelte die leere Flasche mit beiden Händen. Damals gehörte Milch noch zu den Planversorgungslebensmitteln. Nur Kinder und Ältere erhielten sie mit Lebensmittelkarten.

»Was? Was hast du gesagt? Das war doch bestimmt deine Idee, She Da so etwas sagen zu lassen«, fragte mein Bruder seine Schwägerin. Seine Stimme zitterte. Er wusste natürlich, welche Wirkung der Auftritt meines Sohnes haben konnte. Und tatsächlich ließen einige der Jungen schon ihre Stöcke nach unten sinken. Die angesammelte Kampfenergie löste sich auf beiden Seiten langsam auf.

»Junge Leute! Sie sollen meine Worte hören. Ich bin Lehrerin in einer Berufsschule.« Eine Frau ging auf die Studenten zu. »Wir haben sehr viel Sympathie für euch. In Wirklichkeit sind wir in weiten Teilen der gleichen Meinung wie ihr. In diesem Land muss viel verbessert werden. Die Frage ist, wie? Mit extremen Methoden wie den euren, einfach die Stadt zu sperren, wen ereilt da zuerst die Katastrophe? Natürlich die normalen Bürger. Wollt ihr wirklich Kinder wie ihn verhungern lassen?« Sie strich meinem Sohn über den Kopf. »Ihr dürft nichts Dummes machen. Beim Kämpfen soll man auch die richtigen Methoden benutzen.«

»Soll das Blut unserer Studienkollegen umsonst geflossen sein? Und die Täter, diese Regierung, sollen die nicht bestraft werden?«, fragte eine Studentin mit rundem Gesicht.

»Natürlich habt ihr recht. Aber wen freut das wohl, was ihr hier tut?«, fragte ein alter Mann. »Ja, außer der Empörung Ausdruck zu verleihen, spielt es gar keine Rolle.«

»O doch! Sie schaffen viele Probleme zwischen den Menschen! Sie sind jung, Sie haben die Kulturrevolution nicht miterlebt. So eine Zeit ohne Ordnung und Gesetz darf nie wieder zurückkommen«, sagte die Lehrerin.

»Wir wollen nur für Gerechtigkeit und ein neues China kämpfen. Das hat mit der Kulturrevolution überhaupt nichts zu tun!«, warf mein Bruder ein.

»Gut! Für das neue China! Zuerst hört ihr bitte mit diesen Dummheiten auf, über die der Volkszorn hochkochen könnte. Bitte macht Platz.« Diese Frau ging einfach durch die Schutzmauer hindurch, die die Studenten mit ihren Körpern geschaffen hatten und die jetzt schon aufgelockert war. Viele Leute folgten ihr. Gemeinsam gingen sie zur nächsten Mauer und begannen, sie mit eigenen Händen abzubauen.

»Ihr beiden, passt gut auf euch auf«, sagte ich zu meiner Frau und meinem Sohn und ging, um den anderen bei ihrer Arbeit zu helfen.

Immer mehr Leute kamen dazu, um die Sperre wegzuräumen, darunter auch Studenten. Neben mir zog jemand einen kaputten Stuhl aus dem Haufen. *Pa!*, warf er ihn mit großer Kraft zur Seite. Nun sah ich, dass es mein Bruder war. »Hai, Hai! Chen, Hai! Du musst sofort weg hier.«

»Lass mich in Ruhe!« Er war ziemlich böse auf mich.

»Hai, hör bitte auf mich. Geh weg von hier!« Ich hielt ihn mit beiden Händen an der Schulter fest. Er war bereits größer als ich, und auf seiner Oberlippe zeigten sich die ersten schwarzen Barthaare. Doch seine glatte Haut und sein unschuldiger Blick sagten mir, dass er noch ein Kind war.

»Hai, du weißt, dass ich dich vorher noch nie geschlagen habe. Ich schulde dir eine Ohrfeige. Du darfst sie mir zurückgeben. Ich erkläre dir nachher alles. Aber jetzt gehst du sofort nach Hause!«

»Geh weg von mir!« Chen, Hai schob mich zur Seite und wollte weitermachen.

»Du gehst sofort nach Hause. Mutter ist schlimm krank. Sie wartet nur noch auf dich, bevor sie …«

»Was?« Mein Bruder war vollkommen überrascht und kam einen Schritt

auf mich zu. »Ist das wahr? Warum hast du mir das nicht vorher gesagt?«
»Nimm bitte mein Fahrrad und fahr jetzt, schnell!« Ich brachte ihn zu meinem Rad und wartete, bis er auf der Straße nicht mehr zu sehen war, dann ging ich wieder zurück, um weiter aufzuräumen. Ich hatte ihn belogen, obwohl es mir schwergefallen war. Und ein paar Minuten später musste ich wieder lügen.
»Hallo, Genosse, wo ist dein Bruder?« Der Mann in der blauen Jacke tauchte vor mir auf. Er schwitzte sehr stark, über seinen kurzen Haaren stand eine Dampfwolke. Auf der blauen Jacke waren viele Schmutzspuren zu sehen. Bestimmt hatte er auch beim Aufräumen geholfen.
»Mein Bruder? Der ist bestimmt dort.« Ich zeigte auf die große Menschenansammlung.
»Gut! Ich möchte gerne in Kontakt mit deinem Bruder kommen. Kannst du mir helfen?« Er lachte mich sehr nett an.
»Ja, natürlich! Er heißt Wang, Min Lin und studiert an der medizinischen Fakultät von Shanghai im sechsten Semester«, antwortete ich.
»Gut, gut! Danke schön!« Er notierte alles in seinem kleinen Buch.
»Hong!« Die Leute jubelten plötzlich, viele spendeten Beifall. Wir schauten in ihre Richtung und sahen, dass die Straßensperre schon ganz abgeräumt war. Ein Lastwagen nach dem anderen fuhr mit seiner Ladung aus Nahrung und Gemüse langsam an uns vorbei in Richtung Stadtzentrum.
Ich suchte Zhou, Lin. »Das habt ihr sehr gut gemacht. Jetzt gehen wir nach Hause.« Ich nahm meinen Sohn auf den Rücken. Der Kleine hielt immer noch die leere Milchflasche in den Armen. Gemeinsam gingen wir zur Busstation. Auf dem Weg rief ich meine Mutter aus einer Telefonzelle an. Ich erzählte kurz, was passiert war, und trug ihr auf, dass sie meinen Bruder auf jeden Fall zu Hause festhalten sollte, wenn er kam. Am besten einige Tage lang! In welche Gefahr hatte er sich begeben!
Einige Zeit später erfuhr ich, dass an diesem Tag an anderen gesperrten Straßen viele junge Leute heimlich festgenommen worden waren. Einige von ihnen wurden vom Gericht sogar zum Tode verurteilt, wegen »Störung der öffentlichen Sicherheit und Sabotage«.

Eine große Demonstration war blutig unterdrückt worden. Gegen die Studenten, die in Peking mit bloßen Händen gekommen waren, hatte die Regierung zehntausende bis an die Zähne bewaffnete Soldaten und tausend Panzer geschickt. Das war ein ganz ungleicher Kampf. Zum Schluss hatte die Regierung gewonnen, aber nur auf der Straße. Auf der politischen Seite hatte sie verloren.

Seit dem 4. Juni 1989 stand diese Regierung am Pranger. Sie wurde zur Zielscheibe für Kritik aus der ganzen Welt, und fast alle westlichen Länder verhängten Sanktionen gegen die chinesische Regierung. Man hoffte, dass diese Regierung bald zerstört würde.

Und sie sollte zerstört werden. Die kommunistische Idee von Karl Marx wurde weltweit fallengelassen. Die früheren sozialistischen und kommunistischen Länder veränderten ihre Systeme und näherten sich den westlichen Ländern an. Die kommunistischen Parteien verloren eine nach der anderen ihre Macht und kamen zu Fall, wie die Steine bei einem Dominospiel, die alle fallen, wenn der erste angestoßen wird.

Die chinesische Regierung stieß auf große innen- und außenpolitische Probleme, sie begann zu sinken wie ein angeschlagenes Schiff voller Wunden und Beulen. Doch gerade in diesem Moment fand sie den rettenden Strohhalm: Das war der Wunsch des Volkes nach Stabilität. Unter der Regierung des Vorsitzenden Mao hatte es zu viele revolutionäre Bewegungen gegeben, die er alle im Kampf für seine Macht durchgeführt hatte, und die Chinesen hatten deswegen eine lange Zeit in politisch unruhiger Lage gelebt. Das hatte die Nation erschüttert. Die Menschen lebten immer in Angst davor, dass es wieder zu solch einer Katastrophe kommen könnte. »Stabilität ist in China jetzt wichtiger als alles andere. Die kommunistische Partei ist bereits in der Lage, dieses Land in großer Ordnung zu führen.« So propagierte das Zentralkomitee im ganzen Land.

»Wir sollten uns mit dem Zentralkomitee der Partei solidarisieren«, verlangte der Manager und Parteisekretär unserer Firma während einer Firmensitzung.

»Oh! Er ändert sehr schnell seine Meinung. Letzte Woche hatte er noch große Sympathie für die Studenten«, flüsterte mir ein Kollege zu.

»Wir sollten uns auch ideologische Klarheit verschaffen«, fuhr der Manager fort. »Überlegen Sie: Wenn China von einem Tag auf den ande-

ren plötzlich verändert würde, so wie es in Russland und anderen osteuropäischen Ländern passiert ist, dann hätten wir zwar genug Demokratie und Freiheit, aber nicht mehr genug zu essen. Die ganze Wirtschaft ist kaputt. China ist so groß, wer könnte uns helfen, wenn es in unserem Land solche Probleme gäbe? Übrigens erinnern mich diese heißblütigen, kämpferischen Studenten zu sehr an die Kulturrevolution. Ja, ich weiß, das ist ein ganz anderes Thema…« Der Manager strich sich über seinen runden Kopf und suchte nach passenden Worten, um seine Angestellten zu überzeugen. »Ja, natürlich soll man das nicht so vergleichen. Aber unser Land braucht dringend Ordnung und Stabilität. Hier sind einige Papiere. Nach der Sitzung kommen alle Abteilungsleiter zu mir und holen sich die Papiere ab. Die Angestellten sollen sie unterschreiben. Sie wissen, dass die Partei in ganz China Unterstützung für die Stabilität fordert. Unsere Firma macht internationale Geschäfte und hat viel Kontakt zu Westländern. Deshalb spielt es hier eine große Rolle, ob wir ideologische Klarheit zum zentralen Komitee haben oder nicht.«
Ich holte mir den Zettel nicht ab. Meine beiden Kollegen und ich gingen schweigend in unser Büro. Eine Stunde später kam der Manager zu uns. »Herr Chen, warum haben Sie das Papier nicht genommen? Einige Abteilungen haben ihre Zettel schon abgegeben.« Er legte den Zettel auf meinen Tisch. »Ich…ich muss Ihnen sagen, dass in diesem Büro jeder unterschreiben muss, sonst darf die ganze Abteilung nicht weiter in Auslandsangelegenheiten arbeiten. Das ist die Meinung meiner Vorgesetzten. Sie sollten sich gut überlegen, was Sie tun.« Er ging und ließ das Papier zurück.
Ich nahm es langsam zur Hand. »Hört gut zu, ihr beiden, ich lese es vor«, sagte ich zu meinen Kollegen, die schweigend dasaßen. »Wir, alle Angestellten dieser Firma, sind auf der Seite unserer Regierung. Wir unterstützen tatkräftig die Entscheidungsmaßnahmen des zentralen Komitees in Peking… Man hat den Willen des Volkes vergewaltigt.«
»Was? Was bedeutet das?«, fragte mich Wu erstaunt. »Kannst du den letzten Satz noch einmal wiederholen?«
»Oh, Entschuldigung. Das waren meine Worte, ich meine, der letzte Satz!«, erklärte ich ihm schnell.
»Das sind auch meine Worte.« Wang, Dan sprang wie ein Affe zu mir

hin und nahm das Papier in die Hand. *Ka la la!,* knüllte er es zu einem kleinen Ball zusammen und warf es in den Papierkorb in der Ecke.
Wir schwiegen alle drei. Schweigen! Es war das bevorzugte Verhalten in dieser Zeit. Das ganze chinesische Volk schwieg. Man äußerte seine Meinung nicht mehr, weil sie keine Rolle spielte und sogar große Schwierigkeiten bringen konnte, solange wir von den staatlichen Verrichtungsmaschinen unterdrückt wurden. Alle Münder wurden zugemacht, alle Flammen des Zorns bedeckt. Schweigen. Das war die Waffe der Nation nach dem blutigen Zwischenfall auf dem Tiananmen-Platz. China war ruhig. Die Regierung spürte die Gefahr, die von dieser Ruhe ausging, wie nach einem großen Vulkanausbruch. Um den nächsten größeren Ausbruch zu vermeiden, musste sie jetzt äußerst dringend etwas Besonderes tun, um mit allen Möglichkeiten zu propagieren, dass diese kommunistische Partei noch in der Lage war, das Land zu führen. Das Volk hielt nur Schweigen dagegen, ebenso wie wir drei Männer.
Die ganze Zeit schwiegen wir, auch am nächsten Tag. Wir saßen hinter unseren Schreibtischen, und während der acht Stunden Geschäftszeit redete keiner von uns etwas. Erst als Feierabend war, sagte Wu etwas. »He, ihr beiden. Ich, ich will euch heute zum Abendessen einladen.«
»Heute? Nein! Ich habe keine gute Laune. Lieber nicht!« Wang, Dan schüttelte seinen Kopf, ebenso wie ich.
»Ich, ich habe schon im Restaurant ›Frühling‹ reserviert.« Wangs Stimme klang flehend. »Bitte, kommt mit mir, sonst verliere ich mein Gesicht. Das ist meine erste Einladung! Enttäuscht mich bitte nicht. Kommt bitte! Ich bezahle auch das Taxi.«
Was hätten wir dagegen sagen können? Ein paar Minuten später saßen wir schon zusammen im Wagen.
Das Restaurant »Frühling« befand sich in einer kleinen Geschäftsstraße im Süden von Shanghai. »Nicht weit von hier ist meine Wohnung. Das Lokal ist bekannt für seine Fischspezialitäten«, erzählte uns Wu, als wir am Tisch saßen. Er wirkte viel lockerer als in der Firma, als ob er etwas erreicht hätte. »Die Fischsuppe mit Tofu ist erste Klasse!«, empfahl er seinen Gästen. »Ja, die nehmen wir auf jeden Fall!«, sagte er dann zu der Kellnerin, die mit Zettel und Kugelschreiber neben uns stand. »Und das noch! Das! Das und das! Ja, von allem einen großen Teller.

Wir brauchen noch eine gedünstete Schildkröte. Ja, das schmeckt bestimmt gut.« Wus Finger bewegten sich vor den Augen der jungen Frau, die schon zwei Zettel vollgeschrieben hatte, auf der Speisekarte hin und her.
»Genug, genug!«, mischte ich mich ein. »Um diese Zeit habe ich nicht so viel Appetit.«
»Da Lee, das muss nicht sein. Junger Mann, eines sollst du wissen: Dein Leben gehört nur dir. Egal, was in dieser Welt passiert, du musst zuerst etwas Gutes für dich tun. Versuche einfach, bei jeder Gelegenheit zu genießen.«
»Ja, richtig! Davon bin ich auch überzeugt«, sprach Wang, Dan dazwischen. Seine Laune schien sich schon gebessert zu haben. »Es heißt immer, dass man heute trinken soll, wenn man einen Wein in der Hand hat, und nicht daran denken soll, was morgen passiert.«
»O.k.! Dann lasst uns alles Schlechte über Bord werfen. Danke für deine Einladung«, wandte ich mich an Wu.
»Noch zwei, nein, drei Flaschen Shaoxing-Reiswein, bitte!«, bat er die Kellnerin.
Nach einer halben Stunde bog sich unser Tisch unter den verschiedenen Speisen. Eine weitere halbe Stunde später waren sie zum großen Teil schon wieder in unseren Mägen verschwunden. Langsam nahm keiner von uns mehr die Stäbchen in die Hand, denn wir waren alle bis zum Hals voll. »Wollt ihr noch etwas haben, vielleicht einen Nachtisch?«, fragte uns der Gastgeber.
»Nein, nein, nichts mehr, danke!«, antworteten Wang, Dan und ich.
»Gut, ich ... ich will euch jetzt um etwas bitten.« Er holte ein Papier aus der Tasche und legte es auf den Tisch. Dann strich er mehrmals mit der Hand darüber, um es zu glätten.
Ich erkannte das Papier wieder. Es war die Standpunkt-Erklärung, die Wang, Dan in den Papierkorb geworfen hatte. Ich hatte nicht bemerkt, dass Wu sie wieder herausgeholt hatte.
»Ihr ... ihr wisst ja, dass wir unsere Arbeit nicht mehr fortführen dürfen wie bisher, wenn ihr nicht unterschreibt. Ich ... ich finde das sehr schade.«
»Na und? Wir können auch eine andere Arbeit machen«, sagte Wang, Dan.
»Ja, natürlich. Aber wenn wir den Bereich mit den Auslandsgeschäften

verlieren, verdienen wir auch viel weniger. Man hat dann auch keine Zukunft mehr in der Firma. Ich ... ich weiß, dass es für euch sehr schwer ist.« Wus Stimme klang sehr traurig. Auf seinem glatten Kopf zeigten sich schon viele Schweißtropfen. »Bitte, tut es als Hilfe für mich. Ich ... ich bin nicht mehr so jung wie ihr beide. Zu Hause habe ich drei Kinder ...«
Wir schwiegen wieder. Wus Forderung hatte uns in die unangenehme Realität zurückgebracht. Darauf konnten wir nur schweigen. Die riesige Lust am Reden war plötzlich aus unserem Mund verschwunden, so wie die vielen Speisen und der Schnaps, die wir in unsere Bäuche geschluckt hatten. Im Lokal war es ganz ruhig. Die Kellnerin kam an unseren Tisch. »Haben Sie noch einen Wunsch?«, fragte sie leise. Sie erhielt keine Antwort.
»Gut, ich unterschreibe, aber nur deinetwegen.« Wang, Dan unterbrach als Erster die Stille. »Ich werde dieses Scheißland sowieso verlassen und nach Amerika gehen.«
»Du gehst nach Amerika? Wann denn?« Ich wunderte mich etwas.
»Ja, ich habe dort Verwandte. Jetzt beantrage ich das Visum, und in einem Jahr bin ich wahrscheinlich weg. Dann sage ich ›Auf Wiedersehen‹ zu diesem undemokratischen Land ohne Freiheit.« Dann schrieb er seinen Namen mit so großer Kraft auf das Papier, dass es fast zerrissen wäre.
»Da Lee, du solltest das Gleiche tun. Verlasse einfach dieses Land, dann hast du bestimmt eine bessere Zukunft«, sagte Wu zu mir, während er mir das Papier zuschob.
»Das will ich natürlich. Man hört viel darüber, wie gut das Leben in den westlichen Ländern ist. Ich hoffe, dass ich in diesem Leben wenigstens einmal freie Luft atmen kann. Aber wie denn? Ich habe keine Verwandten in Amerika.« Ich schüttelte den Kopf.
»Warum versuchst du nicht, nach Deutschland zu kommen? Du hast doch europäische Literatur studiert. Übrigens ist unser Geschäftspartner, Herr Schmidt, ganz begeistert von deinen Fähigkeiten im Qi Gong. Er möchte dich gerne nach Deutschland einladen.« Wang, Dan warf mir eine Zigarette zu und nahm sich ebenfalls eine. Dann gab er uns beiden Feuer.
»Herr Schmidt?« Ja, ich erinnerte mich an ihn. Das war ein Unternehmer mit blondem Haar und kräftiger Statur, der vor drei Jahren für

kurze Zeit mit seiner Sekretärin aus Düsseldorf nach Shanghai gekommen war. Bei einer Geschäftssitzung in unserer Firma hatte die schlanke Sekretärin, die hellblaue Augen und hellbraunes Haar hatte, die ganze Zeit kein Wort gesagt und ihr Gesicht schmerzhaft verzogen.
»Sie leidet an Migräne«, hatte uns Herr Schmidt erklärt.
»Lassen Sie bitte Herrn Chen helfen. Er ist auch ein Qi-Gong-Meister und kann sie behandeln«, sagte unser Manager auf Englisch und zeigte auf mich.
Die beiden Deutschen sahen mich zweifelnd an. Vielleicht aus Höflichkeit nickten sie.
Diese Aufgabe war mir ein Leichtes. Solche Kopfschmerzen hatte ich schon öfters mit Qi Gong behandelt. Ich ging zu der Frau und hielt meine Hand zwanzig Zentimeter über ihren Kopf, während ich Qi auf sie übertrug.
»Jetzt ist es viel besser!«, sagte sie drei Minuten später erstaunt zu ihrem Chef.
»Interessant, sehr interessant. Er hat dich gar nicht berührt…« Herr Schmidt zweifelte immer noch.
»Probier es selbst einmal. Unter seiner Hand spürt man ein starkes Stromgefühl. Es kribbelt!« Sie setzte ihre Brille auf. »Wenn ich Kopfschmerzen habe, darf ich sie nicht tragen, sonst werden die Schmerzen noch schlimmer. Jetzt ist es schon gut. Ich bin befreit. Danke schön!«, sagte sie zu mir. Sie trug eine rahmenlose Brille.
»Ich habe hohen Blutdruck. Können Sie mir dagegen auch helfen?«, fragte Herr Schmidt, nachdem er die Wirkung des Qi unter meiner Hand gespürt hatte.
»Ja. Kommen Sie beide bitte nachher in mein Büro.« Ich wusste, dass Probleme wie Migräne und hoher Blutdruck besser durch eigene Qi-Gong-Übungen der Patienten zu lösen waren. Chronische Krankheiten kann man durch das Verstärken von Lebensenergie mit Qi-Gong-Übungen heilen. Durch eine tausend Jahre alte Geschichte gibt es in unserem Land in diesem Bereich einen großen Schatz an Erfahrung und Wissen. Nach der Sitzung zeigte ich den beiden, wie man selbst Qi-Gong-Übungen machen kann.
Einige Zeit später erhielt ich ein Fax von Herrn Schmidt aus Deutschland. Er schrieb, dass sein Blutdruck sich durch die täglichen Qi-Gong-Übungen schon normalisiert hatte, und auch seine Sekretärin hatte

nur noch sehr selten Kopfschmerzen. Er wollte mich gerne nach Deutschland einladen, um dort die chinesische Heilkunst wie Qi Gong zu verbreiten …

Doch damals hatte ich sehr viel zu tun, und es war kurz nach der Geburt meines Sohnes, sodass ich seine Einladung nicht angenommen hatte. Aber jetzt war es in China wie in der Hölle, die alle sofort verlassen wollten …

»Gut! Ich werde es versuchen. Herr Schmidt hat mir geschrieben, dass ich mit Qi Gong in Deutschland eine gute Zukunft haben könnte. In diesem dunklen Land gibt es nicht mehr viel, was man vermissen würde«, sagte ich zu den beiden Männern.

»Das ist die richtige Entscheidung! Du als junger Mann solltest dich überall häuslich niederlassen können.« Wu klopfte mir auf die Schulter. »Leider bin ich dafür schon zu alt. Ich … ich kann euch nur beneiden.« Ich spürte etwas Fremdes in meiner Hand. Es war ein Kugelschreiber, den er mir gegeben hatte.

»Gut! Ich unterschreibe. Aber ich tue das nur für dich.«

»Danke, vielen Dank!« Wu schob das Papier auf dem Tisch mit beiden Händen ganz vorsichtig noch näher zu mir. In seinen Augen leuchtete ein Hoffnungsblitz auf.

Meine rechte Hand zitterte schon. Der Kugelschreiber hing schwer wie ein Hammer in meinen Fingern. Nur mit Hilfe des Alkohols gelang es mir, die schwere Entscheidung zu treffen.

Sa, sa, sa. Endlich erschien mein Name unter meiner Hand auf dem zerknitterten Papier. »Noch eine Flasche Wein, bitte!«, schrie ich fast schon. Gleichzeitig schob ich den Zettel schnell von mir weg.

»Danke! Vielen Dank! Ich weiß, dass das schwer für euch ist. Leider muss man sich in diesem Land oft gegen den eigenen Willen verhalten, sonst hat man keine Möglichkeit zu überleben. Kommt! Lasst uns weitertrinken!« Wu packte das Papier wieder in seine Tasche. Dann goss er unsere Gläser voll mit dem dunkelroten Wein.

»Für die Studenten, die in Peking erschossen wurden.« Wang, Dan nahm ein Glas in die Hand. »Ja, für die Studenten.« Unsere Gläser trafen aufeinander. *Pa!* Durch das kräftige Anstoßen spritzte die rote Flüssigkeit auf unsere Hände.

»Schade! Die Studenten sind alle umsonst gestorben. Ihr Blut ist sinnlos geflossen«, sagte ich zu den Männern, aber auch zu mir selbst.

An diesem Abend betranken wir drei Männer uns im Lokal. Wir waren sehr traurig über unser Land. Wir waren auch sehr traurig über uns selbst, weil wir wie die anderen chinesischen Normalbürger gar nicht in der Lage waren, etwas dagegen zu tun. »Sie sind umsonst gestorben. Die Studenten sind umsonst gestorben.« Immer wieder wiederholten wir diese Sätze. Wir drei waren keine Historiker, keine Politiker und auch keine Philosophen. Unsere Sicht der Welt war im normalen und bürgerlichen Kreis begrenzt.

Sind die Studenten tatsächlich umsonst gestorben? Nein! Die Geschichte hat eine klare Antwort gegeben. Vom Tag des Zwischenfalls an war China wie mit einer riesigen Alarmglocke geweckt worden. Die blutige Tat des Staates brachte die Chinesen dazu, das wahre Gesicht der Kommunisten genau anzusehen. Als Folge wurden die Utopien von Karl Marx und dem Vorsitzenden Mao verworfen und die freie Marktwirtschaft aufgenommen, die in diesem Land früher ganz stark kritisiert und verfolgt worden war. Die Wirtschaft explodierte, denn China ist eine der fleißigsten Nationen. Es musste nur befreit werden, zunächst einmal im wirtschaftlichen Bereich. So kam es zum chinesischen Wirtschaftswunder.
Und die Machthaber, die das Land lange Zeit diktatorisch geführt hatten, bemerkten jetzt endlich, wie groß die Gegenkraft und die politische Gegenbewegung hier war. Sie saßen auf einem Vulkan. Um die nächste Explosion zu vermeiden, mussten sie nach dem Wunsch des Volkes handeln. Von diesem Tag an wurden in China zahlreiche korrupte Beamte festgenommen und verurteilt. Diese Maßnahme diente natürlich in erster Linie dazu, die bestehenden Machtverhältnisse zu bewahren, aber das Volk wurde einigermaßen beruhigt. So war eines der Ziele der damaligen Demonstration erreicht worden, die von der Regierung mit Panzern und Feuerwaffen aufgelöst worden war.
Bald, sogar sehr bald nach der blutigen Tat vom Tiananmen-Platz in Peking wurde eine Mauer niedergerissen. Diese Mauer lag zwischen Ost- und Westberlin. Sie galt als uneinnehmbar. Aber sie wurde schon erschüttert, als die Ostberliner in einem Demonstrationszug Schulter an Schulter auf sie zumarschierten und dabei fast die gleichen Losungen schrien wie die Studenten in Peking. Sie verlangten Freiheit und Demokratie. Alle Aufmerksamkeit der Welt richtete sich von Peking

nach Berlin. Jetzt standen die Beschützer der Mauer – die DDR-Regierung und das bis an die Zähne bewaffnete Militär – vor einer Frage: Wollten auch sie ein Blutbad wie in Peking riskieren, um den Ansturm der Massen zu verhindern? In diesem Fall würden sie ebenfalls an den Pranger der Öffentlichkeit gestellt.
Die Berliner Mauer fiel im November, ohne Blutvergießen.

Die jungen Studenten, die am 4. Juni 1989 auf dem Platz und auf der Straße erschossen wurden, waren nicht umsonst gestorben! Sie haben ihr Blut für Demokratie und Freiheit, diese grundsätzlichen Menschenrechte, bezahlt. Sie genießen ewigen Ruhm!

11

Es war Anfang März 1992. In dieser Nacht regnete es ziemlich stark. Der Wind ließ die Regentropfen gegen die Scheiben der Fenster prasseln, und in der ganzen Wohnung hörte man das laute Geräusch.
»Da Lee, hast du gehört? Es hat an die Tür geklopft«, flüsterte mir Zhou, Lin ins Ohr. Genau wie ich konnte sie nicht schlafen, obwohl wir schon lange im Bett lagen.
»Nein, das ist unmöglich. Vielleicht ist das Fenster im Flur noch offen. Lass mich einmal nachschauen.« Ich stand auf und ging im Schlafmantel zur Tür. »Wer sind Sie? Was machen Sie hier?« Ich war vor Schreck völlig durcheinander, als ich sah, wer vor der Tür war. Ein Mann, der wie ein ins Wasser gefallenes Huhn aussah, stand vor mir.
»He, Da Lee, ich bin es, Wang, Jung!«, antwortete der nasse Mann mit zitternder Stimme.
»Was? Du bist Wang, Jung?« Ich wollte meinen Augen nicht trauen. Wie konnte es sein, dass mein früherer Armeekamerad, der heute ein hoher Beamter war, in so peinlichem Aufzug in dieser Regennacht vor meinen Augen auftauchte? »Was machst du denn hier? Es ist schon sehr spät.«
»Ich ... ich will nicht lange stören. Ich bin nur wegen dieses Koffers ge-

kommen.« Er zeigte auf einen braunen Lederkoffer, der neben seinen Füßen stand. »Da Lee, ich habe Probleme. Kannst du, kannst du ihn einige Zeit für mich bei dir zu Hause verstecken?«
»Was ist darin? Das sollte kein Problem sein. Komm doch bitte erst einmal herein.« Er war so nass, dass ich Mitleid mit ihm haben musste.
»Danke!« Er kam herein und machte die Tür hinter sich schnell wieder zu. Er war deutlich verändert. Obwohl ich im Licht der Lampe noch immer seine goldene Brille und seine Rolex-Uhr glitzern sah, hatte er sein für hohe Beamte typisches hochnäsiges Verhalten abgelegt.
Das letzte Treffen mit ihm war eine zufällige Begegnung auf der Straße gewesen, als ich gerade mit dem Fahrrad zur Firma unterwegs war. »He, guten Morgen, Da Lee!« Ein schwarzer Mercedes kam von hinten herangefahren. Er ließ das elektrische Wagenfenster halb herunter und winkte mir kurz mit der Hand zu, dann war er schon vorbei.
»Warte, ich hole ein Handtuch und einen warmen Tee für dich.« Ich wollte ins Wohnzimmer gehen.
»Nein, nein, Da Lee. Ich ... ich will nicht lange stören.« Er strich sich über das Gesicht. »Da Lee, du bist doch Buddhist. Kannst du mir sagen, wie man seine innere Ruhe finden kann? Weißt du, zurzeit bin ich nachts immer so nervös!«
Ich wunderte mich sehr. Wang, ein kommunistischer Kader, brauchte plötzlich den Rat eines Buddhisten. Doch ich sagte ihm, was ich davon wusste. »Buddha hat uns gelehrt, dass man die Dunkelheit verlassen und ins helle Licht gehen soll. Dann wird man ruhig.«
»Wie denn? Soll ich die ganze Nacht bei Lampenlicht schlafen?«
»Nein! Das bedeutet: öffne dein Herz und bedecke nichts!«
»Oh, aber das ist schwer zu tun!«, sagte Wang, Jung leise zu sich selbst.
»Dafür sollst du zuerst auf das verzichten, worauf schwer zu verzichten ist.«
»Gut! Ja, sehr gut!« Sein steif wirkendes Gesicht wurde lebendig. »Sehr gut. Jetzt habe ich etwas verstanden, sehr gut! Tschüss, und danke!« Er hielt den Koffer wieder in der Hand.
»Willst du ihn nicht mehr bei mir lassen? Was ist denn darin?«, fragte ich ihn.
»Nichts Besonderes, nur einige Papiere. Ja! Einiger Mist, auf den ich verzichten soll. Ich bringe sie wieder zu meinem Auto. Tschüss, Da Lee. In ein paar Tagen lade ich dich und deine Frau ein. Tschüss!« Er ging.

»Was ist mit diesem Mann los?«, fragte mich Zhou, Lin, als ich ins Schlafzimmer zurückkam. Sie hatte unser Gespräch mit angehört.

»Ich weiß auch nicht. Er sah ganz komisch aus. Sehr merkwürdig!«

Ich ging ans Bett meines Sohnes. She Da schlief wie ein Bär. Zum Glück war er nicht gestört worden. Kurz darauf schlief ich auch ein.

Einige Tage vergingen, doch Wang, Jung tauchte nicht wieder auf. Ich hatte sehr viel zu tun, und langsam vergaß ich die Geschichte wieder. Doch einen Monat später besuchten mich zwei fremde Männer. Es war am Abend, gerade nach dem Essen, als die beiden vor meiner Wohnungstür standen und mich mit scharfen Blicken anschauten.

»Wir sind Polizeibeamte«, klärte mich ein junger Mann in Sportbekleidung auf.

»Sind Sie Herr Chen, Da Lee?«, fragte mich ein Mann mittleren Alters in blauer Kleidung, der neben ihm stand.

»Ja, der bin ich. Darf ich Ihre Ausweise sehen?« In diesen Zeiten musste man vorsichtig sein. Vor Aufregung klang meine Stimme schon etwas belegt.

»Das ist kein Problem.« Die Besucher zeigten mir ihre Dienstausweise. Nicht so, wie es immer in Filmen dargestellt wird, wo die Beamten den Leuten ihren Ausweis nur einmal kurz vor die Nase halten und sie dann blitzschnell wieder in der Tasche verschwinden lassen. Nein! Die beiden gaben mir ihre Ausweise in die Hand.

»Darf ich auch einmal sehen?« Mein kleiner Sohn tauchte neben mir auf und hielt mir seine Hand entgegen. Er war nun schon sechs Jahre alt und sehr neugierig. Besonders Polizisten interessierten ihn, weil sie im Fernsehen oft als Helden gezeigt wurden.

»Nein, geh zu deiner Mama ins Schlafzimmer.« Der Kleine wusste noch nicht, wie gefährlich solche Beamte für eine Familie sein konnten. »Bring ihn bitte von hier weg«, bat ich meine Frau.

»Ihr Sohn heißt Chen, She Da. Ja? Ein kluges Kind. Und Ihre Frau heißt Zhou, Lin. Stimmt das?«, fragte mich der ältere Mann, während die beiden mir ins Wohnzimmer folgten.

»Bitte nehmen Sie Platz.« Ich gab ihnen die in Leder eingebundenen Ausweise zurück. »Darf ich fragen, weswegen Sie hier sind?«

»Welche Beziehung haben Sie zu Wang, Jung?«, fragte mich der langhaarige junge Mann.

»Wir kennen uns aus unserer gemeinsamen Dienstzeit beim Militär.«
»Haben Sie sich oft mit ihm getroffen?«, fragte er weiter.
»Nein. Er ist jetzt ein hoher Beamter. Wie könnte er sich oft mit mir treffen? Ich habe ihn nur einmal kurz nach meiner Hochzeit eingeladen, gemeinsam mit einigen anderen ehemaligen Kameraden. Darf ich das nicht?«
»Doch, doch, Sie dürfen! Hat er irgendetwas bei Ihnen zurückgelassen?«, fragte sein Kollege mit scharfem Blick.
»Nein. Sie können ihn selbst danach fragen. Vielleicht ist er ja sogar Ihr Chef?«
»Wir haben gehört, dass er vor einiger Zeit einen Koffer hierhergebracht hat.« Der ältere Beamte durchbohrte mich weiter mit seinen Augen. Vielleicht hoffte er, in meinen Kopf hineinsehen zu können.
»Ja, das stimmt. Aber er hat den Koffer wieder mitgenommen. Glauben Sie mir das nicht? Fragen Sie den Genossen Wang doch selbst. Er ist ein hoher Beamter. Sein Wort hat sicher mehr Wert als meines!« Ich schlug mir mit der Faust gegen die Brust. Um das Vertrauen der beiden zu gewinnen, setzte ich eine ziemlich ungewöhnliche Körpersprache ein.
»Gut.« Die beiden Männer schauten sich gegenseitig an. »Sie haben Glück, dass Sie nicht zugestimmt haben, den Koffer in Ihrer Wohnung zu verstecken.« Der Ältere sprach jetzt mit ruhiger Stimme, und der Jüngere lächelte sogar ein bisschen. Das lockerte die Atmosphäre in meinem Wohnzimmer spürbar auf. »Sonst hätten wir Sie schon festgenommen. Dafür gibt es mindestens drei Jahre Gefängnis.«
»Was bedeutet das? Darf man sich nicht um die Sachen von hohen Beamten kümmern? Ich glaube, wir sind alle Genossen, oder?« Ich verstand nicht, was vor sich ging.
»Wang, Jung ist kein hoher Beamter mehr! Er ist ein Verbrecher!«, sagte der langhaarige junge Polizist zu mir.
»Was?« Ich riss meine Augen auf.
»In einigen Tagen können Sie Genaueres aus dem Fernsehen und den Zeitungen erfahren!«
»Hier ist ein Brief für Sie. Lesen Sie ihn bitte nachher.« Der Ältere nahm einen Briefumschlag aus seiner schwarzen Ledertasche und legte ihn auf den Tisch. »Entschuldigen Sie bitte die Störung. Auf Wiedersehen.« Die Beamten gingen.

Ich näherte meine Finger langsam dem weißen Briefumschlag, der schon geöffnet worden war. Alles war so schnell passiert, dass ich kaum folgen konnte.

»Da Lee, ich schreibe diesen Brief im Gefängnis.« Der Brief war von Wang, Jung. »Zuerst muss ich mich bei Dir dafür entschuldigen, dass ich Dich fast mit ins Wasser gerissen hätte. In dem Koffer, den ich in dieser Regennacht zu Dir gebracht habe, waren zwei Millionen Yuan. Ich fand es relativ sicher, den Koffer bei Dir zu verstecken, weil Du kein Verwandter und auch kein enger Freund von mir bist. Zum Glück habe ich ihn nicht tatsächlich bei Dir gelassen, sonst wärst Du auch bestraft worden; denn die Polizei hatte mich schon seit Langem im Auge. Ich entschuldige mich noch einmal dafür.

In einigen Tagen werde ich wegen Korruption vor Gericht gestellt. Wenn das Urteil auf Todesstrafe lautet, werde ich auf jeden Fall Berufung beantragen.

Und nun habe ich nur noch eine Bitte: Hilf mir bitte, den Gewürzbeutel für ›Lotoshuhn‹ zu bekommen. Der Beutel sollte ganz unbenutzt, das heißt noch nicht mit dem Huhn zusammen gegrillt sein. Sage bitte diesem Händler, dass es der letzte Wunsch meines Lebens ist. Ich weiß, dass er mir niemals das Rezept verraten wird. Das ist jetzt auch nicht wichtig. Vielleicht findest Du es lächerlich, dass ein Gefangener, der womöglich zum Tode verurteilt wird, noch Lust hat, das Rezept von ›Lotoshuhn‹ zu erfahren. Das finde ich selbst auch! Aber wenn ich dieses Rezept vor einiger Zeit bekommen hätte, wäre ich heute ganz legal ein Millionär.

Jetzt bereue ich einige Dinge sehr. Zum Beispiel hast Du mir in dieser regnerischen Nacht ein heiliges Wort von Buddha übermittelt: ›Verzichten!‹ Dieses Wort leuchtet in meinem Kopf und hat mich sogar dazu gebracht, ein Geständnis abzulegen. Ich bin damals lange Zeit im Regen mit dem Koffer in der Hand vor der Polizeistation hin- und hergegangen. Leider habe ich zum Schluss nicht ›verzichtet‹, sondern den Koffer wieder zu mir nach Hause gebracht. Man soll für sein Glück kämpfen. Das wollte ich noch einmal tun. Du weißt ja, dass in unserer Philosophie der Kampf an erster Stelle steht. So sind wir aufgewachsen. Doch meine Entscheidung war falsch. Das weiß ich jetzt. Nur ist das alles für mich jetzt zu spät. Ich kann nun nichts mehr verändern, nur noch bereuen.

»Hahaha!«, lachte er laut. »Ja! Das ist gerade, was ich mir wünsche. Zuerst lasse ich diesen Scheißbeamten Durchfall haben und dann in die Hölle gehen. Hat er einen kranken Kopf? Wie kann ich einfach das Rezept verraten? So ein Idiot!«
»Ja, ich bin deiner Meinung. Er ist krank und ein Idiot. Doch das ist sein letzter Wunsch in diesem Leben. Er wurde zum Tode verurteilt.« Ich kam mir nun selbst dumm vor. Das war eine Sache, die ich nie erreichen würde. Warum tat ich das nur?
»Zum Tode verurteilt? Wer ist das genau?« Die Stimme des Millionärs klang jetzt leiser.
»Du hast ihn schon gesehen. Vor drei Jahren wollte er mit einhunderttausend Yuan dein Rezept kaufen.«
»Ah, dieser Mann! Er hat mir erzählt, dass ihr zusammen in der Armee wart. Stimmt das?«
»Ja, das stimmt. Er war immer ein Glückspilz. Sehr jung wurde er schon Offizier, und nach dem Dienst kam er auch sehr schnell in eine hohe Stellung. Leider...«
»Wofür soll ich ihm denn das Rezept geben? Wenn er sowieso zum Tode verurteilt ist?«
»Ich weiß auch nicht. Doch er hat mich darum gebeten. Das soll sein letzter Wunsch sein.« Ich ging langsam zur Tür.
»Moment.« Er kam hinter mir her. »Ist das wirklich sein letzter Wunsch? Will er das mit ins Jenseits zum heiligen Gott nehmen?«
»Ja, ich glaube schon. Weißt du, ich mag diesen Typ auch nicht besonders. Doch jetzt, wo der Staat sein Leben beenden will, muss ich etwas Sympathie für ihn haben. Wer würde nicht weiterleben wollen? Jedes Tier, sogar ein Insekt, muss ums Überleben kämpfen. Aber er ist ein gesunder Mensch, er ist noch jung, nur sechsunddreißig Jahre alt...« Ich ging weiter. Die Worte blieben mir im Mund stecken. Ich konnte nicht mehr weitersprechen. Das Kalb war wieder in meinem Kopf aufgetaucht: Dieses junge, braune Tier lag dort auf dem Boden, an allen vier Füßen gefesselt. Ein schlanker Mann schärfte sein großes Messer an einem Stein, der neben dem Kalb lag...

»He, warte, Da Lee. Warte, Meister!« Der Händler lief mir schnell aus dem Saal hinterher. »Ich sage dir das Geheimnis des Beutels.«
»Was? Warum willst du das jetzt tun?« Ich blieb stehen.

»Ich ... ich weiß auch nicht. Du musst mir nur versprechen, dass du es niemandem außer ihm weitererzählst. Du weißt ja, wie wichtig das Rezept für mich ist.« Er hatte ein ganz rotes Gesicht und schwitzte etwas, vielleicht vom schnellen Laufen oder wegen der unangenehmen Entscheidung.

»Ja, natürlich, ich verspreche es.« Ich hielt meine rechte Hand hoch.

»In dem Beutel sind einige gemahlene Kräuter: Zimt, Pfefferminze, Anis und so weiter. Das alles ist nicht ganz wichtig. Man kann davon mehr oder weniger dazugeben. Die Hauptsache und der Schlüssel für dieses Rezept ist das hier.« Er nahm einen Kugelschreiber aus der Hosentasche und zog meine Handfläche an sich. Dann schaute er sich in alle Richtungen um, ob uns auch keine fremden Augen zusahen, und schrieb dann zwei chinesische Worte auf meine Handfläche. »Kennst du das?«

»Ja, das kennt fast jeder.«

»Gut. Aber nicht vergessen, was du mir versprochen hast.« Bevor die blaue Farbe des Kugelschreibers trocknen konnte, rieb er die Worte mit seinen Fingern von meiner Haut ab.

Dann fuhr er weg, mit einem importierten Wagen, einem »Jeep«. Ich blieb verdutzt stehen. Meine Bemühungen hatten so schnell Erfolg gehabt, dass ich es kaum glauben konnte. Ich könnte die Worte hier natürlich übersetzen. Doch leider, ich darf nicht!

Das Ti-Lan-Qiao-Gefängnis hat seinen Namen von dem Ort, an dem es sich befindet. Der Name bedeutet ungefähr »Brücke für Korbträger«. Hier im Norden von Shanghai gab es früher einen Bach, über den eine Brücke führte. Täglich überquerten zahlreiche Menschen diese Brücke, und fast alle trugen sie Körbe aller Art. Deshalb nannte man diese Brücke: »Ti Lan Qiao: Brücke für Korbträger«. Im Jahr 1903 wurde an dieser Stelle ein Gefängnis gebaut. Damals gehörte das Gebiet noch zur Niederlassung von Amerika. Die Besatzer ließen auch zu, dass hier Geschäfte und Restaurants entstanden, weil immer mehr Leute mit Körben herkamen, um die Gefangenen zu besuchen. Im Laufe der Zeit wechselten die Besatzer dieses Ortes mehrmals, von Amerikanern, Japanern und den chinesischen Kuomintang bis zur heutigen kommunistischen Partei. Nur das Gefängnis wurde immer gleich gut benutzt und sogar mehrmals vergrößert. Durch den Ausbau war der Bach schon lange zugeschüttet worden, und auch die Brücke war spurlos verschwunden. Doch der Name ist noch geblieben. Auch heute heißt es noch »Ti Lan Qiao: Brücke für Korbträger«.

Andere Zeiten, andere Sitten! Heute konnte man außer mir hier kaum noch Korbträger sehen. Ich kam mit einem Korb, um Wang, Jung im Gefängnis zu besuchen. In dem Korb lagen zwei »Lotushühner«. Es war Sonntagvormittag, und die Besuchserlaubnis hatte ich schon zwei Wochen vorher beantragen müssen. Jetzt hatte ich die schriftliche Erlaubnis in der Tasche. Mit meinem Korb verließ ich den blühenden Geschäftsbereich und ging direkt zu den hohen Mauern aus dicken roten Ziegelsteinen.

»Ihre Papiere, bitte!« Endlich war ich in der Besucherschlange bis zu der Eisentür vorgedrungen. Ein Wachmann, der hinter einem Tisch saß, streckte mir seine Hand entgegen.

Ich gab ihm den Brief mit der Besuchserlaubnis und meinen Ausweis.

»Gut. Füllen Sie das bitte aus!« Er gab mir ein Formular und wies mich in den Nebenraum, in dem sich schon viele Besucher aufhielten.

Es war ein langes Formular. Sie wollten alles von den Besuchern wissen. Bei der Frage: »Welche Beziehung haben Sie zu dem Gefangenen« und auch bei der Frage nach meinem Beruf musste ich viele Angaben machen, denn sie wollten nicht nur die aktuellen Verhältnisse wissen, sondern auch meine früheren Tätigkeiten.

»Ha! Ein Mann mit einem Korb kommt. Das ist selten. Was ist darin? Ich muss einmal genau schauen.« Ein ungefähr dreißig Jahre alter Beamter in Uniform kam zu meinem Sitzplatz. Wahrscheinlich war er der Chef der Abteilung, denn die anderen Wachen standen sofort stramm. Bevor ich reagieren konnte, hatte er den Korb schon mitgenommen. Als ich das Formular fertig ausgefüllt hatte, kam er wieder zurück. »Das ist ›Lotoshuhn‹, oder? Es duftet sehr.« Er stellte mir den Korb wieder hin.

Es gefiel mir nicht, dass er mein gut verpacktes Huhn durcheinandergebracht hatte. »Moment! Zwei Hühner sollten vier Beine haben, warum sind hier nur zwei?«

»Ich musste das Huhn prüfen. Dieser Mann hat noch ein paar Tage zu leben. Man darf ihn nicht heute schon vergiften. Haha!« Er fand die Ausrede selbst komisch genug und musste lachen. Dann strich er sich über seine fettigen Lippen und nahm mein Formular in die Hand. »Das ist gut, Sie waren also auch als Soldat in Xinjiang. Ah, Sie waren bei der Luftwaffe. Ich war auch vier Jahre lang in Xinjiang, aber im Heer. Kommen Sie bitte mit mir.« Vielleicht hatte er bemerkt, dass sich wegen der Geschichte mit den Hähnchenbeinen schon viele Blicke auf uns gerichtet hatten; vielleicht war er aber auch wegen unserer gemeinsamen Vergangenheit besonders nett zu mir. Jedenfalls brachte er mich aus dem Raum heraus und begleitete mich zu meinem Ziel. Unterwegs hörte ich ein lautes Lied aus den beiden großen, fünfstöckigen Gebäuden. »Die Gefangenen üben jetzt Singen für ein Wettbewerbskonzert«, erklärte mir der Beamte.

»Hier ist es sehr schön, ganz sauber. Kaum zu glauben, dass hier ein Gefängnis ist«, sagte ich.

»Wollen Sie hierbleiben?«, fragte er mit lachendem Gesicht.

»Nein, nein!«, schüttelte ich Kopf und Hände gleichzeitig. Dieser Witz machte mich nervös.

»Warten Sie in diesem Raum.« Er zeigte auf eine Tür. »Die Besuchsdauer ist dreißig Minuten. Entspannen Sie sich.«

Aber ich war wachsam. Zwar erschien in diesem ruhigen und sauberen Bereich alles ganz ordentlich, doch man spürte von Anfang an schon eine eiskalte, unsichtbare Aggressivität. Die Kameras, die überall an der Wand aufgehängt waren, sagten mir ganz klar, dass jede meiner Bewegungen genau beobachtet wurden. In einer Ecke des Raumes saß ein Beamter. Er zeigte mir einen Platz neben dem Glasfenster, durch das man mit einem anderen Raum verbunden war.

Nach kurzer Wartezeit wurde die Tür des anderen Raumes geöffnet. Ein Mann in einer alten grünen Armeeuniform tauchte auf. Die militärischen Rangzeichen waren von der Uniform entfernt worden, stattdessen hatte er eine lange Nummer schwarz auf weiß auf der Jacke. Seine Beine steckten in glänzenden schwarzen Lederstiefeln. Es war Wang, Jung. »Hallo, Da Lee. Schön, dass du tatsächlich gekommen bist.« Er kam zum Fenster und sagte durch die Öffnung hindurch zu mir: »Aber hoffentlich lachst du mich nicht aus.«

»Wie geht es dir? Du siehst gut aus. Ich meine, genauso wie in der Armee.« Ich versuchte, die Stimmung aufzulockern.

»In der Armee? Ja, das war eine sehr gute Zeit. Damals hatten wir nichts, aber wir waren voller Hoffnung und hatten alle unseren Idea-

lismus im Kopf. Weißt du, warum ich jetzt diese Uniform trage?« Er schüttelte seinen Kopf und schob seine Goldbrille mit dem Finger hoch. Bevor ich etwas sagen konnte, antwortete er schon selbst. »Weil nur dieses Ding bei mir noch ganz sicher ist und nichts mit Korruption zu tun hat. Ich habe die Uniform als Totengewand gewählt.«
Es wunderte mich sehr, dass er, als ein zum Tode verurteilter Mann, trotzdem noch so normal sprechen konnte. In seinen Worten klang sogar etwas Witz und Selbstbewusstsein mit.
»Jung, ich habe das Lotoshuhn für dich mitgebracht. Die Beutel konnte ich dir leider nicht bringen. Aber der Händler hat mir das Rezept verraten.« Ich hob den Korb vom Boden zum Fenster hoch.
»Danke, vielen Dank für dein Geschenk.« Wegen der Glasabtrennung konnte er den Korb nicht nehmen, doch er hielt seine Nase an die Öffnung. »Das riecht wirklich gut. Was? Was hast du gerade gesagt? Du kennst das Rezept? Sag es mir bitte!«
»Ich habe versprochen, dass es unter uns bleibt.«
»Ja, natürlich. Du weißt, in meiner Situation musst du dir darum keine Sorgen machen. Bitte, bitte!« Er legte die Handflächen zusammen.
»Gut. In Wirklichkeit ist es gar nicht kompliziert. In dem Beutel gibt es nur getrockneten Zimt, Pfefferminze, Anis und so weiter. Das Wichtigste ist das hier.« Ich schrieb zwei Worte auf meine Handfläche. Nachdem ich sie ihm gezeigt hatte, rieb ich sie sofort mit dem Finger wieder weg. Dann schrieb ich erneut, den Namen der anderen Pflanze.
Wang, Jung stand auf. »Das kann man kaum glauben, so einfach ist es. Ja, diese Dinge gibt es überall. Sie verbreiten einen besonderen Duft und ein frisches Gefühl. Ich hätte selbst auf die Idee kommen können. Hi! Jetzt ist alles zu spät. Wenn es zwei Jahre früher wäre, hätte ich mein Amt gekündigt. Dann könnte ich heute auch ein paar Millionen haben, und … und ganz legal.«
»Warum ist Geld nur so wichtig für dich?« Ich konnte nicht anders, als ihm diese Frage zu stellen.
»Das ist Macht, Geld bedeutet Macht! Ja, wahrscheinlich kannst du das noch nicht verstehen. Aber eines kann ich dir sagen!« Er kam wieder heran und setzte sich an das Fenster. »Meine Macht ist noch zu klein, sonst hätte mir das hier unmöglich passieren können. Schau mal, es gibt so viele große Korruptionsfälle, bei denen zehn, ja hundert Millionen Yuan in die eigene Tasche gewirtschaftet wurden. Wer

wird dafür bestraft? Und wer von den Kadern aus den obersten Etagen musste sich dafür korrekt vor Gericht verantworten? Ihre Verwandten besitzen entweder große Konzerne oder unschätzbare Wertpapiere! Woher haben sie diese Dinge?« Seine Brille schlug schon gegen die Glasscheibe, weil er mit seinem Gesicht immer näher kam.
Ich schwieg. Ich war auch nicht in der Lage, seine Fragen zu beantworten. Irgendwie bereute ich meinen Besuch bei ihm, denn das Erinnerungsbild aus meiner Kindheit, das an allen vier Füßen gefesselte Kalb, konnte ich mit ihm überhaupt nicht verbinden.
»He! Jede politische Bewegung braucht ihre Opfer«, sprach er weiter. »Sie haben die Studentendemonstration in Peking blutig unterdrückt. Um das Volk zu beruhigen, schneiden sie jetzt einfach unsere Köpfe ab. Aber wir sind nur kleine Fische! Wie können sie so etwas tun? Sag mir, wie kann die Regierung so etwas tun?« Seine Stimme wurde immer lauter. »Sag mir das bitte! Warum redest du nichts mehr?«
»Ich…ich muss an einen Mann denken.« Meine Stimme war im Gegensatz zu seiner sehr leise. »Er ist ein alter, magerer Mann, der Bohnenmilch herstellt und auch verkauft. *Ka la, ka la, ka la.* Täglich kann man in unserem Wohngebiet diese Musik hören, die beim Mahlen der Bohnen entsteht. Er lebt ganz einsam in seiner Hütte und tut seine Knochenarbeit. Wegen der Preiserhöhung für Rohstoffe musste er in letzter Zeit auch für seine Bohnenmilch drei Fen mehr für jede Schale verlangen. Deswegen hat er sogar Schuldgefühle gehabt, er erklärt seinen Kunden immer, dass er mehr dafür arbeiten wird, um die gleiche Qualität zu liefern. Er steht morgens schon um vier Uhr auf. *Ka la, ka la, ka la* mahlt er seine Sojabohnen. Drei Fen!…Zehn Fen sind ein Mao. Zehn Mao sind ein Yuan. Wie schwer verdient er sein Geld! Aber du! Du warst schon ein gut bezahlter Beamter; nur wegen deiner Position konntest du ein paar Millionen Yuan einfach in die eigene Tasche stecken. Wie konntest du so etwas tun?« Meine Stimme war immer lauter geworden.
Er antwortete nicht.
Irgendwie fand ich, dass es nicht nötig war, ihn weiter zu kritisieren, weil er schon genug gelitten hatte. »Aber… aber die Todesstrafe hast du auf keinen Fall verdient.« Jetzt sprach ich wieder leise. »Du musst gemeinsam mit deinem Anwalt weiter dagegen kämpfen. Du musst es schaffen, in Berufung zu gehen. Bitte gib die Hoffnung niemals auf!«

»Danke. Leider ist mein Schicksal schon besiegelt. Ich muss jetzt sterben. Wie ich vorhin gesagt habe: Jede politische Bewegung braucht ihre Opfer. Ich bin schon dankbar dafür, dass ich heute noch lebe. Doch im nächsten Prozess wird der Richter meine Berufung zurückweisen und die letzte Verurteilung wird sofort in Kraft treten. Das bedeutet, dass man mich direkt aus dem Gerichtssaal zur Hinrichtung bringen wird.«

»Was? Nein, du musst das verhindern. Menschen ... Menschen sind doch keine Tiere.« Das Bild vom gefesselten Kalb tauchte blitzschnell wieder in meinem Kopf auf.

»Das ist mein Schicksal.« Er schüttelte seine Hand hin und her. Wahrscheinlich wusste er, dass ich mich in politischen Dingen immer noch wenig auskannte, denn er wechselte das Thema. »Wie geht es dir? Laufen deine Qi-Gong- und Tai-Chi-Kurse immer noch gut?«

»Ja, danke, es läuft alles gut. Ich werde allerdings bald nach Deutschland gehen. Ein Bekannter hat mir dabei geholfen, eine Zulassung für die Stuttgarter Universität zu bekommen.«

»Das ist gut! Jetzt wollen fast alle ins Ausland gehen. Du hast es geschafft. Gratuliere!«

»Sie haben noch drei Minuten.« Plötzlich sprach der Beamte in der Ecke. Er hatte eine unangenehm harte Stimme. Zum Glück mussten wir uns nicht mit ihm unterhalten.

»Junge! Hast du noch einen Wunsch? Sage mir, was ich für dich tun kann.«

Er schüttelte den Kopf. »Danke, nichts mehr. Ich ... ich will dich nur etwas fragen. Du bist Buddhist. Ihr glaubt, dass es ein nächstes Leben gibt. Kannst du mir das erklären?«

»Ja, natürlich. Die Buddhisten glauben, das Leben geht nie richtig zu Ende. Es wandert nur in verschiedene Formen und an andere Plätze. Das heißt ›Samsara‹. Wenn man stirbt, beginnt wieder ein neuer Kreislauf. Es gibt sechs verschiedene Möglichkeiten. Die Seele hat den Körper verlassen. Nun kann sie zum Himmel oder in die Hölle wandern. Sie könnte auch in ein neugeborenes Tier oder einen neugeborenen Menschen gehen ...«

»Ich ... ich will, dass meine Seele in einen menschlichen Körper wandert. Wie lange dauert es, bis man nach dem Tod wiedergeboren wird?«

»Ich weiß nicht. Es könnte ganz kurz sein, oder auch ewig lang. Doch

die Buddhisten glauben, dass die Dauer der Zeit in unserem Universum keinen Unterschied macht. Eine Ewigkeit ist das Gleiche wie ein Blitz. Tausend Jahre sind ein Tag. Ein Tag ist tausend Jahre!«
»In zwanzig Jahren bin ich wieder ein ganzer Kerl.« Er stand auf und drehte sich um. »Da Lee, kann man sich beim Sterben aussuchen, als was man wiedergeboren wird?« Seine Stimme schlug gegen die Wand, bevor sie mich erreichte.
»Ich weiß nicht. Aber wenn man innere Ruhe findet, hilft es schon dabei. Für eine aufgeregte Seele findet man nur sehr schwer einen passenden Platz. Das hat mein Meister mir erzählt.«
»Aber wie kann man innerliche Ruhe finden? Sag es mir bitte schnell.« Sein Gesicht blieb noch immer der Wand zugewandt. Vielleicht wollte er nicht, dass ich ihm seine Gefühlsregungen ansehen konnte.
»Durch Qi-Gong-Übungen und durch Meditieren kann man innerliche Ruhe finden.«
»Sag mir bitte schnell: wie?«
»Du kannst es jetzt schon machen: Deine Augen schauen auf deine Nase. Deine Nase schaut in dein Herz! Lass deinen Körper ganz locker sein, einfach entspannt, sodass die innere und die äußere Energie sich leicht verbinden können.«
»Gut, ich versuche das ...«
Pa! Die Tür in dem Raum auf seiner Seite öffnete sich krachend. Zwei bewaffnete Wachen kamen herein. »Die Besuchszeit ist zu Ende!«, schrie einer von ihnen, während er gleichzeitig Wang, Jungs Hände hinter seinem Rücken mit Handschellen fesselte.
»In zwanzig Jahren bin ich wieder ein ganzer Kerl.« Bevor er weggebracht wurde, schrie er diese Worte noch einmal. Sein Gesicht drehte sich mir zu. Ich sah, dass seine Augen voller Tränen standen.
Ich stand noch vor dem Glasfenster, als der Raum gegenüber schon leer war; genauso leer wie mein Kopf! Was gerade passiert war, hatte mich zu stark beeindruckt, sodass mein Kopf nichts mehr verarbeiten konnte; er blieb einfach leer!
»Wollen Sie wirklich hierbleiben?« Eine bekannte Stimme kam von hinten.
Ich drehte mich um. Der Chef der Wache, der mich hierher gebracht hatte, stand wieder vor mir. Er lachte mich jetzt freundlich an. Neben ihm standen zwei Männer in Zivilkleidung, die mir auch nicht unbe-

kannt waren. Es waren die Polizeibeamten, die mich kürzlich zu Hause besucht hatten. »Zeigen Sie uns bitte Ihre linke Handfläche«, bat mich der junge Mann mit den langen Haaren.
Ich tat es. Das Wort, das ich geschrieben hatte, zeigte sich vor sechs Augen.
»Grüner Knoblauch? Das behauptet dieser Händler, der das Rezept für ›Lotoshuhn‹ kennt? Das benutzt man bei fast allen Speisen!« Die drei Männer lachten.
»Gut. Das interessiert uns in Wirklichkeit überhaupt nicht«, sagte der ältere Mann mit den kurzen Haaren. Er hielt mir einige Papiere entgegen. »Sie sollen darauf unterschreiben. Das ist wichtig für Sie und auch für uns.«
»Was ist das?« Ich wunderte mich.
»Das ist das Protokoll.«
Ich nahm es in die Hand. Auf dem Papier war die Unterhaltung protokolliert, die Wang Jung und ich ein paar Minuten zuvor geführt hatten. Es war klar, dass diese Beamten alles schon vorher geplant hatten. Sie hatten in einem Nebenraum gesessen und mit Hilfe von Kamera und Abhörgeräten ganz bequem alles über mich erfahren. »Ich … ich dachte, diese Sache wäre schon erledigt. Ich habe Ihnen letztes Mal doch alles schon genau gesagt, was Sie wissen wollten.« Meine Stimme klang etwas unnatürlich.
»Was Sie sagen, spielt keine Rolle! Wichtig ist, was wir sagen.« Der ältere Kurzhaarige gab mir einen Kuli.
»Und was sagen Sie dazu?«
»Sie sind sauber! Und kein Mittäter! Die Geschichte vom alten Bohnenmilch-Verkäufer ist sehr faszinierend. Sie haben das sehr gut erzählt.«
»Ja, sehr gut.« Die beiden anderen Männer nickten mit den Köpfen. Alle zeigten mir freundliche Gesichter.
Ich unterschrieb also und gab ihnen das Papier zurück.
»Eines müssen Sie lernen«, sagte der Kurzhaarige auf dem Weg zum Tor zu mir. Er und sein Kollege, der junge Langhaarige, wollten das Gefängnis auch verlassen, und so gingen wir zu dritt. »Ja, Sie sollten auch, wie die anderen Leute, Abstand zu diesem Angeklagten halten. Sie sind doch gar kein Freund dieses Verbrechers, warum sind Sie nicht so klug, eine klare Haltung zu zeigen? Sie haben eine Chance verpasst,

Ihre treu ergebene Position zu diesem Staat zu zeigen. Zum Glück ist die Sache vorbei, sonst müssten wir Sie weiterhin im Auge behalten und Sie dürften das Land gar nicht verlassen. Passen Sie in Zukunft gut auf!« Er klopfte mir auf die Schulter.

»Danke, vielen Dank für Ihre Bemühungen.« Ich bemerkte, dass er mir wirklich helfen wollte, deshalb kam mein Dank von Herzen.

»Sie werden also nach Deutschland gehen, schön! Dürfen Sie lange dort bleiben?«, fragte mich der junge Beamte, als wir am geöffneten Stahltor standen. Er schaute mich mit neidischen Blicken an.

»Ich weiß es selbst nicht. Auf Wiedersehen.« Ich verabschiedete mich an der Tür des Ti-Lan-Qiao-Gefängnisses von den beiden Polizeibeamten und verschwand in einer Geschäftsstraße. Dort, in dem sich frei bewegenden Menschenstrom, tat ich einige große Seufzer.

Für die große Reise nach Deutschland hatte ich einige Dinge vorzubereiten, aber was das genau sein sollte, wusste ich auch nicht. Ich hatte in meinem ganzen Leben China noch nie verlassen. Die ungewisse Zukunft in dem fremden Land machte mich aufgeregt, und ich war gespannt. Herr Schmidt war sehr nett. Anfangs hatte er versucht, mich für die Qi-Gong-Kurse einzuladen. Doch dafür hatte ich keinen Pass bekommen. Dann hatte er mir Antragsformulare für ein Studium in Deutschland geschickt. Damals verbot die öffentliche Politik es der chinesischen Regierung, ein Studium im Ausland zu untersagen. Es war fast die einzige Möglichkeit für die Jugendlichen, das Land zu verlassen, von dem sie enttäuscht waren, und ihren eigenen Wert in einem freien System zu beweisen.

Bei mir lief die ganze Sache fließend. Zuerst bekam ich eine Zulassung von der Universität Stuttgart, dann einen Pass von der Polizeibehörde in Shanghai. Zum Schluss erhielt ich das Visum vom deutschen Generalkonsulat in Shanghai. Anschließend informierte ich alle meine Bekannten darüber, dass ich bald gehen würde. Zuletzt rief ich Wang, Jungs Frau zu Hause an.

»Ich... ich habe vor zwei Tagen eine Rechnung bekommen...« Sie schluchzte herzzerreißend in den Apparat.

»Eine Rechnung? Was für eine Rechnung?« Erst nach mehrmaligem Nachfragen konnte ich aus den Wortfetzen, die sie zwischen ihrem Weinen von sich gab, etwas verstehen: Sie hatte eine Rechnung für die

Pistolenkugel, die man bei der Vollstreckung von Wang, Jungs Todesstrafe benutzt hatte, erhalten. Nach chinesischem Recht mussten die Verwandten des Verurteilten dafür bezahlen. Bei der Hinrichtung hatte das Exekutionskommando vier Kugeln gebraucht, deshalb fiel die Rechnung höher aus als sonst.

»In zwanzig Jahren bin ich wieder ein ganzer Kerl!« Das war sein letzter Wunsch gewesen. Ich sprach bei Buddha ein Gebet für ihn.

12

Es war mitten im Frühling. In Peking waren alle Bäume grün und in ihrem goldgelben Licht zeigte diese alte Stadt ein geheimnisvolles Gesicht. Ich ging allein in der Abenddämmerung spazieren. Hier war nicht das Ziel meiner Reise. Leider gab es damals noch keine direkte Verbindung zwischen Shanghai und Frankfurt, so musste ich in Peking umsteigen und hier eine Nacht verbringen. Ich ließ mich mit einem Taxi in das Zentrum von Peking bringen.

Unter meinen Füßen zog sich die längste Straße Pekings, die »Chang An Jie«, was »Straße der ewigen Ruhe« bedeutet. Ich wusste nicht, seit wann sie diesen Namen trug. Vielleicht hatte man ihn in der Hoffnung ausgesucht, dass der Name eine Wirkung auf die Realität hätte, denn dort konnte man schon damals nur sehr schwer einen ruhigen Platz finden. Man wünschte sich, Ruhe und Frieden zu haben, und zwar nicht nur kurzfristig, sondern für lange Zeit! Entsprechend der chinesischen Mentalität hatte man das Haupttor Pekings, das als Symbol Chinas gilt und jetzt mit seinem vergoldeten Doppeldach und den roten Wänden schon in der Ferne zu sehen war, »Tian An Men« genannt und den davorliegenden Platz »Tiananmen-Platz«. »Tian An Men« bedeutet »Himmlischer Frieden«. Also ein Tor und ein Platz des »Himmlischen Friedens«. Leider blieb das ebenfalls nur ein Wunsch. Wann hätte es hier wirklich Frieden gegeben? Mir fiel dazu jedenfalls nichts ein. Ein Feng-Shui-Meister hatte mir einmal hinter vorgehaltener Hand erzählt, dass durch den Bau von Maos Mausoleum auf dem Platz das Feng Shui gestört worden war.

Eigentlich sollte der Energiestrom durch das vordere Tor, einen majestätisch großen Durchgang, einfach über den Tiananmen-Platz fließen und dann weiter durch das Tor des Himmlischen Friedens: durch das Haupttor, das Mittagstor und das Tor der Höchsten Harmonie ganz gerade bis ins Zentrum des kaiserlichen Bereiches, der Halle der Vollkommenen Harmonie.

Der Energiestrom hätte einige hundert Meter weit ungestört auf einer ganz geraden Linie verlaufen können. Durch den Bau der Gedenkhalle wurde dieser Strom blockiert. Wie konnte man hier auf Ruhe und Frieden hoffen?

Das weiße Gebäude tauchte vor meinen Augen auf, denn ich hatte schon die Mitte des Platzes erreicht. Er war wirklich riesig. Ich hatte das Gefühl, auf einem großen See zu stehen, nur dass statt Wasser Beton unter meinen Füßen lag. Es heißt, dies sei der größte Platz der ganzen Welt. Wie schade, dass er wegen dieser Gedenkhalle nun kleiner wirkte. Sie war wie eine trockene Insel, die den Anblick eines schönen Sees störte. Ich hatte etwas Mitleid mit diesem Platz, weil er das unpassende weiße Gebäude dulden musste.

Langsam wurde es dunkel. Die Lampen, die den Platz begrenzten, leuchteten unter dem Sternenhimmel, als würden sie die Ufer des Sees beleuchten. Bilder tauchten eines nach dem anderen in meinem Kopf auf: die bewaffneten Soldaten, die Panzer, die blutenden Studenten ... War das wirklich schon drei Jahre her?

Ich stand in der Mitte des Platzes und dachte und dachte.

Die Nacht war schon weit fortgeschritten, die Luft wurde kühler. Auf dem Platz waren immer weniger Menschen. Sie verschwanden wie Vögel, die nachts in ihr Nest zurückfliegen mussten. Doch ich hatte in dieser Stadt kein Zuhause. Ich vermisste meine Familie sehr. Die Gesichter meines Sohnes, meiner Frau und von anderen Verwandten tauchten immer wieder vor meinem inneren Auge auf. »Warum musst du in den Westen gehen? Ist es dort wirklich besser als hier? Glaubst du nicht, dass es zu unverantwortlich ist, vor allem für deine Frau und dein Kind?« Meine Eltern hatten mir sehr viele Fragen gestellt, als sie den Termin für meine Ausreise erfahren hatten. Sie beide hatten sich ihr Leben lang um die Gründung und den Aufbau dieses Landes bemüht und dafür gekämpft. Sie verstanden überhaupt nicht, warum so viele junge Leute auswandern wollten. »Wenn eine Familie Probleme hat, sollen die jungen Mitglieder dieser Familie bleiben und etwas für die Lösung der Probleme tun, oder sollen sie ihre Familie einfach verlassen? Ein Land ist das Gleiche wie eine Familie!«, sagte mir meine Mutter.

Ich konnte nicht antworten. In Wirklichkeit fand ich selbst, dass ich mich auf ein großes Abenteuer eingelassen hatte. Ich ging einen Weg, der mich in eine ungewisse Zukunft in der Fremde brachte. Nervosität, Angst, aber auch Neugier und Hoffnung, all diese Empfindungen drückten mir auf die Seele. Manchmal kamen sie eine nach der anderen, manchmal alle auf einmal in meine Gedanken. Deutschland, ein Land, das ganz weit weg in Europa lag. »Warum soll ich gehen? Ist der Druck hier in meiner Heimat wirklich so stark, dass ich sie um jeden Preis verlassen muss?« Schon seit einigen Tagen fragte ich mich die gleiche Frage tausend Mal ...

»Das ist eine wichtige Entscheidung für dich.« Chen, Hai unterstützte mich. Seitdem ich ihn geohrfeigt hatte, hatte er kaum noch mit mir gesprochen. Die Geschichte mit der Straßensperre hatte eine Mauer zwischen uns aufgebaut. Aber jetzt schien ein Sonnenstrahl in unsere brüderliche Beziehung. Er freute sich, dass ich diese überraschende Alternative gefunden hatte. »Ja! Ergreif diese Chance und nutze sie gut! Geh in ein freies Land und vergiss dieses Scheißland für immer!«

»Und was ist mit Zhou, Lin und She Da?«, fragte ich.

»Du kannst sie später nachholen. Dort kann deine kleine Familie sicher besser leben als hier. Du ... du bist ein Glückspilz, ich beneide dich!« Er klopfte mir auf die Schulter. So wie er mich anschaute, hatte ich keinen Zweifel daran, dass es ihm ernst war.

Aber meine Frau erzählte mir sehr wenig darüber, was sie wirklich dachte. »Wie lange willst du in Deutschland bleiben? Was wird aus uns hier in Shanghai?«, fragte Zhou, Lin mich einmal mit trauriger Stimme.

»Ich weiß ... ich weiß selbst nicht genau. Wenn es dort nicht so gut ist, wie erzählt wird, komme ich sofort zurück. Wenn alles in Ordnung ist, dann kommst du mit dem Kind nach.« Meine Stimme klang auch nicht entspannt.

»Wer weiß, vielleicht lernst du eine Langnase kennen, dann wirst du

uns ganz vergessen.« Sie sagte das in lustigem Ton, doch man merkte, dass es nicht witzig gemeint war.
»Quatsch! Wie könnte ich euch vergessen?« Ich strich meinem Sohn mit der Hand über den Kopf.
Er war zurzeit auch schweigsam. Am Verhalten seiner Mutter spürte er, dass etwas Besonderes passieren musste. Dieses Mal konnte meine Reise sehr lange dauern, nicht wie die Geschäftsreisen, die ich in der letzten Zeit oft in China unternommen hatte und die nur ein paar Tage dauerten. »Papa, sagst du mir, wie es in Deutschland aussieht?«, hatte er mich schon mehrmals gefragt.
Wie konnte ich antworten? Ich war ja selbst noch nicht dort gewesen, doch was ich an der Universität über dieses Land studiert hatte, half mir dabei, es mir vorzustellen. Ich zeigte ihm erst einmal auf der Landkarte, wo Deutschland lag.
Dann erklärte ich ihm die Geschichte, aber für ein sechsjähriges Kind schien sie nicht besonders interessant zu sein. Also las ich ihm einige Märchen von den Gebrüdern Grimm und von Heinrich Heine vor und versuchte sie ihm zu erklären. Jetzt stellte er eine Frage nach der anderen. »Warum sitzt die Jungfrau auf dem Gipfel des Berges und kämmt nur dort ihre Haare? Kann sie das nicht zu Hause machen?«
Die Fragen meines Kindes waren für mich oft schwer zu beantworten.
»Weil der Rhein ein schöner Fluss ist, und im Schein der Abendsonne sieht der Gipfel des Berges sehr schön aus. Die schönste Jungfrau sitzt deshalb gern dort oben und kämmt ihr goldenes Haar mit einem goldenen Kamm. Gleichzeitig singt sie ein schönes Lied.«
»Warum sinken die Schiffe, wenn sie bei ihr vorbeifahren?«
»Warum? Weil alles so schön scheint, dass die Schiffer nur in die Höhe zu ihr schauen und die Gefahren, die Felsenriffe vor ihrem Schiff nicht mehr wahrnehmen.«
»Hast du diese Frau gesehen?«
»Nein, das habe ich nicht.« Ich antwortete ganz klar und hoffte, dass mein Sohn mir keine weiteren Fragen stellen würde.
Er fragte nicht mehr, doch einige Tage lang malte er etwas auf Papier. Zum Abschied schenkte er mir das zusammengefaltete Papier zusammen mit seiner leeren Milchflasche. Ich wusste, wie wichtig die Flasche für ihn war. Nach der Geschichte mit der Straßensperre glaubte er, es sei eine Zauberkraft darin verborgen. Damals, an diesem Morgen,

hatte seine Mutter ihn aufgefordert, die leere Flasche zur Sperrmauer zu tragen und sie dadurch zu Fall gebracht. Viele Erwachsene zollten ihm damals ihre Anerkennung. Von diesem Tag an hatte er die Flasche bewacht wie ein Juwel...

»Willst du sie mir schenken?«, fragte ich.

Er nickte.

»Danke! Aber diese Flasche behältst du besser. Es wird zu schwer, sie mitzunehmen. Danke, vielen Dank! Ist das ein Bild, das du gemalt hast? Ja? Das werde ich mitnehmen. Jetzt lass mich einmal schauen, was du in den letzten Tagen für mich gemalt hast.« Ich faltete das Papier auseinander. Was ich sah, verwunderte mich sehr. Mein Sohn hatte eine schreckliche Frau gemalt, ein Skelett mit langen Haaren, das auf einem Stein am Fluss saß. »He, She Da! Was hast du da gemalt? Sie sieht nicht gerade hübsch aus!« Ich setzte mich neben ihn auf das Sofa.

»Ich... ich habe Loreley gemalt«, sagte er ganz leise und verschämt, wie ein Schüler, der dem Lehrer eine schlechte Hausarbeit zeigen muss.

»Loreley ist doch sehr schön! Aber so, wie du sie gemalt hast, sieht sie aus wie ein Teufel.«

»Sie ist ein Teufel! Sie lässt die Schiffe vor ihren Augen im Fluss versinken. Und du, du willst jetzt auch Mama und mich verlassen und zu ihr gehen.«

Ich spürte, wie meine Augen und meine Nase heiß wurden und meine Mundwinkel anfingen zu zittern. Mit ganzer Kraft versuchte ich meine Tränen zu unterdrücken. »Nein, She Da! Ich verlasse euch nicht. Niemals! Du... du bist noch jung. Du verstehst manches noch nicht.« Ich fuhr mit der Hand durch seine dunklen Haare. »Du, eines sollst du wissen: Ich gehe nicht ins Ausland, um euch zu verlassen. Im Gegenteil tue ich das auch, damit du eine bessere Zukunft hast. Wenn in Deutschland alles gut für mich läuft, lasse ich dich auch dorthin kommen. Ihr könnt dann auch Demokratie und Freiheit genießen.«

»Was ist Demokratie und Freiheit?«, fragte er mich mit groß geöffneten Augen. Bei unseren Diskussionen hatte er schon sehr oft diese Begriffe gehört. Jetzt wollte er es genau wissen.

»Das... das ist schwer zu erklären. Ich erkläre es dir später einmal. Ja, ich schreibe dir, und deine Mama kann es dir vorlesen. Ich mache auch ein Foto von der Loreley für dich.« Mir versagte die Stimme.

Es war ein schmerzhafter Abschied. Ich ging von meiner kleinen, aber guten und intakten Familie weg in eine ungewisse Zukunft. Wofür? Nur um das Land zu verlassen, von dem ich enttäuscht war? Oder, wie viele junge Leute, um meinen eigenen Wert in der Freiheit zu entdecken und zu beweisen? Ich konnte mir selbst keine eindeutige Antwort geben. Doch mein ganzes bewusstes und unbewusstes Wesen drängte mich, diesen außergewöhnlichen Schritt zu tun. Wahrscheinlich war es mein so genanntes »Schicksal«, das mich mit seiner riesigen, unsichtbaren Hand festhielt und in eine ganz bestimmte Richtung zog. Von dieser Hand kann man sich kaum lösen, weil sich in ihr furchtbare natürliche und übernatürliche Kräfte sammeln.
»He, das ist mein Schicksal. Ich muss jetzt allein und einsam auf dem Platz stehen, der mir zugewiesen ist«, sprach ich mit mir selbst. In meiner Hand hielt ich das Bild, das mein Sohn mir gemalt hatte. Unter dem Licht der Sterne und der Lampen erschien es geheimnisvoll.
»Darf ich das Papier einmal anschauen?« Eine Hand näherte sich mir. Zu dieser Hand gehörte ein Polizist mit scharfen Augen. Neben ihm standen eine Frau und ein Mann in Zivilkleidung. Die drei tauchten so plötzlich vor mir auf, als ob sie vom Himmel gefallen wären.
»Warum? Das ist ein Bild, das mein Sohn für mich gemalt hat.« Ich wollte seiner Aufforderung nicht nachkommen.
Za ka! Der junge Polizist nahm das Papier mit Gewalt an sich. Doch er schaute es nicht selbst an, sondern gab es dem Mann und der Frau, die neben ihm standen. Die beiden schauten mich mit eiskalten Blicken an. »Was machen Sie hier allein? Wir beobachten Sie schon seit einigen Stunden«, fragte mich die Frau. Sie hatte schulterlange schwarze Haare und trug eine einfache, geschmacklose blaue Jacke und Hose.
»Ich mache hier nur einen Spaziergang. Darf ich das nicht?«, fragte ich aggressiv.
»Und was ist mit diesem Bild? Was bedeutet das?« Der andere Mann, der ebenfalls blau bekleidet war, zeigte mir das Papier.
»Das ist ein Bild, das mein Sohn gemalt hat. Er ist erst sechs Jahre alt.« Ich nahm ihm das Papier schnell wieder ab.
»Woher kommen Sie? Nach Ihrem Akzent stammen Sie aus Shanghai.« Der Mann hatte gut geschätzt. Ich nickte.
»Haben Sie Ihren Ausweis dabei?«, fragte der junge Polizist. Seine Stimme klang noch immer hart.

»Ja, ich habe einen Reisepass, aber der liegt im Hotel. Morgen werde ich ins Ausland fliegen.« Umstellt von drei Beamten fühlte ich mich schuldig wie ein Straftäter, der erwischt worden war, obwohl ich doch gar nichts getan hatte. »Darf ich jetzt gehen?«, fragte ich.
»Nein, Sie bleiben stehen.« Der junge Polizist hielt mich mit seinem Körper zurück. Seine Abzeichen aus Metall glänzten und leuchteten im Licht der Lampen, nur etwa zwanzig Zentimeter vor meinen Augen.
»Doch, doch! Sie dürfen natürlich gehen. Wir begleiten Sie«, sagte der zweite Mann mit ruhiger Stimme. Er hob seine Hand und gab ein Zeichen, woraufhin sofort ein kleiner weißer Bus von der Seite zu uns gefahren kam. »Bitte steigen Sie ein.« Er öffnete mir die Wagentür.
»Wohin fahren wir?« Ich sah, dass im Bus zwei kräftige Männer saßen. Nun war ich wirklich nervös.
»Zu Ihrem Hotel. Sie sagten doch gerade, dass Ihr Pass dort liegt. Den möchte ich sehr gerne sehen.«
Ich hatte keine andere Wahl, als einzusteigen. Er stieg nach mir ein und schloss die Tür hinter sich. Seine beiden Kollegen blieben zurück und verschwanden sofort.

Wir fuhren los. Die beiden Männer, die schon vorher im Wagen gesessen hatten, kümmerten sich überhaupt nicht um mich. Beide schauten aus dem Auto hinaus. Sie verhielten sich ruhig, doch ich spürte ganz genau, dass sie voller Kampfenergie steckten und nur darauf warteten, sie einsetzen zu können. Zwar trugen sie ebenfalls Zivilkleidung, doch aus ihren geöffneten Jacken schauten ganz deutlich ihre Pistolen und glänzende Handschellen heraus. Jetzt gaben sie sich gar keine Mühe mehr damit, diese Dinge zu verdecken. Sie saßen einfach schweigend am Wagenfenster mit ihrer latenten Gewalt. Aber der Mann im mittleren Alter hatte große Lust, mit mir zu reden.
»Warum bist du alleine so lang auf dem Platz geblieben? Was hattest du vor?« Er duzte mich.
»Gar nichts, ich wollte nur Abschied nehmen. Wissen Sie, ich habe hier in Peking vier Jahre lang studiert. Damals war ich oft hier. Man sagt, hier ist das Herz von China, oder?«
»Ah! Du warst ein Student? Hast du an dieser Studentenrevolte vor zwei Jahren teilgenommen? Du siehst ziemlich clever und sportlich

aus. Du hast bestimmt nicht ruhig dagesessen, stimmt das?« Er lachte mich ganz nett an. In seinen Augen erschien ein Schimmer, wie bei einem Jäger, der das gewünschte Ziel entdeckt hat.
»Nein, ich habe mein Studium schon vor zehn Jahren abgeschlossen. Vor zwei Jahren war ich auch nicht in Peking«, antwortete ich.
»Oh! So ist das!« Das Lächeln war aus seinem Gesicht verschwunden. »Wie findest du diese Studentenbewegung? Du hast bestimmt deine eigene Meinung dazu.« Er beobachtete mich scharf.
»Ich? Wie ich das finde? Leider habe ich kein Interesse für politische Dinge!« So dumm war ich gewiss nicht mehr, dass ich einem Beamten meine wahre Weltanschauung, meinen wirklichen Glauben zeigen würde, der mit der offiziellen Propaganda nicht das Geringste zu tun hatte. Ich schwieg, wie es zahlreiche Menschen taten, eigentlich sogar das ganze Volk.
Im Wagen war es ruhig. Dieser Mann fragte nichts mehr, also musste ich auch nichts antworten. Aber in meinem Kopf entstand eine Frage nach der anderen. »Was haben sie mit mir vor? Werde ich heute festgenommen …? Ich hoffte sehr, dass mein Pass noch im Hotelzimmer lag, wie ich es gesagt hatte, sonst würden sich diese drei Beamten wie hungrige Wölfe auf mich stürzen. Bis ich dann alles genau erklärt hätte, würde ich genug schlimme Dinge durchmachen müssen.
Doch ich hatte erst mal Glück. Als der dunkelrote Ausweis im geöffneten Handgepäck vor meinen Augen auftauchte, war mir, als hätte ich ein Juwel gefunden. Fast hätte ich ihn geküsst.
Ein junger Beamte nahm ihn sofort an sich und verschwand.
»Dürfen wir ein bisschen schauen?«, fragte der Mann. Bevor er eine Antwort erhielt, wühlte er schon in meinem Gepäck. Der zweite muskulöse junge Mann warf meinen Koffer aufs Bett. *Pa!* Schon hatte er ihn geöffnet.
»Was willst du in Deutschland machen?«, fragte der Mann wieder.
»Studieren!«
»Was für ein Fach? Medizin oder was?«
»Nein, Germanistik!«
»Warum hast du so viele Bücher über chinesische Medizin und über Qi Gong und Tai Chi eingepackt?«
»Das, das … das ist wegen meines Berufs, ja, wegen meines zweiten Berufs. Ich bin auch Lehrer für Qi Gong und Tai Chi. Wenn möglich, will

ich das in Deutschland weiter machen. Ist ... ist das verboten?« Ich sah, dass die beiden alle meine Papiere und Bücher schon eingesammelt hatten. Vielleicht interessierten sich die Beamten im Moment für solche Dinge besonders. Ich wartete auf eine Antwort, aber es kam keine. Einige Zeit später kam der junge Mann mit meinem Pass zurück. Er ging zu seinem älteren Kollegen, der wahrscheinlich auch sein Chef war, und flüsterte ihm etwas ins Ohr. Ich war ganz gespannt und beobachtete genau, welche Reaktionen sich auf seinem Gesicht zeigten. Er hörte zu und nickte dann, während er meine Papiere fortwährend in seinen Händen auf- und zuklappte. »Gut, Genosse Chen! Sie heißen Chen, Da Lee, ja!« Er kam mit lockerem Gesicht zu mir.
Ich war etwas verwundert, dass er mich jetzt wieder siezte und mich zum ersten Mal mit meinem Namen ansprach. Wahrscheinlich war es für ihn vorher gar nicht wichtig gewesen, wie ich hieß. Beamte wie er mussten zuerst einmal abschätzen, was für ein Typ ich war, ein Staatsfeind, eine wichtige Person oder ein normaler Mann.
Seine freundliche Stimme ließ mich gleich freier atmen. Ich spürte wieder ein bisschen mehr Platz in diesem kleinen Hotelzimmer, in dem die Luft zum Schneiden dick war. »Ja, ich heiße Chen, Da Lee. Darf ich den Pass wiederhaben?« Ich hielt ihm meine Hand hin.
»Natürlich.« Er gab ihn mir zurück. »Sagen Sie mir bitte, ist Ihr Vater noch bei der Marine in Shanghai? Er ist ein hoher Offizier, nicht wahr?«
»Nein, jetzt nicht mehr, er ist schon im Ruhestand.«
»Gut. Ein alter Revolutionär wie er soll sich auch ausruhen dürfen. Er ist in Pension, oder? Und was ist mit Ihrer Mutter? Arbeitet sie noch als Parteisekretärin?«
»Nein, auch nicht mehr. Sie ist ebenfalls in Pension gegangen.« Es wunderte mich nicht, dass er so viel über mich wusste. Die Informationen hatten sie sich ganz leicht über ihr Funkgerät aus dem Computernetz besorgt. Doch sie waren nicht unbedingt aktuell.
»Sie kommen aus einer wirklich guten Familie. Das ist sehr gut.« Er lachte jetzt sehr natürlich. Die kleinen Dreiecke in seinen Augen waren verschwunden. Die beiden anderen Beamten zündeten sich gegenseitig Zigaretten an. Mein ganzes Gefühl sagte mir, dass die Sache zu einem friedlichen Ende kommen würde. »Wir müssen uns wegen dieser Unannehmlichkeiten bei Ihnen entschuldigen. Aber Sie sollen auch

unsere Arbeit akzeptieren. Sie wissen ja, was in der letzten Zeit auf dem Tiananmen-Platz passiert ist. Der antirevolutionäre Putsch wurde gerade vor zwei Jahren niedergeschlagen. Wir müssen gut auf alle merkwürdigen Sachen und Personen aufpassen.«

»Aber ich bin doch sauber!«, sagte ich jetzt mit einer Stimme voller Selbstvertrauen.

»Ja, natürlich. Aber ganz sauber auch wieder nicht! Sagen Sie mir, was ist das hier?« Er nahm eine Zeitschrift in die Hand.

»Das ... das ist der Stern! Eine deutsche Zeitschrift!«

»Ich habe diese Zeitschrift in Ihrem Handgepäck gefunden. Woher haben Sie sie?«

»In Shanghai habe ich in einer Import-Exportfirma gearbeitet. Ein deutscher Kunde hat mir die Zeitschrift geschenkt.« Mein Herz, das sich gerade nach unten gesenkt hatte, kam wieder hoch.

»Schauen Sie einmal, es sind so viele Pornobilder darin! Warum wollen Sie so etwas bei sich haben?« Er öffnete die Zeitschrift und zeigte mir eine Seite, wo einige Frauen am Strand zu sehen waren.

»Das ... das sind nur halbnackte ...« Ich war aufgeregt.

»Ja, nur halb! Zu Ihrem Glück, sonst wäre das obszönes Material! Bei solchen Dingen muss man immer gut aufpassen. Sie haben in einer Firma mit Westkontakt gearbeitet. Dort hat man Sie doch bestimmt in dieser Hinsicht ausgebildet, oder?« Seine Stimme war ruhig. Er zeigte sich jetzt ganz hilfsbereit.

»Ja, Sie haben recht!« Ich nahm die Zeitschrift in die Hand. *Ka za!*, trennte ich die Seite mit Bildern von einigen halbnackten Frauen heraus und riss sie in kleine Schnipsel. Zwei Sekunden später waren die Schnipsel schon im Papierkorb gelandet.

»Gut. So ist es gut!« Er strich sich ein paar Mal mit der Hand über sein halb ergrautes Haar. Er schien ganz zufrieden mit meiner schnellen »Verbesserung« zu sein.

»Zeit zu gehen. Morgen, o nein!« Er schaute auf seine Uhr. »Es ist schon zwei Uhr! Ich meine: Heute, ja heute! Wenn Sie im Flughafen kontrolliert werden, dann sollten Sie so wenig wie möglich über die Gründe für Ihre Ausreise erzählen. Das wäre besser für Sie.« Er klopfte mir auf die Schulter wie einem Freund.

»Was soll ich denn sagen?«

»Sie sollen das sagen, was in Ihrem Pass steht: Der Grund für Ihre Ausreise ist ein Studium. Ein Germanistikstudium! Qi Gong! Tai Chi! Über solche Sachen erzählen Sie lieber nichts. Das macht alles nur kompliziert. Zurzeit wird beim Zoll sehr scharf kontrolliert. Sie wissen sicher, dass die steckbrieflich gesuchten Putschführer noch lange nicht alle ins Netz gegangen sind. Manche sind sogar ins westliche Ausland geflohen … Glauben Sie mir, tun Sie, was ich sage. Das ist bestimmt gut für Sie. Gut, wir gehen.« Wahrscheinlich gehörte es zur speziellen Ausbildung dieser Leute, dass sie zum Schluss etwas Nettes taten, damit man das Unangenehme vergessen und ihnen noch dankbar sein sollte.

Ich verfolgte die drei Männer mit meinen Blicken bis zur Tür. »Moment!«, sagte ich. »Soll ich etwas bezahlen?«

»Bezahlen, wofür?« Alle drei drehten sich verblüfft zu mir um.

»Für die Fahrtkosten. Ich … ich bin mit dem Taxi zum Platz gefahren. Dafür habe ich mehr als siebzig Yuan bezahlt. Und Sie haben mich zurückgebracht …«

»Nein!« Der Ältere schrie fast. Einige Sekunden lang blieb es still. Als sie gemerkt hatten, dass meine Frage ernst gemeint war und nicht ironisch, entspannten sich seine Züge wieder.

»Nein. Sie müssen nicht bezahlen. Wir sind kein Taxi!« Er betonte jedes einzelne Wort.

»Auf Wiedersehen und vielen Dank!«, rief ich hinter ihren Rücken her, die in der Dunkelheit verschwanden.

Nachdem ich eine Weile allein gesessen hatte, begann ich wieder einzupacken. Alles, was die Männer von der Behörde ausgeräumt hatten, verstaute ich nach und nach wieder in Koffer und Handgepäck. Nur die herausgerissene Seite aus dem »Stern« konnte ich nicht wieder an ihren alten Platz bringen. Die in tausend Schnipsel zerrissene Seite lag im Papierkorb. Schade! Sie sahen alle so hübsch aus. Ich hatte das Foto in der letzten Zeit gerne angeschaut.

Es war die dunkelste Zeit der Nacht, doch bald würde der Himmel langsam hell werden. Ich konnte vor Aufregung nicht mehr schlafen, denn in ein paar Stunden würde ich dieses Land verlassen.

Zu einer Zeit, in der Millionen Landsleute noch in ihren Träumen lagen, blieb ich wach. Ich stand am geöffneten Fenster im Erdgeschoss. Viele Insekten veranstalteten in dem dunklen Gras vor meinen Augen ein großes Konzert. Oben am mondlosen Himmel versuchten die zahllosen Sterne ihr letztes Leuchten zu zeigen, bevor das Sonnenlicht kam.

Die alten Chinesen sagen, dass jeder Mensch einen eigenen Stern hat, das heißt, jeder Stern steht für einen Menschen. Ich suchte meinen. Er musste sich wohl etwas von seinem Platz bewegen, weil ich bald eine Reise in die Ferne antreten würde. Leider konnte ich ihn nicht finden. In Wirklichkeit glaubte ich auch nicht so ganz an die alte Geschichte. In der Schule hatte ich ein wenig Astronomie gelernt. Die leuchtenden Sterne waren alle ziemlich weit von uns entfernt. Das Sternenlicht, das ich jetzt sah, kam von Sternen, die schon vor Hunderten von Lichtjahren geschienen hatten, und es war möglich, dass sie hundert, ja tausend Mal so groß waren wie unsere Erde.

Ich fühlte mich klein, ziemlich klein in diesem Universum, wie ein Grashalm, dessen Schicksal es war, bald mitsamt der Wurzel aus seiner Erde gezogen und in ein ganz fremdes Gebiet gebracht zu werden. Kann der kleine Grashalm dort überleben? Wer konnte genau wissen, wie das neue Leben in der fürchterlich fremden Welt sein würde?

Ich stand grübelnd dort, bis die Dunkelheit verblasste.

Der internationale Flughafen von Peking war damals noch ziemlich klein und sah schrecklich aus. Er passte überhaupt nicht in die Hauptstadt. Drinnen liefen überall Passagiere mit ihrem Gepäck hin und her. Von überall her kamen scharfe Blicke von Uniformierten und Leuten in Zivilkleidung. Der Beamte hatte nichts Falsches gesagt. Hier kontrollierte man sehr scharf. Bis ich meine Koffer am Check-in abgegeben hatte, wurde ich mehrmals von der Polizei angesprochen und musste einige Male meinen Pass vorzeigen. Anscheinend widmeten sie jungen Leuten sehr große Aufmerksamkeit.

»Mein Himmel, hier ist es wie im Gefängnis«, jammerte ein junger Mann hinter mir, als wir in einer langen Schlange vor dem Fenster der offiziellen Passkontrolle standen. Er war ungefähr fünf Jahre jünger als ich und hatte kurze schwarze Haare, die wie eine Bürste auf seinem Kopf standen. Dicke Brillengläser ließen ihn wie einen Studenten aussehen. Er hatte mich schon eine Weile beobachtet, und aus irgendeinem Grund schien er mir zu vertrauen. Das sah ich an seinem Blick. »Gehst du auch zum ersten Mal ins Ausland?«, fragte er mich.

»Ja, zum ersten Mal!«, antwortete ich.
»Zum Studieren?« Seine Stimme klang etwas aufgeregt.
Ich nickte.
»Gut, du hast es geschafft! Ich zum Glück auch!« Sein Gesicht strahlte vor Glück.
Ich sagte nichts, sondern ließ meine Füße nur langsam in der Schlange vorangehen. Es war klar, dass ich in einer anderen Stimmung war als er.
»Ich sage dir, viele meiner Verwandten sind schon draußen geblieben. Ich habe in diesem verdammten Land auch nichts mehr verloren.« Er sprach mir ganz leise ins Ohr.
Wieder sagte ich nichts, sondern ließ meine Füße nur langsam vorangehen.
»Schau mal dort, bei dem Beamten an der Kontrolle ist eine rote Linie auf dem Boden. Weißt du was? Das ist die symbolische Grenze zwischen Diktatur und Demokratie. Wenn man diese rote Linie überschreitet, kommt man in die Freiheit.« Er sprach leise und aufgeregt.
Ich sagte nichts, doch meine Füße bewegten sich auch nicht mehr. Ich hatte gesehen, dass vor dieser roten Linie etwas passiert war: Ein junger Mann erklärte ganz angespannt den beiden Polizisten etwas in seinem Pass. Sein Gesicht war schon schweißüberströmt. Doch die beiden Beamten schienen keine Lust mehr auf weitere Erklärungen zu haben. Die junge Beamtin gab ein Zeichen, woraufhin sofort einige bewaffnete Männer zu ihm kamen und ihn wegbrachten.
Der arme Junge hatte es nicht über die rote Linie geschafft.
Meine Füße bewegten sich wieder nach vorn. Mir wurde heiß. Obwohl es im Saal eine Klimaanlage gab, schwitzte ich. An diesem Morgen trug ich meinen blauen Anzug. Ich öffnete alle Knöpfe des Jacketts und die beiden obersten Knöpfe meines weißen Hemdes.
Nun war ich in der Schlange schon fast vorne angelangt. Der Mann, der die ganze Zeit vor mir stand, war ein Ausländer mit blondem Haar. Jetzt war er an der Reihe, kontrolliert zu werden. Komischerweise hatte ich mir irgendwie gewünscht, dass es bei ihm länger dauern würde, doch das war leider nicht so! Die Beamten stellten ihm nur eine Frage, wahrscheinlich weil er Ausländer war, und dann drückten sie *pa* schon einen Stempel auf seinen Pass. »Der Nächste, bitte!« Die Polizistin zeigte mit dem Finger auf mich.

Mein Herz schlug sofort schneller und meine Beine wurden schwer. Aber trotzdem taten sie zwei große Schritte nach vorn.
»Reisen Sie zum ersten Mal aus?«, fragte sie mich. Es war eine junge Frau, die nur durch die gelbe Uniform und Mütze etwas Besonderes war. Sie war sich ihrer Macht bewusst und zeigte ein würdevolles Benehmen.
»Ja«, antwortete ich. Doch mein Blick blieb fest auf dem Pass haften, den ich ihr bereits gegeben hatte. Sie nahm den weißen Zettel, der in meinem Pass war, und legte ihn beiseite. Diesen Zettel musste damals jeder Chinese haben, der das Land privat verlassen wollte, sonst war eine Ausreise nicht möglich. Man musste ihn bei der Polizei beantragen. Wer auf einer Suchliste stand oder wem die Teilnahme an der Studentenrevolte nachgewiesen wurde, hatte keine Chance, dieses kleine weiße Papier zu bekommen. Ich hatte es! Doch die junge Beamtin schien trotzdem noch lange nicht zufrieden zu sein. Ihre Finger bewegten sich in meinem Pass hin und her, und ihr Blick wanderte vom Pass zu meinem Gesicht und wieder zurück. Erst als sie ganz sicher war, dass meine Papiere echt und das Gesicht auf dem Foto hundertprozentig meines war, nahm sie das Formular in die Hand, das ich wie jeder andere auch zuvor ausgefüllt und ihr zusammen mit dem Pass gegeben hatte.
»Wohin wollen Sie fliegen?«, fragte sie.
»Nach Deutschland.«
»Was wollen Sie dort machen?«
»Studieren.« Meine Stimme klang höher als sonst, denn ich ärgerte mich über sie: Alles hatte ich auf das Formular geschrieben und sie hatte es gerade vor Augen. Warum fragte sie noch?
»Nur studieren? Haben Sie hier in China nicht studiert?«
»Doch!« Ich antwortete noch lauter.
»Haben Sie in Deutschland außerdem noch andere Vorhaben?« Auch ihre Stimme wurde hoch und höher.
»Ja! Ich will noch etwas anderes tun!« Meine Stimme wurde nicht leiser. Die junge Polizistin behandelte mich wie einen Verdächtigen, obwohl ich noch nie etwas Illegales getan hatte. Ich war richtig ärgerlich. Wie bei anderen jungen Männern auch verstärkte sich meine Kampfenergie sofort, wenn ich so unangenehm behandelt wurde. Meine innere Nervosität und Sorge, die ich vorher gespürt hatte, waren spurlos verschwunden.

»Bitte sagen Sie mir, was Sie noch tun wollen.« Sie sah selbstzufrieden und vergnügt aus.
»Ich bin Tai-Chi- und Qi-Gong-Meister und will diese chinesischen Heilkünste in Deutschland verbreiten. Ist das verboten?« Ich wollte nichts mehr verbergen, sondern mich vor dieser jungen Beamtin als richtiger Mann zeigen. Wozu sollte ich vorsichtig sein? Musste ich unbedingt ausreisen? Mir ging es nicht so wie anderen jungen Leuten, die nichts mehr in diesem Land zu suchen hatten. Nein, im Gegenteil! Viel zu viel ließ ich hier zurück. Ich hatte eine Familie, einen gutbezahlten Job und zahlreiche Schüler. Als ich mich beim letzten Kurs von den Leuten verabschiedet hatte, waren fast alle enttäuscht gewesen. »Wann kommst du zurück?«, hatte mich Sun, Liu Fong gefragt.
»Ich weiß nicht. In Zukunft bist du hier der Meister.« Ich schaute mich noch einmal im Saal um und sah die Leute an. Es tat mir sehr weh! Alles, was ich vor Augen sah, hatte einen grenzenlosen Wert für mich. Dafür hatte ich mich sehr bemüht und viel gekämpft.
»He, jetzt wollen fast alle jungen Leute ins Ausland gehen, um dort neue Hoffnung zu finden. Das muss man akzeptieren«, sagte Sun, Liu Fongs Vater. »Aber Demokratie und Freiheit sind auch nicht alles! Da Lee, du solltest es dir noch einmal überlegen. Du musst dieses Land nicht verlassen…«
»Ja, ich muss dieses Land nicht verlassen!« So sagte ich zu mir selbst. Diese kleine Geschichte lief mir blitzschnell durch den Kopf. Sie machte mir etwas Mut. Ich richtete mich betont gerade vor den Beamten auf.
»Was wollen Sie noch? Tai Chi und Qi Gong verbreiten? Haben Sie dafür eine Erlaubnis?« Die junge Frau riss ihre Augen auf, bis sie kugelrund waren.
»Nein, ich habe keine Erlaubnis!«, entgegnete ich ganz laut. Plötzlich erschien alles um mich herum still. Jetzt bemerkte ich, dass sich die Schlange nicht mehr bewegte. Der Erste in der Schlange, der mit den Bürstenhaaren, riss Augen und Mund ganz groß auf.
Fertig! Was aus meinem Mund gekommen war, konnte ich nicht mehr zurücknehmen. Das wusste ich ganz genau. Doch in meinem Kopf raste die Phantasie wie eine Rakete: Ich würde mit einem Zug nach Shanghai zurückfahren. Den erstaunten Leuten würde ich meine Pa-

piere zeigen. Schaut mal! Ich habe mich bemüht und alles versucht, aber in der letzten Sekunde haben die Beamten alles verhindert! Ich brauchte diese Absage jetzt! Ich konnte sie als Ausrede für die Leute, aber auch für mich selbst benutzen. Um für Freiheit und Demokratie in ein fremdes Land zu gehen, brauchte man Mut, viel Mut! In Wirklichkeit hatte ich noch gar nicht genügend Mut für solch ein Unterfangen. Vor meinen Schülern hatte ich schon große Worte gemacht: Wenn ich zurückkäme, dann erst, nachdem ich dort Tai-Chi- und Qi-Gong-Kurse für tausend Leute aufgebaut hätte.

»Ha! Sie haben also keine Erlaubnis?« Sie schien sich zu freuen. Ihre Finger klappten meinen Pass wieder zu. »Hast du gehört? Er hat keine Erlaubnis«, sagte sie zu ihrem Kollegen, der neben ihr saß und mich die ganze Zeit über nur schweigend beobachtet hatte.

»Ja, na und?« Er hatte eine dunkle Stimme. »Hast du noch nicht gesehen, dass morgens überall in China Tai Chi und Qi Gong geübt wird? Wer fragt da nach einer Erlaubnis? Gib mir seinen Pass.« Er drückte *pa!* ganz sauber einen Stempel darauf. »Sagen Sie mir bitte, welchen Tai-Chi-Stil unterrichten Sie?« Er gab mir den Pass zurück.

»Chen-Stil.« Meine Stimme klang unnatürlich.

»Oh, der ist schwer zu lernen. Ich übe momentan auch Tai Chi Chuan, aber Yang-Stil. Ich wünsche Ihnen gute Erfolge und eine schöne Reise.« Er lachte mich an. Zwar trug er die gleiche Uniform wie seine Kollegin, aber er wirkte überhaupt nicht kalt so wie sie.

»Danke, vielen Dank…«, sagte ich zu ihm.

»Gehen Sie weiter!«, zischte die Beamtin.

Ich ging Schritt für Schritt weiter. *Za ke!* Meine Füße hatten die rote Linie auf dem Boden überschritten.

13

Es war kaum zu glauben, dass Stuttgart eine Industriestadt sein sollte. Vor meinen Augen sah ich nur Grün, überall war es grün! Ich stand an der U-Bahn-Haltestelle »Mineralbad«. Die riesigen Grünflächen und zahlreiche Kastanienbäume ließen sogar das Wasser einiger kleiner Seen grün erscheinen, auf denen viele Wasservögel schwammen. Im Wasser unter ihnen spielten große Fische ganz unbesorgt miteinander. »Ihr habt solch ein Glück!«, sagte ich beim Spazierengehen zu ihnen und auch zu mir. »In Shanghai würdet ihr schon lange als Braten auf dem Tisch liegen, entweder ›rot‹ gebacken oder ›weiß‹ in der Suppe. Ha! Ihr habt euer Paradies schon gefunden!«
In diesem »Paradies« hatte ich auch ein Hotelzimmer gefunden. In Stuttgart war es außergewöhnlich schwer für einen Fremden, ein Zimmer zu finden. Es gab kaum freie Wohnungen. Joachim, ein junger Mann, den ich vor einem Jahr in China kennengelernt hatte, hatte mich am Bahnhof abgeholt und war kreuz und quer mit mir durch die Stadt gefahren, um etwas zu finden; doch ohne Erfolg. Ich bekam einfach keine Einzimmerwohnung.
»Wenn du mich früher informiert hättest, dann hätte ich deine Ankunft vielleicht besser vorbereiten können«, sagte er mitleidig, nachdem ich schließlich ein Hotelzimmer gemietet hatte. Er war mit einer Reisegruppe in China gewesen und hatte mir erzählt, dass er die Reise durch einen Ferienjob sowie durch die Unterstützung seiner Verwandten finanziert hatte. Er wirkte zurückhaltend, manchmal gar schüchtern. Vor drei Tagen, als ich in Frankfurt angekommen war, hatte ich ihn angerufen. Und wirklich: Er hatte mich nicht vergessen. Am nächsten Morgen kam er wie ein alter Freund mit seinem Peugeot zu mir. »Komm, Da Lee, ich begleite dich zur Universität und zur Anmeldestelle. Bei uns gibt es auch Bürokratie. Ich kann dir ein wenig bei den Behördengängen helfen.« So sagte er zu mir, und das tat er dann auch. Die letzten beiden Tage war er fast nur für mich unterwegs, sogar mein erstes Bankkonto hatte ich mit seiner Hilfe eröffnet. Vieles konnte man nicht erledigen, wenn man keine feste Adresse hatte. Er schrieb einfach seine Adresse für mich auf verschiedene Formulare. Für so viel Hilfe konnte ich nur dankbar sein. Allerdings machte es

mich etwas unruhig, wenn jemand so viel für mich tat. Deswegen hatte ich beschlossen, heute allein den Tag zu verbringen.

Es war Mitte Mai 1992. Die Sonne schien mit schönem warmem Licht auf mich und die grüne Welt. Langsam ging ich am See entlang. Dieser Park war riesig, eine kleine Straße führte die Fußgänger und Fahrradfahrer mit Zickzack-Wendungen zu einer Festung hin. Man ging durch einen kleinen Tunnel und stand dann bereits am Anfang der Hauptgeschäftsstraße, der Königstraße. Wenn man sich an diesem Punkt umdrehte, bemerkte man, dass die so genannte Festung in Wirklichkeit der Hauptbahnhof war. Fasziniert betrachtete ich diese gelungene Verbindung zwischen Altem und Modernem und versuchte in Gedanken, eine Verbindung zwischen den beiden verschiedenen Welten zu schaffen.

Als ich am Zeitungskiosk vorbeigekommen war, hatte ich mit Erstaunen die vielen Bilder von nackten Frauen und Männern gesehen, die dort ausgestellt waren. Man konnte ihre Geschlechtsteile so genau sehen, manche wurden sogar beim Verkehr gezeigt... Mein Himmel! In China hätten die Hersteller der Zeitschriften und auch die Händler lange Gefängnisstrafen zu erwarten. Eine solche Tat, die in China ein Sittlichkeitsverbrechen war, würde ungefähr mit fünf Jahren Gefängnis bestraft. Sogar ein Passant könnte sich schuldig machen, wenn er die Bilder gesehen und die Täter nicht angezeigt hätte. Noch schlimmer fand ich, dass in manchen Zeitungen die politischen Führer wie zum Beispiel der Bundeskanzler wie ein Schwein dargestellt wurden. »So geht es nicht weiter! Diese Regierung muss abgelöst werden.« Solche Losungen der Oppositionsparteien hatte ich seit vorgestern schon an vielen Zeitungsständen gelesen. In China würden diese Äußerungen mit absoluter Sicherheit als Landesverrat und Umsturzaktivitäten bezeichnet, und die Verantwortlichen hätten mit einer lebenslangen Gefängnisstrafe, wenn nicht sogar mit der Todesstrafe zu rechnen. Doch hier schien so etwas ganz normal zu sein. Von wegen Umsturz! Solche Angriffe gab es ständig, besonders von den Parteien, die gerade nicht an der Macht waren. Es schien eine ihrer alltäglichen Hauptaufgaben zu sein, die politischen Gegner anzugreifen.

»Das bedeutet Freiheit und Demokratie!«, sagte ich leise zu mir selbst. Mein Blick wanderte jetzt zur Straße hin. Unzählige Menschen mit verschiedenen Gesichtszügen und unterschiedlichen Haarfarben gingen dort spazieren. Ihre bunte Kleidung ließ die ganze Straße in allen möglichen Farben leuchten.

Königstraße! Soweit ich wusste, war Deutschland schon lange keine Monarchie mehr. Wen konnte man heute noch König nennen? Ja, sie! Die Leute, die auf dieser Straße genüsslich ihren Spaziergang machten. In meinen Augen lebten sie wie die Könige in einer so freien Umgebung. Langsam mischte ich mich in diesen fröhlichen Menschenstrom.

Geschäftsstraßen sehen überall auf der Welt ähnlich aus. Verschiedene Geschäfte von klein bis groß. Diverse Banken, zahlreiche unterschiedliche Restaurants.

Ich überquerte eine Straße, ein neues silbernes Auto fuhr im Schritttempo vor mir zwischen den vielen Fußgängern hindurch. Dem Fahrer mittleren Alters sah man durch das geöffnete Fenster seinen Stolz darüber an. Ich erkannte die Automarke wieder und mir wurde heiß vor Scham. Gestern war mir eine peinliche Geschichte passiert: Nicht weit vom Zentrum der Universität entfernt lag ein Autogeschäft. Als Joachim mit mir daran vorbeiging, zog ich ihn aus Neugier hinein.

»Nein, bitte nicht! Das ist ein Autohaus von Porsche, sehr teuer!« Er wollte wieder hinausgehen.

»Na und? Ich habe solche Wagen in China noch nie gesehen. Ich möchte sie gerne kennenlernen.«

Bevor wir weiter diskutieren konnten, kam schon ein Verkäufer im blauen Anzug mit roter Krawatte auf uns zu. »Darf ich Ihnen helfen?« Er war ungefähr dreißig Jahre alt. »Gefällt Ihnen dieser Wagen? Schauen Sie sich die rote Metalllackierung an. Absolut erstklassig!« Er wies mit dem Finger auf das »Feuerding«.

Auf den ersten Blick machte der Wagen auf mich leider keinen guten Eindruck: Er war sehr niedrig und hatte nur zwei Türen. In China konnte man auch viele gute Autos, zum Beispiel von Mercedes, sehen, die normalerweise hohen Beamten vorbehalten waren. Aber alle hatten vier Türen und waren viel größer als dieser hier. »Ja, die Farbe ist nicht schlecht, nur ist dieser Wagen zu klein …«, erwiderte ich, während ich spürte, wie mir jemand auf die Schulter klopfte. Es war Joachims Hand, der mich daran hindern wollte, weiterzusprechen. Er sah peinlich berührt aus.

»Zu klein? Das ist ein Sportwagen!« Die Stimme des Autoverkäufers

stieg an. »Er hat vierhundert PS und kann bis zu zweihundertfünfzig Kilometer in der Stunde fahren!«
»Oh? Gut, dafür ist der Preis in Ordnung, fünfzehntausend D-Mark ...«
Mein Blick fiel auf das Plakat hinter der Windschutzscheibe.
»Lass uns gehen!« Joachim zog mich energisch zur Tür.
»Warum denn? Lass mich doch noch ein bisschen schauen!«
»Da Lee, du hast beim Preis eine Null zu wenig gesehen.« Sein Gesicht war schon rot, bestimmt meinetwegen.
»Was, hundertfünfzigtausend D-Mark? Für so einen kleinen Wagen?«
Jetzt war ich sprachlos.
Der Verkäufer sagte nichts mehr. Wahrscheinlich bereute er, dass er mich vorhin aufgrund meines Anzugs als vermögend eingeschätzt hatte. Er schüttelte den Kopf und zog die Schultern ein paar Mal hoch, als wenn er zeigen wollte, dass man mit so einem Dorftrottel wie mir nichts anfangen konnte.
Draußen reagierte Joachim richtig sauer. »Wie kannst du so dumm fragen? Der Porsche ist der beste Sportwagen der Welt! Das war so peinlich für mich.«
»Entschuldigung, das wusste ich nicht.« Ich fühlte mich auch nicht gerade angenehm. »Sag, wo stellt man diese Autos her?«
»Wo? Na hier in Stuttgart, in Zuffenhausen.«
»Er wird hier gebaut?!« Das war wieder eine Überraschung für mich. An meinem ersten Tag in Stuttgart hatte ich festgestellt, dass das weltbekannte deutsche Auto »Mercedes« in dieser Stadt hergestellt wurde, jetzt auch noch der Porsche! Warum war Stuttgart dann nicht bekannter? Hatte es mit dem Lebensstil der Stuttgarter zu tun? Die Schwaben sprechen nicht gerne über ihre Leistung, doch sie tun sehr viel dafür. Das hatte ich schon von Joachim gehört. »Schaffe, schaffe, Häusle baue, und net nach de Mädle schaue ...«, dieses Lied hatte er mir neulich vorgesungen ...
Aber dieser Mann, der vor mir in dem silberfarbenen Porsche vorbeifuhr, hatte im Leben bestimmt schon etwas erreicht. Das bewies sein glänzender neuer Wagen. Hinter dem offenen Autofenster hob sich seine Nase mit der Sonnenbrille darauf immer höher, als er die immer neidischeren Blicke der Fußgänger sah. Er wurde immer langsamer und blieb schließlich einfach stehen.
»Sie können weiterfahren, es ist frei« und »Scheiß-Angeber!«, schrien

ihm zwei Jungen entgegen, woraufhin er Gas gab und aus meinem Blickfeld verschwand.
Nun lag der Schlossplatz vor mir. Alles sah so majestätisch aus, dass ich langsam gehen musste, um die Umgebung etwas genauer anzuschauen.
Ein Engel, der aussah, als wäre er über die fernen Berge hierher geflogen, stand auf einer Säule hoch am blauen Himmel. Die beiden Flügel hatte er halb zusammengefaltet, in der Hand trug er einen Kranz. Sein Oberkörper war unbedeckt, sodass man die Brüste erkennen konnte. Gab es bei Engeln auch einen Unterschied zwischen männlich und weiblich? Als ein Chinese, der gerade erst in die christliche Welt gekommen war, interessierte mich dieses Thema sehr. Bei uns in der buddhistischen Welt erzählte man, dass es für einen Gläubigen nach langer Zeit der Meditation möglich war, das Geschlecht frei zu wechseln; das war ein Symbol für Erleuchtung. Aus diesem Grund wurden Buddhafiguren manchmal mit männlichen und manchmal mit weiblichen Zügen dargestellt. Doch Engel kamen vom Himmel, von Gott! »Muss man dort auch meditieren? Kann Gott sein Geschlecht auch frei ändern?« Man möge mir verzeihen, dass ich damals solche Fragen im Kopf hatte. Aber soweit ich weiß, zeigt nicht nur eine Antwort oder Erklärung die Weltsicht eines Menschen, sondern auch eine Frage. Chen, Da Lee war erst seit drei Tagen in einer für ihn ganz neuen Welt. Ist es nicht verständlich, dass er so eine Frage stellt, wenn man wie du seine Vergangenheit kennt?
Rechts von mir stand ein riesiges Gebäude, der »Königsbau«. Ich fand, dass der Name gut zu dem Haus passte. Auf einer Bronzeplatte las ich »Erbaut 1855–1859 durch König Wilhelm«. König Wilhelm? Kein Wunder, dass dieser Platz und seine Umgebung so prunkvoll aussahen. Alles hatte mit dem damaligen König zu tun! »Zerstört am 25–26. Juli 1944«, lautete der nächste Satz.
Warum war es an nur einem Tag zerstört worden? Und von wem? Das stand hier nicht geschrieben. Von meinem Studium in China her wusste ich, dass Deutschland zu dieser Zeit bombardiert wurde, und dieses königliche Gebäude hatte leider auch kein Glück gehabt. Eine verrückte und auch interessante Geschichte über Menschen: Viele Menschen hier waren damals der Idee von Adolf Hitler gefolgt. Sie wollten als überlegene arische Rasse, als die »besten Menschen«, die ganze Welt

beherrschen. Nun war das Land zum Schluss selbst erobert und zerstört worden. In China würde man das als »Vergeltung« oder »Strafe des Himmels« bezeichnen.

Ganz unten auf der Plakette stand noch ein Satz. »Wiederaufgebaut 1957–1959 durch das Land Baden-Württemberg«. Ja, das war die Zeit des Wirtschaftswunders in diesem Land gewesen. Ich blieb noch eine Weile neben der Bodenplatte stehen. Drei wichtige Daten in einem Zeitraum von hundert Jahren. Viel Unbill und Not hatte dieses Land durchlitten! Heute gehörten Demokratie und Freiheit in Deutschland zu den Grundwerten. Deswegen war ich auch hierhergekommen.

Ich verließ den Schlossplatz und ging langsam weiter die Königstraße entlang. Viele Leute genossen die Sonne. Entweder lagen sie auf dem Rasen oder sie saßen mit einem Getränk an den weißen Tischen und genossen das freie Leben.

Vielleicht waren alle Geschäftsstraßen zwischen Fernost und Westeuropa nach dem gleichen Schema gebaut. Ohne deutsche Schilder hätte ich auch glauben können, dass die Königstraße nach Shanghai gehörte. Allerdings waren in Shanghai die normalen Straßen schon größer als diese.

Dong, dong, dong!, klang plötzlich die dunkle Stimme von Glocken durch die Luft. Der Klang war nicht besonders laut, doch klar und kräftig, als wollten die Glocken der Welt ihre starke Existenz beweisen. Ich blieb stehen, und meine Augen suchten nach der Quelle des Klangs. In einer Nebenstraße stand eine Kirche. Ein unbeschreibliches Gefühl kam von dort zu mir herüber, und wie von einem Magneten angezogen musste ich einfach dorthin gehen. Kirchen waren mir nicht ganz fremd, ich hatte in Shanghai auch schon einige Male eine Kirche besucht, natürlich nur aus Neugier.

Durch ihren alten Baustil, die dicken Steinwände und Statuen aus Stein erschien sie mir geheimnisvoll. Das Tor war nicht verschlossen. Ich schob es langsam auf. Drinnen war es viel dunkler als draußen. Die braunen Bänke standen in langen Reihen und füllten fast den ganzen Raum. Ich setzte mich in eine der Bankreihen. Außer mir waren nur drei Frauen anwesend, ich war der einzige Mann.

Es war still. Ich fühlte mich in dieser Kirche wohl, sogar sehr wohl. Nachdem ich mich eine Weile ausgeruht hatte, machte ich aus Gewohnheit eine Qi-Gong-Übung im Sitzen. Ich legte die Hände mit den Handflächen nach oben auf die Oberschenkel und ließ dabei den Körper locker und ganz entspannt. Sofort stellte sich bei mir ein starkes Stromgefühl ein. Der Energiefluss verstärkte sich von innen nach außen und schaffte eine Verbindung zwischen mir, dem kleinen Raum der Kirche und dem großen Raum, dem Universum. Ich war sehr erstaunt, dass das Energiegefühl so stark und so schnell gekommen war. Hatte es mit diesem heiligen Gebiet, dieser uralten Kirche zu tun? Ich versenkte mich in den Genuss dieser wunderschönen Energie. Alles andere spielte momentan keine Rolle.

»Sie sind neu hier, nicht?«, sagte jemand hinter mir.

Ich reagierte nicht, sondern genoss weiter das gute Gefühl der Qi-Gong-Übung. Plötzlich umwehte mich ein Duft wie von Sandelholz. Ich war verwundert, denn diesen Geruch kannte ich nur aus dem Jadebuddha-Tempel. Dort in Shanghai wurden größtenteils Sandelholz-Räucherstäbchen verbrannt, doch hier?

»Gefällt es Ihnen hier, in diesem Land?«, kam wieder die Stimme von hinten.

Ich drehte mich zu der Stimme um. »Fragen Sie mich?« Ich sah eine alte Dame mit ganz weißem Haar vor mir.

»Ja, ich habe Sie gefragt. Hier sitzen nur wir beide, oder?« Sie lachte mich sehr nett an. Ihre ausdrucksvollen blauen Augen und ihr gütiges Gesicht beeindruckten mich.

»Ja, Sie haben recht, ich bin neu in diesem Land. Es gefällt mir sehr gut.« Ich drehte mich wieder um und nahm meine vorherige Position wieder ein.

»Wissen Sie, warum es hier sehr schön ist? Ich meine, heute.« Diese alte Dame schien große Lust zu haben, mit mir zu reden.

»Warum?« Ich drehte mich erneut zu ihr um. »Weil hier alles gut gebaut ist und weil es hier Demokratie und Freiheit gibt …«

»Haben Sie das schon selbst erlebt?« Sie lachte immer so nett, dass ihr schwarzes Seidenhemd sich mitbewegte. Der Duft nach Sandelholz wurde intensiver.

»Ja! Ich bin zwar erst seit drei Tagen hier, doch ich habe schon viel Schönes gesehen.«

»Dann sollten Sie sich bei ihm bedanken.« Ihr Blick ging nach vorne oben. Ich drehte mich zurück und sah das Heilige Kreuz mit der

Jesusfigur vor mir. Ja, natürlich, diese Frau ist bestimmt eine gläubige Christin. Für alles Gute bedankt sie sich zuerst bei Gott oder seinem Sohn, dachte ich und sagte es auch. »Finden Sie, dass ich mich bei Jesus bedanken soll, ja?«

»Schauen Sie genau, junger Mann, was durch das Chorfenster gekommen ist. Ohne das könnten Sie jetzt nichts sehen, noch nicht einmal die heilige Figur...« Ihre Stimme klang immer leiser, doch sie traf mich tief.

Ich schaute die großen bunten Fenster an. Von dort strömte Sonnenlicht durch das Fenster hinein, das durch die verschiedenen Bilder und Farben in Gruppen von Sternen verwandelt wurde. Was wollte die alte Dame mir sagen? Dass hier alles wegen des Sonnenlichts schön anzusehen ist? Aber die Sonne kann nicht immer scheinen. Ich drehte mich wieder um. Niemand mehr war da. Die alte Dame war weg, und auch der Duft nach Sandelholz war verflogen. Ich blieb allein sitzen, bewegungslos, wie vom Blitz getroffen. Einige Zeit später verließ ich die Kirche. Draußen setzte die Abenddämmerung ein.

»Na, wie war dein Tag?«, fragte mich Joachim, der mich schon im Hotel erwartete.

»Ein sehr interessanter Tag.« Wir gingen in mein Zimmer,wo ich ihm den einzigen Stuhl anbot, während ich selbst mich aufs Bett setzte. Leider konnte ich ihm keinen Tee oder Kaffee anbieten. Dieses kleine Zimmer kostete fünfzig D-Mark pro Tag. Zu diesem Preis hätte man in China in einem Drei-Sterne-Hotel wohnen können, mit einem viel besseren Service. Dort stehen Getränke wie Tee normalerweise kostenlos zur Verfügung. Dass die Preise hier so hoch waren, gefiel mir wirklich nicht. Auf dem Rückweg zum Hotel hatte ich in einem Chinarestaurant nur gebackenes Schweinefleisch mit Gemüse gegessen und dafür vierzehn D-Mark bezahlt, etwa siebzig Yuan. Mit diesem Geld hätte ich damals mit meiner ganzen Familie ein kleines Bankett veranstalten können. »Nur eines gefällt mir nicht, dass hier viele Sachen zu teuer sind. Sonst ist alles sehr gut. Ich bin sehr beeindruckt«, sagte ich.

»Was hast du heute alles gesehen?« Er wollte gerne mehr darüber hören, wie ich meinen Tag verbracht hatte. Natürlich interessierte es ihn, welche Eindrücke ich von seiner Heimat hatte.

Also erzählte ich ihm, was ich heute in der Stadt erlebt hatte.
»Weißt du, das in der Kirche interessiert mich überhaupt nicht, das musst du mir nicht erzählen«, unterbrach er mich, als ich gerade meine ersten Eindrücke von dem alten Gebäude schilderte.
»Warum? Gehörst du nicht der Kirche an? Ich dachte, alle Deutschen sind …«
»Nein, ich bin schon lange ausgetreten. Es ist bestimmt schon zwanzig Jahre her, dass ich das letzte Mal in einem Gottesdienst war. Damals war ich noch ein Kind … Nein, lass uns lieber nicht darüber sprechen. Aber was hast du vorher erzählt? Wegen einem Foto von nackten Frauen kann man in China ins Gefängnis kommen?« Seine Augen wurden sehr groß. Jetzt zeigte er mir deutlich, zu welchem Thema er Lust hatte.
»Ja, sogar sehr lange! Du warst doch selbst schon in China. Hast du da solche Zeitschriften auf der Straße gesehen?«, fragte ich.
Joachim antwortete nicht, sondern schaute auf seine Uhr. Plötzlich lachte er mir zu. »Da Lee, ich habe eine Idee. Wollen wir in die Sauna gehen?«
»In die Sauna? Was ist das genau?« Ich war noch nie in einer Sauna gewesen und hatte nur in China in einer medizinischen Zeitschrift etwas darüber gelesen. In dem Artikel hatte ein chinesischer Arzt beschrieben, wie die alten Griechen sauniert hatten. Zuerst hatten sie einen Stein ins Feuer gelegt, dann ins Wasser, sodass Dampf entstand. Zugleich hatten sie sich mit grünen Zweigen gegenseitig auf den Körper geschlagen … Er behauptete, diese alte Heilmethode der Europäer sei gut für den Kreislauf und wirke gegen viele Krankheiten. »Sollen wir uns grüne Zweige besorgen?«, fragte ich.
»Quatsch! Ein Handtuch reicht! Wir gehen ins Leuze. Dort gibt es echtes Mineralwasser, das ist ganz neu für dich. Du kannst dein Handtuch von hier mitnehmen. Ich habe zufällig eines im Auto.«
Wir verließen das Hotel wieder. Draußen war es inzwischen ganz dunkel. Nach nur fünf Minuten Fußweg waren wir schon am Ziel. Das Bad war ein Erholungsgebiet, in dem man schwimmen und auch saunieren konnte. Joachim kannte sich hier gut aus. Im Gebäude kamen wir an verschiedenen Leuten vorbei, die teilweise nur Badekleidung trugen.
»Ich glaube, ich habe ein Problem!«, rief ich Joachim zu, der vor mir herging.

»Problem? Was für ein Problem?« Er blieb stehen.
»Ich habe keine Badehose …«
»Du brauchst keine. Wir gehen nur in die Sauna.« Er ging weiter, und ich folgte ihm.
Da ich zum ersten Mal hier war, war ich auf alles neugierig. Meine Augen schauten nur umher.
»Hier kannst du die Münze hineinstecken und deine Sachen in dem Fach verstauen. Aber vergiss nicht, den Schlüssel mitzunehmen!« Joachim zeigte mir einen Schrank. In dem Raum war es sehr warm. Einige Männer zogen sich vor den Schränken um. Sie hatten sich ganz nackt ausgezogen und dann ein Handtuch um die Hüften geschlungen. Anschließend gingen sie zu einer Tür. Ich tat es ihnen nach. In einem dunklen Zimmer mit heißer Luft setzte ich mich wie die anderen Leute auf eine Bank. Niemand hatte auch nur einen einzigen Faden am Körper. Ein elektrischer Ofen stand neben der Tür, der Steine erhitzte. Jemand goss Wasser darauf. *Za!* Der ganze Raum dampfte. »Ha, das ist also Sauna!« In meinem ganzen Leben hatte ich das bisher noch nicht erlebt. Es war sehr schwer auszuhalten, zu heiß für mich. Nach einigen Minuten war ich schon von Kopf bis Fuß nassgeschwitzt.
»Sie sollten Ihr Handtuch unter sich legen, damit kein Schweiß auf die Bank kommt«, klang eine weibliche Stimme von der Seite leise an mein Ohr.
»Oh.« Ich lockerte das Tuch um meine Taille und wollte mich darauf setzen, doch dann stutzte ich. »Sind Sie eine Frau???« Ich drehte meinen Kopf nach rechts. Jetzt sah ich genau, dass der große schlanke Körper neben mir einer Frau gehörte.
»Ja und?« Sie sah mich amüsiert an.
Meine Augen hatten sich nun an die Dunkelheit gewöhnt, sodass ich ihr Gesicht und den nackten Körper genau sehen konnte. Mein Herz schlug plötzlich ganz schnell und mein Gesicht wurde noch heißer, doch diesmal nicht wegen dem Dampf. Ich drehte meinen Kopf schnell wieder in eine andere Richtung. Mein Himmel! Es gab noch einige Frauen, die zwischen Männern saßen. Alle waren nackt, und alle schauten mich mit komischen Blicken an. Vielleicht hatten sie meine Frage ebenfalls gehört. »Na und?«, sagten sie mir alle mit ihren Blicken. Ich stand sofort auf und befestigte mein Handtuch in

der Taille, dann sprang ich blitzschnell wie ein Kaninchen nach draußen.
Ich stellte mich unter eine Dusche und öffnete den Kaltwasserhahn, so weit es nur ging. Ich wollte schnell wieder kühl und klar werden. Das kalte Wasser rauschte von oben wie ein Wasserfall auf mich herab. Die Kälte ließ mich zittern, doch ich blieb weiter unter der Dusche. Das brauchte ich jetzt.
»He, junger Mann, was ist mit Ihnen los? Sie duschen mit einem Handtuch und unter so kaltem Wasser?« Eine Frau trat zu mir. Wahrscheinlich wollte sie die Dusche neben meiner benutzen, doch wegen meinem kalten Wasser blieb sie auf Abstand.
»Oh!« Jetzt bemerkte ich erst, dass ich mein weißes Handtuch noch um die Taille trug, natürlich war es schon ganz nass! Mir war das peinlich. Doch meine Finger, die schon dabei waren, den Knoten des Handtuchs zu lösen, zogen sich wieder zurück. Diese Frau stand ganz nackt vor mir! Mein Himmel! Das war eine kräftige Frau; ihr riesiger Busen tanzte unbedeckt vor meiner Nase. Und ihr dichtes dunkles Schamhaar bedeckte sie wie Unterwäsche... Sie zeigte mir ihre Geschlechtsteile ohne das geringste Schamgefühl. Aber ich konnte nicht mehr. Mein ganzer Körper zog sich unter dem laufenden Wasser ganz eng zusammen. Ich fühlte mich wie ein armer Hahn, der in einen großen Regen geraten war.
»Haben Sie ein Problem? Sind Sie krank?«, fragte sie teilnahmsvoll.
»Ja, ich bin krank!« Wieder sprang ich wie ein Kaninchen weg, in Richtung auf die Umkleidekabine für Männer.
»Was ist mit dir los?« Ein paar Minuten später erschien Joachim im Umkleideraum.
»Was war das? Da waren nackte Frauen darin!!« Ich saß mit dem nassen Tuch auf der Bank.
»Haha!«, lachte er laut. »Wo ist das Problem? Wir sind in der gemischten Sauna für Männer und Frauen.«
»Gemischte Sauna? Gibt es das hier?« Das war einfach zu viel für mich. Jetzt wurde mir bewusst, dass ich nicht nur in ein neues Land gekommen war, sondern in eine vollkommen neue Welt.
Joachim lachte noch lauter. »Hast du in China noch nie nackte Frauen gesehen?«
»Doch! Aber nur Frauen, die ich schon kannte und mit denen ich eine

Beziehung hatte. Aber hier. Diese Frauen kannte ich doch gar nicht. Sie schämen sich gar nicht, mit so einem großen Busen stand sie einfach vor mir.« Ich hielt meine Hände ganz weit von meiner eigenen Brust weg, um den Umfang ihres Busens zu zeigen.
Joachim konnte vor Lachen nicht mehr sprechen. Er setzte sich einfach auf den Boden.
In dieser Nacht schlief ich nicht sehr gut. Es war einfach alles zu aufregend für mich gewesen. Am nächsten Mittag, als ich wach wurde, rief ich vom Hotel aus in Shanghai an. Dort war es bereits Abend. Zuerst sprach ich lange mit meinem Sohn. Ich erzählte ihm, wie schön es hier war; dass die wilden Enten sogar frei im Fluss schwimmen konnten und so weiter. Ich fand, dass ein Kind sich für so etwas interessieren sollte. Doch zu meiner Überraschung fragte er mich, ob ich schon die Frau Loreley gesehen hätte? Leider konnte ich das nur verneinen und ihm versprechen, sie so bald als möglich zu besuchen und unbedingt ein Foto für ihn zu machen.
Seiner Mutter erzählte ich natürlich mehr. Von den schönen Landschaften bis hin zu den teuren Preisen, von Freiheit und Demokratie bis zu der Freundschaft mit Joachim; sogar zu dem, was ich in der Kirche erlebt hatte, erzählte ich etwas. Nur über die Sauna verlor ich kein einziges Wort, um sie nicht zu beunruhigen; sonst hätte sie wieder hundert Fragen gestellt und die Telefonrechnung wäre noch teurer geworden! Nein, das tat ich nicht! Ich wollte nicht!

14

Auf der Grünfläche neben dem kleinen See wollte ich schon lange Tai Chi Chuan machen. Es war ein schöner Ort mit grünem Gras. Der daneben liegende See, umgeben von einem kleinen gewundenen Pfad, und die in der Ferne stehenden Bäume ließen das Ganze aussehen wie ein Ölbild. An einem solchen Ort in Shanghai würden jeden Morgen ungefähr hundert Menschen etwas für ihre Gesundheit tun, doch hier war es immer leer. Das hatte ich von meinem Hotelzimmer aus schon genau beobachtet. Heute Morgen hielt ich es nun nicht mehr länger aus. Ich zog meinen schwarzen Tai-Chi-Anzug an und ging dorthin. Die Morgensonne legte ein geheimnisvolles goldenes Licht über die grüne Welt. In der Luft spürte ich eine unbeschreiblich wohltuende Energie. Nach der Tai-Chi-Philosophie kann man die äußere Energie des Universums und die innere Energie des Menschen durch die Übungen gut miteinander verbinden. Man nennt es »Himmel, Erde und Menschen vereint in Einem«.

Ich machte also dort meine Übungen. Die Energie floss in mir wie ein Wasserstrom, in dem ich einfach schwimmen konnte. Ein so starkes Energiegefühl hatte ich schon seit Langem nicht mehr gehabt. Dafür musste ich mich bei diesem wunderschönen Gebiet bedanken.

»He, schau mal. Da tanzt einer ganz alleine.« – »Komisch!« Ein junges Paar fuhr mit dem Fahrrad schnell vorbei, doch ihre Worte wehten nach hinten.

»Was? Das ist kein Tanzen! Haben Sie noch nie Tai-Chi-Übungen gesehen?«, fragte ich innerlich die Radfahrer, die schon vorbei waren, und fuhr fort. Langsam versammelten sich einige Zuschauer, um mich mit verwunderten Blicken anzuschauen, und verstopften den schmalen Weg. »Mama, was macht dieser Mann dort?«, fragte ein kleines Mädchen ihre Mutter.

»Der ist verrückt. Gehen wir.« Die Mutter zog ihr Kind weg.

»Was?« Ich hielt in meinen Übungen inne. »Das ist Tai Chi. Haben Sie noch nicht davon gehört?«, fragte ich die Leute, die noch stehen geblieben waren.

Niemand nickte, manche zogen sogar die Schultern hoch.

»Sie können mitmachen. Das ist sehr gut für Ihre Gesundheit.« Ich machte eine einladende Handbewegung, damit sie näher kommen sollten. Doch sie wichen zurück.

Komisch, dachte ich. Glauben die alle, dass ich verrückt bin? Meine Lust am Training im Freien war blitzschnell verschwunden. Ich stand dort auf dem schönen grünen Gras bewegungslos wie eine Holzfigur. Die Zuschauer gingen einer nach dem anderen weg, bis auf eine alte Dame. Ich hatte vorher schon bemerkt, dass sie mich mit ständigem Kopfschütteln beobachtet hatte.

»Entschuldigung, darf ich Ihnen eine Frage stellen?« Sie kam zwei Schritte näher zu mir.

»Ja, natürlich.« Es war für mich beruhigend, dass es hier endlich jemanden gab, der mich wie einen normalen Menschen behandelte.
»Welchen Tai-Chi-Stil haben Sie gerade geübt?«
»Ah, gut, Sie kennen also auch Tai Chi.« Das freute mich. »Ich habe Chen-Stil gemacht. Kennen Sie den?«
»Nein, ich kenne ihn nicht. Aber ich habe einen anderen Stil gelernt, der ist viel langsamer!«
»Wahrscheinlich ist das Yang-Stil. Bitte zeigen Sie mir etwas.« Ich war sehr gespannt, wie ein Europäer Tai Chi Chuan machte.
»Nein, das kann ich nicht. Ich darf nicht.« Sie blieb stehen.
»Warum?« Ich wunderte mich sehr.
»Mein Lehrer hat uns gesagt, dass man Tai Chi nicht vor anderen Leuten zeigen darf.«
»Warum nicht?«
»Weil es sonst seinen Wert verlieren würde. Die Leute können einfach mitmachen, dann hat es keinen Wert mehr.«
»Wo ist das Problem dabei? In China sind die Parks täglich voll von Menschen, die Tai Chi machen.«
»China? In China gibt es doch schon lange kein richtiges Tai Chi Chuan mehr.«
»Was?« Ich wollte meinen Ohren nicht trauen.
»Es gibt auch keine guten Meister mehr dort.«
»Wer hat das erzählt? Waren Sie schon einmal in China?« So etwas Komisches hatte ich noch nie gehört.
»Nein, ich war noch nicht in China. Unser Tai-Chi-Lehrer hat uns das erzählt. Er hat es von seinem Meister gehört.«
»Kommt Ihr Lehrer aus China?«
»Nein, er nicht, aber sein Meister ist Chinese. Er ist der Beste in diesem Bereich. Jetzt lebt er in England. Entschuldigung, ich muss gehen.«
»Moment, warten Sie … Ich habe noch eine Frage an Sie.« Leider wollte die alte Dame nicht mehr stehen bleiben. Sie ging auf dem Parkweg immer weiter, bis sie ganz im Grünen verschwunden war.
»Mein Himmel, wer ist das? Er hat den Mut zu behaupten, dass es in China kein richtiges Tai Chi und keine guten Meister mehr gibt!«, schimpfte ich innerlich. In unserem Bereich, Tai Chi, Qi Gong und Gong Fu, nannte man solche Leute Verräter, die ihre Herkunft verges-

sen hatten, oder primitive Betrüger, die dem Ruhm nachjagten. Millionen Menschen beschäftigten sich in China mit solchen Sachen. Sie übten und verbreiteten Tai Chi und Qi Gong und versuchten alle wertvollen Geheimnisse für die Menschen zu entdecken. Von einer Generation zur nächsten wurde das Können und Wissen ungehindert weitergegeben, sogar während des Krieges und der zahlreichen politischen Bewegungen wie der Kulturrevolution.

Wie konnte man einfach so etwas propagieren, das gar nichts mit der Wahrheit zu tun hatte?

Enttäuscht ging ich langsam zum Hotel zurück. »Ich ... ich glaube, dass ich nach China zurückgehen sollte«, sagte ich am Telefon zu Joachim. Er hatte nach seinem Studium einen Raum als Büro für Informatikberatung gemietet, und ich durfte ihn immer dort anrufen. »Es ist zurzeit bei mir sehr ruhig. Du darfst mich immer anrufen und besuchen. Das stört mich nicht. Im Gegenteil, ich freue mich darüber«, hatte er mir gesagt. Doch jetzt war er etwas erstaunt. »Was? Was hast du gesagt? Du willst jetzt schon zurückgehen? Ist Deutschland nicht gut genug für dich?«

»Doch, es gefällt mir hier sehr gut. Aber ... aber ich bin schon seit einem halben Monat in der Stadt und wohne noch im Hotel. Mein Geld wird immer weniger, und bevor ich gar nichts mehr habe, sollte ich mir ein Ticket für den Rückflug kaufen, oder?«

»Ah! Aus diesem Grund! Du musst keine Sorge haben, wir finden bestimmt eine Wohnung für dich. Dann musst du nicht mehr so viel Geld fürs Wohnen ausgeben wie im Hotel. Übrigens darfst du auch arbeiten gehen. Hier verdient man viel mehr als in China, das weißt du bestimmt schon, oder?«

»Arbeiten? Gut, kein Problem. Ich kann vieles tun. Du kannst mir etwas empfehlen.«

»Empfehlen? Du kannst dir selbst eine Arbeit suchen! Hier muss man alles selbst machen!«

Ich war kurz sprachlos. Das war wieder etwas Neues für mich. Eine Arbeit selbst suchen? Wie denn? Das hatte ich noch nie gemacht. »Gut, Joachim. Ich versuche das«, gab ich schließlich trotzdem zur Antwort. »Aber Joachim, sagst du mir bitte, wo man hier Training und Gesundheitssport macht? Es gibt hier so viel Grün. Bemerken die Menschen das nicht?«

»Doch, hast du nicht gesehen? Viele hier machen Jogging und fahren Fahrrad...«
»Ja, aber das alles gehört zum Muskeltraining. Wo macht man Energietraining?«
»Ich verstehe nicht, was du meinst.«
»Sachen wie Tai Chi Chuan, Qi Gong, Yoga und so weiter.«
»Das weiß ich nicht genau, wahrscheinlich in Privatschulen. Ja, möglicherweise auch in öffentlichen Einrichtungen.«
»Nicht draußen?«
»Nein, so wie ich es in China gesehen habe, dass morgens der ganze Park voller Leute ist, so etwas passiert hier bestimmt nicht. Die Menschen hier haben eine andere Mentalität.«
»Schade! Es gibt hier so eine gute Umgebung, aber sie wird nicht gut genutzt. Bei welcher Behörde muss ich beantragen, eine Tai-Chi- und Qi-Gong-Schule aufzubauen?«
»Was? Willst du jetzt schon eine Schule eröffnen? Sei lieber vernünftig und fange damit an, Kurse in irgendwelchen anderen Schulen anzubieten. Um eine Schule aufzubauen, muss man hier keinen Antrag stellen. Aber man braucht Geld, viel Geld. Hast du das?«
»Nein, das habe ich nicht, aber ich habe etwas anderes. Ich habe...« Mir fehlten die passenden deutschen Worte.
»Meinst du Begabung und Fähigkeiten?« Joachim half mir weiter.
»Ja, ich glaube, im Westen habe ich größere Chancen als in China. Viele kommen aus diesem Grund hierher.«
»Ja, ich glaube das auch. Aber höre bitte auf meine Worte: ein Schritt nach dem anderen. Erst einmal sollen die Leute dein Können sehen. Frag einmal, wo du einen Kurs geben kannst.«
Ich befolgte Joachims Rat, schließlich war er hier in diesem Land geboren und aufgewachsen. Er hatte Mut: Kurz nachdem er sein Diplom gemacht hatte, nahm er dreißigtausend D-Mark Kredit auf und bemühte sich in seinem gemütlich ausgestatteten Büro, den Traum vom großen Unternehmer zu verwirklichen. Doch so leicht schien es nicht zu sein. Er bekam einfach zu wenig Aufträge, wahrscheinlich weil er noch ein Anfänger war. »Sei lieber vernünftig«, hatte er mir geraten; bestimmt aufgrund seiner persönlichen, leider negativen Erfahrungen.

Einige Tage lang versuchte ich überall in Stuttgart die Chance zu erhalten, einen Kurs zu geben, leider ohne Erfolg. Heute Vormittag nach dem Besuch einer Vorlesung an der Uni ging ich zum Sportinstitut, wo ich eine Hoffnung sah, einen Kurs zu geben. Doch es war erst ein halbes Jahr später möglich. Der Professor versprach mir, im nächsten Semester dem Sportprogramm Tai Chi hinzuzufügen. Dann durfte ich offiziell jede Woche zwei Stunden einen Kurs für Studenten abhalten. Doch dass ich noch so lange warten sollte, drückte auf meine Laune. Am Nachmittag jedoch, als ich ins Hotel zurückkehrte, brachte Joachim mir Neuigkeiten. »Da Lee, ich habe etwas für dich: heute Abend um 19.00 Uhr macht ein Tai-Chi-Meister eine Vorführung in einer Tai-Chi-Chuan-Schule.« Er gab mir einen Zettel.
»Danke schön. Woher hast du den?« Ich nahm den Zettel in die Hand.
»Ich habe in der Zeitung die Werbung gesehen und bin hingefahren, um für dich Material zu holen. Diese Schule sieht nicht schlecht aus. Vielleicht kannst du dort anfangen.« Er schlug mir auf die Schulter. Er war so hilfsbereit, dass ich ihm dankbar sein musste. In dieser fremden Welt war jede Hilfe von ihm sehr wertvoll für mich.
»Kommst du heute Abend auch mit?«, fragte ich.
»Nein, ich habe noch eine Verabredung. Übrigens kenne ich solche Sachen wie Tai Chi Chuan und Qi Gong auch nicht gut. Aber für dich ist es bestimmt gut, wenn du einfach dorthin fährst. Hier auf diesen Zettel habe ich schon für dich aufgezeichnet, wie du dorthin gelangst. Du musst nur mit der U-Bahn fahren, es ist ganz leicht. Viel Erfolg!«
Er stieg in seinen Peugeot.

Diese Tai-Chi-Schule lag im Stadtzentrum, im Kellerraum eines Gebäudes. Als ich die Treppe dort hinunterstieg, war ich sehr gespannt. Ich wusste nicht, was in diesem Raum mit mir passieren würde; doch die vielen chinesischen Schriftzeichen und Bilder an den Wänden gaben mir ein Gefühl der Nähe, ebenso wie die vielen Leute in schwarzen Tai-Chi-Anzügen, obwohl es fast alle Europäer waren.
Es sah alles ordentlich aus. Ich wurde gemeinsam mit einigen anderen neuen Besuchern zuerst in einen Umkleideraum geführt, wo wir unsere Schuhe ausziehen sollten. Dann wurden wir in den Übungsraum gebracht. Ein kleiner Mann saß vor uns. Er bewegte sich nicht und hatte die Augen halb geschlossen. Die Farbe seines Tai-Chi-An-

zugs war ganz besonders, nämlich grün. »Er ist der Leiter der Schule«, stellte ihn die Frau im schwarzen Tai-Chi-Anzug vor, die uns hergeführt hatte. Dann ließ sie uns mit einem Handzeichen vor dem sitzenden Schulleiter in einer Reihe stehen.

Er bewegte sich immer noch nicht, obwohl wir Besucher schon eine ganze Weile ganz ruhig vor ihm standen. Wahrscheinlich übte er noch. Meditierte er?

Plötzlich stand er vom Holzboden auf, doch sein Blick blieb nur zwei Sekunden an uns hängen; dann drehte er sich zur Ecke um, wo ein großer Gong aufgehängt war. Dorthin ging er. *Dong!,* klang es ganz laut. Und noch einmal schlug er den Gong mit dem Stoffhammer: *Dong!;* diesmal noch lauter, sodass der ganze Kellerraum erzitterte. Wir standen alle stocksteif in diesem langdauernden Echo, manche älteren Besucher mit eingezogenem Bauch und blassen Gesichtern.

Jetzt war es im ganzen Raum ruhig. Er ging langsam zu einer Säule, die vor uns stand, und blieb davor stehen, mit dem Rücken zu uns. Jetzt sah ich, dass ein Yin-Yang-Bild vor ihm hing. Er verbeugte sich tief davor. Ich wunderte mich sehr, denn so etwas tat man in China nicht.

»He, Sie!« Die Frau neben mir gab mir ein Zeichen mit der Hand. Jetzt sah ich, dass außer mir alle schon die Köpfe gebeugt hatten. Gut, ich machte auch mit, denn es wäre mir peinlich gewesen, als Einziger gerade stehen zu bleiben.

»Herzlich willkommen in meiner Schule.« Endlich sprach uns der Meister an. »Tai Chi Chuan ist eine heilige Sache, die es seit tausend Jahren gibt…« So begann sein kurzer Vortrag. Er erzählte uns, warum Tai Chi sehr gut für die Gesundheit war und welche Vorteile es für den Alltag hatte, wenn man Tai Chi übte.

Ich musste zugeben, dass mich seine Rede sehr beeindruckte. Nur manche Daten waren nicht ganz richtig, zum Beispiel war Tai Chi in Wirklichkeit nicht schon tausend, sondern erst vierhundert Jahre alt. Es war eine Erfindung von Meister Chen, die Bestandteile der chinesischen Philosophie sowie von Kampfkunst und Qi Gong in sich vereinte.

Ich sagte nichts, sondern stand nur als eifriger Zuhörer dort. Ich fühlte mich wohl, denn obwohl ich in diesem Raum der einzige Chinese war, konnte ich so weit von der Heimat entfernt doch chinesische Atmosphäre erleben.

»Jetzt lasst uns gemeinsam einige Teile dieser Übungen probieren«, sagte der Lehrer zu uns. Dann zeigte er uns einige einfache Körperbewegungen, die wir nachmachten. Ich bemerkte, dass alle Bewegungen dem Yang-Stil entstammten. Sie taten den Leuten gut, auf manchen Gesichtern zeigte sich sogar frische rote Farbe.

»Jetzt lasst uns zusammen Qi-Gong-Übungen machen«, leitete uns der Lehrer an. »Wir stellen uns im Kreis auf und halten uns an den Händen.«

Wir taten, was er von uns verlangte. Zu meiner Linken stand ein Mann im mittleren Alter, rechts von mir eine alte Dame. Wir gaben einander die Hände.

»Spürt ihr, dass eure Hände alle warm sind?«, fragte der Lehrer.

»Ja«, bestätigten alle.

»Ja, gut. Das ist Qi Gong!« Er lachte.

Und ich fiel fast in Ohnmacht. Sofort löste ich meine Hände aus denen der anderen und übertrug aus ungefähr zwanzig Zentimetern Entfernung Energie. »Spüren Sie etwas?«, fragte ich meine Nachbarn.

»Ja, natürlich!«, antworteten beide. »Ich spüre ganz starke Energie von Ihrer Hand, wie einen starken Strom.« Die alte Dame schrie fast.

»Was machen Sie dort?« Die Helferin des Lehrers kam zu uns. »Sie sollen einander an den Händen festhalten.« Sie war blond, und der schwarze Tai-Chi-Anzug ließ sie schön und sehr beeindruckend aussehen.

»Spüren Sie selbst, hier!«, sagte die alte Dame erstaunt zu ihr. »Kommen Sie bitte hierher und spüren selbst mit Ihrer eigenen Hand. Dieser junge Mann hat eine sehr starke Energie.« Sie zog ihre Hand weg.

»Oh, was ist das?« Die Assistentin schien auch erstaunt, nachdem sie ihre Hand unter meine gehalten hatte.

»Das ist Qi Gong!«, antwortete ich.

»Sind Sie ein Qi-Gong-Meister?«, fragte sie mich.

»Ja, das bin ich. Ein Qi-Gong-Meister sollte diese Fähigkeit haben, Energie zu übertragen.«

»Lassen Sie mich auch einmal spüren.« – »Ich will auch.« Eine Hand nach der anderen kam zu mir.

»He, Ihre Energie ist nicht schlecht.« Zum Schluss hielt auch der Besitzer der Schule seine Hand unter meine. In seinen Augen sah man deutlich das Erstaunen. »Wie lange üben Sie schon Qi Gong?«

»Sehr lange! Ich kann auch Tai Chi im Chen-Stil machen. Soll ich es Ihnen einmal zeigen?« Das war meine Chance. Vielleicht konnte ich bei ihm als Tai-Chi- und Qi-Gong-Lehrer arbeiten.
»Ja, zeigen Sie es uns.« »Ja, wir haben auch Lust, das zu sehen«, sagten die Besucher.
»Moment«, unterbrach der Meister plötzlich. »Sagen Sie mir bitte, wie Sie heißen und woher Sie kommen. Was machen Sie in Stuttgart?«
»Ich heiße Da Lee Chen.« Ich wusste mittlerweile, dass in Europa der Familienname bei der Vorstellung immer hinten genannt werden sollte. »Und ich komme aus Shanghai. Jetzt studiere ich hier an der Universität.«
»Ah, Sie sind Student!« Er sprach absichtlich laut, gleichzeitig verschwand die Spannung von seinem Gesicht. »Gut, sehr gut. Ich habe schon sehr viele Schüler hier, die Studenten sind. Sie können mir den Chen-Stil nachher zeigen.« Er schlug mir auf die Schulter wie ein Älterer dem Jüngeren. »Jetzt lassen Sie uns weitermachen«, sagte er an alle gewandt. »Sie haben sicher bemerkt, wie gut diese Übungen Ihnen tun, und in Zukunft können Sie hier in meiner Schule weiter davon profitieren.« Nun hatte er wieder die Aufmerksamkeit aller erlangt. Nach ein paar körperlichen Übungen verteilte er an jeden von uns einige Zettel.
»Warum sollen wir erst einen Vertrag unterschreiben?«, fragte ein Mann, nachdem er das Papier gelesen hatte.
»Warum? Weil Tai Chi und Qi Gong wertvolle Sachen sind und man lange braucht, um sie kennenzulernen.« Sein Blick richtete sich auf mich. »Soweit ich weiß, bleibt in China ein Schüler immer sehr lange bei seinem Meister, oder?«
»Ja«, bestätigte ich. »Aber –« Ich wollte eigentlich sagen: »Aber in China schließen wir niemals Verträge miteinander ab. Alle Schüler bleiben freiwillig bei ihrem Meister.« Doch der Lehrer schnitt mir das Wort ab: »Das ist eine seriöse Schule. Deshalb muss alles seine Ordnung haben.« Mit diesen Worten ging er zur Seite, um wieder zu meditieren.
Seine Helferin kam zu uns. »Sie können den Vertrag ruhig unterschreiben, wir haben das auch alle gemacht.« Sie besorgte uns einige Kugelschreiber.
Ich las die Papiere durch. Ein wirklich gutes Geschäft für den Besitzer

der Schule, wenn man den Vertrag unterschrieb: Man legte sich für ein Jahr fest und musste den Betrag bezahlen. Nach der Kündigung musste man noch drei Monate weiterbezahlen! Besonders unverständlich war mir dieser Satz: »Den Mitgliedern der Schule wird nicht gestattet, nach ihrem Austritt in dieser Stadt und der Umgebung Tai Chi und Qi Gong zu unterrichten.« Ich zeigte der Lehrerin diesen Satz. »Was bedeutet das? Bei uns in China gehören Tai Chi und Qi Gong zum Massensport. Jeder darf es lernen und weiter verbreiten.«

»Oh, diese Klausel dient dazu, die Qualität unseres Unterrichts zu schützen«, antwortete sie.

»Das ist nur dazu da, den Geldbeutel zu schützen«, sagte ein junger Mann neben mir und gab ihr zugleich die Formulare zurück. »Auf Wiedersehen!« Er ging, und mit ihm noch einige Leute. Zum Schluss blieben noch drei Besucher außer mir da, zwei Damen und ein Mann. Doch sie blieben nur kurz, nach Abschluss des Vertrags gingen auch sie.

»Du darfst schon vorausgehen«, sagte der Schulbesitzer zu seiner Helferin.

»Ich? Aber ich will auch zuschauen.«

»Das ist nicht nötig. Ich habe genug Erfahrung und kann selbst urteilen. Außerdem sollst du dich darauf konzentrieren, was du von mir gelernt hast. Tschüss, bis morgen.« Es klang wie ein Befehl, und sie ging in den Umkleideraum. »Zeigen Sie mir jetzt bitte Ihren Chen-Stil«, sagte er zu mir, als nur noch wir beide im Raum waren.

»Moment.« Ich zog mir schnell meinen schwarzen Tai-Chi-Anzug an, den ich mitgebracht hatte.

»Sind Sie auch ein Meister?«, fragte er. Sein Blick richtete sich auf meinen Anzug, dem man ansah, dass er schon lange benutzt wurde.

»Ja«, antwortete ich. Ich ging in die Mitte des Raums, atmete tief durch und begann damit, meine Tai-Chi-Form zu demonstrieren. Ich kannte die Positionen schon so gut, dass ich mich ohne nachzudenken bewegte und im seelischen und körperlichen Einklang war. *Fu, fu, fu.* Die chinesischen Bilder an der Wand bewegten sich durch den Wind, der durch meine Bewegungen entstand.

»Wow!« Ein erstaunter Ruf kam von der Seite, als ich mit der Form fertig war. Dann tauchte die Assistentin auf. Sie hatte ihre schwarze Jacke schon ausgezogen und gegen ein grünes T-Shirt ausgetauscht, doch ihre schwarze Tai-Chi-Hose trug sie noch. Offensichtlich hatte sie mir doch zugesehen. »So etwas habe ich zum ersten Mal gesehen, sehr beeindruckend!«

»Das ist ein anderer Stil«, sagte der Schulbesitzer zu ihr. »Warum gehst du nicht nach Hause? Ich habe noch etwas mit Herrn Chen zu besprechen.«

»In Ordnung. Auf Wiedersehen, Herr Chen.« Sie winkte mir noch einmal zu.

Diesmal ging sie wirklich.

»Das war nicht schlecht«, lobte mich der Schulbesitzer.

»Danke. Wollen Sie mich engagieren? Ich würde gern bei Ihnen Tai Chi und Qi Gong unterrichten.« Ich war auf seine Antwort gespannt, weil ich diese Frage zum ersten Mal in meinem Leben gestellt hatte.

»Sie wollen bei mir arbeiten? Das ist gut. Aber Tai Chi ist nicht nur körperliche Bewegung, es hat auch viel mit Philosophie zu tun…«

»Ja, das ist richtig! Darf ich Ihnen noch etwas beweisen?« Ich hob meine Arme hoch.

»Was wollen Sie machen?« Er stand erstaunt vor mir.

»Wollen Sie mit mir Tui Shou machen?«

»Tui Shou? Wozu ist das gut?«

»Sie können dadurch meine Fähigkeit zur körperlichen und seelischen Beherrschung kennenlernen, wie man nach der chinesischen Philosophie die Kraft nutzt und lenkt. Sie sind bestimmt gut in Tui Shou, oder?«

»Gut, vielen Dank für Ihren Besuch. Auf Wiedersehen!« Er ging einfach an mir vorbei zur Ecke, wo er sich wieder mit gekreuzten Beinen auf den Boden setzte und zu meditieren begann.

»Würden Sie mich engagieren?«, fragte ich vorsichtig. »Ich…ich will sehr gerne Tai Chi Chuan und Qi Gong hier verbreiten. Sie haben sicher bemerkt, dass ich dazu in der Lage bin. Sie müssen nicht viel bezahlen, es ist genug, wenn es zum Sattessen reicht.« Ich hasste meine Zunge. Seit wann war ich in so einer ärmlichen Situation?

»Darf ich Sie etwas fragen?« Endlich reagierte er, blieb aber weiterhin sitzen. »Sie haben so ein hohes Niveau beim Tai Chi und Qi Gong erreicht, und Sie sind noch jung. Warum sind Sie nicht in China geblieben? Sie hätten dort bestimmt eine gute Zukunft.«

»Ja, im Moment frage ich mich das Gleiche. Warum bin ich nicht in

China geblieben? Ich wohne jetzt ganz alleine im Hotel. Hier ist alles so teuer. Das Geld, das ich mitgebracht habe, ist fast aufgebraucht. Und in Shanghai habe ich eine Familie, mein Sohn und meine Frau leben dort, und außerdem viele Tai-Chi- und Qi-Gong-Schüler. Sie alle brauchen mich. Ja, warum bin ich nicht in China geblieben? Vielleicht wegen des blutigen Zwischenfalls auf dem Tiananmen-Platz. Vielleicht wegen meiner Suche nach Freiheit. Vielleicht wegen meinem Traum, Tai Chi und Qi Gong zu verbreiten. Vielleicht …« Ich unterbrach mich. Was ich erzählen musste, tat mir wirklich weh. »Wenn Sie … wenn Sie mich hier einen Kurs machen lassen, wäre das für mich eine wirkliche Hilfe.«
»Ich würde Ihnen gerne helfen, aber leider geht das nicht!«, sagte er.
»Warum nicht?«
»Weil wir hier in Deutschland sind, hier herrscht eine ganz andere Mentalität als in China!«
»Aber Sie geben auch Kurse mit chinesischem Ursprung!«
»Herr Chen, bitte hören Sie mir zu: Sie sind ein Student. Sie sollten sich in erster Linie auf Ihr Studium konzentrieren. Was Sie mir vorhin gezeigt haben, sollten wir lieber nicht den Menschen hier vermitteln. Das passt einfach nicht zusammen. Sie haben recht. Wir machen hier auch chinesische Sachen wie Tai Chi und Qi Gong, aber alles im Rahmen von europäischem Stil und westlicher Zivilisation, die Ihnen wahrscheinlich noch fremd sind …«
»Auf Wiedersehen!« Jetzt konnte ich nicht länger bleiben. Mein letzter Rest von Stolz zwang mich zu gehen.

»Warum ist hier auch alles so schwer?«, fragte ich mich selbst auf der Königstraße.
Wieder diese Straße. Seit ich in dieser Stadt war, war ich schon mehrmals darauf spazieren gegangen. Doch jetzt war es bereits Nacht, und es nieselte ein wenig. Kaum jemand außer mir war hier unterwegs. Die Lichter aus den Schaufenstern spiegelten sich auf dem nassen Boden, die Luft hatte sich abgekühlt. Die ganze Straße strahlte eine Ruhe und Melancholie aus, die mich noch trauriger und einsamer machte. Ich ging ziellos weiter, an den verschiedenen Läden vorbei. Ein chinesisches Zeichen wies mich zu einem Restaurant.
Es war schon gegen zehn Uhr abends, und nur zwei Paare saßen noch darin.

»Guten Abend. Sind Sie allein? Oh, Ihre Jacke ist nass. Sie dürfen sie mir geben, ich hänge sie dort auf.« Ein junger chinesischer Kellner empfing mich sehr nett.
»Haben Sie einen heißen grünen Tee?«, fragte ich ihn, als er wieder zu meinem Tisch kam.
»Ja, den haben wir. Kommen Sie aus China?«
»Ja, aus Shanghai.«
»Ha, ein Shanghaier!« Er ging zum Tresen und brachte mir von dort eine Tasse Tee. Er war schlank, so schlank, dass ihm sein weißes Hemd zu groß war.
»Danke schön.« Ich sprach jetzt chinesisch mit ihm. »Sag mir, habt ihr keine günstigen Essen?«, fragte ich, nachdem ich die Speisekarte gelesen hatte. »Warum sind alle Sachen hier so teuer?«
»Teuer? Ja, wir sind hier in Deutschland, da verdient man auch viel. Bist du gerade erst hierhergekommen?« Er sprach auch chinesisch mit mir.
»Ja«, nickte ich.
»Aber dein Deutsch ist nicht schlecht.«
»Deines auch nicht.«
»Ich … ich kann in Wirklichkeit nur sagen: Guten Tag, herzlich willkommen, auf Wiedersehen und noch ein paar Wörter, die mit dem Essen zu tun haben, mehr nicht; als Kellner braucht man nicht viele Sprachkenntnisse.« Er musste selbst lachen. »Und du, wo hast du Deutsch gelernt?«
»Ich habe das in China studiert. Darf ich diese Jacke auch über den Stuhl hängen, sie ist schon etwas feucht.« Ich holte meinen schwarzen Anzug aus der Tasche.
»Ja, klar! Oh, das ist ja ein Tai-Chi-Anzug.« Er half mir, den Anzug auseinanderzufalten.
»Kann ich diese Speise haben? Ich hoffe, es ist genug für mich.« Ich zeigte auf ein Gericht, das »Schweinefleisch mit Chinakohl« hieß. Es gehörte zum billigsten, was ich auf der Karte finden konnte.
»Ja, natürlich. Ich sage dem Koch, dass er dir ein bisschen mehr machen soll.«
Die anderen Gäste waren gegangen, sodass ich als einziger Kunde im Lokal blieb. Als mein Essen kam, fiel ich darüber her. Um Geld zu sparen, hatte ich den ganzen Tag lang noch nichts gegessen. Jetzt küm-

merte ich mich nicht mehr darum, mein Gesicht zu wahren. *Hua la, hua la!*, aß ich mit lauten Geräuschen wie ein Schwein.
»Haha!«, lachte der Kellner neben mir. »Du hast wohl wochenlang nichts mehr gegessen? Was machst du eigentlich hier in Stuttgart?«
»Ich bin Student, und eigentlich will ich auch noch etwas anderes machen als studieren, aber es ist schwer.« Ich schüttelte den Kopf.
»Sag mal, kannst du wirklich Tai Chi machen?« Er schaute auf meinen Anzug.
»Ja, natürlich, ich bin sogar ein Tai-Chi- und Qi-Gong-Meister«, antwortete ich und aß hastig *hua la, hua la* weiter.
»Ho, es gibt schon einige Leute, die aus China gekommen sind und behaupten, dass sie Tai Chi und Qi Gong machen können. Ja, klar. Ein bisschen den Körper damit bewegen, das können viele. Aber ob das richtig gut ist?«, lachte er wieder und wollte weggehen.
»Halt! Komm bitte her zu mir und setz dich hierhin.« Ich deutete auf den Stuhl neben mir. »Ich will dir etwas zeigen. Leg deine Hand so hin.«
Er tat, was ich sagte, setzte sich hin und hielt seine Hand vorsichtig vor mich hin.
»Gut, so bleiben.« Ich hielt meine Hand etwa zwei Handbreit unter seine. »Hast du etwas gespürt?«, fragte ich ihn eine halbe Minute später.
»Ja, es war wie ein Strom, sogar sehr stark. Was ist das?« Er schaute erstaunt auf seine eigene Hand.
»Das ist Qi Gong. In Zukunft weißt du schon, wie du es prüfen kannst, wenn deine Gäste behaupten, dass sie …«
»Darf ich auch einmal probieren?« Von der Seite kam eine Hand, die einem Chinesen im blauen Anzug mit Krawatte gehörte.
»Das ist mein Chef!«, sagte der junge Kellner und stand sofort auf. Sein Platz wurde nun vom Lokalbesitzer eingenommen.
»Spüren Sie etwas?«, fragte ich. Meine andere Hand näherte sich wegen meines Hungerbauchs wieder den Stäbchen.
»Nein, überhaupt nichts!«, sagte der Chef. Dann grinste er: »Haha, ich mache nur Spaß. Kaum zu glauben, dass du so einfach Energie übertragen kannst! In Hongkong habe ich auch einen Qi-Gong-Meister getroffen. Aber er musste sich zuerst konzentrieren und Energie im Dan Tian sammeln … Gut, sehr gut.« Er schaute mich von oben bis unten

und dann wieder von unten bis oben an. »Suchst du einen Job? Ich habe gerade so etwas gehört. Du bist Student und brauchst Geld?«
»Ja.« Ich nickte.
»Gut, du kannst bei mir als Kellner arbeiten. Willst du das?«
»Moment ... oh, Entschuldigung.« Der schlanke Junge wollte etwas sagen, schluckte seine Worte aber wieder hinunter. Doch sein Gesicht war blass geworden.
»Kellner? Was muss ich tun?«, fragte ich ihn.
»Das ist sehr einfach; du musst nur unsere Gäste freundlich bedienen. Allerdings solltest du den ganzen Tag im Restaurant bleiben. Du bekommst Lohn, Trinkgeld und das Essen ist frei. Übrigens darfst du kostenlos bei uns wohnen. Ich hätte auch ein Zimmer für dich. Überleg es dir, ja?« Er stand langsam auf. »Oh, mein Rücken tut schon seit langer Zeit weh. Du kannst mir bestimmt helfen, damit es besser wird, oder?« Er sprach Chinesisch mit starkem Hongkong-Dialekt. »Sein Essen geht aufs Haus«, sagte er im Gehen zu dem Kellner, der noch neben uns stand.
»Du ... du hast so ein Glück! Aber, ich glaube, das ist nichts für dich, weil ...«, sagte dieser stockend. »... weil das Knochenarbeit ist. Übrigens haben wir im Moment kein sehr gutes Geschäft ...« Er redete und redete und achtete kaum darauf, ob ich zuhörte oder nicht.
Hua la, hua la, aß ich weiter. »Entschuldigung, darf ich noch ein bisschen Reis haben?«
»Ja, sofort.« Er brachte mir eine neue Schale. Jetzt setzte er eine verschwörerische Miene auf. »Ich hab eine gute Idee für dich«, flüsterte er. »Eine sehr gute Idee.«
»Was denn? Erzähle es mir doch einfach.« Ich füllte mir frischen Reis nach.
»Gut.« Er setzte sich wieder neben mich. Im Raum war ohnehin nur noch ein Kunde. »Ich habe einen Verwandten, der jetzt ganz bequem hier lebt.«
Ich legte meine Stäbchen auf den Tisch. Nachdem ich eine große Menge Speise und Reis verschlungen hatte, war mein Bauch schon einigermaßen befriedigt und erlaubte mir nun, ein wenig am Tisch mit dem Kellner zu plaudern.
»Er ist in Fujian geboren und im letzten Jahr kam er nach monatelangem Bemühen nach Deutschland.«

»Moment. Warum monatelang? Ich habe nur zwei Tage gebraucht.«
»Ja, du! Wer hat schon so viel Glück wie du? Einfach mit dem Pass in der Tasche hierherfliegen! Er hat keine richtigen Papiere. Wir mussten, nein, er musste zuerst viel Geld an einen Vermittler bezahlen. Von ihm hat er dann den Pass bekommen, natürlich einen falschen Pass. Und er hat ihn zu einer Gruppe von Leuten gebracht, die durch verschiedene Länder gehen. Oh, das ist schwer.« Er zündete sich eine Zigarette an. »Sie sind mit dem Zug und dem Bus gefahren und manchmal ein Stück mit einer Maschine geflogen. Manchmal mussten sie sich im Container verstecken. Besonders schwer war es an der Grenze zwischen der Tschechoslowakei und Deutschland. Dieses Stück mussten sie nachts zu Fuß durchqueren.«
»Warum?« Ich war jetzt gespannt und hörte mit großer Aufmerksamkeit seiner Geschichte zu.
»Weil die deutsche Polizei sehr tüchtig ist und Leute mit falschen Papieren leicht erwischt. He, es war echt gefährlich, wie im Krieg, so sind sie über die Grenze nach Deutschland gekommen.« Seine beiden dünnen Arme bewegten sich wie Hundepfoten auf dem Tisch.
»Und dann? Was ist dann passiert?«, fragte ich.
»Nachdem die Gruppe es geschafft hatte, hierherzukommen, kehrte der Schlepper nach Tschechien zurück. Natürlich ist er auch gut bezahlt worden. Und unser Vermittler hat allen Leuten die Pässe weggenommen. Er hat dann jedem einen Zettel gegeben und allen eingeschärft, sich den Inhalt gut einzuprägen.«
»Was für einen Zettel?«
»Alles nur erfunden.« Er lachte. »Dass man in China gegen die kommunistische Partei demonstriert hat, lange Zeit unterdrückt wurde und so. Manchmal sollte man sogar sagen, dass man wegen seiner von der staatlichen Politik abweichenden Meinung in Gefangenschaft war und sehr unmenschlich behandelt wurde. Frauen sollten angeben, dass sie gegen die Ein-Kind-Politik waren und zur Abtreibung gezwungen wurden. Haha!« Er lachte wieder.
»Und wofür das Ganze?«
»Wofür? Damit sie einen Antrag auf Asyl stellen konnten.«
»Haben sie es geschafft?«
»Ja, alle.« Er nickte heftig. »Alle sieben Leute haben es geschafft, Asyl zu bekommen. Weißt du, als Asylant bekommt man hier alles bezahlt:

Essen, Kleidung, Wohnung, Möbel und so weiter. Man bekommt sogar noch hundert D-Mark als Taschengeld.« Seine Stimme klang stolz.
»Unmöglich, unmöglich, das kann man kaum glauben.« Ich schüttelte den Kopf.
»Glaubst du das nicht? Ich bin auch Asylant! Ich zeige dir das Papier. Du kannst gut Deutsch. Du kannst es bestimmt lesen.« Er begann, in seiner Tasche zu kramen.
»Nein, nicht nötig.« Ich hielt seine Hand fest. »Was hat das alles mit mir zu tun?«
»Du ... du kannst doch das Gleiche tun. Du bist schon hier und musst nicht wie wir viel Geld für die Vermittler zahlen, für diese Menschenhändler. Und du warst in China Student. Du hast bestimmt viele politische Vorstellungen in deinem Kopf. Geh einfach zum Amt, du bekommst hundertprozentig Asyl! Dann kannst du machen, was du willst.« Seine Finger zeigten auf meinen Anzug, der über dem Stuhl hing. »Warte, ich gebe dir die Adresse.« Er zog seine Brieftasche aus der Hosentasche. Darin fand er einen Zettel und legte ihn vor meinen Augen auf den Tisch. »Geh dorthin! Soweit ich weiß, haben Chinesen wegen dem blutigen Zwischenfall auf dem Tiananmen-Platz die besten Chancen, in diesem Land Asyl zu erhalten. Geh am besten morgen dorthin!« Er schob den Zettel näher zu mir.
Ich blieb regungslos sitzen. »Darf ich dir eine Frage stellen?«, fragte ich nach einer Pause.
»Ja, natürlich. Frag nur.«
»Habt ihr politische Vorstellungen und Meinungen in euren Köpfen? Ich meine, die Leute von der Gruppe.«
»Wir? Wir kommen alle aus der armen Provinz Fujian. Ich habe nur die Mittelschule besucht und war derjenige aus der Gruppe, der am besten ausgebildet war. Politische Meinungen kann man nicht essen. Wofür brauchen wir so etwas? Geld verdienen! Das ist alles für uns.« Er lehnte sich auf dem Stuhl zurück und kreuzte seine Knöchel.
»Findet ihr das gut? Nur aus eigenen privaten Interessen habt ihr euer Land verraten und nutzt hier einfach alles aus. Nein, ich kann so etwas nicht machen! Dafür bin ich nicht nach Deutschland gekommen!«
Der Kellner erblasste. »Was ... was hast du gesagt? Ich wollte dir nur helfen!«

»Du musst dir keine Sorgen machen. Das Angebot von deinem Chef werde ich nicht annehmen. Ich muss hier Seminare und Vorlesungen an der Uni besuchen und will noch Kurse in Tai Chi und Qi Gong für die Deutschen aufbauen. Deshalb kann ich unmöglich den ganzen Tag als Kellner im Restaurant arbeiten.«
»Oh! Das ist gut.« Er entspannte sich sichtlich.
»Es ist Zeit für mich zu gehen. Wo ist dein Chef? Ich muss mich für die Einladung bedanken.« Ich zeigte auf die leeren Teller. Ich war gerade in Not und ein kostenloses Essen wollte ich gerne annehmen. Natürlich sollte ich auf jeden Fall einmal »Danke« sagen.
»Er kommt vielleicht, wenn wir schließen. Aber du musst nicht auf ihn warten. Ich kann ihm deinen Dank übermitteln.« Der Kellner brachte mir blitzschnell meine Sachen. Wahrscheinlich befürchtete er, ich könnte meine Entscheidung noch einmal überdenken.
»Fährst du mit der U-Bahn oder gehst du zu Fuß? Nimm den bitte mit. Draußen regnet es.« Er gab mir einen Regenschirm.
»Wann soll ich dir den zurückgeben?« Ich zog meine Sachen wieder an und nahm dann dankbar den schwarzen Schirm. Doch den Zettel ließ ich auf dem Tisch liegen.
»Nein, du musst ihn mir nicht zurückbringen. Ich schenke ihn dir!« Er begleitete mich bis zur Tür. »Tschüss …!« Er wollte noch etwas sagen, hielt dann aber doch den Mund. Die Tür wurde laut hinter mir geschlossen.
»Komm bitte nicht wieder!« Ich wusste genau, das waren die Worte, die er nicht gesprochen hatte.

Auf der Königstraße plätscherte der Regen *tin, tin, tan, tan* auf meinen Schirm und erzeugte eine melancholische Melodie. Es war kälter und dunkler als vorhin …
Meine Augen schauten starr nach vorne, doch meine Gedanken gingen ganz weit weg nach Shanghai, zu meiner Familie, meiner Frau und meinem Sohn, auch zu dem warmen Bett in meiner Wohnung. Ich bereute sehr, alles verlassen zu haben, und nahm mir vor, mit dem letzten Geld eine Flugkarte für die Heimreise zu kaufen.
Dong, dong, dong. Von der linken Seite, aus der kleinen Kopfsteinpflasterstraße heraus läuteten die Glocken, deren Ton sich durch die unzähligen herabfallenden Regentropfen schon verändert hatte. Es klang

wie das Stöhnen von Verwundeten, schmerzhaft und traurig! Mein Blick richtete sich dorthin, woher das Glockengeläut kam. Eine uralte Kirche kämpfte in der Dunkelheit und im nassen Wind darum, weiter stehen zu bleiben, so wie sie das seit Hunderten von Jahren immer getan hatte. Einige Leute kamen gerade aus dem geöffneten Tor heraus. So spät gibt es noch einen Gottesdienst?, fragte ich mich. Meine Füße bewegten sich dorthin, als ob ich von etwas gezogen würde. Das Tor stand halb offen. Durch die Türritze drückte sich das Licht nach draußen. Ich ging langsam in die Kirche hinein, schloss meinen Regenschirm und ließ ihn im Schirmständer stehen. Dann betrat ich durch das innere Tor den Saal. Es war hier deutlich wärmer als draußen und auch ruhig; nur ein paar Leute waren noch darin, aber sie waren schon am Gehen. An der rechten Wand stand ein großer Tisch mit vielen kleinen Kerzen. Wahrscheinlich waren sie gerade ausgeblasen worden, denn es roch noch nach Rauch. Plötzlich ging ein alter Mann mit einem brennenden Streichholz zu dem Tisch. Das kleine Holz brannte in seinen Fingern schnell kürzer, bald würde das Feuer die Haut seiner Finger verbrennen; doch er warf es nicht fort, sondern zündete die kleinen Kerzen eine nach der anderen wieder an.

»Vorsicht, das Feuer! Haben Sie keine Schmerzen?« Neugierig ging ich auch zu dem Tisch und fragte. Ich bemerkte, dass das kleine Holz schon ganz zwischen seinen Fingern verschwunden war und das Feuer jetzt direkt zwischen seinen zusammengekniffenen Fingern herauskam.

»Schmerzen? Doch, die habe ich«, sagte der Alte, ohne seinen weißen Kopf zu mir zu drehen. Er konzentrierte sich voll und ganz auf seine Arbeit.

»Warum nehmen Sie nicht ein neues Streichholz?«, fragte ich dringlich, als wenn meine eigenen Finger brennen würden.

»Ich bin doch kein Feigling. Mein Ziel habe ich noch nicht erreicht. Nein, ich bin kein Feigling. Sie sind auch keiner, oder?« Jetzt drehte er sein Gesicht zu mir. Er hatte ausdrucksvolle blaue Augen. Ein angenehmer Duft nach Sandelholz kam mir in die Nase. »Nein, ich bin keiner!«, antwortete ich und schaute wieder gespannt auf seine Finger, mit deren Feuer er die letzte Kerze angezündet hatte.

Vor meinen Augen leuchtete jetzt alles ganz hell! All die kleinen Kerzen, die man hier »Teelichter« nannte, brannten. Plötzlich verstand ich, was dieser alte Mann mir andeuten wollte. Doch in diesem Moment war er auch schon in der Kirche verschwunden …

Am nächsten Vormittag ging ich nicht ins Reisebüro, um die Flugkarte für die Heimreise zu kaufen, sondern rief nacheinander alle Sportschulen an, deren Nummern ich im Telefonbuch fand, und fragte, ob sie einen Tai-Chi- und Qi-Gong-Kurs aufbauen wollten. Als ich die fünfte Schule erreicht hatte, bekam ich eine Zusage. »Klasse, klasse! Ich suche schon lange einen Lehrer, der … der aus Ostasien kommt. Wa … was kannst du, Gong Fu? Gong … Qi?«, stotterte ein junger Mann in den Apparat.

»Kein Gong Fu und auch kein Gong Qi, sondern Qi Gong und Tai Chi«, antwortete ich.

»Das ist egal. Komm am besten sofort zu mir. Wir können in der Schule ruhig weitersprechen. Klasse.« Dann beschrieb er mir genau, wenn auch stotternd, wie ich die Schule finden konnte. Sie lag auf einem kleinen Berg im Osten von Stuttgart, um genau zu sagen: in einem schönen, großen Barockhaus, nur leider im Keller des Hauses.

»Hey! Du bist der chinesische Meister. Kennst du Bruce Lee?«, empfing mich der Besitzer der Schule in seinem Übungsraum. Neben ihm stand noch ein junger Mann. Auf den ersten Blick bemerkte man, dass die beiden die gleichen Eltern hatten, beide waren schlank, blond und hatten tiefliegende Augen. »Oh, das ist mein älterer Bruder. Er ist Meister im Thai-Boxen. Kennst du das auch?« Bevor ich die erste Frage beantworten konnte, stellte er schon die nächste.

»Nein, das kann ich nicht.« Der Empfang überraschte mich sehr.

»Was kannst du denn? Zeig uns was!« Der ältere Bruder reichte mir seine Hand. Er hatte ganz dunkle Haut und muskulöse Arme, die der jüngere noch nicht hatte, und stotterte auch nicht. Ich dachte, dass er mir die Hand drücken wollte, und gab ihm meine auch. »Zack!« Ich hatte das Gefühl, dass mich eine Beißzange gefasst hätte. Er nahm meine rechte Hand mit großer Kraft, gleichzeitig packte er mich an der Schulter. Dieser Typ war ungefähr einen halben Kopf größer als ich. Jetzt wollte er sich mit seinen kräftigen Händen mit mir messen und hatte schon die beste Position besetzt. Mein Körper konnte sich zur Hälfte nicht mehr bewegen und drehte sich wie eine Schraube, die sich nach dem Willen seiner aggressiven Kraft bewegen musste.

»Zeig uns was! Kannst du etwas dagegen tun?« – »Ja, zeig uns was! Oh,

ich … ich bin ge … gespannt«, sagten die Brüder zu mir, beide waren aufgeregt und voller Kampfenergie.
Das hatte ich nicht erwartet. Was bedeutete das? Kraft messen? Ich wollte auch nicht als Feigling dastehen! Beim Tai Chi Chuan im Chen-Stil gibt es eine spezielle Fähigkeit: das Chan Si. Jetzt setzte ich es ein. Mein Körper war sofort locker wie Gummi. Ich drehte mich nach unten. Da er mich noch immer festhielt, musste er die Bewegung mitmachen. Er hatte den Vorteil, dass mein Arm in seinen Händen war, aber seine Kraft ging durch die geheimnisvolle, schraubenförmige Bewegung ins Leere.
Er spürte, dass etwas nicht stimmte, und zog sofort mit ganzer Kraft seine beiden Hände zurück. Darauf hatte ich schon gewartet. Mein Körper drehte sich blitzschnell zurück, gleichzeitig wurde die innere Kraft in meiner rechten Schulter gesammelt und verband sich mit seiner Außenkraft. Wie bei einer ganz auf Spannung gedrehten Spiralfeder wurde sie wieder losgelassen und stark und ohne zu stoßen zu ihm zurückgeschlagen.
Tong! Er verlor sein Gleichgewicht und fiel rücklings auf den Boden.
»Was hast du gemacht? Ich kann meine Schulter nicht mehr bewegen!«, keuchte er verdutzt.
»Bi … bist du verletzt?« Sein Bruder kam einen Schritt auf ihn zu und drehte sich dann wieder zu mir. »Was hast du ge … getan? Das ge … geht nicht.« Die Worte schienen schwer aus seinem Mund zu kommen, aber seine Hände bewegten sich ganz schnell. »Geh zur Seite.« Er schob mich weg. Er kniete sich nervös neben seinen Bruder, der bewegungslos am Boden lag.
»Was kann ich dafür? Ihr wolltet euch mit mir messen! Nicht ich! Ich wollte eigentlich nur eine Zusammenarbeit für meinen Kurs aufbauen. Aber jetzt vergessen wir das.«
»Nein, nicht vergessen! Machen wir das!« *Pong*! Der Bruder sprang wie ein Flusskarpfen, der aus dem Wasser in die Luft geschossen wurde, ohne die Hilfe seiner Hände wieder vom Boden auf und stand ganz gerade vor mir.
Ich wunderte mich sehr. So eine Fähigkeit konnte man auch in China nur durch langes Üben von Gong Fu erlangen. Und er bewegte sich ganz gekonnt und elegant! »Gut! Nicht schlecht, deine Körperbewegungen!«, lobte ich ihn. »Was ist mit deinem Arm?«

»Alles o.k.! Ich habe nur Spaß gemacht.« Er strich sich die Hose über dem Hintern zweimal glatt. »Alex! Lass ihn den Kurs machen. Er ist kein barbarischer Typ.«
Wir vereinbarten, dass ich jeden Freitagabend einen Qi-Gong- und einen Tai-Chi-Kurs halten würde. Er würde mir in dieser Zeit die ganze Schule zur Verfügung stellen und Werbung für mich machen. Das Geld, das ich von den Kursteilnehmern erhielt, sollte geteilt werden; eine Hälfte gehörte mir und die andere ihm.
Fünf Tage später sah ich tatsächlich die Werbeanzeige in der Zeitung, doch ich las sie kopfschüttelnd. Was hatte er über mich geschrieben? »Der chinesische Großmeister Chen, Da Lee mit seiner hervorragenden Kampftechnik führt bei uns Kurse in Qi Gong und Tai Chi Chuan durch …«
»Alex, ich bin kein Großmeister! Außerdem sind Qi Gong und Tai Chi Chuan nicht in erster Linie Kampfsportarten. Kannst du das bitte ändern?«, bat ich ihn am Telefon.
Er nahm meinen Vorschlag allerdings nur teilweise an. In der nächsten Anzeige stand zwar nichts mehr vom Kampf, der »Großmeister« war jedoch geblieben. Und er behauptete nun, dass Qi Gong und Tai Chi Heilgymnastik wären. Das gefiel mir auch nicht, aber ich beschwerte mich nicht weiter. Diese Werbung hatte er bereits bezahlt, ich hoffte nur, dass sie auch wirkte! Und ja: Am ersten Freitag nach Erscheinen der Anzeige kamen fünf Leute. Ich versuchte, meinen ersten deutschen Schülern so gut wie möglich Qi Gong und Tai Chi beizubringen und ließ jeden genau die Lebensenergie spüren, die man durch die Übung erhielt. Sie waren alle sehr begeistert. Am nächsten Freitag waren schon sechzehn da, zehn Frauen und sechs Männer. Sieben von ihnen hatten blonde Haare, drei waren rothaarig, vier hatten schwarze Haare und zwei eine Glatze. Diesmal musste ich die Teilnehmer in zwei Gruppen aufteilen, eine für Qi Gong und eine für Tai Chi. Am dritten Freitag war die Anzahl der Schüler auf zwanzig angewachsen.
»Da … das ist … ist sehr gut«, lachte Alex so breit, dass seine Augen fast verschwunden waren. In seiner Schule war bisher noch nie so etwas passiert. »Wir … wir können bald eine schöne Pause machen. Jeder nimmt zwei Frauen«, sagte er nach dem Kurs zu mir, während er die Arme ausbreitete. *Zi, zi!* Sein Mund küsste einmal rechts und einmal links in die Luft.

»Schön! Aber leider bin ich schon verheiratet«, antwortete ich.
»Du bist verheiratet? Ist deine Frau auch in Stuttgart?«
»Nein, sie ist in Shanghai.«
»Dann ... dann ist es wieder egal. – Oh, du ... du hast Besuch.«
»Ist es eine Frau?«
»Nein, ein k ... kleiner Mann. Er war ... wartet vor der Tür.«
»Interessant. Warum kommt er nicht herein?« Ich ging zur Tür. Ein kleiner Mann stand dort. Ich kannte ihn: Es war der Leiter der Tai-Chi-Chuan-Schule.
»Herr Chen, guten Abend!« Er reichte mir seine Hand.
»Guten Abend! Das ist eine Überraschung für mich, Sie hier zu sehen.« Ich drückte ihm die Hand.
»Ich warte schon lange hier. Ich ... ich habe gehört, dass Sie heute hier einen Kurs halten. Darf ich Sie zum Trinken einladen?«, sagte er sehr freundlich.
»Sie wollen mich einladen?«, fragte ich. Es wunderte mich sehr, dass er mir plötzlich so viel Freundschaft entgegenbrachte.
Er nickte.
»Aber ich habe noch nichts gegessen.«
»Das ist kein Problem.« Er lachte. »Ich lade Sie auch zum Essen ein! Wir können da hinüber gehen.« Er zeigte auf ein Lokal auf der anderen Straßenseite.
»O.k.« Ich ging mit ihm dorthin.
Es war ein regionales Lokal, in dem es nur schwäbisches Essen gab. Ich bestellte zum Trinken einen Rotwein und Schweinelende zum Essen, was alles nicht billig aussah. Aber der Gastgeber hatte gute Laune und zeigte sich großzügig. »Gut, Sie haben sehr gut bestellt. Dieses Gericht ist typisch schwäbisch. Ich nehme das Gleiche«, sagte er fröhlich.
Nachdem wir ein paar Worte über das Wetter gewechselt hatten, kam er schon zur Sache. »Herr Chen, ich weiß, dass Sie großen Erfolg beim Aufbau Ihres Kurses haben. Gratuliere. Ich ... ich möchte auch gerne bei Ihnen lernen.«
»Wollen Sie auch Tai Chi lernen? Schön! Der Chen-Stil ist die älteste Tai-Chi-Form. Sie können sicher etwas davon ...«
»Nein! Ich will nur Qi Gong bei Ihnen lernen. Ich will auch wie Sie Energie übertragen können.« Er hielt seine Hand in die Luft. Jetzt war sein Lachen schon etwas steifer.

»Dann kommen Sie doch einfach zu meinem Qi-Gong-Kurs. Sie werden sicher sehr schnell Erfolg haben, Sie unterrichten ja ohnehin schon Qi Gong.« Mein letzter Satz hörte sich etwas ironisch an.
Er bemerkte das, und das Lachen verschwand von seinem Gesicht.
»Gut«, sagte er zwei Minuten später zu mir. »Aber Sie sollen in meiner Schule unterrichten.«
»In Ihrer Schule? Haben Sie keine Angst davor, dass ich keine Ahnung vom europäischen Stil und von westlicher Zivilisation habe, und übrigens ist die Mentalität hier…«
»Bitte hören Sie damit auf!«, unterbrach er mich.
Letztes Mal, als ich bei ihm einen Job gesucht hatte, hatte dieser Schulleiter mich so arrogant behandelt, dass ich das unangenehme Gefühl hatte, eine Kakerlake verschluckt zu haben. Jetzt wollte ich sie wieder aus meinem Bauch ausspucken.
»Lassen Sie uns das vergessen«, bat er mich und schüttelte seine Hand hin und her. »Übrigens unterrichten Sie nur mich allein!«
»Was? Ich soll nur Sie allein in Ihrer Schule unterrichten? Warum?«
Er zuckte nur mit den Achseln.
»Ich verstehe schon.« Mein Blick richtete sich fest auf sein Gesicht und wurde immer schärfer. »Sie wollen alleine von mir lernen und meine Qi-Gong-Fähigkeiten erlangen. Damit können Sie ein gutes Geschäft machen, stimmt das?«
»Nein, kein Geschäft, kein Geschäft. Dieses Wort klingt nicht sehr schön. Qi Gong ist eine heilige Energiearbeit, nicht wahr?«
Ich entgegnete nichts.
»Gut, ich kann teuer dafür bezahlen. Wie viel kassieren Sie von Ihren Kursteilnehmern?«
»Zwanzig D-Mark pro Person für eine Stunde, und das teile ich mir zur Hälfte mit dem Schulleiter.«
»Oh, gut!« Er lachte. »Ich bezahle Ihnen dreißig D-Mark pro Stunde. Und das Geld gehört nur Ihnen. Wie lange muss ich bei Ihnen lernen, bis ich Energie übertragen kann? Ich habe schon lange eine andere Art von Qi Gong geübt.«
»Wie lange? Wenn Sie fleißig mein Lohan-Qi-Gong üben, halte ich bei Ihren Voraussetzungen ein halbes Jahr für möglich.«
»Gut, dann machen wir diese Ausbildung drei Monate lang zwei Mal wöchentlich. Mittwochs und sonntags von zwanzig bis einundzwanzig

Uhr unterrichten Sie mich. Verstehen Sie? Ich will diese Sache schnell in der Hand haben.« Wieder hielt er seine Hand in die Luft.
»Ich verstehe, aber das ist mir zu wenig!«
»Gut, gut, ich bezahle fünfzig D-Mark für eine Privatstunde.« Er schaute mich siegessicher an.
»Nein.« Ich schüttelte den Kopf. »Das ist auch zu wenig. Sie kennen den Wert der Übungen schon, oder? Wenn Sie von mir lernen, können Sie richtiges Qi Gong beherrschen. Dann ...«
»Gut, gut! Ich zahle achtzig D-Mark dafür.« Seine Hände lagen ineinandergeknetet auf dem Tisch.
»Wie viel verlangt denn Ihr Meister in England für seine Privatstunden?«, fragte ich.
»Er, oh, er verlangt sehr viel, mindestens zweihundert D-Mark ...«
»Dann gut! Ich verlange für meine Privatstunde Qi Gong zweihundertfünfzig Mark.«
»Was? Wie viel?« Er stand abrupt vom Stuhl auf. »Nein, das werde ich nicht bezahlen!« Mit bösem Gesicht setzte er sich wieder.
»Dann eben nicht. Ich habe sowieso schon Qi-Gong- und Tai-Chi-Schüler. In einiger Zeit sind sie sicher in der Lage, das originale Qi Gong und Tai Chi hier weiter zu verbreiten. Guten Appetit!« Ich begann zu essen. Ich hatte ziemlichen Hunger, versuchte aber, Geräusche beim Essen zu vermeiden, weil ich wusste, dass dies in Europa unhöflich war.
»Warum verlangen Sie so viel Geld? Zweihundertfünfzig Mark! Das wären bei zwei Stunden pro Woche in drei Monaten schon sechstausend D-Mark ...« Er aß nicht, sondern sprach leise vor sich hin.
»Warum? Weil ich gut und besser bin!« Ich lachte. Mein Bauch sagte mir, dass ich mit dem Essen aufhören durfte. Ich nahm eine Serviette und wischte mir den Mund ab.
»Herr Chen: Ich nehme das Angebot an! Darf ich in drei Monaten bezahlen?«
»Lieber die Hälfte jetzt!«
»Übermorgen ist Sonntag. Dann kommen Sie zu mir, und wir machen die erste Privatstunde. Und Sie bekommen von mir erst einmal dreitausend D-Mark in bar.«
»Abgemacht! Zum Wohl, auf Qi Gong!« Ich nahm das fast leere Glas Rotwein in die Hand. Ich fühlte mich sehr gut.

»Zum Wohl!« Er nahm sein volles Glas ebenfalls in die Hand. »Auf Sie, meinen Qi-Gong-Lehrer.« Doch er trank nur einen Schluck, dann stellte er schon wieder eine neue Frage. »Herr Chen, darf ich Sie fragen, wie lange Sie schon in Deutschland sind? Ich habe schon einmal zwei Wochen lang Urlaub in China gemacht. Die Leute dort waren ganz anders als Sie!«
»Wie lange ich schon hier bin? Seit etwa zwei Monaten.«
»Zwei Monate?! O Gott! Sie lernen sehr schnell!«

15

Ich hatte Joachims Freundschaft zu mir zerstört und ihn verletzt, indem ich seinen Charakter angezweifelt hatte. Seinen Blick, wie er mich mit traurigem Erstaunen anschaute, konnte ich nicht vergessen. »Da Lee! Wie kannst du so etwas von mir glauben? Ich will dir doch nur helfen!« Seine blauen Augen waren groß aufgerissen, so als ob er mich nicht mehr wiedererkennen würde. Er stand in meinem WG-Zimmer, das er für mich gefunden hatte, bewegungslos, wie vom Blitz getroffen. Fast eine Minute lang stand er so ruhig da, dann zog er einen Brief und eine kleine Karte aus seiner Tasche. »Da. Das ist dein neuer Brief von der Bank. Auf dem Weg zu dir bin ich bei der Bank vorbeigegangen und habe mit einer Angestellten gesprochen. Ich habe ihr gesagt, dass du schon eine eigene Adresse hast und es nicht mehr nötig ist, deine Post an mich zu schicken. Morgen sollst du mit deiner neuen Anmeldebescheinigung und deinem Pass zu ihr kommen. Hier ist ihre Karte! Ich habe für dich einen Termin um fünfzehn Uhr vereinbart.« Er legte den weißen Zettel auf mein Bett. Dann ging er zur Tür. »Wie kannst du glauben, dass ich deine Geheimnummer anschauen und Geld bekommen wollte«, sagte er ganz laut zu mir. *Peng!* Die Tür schlug laut hinter seinem Rücken zu.
»Joachim! Warte!« Er war schon weg. Ich stand allein auf der kleinen Straße. Nun bereute ich sehr, dass ich mich so leicht von anderen Leuten hatte beeinflussen lassen.

Die beiden Jungen aus meiner WG waren wirklich nett zu mir. Sie hatten sogar einen Begrüßungsabend für mich veranstaltet, mit Sekt und Kuchen. »Das ist bei uns Tradition. Wenn ein neuer Mitbewohner kommt, feiern wir das«, sagte Frank zu mir, ein Sektglas in seiner rechten Hand haltend. Er war zwar noch jung, hatte aber schon zur Hälfte eine Glatze.
»Ja, richtig. Hast du das in China auch schon erlebt?«, fragte mich Stephan. Er war größer als Frank und hatte noch relativ viele Haare auf dem Kopf. Obwohl die beiden jungen Männer so ungleich waren, hatte ich doch sofort etwas bei ihnen gefunden, was gleich war: Die Haare auf beiden Köpfen waren hellblond und ordentlich gekämmt, zumindest hatten sie es mehr oder weniger versucht. »Hast du das schon erlebt?«, fragte Stephan mich erneut.
»Nein, nicht. In China habe ich das noch nicht erlebt«, antwortete ich. Die beiden nickten lächelnd.
»Dein Freund hat uns gebeten, dich in diese WG aufzunehmen. Wir haben es uns einige Zeit lang überlegt. Zum Glück kommst du aus Shanghai und nicht aus der Türkei oder Afrika. Sonst dürftest du nicht hier wohnen.«
»Warum?«, fragte ich Stephan, denn ich wunderte mich sehr. Aber er antwortete nicht, sondern zog nur die Schultern hoch.
»Wir sind keine Neonazis und auch keine Ausländerhasser. Ich erkläre es dir nachher«, sagte Frank zu mir. »Kannst du kochen? Wir essen sehr gerne chinesisch.«
»Ja, ich kann sogar gut kochen«, antwortete ich.
Die beiden schauten sich lächelnd an. »Gut, das ist sehr gut! Sag mal, kennst du deinen Freund Joachim schon lange?« Stephans Ton machte deutlich, dass diese Frage sehr wichtig für ihn war.
»Nein, wir haben uns nur einmal in Shanghai getroffen und dann hier…«
»Was will er von dir?«, fragte er dazwischen.
Ich war erstaunt über diese Frage. Darüber hatte ich noch gar nicht nachgedacht.
»Ja, was will er von dir? Allein wegen dieses Zimmers hat er uns schon mehrmals angerufen und sogar noch einmal besucht…«
»Ah, ihr beide habt so eine Beziehung, ja?« Frank hakte seine Zeigefinger ineinander.

»Nein, wir sind einfach Freunde«, korrigierte ich.
»Und was will er dann von dir? Du bist ein Chinese, ein Ausländer. Und er ist wie wir ein Deutscher. Was hat er vor?« Stephan schien sehr interessiert an diesem Thema. Sein blonder Oberlippenbart hüpfte auf und ab.
»Ich glaube, dass er einfach nett und hilfsbereit ist«, sagte ich. »Er hat mir sehr viel geholfen, nicht nur bei der Wohnungssuche, sondern auch bei der Anmeldung und beim Eröffnen des Kontos ...«
»Bei der Kontoeröffnung?« Beide Jungen rissen die Augen auf. »Wie denn?«
»Oh, er hat mich zur Bank gebracht und erklärt, wie ich es machen soll, und mir seine Adresse zur Verfügung gestellt.« Das ... das war das erste Mal im Leben, dass ich ein Konto eröffnet habe ... Ich ... ich hatte keine Ahnung ...« Es war mir etwas peinlich, das zu sagen.
»Das ist ganz klar. Ihr verdient in China ganz winzig. Da braucht man das nicht. Hehe«, lachte Frank.
»Dann landen alle deine Briefe zuerst in seinen Händen, oder?«, fragte Stephan.
»Ja. Er hat sie mir dann ins Hotel gebracht.«
»Die Karte von der Bank und die geheime PIN auch?«
»Ja, natürlich.«
»Jetzt wundert mich das alles nicht mehr.« Stephan stellte sein Sektglas auf den Tisch und faltete seine Hände. »Er war nur auf dein Geld aus! Da Lee, du musst gut aufpassen. Dein Freund hat bestimmt etwas mit dir vor. Vielleicht hat er deine PIN schon notiert, und in Zukunft kann er dein ganzes Geld auf der Bank für sich nehmen.«
»Das glaube ich nicht.« Ich schüttelte den Kopf.
»Warum sollte er so nett zu dir sein?«, beharrte Stephan, und Frank nickte nur mit dem Kopf.
Ich wusste auch nicht, was sie das alles anging. So blieb ich schweigend stehen und hielt das Sektglas ganz ruhig in meiner Hand.
»Hier ist noch etwas für dich.« Stephan gab mir ein Blatt Papier.
»Was ist das?«, fragte ich.
»Die Wohnungsordnung!«, erklärte Frank. »Bei uns gibt es das in jedem Haus. Du bist neu hier. Deshalb haben wir auch eine für dich – oh, nicht nur für dich, auch für uns, für alle Mitbewohner hier gemacht. ›Wohnungsordnung‹, so nennen wir das.«

Am Tag darauf besuchte mich Joachim in der WG. Um ihn nicht zu verletzen, versuchte ich mich so indirekt und freundlich wie möglich zu äußern. »Man hat mir erzählt, dass Vertrauen gut ist, aber Kontrolle besser, deshalb ... deshalb ...«, sagte ich zum Schluss ganz vorsichtig. Als Chinese sollte ich eigentlich solche Gesprächstechniken gut beherrschen, denn in China muss man sich in erster Linie um das Gesicht der anderen Leute kümmern und sich guten Bekannten und Freunden gegenüber indirekt ausdrücken. Wahrscheinlich lag es an meinem schlechten Deutsch, dass er sofort meine Zweifel bemerkte!
Ich blieb ganz allein im Zimmer. Das laute Motorengeräuch seines Autos war immer leiser geworden und verhallte nun in der Ferne. Nur sein enttäuschter Blick und die traurige Stimme blieben noch bei mir. Jetzt bereute ich mein Verhalten. Warum hatte ich mich so leicht von anderen Leuten beeinflussen lassen?
Ich rief ihn dreimal an, um ihn um Entschuldigung zu bitten.
»Gut, komm morgen in mein Büro. Ich könnte noch einmal etwas für dich tun«, sagte er zu mir.
Ich war sehr erleichtert, aber als ich am nächsten Tag zu ihm kam, erwartete mich eine Überraschung: Sein ganzer Raum war verändert, es herrschte ein großes Chaos darin. Überall lagen unordentlich Sachen herum, manches war auch schon verpackt. »Was ist denn hier los?«, fragte ich.
»Ich gehe weg von hier. Mein Geschäft ist ruiniert.« Er hatte ein bitteres Lächeln auf dem Gesicht.
»Ruiniert?« Ich verstand dieses Wort damals noch nicht richtig. »Was ist mit den dreißigtausend D-Mark Schulden, die du hast? Sind die schon zurückgezahlt?«
»Dreißigtausend? Die sind inzwischen auf vierzigtausend gestiegen mit Zins und Zinseszins, und noch anderen Ausgaben. Schau mal.« Er hielt mir einen Stapel Briefe vor die Nase. »Die sind alle von der Bank gekommen, alles Mahnbriefe! O.k., vergiss es!« Er warf sie in die Ecke, wo schon viel Müll lag. »Komm! Ich bringe dich an einen Ort, den du schon immer besuchen wolltest.«
»Wie heißt der?«, fragte ich.
»Hast du schon vergessen, was du am Anfang hier in diesem Land besonders gern sehen wolltest?« Er schüttelte seinen Kopf. »Gehen wir! Ich will dich überraschen.« Er brachte mich zu seinem Wagen.

Während der Fahrt war Joachim sehr schweigsam. Ich hingegen wollte ihm viel erzählen: wie die Kurse in der Sportschule immer besser liefen und welche Leute ich neu kennengelernt hatte.
Auch, wie langweilig ich die Seminare und Vorlesungen an der Uni fand und so weiter. Doch die Wörter, die aus meinem Mund heraus wollten, schluckte ich wieder in den Bauch hinunter. Joachim hatte jetzt gerade viele Probleme und schlechte Laune. Vielleicht ärgerte er sich noch über mich. Er sagte einfach während der ganzen Fahrt kein Wort. Das Auto fuhr mit hoher Geschwindigkeit auf der Autobahn, ein Auto nach dem anderen überholte er.
Ich beobachtete durch das Fenster die wunderschöne Landschaft. Grüner Wald und Felder, die schon leicht gelb gefärbt waren, zogen ganz schnell an mir vorbei. Plötzlich tauchte eine Stadt in goldenen Farben vor meinen Augen auf. Goldfarbe? Ja, obwohl sie auch gelb war wie die Felder, an denen wir vorbeigefahren waren, glänzte sie vor dem Himmel, vielleicht wegen der vergoldeten Kirchendächer, vielleicht auch wegen dem goldenen Licht der Abendsonne, einfach schön und geheimnisvoll! »Wie heißt die Stadt?«, fragte ich.
»Mainz«, antwortete Joachim. Es war das erste und einzige Wort, das er auf dieser stundenlangen Fahrt sprach. Er schlug das Lenkrad stark ein und fuhr zum Ufer des Flusses, um dort zu parken.
»Da Lee, bitte steig aus. Wir müssen uns hier voneinander verabschieden.«
»Was? Verabschieden?« Was hatte das zu bedeuten? Ich verstand überhaupt nichts. Ja, ich wusste, dass er schlechte Laune hatte, wegen seinem Geschäft und dem Ärger mit der Bank, vielleicht auch wegen meiner dummen Äußerung von gestern. Aber musste er mich einfach in einer fremden Stadt allein stehen lassen? *Pang!*, schlug ich die Autotür heftig zu und ging zu ihm, der bereits ausgestiegen war und am Ufer stand. »Sag mir bitte, was das bedeutet. Ich habe mich gestern mehrmals entschuldigt. Warum …«
»Da Lee, nimm dieses Schiff.« Joachim unterbrach mich. Sein Finger zeigte mir ein weißes Passagierboot, während er mit der anderen Hand die Augen gegen die Sonne abschirmte. »Soweit ich weiß, ist es das letzte Schiff für heute.«
»Warum soll ich dieses Schiff nehmen? Warum?« Sein Vorschlag kam zu plötzlich für mich.

»Warum? Hast du schon vergessen, was du mir immer erzählt hast? Über deinen Wunsch und auch den großen Wunsch deines Sohnes? Willst du die Loreley nicht mehr sehen? Das hier ist der Rhein!« Sein Blick wandte sich dem Fluss zu.
»Was? Der Rhein?« Schritt für Schritt ging ich auf ihn zu, zu diesem schnell laufenden Wasser, zu dem Strom, nach dem ich mich schon im fernen China gesehnt hatte...
»Da Lee, mach's gut! Ich muss mich hier von dir verabschieden«, sagte Joachim von hinten.
»Verabschieden? Moment! Komm, mach doch bitte diese Schiffsreise mit mir zusammen. Ich lade dich gerne ein.« Ich drehte mich zu ihm um.
»Danke, aber ich kann nicht. Du weißt schon, in welcher Situation ich mich zur Zeit befinde. Der Rhein und die Loreley interessieren mich sowieso nicht so sehr wie dich. Tschüss!« Er drehte sich zu seinem Auto um und ging langsam dorthin.
»Joachim, warte!« Ich lief ihm nach, während er schon die Wagentür geöffnet hatte. »Ich... ich will dir gerne eine Frage stellen. Darf ich?«
Er nickte, seine blauen Augen schauten mich direkt und abwartend an.
»Warum... warum bist du so nett zu mir? Du hast mir so viel geholfen, obwohl du selbst viele Probleme hast. Warum?« Ich fand, dass ich mich glücklich schätzen konnte, Joachim zu kennen. Der Anfang in diesem fremden Land wäre ohne ihn viel schwerer für mich gewesen. Aber warum tat er das? Beim Abschied wollte ich das gerne wissen. »Ja, sag mir bitte, warum?« Ich hielt ihn mit meinen Händen ganz fest an den Armen.
»Warum? Ich weiß es selbst nicht.« Er schüttelte seinen Kopf. »Du bist allein hier, deshalb helfe ich dir gerne, nur... Was soll's. Sprechen wir nicht weiter darüber. Geh zu dem Boot!« Er schob mich leicht auf das Schiff zu, dann hielt er noch einmal inne: »Da Lee, pass gut auf dich auf! Wir werden uns wahrscheinlich lange Zeit nicht mehr sehen, weil ich einen Job suchen muss. Aber ich muss dir leider eines sagen: Nicht alle Leute hier in diesem Land werden dich mögen, manche werden dich sogar hassen!«
»Hasst man mich? Warum? Ich versuche nur, etwas Gutes für die Menschen zu tun. Warum hasst man mich?« Ich verstand das nicht.
»Weil... weil du ein Ausländer bist.«

»Nur aus diesem Grund?«
»Ja, leider. Tschüss! Pass gut auf dich auf!« Er ging wieder zu seinem Wagen zurück. *Hong!*, sprang der Motor an, dann fuhr der Wagen los. Er brachte Joachim immer weiter von mir weg, bis er aus meinem Blickfeld verschwunden war.

Heute versuchte der Rhein, seine kräftige und unschlagbare Energie unter einer sanften blauen Wasseroberfläche zu verbergen, nur die immer wieder auftauchenden Strudel zeigten die gigantischen Eigenschaften des Flusses.
»Hier ist es sehr schön!«, sagte ich zu einem alten Mann, der nun schon lange neben mir stand.
Er trug eine Matrosenmütze. Auf seinem dunkelroten Gesicht wuchs ein unordentlicher weißer Bart, und durch das ganze Gesicht zogen sich Falten, die tief wie von einem Messer hineingeschnitten waren.
»Kommen Sie aus Japan? Ja, bestimmt kommen Sie aus Japan!«
Seine Augen, die schmal wie Schlitze waren, begutachteten meinen blauen Anzug von oben bis unten. Er selbst trug ein einfaches blaues, langärmeliges T-Shirt und Jeans.
»Nein, ich komme aus China!« Ich öffnete die Knöpfe meiner Anzugjacke und genoss den Flusswind. Wir standen auf dem Oberdeck des weißen Schiffs.
»Sie kommen aus China?« Der alte Mann musterte mich noch einmal von oben bis unten. »Ich bin schon oft auf diesem Fluss gefahren, doch chinesische Urlauber habe ich erst selten getroffen.«
»Ich … ich bin kein Urlauber, ich bin ein Student!«, sagte ich.
»Student?« Diesmal wanderte sein Blick von unten nach oben. »Was studieren Sie denn?«
»Germanistik! Wissen Sie, ich interessiere mich sehr für die deutsche Kultur. In China habe ich schon viel über den Rhein erfahren. Schon seit langer Zeit ist es mein Wunschtraum, dies hier mit eigenen Augen zu sehen. Schön! Wie gemalt.« Ich versuchte, in alle Richtungen gleichzeitig zu schauen. Vor Aufregung zitterte ich. »Können Sie mir sagen, was dort oben ist?«
»Alte Burgen. Es gibt hier am Fluss sehr viele davon.« Er schaute nur einmal kurz nach oben, dann senkte sich sein Blick wieder auf das Wasser. Während er aufschaute, hatten sich die tiefen Falten auf seinem Ge-

sicht kurz auseinander- und beim Hinunterschauen gleich wieder zusammengezogen.
»Schön! Sind die Burgen noch bewohnt? Sie sehen alle so alt aus.«
»Nein, schon lange nicht mehr. Das sind alles Ruinen. O doch! Etwas wohnt bestimmt noch dort, zum Beispiel Mäuse! Haha!«, lachte er. Die unterschiedlich langen weißen Haare auf seinem Gesicht zogen sich zusammen.
»Trotzdem sehr schön.« Irgendwie fand ich, dass die Ruinen von Burgen, Schlössern und Kirchen hervorragend in dieses wunderschöne Bild am Rhein passten und wie wertvolle alte Juwelen auf dem Kopf einer faszinierenden hübschen Dame waren, eine harmonische Schönheit. Das Schiff fuhr weiter in Richtung Norden. Nach und nach blieben immer weniger Menschen auf dem Oberdeck. Im Abendrot wurde der Flusswind langsam kühler. Ich schloss mein Jackett wieder.
»Wollen Sie noch nicht nach unten gehen, junger Mann? Drinnen ist es wärmer und es gibt auch keinen Wind«, fragte mich der alte Mann mit lachendem Gesicht. Seine Kleidung flatterte im Wind.
»Nein, hier ist es so schön! Ich will alles genau anschauen. Übrigens will ich auch die Loreley besuchen, sie mit eigenen Augen sehen. Das tue ich nicht nur für mich, sondern auch für meinen Sohn. Er hat sogar ein Bild von Frau Loreley gemalt.« Ich bereute sehr, dass ich den Ausflug nicht hatte vorbereiten können, sonst wären meine Kamera und sogar das kleine Bild meines Sohnes auf jeden Fall dabei gewesen.
»Loreley?«, fragte der Alte verdutzt.
»Ja, die Loreley. Das soll die Figur der schönsten Frau sein. Sie sitzt auf einem Felsen über dem Wasser und kämmt ihr goldenes Haar…« Ich machte eine Bewegung, als würde ich mir die langen Haare kämmen.
»Nein, die habe ich nicht gesehen! Aber ich weiß, wo der Loreleyfelsen ist. Dort mussten zwei meiner Verwandten ihr Leben lassen.«
»Zwei Leben?«
»Ja, einer war mein Großvater. Er war Fischer. Er ist dort mit seinem kleinen Schiff versunken, das war noch in der Kaiserzeit. Und der andere ist mein jüngerer Bruder…«
»War Ihr jüngerer Bruder auch Fischer?«
»Nein. Er ist einmal mit einer ganzen Gruppe von Leuten dorthin geschwommen. Sie wollten den Strom besiegen. Das ist schon viele, viele

Jahre her.« Er sprach nicht mehr weiter. Sein Blick senkte sich wieder in den Fluss.
Es war alles ganz neu und faszinierend für mich. Ich hoffte, dass ich alles, was vor meinen Augen auftauchte, für immer in meinem Kopf speichern konnte. Auf dieser Wasserstraße fuhr nicht allein unser Schiff. Der Fluss wirkte etwas eng, wenn andere Boote vorbeikamen. Auch der Himmel wirkte hier ziemlich dünn und klein zwischen den Bergen, die zu beiden Seiten den Fluss säumten. Sie sahen aus wie ein blauer Jadegürtel. Mit der Zeit bemerkte ich, dass der Wasserstrom hier extrem stark war. Unser Schiff passierte einen Strudel nach dem anderen. Dünner Nebel stieg aus dem Wasser hoch. Plötzlich durchschnitt ein großer Stein den weißen Nebel wie ein riesiges Schwert, das von der Seite tief in den Fluss gesteckt wurde, so unaufhaltsam und unüberwindlich, dass der Rhein einen Umweg um ihn herum machen musste. Meine erstaunten Blicke folgten dem steilen Felsen, der ungefähr hundert Meter hoch war. So etwas hatte ich hier nicht erwartet!
»Junger Mann, das hier ist die Loreley!«, sagte der alte Mann von der Seite zu mir.
»Die Loreley?! So majestätisch!«, sagte ich leise zu mir selbst. »So großartig. Deswegen kann man sich vor ihr wundern, vor ihr stürzen und vor ihr sterben …«
Duuuu …, tutete unser Schiff einmal lang und laut. Ein Echo des Signals kam zu uns zurück. Der Motor lief jetzt auf Hochtouren. Er kämpfte um die Befreiung von der gewaltigen Herrschaft der Loreley. Meter um Meter entkam unser weißes Schiff der Zugkraft des Felsens und der scharfen Schwertspitze.
Der Blick des alten Mannes blieb auf dem schnell laufenden Strom am Fuß der Loreley hängen, immer noch ganz schweigsam. Sein Gesicht mit den vielen Falten und dem weißen Bart war ganz bewegungslos. Er war tief in Gedanken versunken, vielleicht auch in Erinnerungen …
Nach der Schiffsreise übernachtete ich in einem Hotel in Mainz. Ich konnte nur schwer einschlafen. Noch tief in der Nacht rief ich in Shanghai an.
»Hättest du uns nicht eine Stunde später anrufen können? Jetzt ist es gerade fünf Uhr morgens, wir hätten noch eine Stunde schlafen können«, jammerte meine Frau.
»Oh, entschuldige!« Vielleicht hatte mich diese Rheinfahrt zu sehr be-

eindruckt, sodass ich den sechsstündigen Zeitunterschied nicht gut berechnet hatte. »Ich … ich wollte auch nur einmal sagen, dass ich heute mit einem Schiff auf dem Rhein gefahren bin. Es war wunderschön dort.«
»Was? Wo bist du gewesen? Rhein? Loreley?« Meine Frau war noch nicht ganz wach.
»Hast du diese Frau gesehen, Papa?« Mein Sohn reagierte ziemlich schnell und mischte sich ein.
»Frau? Du meinst Frau Loreley. Die gibt es so gar nicht, She Da. Ich … ich kann dir das jetzt schwer erklären. Schlaft erst einmal weiter.« Am Vormittag kaufte ich in einem Mainzer Touristengeschäft eine Postkarte mit dem Foto des Loreleyfelsens. Darauf schrieb ich: »Hier ist die Loreley. Es gibt keine Figur von der Frau, und das soll auch so sein: Die Schönheit und unsichtbare Gefahr, die von dem Felsen ausgeht und die der Dichter Heine beschrieben hat, kann unmöglich in einer künstlichen Arbeit begrenzt dargestellt werden.« Dann schickte ich die Karte nach Shanghai.

Ein Glas Bier bespritzte mich von oben bis unten, als ich zurück in Stuttgart in einem Lokal saß.
Es war ein Sonntagabend. »Willst du uns zu einem Bier einladen?« Ein Mann mittleren Alters rückte mit seinem dicken Hintern auf der Bank näher. Sein großes Gesicht war ganz glatt rasiert und rot glänzend, wahrscheinlich wegen des vielen Alkohols in seinem Bauch.
»Einladen? Warum?« Ich schaute diesen fremden Mann erstaunt an, der vorher mit den Gästen, die links neben ihm saßen, schon lauthals über Politik diskutiert hatte.
»Weil du hier in diesem Land von unserem Geld lebst.« Er kniff ein Auge zusammen.
»Was?« Ich verstand nicht, was er meinte.
»Du bist doch Asylant, oder?« Sein großes Gesicht kam noch ein Stück näher zu mir.
Der starke Biergeruch ließ mich nach hinten zucken. »Nein, ich bin kein Asylant!«
»Egal, ihr Ausländer kommt doch alle nur nach Deutschland, um das beste Leben zu haben. Nicht wahr? Oder bist du auch kein Ausländer? Haha!«, mischte sich lachend die Frau ein, die neben ihm saß. Ihre kur-

zen blonden Haare zitterten. Auch die anderen Männer lachten lauthals mit.
Ich konnte nicht lachen. »Ausländer«. Ein Wort, das mir ins Gesicht geschrieben stand und zurzeit in diesem Land ein heißes Thema war, ließ mich jetzt nachdenken: Warum hatte das Wort »Ausländer« in verschiedenen Ländern so eine unterschiedliche Wirkung? Als ich noch ein Kind war und die Grundschule besuchte, ja sogar schon im Kindergarten, hatten unsere Lehrer uns erzählt, dass Ausländer Freunde aus fernen Gebieten seien. Ihre Haare, Hautfarbe und die Form ihrer Gesichter ließen sie mir ganz geheimnisvoll erscheinen, und ich war immer sehr neugierig auf solche Menschen. Aber hier schien man Ausländern gegenüber nicht die gleichen Gefühle zu haben. Es schien, als ob man sich schon einen genauen Eindruck von den Menschen und ein festes Urteil über die gebildet hatte, die aus anderen Ländern kamen.
»Was haben Sie gegen Ausländer?«, fragte ich die Leute, die noch immer lachten. »Ich glaube, dass auch Ausländer viel tun müssen, um ein bestes Leben zu haben.«
»Was?« Das Lachen auf ihren Gesichtern erstarb.
»Ja, ich finde, Sie könnten den Ausländern sogar dankbar sein!« Meine Stimme wurde immer lauter. Es ärgerte mich sehr: Eigentlich hatte ich in diesem Lokal nur ein Bier trinken wollen, doch nur wegen meines Aussehens wurde ich von solchen Leuten ausgelacht. »Überlegen Sie doch einmal: Damals, als Deutschland den Krieg verlor; wenn die Ausländer Hitlers Theorie angenommen hätten, dass auf dieser Welt nur Platz für die Starken sein sollte – könnten Sie dann heute hier Ihr Bier trinken?«
Pa! Ein Schwall Bier traf mich und durchnässte mich von oben bis unten. Es stammte aus dem Glas des Mannes mit dem glatten Gesicht und dem großen Hintern. *Zack!*, packte ich seinen Arm und drehte ihn so, dass der Mann sich mit dem Oberkörper auf den Tisch legen musste. »Aua!«, schrie er.
»Aufhören, bitte aufhören!« Ein junger Kellner eilte herbei und zog uns auseinander. »Diese Typen sind alle schon betrunken. Tut mir leid«, entschuldigte er sich bei mir und versuchte, mit seiner Serviette meine Kleidung zu trocknen.
»Wer ist betrunken?«, fragte die Frau den Kellner böse. »So unhöflich

zu den Menschen zu sein, haben Sie in unserem Land nichts gelernt? Gehen wir!« Damit stand sie auf und ging, die drei Männer im Schlepptau.

»Tut mir leid!«, entschuldigte ich mich ebenfalls bei dem Kellner. »Meinetwegen sind Ihre Kunden gegangen.« Nun erst bemerkte ich, dass er nicht aussah wie ein typischer Deutscher. Seine Haut war etwas dunkler und die kurzen schwarzen Haare ziemlich dick. »Woher kommen Sie, wenn ich fragen darf?«

»Ich? Ich komme von hier, ich bin in diesem Land geboren. Ich bin auch Deutscher! Auf jeden Fall steht das in meinen Papieren.« Er setzte sich neben mich. Inzwischen war ich der letzte Gast.

»Und warum haben Sie gerade Ihre Landsleute nicht verteidigt? Sie sind doch kein Ausländer.« Ich war verwundert.

»Das ist Unsinn! Zwar ist meine Mutter eine Deutsche, aber mein Vater wurde in Ägypten geboren. Sie sind noch nicht lange hier, oder?« Er stand auf und begann, den Nebentisch abzuräumen.

Ich erhob mich ebenfalls, nahm zwanzig D-Mark aus meiner Brieftasche und legte sie auf den Tisch. Das war viel mehr, als mein Bier kostete, doch ich wollte mit dem Geld mein Bedauern und meine Entschuldigung ausdrücken...

Als ich das Lokal verlassen hatte, das auf halber Höhe lag, ging ich über Steintreppen den Berg hinunter. Um das Zentrum von Stuttgart herum gibt es viele kleine Anhöhen und deshalb auch viele solcher Steintreppen. »Stäffele« werden sie von den Schwaben genannt. Stufe um Stufe stieg ich hinunter ins Stadtzentrum, wo die Lichter noch hell waren. Um mich herum war alles dunkel, sogar in meinem Kopf war es dunkel. Ich stellte mir selbst eine unangenehme Frage nach der anderen: »Wir sind alle Menschen, warum muss man sich so voneinander abgrenzen?« Ich kannte solche Unterteilungen aus China, aus Maos Klassenkampf. Doch hier unterschied man in erster Linie nicht nach der politischen Überzeugung und auch nicht nach der religiösen Einstellung, sondern nach der Blutsverwandtschaft. Furchtbar! Die Spätsommernacht war schon kalt, und meine nassen Kleider ließen mich noch mehr frösteln. Ich zitterte, dann lief ich weiter nach unten. *Dong, dong, dong!*, erklangen wieder die Glocken der Stiftskirche, als ich in ihre Nähe kam. Das Geläut erinnerte mich wieder an die alte Dame

und den Herrn, die beide so ausdrucksvolle blaue Augen und gütige Gesichter gehabt hatten, und an den Duft von Sandelholz …
»Vielleicht sind sie in der Kirche«, dachte ich. Doch als ich vor der Tür stand, hielt ich inne. Ich stank zu sehr nach Bier!

Ich wusste nicht, was mit diesem Land los war. Überall gab es Probleme, die mit Ausländern zu tun hatten. »In unserem Land gibt es viel zu viele Ausländer«, hieß es. »Hier ist es voll!«, schrieb eine Partei auf ihre Plakate, auf denen man ein kleines Boot sah, das vollkommen überfüllt war und kurz vor dem Sinken stand.
Es war richtig: Es gab in diesem Land sehr viele Ausländer. Wenn man im Stadtzentrum spazieren ging, bemerkte man unzählige fremde Gesichter. Viele davon waren ganze Familien, Opa, Oma bis hin zu den Enkeln. Sie hatten hier eine neue Heimat gefunden, sie lebten einfach hier. Natürlich mit der Zustimmung des Landes, sonst könnten sie sich unmöglich unter den Augen der Polizei, die man überall sah, so frei bewegen.
»Nein, ich bin kein Asylant!«, mussten sich viele Ausländer oft verteidigen. Ich auch! Auf der Straße, an der Universität, in meinen Kursen und in meiner Wohngemeinschaft.
Einige Zeit lang mussten Menschen, die aus anderen Ländern kamen oder ein anderes Aussehen oder Hautfarbe hatten, diesen ganz logischen Grund für Ausländerhass ertragen. »Man kann bei Ausländern schwer beurteilen, wer Asylant ist und wer nicht.« Diese Meinung verbreitete sich in Deutschland immer weiter. Doch plötzlich wurde der Trend durch eine Sendung im Fernsehen gestoppt. Die Moderatorin hatte einige Ausländer eingeladen und ließ sie vor der Kamera erzählen, welche Gefühle und Eindrücke sie in diesem Land gesammelt hatten. Jeder erzählte von seinen eigenen Erfahrungen, doch waren alle empört bei dem gleichen Thema: Dass man bei Ausländern schwer beurteilen könne, wer Asylant sei und wer nicht …
Ein junger Mann stand auf. Er erzählte, wie er in einem Supermarkt von einem Mann schlecht behandelt worden war. Seine letzten Worte lösten ein Erdbeben aus: »Dieser Mann sah aus wie ein normaler Deutscher«, erzählte er mit ruhiger Stimme. »Aber nach dem, was er getan hatte, war er ein Nazi. Also ist es bei Deutschen auch schwer zu beurteilen, wer ein Nazi ist und wer nicht!«

Unzählige Familien hatten an diesem Abend vor dem Fernseher gesessen, aber am nächsten Tag konnten die Deutschen nicht mehr ruhig sitzen bleiben. Sie gingen auf die Straße, um gegen Faschismus und die Nazis zu demonstrieren. Man hatte nicht vergessen, dass hier in diesem Land die Ideen der Nazis lange Zeit vorherrschend gewesen waren und schon unzählige Menschen das Leben gekostet hatten. Diese Zeit durfte nie mehr zurückkommen. Sehr viele Leute kamen auf die Straße.

»Mein Freund ist ein Ausländer.« Diese Losung klebte plötzlich an vielen Stuttgarter Taxis. Solche Fahrer waren normale Bürger, sie waren nicht so kompliziert wie Politiker und äußerten einfach ihre ehrliche Meinung. Überall fuhren sie mit dieser Losung herum, und bald schon konnte man sie nicht nur auf den Wagen, sondern auch an vielen Geschäfts- und Wohngebäuden sehen. Jetzt wollte jeder eine klare Trennungslinie zu den Nazis ziehen.

»Wir sind keine Neonazis, sonst könntest du nicht mit uns zusammen wohnen«, erklärten mir meine Mitbewohner Frank und Stephan in der Küche unserer Wohnung. Es war eine Dreizimmerwohnung, und die Küche war unser einziger Treffpunkt.

»Ja, das ist gut. Aber eine Sache kann ich nicht verstehen. Darf ich etwas fragen?« Ich trank einen Schluck grünen Tee. Die beiden hatten ebenfalls einen Tee in der Hand, den ich gekocht hatte.

»Ja, natürlich. Frag nur!«, sagte Frank. Er studierte Jura und beantwortete mir in letzter Zeit immer gern meine Fragen.

»Danke! Ich ... ich möchte gern fragen, warum es hier Leute gibt, die bis heute noch Hitler mögen. Er hat so viele Verbrechen gegen die Menschlichkeit begangen.«

»Oh, das ist eine komplizierte Frage.« Er lachte ein bisschen und strich über sein spärliches, ordentlich gekämmtes blondes Haar.

»Gegen die Menschlichkeit? Ja, das kann man sagen, aber eben nicht gegen die Deutschen!«, sagte Stephan zu mir. Er zog die Schultern hoch, wie um mir zu zeigen, dass er meine Fragen ganz selbstverständlich beantworten konnte.

»Doch gegen die Deutschen, gerade gegen die Deutschen hat er doch viel Böses getan«, sagte ich.

»Du hast keine Ahnung!«, bemerkte Frank. »Es wurde dokumentarisch und gesetzlich bewiesen, dass die Deutschen im Dritten Reich als beste Nation bezeichnet wurden! Aber lassen wir das! Wir wechseln besser das Thema! Dein grüner Tee schmeckt sehr gut!«

»Die Besten?« Ich war mit dem Thema noch nicht fertig. »Ja, ich kenne dieses Wort, ein furchtbares Wort!« Ich trank einen Schluck Tee.

»Ein furchtbares Wort?«, fragte mich Stephan. »Man soll doch stolz auf die Besten sein.«

»Kann ich euch eine Geschichte erzählen, die ich von meiner Großmutter gehört habe?«, fragte ich die beiden.

»Ja, natürlich! Von der Großmutter, hehe!«, grinsten sie einander zu. Sie lehnten sich bequem mit gekreuzten Armen an den Küchenschrank.

»Es war in der Zeit der drei Reiche …«

»Gab es in China auch ein Drittes Reich?«, fragte Frank dazwischen.

»Nein, das war ganz anders. Das war vor 1700 Jahren. Damals war China in drei Reiche aufgeteilt, die untereinander Krieg führten.« Wieder trank ich einen Schluck Tee und erzählte dann weiter. »Einmal führte ein General, der wegen seiner Unbesiegbarkeit bekannt war, seine Armee an einem Dorf vorbei, in dem viele seiner Soldaten geboren und aufgewachsen waren. Auf dem Marktplatz hielt er eine Rede für die Einwohner des Dorfes, wie er es schon oft gemacht hatte. ›Ich danke euch, ich danke allen Heldenfamilien hier. Sie haben alle ihre mutigsten Jungen in meine Armee geschickt.‹ Er stand erhöht und sprach mit erhobener Stimme zu den Zuhörern, die sich unten versammelt hatten. ›Und mein bester Soldat kommt auch aus diesem Dorf. Er heißt Wu, Da Jung.‹ Er zeigte mit dem Finger auf einen jungen Soldaten in gepanzerter Uniform, der wie ein stolzer Hahn die Brust herausgedrückt hatte. ›Wo sind die Eltern meines Besten? Bitte kommen Sie zu mir. Ich will zum Dank die Knie vor Ihnen beugen.‹

Die Einwohner brachten dann eine alte Dame auf die Bühne, und tatsächlich beugte der Offizier vor ihr die Knie. Nachdem die Armee mit ihrem Anführer weitergezogen war, standen viele Leute um die alte Frau herum und gratulierten ihr mit neidischen Blicken. Sie fanden, dass es eine große Ehre war, wenn ein Junge aus dem Dorf der Beste genannt und so gelobt wurde. Aber die alte Dame weinte, sie war sehr traurig.«

»Sie weinte? Warum denn?«, fragten Frank und Stephan.
»Ja, das verstanden die Dorfbewohner auch nicht. Alle fragten sie, warum? Sie antwortete Folgendes: ›Vor zwei Jahren wurde mein ältester Sohn auch von diesem Offizier als Bester gelobt. Dann kämpfte er im Krieg wie ein Löwe für ihn und bezahlte mit seinem eigenen Leben. Ich habe meinen ältesten Sohn verloren. Und jetzt lobt dieser Offizier meinen letzten Sohn auch als den Besten. Bald werde ich auch ihn verlieren.‹ Einige Tage später kam tatsächlich die schlechte Nachricht, dass ihr letzter Sohn ebenfalls auf dem Schlachtfeld getötet worden war. Er war an der Spitze seiner Leute vorangestürmt und hatte bis zum letzten Atemzug gekämpft.«
»Oh! Eine gute Geschichte. Sie ist sogar sehr philosophisch!«, sagte Frank.
»Und die stammt von deiner Großmutter? Ist sie eine Akademikerin?«, fragte mich Stephan.
»Meine Großmutter ist leider schon lange tot. Und nein, sie war keine Akademikerin. Sie hat noch nicht einmal die Grundschule besucht…«
Weiter hörten sie nicht zu, ich blieb allein im Raum zurück.
Am nächsten Tag bemerkte ich, dass bei der Wohnungsordnung, die an der Küchenwand klebte, noch ein weiteres Papier aufgetaucht war. »Wohnungsordnung 2«, so lautete die Überschrift. Darunter stand: »Keine politischen Missionen! Und alles von der Wohnungsordnung 1 gilt weiterhin!« Auf dem alten Zettel gab es noch mehrere Gebote, die mit »kein« begannen, zum Beispiel: »Keine lauten Geräusche!«; »Kein Backen mit Öl in der Küche!«; »Kein Duschen in der Nacht!« und so weiter.
Die Chinesen haben ein Sprichwort, das lautet: »Wenn man nicht die gleiche Sprache spricht, ist schon ein halber Satz zu viel.« Ich wusste nicht genau, warum die Beziehung zwischen den beiden Jungen und mir immer angespannter wurde, doch seit diesem Abend redeten wir immer weniger miteinander. »Du musst nach dem Kochen besser sauber machen.« »Im Badezimmer hast du Haare hinterlassen. Nimm sie da weg.« Solche Dinge hörte ich oft von den beiden. Nun, vielleicht war es in Deutschland normal, dass Untermieter Nachteile hatten. Jedenfalls war ich von da an besonders vorsichtig. Aber das half mir auch nicht sehr viel. Einige Zeit später hing schon wieder ein neuer Zettel in der Küche: »Wohnungsordnung 3: Nicht im Stehen pinkeln!

Das gilt für alle!« Ich stand lange ratlos vor diesem neuen »Gesetz« und kratzte mir den Kopf. Was bedeutete das denn?
»Das kannst du nicht verstehen, oder?« Frank stand hinter mir.
»Nein, das kann ich nicht«, antwortete ich. »Nicht im Stehen pinkeln? Wie soll ich das denn machen? Im Sitzen pinkeln? Aber ich bin doch keine Frau!«
»Na und? In Deutschland pinkeln alle gebildeten Männer im Sitzen. Das gehört zum Umweltschutz!«
»Macht ihr das auch?«, fragte ich sehr vorsichtig.
»To, to, to!«, antwortete er, indem er mit den Fingern auf den Satz an der Wand klopfte. »Das gilt für alle!«
Ich atmete tief aus. Irgendwie war ich etwas beruhigt. Zwar wurde meine Freiheit auf dem WC begrenzt, doch wurde auch dort noch an der Demokratie festgehalten. Ich bemühte mich, es war nicht einfach, denn von Kindheit an war ich schon an das stehende Pinkeln gewöhnt, besonders in dringenden Momenten!
Ich begann meinen Ledergürtel und die Hosen zu hassen, denn sie waren verdammt fest und eng. Wie machten die beiden anderen das nur? Hielten sie sich tatsächlich daran? Das wollte ich nicht anzweifeln, außerdem konnte man es ja kaum kontrollieren. Also versuchte ich eben, in unserer gemeinsamen Toilette alles in »Ordnung« zu halten. Es war ein ganz kleiner fensterloser Raum, in dem nur einige Löcher oben in der Wand für eine Belüftung sorgten. Ringsherum an den Wänden hingen viele Bilder von nackten Frauen, die meine Mitbewohner angeklebt hatten. Die deutsch aussehenden Frauen waren in der letzten Zeit nach und nach verschwunden. Jetzt waren nur Nacktfotos von schwarzen und asiatischen Frauen geblieben.
Der kleine Raum sowie Küche und Bad waren der gemeinsame Bereich in unserer Wohngemeinschaft. Ich versuchte meinen Aufenthalt in diesem Bereich immer so kurz wie möglich zu gestalten. Tagsüber blieb ich in der Universität und abends, wenn ich keine Kurse hatte, machte ich draußen lange Spaziergänge.
»Wohnungsordnung 4: keine unangemeldeten Besucher. Es gilt für alle.« Einige Zeit später hing dieser neue Zettel an der Küchenwand.
»Das hat diesmal nichts mit mir zu tun, oder? Ich habe kaum Besuch«, fragte ich lächelnd. Ich lebte nun schon mehr als zwei Monate in dieser WG. Wenn Besuch kam, dann normalerweise für die beiden jun-

gen Männer. Sie bekamen manchmal Damenbesuch, den sie vorher mit einigem Stolz ankündigten. Solchen Besuch hatte ich nicht.
»Doch, das hat auch mit dir zu tun!«, sagte Stephan.
»Das hat gerade mit dir zu tun! Was ist mit der blonden Frau, die dich jeden Freitag besucht? Wir wissen gar nichts über sie.«
»Sie? Sie ist eine meiner Qi-Gong-Schülerinnen. Sie kommt nur her, um mich mit ihrem Auto abzuholen«, erklärte ich. Jetzt wusste ich, woher der Wind wehte.
»Wie heißt sie? Du hast ein verdammtes Glück, dass so eine hübsche, attraktive deutsche Frau in deinen Kurs kommt«, kommentierte Frank mit erkennbarem Neid in der Stimme.
»Sie heißt Christine Schuhmann, warum? Darf sie nicht hierherkommen, um mich abzuholen?«
»Doch! Du müsstest es uns aber vorher sagen. Ich würde sie auch gerne kennenlernen. Das nennt man hier Höflichkeit. Übrigens ...« Er hielt inne und wechselte einen Blick mit Stephan. »Übrigens sollte sie Abstand zu dir halten. Alle intelligenten und gut ausgebildeten deutschen Frauen halten Abstand zu Ausländern.«
»Ja, das stimmt!«, bestätigte Stephan. »Aber du darfst Mädchen aus deinem Land hierher einladen. An der Uni habe ich oft Chinesinnen gesehen, sehr hübsch! Wir könnten hier eine Party machen. Ich lade sie gerne zu einem Bier ein. Man sagt, dass Chinesinnen unten waagerecht sind. Das wollte ich schon immer mal ausprobieren.« Er machte eine eindeutige Geste. Beide lachten laut. Ich konnte nicht mitlachen. Nachmittags rief ich Christine in ihrer Praxis an und verabredete mich mit ihr in einem Café.
»Ich muss dir dringend etwas erzählen«, sagte ich am Telefon.

Das Café war nur ein paar Meter vom alten Schloss entfernt. Hier herrschte eine Atmosphäre von alter Kultur, die ganz typisch europäisch war. Einfach schön und geheimnisvoll! Als ich hineinkam, war Christine noch nicht da, obwohl es schon neunzehn Uhr war. Ich fand einen freien Tisch am Fenster. Das Café war zwar groß, doch waren fast alle Plätze besetzt, auch die Bänke an der Bar. Drinnen war es warm, der kühle Herbstwind war draußen geblieben.
»Hallo, Da Lee! Bist du schon lange hier? Entschuldigung! Ich hatte noch Patienten und bin deswegen spät dran.« Christine stand plötzlich

vor mir. Ich hatte gar nicht bemerkt, dass sie hereingekommen war. »Einen Cappuccino, bitte!« Bevor ich etwas sagen konnte, hatte sie schon bestellt und sich mir gegenüber gesetzt. Ihre schwarze Ledertasche legte sie auf den anderen Stuhl neben uns, ebenso wie ihren gelben Mantel. Sie sah immer so intelligent und schick aus. Die dunkelblaue Jacke und die langen Hosen passten hervorragend zu ihr. Ihre blonden Haare hatte sie hinten zu einem Zopf zusammengebunden, der von einer silberweißen Schmetterlingsspange zusammengehalten wurde. »Heute ist es kalt, oder?«, fragte sie mich fröhlich. Aber ihre Augen beobachteten mich ganz genau, als ob sie etwas Neues an mir festgestellt hätte.

»Ja, es ist kalt. Christine, ich … ich will dir etwas sagen«, stammelte ich.

»Sag es mir einfach!«, lächelte sie.

»Du … du sollst mich morgen nicht abholen. Ich werde selbst zur Sportschule gehen.«

»O.k. Das nächste Mal hole ich dich dann wieder ab. Ich muss ja sowieso bei dir vorbeifahren.«

»Nein, lieber nicht!«, ich schüttelte den Kopf.

»Warum nicht?« Jetzt lächelte sie nicht mehr. Ihr Cappuccino war schon da, doch sie trank nicht, sondern sah mich mit ihren großen blauen Augen nur scharf an. »Habe ich etwas falsch gemacht?«

»Nein, nein, du nicht. Du bist so nett zu mir!« Ich wusste nicht, wie ich es ihr erklären sollte.

Christine legte ihre Hand auf meine und hielt sie fest. »Da Lee, sag mir die Wahrheit! Bist du hier glücklich?«

»Ich?« Meine Augen wurden feucht. »Christine, ich habe Heimweh, sehr … sehr starkes Heimweh!« Meine Stimme zitterte, doch ich versuchte, meine inneren Gefühle nicht noch mehr zu zeigen.

»Ich verstehe.« Sie streichelte voller Sympathie meine Hand. »Aber du bist noch nicht lange hier. Übrigens brauchen wir dich! Weißt du, was du mit deinem Tai Chi und Qi Gong im Kurs gemacht hast, ist wertvoll! Du hast eine wirklich gute Sache mitgebracht, die ich schon lange gesucht habe. In deinem Kurs habe ich zum ersten Mal im Leben richtige Energie gespürt. Früher habe ich daran gezweifelt, dass es so etwas gibt. Du weißt ja, dass ich Ärztin bin …« Sie trank einen Schluck Cappuccino. »Ich verrate dir was: Früher hatte ich jedes Mal furchtbare Bauchschmerzen, bevor meine Tage kamen. Jetzt nicht mehr, nur wegen der Qi-Gong-Übungen. Ich fühle mich auch so fit. Das geht nicht nur mir so, soweit ich weiß, ist es bei den anderen Teilnehmern ähnlich. Wie heißt diese alte Dame? Angela? Ihr Diabetes ist fast verschwunden, hat sie mir erzählt…«

Ich hörte schweigend zu. Eigentlich sollte ich mich über das freuen, was sie sagte, doch ich konnte nicht.

»Gut, sei nicht so traurig. Dieses Wochenende kommst du zu mir nach Hause, ja? Ich lade dich ein. Mein Mann möchte dich auch gerne kennenlernen. Du kannst dich bei uns wie zu Hause fühlen. Vielleicht hast du dann ja weniger Heimweh. Wir reden nach dem Kurs noch einmal darüber. Erst mal hole ich dich morgen Abend ab. Ich freue mich schon darauf, mein Auto auch.«

»Nein, nein! Bitte komm auf keinen Fall zu mir!« Ich schüttelte Kopf und Hände.

Ich erzählte ihr die Geschichte von meiner WG, und Christine stellte oft Zwischenfragen. Zum Schluss berichtete ich sogar von der Wohnungsordnung 1 bis 4. Dann schwiegen wir. Plötzlich war unser Tisch wie eine ruhige Insel in diesem warmen lebendigen Café voller Menschen und Geräusche.

»Alle intelligenten und gut ausgebildeten Frauen sollen Abstand zu Ausländern halten? Das haben die beiden dir erzählt?«, fragte Christine mich nach einer Weile.

»Ja.«

»Sag den beiden Jungen, dass ich dich morgen trotzdem abholen will.«

»Nein, nein!«

»Wo ist das Problem? Die Wohnungsordnung 4 lautet doch ›keine unangemeldeten Besucher‹. Du meldest mich eben an. Übrigens sollen die beiden jungen Männer auch etwas lernen. Bedienung! Zahlen, bitte! Ich lade dich ein.«

Am nächsten Tag klingelte es an der Tür unserer WG. Wie immer kamen meine beiden Mitbewohner sofort zur Tür.

»Ist Da Lee da?« Das war Christines Stimme.

»Ja, er ist da«, antwortete Frank mit unnatürlicher Stimme.

»He, Christine! Du kommst heute sehr früh.« Ich öffnete meine Zimmertür. »Warte, ich bin bald fertig.«

»Nein, du musst dich nicht so beeilen. Wir haben heute genug Zeit. Darf ich dein Zimmer betreten?« Bevor ich antworten konnte, kam sie schon durch den Flur und ging unter den erschrockenen Blicken der beiden Jungen in meinen kleinen Raum. *Peng!,* schloss sie die Tür hinter ihrem Rücken.

»Willst ... willst du einen Tee trinken?«, fragte ich.

»Pst!« Christine hielt den Finger an den Mund. Sie lauschte an der Tür, ein lustiges Lachen zeigte sich auf ihrem Gesicht. »Darf ich kurz eine Übung auf deinem Bett machen?«, fragte sie mich ganz leise.

»Ja, bitte!« Ich wunderte mich. Ich hatte nur einen kleinen Raum, und die Möbel, die bei meinem Einzug schon da gewesen waren, nahmen viel Platz weg.

Pong!, setzte sich Christine mit Schwung auf mein Bett, was bei ihr sehr ungewöhnlich war. Normalerweise bewegte sie sich ganz ruhig und vorsichtig. Und was danach kam, überraschte mich noch mehr. *Ka chi, ka chi!* Sie hüpfte im Sitzen auf und ab, sodass mein Bett laut schreien musste.

»Was machst du denn da?«, fragte ich.

»Üben! Du hast uns gesagt, dass man bei den Qi-Gong-Übungen zittern darf.«

»Aber so eine Qi-Gong-Übung habe ich euch nicht gezeigt.«

»Nicht? Oh, das ist eine Yoga-Übung, die ich früher gelernt habe.«

»Yoga? Wie heißt dieses Yoga?« Ich fand, dass ihre Bewegungen ganz merkwürdig waren. Deshalb stellte ich diese Frage.

»Zitter-Yoga. Ja, Zitter-Yoga. Aber: pst!« Sie hielt den Finger wieder vor ihren Mund. Wir sollten leiser sprechen. *Ka chi, ka chi!,* schrie das Bett unter ihrem Hintern immer lauter.

»Können wir jetzt gehen?«, fragte ich einige Zeit später, als ich merkte, dass meine Besucherin eine Pause beim »Zitter-Yoga« einlegte.

»Ja, jetzt können wir gehen.« Sie stand auf. »Moment!« Mit ihrer rechten Hand griff sie nach dem weißen Schmetterling auf ihrem Hinterkopf und zog ihn aus dem Haar. Wie ein goldener Wasserfall fiel ihr blondes Haar herunter.

»Wow! Du hast so schönes Haar!«

»Aber du bist auch schön. Du bist echt gut!« Christine sprach nicht mehr leise. Sie öffnete die Tür und hängte sich bei mir ein. Meine Füße bewegten sich sehr unnatürlich, als wir gemeinsam in den Flur gingen. So etwas hatte ich bei ihr noch nicht erlebt, ihr Verhalten erstaunte mich. Meine beiden jungen Mitbewohner reagierten noch stärker. Ihre

Atmung war ziemlich beschleunigt, vielleicht hatten sie schnell von der Tür weglaufen müssen. Wir waren eine ganze Weile im Zimmer gewesen, und sie hatten unmöglich die ganze Zeit auf einem Fleck gestanden. Sehr wahrscheinlich waren sie vorher an meiner Zimmertür gewesen.

Wir gingen Arm in Arm durch den Flur, unter den empörten Blicken der beiden Jungen. Ihre blonden Haare sahen anders aus als sonst. Normalerweise waren sie immer sehr ordentlich gekämmt, aber jetzt ragten bei beiden die Haare hoch auf den Köpfen auf wie bei kämpfenden Hähnen.

»Tschüss!«, riefen Christine und ich.

»Tschüss.« Die Stimmen der beiden klangen ganz hart, als ob sie etwas im Hals hätten.

Nachdem ich den Kurs beendet hatte, ging ich an diesem Abend direkt zur WG zurück, ohne wie sonst einen langen Spaziergang zu machen. In der Küche brannte noch Licht. Meine beiden Mitbewohner machten sich darin zu schaffen. Überall lag Papier herum. »Wohnungsordnung 5«, las ich auf einigen Zetteln als Überschrift. Wahrscheinlich war es diesmal schwer für die beiden, einen neuen Inhalt für ihr Wohnungsgesetz zu formulieren. Sie hatten schon viel Papier verbraucht und diskutierten ziemlich laut miteinander.

»Ihr braucht euch nicht mehr zu bemühen, ich ziehe nämlich nächste Woche um. Meine Kursteilnehmer haben für mich ein Zimmer im Studentenwohnheim gefunden«, sagte ich von der Küchentür aus zu ihnen.

»Was?« Die beiden jungen Männer schauten mich mit erstaunten Blicken an. »So kannst du deine Kaution nicht mehr zurückhaben. Und…«

Peng!, warf ich die Tür zu und ging in mein Zimmer. Ich wollte nicht mehr hören, was mir meine Gesetzgeber noch weiter zu sagen hatten. Und »Wohnungsordnung 5« las ich auch nicht mehr.

16

Ich habe bei dir eine heilige Aura gesehen. Sie ist so schön und so stark.« Die Frau kam Schritt für Schritt mit weit geöffneten Augen und Armen auf mich zu. »Om…«, sang sie, wobei sie den Ton lange hielt.

»Om…«, fielen auch ihre drei Begleiter mit ein, ein Mann und zwei Frauen, die hinter ihr gingen. Ich kannte die drei. Sie hatten vor Kurzem in meinem Qi-Gong-Kurs eine Probestunde gemacht. »Unser Meister will dich gerne kennenlernen«, hatten sie zum Schluss zu mir gesagt. Jetzt schien es, dass dieser Meister schon gekommen war. Zu meinem Erstaunen eine Frau!

Es waren sehr merkwürdige Besucher. Unsere ganze Aufmerksamkeit richtete sich sofort auf die vier Leute, nicht nur wegen ihres Verhaltens, sondern auch wegen ihrer Bekleidung. Sie kleideten sich wie Römer vor dreihundert Jahren; der üppige Schmuck, den sie um den Hals trugen, sah allerdings wieder eher asiatisch aus. Alle trugen eine breite orangefarbene Schärpe, die von den Schultern bis auf die Knie fiel.

»Du bist wirklich der Beste. Deine wunderschöne Aura zeigt, dass du zu den Besten gehörst.« Die Dame fasste mich an den Armen, ein breites Lachen auf dem Gesicht.

Doch ich musste mein Gesicht sofort abwenden. In der Sportschule gab es große Spiegel an der Wand. Darin versuchte ich meine Aura zu sehen. Leider war da nichts um mein erstauntes Gesicht herum.

»Hallo. Du bist bestimmt die bekannte Meisterin. Ich habe von deinen Schülern schon sehr viel über dich gehört.« Ich drehte meinen Kopf zu ihr zurück.

Ihr Gesicht war beeindruckend: sinnliche, volle Lippen, dunkelblondes Haar und spitze Nasen- und Kinnpartie. Ihre gelblichen Augen, die laut ihren Schülern Gedanken lesen konnten, schauten mich gerade und direkt an. »Ich weiß auch schon viel von dir: Ein Meister aus Shanghai mit großer Energie.« Sie schüttelte meine Arme, als wären wir zwei alte Freunde, die sich wiedertreffen. Viele Kursteilnehmer schauten uns mit neugierigen Blicken an. Es war schon an der Zeit, den Kurs zu beginnen »Willst du die Qi-Gong-Übungen mitmachen?«, fragte ich sie.

»Natürlich. Aber nicht hier. Hier stimmt das Feng Shui nicht. Wir haben einen besseren Platz für dich. Morgen Abend gegen zwanzig Uhr schicke ich jemanden, um dich abzuholen.«
»Wa ... was be ... bedeutet F ... Feng ... Feng Shui?« Der Besitzer der Sportschule war zufällig dabei und stotterte seine Frage.
»Auf Wiedersehen.« Die Dame antwortete gar nicht und ging einfach; ihre drei Begleiter folgten ihr.
Am nächsten Tag kam tatsächlich ein junger Mann und holte mich ab. Er fuhr einen großen Mercedes. Ich wunderte mich sehr, dass diese Leute meine Adresse kannten. Ich wohnte noch gar nicht lange im Studentenwohnheim. »Sie haben ein gutes Auto, so ein modernes habe ich vorher noch nie gesehen«, sagte ich während der Fahrt zu dem jungen Mann.
»Das Auto? Nein, das gehört nicht mir, sondern unserer Meisterin.« Er klopfte auf den Lenker. »So einen guten Wagen kann ich mir nicht leisten.«
»Das ist wirklich ein gutes Auto, voller Kraft und trotzdem so ruhig und bequem.« Ich rutschte ein bisschen auf dem breiten schwarzen Ledersitz hin und her. »Sag mir, was macht deine Meisterin? Gibt sie auch Kurse?«
»Sie ist einfach eine Heilige! Ob sie Kurse gibt? Meinst du damit, dass sie uns unterrichtet? Ja, natürlich! Jederzeit!« In seinen Augen blitzte ein Funke auf. Seine Glatze leuchtete regelrecht. Man konnte sehen, dass seine Achtung vor der Meisterin ganz echt war. Sie war für ihn bestimmt das große Vorbild für sein Leben. So eine gute Beziehung zwischen Lehrer und Schüler gab es bei mir leider nicht.
»Sag mir bitte, warum liebt ihr eure Meisterin so?«, fragte ich ihn. Den Grund für diese Ehrerbietung wollte ich gerne wissen.
»Das kannst du selbst herausfinden. Wie Masula sagt, gehörst du ja jetzt auch zu unserer Familie.«
»Masula? Familie?« Ich verstand gar nichts.
»O ja, Masula ist unsere Meisterin. Und die Familie. Ja, wir sind bald da.« Er lachte mich an und konzentrierte sich dann ganz auf das Fahren.
Unser Auto fuhr ganz schnell über die Autobahn, in Richtung Südwesten. Wir hatten Stuttgart schon hinter uns gelassen, und auf dieser Strecke gab es keine Geschwindigkeitsbegrenzung. Der junge Mann

gab einfach Gas, bis unser Auto mehr als 220 Stundenkilometer fuhr, ein Gefühl, als würde man fliegen! Die anderen Wagen mussten uns Platz machen und auf die rechte Spur ausweichen, als wenn ein Raketengeschoss hinter ihnen her wäre. In so einem Auto zu sitzen, gab vielen Männern ganz sicher ein gutes Gefühl.
Leider konnte ich es nicht lange genießen, denn schon verließen wir die Autobahn und fuhren zuerst auf der Landstraße und dann auf einer kleineren Straße weiter. Zum Schluss parkten wir vor einem gelben Haus, das weit vom Dorf entfernt lag und von einem riesigen Garten umrahmt wurde.
»Sehr beeindruckend!«, sagte ich zu mir selbst. Das riesige gelbe Gebäude stand vor mir wie ein Berg. »Om!« Ein lauter Singsang drang aus dem Haus. Im Abendrot wirkte das Echo geheimnisvoll. Ich ging voller Achtung, langsam und vorsichtig hinein. Heiß! Ich spürte sofort die Hitze im Raum, und was vor meinen Augen im Dämmerlicht auftauchte, ließ mich sprachlos stehen bleiben.
Viele Leute saßen um ein Feuer herum. Doch was war mit ihnen los? Alle saßen zitternd auf dem Boden, manche lachten, andere weinten oder schrien! Alle trugen sie dieses orangefarbene Tuch, sonst nichts. Egal ob Mann oder Frau, alle hatten sich ihre Kleidung bis auf die Haut ausgezogen.
»Om!«, schrie diese Frau, ihre Meisterin, ins Feuer, die als Einzige stand.
»Om!«, antworteten die anderen wie auf Befehl. Dann weinten, lachten und schrien sie wieder in ihrer Trance.
»Was machen Sie hier?«, fragte ich meinen jungen Begleiter.
»Tschüh!«, hielt er seinen Finger vor den Mund. »Sie tanken göttliche Energie auf«, sagte er leise zu mir und gab mir auch ein orangefarbenes Tuch. Dann zog auch er sich aus.
Ich tat es ihm nach, nicht nur wegen der Gleichheit, sondern auch wegen der Hitze. Hier war es einfach zu heiß.
»Gott, mein heiliger Gott! Gib mir deine Lebensenergie. Meine Schüler, mein Bestes, brauchen sie. Om!« Die Meisterin hielt beide Handflächen nach oben. Das Feuer ließ ihr orangenes Tuch tanzen. Im wechselnden Licht einmal heller und einmal dunkler erschien ihre Silhouette wie ein Engel, der bereit war, in den Himmel aufzusteigen.
»Meister, meine liebe Meisterin, ich … ich will beichten!« Eine männliche Stimme drang ganz laut aus der sitzenden Gruppe heraus, deren

Mitglieder gerade wie verrückt Laute von sich gaben und die Körper bewegten.

»Ja bitte, mein Lieber«, sagte seine Lehrerin, während sie am Feuer stehen blieb.

Ich war sehr erstaunt. »Beichten«? Tat man das nicht normalerweise in einer Kirche, in einem kleinen Raum, ganz heimlich? Warum hier?

»Meister, meine Meisterin, in der letzten Zeit sind immer wieder dumme Gedanken in meinem Kopf aufgetaucht.« Der Mann zog das orangefarbene Tuch von seinem Körper, hängte es sich um den Hals und hielt es unten mit beiden Händen fest. Man konnte sehen, dass es ihm nicht leichtfiel weiterzusprechen. »Meisterin, ich habe dir erzählt, dass ich einen neuen Job in Hamburg gefunden habe. Das war eine Lüge. In Wirklichkeit ... in Wirklichkeit wollte ich dich und dieses heilige Haus wegen meiner finanziellen Probleme verlassen. Jetzt ... jetzt schäme ich mich dafür.« Er weinte.

»Oh, mein Lieber, du bist gereinigt. Du bist erleuchtet. Du gehörst jetzt zu meinem Besten. Om!«, schrie die Meisterin.

»Om!«, schrien alle Schüler gemeinsam so laut, dass das Haus erzitterte.

»Meister, meine liebe Meisterin, ich ... ich muss dir auch etwas beichten.« Diesmal kam eine weibliche Stimme.

»Ja bitte, mein Liebling.« Die Meisterin stand noch immer am Feuer. Die dicken Holzscheite, die in einem großen Eisentopf lagen, zischten und krachten im heißen Feuer.

»Meisterin, ich ... ich schäme mich so sehr!« Sie weinte. Ich hatte gesehen, dass sie die ganze Zeit schon geweint hatte, doch jetzt wurde ihr Weinen lauter. Ihr blondes Haar klebte vor Schweiß und Tränen fest auf ihrem Gesicht. Man konnte ihren großen Busen über dem orangefarbenen Tuch genau erkennen. »Meisterin, eigentlich hätte ich im letzten Monat mehr spenden sollen, weil ich schon dreihundert D-Mark übrig hatte. Aber ... aber ich habe das nicht getan.« Sie weinte jetzt leise, als ob sich etwas endlich gelöst hätte.

»Gratuliere, meine Liebe. Du bist auch erleuchtet. Du gehörst auch zu meinem Besten. Om!« Die Stimme der Meisterin klang ganz gefühlvoll. »Om!«, antworteten wieder alle Schüler.

»Meisterin, ich beichte auch. Ich habe dich immer so beneidet, sogar jetzt noch«, rief wieder eine blonde Frau.

»Neid gehört zu den bösen und kranken Energien. Meine Liebe, du sollst fleißiger üben. Laß dir von der heiligen Energie helfen. Om!«

»Om!«, antworteten alle. Dann beichteten viele der Anwesenden, einer nach dem anderen. Manche legten die Gedanken offen, die sie im Kopf hatten, andere bereuten, was sie Falsches getan hatten.

Langsam wurde ich etwas nervös. Musste ich auch beichten? Nein, das wollte ich nicht, das wäre zu peinlich. Ich durfte nicht in Trance geraten und die Kontrolle über mich verlieren. Ich saß in der Ecke und war bemüht, mich dem starken Einfluss um mich herum zu entziehen. Mein Körper begann zu zittern. In diesem verrückten heißen und lauten Raum kämpfte ich um meine innere Ruhe.

»Wir haben Glück! Großes Glück!« Die Meisterin sprach plötzlich sehr laut. Ihre Stimme übertönte alle Geräusche im Haus. »Unser heiliger Gott hat seinen Vertreter zu uns geschickt. Er ist hier.« Sie kam auf mich zu und hielt mir beide Hände hin, um mir beim Aufstehen behilflich zu sein.

»Om!« Unvermittelt trafen mich viele verschiedene Blicke.

»Nein, ich bin kein Vertreter...«, protestierte ich sofort, doch niemand hörte mich.

»Om.« Der ganze Raum war von diesem lauten Klang erfüllt.

»Komm bitte!« Sie brachte mich durch all ihre sitzenden Schüler bis in die Mitte zum Feuer und lud mich ein, mich dort auf eine niedrige Bank neben sie zu setzen. Jetzt, im Schein des Feuers, konnte ich sie genauer sehen. Sie hatte dunkelblonde Haare, die sich bis über ihre Schultern senkten, und war wohl Ende vierzig. Ihr großer Busen hatte sich wie überreife Wassermelonen schon verändert und hing schwach herunter. Auf keinen Fall gehörte sie zu den jungen und hübschen Frauen hier im Raum. Doch woher hatte sie so eine große Ausstrahlung und dieses grenzenlose Selbstvertrauen? Wahrscheinlich kam es durch ihre Augen. Die Chinesen sagen immer: »Die Augen sind die Fenster der Seele und die Verbindung zwischen der Innen- und der Außenwelt.« Mein Blick wanderte langsam nach oben. Mein Himmel! Sie schaute mich ganz intensiv an. Zwar lachte ihr ganzes Gesicht, doch ich spürte einen unheimlichen Druck von ihr ausgehen.

»Ich kann deine innere Welt genau sehen«, sagte dieser Blick zu mir.

»Meisterin, ich... ich bin kein Vertreter...«, stammelte ich.

»Nenn mich bitte Masula, mein Bester.« Ihre Stimme war weich, und

noch weicher und noch gefühlvoller waren ihre Hände, die meine rechte Hand nahmen und streichelten.
Ein wunderschöner Strom lief durch die rechte Hand in meinen ganzen Körper. Ich saß wie auf Wolken, flog und flog wie eine Feder im grenzenlosen blauen Himmel. »Ich danke sehr, dass Gott dich zu mir geschickt hat, mein Engel. Du bist hier zu Hause, du bist ab heute nicht mehr allein.« Die Worte erreichten meine Ohren und mein Herz wurde tief berührt.

In dieser Nacht, als ich wieder in Begleitung des Jungen mit der Glatze im Mercedes saß, bemerkte ich erstaunt, dass viele Dinge im Wagen lagen, zum Beispiel eine neue Decke, Bettwäsche, einige Handtücher und sogar eine Grünpflanze. »Wofür ist das?«, fragte ich ihn.
»Für dich! Du wohnst allein im Studentenwohnheim. Dort hast du keine guten Bedingungen. Masula hat das für dich besorgt.«
»Was?« Mein Herz wurde noch einmal berührt. »Deine Meisterin ist so eine nette Frau. Sie ist ... ist unheimlich nett zu ... zu mir.« Ich wusste nicht, wie ich es besser ausdrücken sollte.
»Natürlich. Wir alle lieben sie sehr.« Der Junge startete den Wagen. Mit der rechten Hand drückte er gekonnt gleichzeitig ein paar Mal auf die zahlreichen Knöpfe des Steuerungssystems. Man konnte sehen, dass er diese Luxussache auch liebte.
Bis zur Autobahn mussten wir noch einige Dörfer durchqueren. »Weißt du, wir wohnen mit Masula zusammen wie in einer großen Familie; nein, die Beziehung ist besser als in einer Familie. Sie hat uns so sehr überzeugt, dass unsere Seelen und Körper durch Erleuchtung die beste Ebene erreichen. Nur, wenn wir dieses Haus verlassen und wieder in die bürgerliche Welt zurückkommen ...«, sein Blick zeigte auf die vorbeihuschende Umgebung neben dem Wagen, »... dann finden wir, dass alles so primitiv und lächerlich ist.«
»Aber ich finde es sehr schön hier: Es gibt so viel Grünes, und die kleinen Flüsse sind auch sauber, überall ist es so ruhig ...«
»Dieser Idiot!«, schimpfte der Junge. »Dieser schreckliche kleine Wagen fährt die ganze Zeit vor mir her. Er soll Platz machen!«
Schon seit ein paar Minuten fuhren wir dicht hinter diesem Wagen her, denn mein junger Fahrer konnte auf der kleinen Landstraße nur sehr schwer überholen. »Du Schwein. Ich würde dich sofort kaltmachen,

wenn ich nicht Angst um den Lack von meinem Wagen hätte!«, schimpfte er laut, obwohl man ihn in dem anderen Auto nicht hören konnte. Plötzlich wurde der kleine Wagen hell angestrahlt, wahrscheinlich hatte der Junge das Fernlicht angeschaltet. »Tuut, tuut«, hupte er. Der »Kleine« fuhr sofort so weit zur Seite, dass sein rechter Reifen auf das Feld geriet. »Huh!«, rauschte unser Wagen schnell vorbei.
Ich sah, dass eine Frau hinter dem Steuer saß, hinter ihr auf dem Rücksitz war ein Kind.
»Warum fährst du so schnell, und musst du hier unbedingt überholen?«, fragte ich.
»Warum? Weil ich es nicht dulden konnte, hinter so einem primitiven Dummkopf zu bleiben. Das passt einfach nicht zu uns.« Er gab Gas, und bald hatten wir die Autobahn erreicht. »Hoh!« Wie eine Rakete flog er darauf entlang.

»Da Lee, du hast dich verändert.« – »Ja, du bist seit einiger Zeit nicht mehr ganz bei dir.« »Im Kurs konzentrierst du dich nicht mehr auf uns. Was ist mit dir los?« Zwei Monate später nach dem Kursende in der Sportschule gingen viele Teilnehmer nicht wie früher einfach nach Hause, sondern standen um mich herum. Es schien, als hätten sie untereinander ausgemacht, mit mir zu reden.
»Nein, ich bin immer noch der Gleiche«, antwortete ich ihnen.
»Da Lee, du musst gut aufpassen.« Eine alte Dame schaute mich sorgenvoll an. Sie litt schon lange an Diabetes und ihre gesundheitliche Situation hatte sich durch Qi Gong sehr verbessert. »Wir wissen, dass du in letzter Zeit sehr oft mit den Leuten zusammen bist, die schon einmal hier waren, die mit den orangefarbenen Tüchern …«
»Ja, sie haben ein großes gelbes Haus, eine sehr nette Gruppe«, antwortete ich.
»Ja, sehr nett!« Ein Schüler im mittleren Alter zog die Schultern nach oben. »Mein früherer Chef war auch ein Mitglied in dieser Gruppe. Er hat ihnen so viel Geld gespendet, dass er seine Firma schließen musste. Der Arme fährt noch jeden Tag morgens mit seinem BMW von zu Hause weg und kommt erst am Abend wieder, nur um seinen Bankrott vor der Familie und den Nachbarn zu verbergen.«
»Nein, ich glaube das nicht. Masula, eh, diese Meisterin hat noch nie eine Spende von mir verlangt«, erwiderte ich sofort.

»Wahrscheinlich hat sie mit dir etwas anderes vor. Hast du schon einmal etwas von Sekten gehört?«, fragte mich Christine.
»Ja, natürlich. In dem gelben Haus haben wir den schon oft getrunken, wenn die Mitglieder Geburtstag feiern.«
»Ich meine nicht den Sekt zum Trinken. Was ich meine, ist Sekte, mit einem ›e‹ am Schluss. Sag, kannst du dort auch so wie hier deine Kurse machen?« Alle hörten Christines Frage mit großer Aufmerksamkeit an. Alle schauten mich genau an und warteten auf meine Antwort.
»Ja, nur dass Masula nicht möchte, dass ich ihren Schülern die Abschlussübung zeige. Sie meint, dass man sich in dieser Situation, wenn man zittert und sogar in Trance kommt, leicht mit Gott verbinden kann, deshalb ist es für sie umso besser, je länger die Übungen dauern. Aber ich bin anderer Ansicht. Dieser Zustand ist nur eine Auswirkung des Energieauftankens. Man muss die Abschlussübung machen, so wie wir sie auch hier machen; man soll die Energie vom Kopf bis zu den Füßen führen, dann verteilt sie sich harmonisch im ganzen Körper.«
»Mit Gott verbinden, so sagt sie. Ich nenne das Gehirnwäsche. Sie macht ihre Schüler abhängig von sich. Das ist eine typische Methode bei Sekten. Da Lee, ich glaube, dass du schnell ein Buch über Qi Gong schreiben solltest«, sagte Christine. Die anderen nickten eifrig.
»Was, macht ihr Witze? Mein Deutsch ist gar nicht gut. Es ist sehr schwer, ein Buch zu schreiben. Es gibt viele Kontrollen. Das weiß ich aus China. Übrigens ist es die Frage, ob irgendein Verlag mein Buch veröffentlichen will.« Ich schüttelte den Kopf.
»Du bist jetzt in Deutschland. Hast du noch nichts von Pressefreiheit gehört? Willst du nicht dein Wissen und Können hier verbreiten, das sehr gut für die Menschen ist? Dann können viele Leute davon profitieren. Überlege es dir! Wenn du dich nicht von einer Sekte ausnutzen lassen und etwas für die Gesundheit von allen Menschen tun willst, solltest du unseren Vorschlag befolgen. Du kannst dein Buch erst einmal im Eigenverlag veröffentlichen. Wir werden dir alle dabei helfen.« Sie befestigte den weißen Schmetterling an ihrem Zopf und ging gemeinsam mit den anderen. Ich blieb allein im Übungsraum stehen und dachte nach.

»Da Lee, du hast dich verändert.« »Ja, du bist seit einiger Zeit nicht mehr ganz bei dir.« Diesmal hörte ich diese Worte in dem gelben Haus.

Die Leute, die alle um mich herumstanden, trugen orangefarbene Tücher.
»Nein, ich bin immer noch der Gleiche«, sagte ich zu ihnen.
»Nein, du bist nicht mehr der Gleiche. Die Schatten des Bösen beherrschen dich schon. Mein Engel, ich mache mir Sorgen um dich. Om!«, meinte Masula.
»Om!«, erwiderten ihre Schüler um mich herum.
»Schatten des Bösen?« Ich verstand nicht.
»Das heißt, dass du unter dem schlechten Einfluss von unerleuchteten primitiven Menschen stehst«, erklärte mir eine Frau. Es war gerade nach dem Qi-Gong-Kurs. Der Schweiß auf ihrem Gesicht war noch nicht ganz getrocknet, und es kamen immer wieder neue Tropfen. Ihre Haut war ganz rot und sie sprach ganz aufgeregt: »Wir sind die besten Menschen auf dieser Welt, deshalb beneiden uns die anderen sehr leicht. Das stimmt doch, Meisterin?«
»Ja, ihr alle seid die Besten, Om!«
»Om!«
»Die Besten? Darf ich euch eine Geschichte erzählen, die ich von meiner Großmutter gehört habe? Ich will ein Buch über Qi Gong schreiben und darin soll diese Geschichte auch stehen.«
»Geschichte? Buch? Ja, erzähle sie uns bitte. Ich bin ganz Ohr. Oh, Moment, eine Kerze bitte!« Masula war wirklich eine gute Meisterin, auch beim Gestalten einer schönen Umgebung! Mit einigen kurzen Gesten wies sie ihre Schüler an, die blitzschnell einen Kreis von brennenden roten Kerzen stellten. In der Mitte stand ein großer wassergefüllter Teller, in dem eine Lotusblume schwamm. »Einen grünen Tee für unseren Gottesvertreter, bitte!«, sagte Masula zu einer Frau.
Wir setzten uns im Kreis um die Kerzen herum. Ich erzählte einmal mehr die Geschichte der Mutter, deren Söhne die Besten sein sollten.
»Es war einmal vor langer Zeit, genau gesagt vor eintausendsiebenhundert Jahren. Damals war China in drei Reiche aufgeteilt, die untereinander Krieg führten. Eines Tages, als ein General die vielen Soldaten seiner Armee an einem Dorf vorbeiführte, hielt er auf dem Marktplatz eine Rede. ›Ich danke euch, ich danke allen Heldenfamilien hier. Sie haben alle die mutigsten Jungen zu meiner Armee geschickt... und mein bester Soldat kommt auch aus diesem Dorf. Er heißt Wu, Da Jung.‹ Er zeigte mit dem Finger auf einen jungen Solda-

ten in voller Rüstung, dessen Brust stolzgeschwellt war. ›Wo sind die Eltern von meinem Besten? Bitte kommen Sie hierher. Ich will zum Dank mein Knie vor Ihnen beugen.‹ Die Einwohner brachten eine alte Dame auf die Bühne. Der General fiel tatsächlich vor ihr auf die Knie …«

»Oh, das war eine große Ehre für die Mutter des Besten«, sagte Masula.

»Ja, eine große Ehre!«, bestätigten die anderen Zuhörer. »Om!« Einige Frauen kreuzten die Hände vor der Brust.

»Diese Mutter war sicher sehr stolz, oder?«, fragte der Junge mit der Glatze.

»Nein, das war sie nicht!«

»Nicht?«

»Nein, sie weinte. Sie weinte sehr schmerzlich.«

»Sie weinte? Warum?« Allen stand ein Fragezeichen ins Gesicht geschrieben.

»Die alte Dame erzählte den Dorfbewohnern den Grund für ihre Trauer: ›Dieser General war früher schon einmal da und sagte, dass mein ältester Sohn der Beste sei. Der kämpfte dann im Krieg wie ein Löwe für seinen Offizier und bezahlte mit seinem Leben. Jetzt nennt er meinen letzten Sohn auch den Besten. Dann werde ich auch ihn bald verlieren.‹ – So kam es tatsächlich. Die schlechte Nachricht kam nur einige Tage später: Ihr letzter Sohn war getötet worden. Auf dem Feld war er an der Spitze seiner Leute vorangestürmt und hatte bis zum letzten Atemzug gekämpft …«

»Eine schöne Geschichte«, sagte Masula zu uns, die wir eine Weile schwiegen. »Nur etwas traurig. Aber der junge Soldat wurde als Bester ausgezeichnet. Dafür hat es sich gelohnt, mit dem Leben zu bezahlen.«

»Nein, man darf nicht glauben, dass man selbst der Beste wäre. Das ist sehr gefährlich! Man verliert dann das Mitleid mit den normalen Menschen. Um sich als Bester zu beweisen, tut man alles. Und zum Schluss wird man selbst wie ein Kampfhund ausgenutzt.«

»Oh, Da Lee, du musst dich ausruhen. Du hast heute sehr viel gearbeitet«, unterbrach mich Masula. Aber ich hatte noch viel zu erzählen. Es wunderte mich, dass man so eine deutliche Lehre aus der Geschichte meiner Großmutter in diesem gelben Haus nicht verstehen konnte.

»Was ist mit ihr los?« Mein Blick richtete sich auf verschiedene Gesichter, aber außer Masula nahm niemand eine Blickverbindung mit mir auf. Sie schaute mich ganz scharf an. »Du solltest jetzt gehen!«, sagte ihr Blick.

Auf dem Weg nach Stuttgart blieb mein junger Fahrer diesmal schweigsam. *Guh…*, bremste er plötzlich auf einer dunklen Straße in einem Dorf scharf ab.
»Was ist los?« Ich sah, dass die ganze Straße frei war, nirgendwo war ein Hindernis zu sehen.
»Ich heiße Christian.« Er hielt mir seine Hand hin.
Ich war verwundert über sein Verhalten, denn ich hatte ihn schon ein paar Mal nach seinem Namen gefragt. »Ich bin ein Schüler von Masula«, hatte er immer nur geantwortet, als ob sein eigener Name gar nicht wichtig wäre und er in erster Linie zu dem gelben Haus gehöre, das ihm ganz heilig war.
»He, Christian!« Ich drückte ihm die Hand.
»Sag mir, Da Lee, ist die Geschichte von deiner Großmutter wahr?« Er stellte den Motor ab und ließ nur die Klimaanlage weiterlaufen, denn draußen war es so warm, dass man die kühle Luft brauchte.
»Ob sie wahr ist, das weiß ich nicht. Das Ganze ist vor 1700 Jahren passiert«, antwortete ich.
»Sehr philosophisch, sehr! Ich habe vorhin überlegt, warum ich das alles für meine Meisterin tun konnte. Warum? In Wirklichkeit auch nur wegen ihrer Worte: ›Du bist der Beste‹. Weißt du, ich konnte noch nie so stolz auf mich selbst sein wie bei ihr. Ich habe mich bei ihr einfach wohlgefühlt und gut geachtet, als wäre ich richtig erleuchtet: Nur wir sind die Besten und andere primitiv und wertlos. Ich, ich habe fast alles gespendet, und dann hat meine Freundin mich verlassen, mit der ich sechs Jahre lang zusammen war. Sie fand, dass ich merkwürdig geworden sei. Da Lee, kannst du mir helfen? Kannst du mir einen Weg zeigen?« Er griff wieder nach meiner Hand und hielt sie fest. Seine Glatze schimmerte im dunklen Wageninneren.
»Ich? Wie kann ich dir einen Weg zeigen? Ich bin selbst nur ein Student. Ich kann den Leuten nur Tai Chi und Qi Gong beibringen! Aber ich habe das Gefühl, dass du den neuen Weg selbst finden kannst.«
Vorsicht! Wenn jemand sich als der »Beste« bezeichnet, muss man gut aufpassen! Und noch mehr, wenn jemand dich den »Besten« nennt.

Damals gab es diesen Mann, der Adolf Hitler hieß und zu den größten Sektenführern gehörte. Er hatte es geschafft, die größte Macht in Händen zu halten, einige Millionen Menschen zu ermorden und Deutschland, ja ganz Europa, ins Chaos zu stürzen … In Wirklichkeit nur durch ein Wort: »Du bist der Beste.«
Vorsicht! Das ist ein sehr gefährliches Wort!
»Kannst du jetzt fahren? Ich habe gerade selbst eine Entscheidung getroffen.«
»Sagst du mir deine Entscheidung?«
»Ich werde bald nach Shanghai zurückkehren.«
»Was? Und du willst nicht mehr wiederkommen? Ich glaube, dass man dich hier auch braucht.«
»Doch, ich komme wieder. Aber zuerst will ich Material für mein Buch sammeln. Dieses Buch zu schreiben, ist für die Menschen hier auch sehr nötig. Übrigens muss ich meine Familie wiedersehen. Ich war schon mehr als ein Jahr lang nicht mehr zu Hause. Ich habe großes Heimweh …« Mein Mund sprach, doch meine Gedanken waren schon zehntausend Kilometer weit weg geflogen; zu meiner Stadt – Shanghai, zum Huang-Pu-Fluss, zu den Geschäftsstraßen, die niemals schliefen; zu meinem Sohn, meiner Frau und den anderen Verwandten, meinen ehemaligen Arbeitskollegen und meinen Tai-Chi- und Qi-Gong-Schülern …
Wir fuhren schweigend zu meinem Wohnheim.
»Gute Nacht, Christian, vielen Dank fürs Mitnehmen. Bis zum nächsten Mal.« Ich stieg aus. Meine Blicke begleiteten den Wagen, bis er ganz im Dunkeln verschwunden war.
Am Sonntag stand ich ganz früh auf. In meinem neun Quadratmeter großen Raum lagen überall die Sachen herum, die ich nach Shanghai mitnehmen wollte: Kosmetik und Kleidung für Zhou, Lin, Schokolade und Spielzeug für meinen Sohn. Aber als ich die Geschenke alle in den Koffer gepackt hatte, ärgerte ich mich, weil fast auf allen Dingen »Made in China« stand. Wofür denn? Ich hatte sie mit deutscher Währung teuer bezahlt und musste sie nun wieder zu ihrer Quelle zurückbringen. Zum Glück hatte ich auch einiges, das in Deutschland hergestellt worden war, nämlich Kosmetik und Schokolade. Ich hatte auch viele Fotos gemacht, die ich mitnehmen und zeigen konnte. Aber einiges durfte ich nicht mitnehmen, wie zum Beispiel Obst. Die

Gruppe aus der Sportschule hatte mir einen Obstkorb geschenkt, und Christine hatte im Namen aller Teilnehmer dazugeschrieben: »Eine schöne Reise in die Heimat, und komm gesund wieder zurück!« Mir wurde warm ums Herz, und ich war sehr bewegt. Aber das viele schöne Obst würde bis in einem Monat verderben. Ich sollte schon jetzt so viel wie möglich davon in meinen Bauch bringen. Also begann ich wie ein Affe, das bunte Obst anzugreifen. Einmal biss ich in eine Banane, dann wieder in einen Apfel und in ein Stück Wassermelone. Ich genoss das Obstbankett zum Frühstück und auch zum Mittagessen!
»Tut – tut!«, kam das Geräusch einer Hupe durch das Fenster in mein kleines Zimmer und unterbrach meine Fressorgie. Ich kannte den Klang. Durch das Fenster sah ich den wohlbekannten schwarzen Mercedes. »Christian!« Ich sprang gleich nach draußen zum Wagen, doch dann stockten meine Schritte. Eine Frau stieg auf der Fahrerseite aus. »Masula?!« Ich traute meinen Augen nicht. Ja, das war sie. Heute trug sie einen schwarzen Anzug, und das orangefarbene Seidentuch hing elegant um ihren Hals. »Na mein Vertreter Gottes, hast du schon alles gepackt? Ich bringe dich zum Flughafen.«
»Danke ... danke, ich bringe meine Koffer hierher.« Ich ging zwei Schritte rückwärts, dann drehte ich mich um und lief in mein Zimmer zurück. Masulas Erscheinen hatte mich überrascht.
»Du solltest dein Gesicht noch einmal waschen, es ist viel Farbe darauf!«, lachte sie mir hinterher.
Wieder fuhr ich im gleichen Wagen.
»Wo ist Christian?«, fragte ich Masula.
»Er hat mich verlassen, und mit ihm sind noch fünf weitere Schüler gegangen. Sie sind in die primitive Welt zurückgekehrt. Schade!« Sie schüttelte den Kopf. Ihre Hände hielten das Lenkrad ganz fest. Vielleicht fuhr sie nicht oft selbst Auto, denn sie wirkte etwas angespannt.
»Ja, sehr schade. Aber warum sind sie gegangen?«, fragte ich.
»Warum? Mein Liebster, dafür muss ich mich bei dir bedanken, wegen der Geschichte von deiner Großmutter.« Sie lachte ein wenig gekünstelt, dann zeigte ihr Gesicht wieder den bei ihr gewohnten Ausdruck: hart, aber gefühlvoll. Sie konzentrierte sich aufs Autofahren.
Ich saß schweigend neben ihr, doch in meinem Kopf stellte ich eine Frage nach der anderen. Warum war sie immer so nett zu mir? Was machte sie im Alltag? Woher hatte sie diese Energiefähigkeit? Was aß

sie? Machte sie auch Sex?… Leider durfte ich nicht alle Fragen stellen. Nach einigem Überlegen fand ich eine vernünftige Frage: »Masula, ich kann von deinen Händen starke Energie spüren; schon als wir uns kennengelernt haben, ist mir das aufgefallen. Kannst du mir verraten, woher du diese Energie hast? Hast du schon früher Qi Gong geübt?«
»Ich habe schon vieles geübt, mit heiligen Menschen in Peru, Ägypten und Indien…« Sie schaute kurz zur Seite und lächelte mich an. »Es freut mich sehr, dass ich jetzt mit dir zusammen nach China fliegen kann.«
»Was? Du fliegst mit mir zusammen?«
»Ja, natürlich, aber nicht körperlich, sondern geistig.«
»Gut! O nein, schade!« Ich wusste nicht, was ich sagen sollte. Irgendwann tauchte der Frankfurter Flughafen vor uns auf. Mein Herz pochte schnell und immer schneller. »Shanghai! Ich habe dich schon vor über einem Jahr verlassen. Jetzt fliege ich zu dir zurück…«, sagte ich zu mir selbst, in Gedanken schon weit weg.
»Da Lee, wir sind da.« Masulas Stimme unterbrach meinen Gedankenfluss.
»Was, schon da!? Danke, Masula, vielen Dank, dass du mich zum Flughafen gebracht hast, und auch sonst für alles«, sagte ich zu ihr, als ich meinen Koffer herauszog.
»Gehen wir! Ich kann dich bis zum Eingang begleiten.« Sie hängte sich an meiner linken Seite ein, mit der rechten Hand zog ich den Koffer.
»Da Lee, ich mache mir solche Sorgen und habe Angst um dich.«
»Warum?«, wunderte ich mich.
»Weil meine Heiligen im Himmel mir gezeigt haben, dass du etwas gegen ihren Willen tun willst. Om, ich habe solche Angst um dich. Om!«
»Was? Was sollte ich gegen deine Heiligen tun?«, fragte ich sofort.
»Du willst das Geheimnis der heiligen Kraft allen bürgerlichen Menschen öffnen. Das mögen unsere Heiligen nicht. ›Die Büchse der Pandora‹ darf man nicht einfach öffnen!«
»Was, ich verstehe das nicht.« Plötzlich hatte ich begriffen. »Geht es um das Buch, das ich schreiben will, ja?«
Masula nickte. »Aber ich kann dir helfen. Wenn du aus China zurückkommst, bringst du alles Schreibmaterial zu mir. Meine Heiligen können uns ganz genau zeigen, was wir tun sollen und was nicht. In dieser Sache solltest du auf jeden Fall mit mir zusammenarbeiten. Oh,

mein Liebling, bitte versprich es mir! Bitte! Du sollst deswegen nicht von den Heiligen bestraft werden. Bitte versprich mir, dass wir es zusammen machen!« An der Tür vom Haupteingang umarmte sie mich ganz fest. Mein Rücken fühlte sich an wie vom Strom getroffen, warm und kribbelig. Ein wunderschönes Gefühl kam durch ihre Hände in meinen Körper. Einige Leute schauten uns an, wandten aber ihre Blicke schnell wieder ab.

»Masula ... Masula, mach dir bitte keine Sorgen um mich«, sagte ich. »Der heilige Gott will mich bestimmt nicht bestrafen.«

»Wieso?«, fragte sie leise.

»Weil ich der Vertreter Gottes bin, das hast du mir doch erzählt.« Ich spürte, wie ihr Körper heftig erzitterte. Sie zog ihre Arme von mir weg. Ihre Augen, die durch den Kopf hindurchschauen konnten, sahen mich ganz scharf und bewegungslos an, fast eine halbe Minute lang.

»Tschüss, Da Lee, eine schöne Reise wünsche ich dir.«

»Tschüss, Masula, noch einmal danke für alles!« Ich drehte mich um und ging zum »Check in«.

Alles lief so fließend, dass ich ganz schnell fertig war und bereit, in die Maschine einzusteigen. Bis zum Abflug war noch genug Zeit, deshalb machte ich einen kurzen Spaziergang. Hier war der größte Flughafen Europas. Alles sah modern und sauber aus. Viele Menschen unterschiedlicher Hautfarbe und in der unterschiedlichsten Bekleidung gingen hin und her. Aus dem Lautsprecher machte eine ganz spezielle weibliche Stimme, die man weltweit nur auf dem Flughafen hörte, Ansagen in verschiedenen Sprachen.

Ich ging in einen steuerfreien Laden. Hier sollte für die Passagiere ein idealer Ort zum Einkaufen von Geschenken sein. Ich fand auch etwas, aber nicht als Geschenk für andere, sondern für mich selbst: einen Whisky, »Highland Park«, achtzehn Jahre alt. So ein teures Getränk kaufte ich zum ersten Mal in meinem Leben. Eigentlich wollte ich den Whisky in Shanghai genießen, aber leider musste ich ihn schon in der Maschine öffnen. Der Grund waren zwei junge Chinesinnen, die neben mir saßen und die ganze Zeit wie nimmermüde Vögel quatschten. Ich hoffte, dass ich durch den Alkohol ein bisschen schlafen konnte.

»Schau mal, dieser Typ ist ein Säufer«, sagte eine Frau leise zu der anderen, aber so, dass ich es genau hören konnte.

»Ihr Dummköpfe, wenn ihr nicht so pausenlos reden würdet, müsste ich nicht saufen!«, schimpfte ich innerlich. Langsam begann der Alkohol zu wirken. Ich fiel in einen Traum, ungeachtet des Flugzeuglärms und der beiden Frauen. Als ich wieder wach war, stand eine Stewardess neben mir. »Mein Herr, wir sind bald da, bitte stellen Sie Ihren Sitz gerade.« Sie lachte mich süß an, und obwohl ihr Lachen zum Beruf gehörte, gab es mir ein angenehmes Gefühl im ganzen Körper.

Leider bekam ich ein solches Lachen bei der Beamtin der Passkontrolle im Flughafen von Shanghai nicht mehr zu sehen. »Sind Sie schon seit mehr als einem Jahr in Deutschland?«, fragte sie mich in hartem Chinesisch, das zu ihrem feinen jungen Gesicht überhaupt nicht passte. Ihr scharfer Blick wanderte zwischen meinem Pass und meinem Gesicht hin und her und blieb dann auf dem Pass hängen; nicht nur ihre Augen, sondern auch ihre kleine Nase näherten sich immer mehr meinen Papieren. Wahrscheinlich stimmte mit dem Geruch etwas nicht.
»Oh, ich habe in der Maschine beim Schnapstrinken etwas verschüttet, vielleicht ist es darauf gelangt«, erklärte ich sehr vorsichtig auf Chinesisch.
»Gehen Sie bitte zur Blutkontrolle!« Sie warf meinen Pass hin und zeigte zur Seite.
»Warum? Ich habe diese Maschine nicht gesteuert. Warum soll ich zur Blutkontrolle? Darf man als Passagier während des Fluges keinen Alkohol trinken?« Ich verstand wirklich nichts.
»Damit hat das überhaupt nichts zu tun. Wir machen einen HIV-Test. Wenn man länger als drei Monate im Westen war, muss man ihn machen! Das ist eine Forderung der chinesischen Regierung. Gehen Sie dorthin.« Ihre Finger zeigten wieder zur Seite.
Jetzt sah ich, dass schon viele Leute mit ihrem Gepäck dort standen. Ich hatte keine andere Wahl, als auch dorthin zu gehen. Die Leute stritten gerade sehr laut mit den beiden Beamten.
»Warum müssen wir das machen? Haben Sie eine schriftliche Berechtigung dafür?« »Ja, haben Sie so etwas?«
»Natürlich.« Ein Beamter in Uniform zeigte uns ein Papier. »Schauen Sie genau hin, da ist das rote Siegel der chinesischen Regierung!«
»Warum müssen wir einen Test machen und die Ausländer nicht?« »Ja, warum? Sie sind viel länger als wir im Westen.«

»Ich weiß nicht, bitte fragen Sie selbst bei der Regierung nach. Stellen Sie sich bitte jetzt in einer Schlange an.« Beide Beamte führten uns in einen Raum. Darin saßen schon einige Frauen und Männer hinter einem langen Tisch. Alle trugen weiße Kittel, und es roch wie in einer Klinik. »Zum Teufel! Wo bleiben die Menschenrechte in diesem Land?«, schimpfte ein Mann neben mir. »Schlimm! Unglaublich, dass sie so etwas machen!«, schimpfte ich auch. Plötzlich verstand ich: Jetzt befand ich mich in einem Land, das keine Demokratie hatte. Die Regierung konnte das eigene Volk so einfach unterdrücken, weil ihre Macht nicht vom Volk kontrolliert wurde. Wenn die Chinesen ein Wahlrecht wie in Deutschland hätten, könnte die Regierung nicht in diesem Stil vorgehen. Sie könnte höchstens heimlich so handeln, wenn sie an der Macht bleiben wollte. Leider war mein Vaterland noch nie so weit gegangen, und meine Landsleute hatten noch nie so wie ich ein System erlebt, in dem es Freiheit und Demokratie gab. Schade …

»Am Finger oder an den Ohren?« Eine Krankenschwester störte meine Gedankengänge. Sie hielt eine Nadel in der Hand.

Ich hielt meine rechte Hand hin.

Blitzschnell stach sie mit der Nadel in meinen Mittelfinger und zog etwas Blut in eine Spritze ab. Es tat mir weh, sehr weh, aber nicht am Finger, sondern im Herzen. Hier war meine Heimat, die ein Jahr lang Tag und Nacht immer wieder in meinem Kopf aufgetaucht war, die mit meiner Seele und meinem Körper untrennbar verbunden war. Aber wie hatte sie mich in der ersten Minute begrüßt!

»Bitte zahlen Sie dort fünfzig Yuan.« Sie zeigte mit ihrem Kopf nach rechts, wo auch eine Frau in Weiß saß. Doch vor ihr standen keine Laborutensilien, sondern eine Geldkassette.

»Fünfzig Yuan? Nein, die habe ich nicht. Ich habe Mark!«, sagte ich.

»Das geht auch! Zwanzig Mark bitte!« Die Kassiererin lachte mich nett an.

»Was?« Es war viel mehr, als fünfzig Yuan umgerechnet wert waren, aber ich bezahlte trotzdem. Mein Vaterland verwandelte sich gerade in eine Marktwirtschaft. Geld schien eine immer größere Rolle zu spielen, doch das alles war gegen unseren Willen passiert. Aber mit solchen Leuten wollte ich nicht diskutieren, sie handelten auch nur auf Befehl der Regierung.

»Negativ, Ihre HIV-Probe ist negativ.« Die Kassiererin gab mir eine Be-

scheinigung und eine Quittung. »Gehen Sie damit bitte wieder zum Beamten der Passkontrolle.«
»Pa!« Diese Polizistin drückte einen Stempel auf meinen Pass. »Herzlich willkommen in Shanghai.« Sie warf mir meinen Pass und die Bescheinigung über die Blutkontrolle hin.
»Danke!« Ich zog mein Gepäck schnell weiter. Der Saal war nun ganz leer, in dem vorher viele Passagiere aus meiner Maschine gestanden hatten, auch zwei große deutsche Reisegruppen. Sie waren alle schon lange hinausgegangen. Auch ich ging weiter.
»Ausgang«, ein großes Plakat hing vor mir. Mein Herz schlug wie verrückt. Meine Frau stand darunter, neben ihr noch ein Junge. Sein rundes Gesicht und seine großen Augen sagten mir, dass er mein Sohn sein musste. Aber er war viel größer geworden, seit ich ihn das letzte Mal gesehen hatte, fast einen Kopf höher war er jetzt.
Ein Jahr, eine ewig lange Zeit. Viele Dinge verändern sich in dieser Zeit, viel zu viele …

17

In Shanghai gab es keine Nacht mehr. Überall leuchtete Licht, nicht nur von den Neonlampen, sondern auch von vielen Baustellen. Ganz Shanghai war eine Baustelle, Tag und Nacht, rund um die Uhr. Man wollte diese Hafenstadt mit den modernsten Straßen, den größten Brücken, den besten U-Bahnen, dem höchsten Fernsehturm sowie zahlreichen Wolkenkratzern neu einkleiden.
»Überall ist Lärm. Und ich brauche doppelt so lange wie vorher, um zur Arbeit zu kommen«, jammerte meine Frau zu Hause.
»China macht jetzt eine große Reformation und will aktiv an der Globalisierung teilnehmen, das hat mein Lehrer uns so erzählt.« So sagte mir mein Sohn. Der Kleine hatte mir in der letzten Zeit viel über die Lage in meiner Stadt erzählt, als wäre es seine Pflicht, alles für mich zurückzurufen, was mir im letzten Jahr hier gefehlt hatte. Er besuchte schon die Grundschule. Es schien, dass er dort viel Wissen erworben

hatte, und er vermittelte mir gerne alles weiter, egal ob sein kleiner Kopf es verstanden hatte oder nicht. Zum Schluss kamen immer die gleichen Worte: »Das hat mein Lehrer uns so erzählt«. Wahrscheinlich war sein Lehrer ein optimistischer Mensch, ich hörte immer etwas Gutes von meinem Sohn. Aber auf der Straße wurde nur gejammert.
»Hier sieht es aus wie in einem Kriegsgebiet, alles ist durcheinander!«
»Bauen, bauen, bis wann ist das fertig?«
»Geduld, Geduld!«, bat der Bürgermeister im Fernsehen die Bürger. »Noch drei Jahre lang Geduld! Dann ist alles wieder in Ordnung. Sie werden in einer wunderschönen Stadt wohnen.« Die Shanghaier hatten sowieso viel Geduld. Aber die Wanderarbeiter, die alle auf den Baustellen arbeiteten, verstanden diese Worte überhaupt nicht. Sie zeigten der Welt ihr schnellstes Tempo beim Bauen. An einem Tag war eine ganze Etage in einem Wolkenkratzer fertig, der als Fünf-Sterne-Hotel diente. Diese Stadt wuchs, sie wuchs nach oben … Ich spürte, dass mein Blut hier durch die niemals zur Ruhe kommende Umgebung, die hellen Leuchten und den Maschinenlärm von den Baustellen heißer und heißer wurde. Doch etwas fehlte. Nach einigen Tagen bemerkte ich, dass ein gewohntes Geräusch fehlte: *Ka la, ka la.* »Was macht der Alte, der die Sojamilch verkauft?«, fragte ich meine Frau.
»Ich weiß nicht, ich habe schon lange nichts mehr von ihm gehört«, antwortete sie.
Also ging ich zu ihm. Es war an einem verregneten Morgen. Ich stand früh auf und ging mit einem Schirm nach draußen. Der Regen fiel mit einer melancholischen Melodie auf meinen schwarzen Schirm. Mir war kalt, obwohl wir Sommer hatten. Die nasse Luft kam durch mein blaues T-Shirt direkt auf meine Haut. »Ich muss nachher bei dem Alten mindestens zwei Schalen heiße Sojamilch trinken, salzig und scharf«, sagte ich zu mir selbst. Das Wasser lief mir im Mund zusammen, als ich an die leckere, duftende Suppe dachte. Ich lief schneller, doch gleich darauf blieb ich stehen: Vor mir stand die große Wand der Markthalle. Doch wo war das weiße Zelt, das dem Alten gehört hatte? Es war immer fest an dieser Wand befestigt gewesen, wie ein weißer Pilz auf einem Baum. Jetzt war der »Baum« zwar noch da, doch der »Pilz« war spurlos verschwunden. Ich stand vor der Wand und versuchte, mir das Bild des alten Sojamilchhändlers ins Gedächtnis zu rufen. »He, wissen Sie etwas über das weiße Zelt, das immer hier an der Wand

war?« »He, meine Dame, wissen Sie, wo der alte Händler für Sojamilch ist? Er war immer hier an diesem Platz.« Ich fragte einige Leute, die an mir vorbeigingen.

Alle schüttelten den Kopf und gingen weiter.

»Wollen Sie etwas über den Alten wissen?« Eine Dame kam von der Seite her zu mir. Sie hielt ebenfalls einen Schirm über ihren weißen Haaren. »Er ist an einem Herzschlag gestorben, schon vor einem halben Jahr. Der Arme hatte gar keine Verwandten mehr. Wir haben ihn beerdigt, nur wir, ein paar alte Einwohner! Der Arme!« Die alte Dame ging ebenfalls weiter.

Ich blieb allein vor der Wand stehen. So einfach und so ruhig war es mit ihm zu Ende gegangen. Sein Leben hatte die Welt nicht erschüttert, und auch nach seinem Tod blieb nichts, was ihm ewigen Ruhm gebracht hätte. Sein Leben war so einfach gewesen wie das eines kleinen Pilzes, eines Grashalms oder eines Regentropfens. Aber gerade solche einfachen Leben ließen unsere Welt so schön weiterexistieren.

»He, Alter, ich muss an dich denken, wenn ich an Sojamilch denke«, sagte ich zu der Wand. *Ka la la, ka la la,* erklang die Melodie wieder. Diesmal kam sie nicht vom Mahlen der Sojabohnen, sondern vom Regen, den der Wind gegen die glatte Wand drückte. Es klang leise, aber sehr ähnlich wie die Melodie, die ich vor einem Jahr hier oft morgens gehört hatte.

Ich ging langsam weg. In einem Lokal kaufte ich zwei Bao Ze für meinen hungrigen Magen. Dann ging ich zu Fuß zum Übungssaal des Sportclubs, wo schon viele Bekannte auf mich warteten.

»Tolle Fotos, gute Fotos!« Sun Liu Fong gab mir die drei Fotoalben wieder zurück, die ich ihm und den anderen von der Qi-Gong- und Tai-Chi-Gruppe vor einigen Tagen zum Anschauen überlassen hatte. »Schön! In Deutschland gibt es eine wunderschöne Landschaft und auch sehr hübsche Frauen.« Bei den letzten Worten zog sich seine Narbe zusammen. Man konnte sehen, dass dieses Thema sehr wichtig für ihn war.

»Ja, das sind sehr interessante Fotos«, bestätigten die anderen. Es war gerade nach Kursende, die Teilnehmer gingen fast alle entweder nach Hause oder zur Arbeit. Im Saal saß noch ein Kreis, der aus meinen ehemaligen Schülern und Helfern bestand, so wie Liu Fong mit seinem

Vater, der Adlerboxkämpfer Wang, Tan Tong und noch einige Männer. Aller tranken Tee und hatten für mich auch eine Tasse vorbereitet.
»Die Deutschen machen Qi Gong und Tai Chi auch nicht schlecht. Sie sehen gut aus.« Der weißhaarige frühere Hauptingenieur zeigte auf das Fotoalbum, das geöffnet vor mir auf dem Boden lag.
»Ja, sie haben auch sehr gut und fleißig geübt«, gab ich zu.
»Das ist sehr typisch für die Deutschen, sie sind fleißig und ordentlich. In unserer Firma gab es viele hervorragende Werkzeugmaschinen, die in diesem Land hergestellt wurden.«
»Ja, das stimmt.« Sein Sohn war der gleichen Meinung.
»He, Da Lee, fährst du dort schon einen Benz?«, fragte mich ein junger Mann.
»Nein, leider nicht, der ist zu teuer für mich«, antwortete ich wahrheitsgemäß.
»Und hast du eine blonde Frau gehabt? Oder vielleicht sogar mehrere?«, fragte mich Liu Fong und machte ein komisches Gesicht. Die anderen Männer waren sofort ganz bei der Sache. In diesem Raum hier saßen nur Männer.
Ein heißes Thema kam ihnen gerade recht. In den Fotoalben waren etliche Bilder von Frauen, manche sogar halbnackt, die ich heimlich am Strand aufgenommen hatte.
»Nein.« Ich schüttelte den Kopf und nickte gleich darauf wieder, weil ich die enttäuschten Blicke meiner Zuhörer sah. »O.k., ein paar Mal ist schon etwas passiert; aber es hat nicht viel bedeutet, es war nur Sex und Neugier. Einmal nach dem Kurs hat eine Schülerin mich mit nach Hause genommen. Sie ist eine alleinstehende Frau, und dann …« Ich trank einen Schluck Tee.
»Und dann?« Alle Männer machten große Augen und warteten darauf, was nach dem »Dann« kommen würde.
»Nein, ich kann nicht weitererzählen. Wenn meine Frau das wüsste …« Ich schüttelte wieder den Kopf.
»Keine Sorge, wir erzählen das nicht weiter!«
»Da Lee, du musst nicht weitererzählen. Zu solchen Leuten darfst du kein Vertrauen haben, bei so einem Thema halten sie ihren Mund niemals geschlossen«, warnte mich Liu Fongs Vater.
»Oh! Das ist so uninteressant mit dir!«, schrien ihn die jungen Männer an.

»Gut, gut, ich bin uninteressant. Ein alter Mann passt nicht zu euch. Ich gehe kurz an die frische Luft.« Er ging hinaus.
»He, Da Lee, sag mir, sind die Europäerinnen sehr aktiv im Bett? Sie sind bestimmt sehr stark beim Sex, oder?«, fragte Liu Fong. Bevor ich ihm antworten konnte, stellte er schon eine neue Frage: »Man sagt, dass bei Europäerinnen die Vagina viel weiter vorne ist als bei Chinesinnen. Stimmt das?« Sein Finger zeigte auf die Stelle, an der sein Penis war.
»Stimmt das?«, fragten mich gleichzeitig die anderen Männer.
»Haha!« Ich konnte mein Lachen nicht mehr unterdrücken.
»Jetzt wundert es mich nicht mehr, was ich in den westlichen Filmen gesehen habe. Sie können so schnell verkehren ...«, begann Wang, Ten Tong auch an unserem Gespräch teilzunehmen. Er stand auf. »Sie können so machen und auch so machen.« Er streckte einmal sein rechtes und dann sein linkes Bein hoch. Dieser Ten Tong! Sein Körper konnte sich beim Adlerboxen und beim Tai Chi perfekt bewegen, aber seine Sex-Show war gar nicht elegant, sondern sogar sehr komisch.
»Hahaha!«, lachten die Männer so laut, dass der ganze Saal wackelte.
»Aufhören, aufhören! Das ist alles Quatsch! Jetzt sage ich euch, was wahr ist!«, schrie ich dazwischen.
Im Raum wurde es wieder ruhig. Alle warteten auf meine Antwort. »Ich sage euch ganz genau:Chinesinnen und Europäerinnen sind da genau gleich.«
»Oh!« Manche hatten wahrscheinlich gehofft, das Gegenteil zu hören.
»Ich habe das auch von Anfang an nicht ganz geglaubt.« Liu Fong stellte sich ganz schnell auf meine Seite. Aber seine Finger zeigten wieder zu seinem Geschlechtsteil, das von seiner schwarzen Sporthose bedeckt wurde. »Ich glaube auch nicht, dass die Haare bei den Europäerinnen hier verschiedenfarbig sein können, rot, blond und so weiter. Nein, ich glaube das nicht mehr.«
»Doch, das ist wahr! Die Schamhaare können verschiedene Farben haben«, widersprach ich.
Die Augen der Männer wurden wieder größer. »Unsere Mädchen sind so langweilig. Sie haben nur eine Farbe«, sagte einer.
»Ich ... ich muss dorthin gehen. Es lohnt sich schon nur wegen der Schamhaare ...« Liu Fongs Narbe zog sich wieder fest zusammen.

»Was redet ihr die ganze Zeit? Schämt ihr euch nicht?!« Der alte Sun stand in der Tür. Niemand von uns hatte bemerkt, dass er zurückgekommen war. Sein Sohn setzte sich sofort hin. Im Saal war es plötzlich ruhig. »So schmutzig redet ihr! Passt das zu euch, als Tai-Chi- und Qi-Gong-Lehrer?«, empörte sich der Alte.
»Aber wir sind auch alle erwachsen. Es ist sehr menschlich, ab und zu darüber zu reden. Solche Sachen kann man überall im Westen sehen. Dort geht man nicht so zurückhaltend und konservativ mit diesem Thema um wie hier«, bemerkte ich. Irgendwie konnte ich nicht mehr dulden, dass wir jungen Leute nur wegen einer harmlosen Plauderei kritisiert wurden. Obwohl ich nur ein Jahr in Deutschland gewesen war, hatte ich mich schon daran gewöhnt, im ideologischen Bereich in einer lockeren Atmosphäre zu leben.
»Hier sind wir in China! Wir haben unsere eigenen Traditionen und Ansichten über die Umwelt«, sagte der frühere Hauptingenieur mit lauter Stimme.
»Aber die kann man verändern, und zum Teil sind sie auch schon verändert. Warum macht man hier sonst eine Reformation und öffentliche Politik?«, fragte ihn ein Junge.
»Wir sollen lernen, was Gutes ...«
»Gut, gut, du hast immer recht.« Sein Sohn unterbrach ihn. »Jetzt kommen wir zur Sache. Da Lee, eine schlechte Nachricht für dich und auch für uns. Diesen Saal können wir ab dem nächsten Monat nicht mehr mieten.«
»Was? Kommt dieser Händler aus Hongkong wieder?«, fragte ich.
»Nein, damit hat es nichts zu tun! Der Vertrag läuft ab. Übrigens will der Bürgermeister den Saal ganz abbauen. In Zukunft soll hier ein zweihundert Meter hohes Haus stehen.«
»Wo macht ihr dann Qi Gong und Tai Chi?« Ich machte mir wirklich Sorgen.
»Wir suchen einen neuen Raum. Vielleicht kaufe ich einen«, sagte Wang, Ten Tong. Ich wusste, dass sein Geschäft auf dem Fischmarkt sehr gut lief. An seiner Finanzkraft zweifelte ich überhaupt nicht.
»Dann solltest du einen guten Raum in der Nähe kaufen. Es ist nur zu schade um diesen Saal!« Ich schaute mich im Raum um. Hier war mir alles so bekannt, dass es schmerzte.
»Ja, zu schade. Eigentlich sollte das Gebäude unter Denkmalschutz ge-

stellt werden. Leider war aber niemand an seiner Geschichte interessiert!« Liu Fongs Vater schaute sich traurig im Raum um.
»Denkmalschutz? Geschichte? Welche Geschichte kannst du uns von diesem Saal erzählen?« Ich war ganz neugierig.
»Ich bin alt. Habt ihr noch Lust zu hören, was ich in meinem Kopf habe?« Er war ein bisschen ärgerlich auf uns. In diesem Raum gehörte nur er zu älteren Generation und hatte wahrscheinlich selbst das Gefühl, altmodisch zu sein und nicht mehr zu uns zu passen.
»Doch, erzähl sie uns. Wir sind ganz Ohr!« Sein Sohn sagte sofort: »Hoffentlich hat es etwas mit Qi Gong und Tai Chi zu tun.«
»Leider nicht, aber mit dem Land, aus dem Da Lee gerade zurückkommt, hat es etwas zu tun.« Er schaute mich an.
»Was? Mit Deutschland? Ich bin auch ganz Ohr! Hier ist dein warmer Tee.« Ich goss schnell heißes Wasser aus der Thermosflasche in seine Teetasse.
»Gut, ich erzähle sie euch. Es war vor fünfzig Jahren. Damals war ich noch ein Lehrling und wohnte nicht weit von hier. Dieser Stadtbezirk heißt Hong Kou, wie ihr wisst. Früher wohnten hier viele Juden, und es kamen immer mehr. Das war Ende der Dreißiger-, Anfang der Vierzigerjahre. In diesem Zeitraum flüchteten ungefähr fünfzigtausend Juden aus Nazideutschland und den von den Nazis besetzten Ländern nach Shanghai. Man sagt, dass außer Shanghai fast die ganze Welt die Türen für Juden zugemacht hatte. Shanghai war damals die einzige internationale Stadt, in die man ohne Visum einreisen konnte. Das Problem war, dass viele Shanghaier sehr arm waren und selbst nicht viel zum Leben hatten. Manche Juden kamen mit ihrer ganzen Familie. Sie nahmen vielen Wohnung und Job weg, deshalb gab es auch Probleme mit einigen Shanghaier Einwohnern. Ihr wisst, dass die Juden bei manchen Leuten bis heute noch keinen guten Ruf haben.«
»Ja, das stimmt. Gestern beschimpfte mich ein Kunde auf dem Fischmarkt: ›Du bist ein Jude.‹ Ich habe ihm eine Ohrfeige gegeben«, redete Wang, Ten Tong dazwischen. »Ihr wisst das, oder? Ich bin gar nicht geizig und hinterhältig…, oder?…«
»Stop, stop! Ich möchte dem alten Sun gerne weiter zuhören«, sagte ich und goss unserem Geschichtenerzähler noch heißes Wasser nach. »Bitte erzähl weiter!«
»Aber die heimatlosen Juden waren auch ziemlich arm. Von vielen

Shanghaiern bekamen sie damals auch Hilfe und Sympathie, besonders nach der Besetzung durch die Japaner!...« Der Qi-Gong-Arzt schwieg ein paar Sekunden. Dann hielt er seinen rechten Mittelfinger in die Teetasse und malte auf dem Holzboden einen Kreis mit Wasser. »Hier«, zeigte er mit seinem Finger. »Hier war dieser Saal, und dieser Kreis war ein Zaun aus Eisendraht. Die Japaner hatten hier ein Konzentrationslager für Juden gebaut.«
»Hier? War es gerade hier?« Mein Finger zeigte auf den Boden unter unseren Füßen. Ich war sehr erstaunt. Wie konnte ich von so einer wichtigen Geschichte nichts wissen!
»Ja, gerade hier.« Er trank einen Schluck Tee. »Was mich wundert, ist, dass die Juden solche Wörter wie Kämpfen und Wiederaufstehen nicht verstehen konnten. Sie gingen einfach in diesen Kreis hinein und ließen sich von den japanischen Soldaten einsperren. So willig! Aber man konnte dort verhungern und verdursten. Die Einwohner von Shanghai konnten sich das nicht weiter anschauen, auch wenn manche Probleme mit den Juden hatten. Die anderen kamen zu dem Eisendrahtzaun und warfen von draußen weiße Taschen hinein. Damals nannte man das: ›Eine weiße Taube abfliegen lassen.‹ Manchmal war der ganze Himmel voller weißer Taschen, es sah fast aus wie ein Schwarm Tauben, der gerade abfliegt.«
»Was war in den weißen Taschen, warum haben sie sie geworfen?«, fragte ein Junge.
»Natürlich war Essen und Trinken darin.«
»Hast du auch weiße Taschen geworfen?«, fragte sein Sohn.
»Ja. Ich hatte einen Nachbarn, den man den ›gelben Abel‹ nannte. ›Gelb‹ wegen seiner Haarfarbe und Abel war, glaube ich, sein Name. Er kam aus Nürnberg von der Firma Grundig, war schlank und groß. Auf der Nase trug er eine Brille. Dieser Junge war sehr tüchtig beim Reparieren von Radios. Er hatte neben unserem Haus einen kleinen Laden eröffnet, sammelte kaputte Radios und verkaufte sie nach der Reparatur wieder. Davon lebte er. Ein paar Worte Shanghaier Dialektsprache konnte er sprechen. Manchmal nervte er mich sehr, wenn er ganz früh seine Radios laut aufdrehte. Aber plötzlich hörten wir einige Tage lang nichts mehr von ihm. Ich glaube, das war im Februar 1943. Eine Nachbarin erzählte dann, dass sie ihn hinter dem Zaun im Lager gesehen hatte. Dann ging ich mit einigen Mitbewohnern auch dorthin, natür-

lich mit einer weißen Tasche. Wir standen vor dem Zaun, nicht weit von diesem Saal, und schrien mit aller Kraft: ›Gelber Abel, gelber Abel!‹ Sehr viele Juden sowie Männer, Frauen und Kinder schauten uns erstaunt an, weil wir auf Chinesisch, sogar im Shanghaier Dialekt ›Gelber Abel‹ schrien. Sie verstanden uns nicht. Aber als wir die weiße Tasche hineingeworfen hatten, lachten sie uns mit dankbaren Blicken zu. Ich kann die Augen der vielen jüdischen Kinder nie vergessen. Sie lachten uns zu mit ihren großen, weitgeöffneten braunen Augen, wenn sie die weißen Taschen in der Luft sahen, aber wie bitter war dieses Lachen!«

»Ich kam dann sehr oft mit einer weißen Tasche zum Lager. Jedes Mal schrie ich so wie meine Nachbarn: ›Gelber Abel, gelber Abel!‹, und warf dann die weiße Tasche über den Zaun zu den zahlreichen Gefangenen.«

»Habt ihr diesen ›Gelben Abel‹ hinter dem Zaun wiedergesehen?«, fragte ich.

»Nein, wir haben ihn hier im Lager nicht gesehen.«

»Er ist bestimmt ermordet worden!« »Ja, bestimmt wurde er von den Japanern ermordet, die sich die Ideen der Deutschen angeeignet haben. Ja, bestimmt!«, meinten die anderen Zuhörer.

»Nein, er wurde nicht ermordet. Nachdem die Japaner den Krieg in China verloren und kapituliert hatten, kam der Gelbe Abel wieder zu uns nach Hause.«

»Hatte er denn nie von euch gehört und dass ihr immer nach ihm gerufen habt?«, fragte ich.

»Die gleiche Frage habe ich ihm auch gestellt, als ich ihn wiedersah. Ich habe ihn sogar gefragt, ob er taub wäre. An meinem zwanzigsten Geburtstag hatte ich fünf Eier und fünf Orangen in die weiße Tasche gepackt und stundenlang vor dem Zaun ›Gelber Abel, gelber Abel‹ geschrien. Zum Schluss konnte ich die weiße Tasche wieder der Menschenmasse zuwerfen, die schon lange ihre Hände in die Luft gereckt hatten. ›Hast du gar nichts gehört?‹, fragte ich ihn.«

»Doch!«, antwortete er. »Ich habe euch jedes Mal gehört.«

»Was?« Einige Männer standen vor Überraschung auf, ich auch. »Warum hat er sich nicht gemeldet? Warum ist er nicht zum Zaun gekommen?«, fragten wir.

»Er hat mir erzählt, dass er sich immer hinter den anderen Menschen versteckt hat, wenn er unser Rufen hörte.«

»Warum?«, fragten wir alle im Chor.
»Weil er glaubte, dass die Frauen, Kinder und die schwachen Alten die weißen Taschen noch dringender brauchten als er.«
Ruhe, im ganzen Saal war Todesruhe! Wir waren alle bewegungslos, wie erstarrt. Meine Hände wurden feucht. An diesem Morgen hatte ich keine Übungen gemacht, trotzdem wurde mir so heiß, dass ich schwitzte.
»Wo… wo ist dieser Gelbe Abel jetzt?«, fragte Wang, Ten Tong mit belegter Stimme.
»Er ist wie viele andere Juden nach Amerika ausgewandert. Zum Abschied hat er mir ein Radio geschenkt, natürlich ein gebrauchtes. Ich habe ihm fünf rot gefärbte Eier und fünf Orangen geschenkt. Diesmal hatte ich sie nicht in eine weiße Tasche, sondern in einen kleinen Korb gepackt. Die anderen Nachbarn haben ihm auch einiges geschenkt. Wir wünschten ihm eine gute Reise mit dem Schiff…«
Der alte Sun schwieg. Sein weißer Kopf sank langsam nach vorne, dann richtete er ihn wieder auf und sein Blick wanderte zum Dach und zur Wand des Saales. Mein Blick folgte seinem. Dieser Saal! Das Kuppeldach, die dunkelrote Ziegelwand und die hochliegenden Fenster, alles war mir so vertraut! Doch nun erschien mir alles fremd, ich betrachtete es mit neuen Augen, obwohl es noch genauso aussah wie damals, als ich hier Kurse für Qi Gong und Tai Chi gegeben hatte.
»Gut! Gebt mir das Material.« Ich hielt den anderen meine Handflächen hin.
»Material? Über diesen Saal habe ich kein Material«, sagte der alte Qi-Gong-Arzt zu mir.
»Nein! Nicht über den Saal. Habt ihr es vergessen? Letztes Mal hatte ich euch gebeten, für mein Qi-Gong-Buch eure persönlichen Erfahrungen zu sammeln!«
»Da Lee, wir machen das nicht gern!«, sagte Sun, Liu Fong. »Wir glauben, dass du dieses Buch erst in chinesischer Sprache schreiben sollst, und nicht einfach auf Deutsch.«
»Warum?«, fragte ich. »Ihr solltet stolz sein, wenn ihr helfen könnt, Qi Gong in Deutschland und Europa zu verbreiten. Warum wollt ihr das nicht?«
»Darum!« Ein Junge warf einige Zeitungen vor mir auf den Boden.
Ich nahm eine davon in die Hand. »Nazis kommen wieder nach

Deutschland zurück!«, stand als Überschrift in riesigen chinesischen Zeichen da. Darunter wurden zwei große Fotos gezeigt: Auf einem sah man eine Demonstration von Neonazis, auf dem anderen sah man ein abgebranntes Haus. Darunter stand ein langer Artikel.
»Sag mir, wie oft hattest du schon eine Prügelei mit den Glatzköpfen? Kannst du dort als Ausländer allein auf die Straße gehen?«, fragte mich Wang, Ten Tong. *Ka la la, ka la la,* rollte er wieder die großen Stahlkugeln in seiner Hand. Aus irgendeinem Grund stieg in ihm die Kampfenergie auf. Seine Mausaugen schauten mich direkt an. Alle anderen warteten ebenfalls auf meine Antwort.
»Nein.« Ich schüttelte den Kopf. »Die Lage ist nicht so schlimm, wie ihr denkt. Es gibt natürlich böse Menschen wie die Nazis, aber auch viele nette Leute. Ich persönlich bin noch nicht in eine Schlägerei geraten. Man hat auch keine Probleme, als Ausländer allein auf die Straße zu gehen. Viel zu viele ausländische Gesichter kann man auf deutschen Straßen sehen …«
»Aber in der Zeitung steht …« Der junge Mann hob die Zeitungen wieder auf.
»Das ist Propaganda! In Deutschland konnte ich in der Presse auch nur selten etwas Positives über China lesen. Viele Bilder im Fernsehen zeigen noch die Zustände von vor zehn oder sogar vor zwanzig Jahren. Viele Deutsche wissen gar nichts darüber, was wirklich in China passiert, zum Beispiel über die Reformation und die Wirtschaftsentwicklung! Gut, bleiben wir beim Thema. Ihr bereitet erst einmal euer Material vor. Übermorgen komme ich mit meiner Kamera wieder hierher. Irgendwie glaube ich, dass jetzt gerade die richtige Zeit dafür ist, ein Qi-Gong-Buch in deutscher Sprache zu veröffentlichen!«
Zwei Tage später kam ich mit der Kamera wieder und machte zahlreiche Fotos von der damaligen Qi-Gong- und Tai-Chi-Gruppe sowie vom Saal und der Umgebung. Ich stand draußen auf dem Sportplatz und nahm *Ka za, ka za* durch mein langes Objektiv ein Bild nach dem anderen auf, denn es würde nicht mehr lange dauern, bis alles um mich herum verschwunden wäre.
Es war ein Sommermorgen, und unter dem schönen blauen Himmel spielten einige Jungen Fußball. Vor mir sah ich den großen Saal, ohne einen Drahtzaun, der ihn umgab. Solange ich mich erinnern konnte, hatte ich auch noch nie einen Zaun darum gesehen. *Pu pu pu!* Einige

Tauben flogen in den Himmel. In meinem Kopf verwandelten sie sich sofort in weiße Taschen, viele, viele weiße Taschen, die über den Zaun flogen. Von den Fußballspielern kam Geschrei herüber. Wahrscheinlich war ein Tor gefallen, aber in meinen Ohren klang es wie andere Stimmen, die viel trauriger waren. »Gelber Abel, gelber Abel!«
Es war ein Sommermorgen, und ich stand in Shanghai auf einem Gebiet, das man heute noch genauso nennt wie damals: Stadtbezirk Hong Kou.

»Papa, ich bin von der Schule zurück.« Mein Sohn Chen, She Da kam zur Tür herein. Auf seinem Rücken trug er eine große Schultasche. Es war Anfang September, und sein Wintersemester hatte schon begonnen. Heute klang sein Gruß sehr aufgeregt. »Papa, das ist mein Lehrer. Er will dich besuchen.«
»Was?« Ich stand sofort vom Schreibtisch auf.
Ein schlanker junger Mann mit Brille folgte meinem Sohn langsam in die Wohnung. »Guten Tag, Herr Chen. Ich habe von Ihrem Sohn gehört, dass Sie in Deutschland als Professor viele Studenten unterrichtet haben und möchte Ihren Rat hören.« Er drückte mir die Hand.
»Was? Ich bin selbst ein Student! She Da, wie kannst du deinem Lehrer so einen Unsinn erzählen?« Ich warf ihm einen strafenden Blick zu.
»Ich ... ich habe es in deinem Fotoalbum gesehen«, erklärte She Da und versteckte sich hinter seiner Mutter.
»Guten Tag, Lehrer Wu, bitte nehmen Sie Platz. Ich mache gleich einen Tee für Sie.« Meine Frau bewies dem Lehrer meines Sohnes ihre Gastfreundlichkeit. Dann drehte sie sich zu mir um. »Du darfst nicht so hart zu deinem Sohn sein. Er ist erst sieben.«
»Ja, alle Kinder sind stolz auf ihren Vater. Manchmal übertreiben sie dabei etwas. Das passiert sehr oft bei meinen Schülern. Aber Chen, She Da ist ein guter Junge.« Lehrer Wu strich meinem Sohn über den Kopf.
Ich freute mich sehr darüber, dass er so viel Verständnis für seine Schüler aufbrachte und meinen Sohn vor mir lobte. »Vielen Dank, Herr Wu, bitte setzen Sie sich doch.«
Er setzte sich auf das Sofa und trank einen Schluck von dem Tee, den meine Frau ihm brachte. »Das ist ein guter Tee! Ein erstklassiger guter grüner Tee! Trinkt man in Deutschland auch grünen Tee?«

»Ja, sogar immer mehr! Aber man bekommt dort keinen guten. Die Händler importieren nur billige und normale Ware, aber verkaufen ihn als beste Sorte für viel Geld«, antwortete ich.
»Was kostet dort ein Tee im Lokal?«, fragte der junge Lehrer.
»Ungefähr drei Mark, das ist so viel wie fünfzehn Yuan.«
»So teuer!« Der Lehrer machte hinter seiner Brille große Augen.
»Übrigens trinkt man dort keinen zweiten Aufguss!«, erzählte meine Frau dazwischen, was sie von mir gehört hatte.
»Oh, wie schade! Der zweite Aufguss ist der Beste. Wahrscheinlich wollen die Restaurants mehr Geld verdienen, deshalb … Egal!« Unser Besucher wedelte mit der Hand. »Die Deutschen haben sowieso sehr viel Geld. Darf ich Ihr Fotoalbum auch einmal sehen?«
Ich ging zum Bücherregal und nahm zwei Fotoalben heraus. Ich hatte von Deutschland drei Alben mit unterschiedlichen Inhalten mitgebracht, mit Fotos von meinen Kursen, der Landschaft und von meiner Freizeit. Ich brachte nur die Alben, die mit den ersten beiden Themen zu tun hatten. Das dritte wollte ich ihm wegen der heiklen Fotos von dem Badegebiet nicht zeigen.
»Gut, schön! Wunderschön!«, lobte er beim Durchblättern. »Was wird auf diesem Foto gemacht, wo so viele Deutsche so merkwürdig vor Ihnen stehen?«
»Qi Gong. Sie machen gerade ihre Qi-Gong-Übungen.«
»Und auf diesem Foto im Wald? Und auf dem grünen Rasen?«
»Das ist Tai Chi!«
»Oh, Sie haben so viele Schüler, und alle sind Europäer. Deswegen hat Chen, She Da in seinem kleinen Kopf den Eindruck, dass Sie Professor sind. Schön! Sehr schön!« Nachdem er die Fotos angesehen hatte, nahm er wieder seine Teetasse in die Hand. »Herr Chen, ich muss Sie beneiden. Sehr selten haben Menschen so viel Glück wie Sie! Vor einem Jahr habe ich auch versucht, durch eine Prüfung ein Stipendium für das Studium in Amerika zu erhalten. Leider …« Er öffnete bedauernd seine Hände.
»Aber Sie arbeiten zurzeit als Lehrer, das ist auch gut, oder?«, fragte ich.
»Gut? Nein! Ich bin ein Grundschullehrer und nicht wie Ihre Frau an der Universität beschäftigt. Sie wissen ja, dass laut Familienplan jede Familie nur ein Kind haben darf. Solche Kinder sind alle wie kleine Kaiser, furchtbar! Alle sind restlos verwöhnt. Sie lernen nicht gerne

und sind schrecklich im Unterricht. Ich bin der Klassenlehrer, aber bei solchen kleinen Königen und Kaisern oft machtlos.« Er trank einen weiteren Schluck Tee. »Man sagt, dass die Kinder die Zukunft dieses Landes sind. Aber wenn man sich in meinem Klassenzimmer umschaut...« Er schüttelte den Kopf. »Aus diesem Grund komme ich heute zu Ihnen. Sie sollen uns helfen!«
»Ich? Was kann ich denn tun? Hat Ihnen Chen, She Da Probleme in der Klasse gemacht?«
»Nein, es geht nicht nur um Ihren Sohn, er ist ein guter Schüler. Ich möchte Sie bitten, vor der Klasse einen Vortrag zu halten!«
»Einen Vortrag? Was für einen Vortrag denn?«, fragte ich erstaunt.
»Einen Vortrag über Deutschland. Das ist eines der modernsten Industrieländer. China macht jetzt eine öffentliche Politik und wir sollen von solchen Ländern viel lernen. Besonders diese Kinder, sie brauchen ein Vorbild. Sie sollen wissen, wie fleißig die Leute dort lernen und arbeiten! Es fällt kein Brot vom Himmel. Man bekommt es nur durch geistige und körperliche Arbeit. Das sollen meine Schüler lernen!«
»Und was soll ich in diesem Vortrag erzählen?«
»Erzählen Sie einfach, was Sie in Deutschland gesehen haben. Morgen Nachmittag, ja? Klassenzimmer 102. Ihr Sohn möchte Sie bestimmt auch gerne dort sehen. Nicht wahr?« Er fragte meinen Sohn noch einmal. »Stimmt das, Chen, She Da?«
Der Kleine nickte, ebenso wie seine Mutter, die neben ihm stand.
»In Ordnung! Das habe ich zwar noch nie gemacht, aber ich versuche es.«
»Gut, gut! Bis morgen. Wir warten alle auf Sie!« Damit ging er.
Meine Frau freute sich, sie fand, dass es eine große Ehre wäre und bestimmt auch von Vorteil für unser Kind, wenn ich einen Vortrag hielte. Mein Sohn drückte die Brust heraus wie ein kleiner Hahn. Er war jetzt schon stolz auf seinen Vater.
Und ich? Ich war furchtbar nervös, als ich vor der Tür des Klassenzimmers 102 stand. Ich konnte mein eigenes Herz schlagen hören. Ich hatte als Kursleiter schon oft vor den Menschen gestanden, aber so ein Vortrag war etwas absolut Neues für mich! Im Flur war es still. Der Unterricht hatte schon begonnen. *To to to!*, klopfte ich an die Tür. Mein Klopfen rief sogar ein kleines Echo hervor.

»Bitte kommen Sie herein, Herr Chen.« Eine Frau mit großem Gesicht und kurzem Haar öffnete mir die Tür.
»Das ist unsere Direktorin«, machte Lehrer Wu uns miteinander bekannt, der hinter ihr stand.
»Ich bin die Musiklehrerin.« Sie schüttelte mir die Hand.
»Ja, unsere Direktorin unterrichtet auch Musik.« Lehrer Wu zeigte sich voller Hochachtung gegenüber seiner Chefin. Er ging zum Pult. »Liebe Schülerinnen und Schüler. Heute haben wir das Glück, Meister Chen eingeladen zu haben. Er wird einen Vortrag halten. Bitte lasst ihn uns mit einem Beifall begrüßen.« *Pa pa pa!,* klatschten vierzig Paar kleine Hände.
Ich sah auch meinen Sohn. Er saß in der Mitte der rechten Seite und klatschte besonders fleißig.
Das Klassenzimmer war ein sehr großer, heller Raum mit neuen Stühlen und Tischen. Links neben der riesigen schwarzen Tafel stand ein großer Fernseher mit Videorecorder, rechts ein Klavier. Das hatte es zu meiner Grundschulzeit noch nicht gegeben.
»Ihr sollt euch alle auf das Zuhören konzentrieren! Alle die Hände auf die Knie legen! Lin, Tong Tong, dreh deinen Kopf bitte nach vorn, nicht nach hinten schauen! Herr Chen, bitte kommen Sie nach vorne. Noch einmal Beifall, bitte!« *Pa pa pa!* Wieder klatschten alle Kinder und auch die Lehrer.
Ich ging langsam zur Mitte. Hinter dem Holzpult blieb ich stehen. »Hallo. Guten Tag, meine jungen Genossinnen und Genossen ... o nein, nein, meine jungen Kameradinnen und Kameraden ...« Es war kein guter Anfang für meinen Vortrag. Eigentlich hatte ich eine kleine Rede vorbereitet, aber als ich vor den Kindern mit ihren unschuldigen Blicken stand, gerieten sofort alle Ideen und Gedanken in meinem Kopf durcheinander. Die Kinder waren alle erst um die acht Jahre alt! Mit welchen Worten und auf welche Art konnte ich ihnen etwas erzählen? Mein Mund wollte sich nur sehr schwer wieder öffnen. Ich schwieg verzweifelt. Der Schweiß lief mir den Rücken hinunter.
»Herr Chen, ich habe gehört, dass man überall in Deutschland die besten Maschinen baut, so wie zum Beispiel Autos. Können Sie unseren zukünftigen Ingenieuren und Wissenschaftlern etwas darüber erzählen?« Die Direktorin hatte viel Erfahrung darin, ungeübten Rednern mit Lampenfieber wie mir zu helfen.

»Ja, stimmt. In Deutschland hat man die besten Maschinen gebaut.« Ich warf der Direktorin einen dankbaren Blick zu. Dann erzählte ich den jungen Zuhörern, was ich gesehen und erlebt hatte, von den schönen Luxusautos Mercedes Benz, BMW und Porsche. »Ich habe noch nirgendwo so einen guten Zug wie in Deutschland gesehen. Er heißt ICE. Die Schnauze der Lok sieht aus wie bei einem Flugzeug. Er fährt auch wie ein Flugzeug, fuuuu...« Ich ließ meine Hand in der Luft von rechts nach links fliegen. Alle Kinder verfolgten die Bewegung mit neugierigen und verwunderten Blicken.

»Habt ihr genau gehört? Sehr schön, nicht wahr?!«, fragte Lehrer Wu seine Schüler. »Aber gute Maschinen brauchen gute Ingenieure, Techniker und Arbeiter. Herr Chen wird euch weiter erzählen, wie fleißig man dort arbeitet. Herr Chen, bitte!« Er war ein kluger Lehrer. Als er bemerkte, dass seine Schüler meiner Erzählung sehr aufmerksam folgten, sah er seine Chance.

»Ja, das stimmt! Ich habe einmal zwei Wochen lang einen Ferienjob gehabt. Damals brauchte ich dringend Geld. Ich arbeitete mit deutschen Arbeitern zusammen am Fließband. Sie waren während der Betriebszeit sehr fleißig.«

»Wie viel verdienen die deutschen Arbeiter?«, fragte plötzlich ein Junge.

»Etwa viertausend D-Mark im Monat, das sind etwa zwanzigtausend Yuan.«

»So viel? Viel mehr als unsere Eltern!«, sagten die Kinder zueinander.

»Ruhe! Dafür müssen sie viel mehr arbeiten. Nicht wahr, Herr Chen?« Der Lehrer wollte die Richtung bestimmen.

»Schlafen die deutschen Arbeiter nicht?«, fragte mich ein Kleiner mit rundem Gesicht.

»Doch! Doch, sie arbeiten auch acht Stunden am Tag. Samstag und Sonntag sind frei. O ja, und sonntags sind alle Läden geschlossen!«

Hong!, wurde es laut. »Oh, in Deutschland arbeiten sie so viel weniger als meine Eltern!« – »Meine Mama arbeitet im Kaufhaus, sonntags muss sie immer länger dort bleiben!« – »Ja, meine Eltern arbeiten in einer großen Computerfirma. Ich sehe sie so wenig, nur meine Großeltern sind da...«

»Übrigens!« Ich musste jetzt etwas lauter sprechen. »Alle deutschen Arbeiter haben im Jahr zehn Tage Feiertag und meistens mehr als sechsundzwanzig Tage Urlaub...«

»Stop, stop!« Lehrer Wu kam zu mir und sagte leise, aber wütend: »Herr Chen, Sie sollten die Wahrheit erzählen!«

»Ich? Ich erzähle doch die Wahrheit!« Es ärgerte mich, wenn man an meinen Worten zweifelte.

»Deutschland ist ein moderner Industriestaat. Die Menschen arbeiten mit automatischen Maschinen wie Robotern statt mit Menschenkraft«, sagte die Direktorin laut zu den Kindern. »Ihr sollt fleißig lernen. In Zukunft könnt ihr auch mit euren eigenen Händen solche Roboter bauen. Dann könnt ihr auch so viel Urlaub und so viele Feiertage haben.«

»Ja, richtig! Behaltet diese Worte unserer Frau Direktorin gut im Kopf.« Lehrer Wu freute sich, dass seine Chefin die Sache wieder in die richtige Richtung steuerte: »Ruhe jetzt! Herr Chen, können Sie uns etwas über die deutsche Ausbildung, die Schulausbildung erzählen?« Er lächelte mir zu, dann wandte er sich den Schülern zu und wurde wieder ernst. »Herr Chen erzählt euch jetzt, wie fleißig eure deutschen Kameraden lernen. Dort gibt es eine starke Konkurrenz. Jeder muss von klein auf um sein Schicksal und seine Zukunft kämpfen, nicht wie bei uns ...; Lin Lin, bitte nimm den Kaugummi aus dem Mund. Und ihr, ja, ihr drei, legt bitte die Hände wieder auf die Knie!«

Im Klassenzimmer wurde es tatsächlich wieder etwas ruhiger. Vierzig junge Gesichter wandten sich mir zu.

»Nun, das weiß ich nicht genau, weil ich nur an der Universität studiert habe.« Mehr brachte ich einfach nicht heraus.

»Habt ihr Fragen? Ihr könnt sie Herrn Chen ruhig stellen.« Wieder half mir die Direktorin aus der peinlichen Situation.

»Ihr dürft mich ruhig alles fragen. Ich antworte gerne, wenn ich es weiß.«

»Ja, ich habe eine.« Ein rundlicher Schüler hielt die Hand hoch und fragte: »Müssen die Schüler in Deutschland auch Schulsport machen?« Sofort lachten viele Kinder. Vielleicht jammerte er oft über die Sportstunden.

»Ja, natürlich! Jedes Mal bei den olympischen Spielen bekommen die Deutschen sehr viele Medaillen. Das hängt bestimmt damit zusammen, dass sie im Sportunterricht fleißig üben.«

Diesmal fanden Lehrer und Direktorin meine Antwort nicht schlecht. Sie nickten zustimmend.

»Haben alle Schüler dort gute Prüfungsnoten in Mathematik?«, fragte ein Mädchen.
»Ja, ich glaube ja! In Deutschland gibt es sehr viele gute Wissenschaftler, Ingenieure und Techniker. Sie alle haben gut Mathematik gelernt.«
Viele junge Zuhörer schauten enttäuscht. Wahrscheinlich mochten sie dieses Fach nicht, ganz so wie ich als Kind. Lehrer Wu hingegen bewegte seine Hände wie ein Tänzer, fast hätte er laut Beifall geklatscht.
»Haben die Schüler in Deutschland keine Ferien?«
»Doch, das haben sie schon.« Ich nahm einen Zettel aus der Tasche. »Das ist ein Plan von den Schulferien in Baden-Württemberg, oh, einem Land in Deutschland. Soll ich euch alles erzählen?«
»Ja!«, riefen alle mit silberhellen Stimmen.
»Gut. Zwei Wochen Weihnachtsferien. Dann die Osterferien, etwa zehn Tage, Pfingstferien ungefähr zwölf Tage.«
»Das sind ja schon mehr als dreißig Tage!«, rief ein Schüler aus.
»Ruhe! Das ist fast genauso wie bei euch! Sie haben dafür keine Winter- und keine Sommerferien«, sagte Lehrer Wu ganz laut zu seinen Schülern.
»Doch, die haben sie«, korrigierte ich. »Alle deutschen Kinder haben noch sechs Wochen Sommerferien und circa eine Woche Herbstferien.«
»Lehrer Wu, dürfen wir auch so viele Ferien wie in Deutschland haben?« Wieder dieses runde Gesicht. Er stand sogar auf.
»Halt deinen Mund und setz dich wieder.« Der Lehrer war empört. »Eure Kameraden in Deutschland haben so viele Ferien auch verdient, weil … weil sie in der Schule sehr viel lernen müssen. Sie müssen täglich mindestens acht Stunden in der Schule bleiben. Das stimmt doch, Herr Chen?«
»Nun, soviel ich weiß, ist an deutschen Grundschulen nur ein halber Tag Unterricht, und maximal für fünf Stunden«, antwortete ich.
»Ist das möglich? Wie kann das funktionieren? Dürfen die Lehrer nachmittags nach Hause gehen?« Lehrer Wus Augen wurden hinter der Brille ganz groß.
»Stop, stop!« Die Direktorin konnte es nicht mehr aushalten. Bevor ihr Kollege Wu seine Meinung ändern und die Seiten wechseln wollte, musste sie etwas tun. Mit zwei großen Schritten sprang sie zu mir und schüttelte beide Hände. »Wie ist das möglich? Wie kann das funktio-

nieren?« Sie stellte die gleiche Frage wie Lehrer Wu, doch ich war nicht in der Lage, sie zu beantworten. »Herr Chen, können Sie unseren Schülern etwas Positives, eine wirkungsvolle Sache von dort erzählen? Etwas, das mit Fleiß und Gewissenhaftigkeit zu tun hat?«

»Das gibt es von hier auch zu erzählen! Sogar viel zu viel. Ich habe nirgendwo so fleißige Menschen wie in Shanghai gesehen. Sie arbeiten so lange, so viel in der Firma, aber verdienen so wenig. Meine früheren jungen Schüler vom Tai Chi und Qi Gong müssen so viele Überstunden machen, dass sie keine Zeit mehr zum Üben haben. Schauen Sie einmal auf die Baustellen: Dort wird Tag und Nacht gearbeitet. Solche Bilder habe ich nur hier gesehen. Übrigens lernen auch die Kinder viel zu viel. Wie ich bei meinem Sohn sehen kann, muss er vormittags und nachmittags zur Schule gehen, und am Abend noch drei Stunden lang Hausaufgaben machen. Ist das alles so nötig?«, fragte ich jetzt.

»Herr Chen, die Kinder, auch Ihr Sohn, sind die Zukunft unseres Landes. Aber unsere Generation hat schon viel Zeit und viele Chancen vergeudet. Jetzt gibt es in diesem Land eine große Reformation. Sie kennen die Lage vielleicht nicht mehr so genau, weil Sie lange im Ausland waren. Aber Sie wissen bestimmt, was Globalisierung bedeutet! Dafür braucht man konkurrenzfähige Fachleute. Sie kommen auch von hier.« Jetzt musste sie Luft holen.

Ich blieb sprachlos vor ihr stehen wie ein Schuljunge.

»Wenn Sie nichts mehr erzählen wollen, machen wir hier Schluss«, sagte sie nach einer Pause.

»Moment, warten Sie.« Ich konnte das Ganze nicht so enttäuschend beenden. Das hier war nicht irgendein Klassenzimmer. Mein Sohn saß auch darin. Er hatte seinen dünnen Hals schon ziemlich lang gestreckt, um uns zu beobachten. Wahrscheinlich hatte er gemerkt, dass zwischen den Erwachsenen eine gewisse Disharmonie herrschte.

»Gut, dann erzählen Sie weiter, aber nur Geschichten, die positiv auf unsere Schüler wirken können.«

In meinem Kopf drehten sich die Gedanken wie ein Karussell, um etwas Passendes zu finden. »Ja, ich habe keine Geschichte, aber ein Lied!«

»Ein Lied?« Die Direktorin und Musiklehrerin wurde sofort wieder sehr aufmerksam. »Können Sie singen?«

»Sehr schlecht! Es ist ein altes Lied der Schwabendeutschen, die die weltbekannten Autos Porsche und Mercedes gebaut haben. Der Inhalt hat fast nur mit fleißiger Arbeit zu tun.«

»Ruhe!« Die Schulleiterin drehte sich zu den Kindern um. »Herr Chen will für uns ein deutsches Lied singen!«

»Schaffe, schaffe, Häusle baue, und net nach dr̀ Mädle schaue…« Ich konnte den Text nur bis hierhin singen. Ich wunderte mich selbst über meinen Mut. Seit wann konnte ich so laut singen? Sonst machte ich das nur abends beim Duschen und mit mir allein als Zuhörer.

»Gut, sehr gut. Die Melodie klingt sehr einfach, aber deutlich und auch kräftig«, lobte sie mich. »Können Sie uns das übersetzen?«

»Ja, natürlich. Die erste Strophe bedeutet: Man soll zuerst fleißig arbeiten, dann kann man sein eigenes Haus bauen. Die zweite Strophe…oh… das ist schwer, es hat etwas mit ›schauen‹ zu tun…« Ich versuchte, passende chinesische Begriffe für die Kinder zu finden.

»Gut, gut, ich weiß schon!« Die Direktorin sprang zur Tafel und schrieb blitzschnell einen Satz mit weißer Kreide: »Schaffe, schaffe, Häusle bauen, und nach unserer Zukunft schauen!« Über die Worte zeichnete sie Noten für die Melodie. »Jetzt singen wir alle zusammen.« Sie ging zum Klavier und setzte sich mit ihrem dicken Hintern auf die Bank. »Schaffe, schaffe, Häusle bauen.«

»Schaffe, schaffe, Häusle bauen.« Alle Kinder sangen ihr nach, natürlich in chinesischer Übersetzung.

»Und nach unserer Zukunft schauen«, fuhr die Musiklehrerin fort.

»Und nach unserer Zukunft schauen«, folgten die Kinder. Manche nickten sogar vergnügt mit dem Kopf.

»Gut, sehr gut!« Die Schulleiterin lobte ihre Schüler. Dann drehte sie sich zu mir um. »Danke schön, Herr Chen. Sie haben uns gute Dinge von Deutschland mitgebracht. Man kann kaum glauben, dass es in Beethovens Heimat solche volkstümlichen Lieder voller revolutionärer Elemente gibt.«

»Ja, sehr schön! Das kann unseren Schülern sehr helfen«, meinte Lehrer Wu. Dann kam er zum Podest und sagte zu seinen Schülern im Befehlston: »Was lernen wir daraus? Im Klassenzimmer fleißiger lernen und eure Hausaufgaben korrekt und komplett erledigen!«

»Schaffe, schaffe, Häusle bauen, und nach unserer Zukunft schauen!« Das Lied tönte durch das ganze Klassenzimmer und durch das Fenster hinaus in die ganze Grundschule.

»Schaffe, schaffe, Häusle bauen, und nach unserer Zukunft schauen!« Das Lied klang durch die Wohnung. Der Sänger war mein Sohn. Der Arme, nach der Schule musste er noch stundenlang am Tisch seine Hausaufgaben machen. Zwischendurch sang er ein paar Mal.
»She Da, mach eine kurze Pause!« Ich hatte Mitleid mit ihm. »Warum haben seine Lehrer ihm so viele Hausaufgaben gegeben? Das Kind hat gar keinen Spaß mehr«, sagte ich zu seiner Mutter.
»Spaß? Wer kümmert sich heute noch darum, ob Kinder Spaß haben? Alle erwarten nur, dass die Schüler eine große Karriere machen können«, erzählte Zhou, Lin.
Es war so. Die Zeiten hatten sich verändert. Heute erwartete man von Kindern viel. Aber meine Generation, wir hatten als Kinder in China nur eine heillose Katastrophe erlebt. Viele, die in ihrer Jugend wertvolle Zeit sinnlos verloren hatten, wünschten sich, dass die nächste Generation ihre eigenen Hoffnungen und Träume erreichen würde.
»Schaffe, schaffe, Häusle bauen, und nach unserer Zukunft schauen! Papa, weißt du, dass jetzt die ganze Schule dieses Lied singt?«, sagte mein Sohn voller Stolz.
»Was, die ganze Schule?« Das wunderte mich, denn es gab dort mehr als tausend Schüler.
»Ja, die Direktorin hat es über die Lautsprecher allen Schülern beigebracht. Sie lässt es uns jeden Tag zweimal singen!«
Ich wusste nicht, was ich sagen sollte.

18

Da Lee, bitte geh nicht nach Deutschland zurück. Bleib hier«, bat mich meine Frau eines Nachts im Schlafzimmer. Sie hatte mich schon mehrfach darum gebeten und deswegen auch meinen Pass versteckt.
»Ich würde ja gerne dableiben! Doch ich muss dieses Buch schreiben. Du weißt, wie wichtig das Buch für mich und meine deutschen Schüler ist. Und ich kann das nur in Deutschland verwirklichen. Noch

höchstens ein Jahr, dann kann ich erfolgreich zurückkommen. Überleg mal, ich als chinesischer Meister werde ein Fachbuch über Qi Gong auf Deutsch schreiben und veröffentlichen. Ist das nicht großartig!?«
»Wie kannst du so optimistisch sein? Hast du vergessen, dass du einen Roman geschrieben hast, den du schlussendlich nicht veröffentlichen durftest?«
»Nein, natürlich habe ich das nicht vergessen. Aber diesmal tue ich das in Deutschland! Dort gibt es Demokratie und Pressefreiheit. Man darf sogar seinen eigenen Verlag gründen. Ich muss dieses Buch schreiben, weil Qi Gong dort noch nicht so bekannt ist, und ich will mein Wissen so weit wie möglich verbreiten. Das Unwissen der Menschen wird leider schon schlimm ausgenutzt. Manche wollen das Wissen um Qi Gong geheim halten, um ihre eigenen Taschen zu füllen, und manche benutzen es als Werkzeug für ihre sektiererischen Ziele. Sie behaupten, dass diese Fähigkeit wie eine große Macht von Gott geschenkt wird und dass sie berufen sind, ihren Anhängern und den besten Menschen dieses Können weiterzugeben. Du weißt ja, dass ich solche Sachen immer gehasst habe. Ich muss das tun! Diesmal habe ich in Shanghai schon genug Material dafür gesammelt…«
»Du gehst also auf jeden Fall?«
»Ja.« Meine Stimme klang ganz sicher.
»Was ist mit mir und She Da?«
»Es dauert höchstens ein Jahr! Ihr könnt mich zwischendurch besuchen. In Deutschland gibt es viele schöne Sehenswürdigkeiten. Kommt einfach nach Europa, nach Deutschland, um diese andere Welt kennenzulernen. Wann wollt ihr kommen? Am besten in vier Monaten! In den Winterferien!« Ich stellte mir schon vor, wie ich meinen Qi-Gong- und Tai-Chi-Teilnehmern meine Frau und meinen Sohn vorstellen würde; dass wir zusammen die Uni anschauen, im Wald und in den Straßen von Stuttgart spazieren gehen könnten und mit dem Schiff auf Bodensee und Rhein fahren würden…
»Nein, ich komme nicht. Ich vertraue auch nicht darauf, dass du in einem Jahr zurückkommst.« Sie saß auf dem Bett, das Gesicht zur Wand gedreht.
»Warum? Ja, wenn du nicht willst, musst du nicht kommen. Aber warum zweifelst du daran, dass ich zurückkehre? Weißt du eigentlich, was für ein Heimweh ich hatte? In Deutschland musste ich täglich an dich

und unser Kind denken. Jedes Mal beim Essen habe ich die leckeren Mahlzeiten hier vermisst. In den chinesischen Restaurants dort ist alles so teuer, aber so wenig schmackhaft. Man bekommt überhaupt keinen frischen Fisch und kein frisches Fleisch. Wahrscheinlich werden die Schweine alle mit Chemie großgezogen, sie schmecken wie Holz. Und die Tomaten! Sie sehen gut aus, schön rot, aber haben keinen speziellen, eigenen Duft, kein Aroma mehr wie unsere Tomaten hier. Sie schmecken wie Wasser. Und Bao Ze und die anderen tausend verschiedenen Nudelarten wie in Shanghai kann man dort gar nicht sehen. Es gibt sie nicht! Warum sollte ich dort bleiben und nicht zurückkommen wollen?« Ich saß neben ihr und zählte hundert Gründe auf.

Sie schwieg weiter und schaute auf die Wand.

»Gut, ich weiß, dass du dich immer noch über meine Abreise vor einem Jahr ärgerst. Damals war ich von unserem Land so enttäuscht und wollte um jeden Preis in den Westen gehen, um Freiheit und Demokratie zu erleben. Ich war so neugierig und voller Hoffnung wie andere junge Leute auch! Aber... aber jetzt kenne ich das Leben dort schon. Ich habe kein Paradies gefunden, im Gegenteil, für einen Ausländer ist es in diesem Land unmöglich, sich immer wohlzufühlen. Je weiter man weggeht, umso näher kommt einem innerlich die eigene Heimat. Übrigens ist meine Familie hier. Warum sollte ich nicht zurückkommen?«

»Familie? In der letzten Zeit war ich mit She Da ganz allein hier. Nein, du darfst nicht mehr gehen! Wenn dir dein Buch wichtiger ist als wir, will ich die Scheidung!«

»Was? Was hast du gesagt?« Ich traute meinen Ohren nicht.

»Ich... ich will mich von dir scheiden lassen! Natürlich nicht wirklich. Wenn du früher als in einem Jahr zurückkommst, führen wir unsere Ehe weiter, aber sonst nicht mehr! Dann lebst du nur mit deinem Buch, deinen Kursen, deiner Demokratie und deiner Freiheit und deinem Studium weiter, aber nicht mehr mit uns!« Sie drehte ihr Gesicht zu mir. In ihren großen Augen schimmerten zwei Tränen im Licht der Lampe.

»Lass uns bitte schlafen, ich möchte nicht weiter darüber sprechen.« Ich schlief schnell ein, um dieses Gespräch einfach zu vergessen.

Aber sie hatte es nicht vergessen. Zwei Tage später, nachdem ich unse-

ren Sohn zur Schule gebracht hatte, wartete sie schon vor der Tür auf mich. »Wir gehen jetzt zur Richterin. Ich habe schon einen Termin für uns ausgemacht.«
»Was? Wofür?« Ich war sehr erstaunt.
»Willst du immer noch in fünf Tagen nach Deutschland fliegen?«, fragte sie mich laut. Heute trug sie ein blaues Kostüm, das sie schon oft bei ihrer Arbeit an der Universität in den Seminaren und Vorlesungen angehabt hatte. Doch vor ihr stand kein Student, sondern ihr Ehemann.
»Ja, ich habe ein Flugticket für den Hin- und Rückflug gekauft.«
»Dann müssen wir uns scheiden lassen, so wie wir es besprochen haben.« Sie hielt ein dunkelrotes Büchlein in der Hand. Es war mein Pass, den sie in letzter Zeit vor mir versteckt hatte.
»Meinst du das ernst? Warum? Aus welchem Grund?«
»Der Grund? Den habe ich dir schon mehrmals gesagt. Wenn du früher als in einem Jahr zurückkommen willst, musst du dir keine Sorgen machen. Alles läuft dann weiter wie vorher. Willst du nach Deutschland fliegen oder nicht?«
»Natürlich! Ich muss!«
»Dann gehen wir.« Sie ging vor, und ich folgte ihr.
Eine halbe Stunde später hatten wir eine Baustelle erreicht. An der Wand hing ein großes Plakat: »Das Gerichtsgebäude ist im Neubau, fünfzig Meter rechts von hier.«
»Überall wird gebaut, sogar am Gericht!«, sagte ich zu meiner Frau und versuchte zu lachen.
Sie antwortete nicht und folgte dem Hinweis.
In einem ganz einfachen Raum empfing uns eine ältere Frau. »Ich bin Richterin Wang.« Sie gab uns beiden die Hand. »Nehmen Sie bitte Platz.« Eine sehr nette und freundliche Ausstrahlung hatte diese Dame. Sie trug einen grauen Anzug, ihr kurzes, schwarzgraues Haar war ordentlich gekämmt. Wenn sie nicht unter dem chinesischen Staatswappen sitzen würde, das hoch hinter ihr an der Wand hing, konnte man kaum glauben, dass sie Richterin war. »Gut. Sie sind Frau Zhou, Lin. Wir haben uns ja schon kennengelernt. Und Sie sind Herr Chen, Da Lee … Hallo, sind Sie Herr Chen, Da Lee?«, fragte sie mich, als ob sie mich wecken müsste.
Ich nickte nur mit leerem Kopf. Ich wusste gar nicht genau, warum ich

hier saß. Und meine Frau war schon vorher hier gewesen. Davon hatte ich kein bisschen Ahnung gehabt…

»Gut, jetzt beginnen wir mit der Schlichtung. Das hier ist das Volksgericht des Hong-Kou-Stadtbezirks Shanghai. Bei einem Fall wie diesem, einer Ehescheidung, gibt es keinen Kläger und keinen Angeklagten. Frau Zhou und Herr Chen, Sie haben ein gemeinsames Kind, einen Sohn mit Namen Chen, She Da. Sie beide sind Akademiker. Sie sollten eine glückliche Familie sein. Warum wollen Sie sich scheiden lassen?«

»Wir…wir wohnen überhaupt nicht zusammen…«, weinte meine Frau schon. »Ich…ich wohne allein mit unserem Sohn in Shanghai, aber mein Mann ist in Deutschland.«

»Ich habe versprochen, dass ich spätestens in einem Jahr wieder zurückkomme.«

Meine Frau weinte laut. Ich spürte ein starkes Schuldgefühl in mir aufsteigen.

»Wollen Sie wieder nach Deutschland gehen?«, fragte mich die Richterin. »Sie haben eine Verantwortung gegenüber Ihrer Familie. Ist Ihnen das bewusst?«

»Ja, natürlich. Ich trage alle Kosten. Das heißt, ich finanziere meine Familie«, antwortete ich.

»Das ist nicht wahr, ich verdiene auch Geld«, protestierte Zhou, Lin. »Übrigens ist Geld auch nicht alles, die ganze Hausarbeit und alles, was mit unserem Kind zu tun hat, mache ich immer allein.«

Die Richterin schüttelte den Kopf.

Mein Schuldgefühl verstärkte sich. Es stimmte! Für diese Familie hatte ich als Vater und Ehemann zu wenig getan.

»Können wir unsere Ehebeziehung später wieder aufbauen?«, fragte ich die Richterin leise.

»Ja, natürlich, jetzt geht es nur um eine Schlichtung«, antwortete sie.

»Dann… dann gut!«, sagte ich.

»Was bedeutet dieses ›gut‹?«, fragte die Richterin.

»Das… das bedeutet, ich mache, was meine Frau will.«

»Protokollführerin, bitte kommen Sie hierher.« Sie sprach in den Telefonhörer.

Eine junge Frau kam mit einem dicken Notizblock in den Raum. Sie hatte lange schwarze Haare und langgezogene Augen. Sie setzte sich neben uns, legte den weißen Papierblock auf den Tisch und öffnete ihren Füller. So wie eine normale Arbeiterin morgens zu ihrem Fließband kommt, machte sie ihre Vorbereitungen ganz fließend und mechanisch, aber auch lustlos. »Bitte notieren Sie: Rechtsfall: Ehescheidung. Weil sich der Antragsteller in Deutschland aufhält, leben die Parteien seit zwei Jahren getrennt. Ein Familiennachzug ist unmöglich. Unter diesen Umständen besteht die Ehe nur noch dem Namen nach, deshalb hat Chen, Da Lee bei uns, dem Volksgericht des Hong-Kou-Stadtbezirks Shanghai, die Ehescheidung von Zhou, Lin beantragt.«

»Moment, Moment, es ist umgekehrt! Nicht ich, sondern sie hat die Scheidung beantragt.« Ich zeigte mit dem Finger auf meine Frau.

»Doch, du hast das getan. Ich habe dir gesagt, wenn du mich und deinen Sohn wieder verlassen willst, bedeutet das, wir müssen uns scheiden lassen. Aber du tust es trotzdem.«

»He! Die jungen Leute von heute!« Die Richterin schüttelte den Kopf. »Wenn sie in den Westen gehen, vergessen sie sofort ihr eigenes Land und ihren Ehepartner. Ständig haben wir solche Fälle. Es ist immer das Gleiche: Diejenigen, die ein besseres Leben im Ausland gefunden haben, wollen ihre eigene Familie hier nicht mehr haben. Ich hoffe sehr, dass Sie nicht zu denen gehören.« Das Gesicht der Richterin war hart und wurde dann sofort wieder locker. »Ich habe gehört, dass Sie nur wegen eines Buches nach Deutschland gehen wollen? Können Sie es nicht hier schreiben und veröffentlichen lassen?«

»Hier? Nein, das ist unmöglich. In diesem Land gibt es keine Demokratie, keine Pressefreiheit.«

»Was haben Sie gesagt?« Die Frau Richterin bekam eine sehr harte Stimme. Ihre Protokollführerin hielt sofort still und schaute mich mit erstauntem Blick an. Meine Frau hörte auf zu weinen.

Ich schwieg, aber mein Herz pochte wie wild. Wie ein dummer Angeklagter wartete ich auf die Reaktion der Richterin.

»Herr Chen! Sie können froh sein, dass hier nur ein zivilrechtlicher Prozess läuft, aber das kann sich blitzschnell ändern!« Die Richterin schaute zum Telefon.

»Entschuldigung! Ich … ich habe mich falsch ausgedrückt. Mein … mein Kopf ist wegen dieser Sache ganz durcheinander.«

»Gut. So eine falsche Äußerung sollten Sie nicht wieder tun. Für die

Verleumdung unseres großen Landes bekommt man mindestens fünf Jahre Freiheitsstrafe. Haben Sie die Verfassung nicht gelesen? Darin steht der genaue Artikel: ›Jeder chinesische Bürger hat die Freiheit der Person, sowie die Freiheit der Rede, der Korrespondenz, der Presse, der Versammlung, der Koalition, von Straßenumzügen, von Protestdemonstrationen und des Streiks! Lesen Sie das bitte noch einmal nach!«
Ich atmete langsam aus und nickte.
»Gut aufpassen, ja!« Ihr Gesicht zeigte wieder eine reife und nette Ausstrahlung. »Jetzt machen wir weiter. Bitte notieren Sie«, sagte sie zu ihrer Kollegin. »Als erster Schritt der Prozedur wurde eine Schlichtung durchgeführt, wobei die Parteien zu folgenden Vereinbarungen gekommen sind: 1. Die Ehe von Chen, Da Lee und Zhou, Lin wird geschieden. 2. Die elterliche Sorge für den Sohn übernimmt Zhou, Lin. Chen, Da Lee zahlt an sie einmalig 100000 Yuan für den Lebensunterhalt des Sohnes, bis er erwerbstätig ist. 3. Das bei Zhou, Lin aufbewahrte eheliche Miteigentum wird Zhou, Lin überlassen, so wie Wohnung …«
»Moment, Moment! Ich … ich glaube, dass ich nichts mehr habe«, warf ich ein.
»Das Vermögen in Deutschland gehört doch Ihnen.«
»Ich habe dort kaum etwas!«
»Nach chinesischem Gesetz muss man sich im Falle einer Scheidung in erster Linie um Frau und Kind kümmern. Haben Sie damit ein Problem?«
»Nein, nein.« Mein Mut dieser Frau gegenüber war vollkommen erloschen.
»Gut, dann sehen wir uns in einer Stunde hier wieder. Sie müssen nur noch unterschreiben, dann ist die Sache erledigt.« Die Richterin ging, gefolgt von ihrer Sekretärin.
»Ich hatte solche Sorge und Angst um dich.« Als wir allein im Zimmer waren, setzte sich Zhou, Lin näher zu mir. Ihr Gesicht sah nicht mehr so blass aus. Sie strich mit ihrer rechten Hand sogar einmal über meine linke.
Ein warmer Strom kam zu mir herüber. Ich nahm ihre Hand ganz fest in meine. »Lin, gib mir dein Ehrenwort: Wenn ich früher als in einem Jahr zurückkomme, sind wir wieder ein Ehepaar. Ich … ich will dich und unseren Sohn auf keinen Fall verlieren.«

»Ja.« Sie nickte mit dem Kopf. Zwei große Tränen tropften aus ihren Augen.
Einige Zeit später unterzeichneten wir vor dem Gericht das Dokument.

»He, Da Lee, wie kannst du so etwas Dummes tun? Die Wohnung gehört dir. Warum verzichtest du einfach so darauf? Weißt du nicht, dass die Wohnungen jetzt alle privatisiert werden? Du kannst sie für wenig Geld vom Staat kaufen, weil du schon lange in diesem Land gearbeitet hast, und das zählt beim Kauf mit. In ein paar Jahren kann der Wert ein paar Millionen betragen, so verrückt, wie die Börse hier steigt. Man kann jetzt in Shanghai mit solchen Sachen in kurzer Zeit reich werden. Und was machst du?«, beklagte am nächsten Tag mein jüngerer Bruder, nachdem ich ihm die Geschichte von unserer Scheidung erzählt hatte. In so kurzer Zeit hatte sich Chen, Hai total verändert. Er arbeitete als Manager in einer Beraterfirma. Ledertasche und Handy, was man damals in Deutschland nur sehr selten sehen konnte, begleiteten ihn den ganzen Tag lang.
»Was ist mit den Idealen von Revolution, Demokratie und Freiheit?«, fragte ich ihn, als ich gerade von Deutschland zurück war.
»Kann man das essen? Wir müssen realistisch sein. Wir waren früher zu naiv. Weißt du, was Revolution, Demokratie und Freiheit bedeuten? Kannst du das mit einem Wort erklären?«, fragte er zurück.
»Nein. Ich habe nicht wie du Politik studiert.«
»Es bedeutet nur«, er hielt einen Finger hoch, »die Befreiung der Produktivkräfte! Diese Zeit ist in China gekommen. Der Markt ist offen. Man kann sich frei für seinen Arbeitsplatz oder ein Geschäftsunternehmen entscheiden. Weißt du, was das für die Chinesen bedeutet?«
Ich schüttelte meinen Kopf.
»Das bedeutet den Aufschwung, eine sprunghafte Entwicklung! China hat zurzeit eine riesige Chance. Du hast schon zwei Jahre verpasst. Diesmal bleibst du hier! Du bist ein Qi-Gong- und Tai-Chi-Meister, ein Akademiker mit guten Sprachkenntnissen, und du hast langjährige Erfahrung im internationalen Handel. In Shanghai wartet eine große Karriere auf dich. Und auch das.« Er hielt vor meinen Augen drei Finger zusammen und rieb sie aneinander. Das bedeutete in der internationalen Zeichensprache: Geld.

In Deutschland sagt man: »Wofür jemand steht, das hängt davon ab, wo er sitzt«, und in China: »Der Mund folgt immer dem Hintern.« Mein jüngerer Bruder saß im Alltag als junger Manager mit Krawatte und Anzug in seinem Ledersessel. Das Bild, das ich von ihm gehabt hatte – ein heißblütiger Student voller Ideale und Kampfenergie –, war spurlos verschwunden. Er hatte mich zu einem Willkommensbankett eingeladen. Auf dem Tisch im Restaurant standen etwa zehn verschiedene Speisen, viel Fisch und Krebse. Manche kamen aus dem Yangtse, manche aus dem chinesischen Meer. »Ich habe auf der Landkarte gesehen, dass Stuttgart eine Stadt im Inland ist, deshalb habe ich dieses Essen für dich ausgewählt. Ich weiß, dass du alles mögen wirst. Na, so etwas hast du schon lange nicht mehr gesehen und gegessen, oder?!« Dann erzählte er mir, wie stark sich Shanghai verändert hatte und wie es in seiner Firma lief. »Die ganze Welt will in Shanghai investieren, und meine Firma hat allein im letzten Monat schon hundert Millionen US-Dollar durch unsere Beratung hierhergebracht«, sagte er. Zum Schluss warf er ganz lässig die dicken Geldscheine für unser hervorragendes Essen auf den Tisch.

Jetzt, vor meiner Abreise, saßen wir wieder zusammen, diesmal in einem Café. »Wie konntest du bei eurer Scheidung so viele Kosten übernehmen, einhunderttausend Yuan! Damit könntest du hier eine kleine Firma gründen!« Seine Gesprächsthemen drehten sich fast ausschließlich ums Geld.

»Ja, das ist zu viel für mich, fast alles, was ich gespart habe. Aber was soll ich tun? Nur so kann ich meinen Traum von einem Buch erreichen. Übrigens haben wir uns auch nicht richtig scheiden lassen. Wenn ich in weniger als einem Jahr zurückkomme, wird unsere Ehe weiter geführt. Zhou, Lin ist immer noch deine Schwägerin. Bitte tu mir den Gefallen und kümmere dich weiter um She Da. Aber erzähl unseren Eltern kein Wort davon! Sie sollen das nicht wissen. In einem Jahr ist meine Familie wieder in Ordnung und es wird so sein, als ob gar nichts passiert wäre«, bat ich ihn.

Mein Bruder nickte zweifelnd.

»Pass gut auf dich auf und komm früher zurück, wenn du kannst, deine Frau und dein Kind brauchen dich!«, ermahnte mich meine Mutter beim Abschied zu Hause.

»Das ist gut! Ein junger Mann soll Karriere machen. Wenn dein Buch veröffentlicht ist, dann schicke mir eines. Ich werde es meinen Leuten zeigen.« Mein Vater klopfte mir stolz auf die Schulter.

Ich ging. In der letzten Nacht war Zhou, Lin besonders nett zu mir. Sie war im Bett so heiß, wie ich es schon lange nicht mehr erlebt hatte. Am nächsten Tag begleiteten sie und mein Sohn mich zum Flughafen. »Wartet auf mich, diesmal dauert es nicht lange!« Ich umarmte die beiden.

Sie weinte wieder in meinen Armen. Mein Sohn war hingegen viel gelassener als letztes Mal, weil er genau wusste, dass ich bald zurückkommen und dann für immer bleiben würde.

19

Das Flugzeug brachte mich in ein Land, das mir nicht mehr fremd war. Nachdem ich wieder in meinem kleinen Zimmer im Studentenwohnheim der Universität Stuttgart war, fühlte ich mich jedoch einsam und unter Druck: Eine Stimme sagte mir oft, dass ich unbedingt etwas zur Verwirklichung meines Wunsches tun musste, sonst hätte sich alles nicht gelohnt. Tag und Nacht schrieb ich, wann immer ich Zeit hatte. Die Schüler vom Qi-Gong-Kurs halfen mir fleißig, manche beim Tippen, manche beim Korrigieren; andere schrieben ihre persönlichen Erfahrungen mit Qi Gong für mich auf. Ein halbes Jahr später hatte ich mein Buch beendet und ließ 500 Stück privat drucken. Meine Hände zitterten, als ich dieses besondere Produkt hielt. Und mein Herz sowie der ganze Körper zitterten, als ein Verlag mein Buch annahm und mir auch noch einen Vorschuss anbot. Ich hüpfte vor Freude, und sofort schickte ich meiner Frau zwei Exemplare nach Shanghai. Zwei Wochen später, gerade dreihundert Tage, nachdem ich Shanghai verlassen hatte, nahm ich den Telefonhörer und wählte die wichtigste Nummer in meiner Heimat. Es war an einem Nachmittag im Sommer, in Shanghai war es jetzt Abend. Mein Sohn und meine Frau saßen in diesem Moment vermutlich am Esstisch. Ich war gespannt, als ich das Klingelzeichen hörte. Mein Sohn und meine Frau sollten wegen meinem Buch stolz auf mich sein und würden sich bestimmt freuen, dass ich bald zurückkäme. »Wann kommst du?«, das wäre bestimmt Zhou, Lins erste Frage.

»Hallo, mit wem wollen Sie sprechen?«, fragte eine fremde Männerstimme am anderen Ende der Leitung. Ich war erstaunt. Im Hintergrund hörte man Lärm, es schienen viele Menschen anwesend zu sein. Um sicherzugehen, wiederholte ich die Telefonnummer. »Ja, die Nummer ist richtig. Wen wollen Sie sprechen? Wer sind Sie denn?« Der Mann klang ungeduldig.

»Ich bin Chen, Da Lee.« Meine Stimme wurde lauter. »Ich will mit meiner Frau Zhou, Lin sprechen.«

»Oh, warten Sie, bitte warten Sie!« Die Stimme meines Gegenübers klang sofort verändert, weicher, sogar etwas nervös.

»Da Lee, bist du es? Du hast schon fast einen Monat lang nicht mehr angerufen. Wie geht es dir?«

»Gut, sehr gut. Hast du mein Buch erhalten?«, fragte ich.

»Ja, sehr schön. Gratuliere!« Sie sprach sehr laut, um den Lärm im Hintergrund zu übertönen. »Nur schade, dass es sehr wenige chinesische Schriftzeichen darin gibt. Wir können ja kein Deutsch verstehen. Aber trotzdem merkt man, dass das Buch gut gemacht ist. Toll! Du hast es geschafft.«

»Warum ist es bei dir so laut? Hast du viel Besuch?«

»Ja, sehr viel. Sie sind gekommen, um mir bei den Vorbereitungen zu helfen. Da Lee, ich muss dir etwas sagen: Übermorgen werde ich den Mann heiraten, mit dem du gerade am Telefon gesprochen hast.«

»Was?« Ich fiel fast um. »Was … was ist mit mir? Und was ist mit unserem Sohn?« Ich schrie schon. »Hast du vergessen, was du versprochen hast? Wie … wie kannst du so etwas tun?«

»Da Lee, sei bitte vernünftig! Vor dem Gesetz sind wir schon geschieden. Um She Da musst du dir keine Sorgen machen. Er und ich, wir werden uns gut um She Da kümmern.«

»Wer ist dieser ›Er‹? Wer?«

»Musst du jetzt alles wissen? Wir werden übermorgen heiraten. Er wird mein Ehemann und bleibt immer bei mir. Da Lee, du hast Karriere gemacht. Ich wünsche dir, dass sie immer weitergeht! Ich habe noch viel zu tun. Alles Gute.« Es klickte in der Leitung, dann war Stille.

Ich hielt den Hörer noch in der Hand. Mein Kopf war ganz leer. Ich verstand die Welt nicht mehr. Plötzlich fühlte ich mich so weit von Shanghai entfernt. Nicht nur ein paar tausend Kilometer, auch nicht nur einige zehntausend Kilometer, sondern weiter, viel weiter, als ob es auf einem anderen Stern wäre; dort gab es keine Menschen und deshalb auch keine menschlichen Gefühle mehr. »Wie kannst du so etwas tun, wie kannst du so etwas Eiskaltes und Gefühlloses tun?« Ich wiederholte immer wieder diese Worte, die kein Mensch hören konnte. Den ganzen Sonntagnachmittag blieb ich in meinem kleinen Zimmer neben dem Apparat sitzen. Wann würde mir jemand erklären, es sei alles nur ein Witz gewesen? Am Abend kam ich endlich wieder zu mir. Ich nahm das Telefon wieder in die Hand und wählte die Nummer meines Bruders. In Shanghai war es schon Nacht, und ich riss ihn aus dem Tiefschlaf.

»Du warst so dumm. Du bist einfach in die Falle gegangen«, schimpfte mein Bruder noch halb im Schlaf mit mir. Er berichtete mir dann, wer »er« war.

Er war fünf Jahre jünger als meine Exfrau und ihr erster Student gewesen. Damals hatte sie ein Praktikum an der Universität gemacht...

»Sie kennen sich schon lange. Wie konntest du nichts bemerken und alles hergeben? Jetzt haben unsere Eltern und alle Verwandten alles erfahren. Sie alle finden, dass du...« Mein Bruder sprach nicht mehr weiter. Das musste er auch nicht, denn ich konnte mir denken, wie die Beurteilung lautete.

»Ja, ich bin ein Idiot! Sag mir, hast du diesen Typen gesehen?« Ich stellte die Frage mit zusammengebissenen Zähnen. Ich konnte meine Empörung kaum verbergen.

»Ja, sogar mehrmals, als ich meinen Neffen She Da besucht habe. Er ist schlank wie ein Bambus und hat eine ganz weiße Haut. Vier Augen... Er trägt eine Brille.«

»Ich komme bald zurück!« Ich legte den Hörer ab, aber das Feuer in meinem Körper stieg nach oben. »Du, weißer Bambus mit Brille. Du hast Glück, dass du so weit von mir entfernt steckst, sonst würde ich dich heute schon in zehn Teile zerbrechen«, sagte ich in dem kleinen Zimmer, in dem nur ich alleine war.

Am nächsten Tag bemerkten fast alle Teilnehmer meines Qi-Gong-Kurses bei mir eine Veränderung. »Da Lee, was ist mit dir los? Du siehst heute aus, als ob du gar nicht bei dir wärst und wirkst so traurig!«, fragte

mich eine alte Dame in der Pause. Die anderen Leute nickten. »Ja, es ist etwas passiert. Meine Frau hat mich verlassen!«, erklärte ich leise.
»Habt ihr gestritten? Du bist auch schon wieder lange weg«, sagte Christine zu mir. »Vielleicht solltest du sie hierher bringen.«
»Nein! Das ist unmöglich. Wir sind gesetzlich geschieden. Morgen wird sie einen anderen Mann heiraten. Ich … ich muss dringend nach Hause – nein! – nach Shanghai fliegen und noch einiges für meinen Sohn erledigen. Das Flugticket habe ich schon gekauft. In drei Tagen fliege ich.«
»Was … was ist … mit dem Ku … Kurs?«, fragte mich der Schulbesitzer stotternd.
»Ich weiß noch nicht genau. Vielleicht könnt ihr erst einmal selbst etwas machen. Ich werde jetzt gehen!« Damit wandte ich mich zur Tür.
»Moment! Da Lee, gib uns deine Adresse in Shanghai.« Christine zog ihren silbernen Schmetterling aus dem Haar. Ihr Blick war besorgt.
»Adresse? Ich … ich kann sie nur auf Chinesisch schreiben.«
»Macht nichts, schreib sie bitte hier auf.« Sie gab mir ein kleines Notizbuch.
Ich schrieb die Adresse auf, die nun gar nicht mehr meine war. Dann nahm ich meine Tasche und verließ die Schule.

Diesmal holte mich in Shanghai niemand ab. Ich nahm ein Taxi und fuhr direkt zu der Schule meines Sohnes.
»Geht es dir gut?« Ich umarmte ihn. Es war noch eine Stunde bis zum Schulschluss, aber ich hatte nicht mehr warten können und Shi Da einfach aus dem Klassenzimmer geholt.
Er war erstaunt über seinen Vater, der vom Himmel gefallen war.
»Ja, gut, sehr gut!« Nach fast einem Jahr war er wieder ein Stück gewachsen. Doch sein Gesicht war noch rund, das beruhigte mich ein bisschen. »Wirklich gut? Vor ein paar Tagen hat deine Mutter geheiratet. Warst du auch dabei?«
Er nickte.
»War dieser Mann, der mit euch zusammen wohnt, böse zu dir? Schimpft er mit dir oder hat er dich geschlagen?«
Er schüttelte den Kopf.
»Hat er dich gut behandelt?«
Er nickte wieder.

»Wirklich gut?« Ich wollte die Wahrheit von seinem Gesicht ablesen. Egal ob gut oder schlecht, Hauptsache, es war die Wahrheit! Wenn der Kleine etwas vor mir verborgen und mir etwas vorgespielt hätte, würde mir das bestimmt furchtbar wehtun. Doch ich sah in seinem Gesicht keine Spur einer Lüge.

Wir entfernten uns langsam von der Schule. Mein Sohn trug seine Schultasche auf dem Rücken, ich trug eine Reisetasche in meiner Hand. Es war nicht viel darin, weil die Zeit vor meiner Abreise knapp gewesen und alles durcheinandergegangen war. Mit der freien Hand hielt ich ihn fest. Wir gingen weiter, Hand in Hand. Hier war mir alles so bekannt, jede Straße, jedes Gebäude, sogar die Bäume. Ich konnte nicht sagen, wie oft ich schon mit ihm in dieser Gegend spazieren gegangen war. Am Anfang hatte ich ihn auf dem Arm getragen, dann waren wir mit dem Kinderwagen unterwegs gewesen; später lief er selbst, zuerst mit wackeligen Beinen und jetzt ganz stabil. Die Zeit war schnell vergangen, und alles hatte sich schnell verändert. Man wollte immer mit aller Kraft steuern und beeinflussen und hoffte, dass alles nach den eigenen Vorstellungen lief. Am Ende musste man leider oft gegen den eigenen Willen Dinge ertragen und akzeptieren. Wie hieß das? Schicksal! Ich war schweigsam und nachdenklich.

»Papa! Ich bin schon zu Hause.« Mein Sohn blieb stehen.

Meine Gedanken wurden unterbrochen. Vor meinen Augen stand dieses Haus, das sich in meiner Seele und meinem Geist fest verankert hatte. »Ja, gehen wir zusammen nach oben.«

»Papa, Mama ist da.« Er blieb stehen.

»Ja, na und? Ich will sowieso mit ihr sprechen.« Ich strich ihm über den Kopf. »Gehen wir!« Ich zog ihn mit.

»Papa ...« Er sprach nicht weiter, sondern schaute mich nur mit großen Augen an. Seine Füße blieben ganz fest stehen. Jetzt bemerkte ich erst, welchen Blick er mir aus seinen Augen zuwarf. Er war so sorgenvoll und zögernd, dass er nicht zu einem unschuldigen Kind passte. Mein Sohn war schnell gereift! Doch darüber konnte ich überhaupt nicht froh sein. Er sollte seine goldene Kinderzeit weiter genießen und nicht unseretwegen schon so früh die Schmerzen des Lebens spüren.

»Gut, dann geh du alleine nach oben. Ich ... ich werde euch alle ins Restaurant einladen. Sag deiner Mama und ›ihm‹ Bescheid.« Ich blieb stehen.

She Da ging langsam ein paar Schritte die Treppe hinauf und blieb dann wieder stehen. »Papa, sehen wir uns morgen wieder? Kommst du wieder in die Schule und holst mich ab?«
»Ja, natürlich!« Ich lächelte mühsam und versuchte, meine Tränen zurückzuhalten.
Mein Sohn verschwand auf der Treppe und ich ging in mein Hotel.

»Schaut mal alle. Hier könnt ihr sehen, wie ich Karriere gemacht habe.« Am nächsten Abend warf ich mein gerade erschienenes Qi-Gong-Buch auf den Tisch im Café des Hotels.
»Oh, super!« »Schön!« Gleichzeitig griffen viele Hände nach dem roten Buch.
Ich hatte einige Gäste eingeladen. »Da Lee, du hast es geschafft!«, sagte Sun, Liu Fong. »Ich sehe zum ersten Mal im Leben ein Qi-Gong-Buch in fremder Sprache. Ist das Englisch?«, fragte Wang, Ten Tong.
»Deutsch!«, antworteten die anderen vier Männer an meiner Stelle.
»Du bist ein Idiot! Da Lee hat das in Deutschland geschrieben, natürlich ist das Deutsch!«
»Trinkt noch etwas. Man kann kaum glauben, dass chinesisches Bier jetzt auch so gut schmeckt. Ich lade euch heute ein. Und … und danach habe ich noch eine Bitte«, sagte ich zu meinen Leuten.
»He, Da Lee, seit wann bist du so schüchtern? Hast du das in Deutschland gelernt? Wir sind Freunde, oder? Erzähl es uns jetzt gleich!«, bat Liu Fong. Die Narbe in seinem Gesicht zog sich schon zusammen. Er bemerkte, dass mit mir etwas nicht stimmte und lenkte die Aufmerksamkeit aller auf mich. »Ja, jetzt!« Die anderen waren der gleichen Ansicht.
»O.k., o.k. Ich … ich will Farbe bei einem Typen sehen.«
»Wer ist das? Ein guter Kämpfer?«, fragte ein Junge.
»Ein Kämpfer? Nein, das ist er nicht.«
»Kannst du ihn mit deinen Fähigkeiten nicht selbst erledigen? Machst du Witze?«, fragte Liu, Fong.
»Ich … ich will es nicht mit eigenen Händen tun. Er ist der neue Mann meiner Exfrau.«
»Was?« Die Männer waren alle erstaunt. Beim letzten Treffen hatte ich nur erzählt, dass ich wegen meinem Buch nach Deutschland zurückkehrte. Über mein Privatleben wussten sie gar nichts.

Dann erzählte ich ihnen die Geschichte. Von der so genannten »unehrlichen Scheidung« bis zum heutigen Tag, wo ich alleine im Hotel wohnen musste.

»Ich habe noch nie eine Geschichte gehört, die so zum Himmel stinkt. Da Lee, wie konntest du so dumm sein? Das ist, wie Läuse auf einer Glatze, ganz klar eine geplante Falle. Du bist einfach hineingegangen und hast noch 100 000 Yuan dafür bezahlt. Ich mache diesen Typ jetzt schon fertig! Sag mir, wo er ist!« Wie bei einer Kriegserklärung stieg Wang, Ten Tongs Kampfenergie bis zum Dach. *Ka la la, ka la la!* Die Stahlkugeln drehten sich extrem kraftvoll. Die europäischen Touristen am anderen Tisch wussten nicht, was mit uns los war. Doch wir wirkten anscheinend bedrohlich, denn sie verließen das Café.

»Gut. Ich danke euch. Aber ihr sollt es nicht jetzt tun. Morgen Abend werde ich ihn ins Restaurant Xin Ya einladen …«

»Was, du willst ihn auch noch einladen?« Die Stahlkugeln in Wang, Ten Tongs Hand bewegten sich nicht weiter.

»Das ist keine normale Einladung! Ich habe meine Exfrau und meinen Sohn auch eingeladen. Dieser Typ! Bis jetzt habe ich ihn noch nicht einmal gesehen. Morgen Abend lasse ich ihn ein unvergessliches Essen erleben. Dieser Mann muss wissen, dass man für alles bezahlen soll, was man von anderen Menschen nimmt.«

»Richtig! Morgen Abend geht er zum letzten Mal auf eigenen Beinen! Da Lee, dein Problem ist auch mein Problem. Ich bringe noch ein paar Brüder dorthin mit …«

»Nein, nein, das ist nicht nötig.« Ich unterbrach Wang, Ten Tong schnell. »Er soll nicht tot oder gelähmt sein. Ich will nur, dass sich seine Haut immer an mich erinnern muss. Ihr vier seid schon genug. Ich habe im Restaurant zwei Separées reserviert.«

»Zwei? Wofür?«, fragte Liu, Fong.

»Eins für uns, das andere für euch …«

»He, warum machst du es so kompliziert?«, fragte Ten Tong dazwischen. »Lass mich einfach kommen. Ich gebe ihm zwei Ohrfeigen, und meinetwegen soll er sich auch die Rippen brechen. O.k., du willst das nicht. Aber er soll auf jeden Fall einen Kniefall machen wegen der Scheiße, die er angerichtet hat! Die Einladung und das Essen kannst du dir sparen!«

»Nein, nein, so einfach geht das nicht! Ich habe noch einige Fragen an ihn und auch an Zhou, Lin. Wahrscheinlich werden wir deswegen Streit bekommen. Ihr sitzt unterdessen im Separée nebenan und esst und trinkt. Ich werde euch ein Signal geben, und dann kommt ihr in unseren Raum.« Ich erklärte ihnen meinen Plan.
»Was für ein Signal?«, fragten alle vier Männer gleichzeitig.
»Das ist das Signal!« Ich zeigte ihnen das Bierglas in meiner Hand. »Wenn ich mein Glas auf den Boden werfe, dann kommt ihr zu uns. Aber erst dann! Vorher nicht!«
»Abgemacht!« Alle Männer legten ihre Hände auf den Tisch.

Im Restaurant »Xin Ya« gab es südost-chinesische Küche im Kochstil von Guan Dong. Es war seit ungefähr siebzig Jahren für zahlreiche Spezialitäten bekannt, wie gebackene Muscheln, Krebse und anderes. Auch über Holz gegrillte Brassen bekam man nirgendwo sonst als hier. Der Fisch wurde in Lauchzwiebeln, Ingwer, Sojasauce und Alkohol mariniert und dann auf kleiner Hitze gegrillt, bis er eine goldgelbe Farbe hatte. Anschließend wurde er auf einen großen weißen Teller gelegt und mit Butter bestrichen. In Wirklichkeit war diese Art der Zubereitung eine Mischung zwischen östlicher und westlicher Küche. Deshalb mochten viele Europäer diese Speise besonders gern. Für diesen Abend hatte ich den Fisch vorbestellt.
Ich war schon früh im Xin Ya und ging im Restaurant die Treppe hinauf bis in die dritte Etage. Wie ich unten gesehen hatte, gab es hier einen Mittelsaal mit vielen Tischen, und rund um den Saal lagen viele kleine Separées. Ein mit roter Jacke bekleidetes Mädchen führte mich in den von mir reservierten Raum. »Welchen Tee möchten Sie?«, fragte sie lächelnd.
»Einen Jasmintee, bitte!«
Ein paar Minuten später kam eine Kellnerin, die auch in Rot gekleidet war, und brachte ein Tablett, auf dem eine milchweiße Kanne und einige Tassen standen. Das war das Xin Ya, ein erstklassiges Restaurant! Schon das Teegeschirr sah besonders fein aus, so fein und dünn, dass man durch das Porzellan hindurchsehen konnte. Die Bedienung goss mir Tee ein und gab mir die Speisekarte. Dann wartete sie an der Seite mit einem Notizblock auf meine Bestellung.
»Bitte lassen Sie mich erst einmal allein und kommen Sie in einer hal-

ben Stunde wieder«, sagte ich zu ihr. Sie ging und schloss die Tür ganz leise hinter sich.

Ich saß in einem ruhigen Raum in einer abgeteilten Welt aus Holz. Hier waren nicht nur Stühle und Tische aus Holz, sondern sogar die Wände und der Boden. Alles war in dunkelroter Farbe lackiert, oder war das Holz von Natur aus so rot? Wenn es wirklich gutes und festes Mahagoniholz war, musste es sehr teuer sein. »Dieser Typ, er muss heute etwas von dem harten Holzboden spüren!«, sagte ich zu mir selbst und schaute auf den Platz vor meinem Stuhl, als ob schon ein Mann dort liegen würde ...

Vor der Tür hörte man ein Geräusch, dann öffnete sich schon die Tür. Das rotgekleidete Mädchen stand halb in der Tür und machte eine einladende Geste nach drinnen.

»Papa!« Mein Sohn kam hereingesprungen.

»He, Da Lee, wie geht es dir?« Zhou, Lin tauchte auf. Als wir uns bei der Tante zum ersten Mal gesehen hatten, hatte sie gerade diese grüne Jacke und die blaue Hose angehabt. Machte sie das absichtlich?

»Guten Tag, Chen, Da Lee.« »Er« kam auch herein.

Brennende Energie stieg blitzschnell in meinem Körper auf. Dieser »Er« hatte mein Glück zerstört. Er hatte meine Wohnung besetzt und mir Frau und Kind genommen. Er war der Grund dafür, dass ich mich in der Metropole Shanghai wie ein Obdachloser nirgendwo zu Hause fühlte und dass ich zum Schluss noch wie ein Idiot von den Leuten ausgelacht wurde ... Ich drückte das Glas in meiner Hand fest, immer fester.

»Guten Tag, Da Lee.« Er hielt mir seine Hand hin.

Ich stellte zuerst das Glas auf den Tisch und hielt ihm dann steif meine Hand hin. Wir drückten die Hände. Sein Glück, dass ich das Glas nicht auf den Boden geworfen hatte, noch nicht!

Jetzt schaute ich ihn genauer an. Er war groß und schlank. Aber mit einem »Bambus« hatte sein Aussehen nicht viel zu tun. Warum mein Bruder ihn so bezeichnet hatte, wusste ich nicht! Wahrscheinlich weil er keine Muskeln hatte wie wir, die ständig körperlich trainierten. Er war eher der unsportliche Typ! Aber nicht schlecht gekleidet mit seinem hellblauen Anzug und der roten Krawatte. Die Marke des Anzugs kannte ich: »Be Romon«. Es war die bekannteste Kleidermarke in Shanghai. Er trug sogar meine Lieblingsfarbe – hatte er den Anzug mit

meinem Geld gekauft? Das brennende Feuer stieg wieder in meinem Körper. Ich nahm mein Glas in die Hand.
»Haben Sie sich schon für eine Speise entschieden?«, fragte die Bedienung lächelnd. »Ihr Sohn ist übrigens sehr süß!«
»Habt ihr einen besonderen Wunsch?«, fragte ich meine Gäste.
»Nein.« Meine Exfrau und ihr Mann schüttelten die Köpfe. Beide hatten sich mir gegenüber gesetzt.
»Ich will Eier, gebackene Eier«, sagte She Da, der neben mir saß, ganz laut.
»Kleiner Bruder, nur Eier als Gericht haben wir hier nicht.« Die Bedienung lachte herzlich.
»Gut. Muscheln mit gerührten Eiern, und gehackte Eier mit Garnelen.« Das bestellte ich für den Kleinen. »Vier kalte Speisen: Entenmagen, Entenfüße und Gemüse. Und warme Gerichte … Riesengarnelen und rot gekochte Ente. Und gestern habe ich schon einen gegrillten Fisch bestellt.«
»Und die Suppe? Was für eine Suppe wollen Sie?«, fragte die junge Kellnerin.
»Die … die bestelle ich nachher. Zur Ente bitte noch drei Bier und einen Orangensaft.«
Die Suppe kam in Shanghai normalerweise als letztes Gericht. Unser Bankett war sicher vorher beendet.
In dem kleinen Raum verdichtete sich die Luft. Er saß mir gegenüber, ohne die Miene zu verziehen. Doch er konnte mir nicht lange ins Gesicht schauen, sein Blick ruhte kurz auf mir, dann schaute er wieder weg, schaute mich an und schaute weg. Er hatte viel jüngere und feinere Haut als ich. Sein Haar, das wie schwarz lackiert aussah, war schick frisiert und glänzte unter dem großen Kristallleuchter.
»Wie … wie lange kennt ihr euch schon?«, fragte ich.
»Schon lange, seit ungefähr acht Jahren. Damals, als ich ein Praktikum als Hilfsdozentin an der Universität gemacht habe, lernte ich Wang, Ling in meinem Unterricht kennen«, antwortete Zhou, Lin.
»Warum hast du mir das nicht erzählt?« Ich unterdrückte das Feuer meiner Empörung, weil es jetzt endlich die Gelegenheit gab, die Geschichte aufzudecken.
»Ihre Getränke und die kalten Speisen sind da.« Die Bedienung erschien mit einem kleinen Wagen. Sie kam zur falschen Zeit.

Nachdem sie wieder gegangen war, bekam ich keine Antwort mehr. Ich musste erneut fragen. »Hast du Zhou, Lin oft zu Hause besucht, als ich zum ersten Mal nach Deutschland gegangen war?« Ich schaute ihn mit scharfem Blick an. Ich wollte gerne wissen, wie lange die beiden mich schon betrogen hatten.

»Ich … nein, ich habe sie nur einmal besucht, zur Geburtstagsfeier deines Sohnes, und das war mit anderen Leuten zusammen«, sagte Wang, Ling leise.

»Ja, er hat mir einen Roboter geschenkt«, redete mein Sohn mit begeisterter Stimme dazwischen.

»Oh, schön.« Mein Empörungsfeuer loderte nicht mehr so stark. »Lasst uns essen.«

»Da Lee, dein Buch ist sehr schön gemacht. Wir sind alle stolz auf dich. Du bist ganz allein im Ausland, da ist das Leben bestimmt auch nicht einfach, oder?« Meine Exfrau schaute mich träumerisch an. Einige Sekunden lang hatte ich das Gefühl, ihr früheres Selbst käme wieder zu mir zurück.

»Es gibt nicht viel darüber zu erzählen.Um mich muss man sich keine Sorgen machen. Nur…, nur musste ich ständig an den Kleinen denken, als ich in Deutschland war.« Ich strich meinem Sohn über den Kopf.

»Da Lee, um ihn musst du dir auch keine Sorgen machen. Wir kümmern uns bestens um ihn. Gestern Abend hat er She Da bis elf Uhr bei den Mathematikhausaufgaben geholfen. Du weißt ja, das ist sein Schwachpunkt.«

»Ja, und auch meiner. Ich bin dir sehr dankbar dafür.« Langsam erlosch mein Feuer. »Aber… aber irgendwann willst du doch ein eigenes Kind haben! Ich hoffe nur, dass She Da deswegen nicht benachteiligt wird.« Das Bier lockerte meine Zunge.

»Er ist noch jung. Ich habe schon viele traurige Familiengeschichten gehört.«

»Das wird nicht passieren! Wir… wir bekommen kein Kind mehr«, sagte Wang, Ling leise. Seine Hand, in der er das Bier hielt, zitterte leicht.

»Warum? Willst du keine eigenen Kinder haben?«

»Doch, sogar sehr. Aber wir hatten die gleiche Sorge wie du. Deswegen habe ich Lin schon vor unserer Hochzeit ins Krankenhaus begleitet,

zur Sterilisation. Sie kann nicht mehr schwanger werden.« Er stürzte den Rest seines Bieres hinunter.
»Ist das wahr?«, fragte ich meine Exfrau erstaunt.
»Ja, wir haben das vorher schon vereinbart.« Sie nickte.
»Warum habt ihr das getan?« Ich war tief getroffen. »So viele Leute leiden unter dem Zwang zur Ein-Kind-Politik. Manche erreichen es sogar durch vorgetäuschte Scheidungen und Neuheirat, weitere Kinder haben zu können. Aber ihr, ihr dürft ein weiteres Kind haben. Warum habt ihr darauf verzichtet? Warum?«, fragte ich die beiden. In Wirklichkeit war es ganz überflüssig, diese Frage zu stellen. Sie hatten sie ja schon beantwortet.
»Willst du wirklich kein eigenes Kind haben?«, fragte ich ihn noch einmal.
Wang, Ling schaute mich einmal kurz an, dann senkte er den Blick schnell wieder. »Du musst dir gar keine Sorgen machen. Ich werde deinen Sohn wie mein eigenes Kind behandeln. Wenn du erlaubst«, seine Stimme blieb leise, »wenn du erlaubst, soll She Da mich auch ›Papa‹ nennen. Ich meine, das ist besser, weil wir zu dritt zusammenwohnen werden. Natürlich bleibt er immer dein leiblicher Sohn und behält deinen Familiennamen. Ich … ich hoffe, dass du es erlaubst. Wir sind Chinesen. Du weißt, dass es für einen Chinesen das Wichtigste im Leben ist, einen Nachfolger zu haben. Ich möchte sehr gerne einmal im Leben ›Papa‹ genannt werden. Erlaubst du das?« Er fragte mich mit gesenktem Blick, und man bemerkte nur an der Spannung in seinem Körper, wie wichtig diese Frage für ihn war.
Hong! In meinem Kopf gab es eine Explosion wie von einer Bombe, sodass ich fast die Kontrolle über meinen Körper verlor. Ich bemühte mich, diesen Mann genau zu sehen, den ich eine Zeit lang gehasst hatte und der mich jetzt Tränen der Dankbarkeit vergießen ließ. Aber es war schwer! Meine Augen standen schon voller Wasser. »She Da, komm bitte!« Ich zog meinen Sohn von seinem Stuhl und stellte ihn vor mich hin. »Nenn ihn Papa! Ab heute hast du zwei Väter!«
Mein Sohn nannte ihn einmal »Papa« und rannte dann verlegen zu seinem Stuhl zurück. Ich wandte mich Wang, Ling wieder zu. »Du bist viel jünger als ich. In Zukunft will ich dich wie meinen jüngeren Bruder behandeln. Wenn du diese Brüderschaft auch haben willst, lass uns anstoßen.« Ich hielt ihm mein Glas hin.

»Ja, natürlich!« Er lachte überrascht und stieß mit mir an.
Kua Lan! Wahrscheinlich war er zu aufgeregt. Sein Glas rutschte ihm aus der Hand, fiel auf den Boden und zerbrach in viele Splitter.
Tong, tong, tong!, erklang es im Nebenraum und dann vor unserer Tür. *Tong!,* wurde die dunkelrote Holztür von einem Tritt mit dem Fuß geöffnet. Fünf Männer standen in der Tür. Der erste rollte Stahlkugeln in seiner Hand und hatte einen Zahnstocher im Mundwinkel: Wang, Ten Tong. »Ha!« Er starrte den neuen Ehemann meiner Exfrau mit seinen Mausaugen an. »Eigentlich habe ich geglaubt, dass du drei Köpfe und sechs Arme hättest. Komm! Du sollst mich kennenlernen.« *Ka la la, ka la la!* Er rollte die Kugeln immer stärker in seiner linken Hand, während sich die rechte Hand dem Gesicht seines Widersachers näherte, der schon ganz blass im Gesicht war.
»Halt!« Ich wehrte ihn mit meinem Arm ab. »Er ist mein jüngerer Bruder.« *Zack!,* hielt mich die »Adlerkralle« fest. Oh! Dieser verdammte neue Millionär! Er hatte über seinen Geschäften nicht vergessen, seine Übungen zu machen. Seine Finger gingen mir bis auf die Knochen. Zum Glück ließ er sehr schnell wieder los.
»Was? Dein jüngerer Bruder? Oh, Entschuldigung!« Mausauge schaute verdutzt.
»Was ist hier los?« Das rotgekleidete Mädchen stand mit erstaunten Blicken in der Tür, neben sich den kleinen Wagen voller warmer Gerichte. Dieser goldfarben gegrillte Fisch war wirklich eine Spezialität des Restaurants! Sein Duft verbreitete sich im ganzen Raum, obwohl das Essen noch gar nicht auf dem Tisch stand.
»Keine Angst! Hier ist alles in Ordnung«, beruhigte ich die Kellnerin. Die Leute machten den Weg für sie und ihren Wagen frei. »Ich ... ich bestelle noch zwei große Suppen. Eine für hier, die andere für den Nebenraum.«
»Was für eine Suppe?« Das berufsmäßige Lächeln zeigte sich wieder auf ihrem Gesicht.
»Egal, aber etwas Gutes!«

Nach dem Essen ging ich allein durch die Geschäftsstraßen zum Bund. Überall leuchteten Neonlichter, die sich so stark im Huanpu spiegelten, dass er ganz buntgefärbt war. Hier war das Wirtschaftszentrum Chinas, in Zukunft möglicherweise der ganzen Welt. Auf der gegenüberliegenden Seite des Flusses wurde noch in der Nacht gearbeitet. Dort war wohl die größte Baustelle der Erde. Bald würde auf dem ehemaligen Reisfeld eine neue Metropole mit unzähligen Wolkenkratzern entstehen. Das wusste ich durch die laute Propaganda, die man überall hören konnte.

Der Bund, für mich ein Ort der Gefühle. Hier gab es zu viele Spuren von meinem Glück, meinen Schmerzen, meiner Freude und meiner Traurigkeit. »Ich sollte nicht zu traurig sein. Ich gehöre noch zu den glücklichen Menschen. Ich habe noch nicht alles verloren«, sagte ich zu dem vorbeiströmenden Fluss und auch zu mir selbst. Normalerweise erkannte man den Wert der Dinge erst, wenn man sie verloren hatte. Das konnte sehr schmerzhaft sein, weil man auch einen Teil von sich selbst dabei verlor.

Wunden, diese frischen, blutenden Wunden ließen Menschen immer wieder den gleichen Fehler machen: Man wollte auf jeden Fall etwas dagegen tun, aber dadurch wurden sie noch tiefer und größer. Warum konnte man nicht einfach loslassen? Manchmal war es besser, einfach nichts zu tun. Lass die Wunde in Ruhe selbst verheilen und reiße sie nicht weiter auf. »Nichts tun!«, eine bekannte Lebensweisheit des Philosophen Lao Ze. Doch die praktische Umsetzung ist schwer, weil das Loslassen für einen Menschen zu den schwierigsten Aufgaben gehört.

In dieser Nacht ging ich zu Fuß vom Bund zu meiner früheren Wohnung. Ich saß auf der gegenüberliegenden Straßenseite, schaute auf die mir bekannten Fenster und rauchte eine Zigarette nach der anderen, obwohl ich das Rauchen eigentlich schon lange aufgegeben hatte. Mein Blick hing unentwegt an den Fenstern der Wohnung. Diese Fenster waren schon dunkel. Mein Sohn, meine Exfrau und ihr Mann lagen wahrscheinlich schon in tiefem Schlaf. Diese Wohnung, in der ich so viel Zeit verbracht hatte, war jetzt für mich tabu. Ich rauchte und rauchte. Viele Bilder kamen mir in den Sinn: Meine Kinderzeit, meine Verwandten, die Großmutter, meine Eltern und mein Bruder; meine eigene Familie, mein Sohn, schlechte und gute Zeiten in der Kulturrevolution und der Reformation … Mein ganzes Leben war mit dieser Wohnung verbunden …

Die vorbeigehenden Passanten schauten mich mit merkwürdigen Blicken an, wie ich da unter der Straßenlaterne saß.

Langsam wurde mir bewusst, dass ich aufhören musste, mich in mei-

nen Erinnerungen zu verlieren. Mein Kopf kam zurück in die Realität. Ich nahm die letzte Zigarette aus dem Mund und warf sie auf den Boden vor mir, wo sich schon viele Zigarettenkippen angesammelt hatten. Als ich die Hand in die Jackentasche steckte, fühlte ich darin den Brief, den mir Zhou, Lin nach dem Essen gegeben hatte. »Das ist ein Brief für dich aus Deutschland. Aber die Adresse ist eine Kopie von deiner Schrift«, hatte sie gesagt.
Jetzt zog ich den Brief aus der Tasche und öffnete ihn: »Lieber Da Lee, du bist so schnell weggegangen, dass wir uns wirklich Sorgen um dich gemacht haben. Wie geht es dir? Wir, alle deine Qi-Gong- und Tai-Chi-Schüler wünschen von Herzen, dass es dir gut geht.«
Der Brief war von Christine. Ich kam gerade bis zum zweiten Satz, dann konnte ich nicht mehr genau lesen, weil mir die Tränen kamen, ohne dass ich es verhindern konnte. In dieser dunklen Nacht breitete sich die Wärme in mir aus. Man kümmerte sich um mich – sogar Menschen, die ziemlich weit weg wohnten, kümmerten sich um mich. Ich fuhr mir mit dem Handrücken über die Augen, dann las ich weiter. »Dein neu erschienenes Qi-Gong-Buch ist sehr gefragt. Viele Leser haben sich nach dir erkundigt. Gestern haben wir, einige Schüler, versucht, selbst den Qi-Gong-Kurs zu machen. Es hat uns sehr gutgetan, es fehlt uns sehr viel, wenn du nicht bei uns bist…« Ein Strom durchlief mich, der sich im ganzen Körper ausbreitete. »Man braucht mich noch!«, sagte ich zu mir selbst. Der Brief zitterte in meiner Hand.

Am nächsten Tag saß ich in der Linienmaschine nach Frankfurt.

20

Im Zentrum Stuttgarts steht ein großes Gebäude, dessen klare Struktur und heller, transparenter Innenraum, vor allem aber die weiße Treppe, mich sehr beeindruckten. Wenn man hineinkommt, hat man sie als Erstes vor Augen: Weil das Dach des Gebäudes aus Glas besteht, fällt die Treppe wie ein Wasserfall vom Himmel, Stufe um

Stufe, bis vor deine Füße. Eine gute architektonische Arbeit! Die riesige und funktionale Halle erhebt sich vom Boden bis zum Dach, und um sie herum befinden sich zahlreiche Räume, einfach und ganz praktisch.
Jedes Mal, wenn ich vorbeikam, warf ich einen langen Blick auf das Gebäude. Tag und Nacht konnte man Menschen jeden Alters und jeder Nationalität hin und her laufen sehen. Der rege Publikumsverkehr ließ vermuten, dass hier ein wichtiger Treffpunkt für alle Leute war. Man hatte mir erzählt, dass das Gebäude ein Volksbildungszentrum war, und das dicke Programmheft ließ mich erstaunt ahnen, dass in diesem Gebäude tausend verschiedene Kurse liefen, von Geschichte und Politik bis hin zu Kunst und Gesundheit gab es fast alle Themenbereiche. Sogar Qi Gong und Tai Chi wurden bereits angeboten. Warum versuche ich nicht auch, hier Kurse zu halten?
»Wollen Sie bei uns in der Volkshochschule als Dozent arbeiten?«, fragte mich der Abteilungsleiter in seinem kleinen Büro. Ich hatte mit ihm telefonisch einen Termin vereinbart. Er war von kleiner Statur und hatte nicht viele Haare auf dem Kopf, sein Alter war schwer zu schätzen. Vom äußeren Ansehen her schien er schon Ende vierzig zu sein, aber nach seinen lebendigen Augen zu urteilen konnte er viel jünger sein.
»Ja, sehr gern! Wissen Sie, ich komme aus China. Bei uns gibt es leider kein solches Zentrum für verschiedene Kurse.«
»Ah, aus China! Ich wollte schon immer gerne in Ihr Land reisen. Das ist ein sehr faszinierendes Land.« Er lachte sehr natürlich. »Sie haben Ihre Tätigkeit Qi Gong und Tai Chi sicher dort studiert. Haben Sie irgendwelche Dokumente als Nachweis dabei?«
»Ja, natürlich.« Ich war auf diese Frage vorbereitet, holte meine Unterlagen aus der Tasche und legte sie vor ihm auf den Tisch. Manche waren chinesisch geschrieben, andere schon auf Deutsch.
»Das ist ein Buch! Sie haben sogar ein Qi-Gong-Buch in einem bekannten deutschen Verlag veröffentlicht!« Er lachte nicht mehr, sondern zeigte ein erstauntes Gesicht. »Wo ist Ihr Personalausweis?«
»Ich habe meinen chinesischen Pass dabei. Wofür brauchen Sie ihn?«, fragte ich.
»Geben Sie ihn mir bitte. Ich mache eine Kopie davon. Ich engagiere Sie hiermit als Dozent.«

»Danke.« Wir drückten uns die Hände. Ich wunderte mich: Alles lief so schnell und unbürokratisch!
Danach plauderten wir wie alte Freunde miteinander. Er erzählte mir, dass er zu einer Partei gehörte, die für den Naturschutz eintrat und für Toleranz Ausländern gegenüber. Er hatte sogar eine wichtige Position in dieser Partei, fast wie ein berufsmäßiger Politiker.
Dieser politisch engagierte Mann machte einen guten Eindruck auf mich, und einige Monate später brachte er mich wieder zum Staunen. Das neue Programmheft war erschienen. Ich fand darin meinen Namen und zu dem Namen einen Titel, der viel mehr als ein Dozent bedeutete: »Großmeister«! Darüber war ich freudig erstaunt, andere Leute aber leider nicht.
»Da Lee, du solltest keine Kurse am Bildungszentrum geben!« Der Leiter der Tai-Chi-Schule war am Telefon: Sein teuer bezahlter Qi-Gong-Privatkurs bei mir war schon lange beendet. Man erzählte mir, dass es bei ihm besser lief und seine Kursgebühren für Anfänger gestiegen waren.
»Warum nicht? Das ist eine staatlich unterstützte Schule und es gibt dort auch sehr viele Besucher!«, antwortete ich.
»Ja klar, weißt du, warum? Weil es dort sehr billig ist. Man bezahlt für seinen Kurs nur sehr wenig. Das ist für dich nicht gut«, sagte er.
»Warum? Das ist doch gut. Dadurch können mehr Menschen Tai Chi und Qi Gong kennenlernen. Du weißt ja, dass so etwas Gesundheit und Selbstvertrauen zu den Menschen bringt. In China gehört es zum Massensport, morgens und abends wird überall geübt. Du warst ja auch schon einmal dort. Hast du das nicht gesehen?«
»Doch! Aber wir sind hier in Deutschland. Hier wird immer alles ordentlich und nach einer Norm gemacht. Es wäre zu schade, wenn du in so einer barbarischen Schule Kurse machen würdest.«
»Und wo soll ich deiner Meinung nach Kurse geben?« Sein Interesse wunderte mich ein bisschen.
»Du solltest immer private Kurse geben, um die Qualität sicherzustellen. Übrigens ist Stuttgart für dich als Shanghaier auch viel zu klein. Geh lieber nach Berlin, Hamburg oder München. Dort hast du eine viel bessere Zukunft.«
»Kennst du das chinesische Märchen vom ›Geldbäumchen‹?«, fragte ich.
»Nein! Worum geht es denn da?«

»Genau erklären kann ich es leider nicht. Aber ich finde, Tai Chi und Qi Gong sollen allen Menschen gehören, die sich dafür interessieren. Sie sollen nicht wie ›Geldbäumchen‹... oh, entschuldige mich. Ich muss schnell noch mal weg. Vielen Dank für deinen Anruf.« Eigentlich hatte ich sagen wollen: »Tai Chi und Qi Gong sollen nicht wie ›Geldbäumchen‹ sein; wenn man sie schüttelte, würde das Geld wie Blätter herunterfallen.« Und er wollte allein das Bäumchen schütteln und das Geld nur für sich sammeln. Aber um sein Gesicht zu wahren, hatte ich lieber den Hörer aufgelegt, obwohl ich sein Gesicht gar nicht sehen konnte.

Chinesen sind manchmal sehr scheinheilig, besonders die Akademiker. Sie folgen immer der gesellschaftlichen Meinung und streben nach Harmonisierung; niemals kritisieren sie jemanden gern direkt. Das gilt als höflich, um andere Menschen nicht zu verletzen; in Wirklichkeit will man jedoch auch sein eigenes Gesicht wahren, nicht nur das der anderen. Sehr egoistisch! Denn die Chinesen glauben, dass es in der menschlichen Welt immer eine Gegenkraft gibt, so wie bei einem Ball, den man auf den Boden wirft. Je kräftiger man ihn nach unten schlägt, umso höher springt er zurück. Das entspricht auch der Philosophie von Yin und Yang. Hätte ich ihm vorhin am Telefon direkt meine Meinung gesagt, dann hätte er mich auch fragen können: »Willst du dieses ›Geldbäumchen‹ nicht schütteln?« Wie peinlich wäre das dann für mich gewesen! Denn ich war ja gar nicht so viel besser als er, nur wollte ich nicht alles für mich selbst kassieren...

»Nein, du darfst nicht im Volksbildungszentrum unterrichten. Die primitive Energie dort kann dich kaputt machen.« Ich hörte noch eine Gegenstimme, natürlich von Masula, aber sie sagte es mir nicht persönlich, sondern durch ihre Schülerin. Diesmal kam Susi in mein kleines Zimmer im Studentenwohnheim. Zuvor hatte Masula mir schon zwei andere Schülerinnen geschickt. Alle wollten mich in ihr gelbes Haus bringen, damit ich dort bliebe... Nach dem Erscheinen meines Buches war ich nicht wieder dort gewesen. Aber Masula hoffte noch, jetzt nicht nur auf einen Kurs, sondern auf viel mehr. »Da Lee, du gehörst zu unserer Familie. Das wurde in deinem letzten Leben schon so bestimmt. Ich weiß, dass du schon geschieden bist. Komm bitte zu uns. Meine Schülerinnen mögen dich alle. Heirate eine von ihnen.

Dann hast du keine Probleme mehr mit dem Aufenthaltsrecht in Deutschland…«, hatte sie mir bei unserem letzten Telefonat vorgeschlagen.
Eine neue Frau? Ja, das wollte ich natürlich, doch mit einer Frau vom gelben Haus wäre das für mich sehr schwer. Ich wollte nicht ständig dieses »Om, Om, Om« hören. Es würde mich in kürzester Zeit verrückt machen, wenn ich ständig diesen Singsang hören müsste.
»Da Lee, hast du gehört? Nicht einfach deine wertvolle Ware billig verkaufen«, sagte Susi noch einmal.
»Gut, ich überlege mir das«, gab ich zur Antwort.
»So ist es gut!« Sie lachte, und ihre großen Augen leuchteten. Sie war mittelgroß und hatte einen üppigen Körper. Ihr rotes Haar reichte bis über die Schultern und flog oft, wenn sie sich in ihrer lebhaften Art bewegte. Ihr lebhaftes Temperament stand im Gegensatz zu den anderen Mitgliedern ihrer Gruppe.
»Trinkst du gerne Wein? Ich habe eine Flasche mitgebracht.« Sie holte eine Flasche roten »Rosenberger« aus ihrer Tasche.
»Ja, gern. Nur habe ich keine passenden Gläser.« Ich wohnte in einem ungefähr zehn Quadratmeter großen Zimmer. Die Küche, Duschen und Toiletten befanden sich außerhalb der Zimmer und wurden gemeinschaftlich von den neun Bewohnern des dreistöckigen Hauses genutzt. Dieses Haus sah aus wie ein weißer Bunker oder wie eine Zigarettenschachtel, und es gab noch viele ähnliche Häuser auf diesem Gebiet. Hier gab es keinen Luxus. Alles war einfach geplant worden, manchmal auch zu einfach. Letztes Mal hatte ich einige schöne Gläser im Laden gesehen und fast gekauft. Doch dann fand ich es schade, wenn sie auf meinem kleinen weißen Schrank stehen würden, der so aussah wie in jedem anderen Zimmer auch. Doch jetzt war es mir etwas peinlich. »Ich… ich habe nur das.« Ich zeigte Susi eine Teetasse und ein Bierglas.
»Macht nichts. Aber deine Wohnbedingungen sind ja wie im Gefängnis. Ist es hier überall so? Du solltest mit uns zusammenleben, so wie es Masula vorgeschlagen hat; ›Om‹.« Sie öffnete den Wein und goss ihn für mich in die Teetasse, für sich in das Glas.
»Aber hier ist es auch schön! Gleich nebenan ist ein Wald, ein riesiger Wald!« Es ist typisch für Menschen: Wenn einem jemand die eigene Sache extrem verleiden will, verteidigt man sie sofort, auch wenn man

vorher selbst nicht ganz zufrieden war. »Übrigens ist man hier auch frei. Im Studentenwohnheim sind alle gleich. Zum Wohl!« Ich nahm meine Tasse.
»Zum Wohl!« Sie stieß mit mir an.
Es war schon Winter geworden. Die Heizung hatte den kleinen Raum schön gewärmt und der Wein tat seine Wirkung bei uns, nachdem wir die Flasche fast ganz geleert hatten.
»Huh, mir ist heiß.« Susi begann sich auszuziehen, zuerst ihren Pullover und dann ihre hellblaue Levi's-Jeans. »Du, worauf wartest du? Hilf mir bitte, dieses Ding auszuziehen.« Sie setzte sich auf das Bett und streckte mir die Beine entgegen.
Aufgeregt tat ich, was sie von mir verlangt hatte.
»Schneller, und etwas kräftiger. Diese Jeans ist sehr eng! Wir sind nicht in China, du musst keine Angst haben.« Sie lachte mich an.
Ich zog ihr die Hose herunter.
»Oh, du bist schnell! So wie es sich Masula vorgestellt hat.« Ihre Blicke verweilten auf meinem Unterkörper, wo ich eine deutliche Bewegung spürte.
»Was ist mit Masula? Was hat das mit ihr zu tun?« Ich ärgerte mich sehr, weil auch zwei andere Frauen aus Masulas Gruppe sie in ähnlichen Situationen immer wieder erwähnt hatten.
»Keine Sorge! Masula hat mir erlaubt, mit dir zu schlafen.« Sie wurde rot. »Aber du musst versprechen, dass du nicht im Volksbildungszentrum unterrichtest und zu uns in das gelbe Haus ziehst. Versprich es.« Sie hielt mir ihre Hände entgegen.
»Wie alt bist du?«, fragte ich sie.
»Siebenundzwanzig, und schon lange keine Jungfrau mehr.«
»Eine siebenundzwanzigjährige Frau muss ihre Meisterin um Erlaubnis fragen, wenn sie Sex haben will? Und dann noch zu solchen Bedingungen?«
»Ja und? Sie ist eine Heilige für uns. Versprichst du es?«
»Ich überlege es mir.«
»Nein, du musst es versprechen.« Sie legte sich auf mein kleines Bett und öffnete ihre Beine ein Stück weit.
»Ich überlege es mir!« Ich zog mich ebenfalls aus, und mein Glied sprang wie ein befreiter Vogel heraus.
»Gut… du überlegst es dir, ja?«

»Ja, ich überlege es mir!« Diese Worte musste ich noch oft wiederholen, weil Susi mich mehrfach besuchte. Immer in der gleichen Situation musste ich die Worte wiederholen. In Wirklichkeit war das Ergebnis meiner »Überlegungen« schon lange klar, das wussten wir beide! Jedes Mal spielten wir das gleiche Theater und nur mit dem einen Ziel: Sex! Wir beide brauchten ihn damals sehr dringend. Weil wir schon lange keine Partner mehr gehabt hatten, waren wir beide hungrig. Yin und Yang durften nicht für lange Zeit getrennt sein. Sie mussten sich miteinander verbinden. Das gehört zu den Regeln der Natur. Doch die menschliche Seele spielt bei solchen Dingen auch immer eine Rolle. Manchmal reagiert sie vernünftig, und manchmal ist sie kompliziert. Menschen!
»Überlegst du es dir? Masula wartet schon lange auf deine Antwort.«
»Ja, ich überlege es mir.«
Leider war dies das letzte Mal, weil am nächsten Tag die Kurse im Volksbildungszentrum wieder begannen und ich als Dozent dort unterrichtete. Susi besuchte mich nicht mehr, und ich hörte auch nichts mehr von ihr. Bestimmt erlaubte Masula ihr keine weiteren Besuche bei mir.

Es war ein schönes Gefühl, wenn ich den »weißen Wasserfall« entlang die Treppe nach oben ging, so als würde ich auf einer weißen Wolke langsam in den Himmel fliegen. Zwar gab es mehrere Fahrstühle in dem Gebäude, trotzdem ging ich gerne zu Fuß inmitten der riesigen Halle nach oben, um dieses einmalige Gefühl zu spüren. Mein Kursraum lag in der dritten Etage. Eigentlich hatte der Chef für mich zwei Kurse in Tai Chi und Qi Gong eingeplant, aber nun gab ich schon zweimal wöchentlich vier Kurse.
Heute Abend hatte ich einen Tai-Chi-Kurs. Die Teilnehmer dieses Kurses beeindruckten mich durch ihr Interesse und ihren Lernwillen sehr. Es waren zehn Frauen und fünf Männer zwischen zwanzig und vierzig Jahre alt. Alle waren gebürtige Deutsche. Alle lernten und übten Tai Chi sehr fleißig. Alle hatten viele Fragen. Und alle waren bis zum achten Termin noch da. Das war ganz ungewöhnlich an dieser Schule. Normalerweise hatten bis zur Hälfte der geplanten Zeit schon ein Drittel der Teilnehmer aufgehört. Es gab hier so viele Möglichkeiten, dass man gerne einmal etwas Neues in anderen Kursen ausprobierte. Aber sie waren immer noch bei mir.

Ein aus ganzem Herzen kommendes Lachen stand mir im Gesicht, nachdem ich die Liste abgehakt hatte. Ich kannte schon jeden, deshalb musste ich nicht mehr nach den Namen fragen. »Gut, seid ihr wieder alle da! Das ist ein Lob für meine Arbeit. Ich müsste weinen, wenn es anders wäre.« Ich lachte, und sie ebenfalls, sehr laut. Wir waren in einem Raum mit schönem Holzboden, der jetzt wegen unserem Lachen zitterte.

»Da Lee, kannst du heute etwas Theoretisches über Tai Chi erzählen? Ich habe gehört, dass Tai Chi etwas mit der chinesischen Philosophie zu tun hat. Kannst du uns das erklären?«, fragte mich Susanna. Die anderen Leute nickten zustimmend. Alle saßen auf dem Boden, obwohl der Kurs schon vor einigen Minuten begonnen hatte.

»Wollt ihr das wissen? Gut! Dann brauche ich einen Kampfpartner. Wer kommt zu mir?«, fragte ich.

»Da Lee, wir wollen, dass du es uns theoretisch erklärst.« Susanna, die von Beruf Lehrerin am Gymnasium war, fragte mich sehr viel und korrigierte auch sehr gern.

»Ich weiß! Aber die Philosophie des Tai Chi muss man beim Kämpfen erklären. Wer will kommen?«, fragte ich.

Niemand bewegte sich, alle blieben sitzen.

»Keine Angst! Wir kämpfen nicht richtig, nur als Übung.« Ich öffnete den obersten Knopf meines Tai-Chi-Anzugs. »Ich verspreche euch, dass es nicht wehtut und natürlich auch keine Verletzungen gibt!«

Einige Teilnehmer standen auf und hielten ihre Hand hoch, darunter sogar Frauen.

Ich wählte einen Jungen mit starken Muskeln aus, der ungefähr einen halben Kopf größer war als ich. »Schieb mich von meinem Platz weg!«, forderte ich ihn auf.

»Was?« Er schaute mich merkwürdig an und schüttelte seinen rasierten Kopf. Er hieß Wolfgang und hatte schon viele Kampfkurse besucht. Manche in diesem Raum hielten absichtlich Abstand zu ihm, nicht wegen seiner muskulösen Figur, sondern wegen seiner Äußerungen. »Solche Scheißausländer gibt es zurzeit überall. Ich frage mich, wo ich bin? In Deutschland oder wo?« So hatte er sich beim letzten Mal in der Kurspause geäußert.

»He, ich bin auch Ausländer. Pass auf, was du sagst!«, hatte ich geantwortet.

»Nein, nein, dich meine ich nicht!«, hatte er sofort den Kopf geschüttelt wie auch jetzt.
»Ja, zeige mir deine Kraft. Schiebe mich von diesem Platz weg!«
»Darf ich angreifen?« Er hatte mit dem Kopfschütteln aufgehört, und seine Muskeln zogen sich bereits zusammen.
»Ja, natürlich!«
Wie ein Tiger sprang er mit seinen kräftigen, geöffneten Armen auf mich zu, landete aber im Leeren. Ich hatte seine Kraft an meiner Seite vorbei gelenkt. Er verlor das Gleichgewicht und stolperte. »Hey! Interessant. Darf ich es noch einmal probieren?«, fragte er mich, nachdem er wieder fest auf seinen eigenen Beinen stand.
»Ja, natürlich.« Ich drehte mich zu ihm um.
Es passierte dann genau das Gleiche wie vorher.
»Was ist denn los? Es ist so, als wenn ich die Luft angegriffen hätte.« Wieder schüttelte er seinen glatten Kopf, auf dem sich schon viele Schweißtropfen zeigten.
»Das ist Tui Shou, eine Fähigkeit aus der Tai-Chi-Übung: ein Kampf mit der Energie und der Kraft des Gegners. Hier zeigt sich die chinesische Philosophie …«
»Moment! Kannst du mich von der Stelle schieben?« Wolfgang mochte den praktischen Versuch lieber als die Theorie. Er stand mit überkreuzten Armen vor mir wie eine Wand. Leider war er beim Tai Chi noch ein Anfänger. In seinem Körper waren zwar sehr viele Kräfte gespeichert, aber noch nicht befreit und stabilisiert. Ein kleiner Schubser von mir schleuderte ihn meterweit zurück.
»Wow, ich will das auch einmal probieren.« – »Ja, ich will auch.« Die anderen konnten nicht mehr ruhig sitzen bleiben, alle kamen zu mir und versuchten den Handkampf mit mir. Das Ergebnis war bei allen gleich, egal ob Frau oder Mann. Niemand konnte mich auch nur einen Zentimeter von meinem Standplatz wegschieben. Aber alle verloren das Gleichgewicht. Die Leute lachten erstaunt.
»Jetzt nehmt Platz, ich versuche es euch zu erklären.« Das war schwer für mich, weil ich dieses Thema noch nie in deutscher Sprache unterrichtet hatte. Reden ist nicht immer leichter als Tun, manchmal ist es gerade umgekehrt, besonders bei einer Sache, die man schon im Blut und in den Knochen hat. »Ihr habt gerade gesehen und mit mir selbst die Erfahrung gemacht, dass ich beim Kampf gewinnen konnte, ob-

wohl ich nicht stärker und größer bin als manche von euch. Das ist die chinesische Philosophie.«
Die Leute schüttelten nur die Köpfe. Sie schienen ganz unzufrieden mit meinen Worten zu sein. »Da Lee, wir wollen eine genaue Erklärung hören und den Grund dafür erfahren«, hakte Susanna nach.
»Gut, das… das heißt: ›Mit drei Gramm Kraft tausend Kilo lenken und nutzen.‹« Ich versuchte, es so zu erklären, wie wir es in Tai-Chi-Kreisen in Shanghai immer getan hatten. Aber dieser Ort war zehntausend Kilometer von hier entfernt. Hier gab es eine andere Kultur, und meine Zuhörer schüttelten weiter ungläubig ihre Köpfe. »Groß und klein, stark und schwach, das sind immer relative Begriffe. Sie können sich verändern und in ihr Gegenteil verwandeln. Das, was wir vorhin beim Tui Shou demonstriert haben, ist schon ein Beweis dafür. Viele hier im Raum sind stärker als ich. Ich kann meine Kraft unmöglich mit euch messen, nein, das ist unmöglich! Aber warum konnte ich gerade trotzdem gewinnen? Weil ich eure Kraft benutzt habe. Das heißt: Ich kämpfe nicht nur mit meinen, sondern auch mit euren Kräften.«
»Nicht schlecht!«, sagte eine Frau, und auch die anderen hatten aufgehört, die Köpfe zu schütteln. Manche nickten sogar.
»Kannst du uns sagen, wie das geht?« Jetzt hatten alle ein wirkliches Interesse an diesem Thema.
»Erst einmal muss man Tai Chi, die Philosophie von Yin und Yang, geistig und körperlich richtig verstehen«, sagte ich.
»Geistig und körperlich?«, fragte die Lehrerin.
»Ja. Mit dem geistigen Verständnis meine ich, dass man lernt, gegen die aggressive Kraft des Gegners nicht sofort auf gleiche Weise zurückzuschlagen, sondern sie zu nutzen. Das heißt, man besiegt den Gegner nicht nur mit eigener Kraft, sondern auch mit seiner. Und im körperlichen Bereich soll man natürlich Tai Chi richtig üben, bis der Körper von innen bis außen befreit wird, sodass der Energiekreislauf ganz fließend und dein Körper so leicht und sanft wie eine Feder ist…«
»Nein, das ist unmöglich!«, schüttelte Wolfgang den Kopf.
»Doch, es ist möglich. Hast du gerade eben nichts bemerkt, als du mich angegriffen hast?«, fragte ich.
»Was soll ich bemerkt haben? Nein, gar nichts. Es war, als wenn ich in die Luft greife.« Er strich sich über seine Glatze.

»Siehst du! Das lag an mir. Ich habe nicht meine Körperkraft eingesetzt, um dich ebenso hart zurückzudrücken. Es wäre auch Unsinn gewesen, das zu tun, weil meine Kraft nicht so groß ist wie deine. Ich hätte verlieren müssen. Aber ich habe beim Tai Chi etwas gelernt. Ich habe mich locker gemacht und dich dazu gebracht, dein Gleichgewicht zu verlieren. Dann habe ich deine Kraft aufgenommen und dahin gelenkt, dass du ...«

»Du hast mich so gelenkt, dass ich gefallen bin! Du bist schlau!«, schrie Wolfgang dazwischen. »Jetzt weiß ich, wie es geht! Komm! Probieren wir es noch einmal!« Voller Selbstvertrauen kam er wieder zu mir und breitete seine kräftigen Arme aus. »Versuch du einmal, mich wegzuschieben ...« Und schon saß er mit dem Hintern auf dem Boden.

Hong! Die Leute schütteten sich vor Lachen aus.

Der Arme, er wollte sich nach hinten senken wie ich, aber leider war sein Körper zu steif, sodass er die Kontrolle verlor und ich ihn mit der rechten Hand ganz zum Boden schieben konnte.

»Ich habe vorhin schon gesagt, dass man die Tai-Chi-Philosophie nur durch das Üben begreifen kann. Du bist noch nicht so weit.« Ich half ihm beim Aufstehen.

»Spielt diese Theorie und die Philosophie des Kämpfens auch im Alltag eine Rolle?« Ein schlanker Mann stellte diese Frage. Er hieß Thomas und sprach normalerweise sehr wenig. Soweit ich wusste, war er ein Unternehmer. Vielleicht lag es an seiner anstrengenden Arbeit, dass er sehr selten lachte und oft mit einem traurigen Gesicht zu meinem Kurs kam. Auch jetzt sah er traurig aus.

»Ja, natürlich, genauso wie im wirtschaftlichen Bereich. Nehmen wir als Beispiel meine Heimat China. Dieses Land war in der Mao-Zeit vollkommen isoliert. Die Wirtschaft entwickelte sich kaum noch. Aber jetzt gibt es in China eine Reformation und eine Politik der Öffnung. Sie öffnen die Tür und lassen alles Kapital hereinkommen. Sie sammeln und nutzen die Kraft vieler Länder, die früher als böse kapitalistische Schweine bezeichnet wurden. Und was passiert jetzt in diesem Land? Vielleicht wisst ihr es noch nicht, aber ich komme jedes Jahr zweimal nach China zurück. Ich kann euch sagen: Dort gibt es einen Boom. China erlebt einen wirtschaftlichen Aufschwung ...«

»Ein wirtschaftlicher Aufschwung? In China? Nein, so etwas passiert nur bei uns!«, unterbrach mich Wolfgang.

»Ja, hier gab es einen Aufschwung, direkt nach dem Krieg. Das weiß ich. Aber glaubt mir, in China hat es eine riesige Veränderung gegeben, und sie geht immer noch weiter!« Es war im Frühling 1995, und die Deutschen wussten sehr wenig über die aktuelle Lage in China. Die Presse zeigte wenig Interesse an einer Berichterstattung über dieses Land. Ab und zu sah man ein paar Bilder, die das moderne China zeigten, meist aber wurde viel Armut gezeigt, so wie die Lage der schlechtbezahlten Wanderarbeiter und Ähnliches. Aber wie sich die Städte entwickelt hatten und wie die Normalbürger tatsächlich lebten, konnte man kaum sehen, und die neureichen Chinesen waren erst recht kein Thema. »Ihr könnt mir glauben«, erzählte ich weiter. »Übrigens wurde diese Theorie nicht durch die Tai-Chi-Philosophie erfunden, sondern nur entdeckt. Sie zeigt uns einige Regeln und Wahrheiten, die schon lange existieren. Das ganze menschliche Verhalten sollte daran angepasst verlaufen, sonst wird man bestraft.«
»Ich glaube, dass unsere Politiker diese Philosophie auch kennenlernen sollten«, bemerkte eine ältere Frau laut. Ich wusste, warum sie diese Meinung äußerte. Es hatte wohl mit ihrem eigenen Schicksal zu tun. Sie kam aus dem Gebiet der ehemaligen DDR und war eine gut ausgebildete Akademikerin. Vor einiger Zeit hatte sie mir erzählt, dass die Menschen aus dem Osten nach der Wiedervereinigung keinen eigenen Stolz mehr hatten.
»Alles war nichts mehr, alles hatte keinen Wert mehr, was man in der früheren DDR getan hatte. Warum kann man das, was wir früher aufgebaut haben, nicht weiter nutzen? Die DDR hatte viele hervorragende Erfolge im Bereich der Industrie. Viele Ingenieure und Techniker dachten eigentlich, dass sie eine große Karriere machen könnten, wenn die DDR in ein freies System umgewandelt würde. Und was ist jetzt? Alle stehen auf der Straße und beziehen Sozialhilfe …«, hatte sie mir erst letzte Woche erzählt.
»Ja, richtig! Alle Politiker müssten diese Philosophie kennenlernen, vor allem Politiker, die schon an der Macht sind.« Ich stimmte ihr zu. »Aber ihr sollt hier im Kurs fleißig üben, weil das nicht nur für eure Gesundheit gut ist, sondern auch für eure Seele und euren Geist. Dadurch kann man besser verstehen, was der Satz bedeutet ›In der Ruhe liegt die Kraft‹ und ›Mit drei Gramm Kraft kann man tausend Kilo lenken und nutzen‹. Dann könnt ihr lernen, auch im Alltag die Kraft erst

für euch aufzunehmen und sie gut zu nutzen, wenn etwas von außen kommt, und sie nicht einfach wegzuschieben. Ihr müsst wissen: Der Ozean ist nur aufgrund seines weit geöffneten Herzens so groß; alle Flüsse münden zum Schluss in den Ozean. Er ist das größte Gewässer unserer Erde.«

Die Teilnehmer des Kurses übten sehr fleißig, wenn auch einige nicht mehr kamen. Das war in solch einer öffentlichen Einrichtung normal. Die Kursgebühr war ohnehin nicht hoch. Aber die Leute, die in meinem Kurs blieben, beeindruckten mich sehr. Sie zeigten mir ihre starke und ungebremste Kraft beim Lernen und Üben dieser für sie noch fremden, aber wertvollen Sache. Die positive Wirkung zeigte sich dann auch bald: Immer mehr Teilnehmer berichteten über eine Verbesserung ihrer Gesundheit, manche sahen sogar bei chronischen Krankheiten wie Bluthochdruck oder Diabetes eine große Hoffnung auf Heilung.

Meine Kurse waren gut gefragt in dieser Schule, zu gut. Ich musste wegen der großen Nachfrage immer mehr und mehr Kurse geben. Von wöchentlich zwei Kursen steigerte ich mich auf sechs, und dazu kamen noch Wochenendkurse. Trotzdem reichte es noch nicht aus für die Leute, die bei mir Qi Gong und Tai Chi lernen wollten. Zu den meisten meiner Kurse existierte eine Warteliste, und die Zahl der Wartenden überstieg manchmal die Zahl der Teilnehmer. Wegen der kleinen Räume war die Zahl der Teilnehmer auf fünfzehn Leute begrenzt, aber das Personal für die Anmeldung informierte mich darüber, dass alle Kurse voll waren und auf manche Kurse noch sechzehn Leute warteten. Sie erzählten auch, dass am Morgen des ersten Anmeldungstages zwei Stunden vor Beginn schon eine lange Schlange wartete. Zum großen Teil kamen sie wegen meiner Kurse, und nach dreißig Minuten waren alle meine Kurse voll besetzt. Wer sich später zu meinen Kursen anmelden wollte, konnte sich nur in die Warteliste aufnehmen lassen. Das passierte nicht nur einmal, sondern jedes Semester von Neuem, seit ich in dieser Schule arbeitete.

»Ist das kein Wunder? Dieser Chinese hat bei uns einen tollen Aufschwung bewirkt«, sagte der Abteilungschef bei einem Dozententreffen mit aufgeregter Stimme. Sein Finger zeigte direkt auf mich. Das ließ mein Gesicht heiß werden, und ich senkte meinen Kopf. In die-

sem Raum saßen lauter Dozenten, manche von ihnen arbeiteten viel länger an der Schule als ich. Ich wollte nicht wie ein Held dastehen. Nach der Sitzung bat mich der Chef, noch kurz zu bleiben.
»Herr Chen, einige Schüler und Schülerinnen haben sich bei mir über Sie beschwert.« Seine lebhaften Augen blitzten.
»Was? Was haben sie gegen mich gesagt?« Ich wunderte mich sehr. So ein Gespräch hatte ich nicht erwartet.
»Keine Sorge, es ist nichts Schlimmes. Sie sollen doch bitte in Zukunft ein paar Minuten früher zum Kurs kommen. Und bitte langsamer sprechen, weil ... weil Ihr Deutsch noch nicht perfekt ist ...«
»Gut, ich werde mich bessern!« Ich nickte.
»Und übrigens sollten Sie im Kurs keine Cola trinken.«
»Warum nicht?«
»Zwei Schülerinnen haben sich darüber beschwert, dass Sie ein schlechtes Vorbild abgeben, weil Cola ungesund ist und das nicht zu einem heiligen Mann passt, wie Sie es sind.«
»Ich bin kein heiliger Mann!« Meine Stimme war dreimal so hoch wie sonst. »Ich mache vieles, das nicht der Gesundheit dient. Man muss nicht alles von mir lernen. Ich trinke Alkohol, ich rauche ab und zu, und ich esse nicht gerne nur vegetarisch!«
»Bitte nicht aufregen, so eine Beschwerde spielt keine große Rolle.« Er schüttelte seine Hand und strich sich dann über die Halbglatze. »Herr Chen, Sie sind es nicht gewöhnt, kritisiert zu werden. Aber wir Politiker müssen immer mit Kritik leben. Das gehört zum Alltag.« Er versuchte mich zu beruhigen.
Jetzt erinnerte ich mich wieder daran, dass er auch noch einen Posten innerhalb seiner Partei innehatte. »Ich bin ganz dankbar, dass Sie uns so viel Erfolg gebracht haben. Wissen Sie, dass Ihre Kurse bei uns die am meisten gefragten sind?« Er lachte. Man konnte bemerken, dass sein Lachen von Herzen kam.
»Ich danke Ihnen auch, dass Sie mir eine Chance geben, richtiges Tai Chi und Qi Gong weiterzuverbreiten.« Diese Worte hatte ich mir vorher schon zurechtgelegt. Ich stand auf und wollte gehen.
»Moment, noch etwas!« Er blieb sitzen. »Die Gesellschaft für Qi Gong und Tai Chi Chuan möchte gerne einen Kontakt zu Ihnen aufbauen. Sie haben schon mehrmals nach Ihnen gefragt. Darf ich Ihre Adresse weitergeben?«

»Ja, kein Problem. Aber warum fragen sie und auch die Leute, die sich über mich beschweren wollten, mich nicht direkt? Mir darf man alles direkt sagen.« Schon in China mochte ich Leute nicht, die immer hinter dem Rücken anderer handelten. Jetzt traf ich in Deutschland wieder auf solche Menschen. Vielleicht war das die Funktion der Chefs in allen Ländern: Menschen, die hinterrücks agieren wollten, eine Gelegenheit dazu zu geben.
»Ja, ja, natürlich! Ich bin ganz Ihrer Ansicht. Man soll einander die eigene Meinung direkt sagen! Aber, Herr Chen, ich bin sehr zufrieden mit Ihrer Arbeit. Sie haben Ihre Sache hier bisher hervorragend gemacht. Machen Sie einfach weiter!« Er hielt mir seine Hand hin und wir verabschiedeten uns.
Im Laufe der Zeit merkte ich, dass er schon ein netter Chef war. Leider ging er dann als Berufspolitiker nach Berlin. Seine Stelle im Volksbildungszentrum wurde mit einem Neuen besetzt. Mit dem neuen Gesicht tauchten auch viele Fragezeichen auf. »Warum wollen Sie alle unbedingt in die Kurse von Da Lee Chen?«, fragte er die Leute, die schon ganz früh in einer langen Schlange vor dem Anmeldungsfenster standen. »Wir haben noch viele andere Kurse, warum wollen Sie nicht dorthin gehen?« Diese Frage stellte er auch den Schülern, die im neuen Semester keinen Platz in meinen Kursen bekommen hatten und sich in der Verwaltungsabteilung telefonisch darum bemühten.
Es klang nicht sehr angenehm in meinen Ohren, als mir die Leute davon erzählten. Zum Glück lebte man in Deutschland in einem freien System, wo jeder selbst wählen und seinen eigenen Kopf zum Denken benutzen konnte.

Es gehört zur Yin-Yang-Philosophie, dass Gut und Schlecht immer zusammen bleiben. Ich war stets dem Spiel der Gegensätze ausgeliefert. Wegen meiner Leistung im Volksbildungszentrum hatte ich nicht nur Freude, sondern auch Sorgen und Probleme. Im Kurs sah ich nicht nur fitte, gesunde Gesichter, sondern auch traurige, vor allem bei diesem Unternehmer. Er verlor immer mehr von seinen blonden Haaren, aber es wuchsen keine neuen nach, sodass die unbehaarte Stelle auf seinem Kopf immer größer wurde. »Hallo, Thomas, geht es dir gut? Du siehst so angespannt aus«, fragte ich ihn einmal nach dem Kurs.
»Schon gut. Es geht schon.« Er ging zum Ausgang, um die Tür zu

schließen, und kam zu mir zurück. »Da Lee, sag mir bitte: Das, was du uns letztens über die Tai-Chi-Philosophie erzählt hast; dass man nicht die eigene Kraft gegen die des Gegners einsetzen und die Kraft des Gegners nicht sofort wegschieben soll, sondern für sich selbst nutzen kann… Können böse Menschen diese Philosophie auch benutzen?« Er schaute mich erwartungsvoll an.

»Die Tai-Chi-Philosophie hat das geheime Wissen des Universums und der menschlichen Welt entdeckt. Jeder Mensch kann es für sich nutzen, egal ob Mann oder Frau, schwarz oder weiß, Chinese oder Europäer und leider auch egal, ob gut oder böse«, antwortete ich ganz offen. Wir beide waren sowieso allein im Raum.

»So ist das!« Er senkte den Kopf.

»Hast du Ärger mit deinen Angestellten? Die bösen Mitarbeiter bereiten dir Probleme in deiner Firma, oder?«, fragte ich lächelnd.

Er konnte nicht lachen. »Da Lee, magst du mit mir nach Hause kommen? Ich… ich würde dich gerne zu einem Bier einladen. Ja, es ist schon spät.« Er schaute aus dem Fenster in die Dunkelheit. »Ich… ich fahre dich nachher nach Hause zurück.«

»Gerne!« Wie konnte ich so eine spontane Einladung ablehnen?

Wir gingen zusammen ins Parkhaus, um sein Auto zu holen. Er fuhr einen Sportwagen. Unterwegs war er schweigsam und fuhr schnell, und eine halbe Stunde später parkte er den Wagen in der Garage neben einem zweistöckigen Haus mit großem Garten. Er führte mich über eine massive Holztreppe in die erste Etage. »Hier ist mein Wohnzimmer, daneben ist das Schlafzimmer. Bitte nimm Platz.« Er wies auf das Sofa und ging durch die Tür in ein anderes Zimmer, wahrscheinlich die Küche. Als er zurückkam, hatte er eine Flasche Bier und zwei Gläser in den Händen.

»Zum Wohl!« Wir stießen an. Danach saß er schweigend neben mir, das Bierglas in seiner Hand anstarrend.

Mir wurde die Situation langsam peinlich. »Was will er?«, fragte ich mich innerlich. Vorhin in der Schule hatte er komischerweise wissen wollen, ob auch böse Menschen die Tai-Chi-Philosophie nutzen konnten, und jetzt saß er wortlos neben mir auf dem riesigen Ledersofa, das mir in dieser Situation irgendwie noch zu klein vorkam.

Ka za, ka za! Endlich hörte man Stimmen, doch nicht von Thomas, sondern von oben, vom Dach.

»Jetzt geht es wieder los!« Mein Gastgeber schaute auf seine Uhr und öffnete die obersten Knöpfe seines weißen Hemdes.
»Was geht los?«, fragte ich.
Er wies wortlos mit dem Finger zur Decke.
Ka za, ka za! Das Geräusch von oben wurde immer lauter. Ich kannte es. Jeder kennt es. Es war die Spezialmelodie, die ein Bett beim Sex macht.
»Oh, du bist gut… gut! Oh… ich werde bald verrückt…«, schrie eine Frau, auch immer lauter werdend.
»Interessant!« Ich lachte. »Vielleicht weiß diese Dame nicht, dass du schon zurück bist. Sonst wäre sie bestimmt leiser.« Ich richtete meine Augen nach oben.
»Doch, sie weiß es.« Er trank einen großen Schluck Bier. Auf seinem Gesicht zeigten sich Trauer und Empörung.
»Kennst du sie?«, fragte ich.
»Sie ist meine Exfrau.«
»Was? Deine Exfrau? Machst du Witze?« Ich stand halb auf.
»Das ist kein Witz. Wir waren ein Jahr lang verheiratet. Wegen diesem Typen, dieser dritten Person in unserer Ehe, haben wir uns oft gestritten, und jetzt… jetzt tun sie es ganz offen, besonders am Donnerstag, so wie heute…«
»Warum am Donnerstag?« Ich setzte mich wieder.
»Weil… weil ich die beiden an einem Donnerstag auf meinem Bett erwischt habe. Sie machen es jetzt extra laut.«
»Das ist kaum zu glauben. Aber lass doch. Es ist sowieso schon alles vorbei.« Ich versuchte ihn zu beruhigen.
»Vorbei? Nein, das ist noch lange nicht vorbei.« Er zeigte mir mit drei Fingern das internationale Zeichen für Geld.
»Oh… oh!« Die Frau schlug vor Erregung auf den Boden, so laut, dass wir unten die Erschütterung spüren konnten.
»Warum? Du bist von ihr geschieden, oder?« Ich verstand seine Andeutung nicht.
»Ja, wir sind schon seit zwei Jahren geschieden! Aber ich muss immer noch für ihren Lebensunterhalt bezahlen, für Wohnen, Essen, Trinken, Kleidung und alles andere!« Er hob langsam seinen Kopf und schaute aus den Augenwinkeln nach oben zur Decke. »Auch dafür!«
»Oh… oh… oh!« Die zwei Sexbesessenen kämpften immer weiter, und

wie zwei Darsteller in einer Show, die ein großes Publikum brauchten, wurde ihre Bettmelodie immer lauter.
»Unglaublich, ganz unglaublich! Warum musst du das tun?«
»Warum? Das ist eine juristische Entscheidung. Der Scheidungsrichter hat das so bestimmt. Sie ist zwölf Jahre jünger als ich und ohne Beruf. Deshalb muss ich alles für sie bezahlen. Wir waren nur ein Jahr lang verheiratet. Aber jetzt sind schon drei Jahre vorbei, und ich muss noch …«, er schüttelte seinen Kopf. »Die Philosophie, die Kraft seines Gegners zu nutzen, hat sie hervorragend in die Praxis umgesetzt, dabei kennt sie gar kein Tai Chi.« Er trank einen Schluck direkt aus der Flasche.
»Ah …«, kam es von oben, zusammen mit heftigen Atemgeräuschen und Bettquietschen, dann herrschte Ruhe.
Aber ich konnte nicht mehr ruhig sitzen bleiben. »Thomas, du … du musst mich nicht nach Hause bringen. Ich will noch ein wenig allein in der frischen Luft spazieren gehen.« Wir gingen zusammen zur Tür. Dort blieb ich stehen. »Thomas, ich glaube, dass du besser von hier wegziehen solltest, sonst …«
»Umziehen? Ja, daran habe ich oft gedacht, nur … nur habe ich dieses Haus gekauft. Sie will es schon lange ganz für sich haben …«
»Habt ihr Kinder?«
»Nein, zum Glück nicht, sonst könnte sie mir noch mehr abpressen.«
»Loslassen! Manchmal ist loslassen viel besser, als alles zu haben.« Ich versuchte ihm mit der buddhistischen Theorie etwas zu erklären, aber es war sehr schwer für mich, weil die ganze Geschichte mich empörte. Dann wurde meine Stimme härter. »Übrigens … übrigens gibt es in diesem Land auch Gerechtigkeit, oder? Geh vor Gericht!«
»Ha! Vor Gericht? Die Justiz ist für sie nur ein billiges Werkzeug. Tschüss, Da Lee«, verabschiedete er sich von mir.
Ich ging allein durch die Nacht auf einem Weg am Neckar entlang. Das war ein lebendiger und ruhiger Fluss. Der Vollmond zeichnete in dieser Nacht seine schöne Form ganz vollkommen auf die Wasseroberfläche. Das sanft plätschernde Wasser, die zahlreichen, locker verteilten Bäume, und von oben und unten schauten zwei Monde einander an …
Leider konnte ich diese Welt, die unter dem silbernen Licht eine geheimnisvolle Existenz führte, nicht in Ruhe beobachten und genie-

ßen. In meinem Kopf hörte ich immer noch diese weibliche Stimme, die so ungezügelt explodiert war. Wie kann diese Frau so böse sein?, fragte ich mich selbst.
Für Thomas konnte ich nur Mitleid und Sympathie empfinden. Hoffentlich half das Üben von Tai Chi ihm etwas. Aber er tauchte nicht wieder im Kurs auf, eine Woche, einen Monat lang nicht. Bis zum Ende des Semesters kam er nicht wieder. Ich machte mir Sorgen um ihn.
An einem Samstagnachmittag ging ich wieder zu seinem Haus.
Auf mein Klingeln hin öffnete eine junge Frau die Tür.
»Hallo, guten Tag. Ich bin Chen, Da Lee, der Tai-Chi-Lehrer von Thomas. Ich … ich bin zufällig hier vorbeigekommen.«
»Ah, Sie sind das. Ich habe schon von Ihnen gehört.« Ihr erstaunter Blick schaute mich mit brennendem Feuer von oben nach unten und wieder von unten nach oben an. Obwohl es Herbst war und ich schon eine Lederjacke trug, spürte ich auf meiner Haut dieses heiße Gefühl.
»Komm herein. Willst du einen Kaffee?«, fragte sie mich freundlich.
»Ist Thomas da?« Ich blieb vor der Tür stehen.
»Nein, er ist schon lange weg. Weißt du das nicht? Er wird eine neue Firma in China aufbauen, in einer Vorstadt von Shanghai, um Joint Venture zu machen.«
»Oh! Das bedeutet, dass es ihm gut geht?« Ich atmete tief aus.
»Gut? Nein! Er ist mein Exmann, ich kenne ihn. Ihm geht es niemals richtig gut. Er hat hier oft Probleme; *blin, blin, blin!«* Sie tippte sich mit dem Finger an den Kopf. Sie war eine sehr hübsche junge Frau: langes blondes Haar und ein feines Gesicht. Was hatte Thomas letztes Mal erzählt? Sie sollte zwölf Jahre jünger sein als er? Nein, in meinen Augen war sie mindestens zwanzig Jahre jünger.
»Schönen Tag noch!« Ich drehte mich um.
»Moment! Die chinesische Kultur und die Philosophie gefallen mir sehr. Ich habe schon sehr viele Bücher darüber gelesen. Dein Buch auch! Ich würde gerne bei dir beide Kurse besuchen, Qi Gong und Tai Chi. Darf ich?« Das Feuer aus ihren hübschen blauen Augen schoss wieder zur mir, jetzt spürte ich es in meinem Rücken.
»Nein, das geht nicht. Meine Kurse sind alle voll.« Mit diesen Worten flüchtete ich.

Unterwegs bereute ich, dass ich ihr einfach abgesagt hatte. In der privaten Sportschule gab es immer noch die Gelegenheit, meine Kurse zu besuchen. Sie war so eine bezaubernde Frau! Doch als Thomas mit seinem schmerzhaft zusammengezogenen Gesicht wieder in meinem Kopf auftauchte, verschwand das Bedauern sofort und spurlos.

21

Da Lee, du brauchst eine Familie, eine richtige Ehefrau«, sagte Christine in der Sportschule zu mir. In ihrem Blick las ich Sorge.
»Danke, Christine. Aber… du weißt, dass ich schon einmal verheiratet war.« Meine Stimme klang nicht glücklich.
»Ja, ich weiß. Das ist vorbei. Du solltest wieder heiraten und dein Leben in Ordnung bringen.« Sie strich mir freundschaftlich über den Arm.
Eine neue Familie? Das getraute ich mich nicht mehr. Wenn man eine Geschichte hinter sich hat, versucht man immer, die gleichen Fehler zu vermeiden. Ja, ich hatte schon eine Familie gehabt, aber… Aber ein verletztes Herz sucht immer noch etwas, auch wenn es Angst hat, noch einmal auf gleiche Weise verletzt zu werden. Kann ich mich wieder verlieben? Gibt es eine Frau, die nicht nur eine Nacht verbringen, sondern eine Familie mit mir gründen will?, fragte ich mich selbst.
Sie kam tatsächlich, ganz ruhig, ohne Aufregung, ohne ein Gefühl der Spannung tauchte sie einfach auf.
»Sie ist gekommen, gekommen!« Eine alte Frau mit runzligem Gesicht kam langsam auf mich zu.
Ich saß gerade in der Stiftskirche auf einer Bank. Ein bekannter Duft nach Sandelholz schwebte an mir vorbei und wehte der alten Dame hinterher.
»Was hat diese alte Frau gesagt? Sie kommt? Wer kommt?« Ich drehte mich nach hinten zur Tür um. Leider war die Frau schon verschwunden, es war niemand mehr dort. Ich drehte mich wieder zurück. Drei Bänke vor mir saß noch eine Frau. Die Bank stand seitlich zu mir, des-

halb konnte ich ihre Sitzposition genau erkennen, die mir sehr bekannt war. Meine Neugier ließ mir keine Ruhe. Ich stand auf und setzte mich mit großer Vorsicht neben sie.
Sie schenkte mir ein freundliches Lächeln, ein schönes Lächeln, wie es nur eine hübsche, junge Frau mit Lebenserfahrung hatte.
Mein Mut kehrte zurück. »Entschuldigung! Darf... darf ich stören? Warum... warum sitzen Sie hier auf diese Weise?«, fragte ich leise.
»Warum? Du hast mir das beigebracht. Ich mache jetzt Qi Gong! Kennst du mich nicht mehr, Da Lee?« Sie lächelte.
»Ah... ja, doch!« Ich war erstaunt. Ja, dieser jungen Frau war ich irgendwann schon einmal begegnet. Sie hatte große, tiefliegende Augen, eine gerade Nase und dunkelblonde Haare.
»Ich bin Julia. Vor einem halben Jahr habe ich deinen Wochenendkurs besucht. Du hast zu viele Kurse und Schüler. Du kannst dich nicht mehr erinnern, oder?«, fragte sie, ohne ihre Sitzposition zu verändern. Das hieß, sie saß im Schneidersitz und hatte die Hände mit nach oben geöffneten Handflächen auf den Oberschenkeln liegen.
»O ja, das stimmt, du bist einmal bei mir gewesen. Entschuldige mein schlechtes Gedächtnis.« Ich erinnerte mich wieder. Sie war eine sehr fleißige Schülerin gewesen. »Bist du schon lange hier? Spürst du etwas in dieser Position?«
»Ja, sehr starke Energie, sehr stark. Ich mache seit diesem Wochenende täglich Qi-Gong-Übungen. Und du? Was machst du hier? Du bist doch Buddhist, oder?«
»Ja, aber ich komme oft hierher. Die Kirchentür ist immer offen. Ich... ich meditiere gern hier.«
»Und wo machst du deine anderen Übungen?«
Sie schaute mich fest an und wartete gespannt auf meine Antwort.
»Oh, die mache ich überall. Zum Beispiel in meinem kleinen Zimmer und auch in den verschiedenen Kursen mit meinen Schülern zusammen. Und eine Übung mache ich draußen im Wald!«
»Welche?« Ihr Augen wurden noch größer.
»Die Schwertübungen! Ich mache sie immer im Pfaffenwald. Dort wohne ich, im Studentenwohnheim. Dort ist es wunderschön.«
»Ja, ich kann mir das gut vorstellen. Leider hast du dein Schwert jetzt nicht dabei. Das darfst du auch nicht, sonst...« Sie lachte wieder. Es war ein faszinierendes Lachen, in ihr vibrierte eine ganz sinnliche Na-

türlichkeit, so natürlich wie ein warmer Frühlingswind, und es ließ mich am ganzen Körper erschauern…
Ich setzte mich dann in die gleiche Position wie sie. Wir schwiegen beide und genossen das hervorragende Energiegefühl.
»Da Lee, ich muss leider gehen. Ich wünsche dir noch einen schönen Abend«, sagte sie einige Zeit später leise zu mir. Einen Atemzug später war sie weg.
Als ich wieder zu mir kam, bemerkte ich, dass ich allein dort saß. Ich bereute sehr, dass ich nichts von ihr wusste, weder Telefonnummer noch Adresse…
Ich kam in der nächsten Zeit oft in die Kirche zurück, doch leider sah ich sie nicht wieder. Auch der Duft nach Sandelholz wehte nicht mehr an mir vorbei. Ich konnte Julias faszinierendes Lachen einfach nicht vergessen. Auf der Straße schaute ich immer sehr aufmerksam nach jungen Frauen, wenn sie eine schwarze Lederjacke und helle Jeans trugen. Das hatte Julia an jenem Tag getragen.
An einem Morgen im Herbst übte ich mit meinem Schwert im Wald. Gerade als ich eine Pause machte, hörte ich das Lachen einer Frau. Ich war verwundert. Normalerweise hörte man hier nur Vogelgezwitscher und das Rauschen der Blätter im Wind. Woher kam dieses Lachen? Ich suchte den Wald mit den Augen ab und hoffte, dass ich mich nicht verhört hatte. Da sah ich sie – sie stand ungefähr sieben Meter von mir entfernt. Sie war teilweise von den grünen und braunen Blättern verdeckt, aber ich konnte sie trotzdem relativ gut erkennen. Sie trug einen schwarzen Wollmantel und eine rote Hose. »Hallo, Julia, wie kommst du hierher? Bist du schon lange hier?«
»Nicht lange. Aber ich habe vorhin deine Schwertübung beobachtet. Klasse!« Sie kam näher und streckte mir ihre Hand entgegen. Sie hatte eine sehr angenehme, warme Hand.
»Darf ich?« Ich küsste sie auf beide Wangen.
Sie nahm mein Schwert in die Hand. »Ist das echt?«
»Ja, natürlich! Schau mal!« Ich nahm das Schwert in die Hand und ließ es über unseren Köpfen kreisen. *Hua, la, la!* Die Blätter fielen wie Regentropfen von den Bäumen herunter.
»Oh!« Sie schrie auf wie ein Kind. »So scharf, das ist wirklich gut! Zeigst du mir bitte noch ein bisschen von deinen Übungen?«
»Ich mache gerade eine Pause!«

»Bitte, für mich. Ich war schon ein paar Mal in diesem Wald… um dich zu finden.« Sie errötete leicht.
»Was? Du bist nicht zufällig vorbeigegangen?« Ein unbeschreiblich schönes Gefühl kam über mich. Wir hatten einander gesucht! Das bedeutete… ich dachte nicht weiter, sondern ging drei Schritte weiter bis zu einem freien Platz.
Fu, fu, fu! Das Schwert sauste in verschiedenen Positionen durch die Luft, mit weißem Blitz und Windgeräuschen. Ich wollte meine Schwertkampfkunst vor ihr darstellen. Ein Mann wie ich wollte auf jeden Fall die Gelegenheit nutzen, ihr die eigenen schönen Seiten zu zeigen, so wie ein männlicher Pfau mit geöffnetem Rad vor dem weiblichen tanzt, und mit dem gleichen Ziel: Um das Herz der Zuschauerin zu erobern.
Fu, fu, fu! Mein Schwert flog durch die Luft und zwischen dem Blattwerk der Bäume hindurch. Plötzlich musste ich es anhalten. »Julia! Das ist gefährlich!« Sie stand einfach auf meinem Weg. Ich war gerade bei der Position »Den Mond im Meer holen«: Dazu musste ich den Oberkörper sehr tief, fast bis zum Boden senken und das Schwert in meiner rechten Hand, nachdem ich es einmal kreisförmig gedreht hatte, waagerecht nach vorne stoßen und gleichzeitig einen Schritt weiter nach vorne tun. Ich konnte die Bewegung nicht mehr beenden. »Ich will dich nicht treffen.« Die Spitze meines Schwertes war nur fünf Zentimeter von ihr entfernt.
»Komm nur!«, flüsterte sie. »Aber nicht mit diesem Schwert. Es ist zu scharf und zu kalt…«
Kua lan! Mein Schwert fiel zu Boden. Welcher Mann konnte einer solchen Verführung widerstehen? Ich konnte es nicht. Mein heißes Blut verbrannte mich und wie ein Tiger sprang ich zu ihr und küsste sie wie verrückt auf Mund und Wangen.
»Da Lee, nicht hier. Gehen wir zu dir in dein Zimmer.« Sie brachte ihre Kleidung wieder in Ordnung. »Vergiss dein Schwert nicht.«
Wir gingen Arm in Arm zusammen den kleinen Waldweg entlang. Es waren nur ein paar hundert Meter bis zu meinem Haus, aber ich empfand den Weg heute besonders lang.
»Moment, Moment, ich will dir etwas sagen.« Als wir endlich in meinem Zimmer waren, hielt sie mich erneut zurück. »Da Lee, ich habe zwei Söhne…«

»Das macht nichts, ich liebe dich!« Ich konnte meine Hände nicht von ihr lassen.
»Da Lee, ich bin verheiratet!«
»Was?« Meine Finger hielten inne.
»Aber ich will mich von ihm trennen!... Ich ... ich liebe dich, Da Lee!« Und von da ab gab es nichts zu sagen.
Es war unvergesslich! Wir fühlten uns wie im Himmel, in einer außerirdischen Welt. Mein kleines Zimmer erschien uns plötzlich wie das Paradies. Wir wollten es gar nicht mehr verlassen.
So begann die Zeit mit Julia.
Einmal kam sie mit lachendem Gesicht zu mir. »Da Lee, ich habe drei Wochen frei. Das ist mein erster Urlaub seit Langem. Wollen wir zusammen verreisen? Du musst dich auch ausruhen, jetzt sind ja Winterferien.«
»Was ist mit deinen Kindern?«, fragte ich.
»Ihr Vater und meine Verwandten kümmern sich gut um sie, keine Sorge!«, erklärte sie.

Einige Tage später waren wir unterwegs durch Europa. Unser erstes Ziel war natürlich Paris. Diese romantische Stadt begrüßte uns mit offenen Armen. Wir gingen eng aneinandergeschmiegt durch die Straßen und küssten uns immer wieder. Dieser Wunsch nach Liebe kam nicht nur aus unserem Inneren, sondern auch von außen. In Paris lag die Verführung in der Luft. Tagsüber genossen wir die romantische und erotische Atmosphäre der Stadt. Abends holten wir Champagner und Rotwein ins Hotel und liebten uns heiß und dringend, dann gingen wir wieder auf die Straße.
Die französische Küche gefiel uns sehr. Auch die Gäste in den Restaurants beeindruckten mich sehr. Oft konnte ich beobachten, wie alte Männer oder Frauen alleine, gut gekleidet, am Tisch saßen und langsam ihr Essen genossen, von der Vorspeise bis zum Nachtisch. Dazu einen guten Wein. Sie verstanden, was ein schönes Leben bedeutete!
Wenn man als Chinese oder als Deutscher allein im Restaurant aß, hatte man immer das ungemütliche Gefühl, ein Außerirdischer zu sein. Man füllte das Essen so schnell wie möglich in den Magen, dann verschwand man.

»Warum können wir nicht so wie die Franzosen die Schönheit der Einsamkeit einfach ganz offen zeigen?«, fragte ich Julia.
An ihrem Gesichtsausdruck sah ich, dass sie meine Frage überhaupt nicht verstanden hatte. Sie saß mir gegenüber. Zwischen uns auf dem Tisch stand ein großer Teller mit einem Berg aus Eis. Einige geöffnete Austern lagen auf dem Eis. Sie wollte sie nicht essen, ja noch nicht einmal berühren. Aber sie schaute gern zu, wie ich Austern schlürfte.
In Paris konnte man fast immer zwei lange Schlangen antreffen, eine beim Eiffelturm, die andere natürlich vor dem Louvre. Vor dem Museum warteten wir drei Stunden lang. Julia war als Kind schon dort gewesen, ich jedoch war aufgeregt wie ein Kind aus dem Dorf, das zum ersten Mal in die Großstadt kam.
»Wow! Die Bilder sind wunderschön! Sind alle echt?«, fragte ich.
»Natürlich!«, antwortete Julia stolz.
»Und die Skulptur der Venus ist auch echt?«, fragte ich gespannt. Eine Kopie davon hatte ich schon in China gehabt. Nach der Kulturrevolution war sie das erste überraschende Kunstprodukt aus dem Westen gewesen.
Ich hatte sie damals in einem Shanghaier Laden gekauft, eine fünfzig Zentimeter hohe, weiße Gipsfigur.
»Was ist das? Woher hast du das?« Mein Vater stand an meinem Tisch und zeigte mit dem Finger auf die nackte Figur.
»Ich habe sie gekauft. Das ist ein weltbekanntes Kunstwerk«, antwortete ich.
»Was ist das nur für eine Zeit, dass man jetzt sogar solche bürgerlichen Dinge kaufen kann?« Meine Mutter staunte.
Einige Tage später war meine Venus plötzlich bekleidet. Ein kleines weißes Hemd bedeckte ihren Gipsbusen. Diese Maßnahme hatte bestimmt nach langer elterlicher Diskussion stattgefunden. Die beiden alten Revolutionäre aus der Mao-Zeit konnten mein neu entdecktes Kunstwerk noch nicht ertragen.
Das war im Jahr 1977 gewesen.
Zwanzig Jahre später fragte ich mit zitternder Stimme: »Ist die echt?«
»Ja, hier ist alles echt«, antwortete Julia. Sie konnte vielleicht nicht genau verstehen, warum ich so aufgeregt war. Auch wenn wir alle Einwohner dieses Erdendorfes waren, so waren wir doch in verschiedene

Welten hineingeboren worden und aufgewachsen. »Da Lee, beruhige dich. Du bist im Louvre. Du wirst noch einige Überraschungen erleben.« Julia war ein Jahr jünger als ich. Aber jetzt behandelte sie mich wie einen kleinen Bruder.
»Warum haben sich hier so viele Leute versammelt?«, fragte ich, als wir an einer Wand vorbeikamen.
»Hier hängt das Original der Mona Lisa«, erklärte Julia amüsiert.
»Was?« Ich zog sie sofort in die Menschenmenge hinein und erntete empörte Blicke der anderen Besucher.
Sie lachte mich an, als wir es endlich bis in die erste Reihe geschafft hatten. Mona Lisa begrüßte uns mit ihrem faszinierenden Lächeln, das schon seit fast fünfhundert Jahren auf ihren Lippen lag. Wie hatte Leonardo Da Vinci nur solch ein Lächeln auf die Leinwand bringen können? Es war so jung und frisch wie grüne Blätter und knospende rote Blumen im Frühling. Obschon Mona Lisa kein Teenager mehr war, hatte sie sich ihr natürliches, junges Lächeln bewahrt.
Das Lächeln, das ein Spiegel der Frauenseele sein sollte, hatte der Maler bei der hübschen, unschuldigen jungen Frau hervorragend festgehalten. Ein paar hundert Jahre waren schon vorbei, aber dieses faszinierende junge Lächeln blieb bestehen …
»Da Lee, lass uns gehen. Die anderen Leute wollen das Bild auch betrachten«, flüsterte mir Julia leise von der Seite zu.
Ich wusste nicht, wie lange wir dort gestanden hatten. Nur eines war ganz sicher: Egal, wie viel Zeit man hatte, für so viele Kunstwerke, wie es sie im Louvre gab, reichte die Zeit nie aus.
Unsere nächste Station hieß Rom. Jede Mauer, Brücke oder kleine Steinstraße erzählte Geschichten aus der Vergangenheit. Fast alles hatte mit Kunst zu tun. Nur schade, dass vieles mit schmutzigen Kritzeleien bedeckt war. Die U-Bahn sah noch schlimmer aus als in Berlin oder Paris, alles war unordentlich und verdreckt. Schade! Man durfte nicht nur die Früchte der Arbeit seiner Vorfahren ernten, sondern musste auch etwas dafür tun und diese Arbeit schützen.
Wir standen auf einer Brücke neben einer großen, wunderbaren Skulptur, die zwei nackte Steinfiguren zeigte. Aber leider war ein Stück vom Glied des Mannes schon abgebrochen, und der Frau hatte jemand mit schwarzem Lack eine Vagina gemalt. Ich schüttelte nur noch den Kopf.
»Da Lee, lass uns zum Vatikan gehen. Dort gibt es wunderbare Kunst-

werke, und alle sind sie gut bewacht.« Julia kannte sich hier besser aus als ich.
Zusammen mit zahlreichen Touristen marschierten wir über eine Wendeltreppe in das Museum hinein, in das Gebiet des Vatikans voller Glanz und Pracht.
Plötzlich ging es nicht mehr weiter. Die Besucher, die vor mir waren, blieben alle stehen und wandten ihre Gesichter nach oben.
Ich folgte neugierig ihrem Beispiel. Die ganze Decke war bemalt. Dort flogen einige Menschen in einem bunten Himmel, es gab sogar Kinder. Wahrscheinlich waren sie Engel.
»Das ist das berühmte Bild von der Erschaffung Adams«, sagte Julia.
»Wer ist Adam?«, fragte ich.
»Adam war der erste Mensch. Und der Mann mit grauem Haar und weißem Bart ist Gott. Das ist das weltbekannte Bild von Michelangelo. Hast du noch nie davon gehört?« Julia musterte mich erstaunt.
»Doch, doch! Aber… aber ich habe noch nie gesehen, dass Gott die Menschen so geschaffen hat.« Meine Blicke verweilten zwischen den Fingern Gottes und Adams und dann auf ihren Gesichtern.
»Woran denkst du, Da Lee? Du schaust schon so lange hoch«, fragte mich Julia nach einer Weile.
»Ich… ich habe gedacht, nein, ich habe gesehen, dass die Gesichter von Gott und von Adam so ähnlich aussehen wie die Leute hier.«
»Meinst du wie Italiener?«
»Ja, auch. Alle Gesichter von Jesus und Maria, die ich hier gesehen habe, sehen italienisch aus. In anderen Ländern werden die gleichen Heiligen jedoch anders gemalt. In Frankreich sehen sie aus wie Franzosen, in Deutschland wie Deutsche und in China wie Chinesen.« Ich hatte etwas Neues entdeckt, deshalb klang meine Stimme sehr aufgeregt.
»Ja und? Was willst du damit sagen?« Ihre Augen wurden immer größer.
»Nun, ich glaube, in Wirklichkeit hat nicht Gott die Menschen geschaffen, sondern die Menschen haben Gott geschaffen!«
»Leise! Wir sind hier nicht allein.« Julia schaute nach links und nach rechts, dann sprach sie weiter. »Ob die Menschen Gott geschaffen haben, weiß ich nicht. Und woher die Menschen kommen, da glaube ich lieber an die Theorie von Darwin, dass die Menschen durch Evolution vom Affen abstammen.«
»Das glaube ich auch nicht. Wenn die Menschen vom Affen gekom-

men sind, warum sind dann nach so langer Zeit die Affen im Wald und im Zoo immer noch Affen? Nein, ich glaube das nicht!«
»Sehr gut gesagt, junger Mann!« – »Ja, sehr gut, wir sind der gleichen Ansicht wie Sie«, sagten zwei Nonnen im Vorbeigehen. Zum Glück hatten sie nicht gehört, was ich vorher gesagt hatte.
War ich ein Gegner der Religion? Nein, im Gegenteil! Ich hoffe, dass die Menschen einen Glauben haben. Wenn es in dieser Welt keine Sehnsucht nach dem Paradies und keine Angst vor der Hölle gegeben hätte, wäre alles noch viel schlimmer und viel dunkler.
Entlang der riesigen Vatikanmauern wanderten wir im Nieselregen zum Petersplatz. Ein sehr großer Platz! Ich war von seiner majestätischen Ausstrahlung stark beeindruckt. Vor dem Petersdom standen trotz des schlechten Wetters zahlreiche Besucher.
»Da Lee, in ein paar Tagen kommt der Papst an das Fenster dort und wird sich von mehreren zehntausend Menschen bejubeln lassen.« Julia zeigte auf ein Fenster. Ihre Augen leuchteten.
»Interessiert dich das? Ich habe keine Lust, dorthin zu gehen. Ich habe schon zu oft gesehen, wie die Massen einen Machthaber bejubeln, ich bin es satt. Weißt du, dass es in China auch einen großen Platz gibt?«, fragte ich.
»Meinst du den Tiananmen-Platz? Das kann man nicht vergleichen!«, sagte sie mit sicherer Stimme.
»Nein, das ist nicht das Gleiche!« Ich schaute mich auf dem Platz um, in der Hand einen großen roten Regenschirm, der uns vor dem Nieselregen schützte. Unten auf dem Steinboden hatte sich eine Wasserpfütze gebildet, in der sich die rote Farbe meines Schirms spiegelte. Plötzlich hatte ich das Gefühl, die rote Farbe würde sich immer weiter ausdehnen. Ich versank in Erinnerungen. Rot, überall war Rot. »Langes Leben, langes Leben!«, schrien zahllose Menschen mit ganzer Kraft, manche fast wie in Trance. Ein offener Jeep fuhr den Vorsitzenden Mao in diesen verrückten Menschenstrom hinein … Das Bild in meinem Kopf veränderte die Farbe, nun sah ich verschiedene bunte Farben, aber die Menschenmasse jubelte genauso stark wie zuvor. Ein Panzer aus durchsichtigem Glas fuhr hinein …
»Da Lee, woran denkst du? Du bist ja ganz weg.« Julia rief mich zurück und lächelte.
»Ich? Ja, ich habe gerade sehr viel gedacht. Ich … ich habe eine Frage,

Julia. Sag mir, warum jubeln die Menschen so gerne den Machthabern zu? Alle sind verrückt nach großen Machthabern. Das ist überall gleich, egal wo und wann es ist. Warum? Weißt du, warum?« Ich schaute sie direkt an.

»Ich weiß es nicht. Das interessiert mich auch nicht. Kannst du nicht etwas anderes fragen? Wir machen hier doch Urlaub.« Ihr Lächeln war verschwunden.

Gut, solche Fragen stellte ich nicht mehr. Aber meine Gedanken konnte ich nicht beeinflussen.

Auf unserem Weg begegneten uns einige Soldaten in mittelalterlichen Uniformen.

»Man nennt sie die ›Schweizergarde‹. Sie kommen alle aus der Schweiz und beschützen den Papst und den Vatikan«, erklärte mir Julia diesmal, noch bevor ich sie gefragt hatte.

»Sie sehen schön aus«, kommentierte ich. »Aber wie können sie mit so einer komischen alten Waffe kämpfen?«

»Ich weiß es nicht. Waffen interessieren mich nicht«, gab sie zur Antwort.

Ich schwieg gedankenvoll und erinnerte mich, gelesen zu haben, dass die Kirche in früheren Jahrhunderten fast unbegrenzte Macht gehabt hatte.

»Vielleicht ist es gut, wenn das so bleibt«, sagte ich halblaut.

»Was soll bleiben?« Julia war verwirrt.

»Diese Soldaten sollten keine modernen Waffen in die Hand bekommen.«

»Du mit deinen Waffen! Ich habe dir doch gesagt, dass Waffen mich nicht interessieren.«

»Du solltest dich dafür interessieren, weil Waffen die Macht symbolisieren«, widersprach ich. »Wenn jemand die ganze Macht in den Händen hat, spürt er den Wert des Lebens anderer Menschen nicht mehr. Man darf nicht darauf hoffen, dass solche Machthaber noch Sympathie für normale Menschen haben. Das Einzige, was man machen kann, damit solche Typen vernünftig bleiben, ist, eine Gegenmacht zu schaffen. So wie es die daoistische Yin-Yang-Philosophie lehrt: Alle sollen stets dem Spiel der Gegensätze ausgeliefert sein …«

»Da Lee, hör bitte auf! Wir machen doch Urlaub«, unterbrach mich Julia.

»Ja, ich weiß. Aber du kennst doch das Yin-Yang-Zeichen, oder?«
»Natürlich. Ich bin sogar auch der Ansicht, dass es immer eine entsprechende Gegenleistung gibt, wenn man etwas Nettes getan hat, und natürlich auch dementsprechend eine Strafe, wenn man etwas Böses getan hat, entweder in diesem Leben oder im nächsten.«
»Glaubst du auch an das Samsara? Das gehört zum Buddhismus.« Ich wusste, dass sie eine Christin war.
»Ja, na und? Ich glaube es einfach.«

Barcelona war das letzte Ziel unserer Reise. Leider war der Dezember in Spanien keine Badezeit, aber das Meer beeindruckte mich sehr. Ich stand gern gegen den starken Wind gestemmt und genoss die kraftvolle Melodie der Wellen. *Hua, hua*!
Jedes Mal zog Julia mich weg. »Hier ist es zu kalt, der Wind ist zu stark. Du stehst schon so lange hier, gehen wir lieber.« Sie kam von einem Strandspaziergang zu mir zurück, ihren Körper in den blauen Mantel geschmiegt.
Erst als ich sah, wie sie zitterte, spürte ich selbst die kalte Luft. Gemeinsam verließen wir den Strand.
Unser Hotel befand sich nicht weit vom Meer entfernt, sodass ich von morgens bis abends vom Balkon aus die faszinierende Landschaft am Wasser beobachten konnte.
Julia hatte mir von den Stierkämpfen erzählt. Sie wollte nicht hingehen, aber mir zuliebe stimmte sie zu. Die Corrida hatte schon begonnen, als wir unsere Plätze hoch oben über der Arena fanden.
Plötzlich wurde eine Tür in der Umrandung geöffnet. Ein großes und kräftiges schwarzes Wesen sprang hinein. »Oh!«, schrien tausend Zuschauer gemeinsam. Es war der Stier, ein wunderschönes Tier: Am ganzen Körper glänzte das Fell. Seine Hörner waren schön gebogen und hell mit dunkler werdender Spitze. Er lief bis zur Mitte und blieb dort stehen, um sich mit hoch erhobenem Kopf in der Arena umzusehen. Wie ein richtiger Kämpfer zeigte er unter den Augen der vielen Menschen nicht die geringste Nervosität, sondern nur Mut und seine volle Energie. *Pa, pa*!, schlug er mit den Vorderhufen zweimal auf den Boden, dann raste er wie eine schwarze Rakete auf seine Herausforderer zu, die große Hüte trugen und den Stier mit purpurroten und gelben Tüchern reizten.

Die Männer liefen wie schlaue Affen vor dem Stier hin und her, sodass jeder seiner Angriffe ins Leere ging.
Die Zuschauer lachten, ebenso wie Julia und ich. Wir fanden den Anblick sehr lustig. Aber langsam verschwand das Lachen von Julias Gesicht.
Der Stierkampf ging in die zweite Phase. Das kräftige Tier war durch das von den Männern erzwungene Spiel schon geschwächt. Nun traten drei Männer mit Stahlspießen auf. Sie schrien und trommelten mit den Füßen, um das Tier zum Angriff zu verführen. Tatsächlich! Der Stier ging in die Falle. Er sprang auf einen der drei Männer zu und *Pu*!, stießen sie ihm nacheinander die Spieße in den Körper.
Mit den sechs Spießen in seinem Rücken lief der Stier jetzt langsamer. Das Blut hatte bereits eine lange Spur auf dem Boden hinterlassen.
»Aufhören! Wie kann man so etwas tun!«, schrie meine Freundin neben mir. Vor Schock und Empörung war ihr Gesicht ganz blass. Doch niemand hörte sie. Alle jubelten dem Matador zu.
Diesmal hatte er außer dem roten Tuch noch ein Schwert in der Hand. Der Stier, müde und geschwächt, blieb stehen und schaute mit seinen großen Augen auf den eleganten Herausforderer. Er weinte. »Lass mich bitte los. Ich habe nichts Falsches getan«, sagte dieses riesige schwarze Tier mit seiner Körpersprache. Weißer Dampf stieg langsam von seinem Körper nach oben, weil er so stark und heiß geschwitzt hatte, und das Blut, viel Blut, tropfte nach unten ...
Der Matador wusste, was seine Zuschauer von ihm erwarteten. Er schwenkte das Tuch. Elegant ließ er das Tier so nah an seinem eigenen Körper vorbeikommen, dass seine Jacke gestreift wurde.
»Olé!«, schrien die Besucher ihrem Helden zu.
Er drückte die Brust heraus und stolzierte wie ein Hahn einige Schritte hin und zurück. Einfach majestätisch! Kaum zu glauben, dass er das alles nur knapp einen Meter vor den scharfen Hörnern tat. Er hatte wirklich großen Mut! Man musste sich auf diesem Kampfplatz an seine Vorfahren erinnern. Auch sie hatten in der Mitte des 19. Jahrhunderts schon der ganzen Welt ihren Mut gezeigt. Sie standen auf ihren Schiffen, in einer Hand die Bibel und in der anderen das Schwert. Sie fuhren für den Traum vom Gold über den Ozean. Sie eroberten ferne Gebiete in Südamerika. Sie brachten die »europäische Zivilisation« dorthin und Gold zurück ...

Pu! stach der Matador mit seinem Schwert tief in den Nacken des Stieres und erneut jubelten die Zuschauer.
Nun erzitterte der Stier. Wie eine einstürzende Wand fiel er zur Seite. Laute Trompetenmusik erklang. Der Sieger schwenkte seinen großen schwarzen Hut. Einige Frauen warfen ihm Blumen und Kusshände zu.
»Das ist Mord! Das ist unmenschlich.« Julia schüttelte weinend ihren Kopf. »Da Lee, lass uns gehen. Ich … ich kann nicht länger hierbleiben.« Sie zeigte mir das weiße Taschentuch, das sie in der Hand hielt. Es war schon ganz nass geweint, und ihre Augen waren rot. Entschlossen stand sie auf.
»Du willst gehen? Gut! Aber zuerst musst du mir eine Frage beantworten.« Ich hielt ihren Arm fest.
»Was denn? Du fragst viel zu viel.«
»Aber diese Frage ist sehr wichtig.«
»Was denn?«
»Willst du mich heiraten?«
»Wie bitte?«
»Julia, ich möchte dich heiraten und Kinder von dir haben. Wenn wir eine Tochter bekommen, hoffe ich, dass sie so wird wie du, so hübsch, so nett und so gefühlvoll! Willst du mich heiraten?« Ich legte ihr meine Hände auf die Schultern.
Sie sagte nichts, nickte aber. Dreimal. Langsam kehrte das Lächeln, das ich so liebte, in ihr Gesicht zurück.

Es war an einem Abend Anfang 1998. Ich räumte mein kleines Zimmer im Studentenwohnheim. Am nächsten Tag würde ich mit Julia zum Standesamt gehen und danach Hochzeit feiern. Ich hatte zu diesem Zweck ein ganzes Chinarestaurant reserviert. Wir hatten Gäste eingeladen, Verwandte meiner zukünftigen Frau und viele meiner Tai-Chi- und Qi-Gong-Schüler. Ich würde aus der kleinen Bude ausziehen und eine neue Familie haben! Eine gemeinsame Wohnung hatten wir schon gefunden.
Draußen war es ganz dunkel geworden. Der kalte Wind brauste gegen das kleine Fenster. Aber mir war beim Packen heiß geworden und ich hatte mich bis aufs Unterhemd ausgezogen. Plötzlich klingelte es. Wer mochte das sein? Ich hatte mich doch mit niemandem verabredet, sagte ich mir selbst, während ich die Tür öffnete.

»Ja? Wer sind Sie?«, fragte ich.
Ein großer, schlanker Mann mit blonden Haaren stand vor mir. »Sind Sie Da Lee Chen?«, fragte er mich. Ich spürte einen kalten Windhauch. »Ich ... ich bin Peter, Julias Exmann.«
»Was?« Ich wich einen Schritt zurück. Hundert Fragen tauchten gleichzeitig in meinem Kopf auf: Was will er? Morgen ist meine Hochzeit, warum kommt er jetzt? Ich habe ihm seine Frau weggenommen, will er sich rächen? Hat er eine Waffe?
»Darf ich hereinkommen?« Seine Stimme zitterte leicht.
»Ja, bitte.« Ich machte ihm Platz.
Er kam händereibend ins Zimmer, vielleicht war ihm kalt, oder er wollte sich selbst beruhigen. »Kennst du Julia schon lange?«, fragte er ohne weitere Einleitung
»Ja, schon fast ein Jahr«, antwortete ich vorsichtig.
»Nur ein Jahr«, sagte er wie zu sich selbst und setzte sich langsam auf mein Bett. »Und ... und bist du sicher, dass du sie morgen heiraten willst?«, fragte er, schaute mich dabei aber nicht an.
»Ja, ganz sicher.« Ich setzte mich auf den einzigen Stuhl. »Hör mal, ich weiß, ihr seid schon geschieden, und dass das Ganze ziemlich einfach über die Bühne ging ...«
»Einfach? Das ist überhaupt nicht wahr! Wir haben zwei gemeinsame Kinder. Wie kann es da einfach sein, sich scheiden zu lassen?«, fragte er empört.
»Machst du dir Sorgen um deine Söhne?«
»Ja, natürlich! Deswegen bin ich heute hierhergekommen. Ich kenne mich hier nicht aus, deshalb habe ich lange gebraucht, um dich zu finden.«
Langsam ahnte ich, weshalb er hier war.
»Meine Kinder sind noch klein. Der eine ist sechs Jahre alt und der andere nur drei. Der verdammte Richter hat beide ihrer Mutter zugesprochen. Ich muss Unterhalt zahlen. Damit ... damit habe ich keine Probleme. Aber sie werden in Zukunft mit dir zusammen wohnen, und du bist ein Gong-Fu-Meister ...«
»Was? Wie meinst du das? Glaubst du, dass ich die Kinder schlagen würde?«, fragte ich entrüstet.
»Nein, nein.« Er hielt seine Hände über den Kopf und schaute auf meine Fäuste. »Nein, ich glaube nicht, dass du die Kinder misshandeln

würdest, ich mache mir nur Sorgen darüber, dass sie benachteiligt werden.«
»Warum sollte ich das denn tun?«
»Jetzt vielleicht nicht, aber… aber später, wenn du mit Julia gemeinsame Kinder hast…« Er sprach nicht weiter und presste seine Hände wieder zusammen, immer wieder, so als ob er dort furchtbare Schmerzen hätte.
Ich schwieg. Dieser Besucher berührte mein Herz. Es war gar nicht lange her, dass ich in einer ähnlichen Situation gewesen war, nur dass ich diesmal die Gegenrolle spielte. Aber ich empfand sie genauso bitter und schmerzhaft.
»Verzeih! Ich hätte dich vielleicht besser nicht besuchen sollen. Morgen ist schließlich eure Hochzeit.« Seine Stimme wurde immer leiser. »Aber als Vater muss ich mich um die beiden Kleinen kümmern. Ich kann schon seit Monaten nicht mehr richtig schlafen. Gestern hatte ich einen Traum: Du und Julia seid mit euren Kindern in einem Luxuswagen gesessen und meine Kleinen mussten barfuß hinterherlaufen. Sie durften euren Wagen noch nicht einmal anfassen –«
»Hör auf! Bitte, hör auf.« Ich konnte seine Worte nicht länger ertragen.
»Du musst keine Angst haben. Dafür sorge ich.« Ich sprach Wort für Wort, mit ganzer Kraft. Das war wirklich die schwierigste Entscheidung meines Lebens. »Julia und ich werden keine Kinder zusammen haben.«
»Warum? Wir sind hier in Deutschland, nicht in China, wo man für jedes weitere Kind bestraft wird. Nein, der Staat bezahlt dafür.« Er schaute mich erstaunt an.
»Ich weiß. Aber warum bist du gekommen? Und hast mir das alles erzählt? Jetzt gibt es kein Zurück mehr. In Zukunft sind deine Kinder auch meine Kinder. Ich werde sie wie meine eigenen behandeln. Du musst dir keine Sorgen machen. Du wirst immer ihr leiblicher Vater bleiben!«
Er stand auf und nahm gerührt meine beiden Hände. »Danke! Ich… ich lasse auch zu, dass die Kleinen dich ›Vater‹ nennen.«
»Nein, das ist nicht nötig. Ich bin schon ein Vater. Mein Sohn lebt in Shanghai.«
»Kann ich etwas für dich tun? Was möchtest du?«

Ich schüttelte den Kopf. Dann sagte ich: »Geh jetzt lieber nach Hause. Ich muss für die Hochzeit morgen noch etwas vorbereiten.«
»Ja, natürlich.« Er ging zur Tür, blieb dort aber wieder stehen. »Willst du wirklich auf eigene Kinder mit Julia verzichten?«
»Ja, ich habe es versprochen.«
Von diesem Tag an musste ich auf der Straße immer wieder die Babys anschauen, vor allem Kinder, die halb europäisch, halb asiatisch aussahen. Oh! Ich konnte meinen Blick kaum von ihnen lösen.
Ein Versprechen! Manchmal ist es sehr schwer, das auszuhalten.

22

Ich will die Hundesprache lernen! Ich will die Hundesprache lernen!« Der kleine Klaus lief Julia den ganzen Tag hinterher. Er war erst vier Jahre alt. Warum wollte er die Hundesprache lernen? Keiner von uns konnte das nachvollziehen.
»Es gibt keine Hundesprache, Klaus. Erst einmal musst du unsere Sprache lernen«, sagte sie zu ihm.
»Er will mit dem Hund von Frau Uhlmann sprechen«, erklärte sein Bruder Holger. Er war selbst erst sieben Jahre alt, aber schon verständig wie ein Erwachsener.
»Von Frau Uhlmann? Aber die ist doch vor drei Tagen gestorben, wie soll das denn gehen?«, fragte ich. Diese Frau Uhlmann war eine sehr nette, aber einsame Dame gewesen. Nachdem Julia und ich nach unserer Hochzeit zusammengezogen waren, hatte ich oft gesehen, wie sie mit ihrem weißen Spitz spazieren ging. Immer war sie allein mit dem Hund und immer ging sie punktgenau zur gleichen Zeit, um drei Uhr nachmittags. Anfangs hatte ich einige Probleme mit ihr, oder besser gesagt: Sie hatte Probleme mit mir. »Ein Chinese, ein Chinese!« Sie zog ihren Hund sofort zurück, wenn wir uns unterwegs zufällig trafen. Für eine Nachbarin fand ich ihr Verhalten sehr merkwürdig. Von Julia erfuhr ich dann, dass sie schreckliche Angst hatte, ich würde ihren Hund schlachten und süß-sauer zubereiten.

»Ich liebe Ihren Hund! So etwas Süßes isst man in China auch nicht«, sagte ich ihr einmal sehr laut direkt ins Ohr, denn sie war fast taub.
»Gelbe Gefahr, gelbe Gefahr«, sagte sie daraufhin leise und wich schnell einen Schritt zurück. In ihren Armen lag ein gelbes Mitglied ihrer Familie: die gelbe Katze.
Was meinte sie?, fragte ich mich selbst. Für ihre Katze spürte sie bestimmt keine Gefahr.
»Sie denkt, du bist die ›Gelbe Gefahr‹«, erklärte mir meine Frau später zu Hause. »Die alte Generation glaubt, dass die Chinesen irgendwann einmal nach Europa einmarschieren. Deshalb sagt sie ›Gelbe Gefahr‹«, ergänzte sie lachend. Sie fand das eher lächerlich.
»Habe ich eine gelbe Haut?«, fragte ich meine Familie irritiert.
»Nein!« Sie schüttelten alle die Köpfe. »Du bist genauso weiß wie wir«, sagten sie.
Ich konnte schwer akzeptieren, dass so viele Leute der Meinung waren, Chinesen seien gelb. Selbst viele Chinesen glaubten das. Litt die ganze Welt an Farbenblindheit?
Mein Sohn Chen, She Da, der gerade zu Besuch war, hatte schneeweiße Haut, ganz dicke schwarze Haare und große runde Augen. Das brachte ihm in diesem Haus von Anfang an viele Sympathien ein. Alle Nachbarn mochten ihn. Er verbesserte auch die Beziehung zwischen Frau Uhlmann und mir. Jedes Mal, wenn er den weißen Hund oder die gelbe Katze der alten Dame sah, kam er, um sie zu streicheln.
»Oh, ein süßes Kind. Süßes Kind«, lachte Frau Uhlmann und ihr ganzer Körper wackelte dabei. Manchmal gingen die beiden sogar zusammen spazieren. Die alte Dame legte eine Hand auf She Das Schulter, mit der anderen hielt sie die Hundeleine. Sie erzählte pausenlos immer wieder die gleiche Geschichte, die ich schon mehrfach gehört hatte; warum sie auf keinen Fall ins Altersheim gehen wollte. Leider verstand mein Sohn kaum Deutsch. Aber er nickte eifrig. Oh, Oma Uhlmann mochte ihn. Einmal sah ich sie an der Kasse des Supermarkts. Einige Leute, die in der Schlange hinter ihr standen, waren ziemlich böse auf sie. Sie schimpften, weil Frau Uhlmann mit der Verkäuferin ein paar Worte mehr gewechselt hatte als nötig.
»Tschüh, bitte Geduld!«, versuchte ich die empörten Käufer zu beruhigen. Ich wusste genau, dass dies oft die einzige Möglichkeit für die alte Frau war, einmal am Tag mit einem Menschen zu reden.

»Ich will nicht ins Altersheim!«, betonte sie immer wieder, obwohl es das ganze Haus schon wusste.
Ihr gehörte das Haus, in dem wir wohnten. Es hatte sechs Wohnungen. Neben uns im gleichen Geschoss wohnte ein junges Paar. Beide waren arbeitslos. Ich wusste es nicht direkt von ihnen, sondern konnte es sehen und hören. Ständig hörte ich sie über den Job schimpfen, den sie vorher gehabt hatten. »Die Vermittler im Arbeitsamt sind alle Idioten, wie können sie mir so eine schmutzige und menschenunwürdige Arbeit geben? Da gehe ich auf keinen Fall noch einmal hin!« Dann wiederum sah ich den Mann oft in der Kneipe vor seinem Bier sitzen. Und seine Frau bummelte tagsüber von einem Laden zum anderen. Ein sehr bequemes Leben! Man erzählte sich, dass der Staat seit einigen Jahren schon für ihren gesamten Lebensunterhalt aufkam. Aber trotzdem hörte man beide durch die Wand nur über dieses Land schimpfen. Manchmal hoffte ich sogar, dass sie keine neue Arbeitsstelle finden würden, sonst würden sie wieder die ganze Welt als Feind betrachten, vor allem die dunkelhaarige, schlanke Frau. Auf ihrem Gesicht zeigte sich keine Spur von Freundlichkeit, wenn wir uns zufällig an der Haustür trafen. Man spürte sofort ihre Empörung, sie drang sogar durch die dicke Wand. »Ich mache das nicht mehr! Das war ein Scheißtag…«, schimpfte sie laut. Am nächsten Tag bummelte sie wieder durch einen Laden nach dem anderen, und ihr Ehemann trank ein Bier nach dem anderen im Lokal… dann war alles wieder in Ordnung, und ihre Laune besserte sich.
»Ihr Sohn ist sehr süß. Gefällt es ihm hier? Er will bestimmt in Deutschland bleiben, nicht wahr?«, fragte sie mich einmal.
Ich schüttelte den Kopf. Das war derzeit eine schwierige Frage für mich. She Da war jetzt erst seit zwei Wochen bei mir, aber er hatte schon mehrfach gefragt, wann er nach Shanghai zurückkehren könnte. Warum wollte er nicht länger bei mir bleiben? Ich war doch sein Vater. Vielleicht waren wir schon zu lange voneinander getrennt? Wir bemühten uns sehr, sein Heimweh zu vertreiben. Julia führte ihn überall in Stuttgart herum und ihre beiden Jungen spielten auch sehr oft mit ihm. Die Kinder konnten einander besonders gut verstehen, auch ohne die jeweilige Sprache zu sprechen. Als Vater hoffte ich natürlich, dass er, mittlerweile dreizehn Jahre alt, etwas von der europäischen Kultur lernte. Ich zeigte ihm München, Heidelberg, wir fuhren sogar

nach Paris. Dennoch zeigte er immer wieder diesen trotzigen Blick. Warum? Er hatte sich so auf Deutschland gefreut.
»Papa, wie modern ist Deutschland?«, hatte er in Shanghai gefragt. In seinem kleinen Kopf hatte er schon viele schöne Bilder über dieses Land.
»Du wirst bald mit uns zusammen dorthin fliegen. Dann kannst du es mit eigenen Augen sehen«, antwortete ich. Nach der Hochzeit war ich mit Julia und den beiden Jungen nach Shanghai geflogen. Eigentlich hatten wir meine Eltern zu unserer Hochzeit einladen wollen. Aber wir hatten darauf verzichtet, weil es kompliziert war, ein Visum zu bekommen und ich fand, dass meine Eltern für so eine Reise doch schon zu alt waren.
Bei der Hochzeitsfeier waren fast alle Verwandten von Julia zum Standesamt gekommen, doch von mir war kein Einziger da gewesen. Das stimmt nicht ganz: Sehr viele meiner Schüler waren gekommen. Sie füllten den ganzen Saal. Zum ersten Mal sah ich meine Schüler so schick gekleidet. Die Männer trugen alle schöne und passende Anzüge mit Krawatten, und die Frauen? So schöne Kleider und Kostüme konnte man sonst nur in der Oper sehen. Ich spürte Geborgenheit, mein ganzes Herz wurde warm, als ich sie sah!
An diesem Tag trug Julia das rote Mandarinkleid, nach dem wir in Stuttgart lange gesucht hatten, und ich einen dunkelblauen Anzug. Mein weißes Hemd ergänzte ich mit einer rotgelb karierten Krawatte. Wir standen Hand in Hand vor dem Standesbeamten. »Sie sollen immer zusammen bleiben, in guten wie in schlechten Zeiten...« Dieser Mann sprach voller Gefühl zu uns. Kaum zu glauben, dass er jetzt seine alltägliche Arbeit verrichtete.
»Frau Chen! Wollen Sie diesen Mann, Da Lee Chen, zum Ehemann nehmen?«, fragte er Julia.
»Ich... was?« Julia war sichtlich aufgeregt. Ihr Gesicht war fast ebenso rot wie ihr Kleid. Sie reagierte nicht gleich, noch war ihr neuer Nachname ungewohnt. Zum Glück fing sie sich gleich wieder. »Ja, ja!«, antwortete sie.
Ich atmete aus. Blitzschnell tauchten viele Bilder in meinem Kopf auf: Wie ich vor dreizehn Jahren mit Zhou, Lin im Standesamt in Shanghai vor den eiskalten und unbeteiligten Beamten gestanden hatte...

»Herr Chen!« Der Standesbeamte unterbrach meinen Gedankenfluss. »Wollen Sie Frau Julia Berger als Ihre Ehefrau …«
»Ja, ja!« Bevor der Beamte fertig gesprochen hatte, antwortete ich schon. Aus dem Saal ertönte lautes Lachen.
»Dann unterschreiben Sie bitte hier.«
Wir unterschrieben beide die Heiratsurkunde, ebenso wie unsere Trauzeugen. Dann gingen wir, ungefähr hundert Leute, gemeinsam zum Essen in das Chinarestaurant, wo ich reserviert hatte.
Ich als Gastgeber hoffte natürlich, unseren Gästen nur die besten Speisen anbieten zu können.
»Ich werde mich bemühen, alles zu deiner Zufriedenheit zu machen. Du bist ein Stammkunde und feierst deine Hochzeit. Natürlich serviere ich das Beste!«, hatte mir der Besitzer des Restaurants vorher schon versprochen. »Aber du weißt ja, dass wir nicht in China sind. Vieles bekommt man hier gar nicht, wie ganz frisch geschlachtetes Fleisch, lebendige Fische und Krebse …« Er breitete die Arme aus, um zu zeigen, dass man das akzeptieren musste. Ich wusste es natürlich selbst.
Aber kurz darauf genossen Julia, ihre beiden Jungen und ich schon richtiges chinesisches Essen in Shanghai.
»Hier veranstalten wir täglich ein Bankett«, sagte Julia begeistert. Ihre Kinder mochten die unterschiedlichen Nudel- und Teigtaschen ebenfalls sehr. She Da hatte sofort die Rolle des älteren Bruders und Reiseführers übernommen. Er zeigte den beiden, wie man in den riesigen elektronischen Spielhallen mit den Maschinen umging und wie man Bao Ze und Jiao Ze aß. Und einmal hatten wir ein richtiges Bankett, als meine Eltern uns alle mit vielen Verwandten zusammen ins Restaurant einluden.
Zum Schluss hatte meine Mutter Julia der Tradition gemäß einen großen, goldenen Ring geschenkt. »Sie ist eine gute und nette Frau«, flüsterte sie mir zu, obwohl sie sich kaum miteinander austauschen konnten.
Es beruhigte mich sehr, dass meine Mutter so positiv reagierte, denn ich hatte mir Sorgen darüber gemacht, ob die beiden alten Revolutionäre mit meiner neuen Frau einverstanden sein würden. Jetzt musste ich mir keine Gedanken mehr machen.
»Da Lee, deine Eltern sind sehr nett!«, sagte Julia nachher im Hotel zu mir.

»Wie kannst du das wissen? Ihr konntet euch doch gar nicht unterhalten?«
»Das Gefühl! Ich habe dieses Gefühl!« Sie umarmte mich.
»Das Gefühl ...« Ich verstand, was sie meinte. Wie schön! Das menschliche Gefühl! Es konnte die ganze Welt zusammenbringen und miteinander verbinden. Es darf nicht fehlen, egal wie modern unser Erdendorf wird.
Es wird erzählt, dass Gott Angst hatte, die Menschen aus der ganzen Welt würden zusammenstehen, und deshalb verschiedene Sprachen schuf. Aber ich fand, dass er etwas vergessen hatte: Das Gefühl konnte ebenfalls Menschen zusammenbringen. Warum hatte er nicht unterschiedliche Gefühle für die verschiedenen Nationen geschaffen? Vielleicht hat Gott ja auch doch nichts vergessen, denn er weiß, dass nicht jeder Mensch Gefühl hat ...
Einen Monat lang waren wir in China, nicht nur in Shanghai, sondern auch auf einem heiligen Berg. Einen Tag vor unserem Abflug brachte ich die drei Jungen frühmorgens in den Park, in dem meine früheren Tai-Chi-Schüler jetzt übten.
»Na, wie sehen wir aus?«, fragte ich die Kinder stolz, als ich mit der Gruppe gemeinsam die Übungen beendet hatte.
»Ja, schon gut, nur ... nur dass sich die Bäume und die Blätter auf dem Boden nicht mit euch zusammen bewegt haben«, sagte mein Sohn.
»Was?« Seine Worte erregten bei den Teilnehmern große Aufmerksamkeit, die gerade mit dem Üben fertig und am ganzen Körper noch heiß waren.
»He, mein Junge! Hast du schon mal jemanden gesehen, der seine Tai-Chi-Übungen so gemacht hat, dass sich auch Bäume und Blätter mit bewegen?«, fragte der weißhaarige frühere Hauptingenieur. »Wer so etwas kann, wer Dinge aus der Natur aus der Ferne beeinflussen kann, der gehört zur Spitze aller Meister. Das hast du doch gesagt, oder, Da Lee?« Vor Aufregung zog sich die Narbe in seinem Gesicht wieder zusammen.
»Ja, auf dem heiligen Berg habe ich das gesehen, und die beiden auch.« She Da zeigte mit dem Finger auf Klaus und Holger. »Der Mann hat Tai Chi geübt, und dann haben sich viele Bäume mit ihm zusammen bewegt, *hu la la, hu la la.*«
»Ja.« Die beiden deutschen Jungen verstanden sofort, worüber wir re-

deten. Sie nickten und bewegten ihre Hände genau so wie She Da: *Hu la la , hu la la.* Sechs dünne Ärmchen bewegten sich über drei kleinen Köpfen.
»Ihr habt euch bestimmt geirrt!« Wang, Ten Tong starrte die Kleinen streng an. »Wenn jemand dazu in der Lage wäre, dann einer von uns.«
»Nein, wir haben das tatsächlich mit eigenen Augen gesehen …« Die Kinder bestätigten ihre Geschichte immer wieder, teils auf Deutsch, teils auf Chinesisch, aber ihre Körperbewegungen waren genau gleich. *Hu la la, hu la la.* Sie zeigten uns, wie sich die Bäume mit dem geheimnisvollen Menschen bewegt hatten.
»Wo genau habt ihr das gesehen?«, schaltete ich mich jetzt ein.
»Dort auf dem Berg, wo du auch deine Übungen gemacht hast«, sagten alle drei zusammen.
Ich erinnerte mich wieder: Wir waren auf einem heiligen Berg in Südchina gewesen, der zu allen Jahreszeiten ein grünes Kleid hatte, in dem sich viele Klöster und Tempel versteckten; ein riesiger Berg in wunderschöner Landschaft. Doch konnte man seine Schönheit selten vollständig sehen, weil er meist in Nebel gehüllt war. Unser Hotel lag auch auf dem Berg. Morgens übte ich mit Julia gerne auf einer Rasenfläche unser Qi Gong und Tai Chi. Einmal war mir dabei ein Mann aufgefallen, weil er einen so leichten, fließenden Gang hatte und einen Duft nach Sandelholz zurückließ. »Meint ihr den Mann mit blauer Jacke und Hose, der einmal bei unseren Übungen zugeschaut hat?«, fragte ich einmal auf Chinesisch und einmal auf Deutsch.
Alle drei Köpfe nickten gleichzeitig.
»Aber … aber warum habt ihr mir das damals nicht erzählt?«, fragte ich ein bisschen vorwurfsvoll.
Drei kleine Köpfe schüttelten sich gemeinsam. Sie wussten selbst nicht, warum.
Ich brachte die Kinder ins Hotel und fragte Julia, ob sie diesen Mann auch gesehen hatte.
Sie war nicht mit uns zusammen in den Park gegangen, sondern hatte begonnen, die Koffer für unsere Abreise zu packen. »Nein, ich habe ihn nicht gesehen. Du musst auch nicht unbedingt glauben, was die Kinder erzählen. Vielleicht haben sie es einfach erfunden.«
Das konnte ich kaum glauben. Sie hatten es alle drei erzählt, und sie logen sehr selten.

Am nächsten Tag fuhren wir zum Flughafen von Shanghai. Diesmal verabschiedete ich mich von China mit einigen Fragezeichen und auch vielen überraschenden Bildern im Kopf. Meine Heimat veränderte sich zu schnell. Nicht nur hatte sich das Leben des chinesischen Volkes deutlich verbessert, sondern sie hatten auch mehr Freiheiten als früher. War das ein Erfolg der Reformen und der öffentlichen Politik? Einige Zeit vorher hatte ein alter Mann große Angst vor der endgültigen Beurteilung durch das Volk gehabt: Deng, Xiao Ping. Der Mann, der China aus Maos kommunistischer Utopie befreit und Reformen und öffentliche Politik eingeführt hatte.

»Wenn das Volk mein Leben beurteilt, hoffe ich, dass ich achtzig Prozent Gutes und zwanzig Prozent Schlechtes getan habe.«

Das Volk schwieg

»Gut, siebzig zu dreißig«, sagte Deng. Er war schon mehr als neunzig Jahre alt. Er lebte im Ruhestand. In seiner Zeit als Hauptmachthaber hatte er den blutigen Zwischenfall auf dem Platz des Himmlischen Friedens zu verantworten gehabt. An seinen Händen klebte das Blut junger Menschen, obwohl er auch viel Positives für dieses Land getan hatte.

»Gut, sechzig zu vierzig! Das ist mein letzter Wunsch. Ich bin ein Sohn des chinesischen Volkes.« Sehr bewegend! Dennoch: Ein »Sohn« darf immer Fehler machen und dass er das Volk als »Vater« bezeichnete, bedeutete, man möge ihm verzeihen...

Im Februar 1997 flog ein kleines Flugzeug durch China, über Städte und Dörfer, Berge und Flüsse. Aus einem geöffneten Fenster wurde ein graues Pulver über die Landschaft gestreut. Das war Deng, Xiao Pings Totenasche. Er wollte nach seinem Leben nicht irgendein Denkmal für sich erstellen lassen, ja, er wollte noch nicht einmal eine Tafel auf dem Friedhof. Seine Asche schwebte eine Weile durch die Luft und landete dann auf dem Wasser und der Erde seines Vaterlandes. Ein alter Revolutionär verschwand, spurlos! Doch man konnte ihn nicht vergessen. »Sechzig zu vierzig!« Das chinesische Volk hat das akzeptiert.

Mein Sohn war aufgeregt. Er machte zum ersten Mal im Leben eine Flugreise ins Ausland. Genauso aufgeregt war das alte Ehepaar, das in der Maschine neben mir saß. »Wir sind beide schon über fünfundsechzig und fliegen zum ersten Mal in unserem Leben ins Ausland,

nach Deutschland!«, erzählte mir der Mann, der kurzes weißes Haar hatte. Er lachte so, dass seine Augen fast nicht mehr zu sehen waren.
»Wir haben uns lange darauf vorbereitet. Überlegen Sie doch: Wäre es in unserem Land früher möglich gewesen, einfach ins Ausland zu fliegen?« Die alte Dame beugte sich zu mir herüber. Sie hatte auch viele weiße Haare und Falten im Gesicht, die sich durch das Lachen zusammenzogen. »Wir haben ein einmonatiges Visum für Deutschland. Ich habe mir extra eine Kamera für die Reise gekauft.«
Sie nahm das Gerät aus der Tasche. »Können Sie uns zeigen, wie man damit umgeht?«
»Wir schaffen das später schon.« Der Mann war peinlich berührt und drückte ihre Hand mit der Kamera weg.
»Werden Sie am Flughafen abgeholt?«, fragte ich etwas besorgt. Ich hatte den Eindruck, dass dieses Ehepaar sehr nette, aber einfache Menschen waren.
»Ja, unser Sohn holt uns ab. Er studiert an der Universität von Bo… Bo…« Die alte Dame zeigte mir einen Briefumschlag.
»Ah, Bochum. Er studiert an der Uni Bochum!« Ich gab ihr den Umschlag zurück. »Bochum ist eine Industriestadt in der Mitte von Deutschland. Sie müssen vom Flughafen aus noch ein Stück fahren.«
»Ja, mein Sohn hat am Telefon schon gesagt, dass wir noch ziemlich lange mit dem Zug fahren müssen. Die Karten hat er schon für uns besorgt. Dieses Kind…« Die Stimme des Vaters war voller Stolz. »Schon als er sehr jung war, wusste er, wie man sich um seine Eltern kümmert.«
»Ja, das stimmt!« Die alte Dame beugte sich wieder über ihren Mann hinweg zu mir herüber. »Wir haben ihm vieles mitgebracht, was er gerne isst, einen ganzen Koffer voll! Aber sagen Sie mir, junger Mann, wie können wir unseren Koffer wiederhaben? Am Shanghaier Flughafen hat uns das Mädchen in Uniform gesagt, dass unser Koffer mit dieser Maschine mitgeschickt wird, aber… aber bis jetzt habe ich ihn noch nicht gesehen.«
»Keine Sorge!« Ich konnte das Lachen kaum unterdrücken. Mit viel Geduld erklärte ich den beiden, worauf man in der Maschine und im Flughafen achten und wie man sich verhalten sollte. Die hübsche Stewardess der CAAC gab auch noch ein paar Tipps, als sie vorbeikam.
Langsam wurde ich müde. Julia hatte an meiner rechten Seite schon

lange ihre Ruhe gefunden. Die drei Kleinen saßen auf der anderen Seite. Sie vergnügten sich unermüdlich mit ihren elektronischen Spielzeugen aus Shanghai.
Später schlief ich ebenfalls ein. Als ich von der Lautsprecherdurchsage geweckt wurde, war unser Flugzeug schon kurz vor der Landung.
»Sind wir schon in Deutschland?«, fragte mich mein Sohn aufgeregt.
»Ja«, antwortete ich. »Wir sind schon in Deutschland.«
Die anderen Passagiere waren auch alle aufgeregt. Das alte Ehepaar wollte aufstehen und seine Sachen packen, wurde aber von der Stewardess daran gehindert. »Bitte bleiben Sie sitzen. Wir befinden uns noch im Landeanflug!«, sagte das Mädchen zu ihnen, ohne dabei sein berufsmäßiges Lächeln zu vergessen.
Kaum hatte die Maschine gestoppt, standen alle Passagiere auf. Der Flug von Shanghai nach Frankfurt hatte zehn Stunden gedauert, und jetzt wollten alle so schnell wie möglich diesen isolierten Raum verlassen. In einer langen Schlange gingen wir durch einen Tunnel über die Brücke ins Flughafengebäude. Nach und nach drängelten sich die Passagiere immer enger, dann gab es sogar einen Stop. »Was ist denn los?«, fragten viele Leute. »Das ist bestimmt wieder eine Passkontrolle«, vermutete ein Mann mit empörter Stimme. Er hatte recht. Am Ende des Tunnels und am Eingang ins Gebäude konnte man einige bewaffnete deutsche Polizisten sehen.
»Jetzt kommt wieder dieser Mist!«, sagte ich zu mir. In letzter Zeit passierten mir fast ständig solche unangenehmen Begegnungen. Immer, wenn ich mit meinen Landsleuten nach Frankfurt geflogen war, empfingen uns am Ausgang bewaffnete Polizisten.
Sie kontrollierten jeden Chinesen, einer nach dem anderen musste Pass und Visum vorzeigen. »Warum tun sie das?«, fragten die Leute. Hatten die deutschen Beamten Angst vor illegalen Einwanderern aus China? Es gab doch schon die offiziellen Kontrollstellen, ungefähr hundert Meter weiter, ohne gültige Papiere kam man dort ohnehin nicht hindurch. Im Übrigen wusste jeder, dass es schon in China scharfe Kontrollen bei der Ausreise im Flughafen gab!
»Was bedeutet das? Seit zwei Jahren schon, immer wenn ich hier aus der Maschine aussteige, sehe ich zuerst solche bösen Kontrolleure. Sind wir hier im Gefängnis gelandet?« Ein Mann in einem teuren blauen Anzug beschwerte sich laut auf Chinesisch.

»Ich bin schon in der ganzen Welt herumgereist, aber nur hier habe ich so eine Missachtung erlebt!«, sagte ein anderer Mann.

Eine Frau hob ihre Kamera hoch.

»Halt! Fotografieren verboten!« Ein Polizist bedeckte mit beiden Handflächen das Objektiv.

»Zeigen Sie mir Ihren Pass, bitte.« Zwei bewaffnete Männer kontrollierten den Jungen, der vor uns stand.

»Ihr könnt ja schon mal vorgehen«, sagte ich zu Julia und den beiden Jungen. Ich legte den Arm um She Da. Dieser hielt sich an mir fest und schaute nervös um sich.

»Nein, wir gehen nicht. Wir bleiben bei euch.« Julias Stimme klang, als würde sie einen Eid leisten.

»Gehen Sie weiter«, sagte ein Polizist laut zu dem jungen Chinesen. Er hatte den Pass lange kontrolliert und ein anderer Polizist hatte ihm dabei geholfen. Anscheinend hatten sie nichts Problematisches gefunden. Die Enttäuschung zeigte sich offen auf ihren Gesichtern.

»Ihren Pass bitte.« – »Und Ihren auch!« Nun waren wir dran.

»Hier sind unsere Papiere. Mein Sohn spricht nicht gut Deutsch …«

»Aber Sie sprechen fließend! Was wollen Sie hier in Deutschland machen?« Ein älterer Beamter nahm beide Dokumente in die Hand.

»Hier sind unsere Pässe.« Julia gab einem anderen Beamten drei Ausweise.

»Sie sind Deutsche! Gehen Sie weiter!«, forderte er sie auf.

»Nein! Er ist mein Mann.« Damit wies sie auf mich. »Wir fünf gehören zusammen!« Sie blieb stehen, Klaus und Holger auch.

»Ach so. Auf Wiedersehen!« Der Beamte gab mir ohne weitere Frage die Papiere zurück.

Wir gingen zusammen durch das riesige Gebäude zur Passkontrollstelle. Dort wartete die Grenzpolizei offiziell auf alle Einreisenden, so wie auf allen internationalen Flughäfen der Welt. Auf dem Weg versuchte ich, die Gedanken aus meinem Kopf zu vertreiben, aber es fiel mir schwer. Eine Frage nach der anderen tauchte auf. Warum wurde hier so bedenkenlos eine andere Nation missachtet? Vielleicht dachten sie, es wäre egal, weil diese Nation schon seit langer Zeit unterdrückt wurde? Vielleicht spürten sie auch eine Bedrohung durch die ständig wachsende Wirtschaftskraft und alles, was »Made in China« war? Eine schöne erste Lektion für die Leute, die aus dem fernen Ost-

asien gekommen waren. Die größte Nation dieses Planeten musste beim ersten Schritt in Frankfurt sofort spüren, was menschliche Missachtung bedeutete, obwohl viele daran glaubten, dass sie in einem liberalen Land mit Demokratie und Freiheit gelandet waren.
»Warum tun sie das?«, fragte ich mich erneut. Gedankenverloren ging ich durch die Passkontrolle und zur Gepäckabholung. Zum Glück erwarteten uns dabei keine Schwierigkeiten. Es dauerte relativ lange, bis wir unsere Koffer alle eingesammelt hatten.
Wir schoben unseren Gepäckwagen zum Ausgang. Was dort passierte, das wollte ich die Kinder, besonders She Da, am liebsten nicht genau sehen lassen: Viele bewaffnete Zollbeamte in Uniform standen an der Tür und waren sehr geschäftig. »Öffnen Sie bitte Ihren Koffer.« – »Öffnen Sie bitte Ihre Tasche«, befahlen sie den Leuten, die hinausgehen wollten. Interessanterweise zeigten sie mit ihren Fingern nur auf Chinesen. Es waren so viele Beamte da, wie ich es vorher noch niemals gesehen hatte.
Hinter den Männern lag schon ein Berg aus unterschiedlichsten bunt eingepackten Nahrungsmitteln.
»Bitte, geben Sie mir das zurück!«, weinte eine alte Chinesin, nachdem eine Beamtin einige kleine Packungen aus ihrem geöffneten Koffer auf den Berg befördet hatte.
Ich erkannte diese alte Frau wieder: Sie und ihr Mann hatten neben uns in der Maschine gesessen. Sie zitterte am ganzen Körper und schaute die Beamtin fassungslos an, die in ihrem Koffer wühlte und Dinge herauswarf. »Genossin, nein! Was machen Sie da?«
Die Beamtin hörte das nicht. Sie verstand bestimmt kein Chinesisch, und wenn, dann spielte es keine Rolle.
Ihr Mann hatte jetzt ebenfalls Probleme. »Zweihundert D-Mark beträgt das Bußgeld«, erklärte ein Beamter und schwenkte einen Strafzettel vor seinem Gesicht.
Der arme Mann wusste gar nicht genau, was mit ihm und seiner Ehefrau passierte. Sein Kopf wackelte im gleichen Tempo wie der Zettel des Beamten hin und her. Plötzlich sah er mich, als hätte er seinen Retter getroffen. »Hilf mir bitte!«
»Guten Tag, ich kann Deutsch und auch Chinesisch sprechen. Darf ich Ihnen helfen?«, fragte ich den Zollbeamten.
Dieser schaute mich und meinen Gepäckwagen mit berufsmäßig prü-

fendem Blick an. »Sagen Sie ihm bitte, dass er eine Flasche Schnaps und zwei Packungen Zigaretten mehr mitgebracht hat als erlaubt. Dafür muss er zweihundert D-Mark Zollsteuer bezahlen.«

Ich übersetzte das für den alten Chinesen.

»Was?« Der alte Mann schüttelte jetzt schon den ganzen Körper. Er fiel fast auf den Boden. »Zweihundert Mark? Das sind tausend Yuan! Das ist fast so viel, wie meine Jahresrente beträgt. Nein, das ist unmöglich!«

»Was machen wir denn jetzt? Sagen Sie bitte dieser Dame, ich will diese Sachen, die wir für unseren Sohn mitgebracht haben, alle wiederhaben.« Seine Ehefrau kam auch zu uns. Ihre Finger zeigten auf den Berg voller Nahrungsmittel.

»Warten Sie bitte, warten Sie. Ich sage Ihrem Sohn Bescheid.« In dieser Situation konnte ich dem alten Ehepaar überhaupt nicht helfen. »Wie heißt Ihr Sohn?«

»Shen, Lin. Er trägt eine Brille«, antwortete der Mann.

»Ich gehe nach draußen voraus, um Ihren Sohn zu suchen«, sagte ich auf Deutsch zu Julia.

»Haben Sie ein altes Ehepaar gesehen?«, fragte ein junger Mann mit schwarzer Brille jeden, der durch den Ausgang kam, voller Sorge.

»Sind Sie Shen, Lin?«, fragte ich.

Er nickte.

»Kommen Sie bitte. Ihre Eltern brauchen Hilfe.« Ich schob ihn hinein. An der Tür traf ich Julia und die drei Jungen mit dem Gepäckwagen.

»Was? Werden unsere Sachen nicht kontrolliert?«, fragte ich.

»Nein! Die Beamten haben uns einfach vorbeigehen lassen.« Julias Stimme klang ein bisschen stolz. Sie lachte. Holger und Klaus auch. Ich konnte nicht lachen, She Da ebenfalls nicht.

»Ich will die Hundesprache lernen, die Hundesprache lernen«, forderte der kleine Klaus wieder. Der kleine weiße Hund saß immer noch vor der Tür von Oma Uhlmann, die bereits ins Jenseits gegangen war. Tag und Nacht hatte er laut bellend in der Wohnung gesessen, sodass alle Nachbarn aufmerksam geworden waren. Wir klopften an die Tür, aber Frau Uhlmann kam nicht. Daraufhin hatten wir die Polizei gerufen. Als der Schlüsseldienst die Tür geöffnet hatte, fanden die Beamten die alte Dame tot auf dem Bett vor. Der kleine weiße Hund saß daneben.

»Ich gehe nicht ins Altersheim.« Oma Uhlmann hatte ihren Wunsch wahr gemacht. Doch der kleine Hund konnte das nicht akzeptieren. Er kam jeden Nachmittag zur Tür seiner früheren Besitzerin und wartete dort. Wahrscheinlich hoffte er, Frau Uhlmann würde wieder auftauchen und mit ihm spazieren gehen.

»Oma Uhlmann ist tot. Komm doch zu uns«, sagte Klaus zu ihm. Er hatte ihm das schon mehrmals erzählt, doch das Hündchen reagierte überhaupt nicht, so wie jetzt auch. »Ich will die Hundesprache lernen«, sagte Klaus zu mir, als er die Treppe wieder herunter zu unserer Wohnung kam. »Wenn doch She Da noch hier wäre! Vielleicht versteht der Hund Chinesisch.«

»Nein, Klaus, das ist unmöglich«, erklärte ich ihm. »Der Hund kann nur ein paar Worte der menschlichen Sprache verstehen. Vielleicht bringst du dem Hund etwas zum Fressen.«

Er befolgte meinen Rat und brachte einen Teller mit Futter die Treppe hoch zu dem kleinen weißen Hund, der immer noch vor der Tür saß. Irgendwie freute es mich, dass She Da schon nach Shanghai zurückgekehrt war, er wäre über das Schicksal von Frau Uhlmann und ihrem Hund sehr traurig gewesen.

Es hatte ihm in Deutschland nicht richtig gefallen. Nach der Ankunft am Frankfurter Flughafen war ihm das Lachen vergangen. »Wann darf ich nach Hause zurück?«, hatte er vom ersten Tag an gefragt.

»Wir sind auch hier zu Hause.« Ich versuchte ihn zu beruhigen und hoffte sehr, dass er sich in unserer neuen Familie wohlfühlte.

»Ich will schnell wieder nach Shanghai zurück«, sagte er. Nach nur drei Wochen begleitete ich ihn wieder zum Flughafen.

»Papa, warum kommst du nicht mit mir?«, fragte er beim Abschied.

»Ich? Ich habe Kurse hier, das weißt du doch. Ich unterrichte Qi Gong und Tai Chi. Die Leute hier brauchen das. Außerdem bin ich wieder verheiratet... Du bist noch jung. Später wirst du alles verstehen.« Ich wusste nicht genau, wie ich einem dreizehnjährigen Jungen die Situation erklären sollte. Er gehörte zu der Generation, die in China »Kaiserkinder« genannt wurden. Wegen der erzwungenen Familienplanung durfte jedes Ehepaar in den Städten nur ein Kind haben. Wie ein Juwel wurde dieses Kind vom ersten Tag an von den Eltern und der ganzen Verwandtschaft umsorgt. Sie wurden von klein auf verhätschelt und verzogen. Sie hatten nie, wie ihre Eltern, so etwas Schlechtes in

China erlebt und wussten auch nicht, dass sie irgendwo in dieser Welt als Menschen niederer Klasse behandelt werden konnten. Sie waren nicht in der Lage, Schwierigkeiten und unangenehme Dinge zu ertragen. Ihr Leben hatte sie noch nicht dafür gestählt. Sie konnten nicht verstehen, was es bedeutete, Mühsal und Entbehrungen zu erdulden, oder um einer wichtigen Aufgabe willen Demütigungen über sich ergehen zu lassen. Sie hatten es nicht nötig, solche Strategien einzusetzen.

Dreißig Jahre später würde China dieser Generation gehören. Sie würden die Macht in der Politik, im Militär und in der Wirtschaft haben. Würden sie vernünftig mit der Welt umgehen? Ich machte mir wirklich Sorgen.

Wenn die Entwicklung Chinas so weiterging, würde das Land zu dieser Zeit hochmodern sein. Die Waffenindustrie konnte Weltspitze erreichen. Durch einen Knopfdruck könnte man sehr leicht und bequem das Schicksal anderer Länder über Tausende von Kilometern Entfernung hinweg entscheiden. Können sie vernünftig mit der Welt umgehen? Hier wuchs eine verzärtelte Nation heran wie eine Blume im warmen Gewächshaus, die niemals den Wind und den Regen in freier Natur erlebt hatte .... Ich dachte und dachte ... Lange Zeit stand ich noch am Passagiereingang des Frankfurter Flughafens.

»Der kleine Hund reagiert gar nicht mehr, egal was ich zu ihm sage«, kam der vierjährige Klaus zu uns.

»Bring ihm etwas zu fressen«, schlug seine Mutter vor.

»Er isst nicht mehr, das von gestern hat er auch nicht gegessen, und er bewegt sich nicht mehr.« Klaus weinte jetzt.

»Was?« Wir stürmten die Treppe hoch. Vor der geschlossenen Tür sahen wir den kleinen Hund. Er war tot.

Klaus weinte laut. Holger schwieg. Julia strich sich mit einem Taschentuch über die Augen, sie konnte ihre Tränen kaum zurückhalten. Ich hatte in der Nase ein ganz unangenehmes Gefühl und meine Augen wurden immer heißer. Alle Herzen mussten vor diesem Bild erzittern, sogar ein Herz aus Stein.

»Wir bringen ihn zu Oma Uhlmann.« Ohne jede Diskussion trafen wir diese gemeinsame Entscheidung.

Am nächsten Tag fuhren wir zum Waldfriedhof. Den kleinen weißen

Hund hatten wir in einen Karton gelegt. Um die Aufmerksamkeit des Personals nicht zu erregen, versteckte ich diesen primitiven Sarg in meinem Rucksack.
Vor Oma Uhlmanns Grab warteten wir geduldig, bis sich die Abenddämmerung in Dunkelheit verwandelt hatte und ganz sicher niemand in der Nähe war. Dann gruben wir alle mit kleinen Schaufeln, die wir mitgebracht hatten, ein Loch neben dem Holzkreuz auf dem Grab. Ich nahm den Karton aus meinem Rucksack und legte ihn in das Loch. Gemeinsam füllten wir Erde darüber. Zum Schluss zündete ich nach chinesischer Tradition zwei Räucherstäbchen an, eins für Oma Uhlmann und das andere für den Kleinen. Ab jetzt wollte ich ihn nicht mehr »Hund« nennen. Die Buddhisten glauben, dass sich alle im Kreis des Samsara befinden. Ich wünsche mir sehr, dass der Kleine als Mensch wiedergeboren wird. Vielleicht bringt er dann auch seine Charaktereigenschaft mit, die man in dieser Welt immer seltener findet: unerschütterliche Treue.

Einige Tage lang lebte unsere Familie mit einem großen Problem. Eine unerklärliche Sache machte uns nervös: Mitten in unserem Wohnzimmer tauchten immer wieder tote Mäuse auf. Kaum hatten wir eine beseitigt, lag schon die nächste da. »Das ist keine Maus! Das ist eine Ratte, sehr schmutzig«, sagte Julia zu uns.
Das fanden wir noch merkwürdiger. Ratten lebten draußen, aus welchem Grund sollten sie in unsere Wohnung kommen und hier sterben?
»In unserer Wohnung ist gute Energie, deshalb kommen die Mäuse, oh, die Ratten und benutzen sie als Friedhof.« Es sollte ein Witz sein, aber niemand lachte.
»Vielleicht werden sie alle vergiftet«, äußerte Holger vorsichtig seine Meinung. Er dachte immer nach, bevor er sprach, ganz im Gegenteil zu seinem kleinen Bruder. Überall im Raum suchten wir nach Gift, aber erfolglos. Es hatte auch niemand von uns Anzeichen einer Vergiftung wie Übelkeit und Durchfall. Langsam kamen wir von dem Gedanken an Vergiftung wieder ab.
»Ich habe was gesehen, ich habe was gesehen«, sagte Klaus sofort zu mir, als ich von meinem Kurs an der Schule zurückkam.
»Was hast du gesehen?« Ich war neugierig.

»Da Lee, du musst das nicht glauben. Er erzählt dir wahrscheinlich wieder ein Märchen.« Julia kam dazu. »Klaus, geh sofort ins Bett.«
»Nein, es ist wahr, ich habe es mit eigenen Augen gesehen. Die gelbe Katze hat die Maus zu uns gebracht.« Der Kleine verteidigte sich.
»Was?« Ich schüttelte den Kopf. Jeder wusste, dass Katzen gerne Mäuse und Ratten fraßen. Warum sollte sie uns ihre Beute bringen? Nein, das war unmöglich. Julia und ich lachten.
Diese gelbe Katze war ein wirklich sauberes und kluges Tier. Nach Frau Uhlmanns Tod hatten wir ihren Sohn, einen Chefarzt aus Hamburg, gebeten, Hund und Katze zu sich zu holen.
Aber er hatte abgelehnt. Kurz darauf erhielten wir einen langen Brief von ihm. Auf der letzten Seite schrieb er: Die Miete steigt um fünf Prozent. Er war der neue Hausbesitzer und somit unser Vermieter. Nur die gelbe Katze hatte keinen richtigen Besitzer mehr. Aber sie kam gerne zu uns, besonders am Wochenende. Ich kochte gerne Fisch. Wenn die ganze Familie am Tisch saß, legten ich oder Julia ein Stück gekochtes Fischfleisch auf einen Teller und stellten ihn auf den Teppich.
»Miau!« Sie meldete sich immer an, dann sprang sie aus dem Garten aufs Fensterbrett und kam ins Zimmer, um sich von dem Teller zu bedienen. Sie benahm sich niemals aufdringlich oder bettelte, wie manche Tiere vor dem Essen, sondern gab sich ganz majestätisch: Sie setzte sich auf ihren dicken gelben Schwanz, roch erst einmal an dem Fischfleisch und begann dann langsam und genießerisch zu fressen. Zum Schluss leckte sie mit ihrer kleinen, roten Zunge den Teller aus, bis er glänzend sauber war. Sie vergaß auch niemals, sich freundlich zu verabschieden: Mit hoch erhobenem Rücken strich sie ein- oder mehrmals unter unseren Beinen durch.
»Miau«, sprang sie wieder aus dem Fenster und war weg. Das letzte »Miau« bedeutete wohl »tschüss« oder »danke«.
»Ich habe gesehen, dass du die Maus, nein, die Ratte zu uns gebracht hast«, sagte Klaus am folgenden Wochenende direkt zu ihr. »Gib das bitte zu. Ich habe es gesehen!«
Unser Gast kümmerte sich gar nicht um diese Frage. Er war in den Genuss des Fisches vertieft.
Klaus ärgerte sich. Er starrte mit groß aufgerissenen Augen das Tier an. Wahrscheinlich war in seinem kleinen Kopf die Idee aufgetaucht, dass er die Katzensprache lernen sollte.

»Lass sie in Ruhe! Du hast bestimmt etwas falsch gesehen«, wies ihn Holger zurecht.
»Ich habe es ganz genau gesehen!«
»Du hast Probleme mit den Augen!«
»Du hast Probleme…« Die Brüder stritten sich.
»Ruhe!«, schrie Julia. »Ihr macht sowieso nichts bei der Hausarbeit!« Sie schaute auch mich an, das hieß, ihre Beschwerde betraf mich auch. »Es ist sowieso meine Sache, diese toten Ratten mit Pantoffeln zu packen und in den Garten hinauszuwerfen. Ihr macht gar nichts. Und jetzt wollen wir in Ruhe essen.«
Also aßen wir in Ruhe. Auch die gelbe Katze war brav. Nach dem Essen ging sie ruhig weg und machte noch nicht einmal »miau«.
»Ich habe es gesehen! Ich habe es ganz sicher gesehen. Das war sie! Die gelbe Katze hat die Ratte hierher gebracht.« Klaus hielt es nicht lange aus, gleich nach dem Essen kam er zu seinem Thema zurück.
»Du, vielleicht hast du ja genau das Gegenteil gesehen: Diese Katze ist in unser Wohnzimmer gekommen, um die Ratte zu fressen, die auf dem Boden lag«, sagte ich zu ihm. »Überleg doch einmal: Katzen fangen Mäuse und Ratten nur, um sie selbst zu fressen! Warum soll sie uns eine Ratte bringen?«
»Ich habe das nicht falsch gesehen, ganz sicher nicht! Warum glaubt ihr mir alle nicht?« Der arme Kleine musste sich schon die Augen wischen. Plötzlich nahm er die Hände von den Augen weg und zeigte auf das Fenster. »Schaut mal!«, schrie er.
Wir schauten alle in die Richtung, die er uns zeigte, und standen blitzschnell von unseren Stühlen auf, um sprachlos stehen zu bleiben. Auf dem Fensterbrett stand ganz stolz eine gelbe Katze und präsentierte eine große schwarze Ratte im Maul. Ihre zweifarbigen Augen konnten sprechen. »Da! Das ist ein Geschenk für euch, als Dank für den leckeren Fisch. Die Ratten, die ich euch bisher gebracht habe, waren wohl alle zu klein, deshalb habt ihr sie weggeworfen. Aber diese hier ist sehr groß und noch ganz frisch…, schmeckt köstlich!«
»Bring das sofort weg!« »Verschwinde!« »Wir brauchen das nicht, iss es selbst!«, schrien wir ihr auf Deutsch und Chinesisch entgegen. Mit den Händen wedelten wir vor der freundlichen Besucherin hin und her. Leider hatte Klaus die Katzensprache noch nicht gelernt. Unser gelbfarbener Gast konnte nicht ganz verstehen, was wir wollten. »Miau!«

Sie sprang zurück in den Garten, aber ihr Geschenk ließ sie uns da: Die dicke, schwarze Ratte wurde hochgeworfen, drehte sich zweimal in der Luft und fiel *pa* auf den Teppich.
Es war, als wäre eine Handgranate in unserer Wohnung explodiert. Wir rannten alle nach hinten. Alles ging drunter und drüber, Tisch, Stühle, Geschirr, Essensreste und Suppe, alles war ein heilloses Durcheinander. Es dauerte ein paar Sekunden, dann standen alle wieder still. Klaus, Holger und ich schauten erstaunt auf dieses frisch getötete schwarze Tier, dessen kleine Pfoten noch zitterten.
Die Einzige, die sich bewegte, war meine Frau Julia. Sie schaute links und rechts auf den Boden, ob in der Nähe Pantoffeln lagen...

23

»Da Lee, du solltest eine eigene Schule eröffnen.« »Ja, richtig, das musst du machen. Das ist viel besser für uns und auch gut für die Verbreitung von Tai Chi und Qi Gong.« Das hörte ich immer wieder von meinen Schülern im Volksbildungszentrum.
Jedes Mal stand eine furchtbar lange Schlange bei der Anmeldung zu meinen Kursen, wenn ein neues Semester begann. Um einen Platz in meinem Kurs zu bekommen, standen manche sogar schon zwei Stunden an, bevor die Anmeldung begann. Im Winter war es dann noch ganz dunkel und eiskalt. Trotzdem landeten viele zum Schluss nur in der Warteliste. Meine Kurse waren alle auf fünfzehn Teilnehmer begrenzt und zu Beginn der Anmeldungszeit sofort alle besetzt. Auf manche meiner Kurse warteten sogar fünfzehn bis zwanzig Leute in der Warteliste. »Deine Kurse sind so begehrt. Warum machst du keine eigene Schule auf?«, fragten mich die anderen Tai-Chi-Lehrer.
»Nein, ich will das nicht! Hier läuft alles sehr einfach für mich.« Ich wusste, dass einige Kollegen hofften, ich würde weggehen, weil ihre eigenen Kurse oft wegen zu geringer Teilnehmerzahl abgesagt werden mussten. Aber das war nicht mein Problem. Wir lebten in Deutschland, in Demokratie und Freiheit. Jeder durfte frei suchen und wählen.

Was konnte ich dafür, dass die Leute zu meinen Kursen kommen wollten und nicht zu ihren?

»Da Lee, findest du das nicht komisch? Der Schulleiter hat uns geschrieben; wir Kursteilnehmer sollen dich beurteilen. Wir sollen etwas für oder gegen dich schreiben und zurückschicken.« »Ja, wir haben diesen Brief auch erhalten. Hast du Probleme mit dem Chef gehabt?« Fast in jedem Kurs berichteten mir die Schüler über diese Schreiben.
»Was?« Solche Geschichten von Denunziation und heimlich gesammeltem Material gegen Menschen hatte ich in China in der Zeit der Kulturrevolution viele erlebt. Genug für mich! Jetzt würde ich nach einer anderen Möglichkeit suchen, um zu unterrichten.
Um eine Schule aufzubauen, brauchte man zuerst einmal Räumlichkeiten. Die Suche danach kostete mich sehr viel Energie, Zeit und Kraft. Angebote gab es in Stuttgart viele, aber sie waren entweder zu teuer oder ich hatte kein gutes Gefühl in den Räumen. Das war schlecht. Ich brauchte einen Raum, in dem in erster Linie die Energie stimmte. Das erschwerte meine Suche, doch schließlich fand ich etwas. Dieser Raum lag gerade zwischen der alten und der neuen Stadt an einer großen Verkehrsstraße, der Hauptstätter Straße. Sie gehörte zum innerstädtischen Teil der Bundesstraße 14. In China hätten bestimmt nur wenige ein Geschäft an dieser Straße eröffnen wollen, weil die Nummer 14 in der chinesischen Aussprache klingt wie »zum Sterben gehen«. Interessanterweise war hier früher tatsächlich der Weg zur Hinrichtungsstätte, die sich am heutigen Wilhelmsplatz befand. Dort wurden unter den Blicken vieler Schaulustiger Menschen geköpft.
Wie konnte es an einer solchen Straße gute Energie geben?
Die Antwort lautet: Ich spürte diese Energie.
»Lassen Sie mich bitte ein paar Minuten allein hier sitzen«, bat ich den Vermieter bei der ersten Besichtigung.
»Wollen Sie mieten oder nicht?«, fragte mich der alte Mann. Schon ein Jahr lange suchte er einen Mieter für die 200 Quadratmeter großen Räumlichkeiten, deshalb war er bei jedem neuen Interessenten skeptisch.
»Ich muss erst etwas spüren, dann kann ich mich entscheiden.«
»Das erlebe ich zum ersten Mal.« Kopfschüttelnd ging er weg. »Ein komischer Typ!« Diese Worte sagte er nicht, sondern behielt sie für sich.

Ich saß allein auf dem Teppich in dem großen Raum im ersten Stock. Das Haus war schon alt, an den Fenstern bröckelte der weiße Lack ab. Es war Anfang Januar 1999. Draußen war es kalt, so wie auch drinnen, weil alle Heizkörper abgestellt waren. Aber ich fühlte mich trotzdem wohl, was mich selbst etwas wunderte. Nach der Feng-Shui-Theorie sollte ein Gebäude, das sich mit guter Ortsenergie verbindet, mit dem Rücken zum Berg und der Hauptseite, die man auch Gesicht nennt, zum Fluss stehen. Wo war hier der Fluss? Hier, wo das Haus stand, war an der Straße eine lange Gebäudefront, ebenso wie an der gegenüberliegenden Straßenseite. »Wo ist der Fluss?«

»Es gibt einen Fluss dort«, sagte mir Wolfgang nach dem Tai-Chi-Kurs. »Ich habe eine Landkarte zu Hause, die aus der Führerzeit stammt.« Er schaute sich nach den anderen Leuten um. »Ich meine: Aus dem Dritten Reich.«

»Was hast du auf dieser Karte gesehen?« Ich war ganz neugierig.

»Diesem Gebäude gegenüber auf der anderen Straßenseite war ein Fluss. Er hieß Nesenbach.«

»Nein, das ist nicht wahr. Dort stehen viele Gebäude zusammen wie eine große Mauer«, sagte ich.

»Wolfgang hat recht!« Von der Seite kam Zustimmung. Das passierte bei den Teilnehmern dieses Kurses selten. Wegen seiner rechtsradikalen Äußerungen war Wolfgang immer relativ isoliert. Aber heute bekam er Unterstützung. »Ich bin Architektin«, erklärte eine rothaarige Dame. »Eigentlich gibt es diesen Nesenbach heute noch, aber man kann ihn nicht mehr sehen. Er fließt in einem Kanal unter den Gebäuden.«

»Jetzt wundert mich nichts mehr. Ich werde diesen Raum als Schule mieten.« Das Feng Shui hatte mir geholfen, meine Entscheidung schneller zu treffen. Aber es gab hier versteckte Gefahren …

Es lief! Die Aufbauarbeit lief gut. Die leeren Räume wurden mit großen Spiegeln, Lotuslampen und Büromöbeln eingerichtet.

Am Eröffnungstag kamen mehr als zweihundert Leute. Viele brachten Blumen und andere Geschenke. Wir feierten zusammen bis tief in die Nacht.

Es war der erste Tag im Februar. Tagsüber schien die Sonne, doch abends, gerade als unsere Feier begann, schneite es plötzlich. Der Schnee, der alles bedeckte, machte diese Nacht hell wie eine silberne Märchenwelt. In dieser weißen Nacht dachte ich über sehr vieles nach. Mein Leben lief wie ein Film an meinem inneren Auge vorbei: Von der Kinderzeit bis zum Erwachsenen, vom Jadebuddha-Tempel bis zur Stiftskirche, vom Sportsaal in Shanghai bis zu meiner privaten Tai-Chi- und Qi-Gong-Schule in Deutschland ... »Alles ist wie ein Traum«, sagte ich halblaut. Nachdem die Besucher alle nach Hause gegangen waren, stand ich ganz allein in diesem großen Raum. Komischerweise hatte ich nun nicht mehr das Glücksgefühl, auf das ich so lange gewartet hatte.

Man war immer auf der Suche nach Glück und steckte sich deshalb oft selbst Ziele. Aber wenn man das Erwünschte wirklich erreicht hatte, ging normalerweise auch das Glück vorbei, weil das Glück nicht am Ziel, sondern auf dem Weg dorthin lag.

Meine Schule lief von Anfang an gar nicht schlecht. »Kein Vertrag, keine Kündigungspflicht und keine Mitgliedsgebühr«, so schrieb ich in der Werbung, und so handhabte ich es auch. Auf gewisse Geschäftsmethoden, die hier sonst allgemein üblich waren, verzichtete ich von Anfang an, zum Beispiel darauf, mit den Schülern einen Vertrag abzuschließen, den man drei Monate vor Beendigung kündigen musste, wenn er sich nicht automatisch um ein Jahr verlängern sollte.

Warum sollten die Schüler einen Vertrag abschließen und sich zu jahrelangen Zahlungen verpflichten? Ich konnte so etwas nicht akzeptieren, deshalb verlangte ich es auch nicht. Doch für mein Geschäft bedeutete das ein größeres Risiko.

Deutschland war eines der teuersten Länder, das spürten diejenigen, die den Schritt in die Selbstständigkeit gewagt hatten. Miete, Nebenkosten, Steuern und verschiedene Rechnungen drückten das neue Unternehmen und sorgten bei den Unternehmern dafür, dass die Nerven ständig zum Zerreißen gespannt waren. Gegen diese endlosen Ausgaben konnte man nur mit mehr Schülern ankommen und darauf hoffen, dass sie freiwillig lange bleiben würden. Schon aus diesem Grund wurde die Beziehung zwischen Lehrer und Schüler verändert. Die Schüler waren in meiner Schule wie Kunden. Sie brachten das Geld, ihre Kursgebühr, zu mir, sodass ich mit meiner Schule weiterexistieren konnte.

»Der Kunde ist König!«, sagte man hier. Egal, ob ich das akzeptieren konnte oder nicht, ich musste jeden vorsichtig und nett behandeln, der in meine Schule kam, weil es direkt mit meiner Kasse zu tun hatte. Zum Glück kamen fast nur nette Leute zu mir, viele waren sehr hilfsbereit.

An einem Donnerstagmorgen kam Iris in mein Büro. »Ich spüre von dir im Kurs so starke Energie. Daher würde ich dir und deiner Schule gerne helfen!« Sie hatte zwei kleine Kinder, die sie allein großzog. Vielleicht konnte sie aus diesem Grund nur vormittags zu meiner Schule kommen; heute war sie früher da.

»Danke, Iris. Wie möchtest du mir helfen?«, fragte ich sie. Mit der neuen Schule war ich für jede Hilfe dankbar.

»Willst du Qi Gong und Tai Chi nicht einmal im Fernsehen zeigen? Das wäre doch gute Werbung für deine Schule«, schlug sie vor.

»Ja, natürlich. Aber wie denn?« Ich blieb sitzen.

»Ich könnte dir dabei helfen. Weißt du, ich bin Fernsehmoderatorin.«

»Was?« Das war eine echte Überraschung für mich. Ich suchte überall in meinem Kopf, ob ich diese dunkelhaarige kleine Frau schon einmal im Fernsehen gesehen hatte. »Du bist Moderatorin? Aber im Anmeldeformular hast du doch geschrieben, dass du Schauspielerin bist.«

»Na ja, das ist fast das Gleiche. Ich arbeite manchmal auf der Bühne als Schauspielerin, manchmal fürs Radio und manchmal für das Fernsehen als Moderatorin.« Sie kam näher und strich mir sanft über meine Hand. »Ich suche eine Gelegenheit für dich, ja?«

»Danke, vielen Dank!« Ich hielt ihre Hand fest. Mein Tai Chi und Qi Gong im Fernsehen! Das wäre nicht nur beste Werbung für meine Schule, sondern auch ausgesprochen gut für die Verbreitung der chinesischen Heilkunst.

Ich wartete dann ganz gespannt auf diese Gelegenheit, und die Beziehung zwischen Iris und mir veränderte sich deswegen auch schnell. Sie war nicht besonders attraktiv und hatte auch wenig weibliche Ausstrahlung. Aber irgendetwas an ihr faszinierte mich.

»Da Lee, du solltest aufpassen. Eigentlich hatten wir immer eine gute Atmosphäre in unserem Kurs. Ich hoffe nicht, dass wegen einer einzigen Person alles kaputt gemacht wird«, sagte Sanna nach einem Qi-Gong-Kurs zu mir.

»Was meinst du denn?« Ihre Worte machten mich nervös. Hatte sie etwas gesehen? Ja, Iris und ich hatten uns heimlich geküsst – außerhalb der Kurszeit.

»Da Lee, du bist ein Meister, ein Lehrer hier. Was ist mit deiner Disziplin? Wie kannst du zulassen, dass jemand so offen versucht, dich zu verführen!«, sagte sie leicht vorwurfsvoll. Sanna war eine gebildete Frau. Sie unterrichtete in einem Heidelberger Gymnasium und nahm für jeden Kurs zwei Stunden Fahrt auf sich. Ich mochte und bewunderte sie. Doch ich erkannte nicht, wovor sie mich warnte.

»Ah! Du meinst Iris? Sie ist nett. Und sehr hilfsbereit, nicht wahr? Neulich hat sie uns einen selbstgebackenen Kuchen mitgebracht, hast du das vergessen?«

Sanna war nicht überzeugt. »Da Lee, ich komme jede Woche einmal von so weit her zu deiner Schule, um meine gesundheitliche Situation zu verbessern. Ich habe von Anfang an so ein angenehmes und energievolles Gefühl in diesem Kurs gespürt. Ich hoffe, dass es wieder zurückkommt, sonst muss ich leider gehen. Und im Übrigen: Bist du wirklich so naiv? Glaubst du alles, was sie dir erzählt hat? Von wegen Fernsehmoderatorin! Soviel ich weiß, ist sie nur eine erfolglose Schauspielerin …«

Sannas Vortrag machte mich nachdenklich. Nur – welcher Mann würde ablehnen, wenn eine Frau ihm schöne Augen machte, zumal wenn diese Frau eine hilfsbereite Moderatorin war?

»Da Lee, am nächsten Samstag feiere ich meinen Geburtstag bei mir zu Hause. Du bist eingeladen. Willst du kommen?« Nach dem Kurs kam Iris in mein Büro.

»Ja, gerne. Ich würde gerne meine Frau mitbringen, o.k.?« Diesmal war ich relativ vorsichtig.

»Gut.« Sie überlegte. »Mein Freund ist auch da. Deine Frau kann gerne mitkommen.«

»Dann komm doch morgen Abend zum Tai Chi. Dann kannst du sie persönlich einladen.«

»Das auch noch?« Sie hob ihren Kopf hoch.

Ich hätte es nicht gedacht, aber sie kam tatsächlich und lud Julia persönlich ein.

Iris wohnte in einem kleinen, alten Haus. In einem dunklen Raum gab es das Abendessen, das ihr Freund zubereitet hatte.

Es waren nicht viele Gäste da, außer Julia und mir hatte Iris noch einige Künstler eingeladen. Der Raum war so wie das ganze Haus: alt und dunkel.

Der Rotwein zum Essen war hervorragend und ich trank mehrere Gläser der dunkelroten, fast schwarzen Flüssigkeit.
»Ich habe auch sehr viel getrunken. Weißt du, warum?«, fragte mich Julia auf dem Heimweg.
»Ja, natürlich! Er hat einfach gut geschmeckt!«, antwortete ich.
»Nein, nicht aus diesem Grund. Dieses Haus ist furchtbar, wie ein Geisterhaus! Ich wurde darin ganz nervös. Der Wein hat mich wieder mutig gemacht.« Ihre Hand berührte meine, mit der ich das Lenkrad festhielt. Sie ließ mich fühlen, wie kalt und zittrig ihre Hand noch immer war.
»Ja, du hast recht!« Wegen des Alkohols musste ich besonders vorsichtig fahren und hoffte, dass ich nicht das Pech hatte, von der Polizei erwischt zu werden. »Ich hatte auch kein gutes Gefühl in diesem kaputten Haus«, fuhr ich fort. »Es gibt schlechte Energie darin. Wie würde ein Feng-Shui-Meister das nennen: böses Haus?«
Wir fuhren plaudernd weiter, doch plötzlich fragte Julia: »Hast du ein Verhältnis mit Iris?«
Ich wurde blass. »Was? Nein!«
»Nein? Für wie dumm hältst du mich? Glaubst du, ich habe keine Augen im Kopf? Wie sie dich angesehen hat!«
»Sie ist Moderatorin. Vielleicht ist sie es gewöhnt, ich meine, vom Beruf her, Männer so anzuschauen.« Ich verteidigte sie und auch mich.
»Moderatorin? Ja, das hast du mir schon erzählt. Aber ich habe diese Frau noch nicht einmal im Fernsehen gesehen! Du vielleicht?«
»Nein, ich habe sie auch noch nicht gesehen. Vielleicht arbeitet sie für eine besondere Sendung …«
»Ja, das ist möglich. Vielleicht für eine Sendung wie ›Geistsuche‹«, lachte Julia, und ihre Stimme klang ironisch. »Und du hast mir auch erzählt, dass sie dich mit deiner Schule im Fernsehen vorstellen will. Wie geht es denn jetzt weiter?«
»Sie sagte, ich muss Geduld haben. Sie will dafür sorgen, dass ich eine Gelegenheit erhalte …«
»Kein Wunder, dass du so begeistert von dieser Frau bist. Ich bin nicht sicher, ob du mir die Wahrheit sagst, Da Lee.« Julia schaute mich mit scharfem Blick an.
Es gefiel mir überhaupt nicht, dass meine Frau mir so misstraute, auch wenn ihr Misstrauen begründet war. »Aber Julia! Wenn ich ein Ver-

hältnis mit ihr hätte, hätte sie dich dann auch eingeladen? Kannst du deine Eifersucht bitte lassen!« Nun wurde ich laut.
»Eifersucht? Nein, Da Lee, ich mache mir Sorgen.«
Sie machte sich Sorgen? Doch ich fragte nicht nach dem Warum. Schweigend fuhren wir weiter. Noch ahnte ich nicht, dass die Sorgen meiner Ehefrau durchaus berechtigt waren.

Iris wollte nicht gehen. Der Kurs am Donnerstagvormittag war zwar schon lange vorbei, und die anderen Teilnehmer waren einer nach dem anderen nach Hause gegangen. Sie blieb allein auf dem Teppich sitzen und schaute mich unverwandt an. Dann wurde sie rot, und das machte sie jung und begehrenswert.
»Komm, Da Lee.« Ihre Stimme klang auch anders, viel zärtlicher! Sie öffnete ihre Arme und streckte sie mir entgegen.
Mein Herz schlug schneller. Wir hatten schon vorher über ihre Geburtstagsfeier geplaudert, als die anderen noch da waren. Aber jetzt waren alle weg. Meiner Füße bewegten sich zu ihr, als würden sie magnetisch angezogen.
»Komm!« Sie umarmte mich ganz fest und wir küssten uns. Diesmal war es anders: Ihre kleine, heiße Zunge kam in meinen Mund hinein und berührte die meine. Ihr Körper sank nach unten, immer weiter nach unten, fast lag sie schon auf dem Boden.
»Moment! Das können wir nicht hier machen.« In diesem heißen und verrückten Moment kam ich wieder zu mir.
»Da Lee, komm, nimm mich. Ich liebe dich, du weißt es! Als ich dich zum ersten Mal gesehen habe, habe ich mich schon in dich verliebt. Komm!« Iris blieb liegen und begann, ihre Hose zu öffnen.
»Ich … ich liebe dich auch. Aber nicht hier.« Mein Herz lief fast aus dem Mund. Ich fühlte mich gleichzeitig glücklich, nervös und aufgeregt. »Komm, steh auf, wir gehen ins Büro!« Ich zog sie hoch und führte sie in mein Büro.
Iris zog sich ohne weitere Umstände aus. Ich ging zur Tür und schloss ab. »Es ist Mittag, es könnte jemand kommen«, erklärte ich. Zudem zog ich die Vorhänge zu.
Ein ganz widersprüchliches Gefühl machte mich vorsichtig wie eine Maus. Ich wusste ganz genau, dass es diesmal nicht beim Streicheln und Küssen bleiben würde.

Nun war es in meinem Büro relativ dunkel. Mein Mut stieg wieder an. Ich zog mich ebenfalls aus. Doch dann musste ich zugeben, dass mein Körper nicht mitgekommen war. Es war mir peinlich.
»Hast du es heute Morgen schon mit deiner Frau gemacht?« Iris sah mich an. Sie lächelte, griff nach mir und dann hörte ich auf zu denken. Sex ist für viele wie ein Glücksspiel. Man weiß am Anfang nicht genau, was zum Schluss passiert, ob man befriedigt und locker wird, befreit, oder ob beide Seiten dieses unbeschreibliche Glücksgefühl haben würden. Aber wenn eine Frau mit aktiver Energie und viel Geduld an diesem Spiel teilnimmt, kommt man am Schluss normalerweise zu einem guten Erfolg.
Iris war so eine Frau, und wir genossen auf dem schwarzen Ledersofa eine richtig harmonische Verbindung.
»Trinken wir einen Whisky?«, fragte ich sie, als ich nach dem Anziehen die Vorhänge wieder öffnete.
»Ja, gib mir bitte ein Glas.« Sie lachte mich an. »Zum Wohl! Auf uns«, prostete sie mir zu.
»Zum Wohl!«, entgegnete ich.
Iris stand jetzt mit einer ganz frischen und fitten Ausstrahlung vor mir. Ihr Gesicht war von einem glücklichen Lächeln überzogen. »Da Lee…«, sagte sie und umarmte mich, das Glas noch in der Hand.
»Iris, wir müssen gehen«, antwortete ich leise. Ich hatte immer noch Herzklopfen, diesmal aus einem anderen Grund. Ich hatte Angst, dass meine Frau plötzlich auftauchen könnte. »Gehen wir was essen? Ich habe Hunger«, schlug ich vor.
»Ja, ich habe auch Hunger. Gehen wir!« Iris half mir noch beim Aufräumen, dann verließen wir gemeinsam meine Schule.
»Lass uns hier hineingehen. Dieses Lokal sieht gut aus!«, sagte Iris zu mir, als wir am Café Absolut vorbeikamen.
»Gut.« Ich stimmte zu, obwohl ich eigentlich noch ein Stück weiter gehen wollte, denn das Lokal lag ziemlich nahe bei meiner Schule. Ich hoffte, dass wir nicht von einem meiner Bekannten gesehen würden. In einer Ecke fand ich einen kleinen Tisch für uns. Es war gerade Mittagszeit, und im Café saßen viele Gäste.
»Was möchtest du? Ich nehme erst einmal eine Rotweinschorle. Dann, ach ja, sie haben Mittagessen. Ich nehme das hier, Hackfleisch mit Salat.« Iris zeigte mir die Speisekarte.

»Gut, ich nehme das Gleiche wie du«, sagte ich.
»Zum Wohl! Oh, das ist schön«, sagte Iris einige Minuten später, nachdem sie einen großen Schluck genommen hatte. Ihr Gesicht leuchtete. Ich hatte sie noch nie vorher so fröhlich gesehen. »Ich sage dir, ich kenne viele Schauspieler. Manche von ihnen vertiefen sich so in ihre Arbeit, dass sie nicht mehr beurteilen können, was Bühne und was die Realität ist. Sie trinken Tag und Nacht nur Wein!« Sie trank einen weiteren Schluck.
»Trinkst du auch gern?«, fragte ich.
»Früher nicht, aber jetzt… Du weißt noch nicht, dass ich auch viele Probleme habe.«
»Ja, als Moderatorin hast du bestimmt viel Arbeit.«
»Als Moderatorin? O ja! Aber ich meinte mein Privatleben…« Sie machte eine Pause. »Mein Exmann ist ein Arschloch! Er hat mich immer nur klein gemacht. Ich musste mich von ihm scheiden lassen. Die Beziehung mit ihm hatte keine Zukunft mehr. Dann hatte ich einen Freund. Er war noch schlechter, auch ein Arschloch, aber schlimmer, noch schlimmer als mein Exmann. Jetzt habe ich einen neuen Freund –«
In diesem Moment klingelte mein Handy. »Entschuldige.« Irgendwie freute ich mich über diese Unterbrechung. Ich konnte es kaum aushalten, wenn eine Frau so wie Iris mir so voller Hass von ihren Männern erzählte. »Hallo, hier ist Da Lee Chen.«
»Ja, ich bin's. Wo bist du?« Es war Julia.
»Hallo! Ich… ich bin gerade beim Essen. In einem Lokal.« Meine Stimme klang sehr unnatürlich.
»Gut, ich komme zu dir. Wo ist denn das Lokal?«
»Äh… neben dem Kaufhaus«, log ich nervös. Julia durfte mich jetzt auf keinen Fall mit Iris zusammen sehen.
»Ich werde versuchen, dich zu finden.« Julia legte auf.
Die Bedienung brachte unser Essen. Iris schien großen Appetit zu haben. Sie beschäftigte sich sofort mit ihrem Essen. Aber ich nicht, mir schmeckte es überhaupt nicht mehr. »Was habe ich gemacht?«, fragte ich mich innerlich. Ich konnte mich selbst nicht mehr verstehen. »Warum habe ich wegen dieser Frau meine eigene Ehefrau betrogen?« Ich hatte ein sehr schlechtes Gefühl, als ich Iris ansah.
»He, Da Lee! Schmeckt es dir nicht? Du bist nicht ganz bei dir. Woran

denkst du?« Da klingelte schon wieder ein Handy, diesmal das von Iris. »Hallo. Ah, du bist es. Was ich mache? Ich bin gerade mit Da Lee beim Essen.« Mit ihrer freien Hand streichelte sie zärtlich über meinen Handrücken. »Mein Freund«, sagte sie leise zu mir, während sie mit der Hand ihr Handy bedeckte. Dann kam ihre Hand wieder zu mir zurück und sie fuhr fort, mich zu streicheln. »Gut… sehr gut. Ich werde es im Fernsehen anschauen.« Sie sprach ganz entspannt mit ihrem Freund, die Beine bequem übereinandergeschlagen.

Ihre Körperhaltung, die auf mich ganz natürlich wirkte, ließ mich jetzt ganz unwohl fühlen. Wie kann sie so schauspielern? Sie hat gerade mit mir Sex gemacht und jetzt spricht sie so unbefangen mit ihrem Freund am Telefon, als wäre gar nichts passiert. Und dann noch in dieser Haltung!, dachte ich und entzog ihr meine Hand.

»Gut, gut! Wann kommst du nach Stuttgart? … o.k.! Tschüss!« Sie warf das Handy wieder in ihre Tasche. »Er ist ein Typ, der nirgendwo fest bleiben kann. Zur Zeit arbeitet er als Journalist«, erzählte mir Iris über ihren Freund. »Er hat einige Unterkünfte in verschiedenen Städten gemietet. Wer weiß, mit wem er jetzt zusammen ist?« Dann schaute sie mich direkt an. Ihre Augen wurden langsam feucht. »Da Lee, ich… ich bin so glücklich mit dir, ich…« Sie griff nach meiner Hand.

»Iris!« Ich schrie fast. Mein ganzer Körper zuckte zurück.

»Was ist denn jetzt los? Da Lee!« Ihre Hand blieb in der Luft stehen.

»Ich kann mit dir nicht so weitermachen!« Ich suchte die passenden Worte, um meine Meinung genau auszudrücken, ohne sie zu verletzen. »Ich… ich habe nicht so viel Freiheit wie du.«

»Aber das kann man ändern. Du bist sowieso schon über die Grenze gegangen.« Sie lachte wie eine Siegerin.

»Bedienung, die Rechnung bitte!« Ich schaute weg.

»Was? Willst du schon gehen?«, fragte sie erstaunt.

»Ja, aber du kannst ruhig noch länger bleiben. Ich gehe zuerst.«

»Da Lee, hör mal. Ich tue gern etwas für dich, ich… ich kann im Fernsehen kostenlos Werbung für deine Schule machen.« Das siegesgewisse Lachen war aus ihrem Gesicht verschwunden und ihre Tränen waren getrocknet.

»Ich danke dir, Iris, wenn du mir helfen willst. Aber wir werden uns nicht wieder heimlich treffen. Bitte sei nicht böse. Ich muss jetzt gehen.« Ich küsste sie noch einmal zum Abschied. »Du bist eingeladen.«

»Danke, Da Lee…« Sie sprach nicht weiter, sondern schaute mich nur an. Ihr Blick wurde immer schärfer und kühler.
Ich ließ Iris allein am Tisch zurück und ging hinaus. Dann lief ich in Richtung Kaufhaus, zu Julia. Zu meiner Frau.

24

Eine Kreuzfahrt ist der Traum vieler Reiselustiger. Aber für viele Menschen muss dieser Wunsch ein Traum bleiben, weil die Reise zu teuer ist. Ich hatte mir keine Kreuzfahrt gewünscht, doch ich bekam sie einfach so, als wenn sie vom Himmel gefallen wäre.
Dafür konnte ich mich bei meinem gerade erschienenen Buch »Tai Chi Chuan« bedanken. Es lief so gut, dass ein Organisator für Luxusreisen sich für meine Arbeit interessierte. »Das ist die *MS Europa*, ein Fünf-Sterne-Schiff«, sagte mir ein Manager von Hapag-Lloyd am Telefon. »Wir schenken Ihnen gern die Bordkarte für zwanzig Tage. Sie hat einen Wert von 20.000 D-Mark. Dafür möchten wir, dass Sie zehn Stunden Kurs auf dem Schiff geben. Wir brauchen einen bekannten Meister wie Sie für unser Gesundheitsprogramm.« Seine Stimme klang fast wie die eines Opernsängers, ein Bass, sehr faszinierend.
»Welchen Kurs fährt das Schiff, und wann?«, fragte ich.
»Ab Februar 2000, genau in einem halben Jahr. Das Schiff fährt von Singapur nach Hongkong, dazwischen legt es im Hafen von Manila und auch in Ihrer Heimatstadt Shanghai an. Haben Sie Lust, mitzufahren?«
»Ja, natürlich!« Ich sprang fast von meinem Ledersessel im Büro hoch. Wie hätte ich so eine gute Gelegenheit ablehnen können?
»Ich bin ein Glückspilz«, sagte ich zu mir selbst.
Meine Schüler, meine Bekannten und meine Frau fanden das auch. »Wer hat so viel Glück wie du und kann mit einem Kreuzschiff in die Heimat, nach Shanghai, fahren; und sogar kostenlos«, sagten sie. Die Reise war nicht nur kostenlos, sondern ich würde für den Kurs sogar noch ein bisschen Geld bekommen, aber das erzählte ich nicht. Ich

hoffte, dass sich alle Teilnehmer meiner Kurse auf ihre Übungen in der Schule konzentrieren konnten, auch wenn ich nicht da war.
Heimlich lachte ich mir ins Fäustchen, obwohl es noch einige Monate bis zu der Schiffsfahrt dauern sollte. Leider sollte mir das Lachen bald vergehen, weil Iris einen Monat später, nach diesem Donnerstag, mich angezeigt hatte.

»Christine, ich muss dir etwas sagen. Aber du darfst es niemandem erzählen. Auch Julia nicht.« Kurz vor Weihnachten verabredete ich mich mit Christine, die ich schon lange kannte, im Café.
»Hast du ein Problem? Deine Schule läuft doch immer besser. Und du gehst in zwei Monaten auf eine Kreuzfahrt. Ich freue mich für dich.« Sie trank einen Schluck von ihrer Latte Macchiato und schaute mich lächelnd an. Wir saßen wieder in dem Lokal neben dem alten Schloss. Christine trug einen hellen Pullover und eine dunkelblaue Hose. Ihre Lederjacke hing über dem Stuhl, und der silberne Schmetterling steckte wie immer auf ihrem blonden Haar.
»Doch, ich habe ein Problem. Ich muss mich endlich jemandem anvertrauen.«
»Gut, erzähl es mir. Ich schwöre, dass ich es für mich behalte.« Sie hob ihre rechte Hand hoch.
Dann erzählte ich Stück für Stück die ganze Geschichte.
Langsam verschwand das Lachen von Christines Gesicht. »Mein Gott, Da Lee, was hast du getan? Du hast eine hübsche und nette Frau zu Hause. Warum dieser Seitensprung?« Sie schüttelte den Kopf. »Und wie sieht diese Iris aus? Ist sie sehr attraktiv?«
»Nein, sie ist nicht hübsch. Sie ist sehr klein, schon über vierzig und geschieden, sie hat zwei Kinder.« Ich schüttelte auch den Kopf.
»Da Lee, wie kannst du so dumm sein? Sie hatte von Anfang an so etwas vor!«
»Ja, ich habe einen Fehler gemacht. Ich weiß nicht, wie es jetzt weitergeht.« Ich ballte meine Hand auf dem Tisch zur Faust.
»Sag mal, hast du der Polizei alles erzählt?«, fragte Christine.
»Ja, ich habe beim Protokoll alles der Wahrheit entsprechend erzählt.«
»Da Lee, jetzt steht Aussage gegen Aussage, auch wenn sie offensichtlich gelogen hat. Hast du den Beamten erzählt, dass sie dir ihre Kontonummer geschickt hat?«

»Ja.« Ich nickte.
»Und auch, dass sie danach noch versucht hat, dich zu erpressen?« Christine schaute mich fest an.
»Nein, das habe ich nicht erzählt.« Mein Kopf sank ein Stück nach unten.
»Warum nicht? Eigentlich solltest du sie anzeigen, wegen Verleumdung und Erpressung!« Christines Stimme wurde immer lauter. Etwa zwei Wochen nach meinem letzten Gespräch mit Iris hatte ein Mann mit drohender Stimme auf meinen Anrufbeantworter gesprochen: »Du bedankst dich zu spät, mein Junge – ich sage dir nur eins: Rette deine Haut, es wird hart für dich werden.« Er hatte seinen Namen nicht genannt.
»Du weißt, dass Iris eine von meinen Kursteilnehmerinnen war. Ich lebe von meinen Kursen. Ich … ich will ihr nicht schaden, nur meine Unschuld beweisen.«
»Was? Das ist eine absolut egoistische Frau. Sie will dich jetzt nur fertigmachen, und du verteidigst sie noch?« Ihre Stimme wurde immer lauter. »Sie wollte eigentlich dich. Aber du bist ausgewichen und hast sie sogar allein im Lokal sitzen lassen. Sie ist total sauer und empört. Dann versucht sie, Geld von dir zu erpressen. Und jetzt hat sie dich wegen Vergewaltigung angezeigt. Sie hasst dich jetzt. Sie will dein Leben ruinieren. Du kannst deswegen ins Gefängnis kommen! Und du … was machst du? Du zeigst auch noch Verständnis für diese giftige Schlange!«
»Ich kann nur hoffen, dass man mir glaubt«, sagte ich traurig.
»Ja, jetzt kann man nur hoffen. Sag mal, hast du den Polizisten erzählt, dass sie zum Schluss noch mit dir in ein Restaurant gegangen ist und ihr zusammen getrunken und gegessen habt? Hast du das erzählt?« Christine schien diese Frage plötzlich sehr wichtig zu sein. Sie riss ihre Augen auf.
»Ja, das habe ich erzählt.«
»Und sie? Hat sie das auch gesagt?«
»Ja. Ich kenne zwar nicht den genauen Wortlaut ihrer Anzeige, aber ein Polizist hat mir das gesagt. Weißt du, in diesem Punkt konnte Iris nicht lügen, weil das Lokal sehr nahe an der Schule liegt. Es haben mich vielleicht einige Leute dort gesehen, die mich kennen.«
Christine lachte befreit. »Dann musst du dir keine Sorgen mehr machen! Dieses Verfahren wird eingestellt werden.«

»Bist du sicher?«
»Ja, ganz sicher! Die Justizbeamten können auch denken, oder? Welche Frau geht nach einer Vergewaltigung mit dem Täter ins Restaurant? Das ist zu lächerlich!« Sie trank ihr Glas aus.
»Eigentlich wollte ich die Kreuzfahrt absagen. Was soll ich tun?« Ich konnte die Sache nicht so locker sehen wie Christine.
»Bloß nicht! Ich wünsche dir viel Spaß und dass du dich auf deiner Schiffsreise gut ausruhst.«

25

Die *MS Europa*, ein Fünf-Sterne-Hotel auf See. Dort versammelte sich alles an Schönem und Angenehmem. In diesem Luxusliner sah man es überall glänzen und leuchten. Ich war auf den ersten Blick schon vollkommen beeindruckt! Nachdem der Steward meine Koffer in die Suite gebracht hatte, sprang ich dann auf Deck, um das Schiff genau zu besichtigen. Ich konnte mich kaum sattsehen: Oben der seeblaue Himmel, unten die himmelblaue See. Dazwischen lag unser Schiff. Auf der anderen Seite des Schiffs standen viele moderne Gebäude und Wolkenkratzer. Hier war der größte Hafen der Welt. Er lag in einem der kleinsten Staaten der Welt: Singapur!
»Sie kommen aus Deutschland mit einem chinesischen Pass und aus Ihrem Chinesisch hört man einen Shanghaier Akzent heraus. Ist Ihr Geburtsort Shanghai?«, fragte mich ein Beamter von der Passkontrolle bei meiner Ankunft in diesem Land.
»Ja, ganz korrekt…« Vor Überraschung konnte ich nicht mehr weitersprechen. Mein Himmel, wie gut ist sein Hochchinesisch!, dachte ich. Man hörte bei ihm nicht den leisesten Akzent heraus.
Diese Überraschung sollte ich hier noch öfter erleben, bei den Fußgängern auf der Straße und bei den Taxifahrern. »Wir sprechen immer so. In Singapur sind die Hauptsprachen Chinesisch, Englisch und Malaisisch«, klärte mich der alte Taxifahrer auf.
»Aber Sie sprechen so gut Chinesisch wie die Radiosprecher.« Ich

zeigte mit dem Finger auf das Autoradio, in dem gerade Nachrichten auf Chinesisch gesendet wurden. »Das klingt so schön, dass Ihre Kollegen in China rote Wangen bekommen würden, wenn sie das hörten.« Der Fahrer lachte stolz.

Die bronzenen Blasinstrumente spielten. Vier Männer in Matrosenanzügen bliesen in ihre Trompeten, die im Sonnenlicht glänzten. Unser Schiff lief langsam aus dem Hafen aus.
Es war Anfang Februar des neuen Jahrhunderts. Als ich mich von Deutschland verabschiedet hatte, schneite es noch. Aber hier, in diesem kleinsten, saubersten und reichsten Land Südasiens spürte ich schon heißen Sommerwind. Ich stand in einem weißen T-Shirt und blauen Hosen an Deck. Mein Blick begleitete diesen schönen Staat, der sich immer weiter entfernte und immer kleiner wurde.
Es gab fast alles in meiner Suite, was ein Fünf-Sterne-Hotel anbieten konnte. Überraschenderweise stand darin sogar noch ein Ankleideraum zu meiner Verfügung. Im Schlafzimmer hatte man ein großes Fenster mit doppelter Verglasung eingebaut, sodass ich auch im Liegen aufs Meer hinausschauen konnte. Aber nach nur einer halben Stunde Genuss musste ich wieder aufstehen. Es gab Alarm. Über Lautsprecher gab ein Mann Befehle: »Ich bitte um Ihre Aufmerksamkeit. Hier spricht der Kapitän von der Brücke. Bitte nehmen Sie Ihre Rettungswesten, die auf Ihren Schränken liegen, und begeben sich sofort an Deck.«
»Was ist denn los?« Der laute Alarm machte mich nervös. Ich nahm schnell die orangefarbene Rettungsweste und ging nach draußen. Im Flur wartete schon das Personal auf uns. Sie zeigten uns, wie man schnell auf Deck gelangte. Nun wusste ich, dass es nur ein gesetzlich vorgeschriebenes Manöver war.
In der ersten Nacht schlief ich hervorragend. Die Zeitveränderung und die neue Umgebung störten mich erstaunlicherweise gar nicht, nur war ich am nächsten Morgen ganz früh wach. Auf dem Fernsehmonitor sah man eine Wettermeldung vom Seegang: Schwach bewegte bis ruhige See. Wind: NE 2–3, maximale Temperatur 32° Celsius. Wetter: Sonnig.
»Schwach bewegt! Kein Wunder, dass ich so gut schlafen konnte. Ich habe in einer Wiege gelegen.« Ich lachte in mich hinein und ging dann im weißen Anzug nach draußen.

Der Morgenwind streichelte mich. Unser Schiff durchschnitt ganz ruhig die glatte Meeresoberfläche. Ich stand auf dem Holzboden des obersten Decks. Eine unglaublich große Kraft von 21600 KW brachte mich vorwärts.

Vor meinen Augen lag die See, diese grenzenlose blaue See. Nichts anderes war zu sehen, so rein und auch so ruhig! Wie ein schüchternes Mädchen, das still wartete, was zu ihm kam. Unser Schiff fuhr voran, vorsichtig voran, obwohl es normale Geschwindigkeit hatte.

Plötzlich bemerkte ich, dass vor mir in der Ferne, wo Himmel und See eins wurden, etwas Rotes auftauchte und immer größer wurde. Das Wasser dort kochte. Dann stieg ein riesiger, runder Feuerball hoch. Das war die Sonne. »He, ich bin wieder da!« So sagte sie zu unserer Welt mit Stolz und Selbstvertrauen. Jetzt veränderte sich alles völlig.

»Wie schön!«, sagte jemand hinter mir. Ich drehte mich um. Mein Himmel! Das Deck hinter mir war voller Menschen. Manche nahmen mit Kameras oder Video diesen unglaublichen Anblick auf. Manche standen mit aufgerissenen Augen und Mündern da. Gold, alles war mit goldener Farbe bedeckt. Das war das erste Geschenk der Sonne, der Natur, an diesem Tag. Es war so schön, dass alle Leute auf dem Deck ihr Glücksgefühl und echtes Lachen zeigten.

»He, etwas Echtes! Echtes Lachen und glückliche Gefühle!« Gerade das konnte man sehr schwer finden. Gestern Abend hatte ich so etwas leider nicht gesehen, obwohl ich das luxuriöseste Abendbankett meines Lebens erlebt hatte. Zwar trugen alle Abendkleidung, zwar saßen wir in einem Nobelrestaurant mit bestem Service und bestem Essen – trotzdem hatte ich es nicht gesehen. Es wurde schon am Eingang zum Schiffsrestaurant gelacht, wo der Kapitän mit seiner Frau auf jeden Gast wartete und mit jedem ein Foto machte; und auch drinnen, wo sich die Passagiere zum ersten Mal bei Tisch trafen und einander kennenlernten. Aber das Lachen, das man sich gegenseitig zeigte, lag nur aus Höflichkeit auf den Gesichtern.

Das Restaurant war voll; viele ältere Millionäre saßen darin, kaum jemand war jünger als vierzig. Welcher junge Mensch konnte sich auch so eine teure Reise leisten?

Aber die Bedienungen waren alle sehr jung und hübsch; egal ob Mann oder Frau, alle trugen ordentliche weiße Anzüge und alle arbeiteten ordentlich. Von der Vorspeise bis zum Nachtisch und den Getränken,

alles wurde ordentlich serviert; natürlich hatte das Personal auch ein ordentliches Lächeln auf den Gesichtern.
Die goldene Farbe verschwand langsam. Die Sonne zeigte uns ihr anderes Gesicht: ganz hell und heiß. Ich ging in meine Suite zurück. Das Zimmermädchen hatte meinen Raum schon gereinigt. Ein Tagesprogramm lag auf meinem Tisch: Zahlreiche Möglichkeiten zur Freizeitgestaltung wurden angeboten, sodass es den Gästen auf See unmöglich langweilig werden konnte. Man konnte Folgendes lesen: »1000 Schritte an Deck mit Simone«, »Brückenführung mit dem Kapitän«, »Yoga mit Thomas«, »Schach mit Dr. Ralf«, »Tanz mit Luis«, »Qi Gong und Tai Chi mit Großmeister Da Lee Chen« und so weiter.
Ja, wie die Chinesen sagen: »Vom Himmel fällt kein Essen herunter«, und die Deutschen: »Es wird einem nichts geschenkt«. Ich sollte nicht vergessen, dass ich auf diesem Luxusschiff etwas arbeiten musste, deswegen war ich eingeladen worden.
Nach dem Frühstück, bei dem Augen und Gaumen gleichermaßen verwöhnt wurden, ging ich zur »Clipper Lounge«. Sie lag in der Mitte des Schiffs, gleich neben dem Casino Royal. Hier sollte ich heute von 9.30 bis 10.30 meinen Unterricht abhalten. Das war das erste Mal im Leben, dass ich einen Kurs auf einem Schiff machte. Ich war gespannt. Dreißig Minuten vorher saß ich schon im Saal und wartete auf meine Schüler.
Es war ein großer Raum. Eigentlich standen viele Tische und Stühle darin, die das Personal aber schon vor meinem Eintreffen beiseite geräumt hatte. Ich wartete und wartete, jede Minute zog sich unendlich in die Länge. Es waren schon mindestens zwanzig Minuten vergangen, und noch niemand war gekommen.
»In fünf Minuten beginnt schon der Kurs. Was ist denn los?«, fragte ich mich selbst und ging an Deck. Dort lagen viele Leute halbnackt auf den weißen Liegen. Sie genossen gerade ihr Sonnenbad. Manche schwammen ganz bequem im Pool. Gerade wurde jedem ein Getränk gereicht, egal ob auf den Liegen oder im Wasser.
»Kein Wunder, wenn sie es so bequem haben! Wer kommt dann noch zu meinem Kurs?« Einigermaßen enttäuscht ging ich zur Clipper Lounge zurück und wartete weiter. Nach ein paar Minuten kamen endlich zwei Teilnehmer, ein altes Ehepaar; dann eine Frau Mitte vierzig.

Um halb zehn kamen die letzten beiden Leute: ein alter Mann und eine Frau, die mindestens zwanzig Jahre jünger war als er.
»Ich … ich bin nur seine Begleiterin.« Die Frau deutete auf den Mann. Ich hatte schon etwas über diesen alten Mann mit den weißen Haaren gehört. Beim Frühstück hatten einige Leute an meinem Tisch über ihn geredet, weil er aus der teuersten Suite, der »Penthouse Grand Suite«, gekommen war. Die Übernachtung kostete dort mindestens zweitausend D-Mark pro Tag, doppelt so teuer wie normal, deswegen schenkten ihm viele Leute auf dem Schiff große Beachtung. Eins gefiel mir nicht auf dieser Luxusreise: Man kümmerte sich zu viel darum, wer in welcher Suite wohnte und wie viele Kreuzfahrten man schon gemacht hatte. Vielleicht wollten diese reichen Leute wissen, wer noch reicher als sie selbst war.
Das Schiff war ganz klar in unterschiedliche Klassen aufgeteilt, durch Preise und Uniformen. Die normalen Seeleute und die Angestellten durften noch nicht einmal die gleichen Treppen und Aufzüge wie die Gäste benutzen.
Für mich gab es solche Unterschiede nicht. Egal wer in meinen Kurs kam, alle waren meine Schüler. Doch dieser alte Mann machte mich ein wenig neugierig, weil er immer eine Sonnenbrille trug, auch jetzt.
»Er ist blind.« Die Begleiterin hatte das Fragezeichen auf meinem Gesicht schon bemerkt.
»Was?« Ich war erstaunt und auch sehr traurig. Es gab mehr als vierhundert Passagiere. Nur fünf Leute kamen in meinen ersten Kurs, und einer von ihnen war blind und kam in Begleitung. So ein Ergebnis hatte ich nicht erwartet.
»Es sind so wenige Leute da, dann machen wir heute kein Tai Chi mehr. Das ist bei bewegter See ohnehin schwer. Wir üben nur Qi Gong. Ich zeige Ihnen, wie Sie es machen sollen.« Ich versuchte meine schlechte Laune zu verbergen und übertrug besonders viel Energie auf meine neuen Schüler.
»Entschuldigung! Ich muss jetzt gehen«, sagte der alte, blinde Mann in meine Richtung, als der Kurs zur Hälfte vorbei war. Er verließ den Raum mit Hilfe seiner Pflegerin.
Die letzten drei Teilnehmer hielten bis zum Ende des Kurses aus, verschwanden dann aber sofort.
Ich war wieder allein in der Lounge. So ein schlechtes Gefühl wie jetzt

hatte ich schon lange nicht mehr gehabt. Das war ein schlechter Anfang für mich. »Wofür lassen sie mich denn von so weit her kommen?«, fragte ich mich. Irgendwie fand ich, dass ich diese Luxusreise nicht verdient hatte. Ich bereute, dass ich mir vorhin im Kurs nicht mehr Mühe gegeben hatte. Aber wie denn? Es waren so wenige Leute da gewesen und sie waren so früh gegangen, dass niemand eine Frage gestellt hatte...

Beim Mittagessen bemerkte ich, dass einige Leute mir große Aufmerksamkeit widmeten, sie redeten über mich. Beim Abendessen redeten sie noch mehr. Das hier war eine isolierte kleine Welt, Nachrichten aller Art gelangten schnell an jedes Ohr. Über mich gibt es sicher nichts Gutes zu reden, dachte ich.

Am nächsten Tag sollte mein Kurs ebenfalls um halb zehn Uhr beginnen. Diesmal kam ich nicht zu früh zum Übungsraum. Es sind sowieso nicht viele da. Vielleicht kommt heute ja kein Einziger mehr, dachte ich. Erst zwei Minuten vor Kursbeginn stand ich vor der Tür der Clipper Lounge. Drei alte Damen warteten schon dort. »Wollen Sie zu meinem Kurs kommen? Gehen Sie einfach hinein«, sagte ich.

»Nein, es ist schon voll«, antwortete eine von ihnen.

»Was?« Ich öffnete sofort die Tür. Mindestens dreißig Leute in Sportkleidung waren im Raum. »Was machen Sie alle hier?«, fragte ich.

»Wir wollen Ihren Kurs besuchen«, antworteten sie.

Ich traute meinen Augen nicht. Wie konnte so etwas passieren?

Später erfuhr ich, dass die fünf Leute vom Tag zuvor überall ihre Eindrücke von meinem ersten Kurs herumerzählt hatten.

»Ich kann zwar nicht sehen, aber ich spürte im ganzen Körper starke Energie, so stark, dass ich es nicht mehr aushalten konnte«, sagte der alte Mann mit dem weißen Haar. »Wir waren wie in einem warmen Stromfluss«, erzählte das Ehepaar den Leuten. »Und nach dem Duschen haben wir wie ein Stein geschlafen, ohne Tabletten!« »Meine Frau hat ihre Migräne vergessen«, sagte der Mann.

Nach dem zweiten Kurs hatte ich ein ganz anderes Gefühl als am Tag vorher. Plötzlich fühlte ich mich auf dem Schiff viel wohler. Es gab eine Bibliothek gegenüber dem Auditorium. Hier herrschte eine ruhige Atmosphäre in gedämpftem Licht, was mir sehr gefiel. Ich saß dann fast den ganzen Nachmittag dort und las.

Als ich zum Abendbrot kam, wartete schon die Eventmanagerin auf

mich. »Herr Chen, gratuliere! Sie haben eine große Begeisterung hervorgerufen. Nehmen Sie Platz, bitte hier!« Sie stand mit breitem Lächeln auf und wies auf einen Sessel neben sich. Sie war eine Frau mittleren Alters mit normaler Figur. In ihrer blauen Uniform sah sie sehr schick aus. »Haben Sie Appetit? Heute gibt es eine hervorragende Vorspeise für Sie.« Sie zeigte auf einen kleinen, weißen Teller mit Goldrand, den der Kellner gerade gebracht hatte. Darauf lagen zwei kleine Brötchen mit einigen schwarzen Kügelchen darauf.
»Ah, ich kenne das. Das sind Fischeier.« Gleich nach dem Hinsetzen schob ich mir schon das erste Brötchen in den Mund. »Wollen Sie nicht auch, das schmeckt gut.«
»Nein, wir essen normalerweise in einem anderen Restaurant. Das ist nur für Sie«, schob die Chefin mir den Teller wieder zu.
»Oh! Danke schön.« Ich schob das andere Stück auch in den Mund. »Mmh …! Das schmeckt hervorragend. Darf ich noch mehr davon haben?«
»Nun … ja. Gut! Bedienung, noch einmal, bitte.« Sie winkte einem jüngeren Mann im weißen Anzug.
»Nein, noch fünf Teller, bitte«, sagte ich laut zu ihm, und dann leise zu ihr: »Die sind so klein, dass mein Magen sie nicht bemerkt.«
»Herr Chen, man nennt das nicht ›Fischeier‹, sondern Kaviar. Die beiden kleinen Stücke, die Sie gegessen haben, kosten schon mindestens fünfzig Mark.«
»So teuer! Dann muss ich mehr davon probieren. Es ist kostenlos für uns, oder?« Ich war aufgeregt.
»Ja, natürlich, natürlich! Sie müssen nichts für das Essen auf dem Schiff bezahlen. Nur … nur solche ›schwarzen Juwelen‹ werden begrenzt geliefert.« Ihr Lachen wirkte etwas steif. »Herr Chen! Ich muss Sie um eins bitten: Ihr Kurs hat Begeisterung hervorgerufen. Viele Gäste hoffen, dass Sie ihnen mehr Gelegenheit zum Üben schaffen.« Sie öffnete eine Flasche Weißwein auf dem Tisch und goss uns ein, mir ein ganzes und sich selbst ein halbes Glas. Während sie einschenkte, kam der Kellner wieder. Aber nur ein kostbarer Porzellanteller mit zwei kleinen, schwarzen Brötchen stand auf seinem silbernen Tablett.
»Warum bringen Sie nur einen Teller? Ich habe fünf bestellt. Oder meinetwegen legen Sie zehn Stück auf einen Teller«, sagte ich zu dem jungen Mann, und dann zu der Managerin: »Wenn ich mehr Kurse füh-

ren muss, brauche ich sehr viel Energie. Dieser leckere Kaviar ist gerade der richtige Stoff für mich.«
Die Chefin nickte mit ihrem blonden Kopf zwei Mal dem Kellner zu, der mit der leeren Platte wegging. Dann schüttelte sie verstohlen zwei Mal den Kopf, aber ich hatte es trotzdem gesehen. Ich wusste, dass sie nicht verstand, warum sich ein Qi-Gong-Meister so unverschämt und naschhaft benahm wie ich.
Sie fragte mich indirekt danach. »Herr Chen, können Sie mir das erklären? Wir haben vor Ihnen schon mehrmals Qi-Gong-Lehrer zum Unterrichten hier gehabt. Warum kommen die Leute so gerne zu Ihnen und sind so von Ihnen beeindruckt?«
»Ich weiß nicht. Vielleicht wegen der Energie. Wenn Sie in Zukunft neue Qi-Gong-Lehrer suchen, sollen Sie mit Ihrer Hand spüren. Ein richtiger Qi-Gong-Lehrer muss die Fähigkeit haben, Lebensenergie zu übertragen, so wie das.« Ich öffnete meine rechte Handfläche und hielt die Hand ungefähr zwanzig Zentimeter über ihre. Doch um ihre Reaktion kümmerte ich mich nicht mehr. Mein Blick richtete sich auf den Kellner, der mit dem Silbertablett zurückkehrte…
Nach der neuen Vereinbarung sollte ich am Erholungstag auf See zweimal am Tag Kurse halten. Am dritten Tag gab es nur einen Kurs, weil unser Schiff nachmittags in den Hafen von Manila eingelaufen war. Alle Passagiere bekamen eine Karte als Ausweis. »Wenn Sie in dieser Stadt Probleme haben, nehmen Sie sofort über diese Karte Kontakt mit uns auf. Bitte sagen Sie uns vorher Bescheid, wenn Sie in Manila City übernachten wollen. Und nicht vergessen, unser Schiff wird morgen um zehn Uhr ablegen. Übrigens haben wir schon einen Reisebus für Sie reserviert…«, informierte die Managerin auf der Brücke jeden Gast über Megafon, der einen Landgang machen wollte.
Ich ging einfach allein mit meiner Kamera weg. In dem Moment, als meine Füße festen Boden berührten, sprangen schon ungefähr zwanzig Leute auf mich zu. Sie kämpften untereinander, um näher an mich heran zu kommen. »Taxi, Taxi 100 Peso!« »Taxi 3 US-Dollar to City.« »He, Bruce Lee, come to my Taxi!«
Ich wusste nicht, zu wem ich gehen sollte. Die Taxifahrer waren alle so fleißig, dass ich mich kaum entscheiden konnte. »How much?«, fragte ich den Mann, der mich »Bruce Lee« gerufen hatte. Ich war schon

mehrmals so genannt worden. Das fand ich ziemlich lustig. Manchmal straffte ich extra meine Brustmuskeln vor solchen Witzemachern. Aber hier war Manila! Vom ersten Schritt an hatte ich schon ein Publikum. Das schmeichelte meiner Eitelkeit. »Bruce Lee« klang gut in meinen Ohren. »Ja, how much?«
»45 Peso!«, antwortete er. Wie die anderen Taxifahrer hatte er dunkle Haut und ein schlaues Gesicht mit lebhaften schwarzen Augen. Keiner von ihnen wirkte vertrauenswürdig, doch sein Angebot konnte ich kaum abschlagen. 45 Peso, das war gerade so viel wie ein US- Dollar. »O.k.!«, sagte ich. Er führte mich schnell zu seinem Wagen.
So ein schlechtes Taxi sah ich zum ersten Mal im Leben. Die Karosserie war völlig veraltet, ebenso wie der Motor. Man hatte darin Ohren- und Hinternschmerzen wegen der lauten Geräusche und der harten Sitze. Als wir endlich die City erreichten, stieg ich sofort aus und gab ihm einen Dollar.
Der Fahrer in seinem weiß und blau gestreiften Hemd und den weiten Jeans stand vor seiner rostigen Autotür und nahm sehr ungern den amerikanischen Geldschein in die Hand.
»Bye- bye!«, sagte ich zu ihm und ging.
Manila war eine ganz bunte Stadt, überall waren Menschen. Manche bewegten sich nicht, sie blieben neben der schmutzigen Straße in ihrer schmutzigen Kleidung sitzen und stehen. Worauf sie warteten, wusste niemand genau. Aber einmal sah ich sehr viele Leute, die alle ordentlich gekleidet waren, in einer riesigen Kirche zusammen singen.
Die Philippinen sind das einzige katholische Land in Asien und gelten dort als das Armenhaus. Die Sicherheit schien dort auch nicht garantiert zu sein. Das merkte ich in Manila sofort. Fast vor jeder Geschäftstür standen schwer bewaffnete Bewacher. Ihre langen Gewehre machten mich nervös, obwohl ich nicht vorhatte, etwas zu rauben.
Wie jeder Tourist wollte ich mir nur gerne alles ansehen, aber ein Verfolger störte mich dabei. Der Täter war der Fahrer, dieser junge Taxifahrer. »Why?«, schrie ich ihn an.
»No problem, no problem!« Er lachte mich schief an, schüttelte seine Hände vor der Brust und blieb stehen.
Ich ging weiter, und nach kurzer Zeit bemerkte ich, dass er mir wieder folgte. »Why?«
»No problem, no problem!«, reagierte er genauso wie vorher.

Das machte mich sehr ärgerlich. Ich blieb einfach stehen. Er auch, zehn Meter hinter mir.

»Mein Himmel, ich habe einen Verrückten getroffen. Was will er nur von mir?« Diese Frage tauchte in meinem Kopf auf. Plötzlich spürte ich, dass sich etwas in der Gesäßtasche meiner Jeans bewegte. Ich griff sofort nach dem Geldbeutel, der darin war und bekam gleichzeitig zwei Finger des Diebes zu greifen.

»He, ah ju!«, schrie ein schlanker Mann, weil ich ihm das Handgelenk verdreht hatte. Ich drückte seinen Arm noch höher zum Rücken hin, sodass sein Gesicht fast den Boden berührte. Der schlanke Dieb schrie wie ein Schwein, und sofort wurden alle aufmerksam. Einige Männer und Frauen, die zuvor in schmutzigen Kleidern an der Straße gesessen hatten, sprangen blitzschnell zu uns. Der Dieb, den ich auf frischer Tat ertappt hatte, trug erstaunlicherweise Krawatte und Anzug, die aber zerknittert waren wie eine alte Kartoffel. Ob es an der Kleidung lag oder weil sie ihn kannten, die anderen Leute waren jedenfalls auf seiner Seite. Sie beschimpften mich auf Philippinisch. Manche versuchten, den Langfinger aus meinem Griff zu befreien und ihn von mir wegzuziehen, was ihm allerdings nur noch mehr Schmerzen bereitete.

»Ah, Mami!« Der große, schlanke Mann rief nach seiner Mutter. Aber sie kam nicht. Stattdessen tauchten zwei Polizisten vor mir auf, als wären sie vom Himmel gefallen. Sie taten ihren Job, nur etwas verkehrt.

»Stop… stop. Your passport, please«, sprachen sie mich an.

Ich ließ den Dieb frei und sagte zu den Polizisten: »Er wollte meinen Geldbeutel stehlen.« Ich sprach deutsch und chinesisch, weil ich nicht wusste, wie man auf Englisch »Dieb« und »stehlen« sagen sollte. Meine englischen Sprachkenntnisse waren eine Katastrophe. Doch ich half mir mit der Gestik. Ich zeigte den bewaffneten philippinischen Beamten mit zwei Fingern genau, wie der Dieb sich an meiner Hosentasche zu schaffen gemacht hatte.

Die Polizisten schüttelten ihre Köpfe. Sie glaubten meinen Worten nicht. Währenddessen schrien und beschimpften mich der Täter und die Schaulustigen.

Ich konnte kein einziges Wort philippinisch verstehen und wusste daher natürlich nicht, was sie den Polizisten über die Sachlage erzählt hatten, sicher hatten sie nicht der Wahrheit gemäß berichtet und mich schlecht gemacht. Eine schlimme Situation für mich! Plötzlich schob

ein junger Mann die Zuschauer zur Seite und kam in den Kreis hinein. Es war der Taxifahrer. Er sprach in seiner Muttersprache zu den Polizisten, woraufhin sich deren Gesichter wieder entspannten. Sie hatten jetzt wohl erfahren, mit welchem Schiff ich nach Manila gekommen und was vorhin tatsächlich passiert war. Einer der Beamten machte sogar noch eine witzige Bemerkung: »Bruce Lee!«, lachte er mich an. Der andere machte ein Handzeichen in die Luft, woraufhin alle gingen.
»He, er ist der Dieb! Sie müssen ihn festnehmen!«, schrie ich auf Chinesisch hinter den beiden Beamten her.
Sie taten gar nichts. Der Dieb trollte sich ganz gemütlich vor meinen Augen. Zum Schluss standen nur noch der Taxifahrer und ich dort. Zum Glück war mein Geldbeutel noch da.
Ich ging weiter, der Fahrer folgte.
Jetzt empfand ich ihm gegenüber etwas ganz anderes, er war mir nicht mehr unangenehm, sondern ich war ihm dankbar. Der Abstand zwischen uns verkürzte sich von zehn auf zwei Meter. Ich machte wie ein normaler Tourist ein Foto nach dem anderen. In Manila gab es viele schöne Gebäude und Bäume und auch einen Fluss, die ich aufnehmen konnte. Was war das für ein Fluss? Das Wasser sah fast wie schwarzer Lack aus, und den Gestank konnte man schon aus hundert Metern Entfernung riechen. Ich wunderte mich, dass viele mit Eisenplatten verkleidete Häuser an diesem Strom standen. Hier lebten noch Menschen, sogar sehr viele! »Das ist unmöglich! In Shanghai gibt es auch einen schmutzigen Fluss, aber nicht so wie hier, und dort gibt man sich große Mühe, das Wasser wieder sauber zu bekommen. Sie sollen auch etwas gegen den Schmutz tun!«, sagte ich auf der Brücke zu meinem Begleiter.
»Problem, problem!«, lachte er mich lustig an. Er verstand mein Chinesisch bestimmt nicht, nickte aber trotzdem mit dem Kopf.
An diesem Platz konnte ich es nicht lange aushalten. Ich ging weiter in eine Gegend, die besser aussah.
In einem Gebiet mit vielen modernen Gebäuden sah ich ein großes Restaurant. »Goldener Drache« stand in riesigen Schriftzeichen auf einem Plakat, natürlich auf Chinesisch, so wie hier alle Banken und Geschäftsgebäude beschriftet waren. »Come!« Ich winkte dem Jungen und sagte ihm weiter mit meinen Händen, dass ich ihn einladen wollte.

Er kam nur bis zur Tür mit mir und blieb dann stehen. Dort stand eine Wache mit langem Gewehr. Er hatte eine kräftige Figur und sein breites Gesicht mit den gebleckten Zähnen ließ mich an einen Eber denken. Mit seinen runden Augen starrte er meinen Begleiter an. »No, no, I wait.« Der Taxifahrer zeigte nur auf die dunkle Haut an seinen Armen.
»Wo ist das Problem?« Ich konnte es nicht verstehen, denn die Haut des Türstehers war noch viel dunkler als seine. Warum traute er sich nicht in das Restaurant hinein? Ich jedenfalls hatte Hunger und ging hinein.
Es war ein luxuriöses Restaurant mit glänzend roten Tischen und Stühlen. In der Mitte des Raumes lief Wasser einen künstlichen Berg hinunter, und eine Melodie erfüllte den ganzen Saal. Es waren nicht viele Gäste darin, vielleicht war es noch zu früh für ein Abendessen.
Der Kellner führte mich zu einem Platz und gab mir die Speisekarte. Er hatte gute Augen, ohne zu fragen gab er mir eine Karte mit chinesischer Schrift.
»Sprechen Sie Chinesisch?«, fragte ich ihn.
»Nicht sehr viel, nur ein bisschen. Aber mein Chef ist Chinese«, antwortete er auf Chinesisch. »Er kommt aus Taiwan.«
»Gut, sagen Sie Ihrem Chef, er soll mir etwas Gutes empfehlen. Zwei Speisen und eine Suppe, bitte.« Nach chinesischer Sitte drückte man auf diese Art aus, dass man als Gast, der von weit her kommt, sich gerne mit dem Besitzer des Restaurants unterhalten wollte. Für uns war es schön, dass man in fast jeder Stadt auf der Welt ein chinesisches Restaurant finden konnte.
Nach kurzer Zeit kam der Kellner mit einem Reiswein, einer Ente mit Bambus, einem Tintenfisch mit geräuchertem Schweinefleisch und noch einer Suppe zurück. »Alles Spezialitäten des Hauses«, erklärte er. Für mich war es ein richtiges Festessen.
»Schmeckt Ihnen unser Essen?« Ein kleiner Mann mit rundem Gesicht und rundem Bauch stand vor meinem Tisch.
»Ah, Sie sind hier bestimmt der Chef.« Endlich war er aufgetaucht. Ich hatte tausend Fragen, die ich ihm stellen wollte.
»Sie beschämen mich, Sie beschämen mich. Bitte nennen Sie mich nicht Chef. Mein Familienname ist Wu.« Ein typisch chinesischer Geschäftsmann!

»Ah, Herr Wu, sagen Sie mir bitte, wie Ihr Koch so eine unwahrscheinlich gute Suppe machen kann?« Mein Beifall war ehrlich gemeint. Ich konnte mich nicht erinnern, in meinem Leben vorher schon einmal eine ähnlich schöne Flüssigkeit im Mund gehabt zu haben.
»Diese Suppe! Oh, kompliziert, kompliziert. Man muss getrocknete Muscheln die ganze Nacht durch langsam kochen lassen. Dann kommen geräuchertes Fleisch, Steinpilze und viele andere Dinge wie Lauchzwiebeln und Ingwer dazu. Kompliziert, sehr kompliziert!« Er schüttelte den Kopf, sodass ich das Gefühl haben musste, er hätte mir ein kostbares Juwel überreicht.
»Gut, wirklich gut!« Ich nickte mit dem Kopf. »Sagen Sie mir bitte, man lebt hier in Manila auch nicht ungefährlich, oder?«
»Haben Sie schon etwas erlebt?«
»Ja, natürlich!« Ich erzählte ihm dann von dem Diebstahl auf der Straße.
»Sie hatten noch Glück, dass nicht mehr passiert ist!«, sagte er zu mir.
»Warum haben die Polizisten den Dieb nicht festgenommen?«, fragte ich.
»Die Polizisten? Sie sind naiv! Polizisten und Diebe gehören hier zur selben Partei. Solche Beamten kassieren normalerweise einen Teil der Diebesbeute. Mein Restaurant ist hier schon seit zwanzig Jahren, und ich weiß nicht, wie viel Geld ich korrupten Beamten schon als Schmiergeld bezahlt habe. Wir müssen das so machen, die Geschäftsleute haben in diesem Land sonst keine Ruhe! Hier ist es ziemlich dunkel.«
»Und was ist mit den Taxifahrern?« Ich zeigte mit dem Finger durch das dunkle Fenster nach draußen. Der junge Fahrer wartete an der Straße neben seinem kaputten Wagen.
»So ein Typ, haha!«, lachte er. »Sie müssen sich keine Sorgen machen. Er ist harmlos. Ein Kükü-Fahrer. Billig. Schauen Sie sein Auto an. Es fällt fast auseinander. Er folgt Ihnen überall hin, um so Prozente bei den Händlern zu bekommen, bei denen Sie einkaufen.«
»Verlangt er bei Ihnen nachher auch Prozente von meinem Essen?« Ich schätzte den Preis meines Essens nicht gerade wenig.
»Hier hat er keine Chance. Unsere Türwache lässt ihn gar nicht hereinkommen.« Er zeigte auf das »männliche Wildschwein« vor der Tür.
»Ja, alles klar! Vielen Dank für Ihre Information«, sagte ich.

»Nichts zu danken, wir sind ja Landsleute. Ich helfe Ihnen gern.« Er ging und ließ mich alleine essen.
Nachdem ich fertig war, brachte der Kellner die Rechnung. 1350 Peso, davon kostete allein die Suppe schon 800 Peso, mindestens zweimal mehr als der Preis, der auf der Karte stand. Ich bezahlte alles und gab sogar noch ein bisschen Trinkgeld. Was konnte ich machen? »Geschäft ist Geschäft«. Der Taiwan-Chinese hatte seine Chance bei mir, einem fremden Chinesen aus der Ferne, nicht versäumt.
Ich ging hinaus, direkt zum Kükü-Taxi. Der Fahrer saß darin und kratzte gerade seine ohrlangen, schwarzen Haare. »He!« Ich klopfte auf das rostige Wagendach.
»He!« Eine große Überraschung für ihn, dass ich von selbst zu ihm kam. Er lachte sofort, und über meine Frage freute er sich noch mehr. »To shopping, how much?« »Shopping?« Seine Augen leuchteten. »One Dollar, one Dollar!« Er stieg schnell aus und öffnete mir die Autotür.
Wir fuhren dann in einem riesigen Strom, in dem sich verschiedene motorisierte Fahrzeuge, Fahrräder und Kulis bewegten. Der Fahrer hupte und schrie ununterbrochen. Nach einer Weile hatte er mich ans Ziel gebracht. Hier standen auf einem Platz viele kleine Läden, die mit Lampen oder Kerzen auf sich aufmerksam machten. Fast alle Produkte waren nur für Touristen gedacht, so wie philippinisches Kunsthandwerk, Bekleidung, Schmuck und Ähnliches. Ich kaufte für meine Frau ein Hauskleid mit handgestickten Blumenmustern darauf und zwei lange Hosen, für mich zwei Jadesteine. Der Kükü-Fahrer hatte meine Einkäufe fest im Auge und handelte dann bei den Verkäufern seine Prozente aus.
Ich tat so, als ob ich nichts davon merken würde.
»Bye- bye!«, sagte ich nach dem Einkaufen zu meinem Begleiter.
»No, no, come!« Der Taxifahrer brachte meine Tüten mit den Einkäufen in seinen Wagen. »Come, very beautiful, very beautiful!« Sein Englisch war nicht viel besser als meines. Aber ich hatte verstanden, dass er mich irgendwohin bringen wollte.
»How much?«, fragte ich.
»No money, no money!« Er schob mich in seinen Wagen und wir fuhren weg. Nur zehn Minuten später hielt das Taxi wieder vor einem Gebäude. »Come!« Er brachte mich hinein. Drinnen war eine andere

Welt, als man sie von außen sah: rotes Licht, viele kleine Zimmer und viele geschminkte Frauen.
Mein Himmel, das ist ein Bordell. Dieser Typ bekommt auch Prozente von den Prostituierten!, dachte ich mir und drehte mich zur Tür um. Aber schon stürzten sich fünf leichtbekleidete Frauen wie Tigerinnen auf mich. »Come, young man.« »Come, Japanese!« »Come, Chinese!« Jede versuchte mich in ihre Kammer hineinzuziehen.
»No, no!« Jetzt musste ich richtig kämpfen. Wenn ich mich aus einer Hand befreit hatte, hielt mich schon wieder eine andere fest. Als ich es endlich nach draußen geschafft hatte, war ich atemlos wie nach einem Marathonlauf. Zum Glück waren meine Kamera und meine Brieftasche noch da, aber ein Knopf meines blauen T- Shirts war abgerissen, und auch der Gurt meiner ledernen Kameratasche war entzwei.
»Why?« Der Fahrer konnte meine Reaktion gar nicht verstehen und hatte auch kein Mitleid mit mir wegen meiner peinlichen Lage. Seine schwarzen Augen schauten mich von oben bis unten und von rechts bis links an, als wollte er fragen: Was ist mit diesem Mann los? Obwohl er so viele Muskeln hat, hat er keine Lust auf Frauen! »Why?«, fragte er noch einmal.
»No beautiful, too old!«, antwortete ich. Eigentlich hätte ich ihm etwas anderes sagen wollen, aber dafür reichten meine Englischkenntnisse nicht aus.
»No problem, no problem!« Er öffnete mir wieder die Autotür.
Ich stieg sofort ein und sagte zu ihm: »Ship!«
Aber dieser Fahrer hatte etwas anderes vor. Fünf Minuten später parkte er direkt in einem Hof mit Steinboden und einigen Grünpflanzen. Aus den Häusern, die den Hof an vier Seiten umrundeten, drang schwaches Lampenlicht. Durch die geöffnete Tür mir gegenüber sah ich einen großen Tisch, auf dem weißes Porzellan stand. »Ist hier ein Teehaus?«, fragte ich mich. Ein junger Mann und eine Frau mittleren Alters, die am Tisch saßen, standen sofort auf und begrüßten mich ganz freundlich.
Ich ging hinein. »Nein, hier ist kein Teehaus, hier ist ein Kindergarten«, sagte ich zu mir, weil ich einige Kinder gesehen hatte. Sie trugen alle bunte Kleidung und saßen sehr brav auf einer Bank, die an der Wand stand. Die Frau zog einen kleinen Jungen und ein Mädchen aus der Gruppe heraus und schob sie zu mir hin. Ihre Hand lag

abwechselnd auf dem Kopf des Mädchens und des Jungen. Dann zeigte sie mit der Hand auf die Kinder, die noch auf der Bank saßen. »Very good, very good!«, sagte sie mit lachendem Gesicht. Mit ihrer Gestik fragte sie mich: »Wen willst du nehmen? Diese oder diesen? Einen oder gleich mehrere?« Wie eine Obstverkäuferin bot sie ihre Ware an.

Der junge Mann ging nach hinten und öffnete eine kleine Tür, während er sehr freundlich mit einer Verbeugung eine einladende Geste zu mir hin machte. Ich sah eine Holztreppe. Er zeigte mir, dass ich mit dem ausgewählten Kind nach oben in ein Zimmer gehen durfte.

»Mein Himmel! Hier ist kein Kindergarten! Hier ist die Hölle!« Jetzt war es mir klar. Dieser verdammte Kükü-Fahrer hatte mich zu einem Ort gebracht, wo Kindersex verkauft wurde. »Zum Teufel! Du bist ein böser Idiot!« Ich drehte mich um und schob diesen Typ in den Hof zurück.

»Hilfe! Lass mich los!« Plötzlich kam ein Schrei aus dem Nebenhaus. Ich wunderte mich, dass man hier Deutsch hören konnte. Schnell sprang ich dorthin und schob die Tür auf. Drinnen kämpfte ein Mann gerade darum, seinen Angreifern zu entkommen, doch ohne Hoffnung auf Befreiung. Drei junge Männer hielten ihn fest. Ich kannte ihn. Er gehörte auch zu den Gästen der *MS Europa* und war in meinem Qi-Gong-Kurs ein fleißiger Schüler. Ein kräftiger Mann mit glattem Gesicht und korrektem Verhalten, der mir schon positiv aufgefallen war. Aber jetzt war er in so einer peinlichen Situation gelandet. »Herr Seemann, was ist mit Ihnen los?«, fragte ich.

»Herr Chen, helfen Sie mir bitte. Diese Leute lassen mich nicht los.« Er versuchte noch einmal, sich aus dem Griff der sechs Hände zu befreien, aber ohne Erfolg. Hinter den Männern stand ein ungefähr zehnjähriges Mädchen. Mit Tränen in den Augen schaute sie erstaunt auf das, was die Männer taten.

»Das ist unmöglich! Lassen Sie ihn gehen!« Ich schob die drei philippinischen Jungen einen nach dem anderen zur Seite. Im ersten Moment waren sie von meinem Erscheinen so überrascht, dass sie sich nicht rührten. Dann hatte jeder von ihnen einen kurzen Stock in der Hand, als hätten sie ihn hergezaubert. Sie schwangen die Stöcke über ihre Köpfe und rückten näher an mich heran.

»Gehen Sie ins Taxi.« Ich zog den Mann von meinem Schiff nach draußen, denn ich wollte nicht, dass der bevorstehende Kampf vor den Augen des kleinen Mädchens stattfand. Die drei jungen Männer, die alle schwarze Hemden trugen, folgten uns bis in den Hof.

Ich wusste, dass ein Kampf unvermeidlich war, deshalb nahm ich eine Holzbank in die Hände, um mich verteidigen zu können.

»Go!« Einer der jungen Männer zeigte mir die Ausfahrt. Eine letzte Mahnung.

Ich schüttelte den Kopf, dann nickte ich wieder. Ich tippte Herrn Seemann neben mir auf die Schulter, der schon vor Angst zitterte, um den Männern zu zeigen: »Ich gehe nicht ohne ihn.«

»No.« Alle schüttelten die Köpfe. Dann begann der Kampf.

Pin pin, pan pan, schlugen wir aufeinander ein. Sie hatten einen Vorteil: Drei gegen einen. Aber ich hatte eine gute Waffe: Diese Bank, die normalerweise zum Sitzen diente, konnte man sehr gut für Verteidigung und Angriff nutzen. In China gab es sogar einen speziellen Kampfstil nur mit einer Bank. Zum Glück hatte ich als Kind schon gelernt, wie man sie handhabte. Nur schade, dass ich sehr lange nicht geübt hatte. Wenn ich die Bank im Kreis um mich herum schwang, durfte niemand in meine Nähe kommen, denn wenn jemand davon getroffen wurde, lag er garantiert auf dem Boden. Aber diese Theorie funktionierte in unserem Kampf nicht. Die drei Jungen hatten mich mehrmals mit ihren Stöcken getroffen, und sie kämpften immer weiter, auch wenn ich sie schon ein paar Mal mit der Bank erwischt hatte.

Ich fühlte, wie meine Kräfte langsam schwanden. Das machte mich nervös. Zwar war ich mit zwei Bekannten da, aber die standen nur mit blassen Gesichtern als Zuschauer neben dem Auto.

Zum Schluss konnte ich meine Gegner doch noch besiegen, durch mein letztes Kampfkunststück mit der Bank: »Die Peitsche«. Ich ließ meine Bank in Kopfhöhe kreisen, dann schwang ich sie auf Kniehöhe hinunter und schlug sie wie eine Peitsche rundum.

Sie fielen alle zu Boden und bedeckten laut schreiend mit den Händen ihre verletzten Knie und Unterschenkel.

»Bruce Lee, Bruce Lee!«, schrie der Kükü-Fahrer mir zu.

»Go, go!«, schob ich ihn in seinen Wagen. »Steigen Sie ein, wir müssen schnell weg.«

Herr Seemann tat schnell, was ich ihm sagte. Sein Hintern besetzte fast den ganzen Sitzplatz. Ich drängte mich ins Auto.

»Go, go!«, schrie ich. Aber der Fahrer blieb bewegungslos hinter dem Steuer sitzen.
»Fifty Dollar!«, sagte ich zu ihm. Der Motor lief, unser Wagen fuhr von diesem chaotischen Platz weg.
Ein Mann folgte uns mit einem Säbel. Diese Waffe hatte ich schon auf der Straße gesehen. Die Obsthändler schnitten damit Kokosnüsse auf. Jetzt wollte dieser Typ meinen Kopf aufschneiden.
Zum Glück fuhr die Schrottkarre doch noch etwas schneller, als die Füße des Mannes liefen. Er gab auf und blieb stehen. Langsam verschwanden er und sein Säbel hinter uns auf der dunklen Straße.
Als wir das helle Stadtzentrum erreicht hatten, verabschiedeten wir uns von dem Kükü-Fahrer. Er schien ganz zufrieden mit der heutigen Beute, den Prozenten von meinem Einkauf und den zweiundfünfzig Dollar. Er konnte kaum sein Lachen verbergen, als er das amerikanische Geld in den Händen hielt. Dann fuhr er weg, diesmal endgültig.

»Kommen Sie bitte.« Herr Seemann bat mich freundlich in das Café eines großen Hotels hinein.
Ich folgte ihm. Jetzt musste ich mich dringend erholen. Die Blicke des bewaffneten Türwächters, der mein zerrissenes T-Shirt erstaunt anschaute, interessierten mich nicht.
»Herr Chen, Sie können so gut kämpfen! Sie haben mich gerettet.« Als wir am Tisch saßen, zog Herr Seemann seine Brieftasche aus dem Jackett. »Ich schulde Ihnen etwas. Für Ihre Hilfe will ich gern –«
»Nein!« Ich schob seine Brieftasche weg. In meinem Leben hatte ich nicht oft die Chance, die Rolle des Helden zu spielen. Ich wollte dieses Gefühl weiter genießen.
»Danke, vielen Dank!« Er hielt meine rechte Hand mit seinen beiden Händen fest. »Cappuccino, please!«, sagte er zu dem Kellner.
»Coffee, please«, ergänzte ich. »Was machen Sie in Deutschland beruflich?«, fragte ich nach einer Pause. Er hatte zwar eine kräftige Figur, aber durch seine ruhige Art wirkte er wie ein Pfarrer.
»Ich bin Beamter.« Er lachte leise. »Und was ist mit Ihnen? Können in China alle Qi-Gong-Meister so gut kämpfen wie Sie?«
»Das weiß ich nicht. Leider bin ich kein echter Bruce Lee, sonst hätte ich diese Hölle ganz zerstört. In diesem verdammten Haus habe ich

eine Gänsehaut bekommen.« Ich strich mit der Hand über meinen Kopf, wo ich drei Beulen hatte, zwei kleine und eine große.
»Ja, diese Typen haben keine Moral mehr! Man kann ihnen nicht trauen«, stimmte Seemann zu. »Sie ändern einfach den vorher vereinbarten Preis und verlangen doppelt so viel. Sie haben behauptet, das Mädchen wäre ganz frisch –«
»Moment, Herr Seemann! Sie wussten das? Es gibt in dieser Stadt überall Prostituierte. Warum, warum wollen Sie Sex mit einem Kind??«
In meinem Kopf tauchte wieder das Bild des Mädchens auf, das mit Tränen in den Augen neben ihm gestanden hatte.
»Prostituierte? Nein, ich mache es nicht gerne mit Erwachsenen. Wo ist das Problem mit der Kleinen? Wir sind hier in Manila. Viele Leute kommen extra deswegen hierher.« Er sprach so ruhig wie immer und fügte hinzu: »Herr Chen, Sie haben doch auch Lust zu so etwas, oder? Warum sollten Sie sonst hierherkommen?«
Pa!, schlug ich mit der Hand auf den Tisch. »Pfui Teufel! Das Mädchen war nur zehn Jahre alt und noch nicht einmal so groß wie eins Ihrer Beine. Wie können Sie so etwas machen? Sie sind ein Schwein!« Ich schrie so laut, dass einige Gäste erstaunt zu unserem Tisch herüberschauten.
»Bitte, Herr Chen, nicht! Nicht, bitte.« Er wich zurück, als ich aufstand.
»Hau bloß ab!«
»Ja, ich gehe.« Er stand auf. Sein weißes T-Shirt war schon schweißnass, vielleicht fürchtete er sich vor dem Feuer meiner Empörung. »Schon gut, ich bin gleich weg.«
»Moment! Die fünfzig Dollar für das Taxi und Ihren Kaffee zahlen Sie gefälligst selbst!«
»Ja, natürlich. Sie haben mir geholfen. Ich werde das bezahlen.« Er legte siebzig Dollar auf den Tisch.
»Übrigens: Kommen Sie nicht mehr in meinen Kurs und kommen Sie mir auf Deck nicht in die Quere, weil ich Ihnen sonst so einen Tritt geben könnte, dass Sie ins Meer fallen.«
»Trotzdem vielen Dank.« Damit verschwand er.
Der Kellner brachte die Getränke, sah mich aber missbilligend an.
Ich setzte mich wieder auf den Stuhl. »Du bist ein Idiot!«, schimpfte ich mich selbst. »Das hättest du dir eigentlich alles sparen können, ›hel-

fen‹, ›retten‹. Und das auch!« Ich strich noch einmal über meinen Kopf und fühlte die drei Beulen, jetzt zwei große, eine kleine. Eine war in der Zwischenzeit schnell gewachsen.

Eine halbe Stunde später fuhr ich zurück zum Schiff. Diesmal wählte ich ein Taxi, das ordentlich aussah, etwas teurer, aber dafür gab es kein Theater mehr.

26

Herr Chen, wie oft sind Sie schon auf Kreuzfahrt gewesen?«, fragte eine alte Dame. Wir lagen auf dem Schiffsdeck, so wie viele andere Gäste auch. Es war wieder ein sonniger Tag mit wolkenlosem, blauem Himmel. Die weißen Liegen waren fast alle besetzt.
Ich war gerade schon halb im Traum gewesen. Die Frage hörte ich wie aus der Ferne.
»Meinen Sie mich? Zum ersten Mal, und auch nur, weil ich dazu eingeladen wurde. Sonst könnte ich mir das nicht leisten. Zum wievielten Mal sind Sie denn hier?«, antwortete ich schläfrig.
»Oh, Frau König habe ich schon oft auf einer Kreuzfahrt getroffen.« Das war eine andere weibliche Stimme.
»Siebzig! Dieses ist meine siebzigste Kreuzfahrt.« Frau Königs Stimme klang stolzerfüllt.
»Was?« Ich schob ungläubig meine Sonnenbrille hoch. Diese Frau König war ungefähr sechzig Jahre alt. Ihr roter Bikini klebte so fest an ihrem Körper, dass überall das Fleisch darüber hinweg quoll. Sie schien ganz zufrieden mit meiner Reaktion zu sein. Siebzig Mal! Für diese Zahl bewunderten sie sicher viele Leute. Wahrscheinlich brauchte sie genau das. Ich schob meine Sonnenbrille wieder auf die Nase zurück und fiel in einen Traum. Ein guter Traum zwischen blauem Himmel und blauer See.
»Diese Diamanten habe ich in Südafrika gekauft, ein Karat.«
»Ist das lupenreines Weiß? Irgendwie sieht er nicht ganz weiß aus.«

»Doch, absolut lupenrein. Das ist hochfeines Weiß.«
»Ich kaufe so etwas normalerweise nur in Paris, London und bei mir zu Hause in München …«
Bei diesem Dialog wurde ich langsam wieder wach. »Was kostet der?«, fragte ich die Frau mit dem Diamantring.
»Ich weiß es nicht mehr. Das war ein Geschenk«, sagte sie tadelnd und stand auf.
»Herr Chen, eines muss ich Ihnen sagen: In unseren Kreisen fragt man einander nicht nach dem Preis für einen Diamanten«, sagte Frau König leise zu mir.
»Ach so? Ich bin nur neugierig. Dieses Glas funkelt sehr schön im Sonnenlicht.«
»Glas? Wenn Sie wissen wollen, was dieses ›Glas‹ wert ist, kann ich es für Sie schätzen.« Sie lachte. »Das ist ein einkarätiger Diamant, nicht lupenrein, sondern mit winzigen Einschlüssen. Der Wert beträgt ungefähr zehntausend Mark.«
»So teuer?«
»Teuer? Nein, das ist billig. Ich kann Ihnen nachher einen Diamanten für mehr als hunderttausend zeigen.« Ihre Stimme klang wieder stolz.
»Gerne«, sagte ich. Aber innerlich dachte ich: He, solche reichen Leute nutzen doch jede Gelegenheit, um anzugeben. Ein Diamant, der mehr als hunderttausend D-Mark wert ist? Nein, das muss ich nicht unbedingt glauben.
Nachmittags, als ich wieder den Qi-Gong-Kurs hielt, passierte Folgendes: Ein helles, weißes Licht tanzte durch den Raum, sodass sich einige Schüler nicht mehr auf ihre Übung konzentrieren konnten. Sie schauten oft auf Frau Königs Hand, die Quelle des geheimnisvollen Lichts.
Ich ging in die Mitte des Kreises, den die Kursteilnehmer bildeten. »Ich schlage vor, dass alle ihren Schmuck ablegen, damit die Energie besser in den Körper fließen kann.« Ich nickte Frau König zu.
»Meinen auch?«, fragte sie leise. An ihrem Mittelfinger leuchtete ein riesiger weißer Diamant.
»Ja, Ihren auch! Das stört Ihren Energiekreislauf.«
»Pu chi!«, lachten einige Damen.
Sie zog den Ring aus und steckte ihn in die Tasche ihrer roten Sportjacke. Es war ihr sichtlich peinlich.

»Junger Mann, das haben Sie gut gemacht!«, sagten zwei Damen nach dem Kurs zu mir und gingen mit zufriedenem Lächeln.
Das muss nicht sein, Frau König hat es nicht verdient, so ausgelacht zu werden, dachte ich. Leider war sie schon weg. In der Grand Lounge war nichts mehr von ihr zu sehen. Aber am nächsten Vormittag sah ich sie wieder. Sie stand allein auf dem Deck, als unser Schiff sich langsam dem Hafen von Saigon näherte. »Guten Morgen, Frau König. Es tut mir leid wegen der Sache mit Ihrem Diamantring gestern, aber nur für die Qi-Gong-Übung…«
»Macht nichts.« Sie unterbrach mich. »Eigentlich wollte ich zu Ihnen kommen. Ich habe eine Bitte.«
»Eine Bitte?«
»Ja, Herr Chen. Wie man hört, fahren Sie nicht gern mit dem Bus zu den Ausflügen, sondern lieber allein.«
»Ja, so fühle ich mich freier und kann mir ein echtes Bild vom Land machen«, antwortete ich.
»Schön! Darf ich in Saigon einmal mit Ihnen zusammen fahren?« Sie schaute mich bittend an. »Wissen Sie, ich bin in der letzten Zeit nur mit dem Bus gefahren, der vom Schiff aus organisiert wird. Können Sie mich mitnehmen? Keine Angst, wenn Sie keine Geduld mehr mit einer Oma wie mir haben, dürfen Sie mich jederzeit rauswerfen!«
Was konnte ich dagegen sagen? Ich nickte.
Eine Stunde später trafen wir uns an der Treppe. Frau König hielt mir eine weiße Pappschachtel hin. »Herr Chen, könnten Sie diese Schachtel mit Tabletten in Ihre Hosentasche stecken? Schauen Sie mal, ich habe gar keine Taschen in meinen Kleidern und diese kleine Handtasche ist schon mit anderen Sachen gefüllt.«
»Ja, gut, geben Sie sie mir. Aber was ist, wenn die Schachtel verloren geht?«, fragte ich, obwohl ich sie in meine Jeans steckte.
»Das macht nichts. Wenn sie verloren geht, geht sie eben verloren! Das ist mein Problem«, meinte sie sorglos.
»Gut. Wenn Sie die Tabletten brauchen, sagen Sie mir Bescheid. Lassen Sie uns jetzt gehen.«
Wir gingen die Treppe hinunter. Am Ufer war ein Polizeiposten mit zwei vietnamesischen Polizisten in grünen Uniformen. Sie kontrollierten unsere Pässe und Bordkarten und ließen uns dann vorbeigehen.

Im Hafenbereich war nicht viel los, aber draußen vor dem Tor zeigte die Stadt Saigon uns ihr lebendigstes Gesicht. Mofas, überall fuhren Mofas. Ich hatte noch nie im Leben so viele Mofas gesehen. Sie fuhren überall auf der Straße, zwischen Wagen und Menschen, Fahrrädern und Kulis hindurch.
»In so etwas wollte ich immer schon gerne einmal sitzen.« Frau König wirkte plötzlich zwanzig Jahre jünger. Sie ging direkt zu einem Dreirad-Kuli.
»Nein, nicht. Das könnte ein ›Kükü-Fahrer‹ sein.« Der junge Fahrer, der uns mit lachendem Gesicht begrüßte, erinnerte mich wieder an die schlechte Geschichte vom letzten Ausflug.
»Was ist ein ›Kükü-Fahrer‹? Kommen Sie, tun Sie mir den Gefallen. Ich will einmal im Leben so etwas probieren.« Schon saß sie auf dem Gefährt. »Kommen Sie!«
Ich hatte keine andere Wahl. »To the City!«, sagte ich zu dem jungen Mann.
Er trat in die Pedale, und unser Wagen fuhr langsam an. Ein ruhiger Wagen war das, ohne Motor. Aber die Straße war wegen der zahlreichen Mofas furchtbar laut.
Frau König verunsicherte mich. Was wollte sie von mir? Eigentlich hätte ich frei wie ein Vogel überall in Saigon herumfliegen können. Aber jetzt war ich ihr Reisebegleiter, und meine Freiheit war weggeflogen. Die Leute auf der Straße schauten uns mit solch merkwürdigen Blicken an.
»Ich kann nicht verstehen, warum die Vietnamesen so gerne diese großen Hüte tragen. Selbst diese hübschen Mädchen tragen sie«, sagte Frau König.
»Weil diese großen Hüte zu den Leuten hier passen. Das ist hier so üblich«, antwortete ich etwas ungeduldig.
»Schauen Sie mal, dieser Obstverkäufer steht mit nacktem Oberkörper an der Straße.« Sie wedelte mit ihrer Hand vor meinem Gesicht herum, als sie in die Richtung des Verkäufers zeigte.
»Weil es ihm zu heiß ist. Wir sind hier in Vietnam«, sagte ich und verdrehte die Augen. Warum hatte ich sie nur mitgenommen? Ihr oberflächliches Verhalten langweilte mich sehr. Wie verbrachten solche reichen Damen ihr Leben? Wahrscheinlich taten sie nicht viel, außer teure Reisen zu unternehmen und teuren Schmuck zu tragen.

»15 000 Dong, please.« Der junge Kulifahrer hielt uns seine Hand hin. Frau König blieb sitzen.
Ich gab ihm einen US-Dollar. Das war etwas weniger als 15 000 Dong. Er nickte trotzdem.
»Schauen Sie mal, hier ist sehr viel los. Ich glaube, dieses Gebäude ist ein Kaufhaus«, rief Frau König aus.
Im Nu hatten uns fahrende Händler mit Waren in den Händen entdeckt. »Ten Dollar!«, »Two Dollar!« Sie hielten Uhren, Kugelschreiber und Landkarten in den Händen. »Sind Sie Chinese?«, fragte mich eine junge Frau mit langen schwarzen Haaren auf Chinesisch.
»Und du, bist du Chinesin?« Ich freute mich sehr, dass ich hier meine Muttersprache hören konnte.
»Nein, ich lerne chinesisch. Schauen Sie mal.« Sie zeigte mir ein selbstkopiertes Buch, anscheinend ein vietnamesisch-chinesisches Wörterbuch. »Jetzt kommen viele Urlauber und Händler aus China hierher. Wir alle lernen chinesisch. Wir machen auch Re- Re …«
»Reformen?«, half ich ihr.
»Ja, Reformen. Hier: vier Kugelschreiber mit Feuerzeug für 30 000 Dong oder zwei US-Dollar, oder siebzehn chinesische Yuan. Ich schenke Ihnen auch dieses Buch.« Eine tüchtige Straßenhändlerin. Bei ihr merkte ich schnell, welche Wirkung die Wirtschaftsreformen in diesem kommunistischen Land hatten. Ich gab ihr zwei Dollar.
Frau König kaufte hingegen gar nichts und schüttelte immer wieder den Kopf. »Gehen wir, Herr Chen, bitte!«
»Sie dürfen ruhig gehen«, sagte ich.
»Nein, ich will mit Ihnen zusammen gehen.«
»Ah ja, ich weiß, wegen der Tabletten! Ich gebe sie Ihnen zurück.« Ich nahm die Tabletten aus meiner Tasche.
»Nein, nein, behalten Sie sie. Ich brauche diese Tabletten jetzt nicht. Ich danke Ihnen.« Sie schob meine Hand weg. »Gehen wir, die vielen Leute machen mich schwindelig.« Sie zog mich weg. Dann forderte sie mich auf: »Fragen Sie doch bitte einmal, wo man hier Salzente essen kann. Auf der Kreuzfahrt vor zwei Jahren hat mir ein Gast aus Saigon ein Stück davon aufs Schiff mitgebracht. Ich möchte dieses Gericht wiederfinden.«
»Salzente?« Ich verstand gar nicht, was die alte Dame wollte. Trotzdem tat ich ihr den Gefallen.

»Die gibt es überall! In der Markthalle zum Beispiel. Dort gibt es gute Ware. Es ist alles da, gekocht und roh.« Das hübsche Mädchen zeigte mir die Richtung. Dann erzählte sie den Schaulustigen etwas auf Vietnamesisch. Alle lachten.
»Was gibt es zu lachen?« Vielleicht fanden sie meine Frage lustig. Ein Chinese fragte nicht nach Pekingente, sondern nach Salzente. Ich fand selbst, dass die Frage etwas komisch war.
Wir marschierten Richtung Markthalle. Um uns herum gab es viele vietnamesische Fußgänger. Sie bewegten sich sehr zielgerichtet, als ob jeder etwas zu tun hatte. Nur politische Propaganda-Plakate, rote Flaggen und die Bilder des ehemaligen Führers Ho Chi Minh standen an dieser Straße still.
Es war später Nachmittag, als wir die Markthalle erreichten. Sie war riesig. Die Händler versuchten mit allen Mitteln, die Vorbeigehenden zu ihren Ständen zu ziehen. Die Angebote waren sehr reichhaltig, von vielen Obst-, Gemüse- und Fischsorten kannte ich noch nicht einmal die Namen.
»Warum sind die Verkäufer hier alle so aufdringlich?«, fragte Frau König und klang entnervt.
»Früher war das bestimmt ganz anders, da war es ganz egal, ob man bei ihnen kaufte oder nicht, weil alles dem Staat gehörte. Aber jetzt macht Vietnam auch Reformen. Ich glaube, dass hier auch privatisiert wird. Deshalb arbeiten sie so fleißig. Es ist das Gleiche, was vor achtzehn Jahren in China passiert ist«, erklärte ich ihr.
Ich war sehr beeindruckt von dem lebendigen wirtschaftlichen Leben in diesem Land. Als die ganze Welt mit großer Aufmerksamkeit die politischen Reformen in Russland und die wirtschaftlichen Reformen in China beobachtete, veränderte sich dieses kommunistische Land ebenfalls, aber so im Stillen, dass man es kaum bemerken konnte, wenn man es nicht mit eigenen Augen sah. Ein interessanter Stil, der sehr chinesisch roch, weil die Partei ihre traditionellen politischen Ideen nicht gleich über den Haufen warf, sondern dafür sorgte, dass das System sich Schritt für Schritt von der Planwirtschaft zur Marktwirtschaft hin wandelte. Wenn die Entwicklung hier so weiterging, könnten Wirtschaftswunder und Aufschwung, den China zur Zeit erlebte, in einigen Jahren auch hier stattfinden …
»Schauen Sie mal. Dort sind Enten.« Frau König wähnte sich am Ziel.

Ich hatte es schon lange gesehen und gerochen. Es gab nicht nur gekochte und gegrillte Enten, sondern auch lebendige in Käfigen. Es stank ein bisschen.
»Dort gibt es Salzente. Ja, ich erkenne sie wieder. Kommen Sie, Herr Chen, ich lade Sie ein.«
Sie setzte sich an einen Tisch, an dem schon einige Vietnamesen beim Essen saßen.
»Warum wollen Sie hier diese Ente essen? Die Luft ist hier nicht sehr gut.« Es wunderte mich, dass diese Millionärin in so einem primitiven Lokal ihre Mahlzeit genießen konnte. Dort gab es nur zwei Tische und eine Bank neben dem Stand. Hinter dem Glasfenster hingen einige rote und weiße Enten. »Diese!« Frau König zeigte mit dem Finger auf die weiße, während sie auf dem nassen und schmutzigen Boden stand. Ein junger, muskulöser Mann und eine schlanke Frau bedienten uns sofort. *Pan, pan, pan!*, schnitt der Mann die halbe Ente in kleine Stücke und brachte sie dann in einem großen Teller zu uns an den Tisch, und die Frau brachte wortlos zwei Bier und zwei Entenblutsuppen. Anscheinend waren sie Touristen gewöhnt. Ich hatte nicht so einen großen Appetit wie meine Gastgeberin. Auf der Bank sitzend schaute ich mich nur überall in der Markthalle um.
»Herr Chen, warum essen Sie das nicht? Das ist bestes Entenfleisch. Es hat gerade lange genug in Salzwasser gelegen. Probieren Sie mal!« Sie hielt mir den Teller hin.
Ich nahm ein Stück. »Nicht schlecht.«
»Ja, nicht schlecht.« Frau König lachte, doch schnell verschwand das Lachen wieder von ihrem Gesicht. »Wissen Sie, warum ich überall nach der Salzente gesucht habe?«
»Weil man so etwas in Deutschland nicht bekommt.«
»Doch, man bekommt es, man bekam es! Wenn es damals diese Salzente nicht gegeben hätte, wäre ich vielleicht nicht mehr am Leben.«
»Was? Bitte erzählen Sie!« Jetzt war ich neugierig geworden.
»Es war gerade Kriegsende, und ich war erst zwölf Jahre alt. Ganz Deutschland lag in Schutt und Asche. Wir hatten kaum etwas zu essen und mussten immer etwas zum Tauschen suchen. Damals hatte die alte Währung keinen Wert mehr, man konnte nur Dinge gegeneinander tauschen. Langsam fanden meine Mutter und ich in unserem von Bomben zerstörten Haus nichts mehr, was man gegen Essen eintau-

schen konnte. Ich lag im Bett, und der Hunger machte mich ganz schwach.« Frau Königs Augen wurden feucht. »Ich glaubte, dass ich in meinem Bett sterben würde! An einem Abend brachte mir meine Mutter einen Teller. ›Iss das!‹, sagte sie zu mir. ›Aber erzähle es niemandem! Ich habe gestern Nacht am Fluss eine schlafende Ente getötet. Die Federn habe ich eingegraben und das Fleisch in Salz eingelegt. Iss!‹ Ich aß. Es schmeckte himmlisch! Ja, ähnlich wie diese hier, nur viel, viel besser…« Zwei Tränen liefen ihr über das Gesicht. »Danach hatte ich wieder Kraft, aufzustehen. Ich ging mit meiner Mutter nach draußen, und wir arbeiteten dann täglich auf der Straße.«

»Sie haben auf der Straße gearbeitet?«, fragte ich.

»Ja, eine unbezahlte Arbeit. Man bekam dafür nur ein bisschen Essen, Suppe und Brot. Wir räumten mit den anderen Frauen gemeinsam die Straßen. Wir schafften allen Müll und Schutt wie zerbrochene Steine, Ziegel und Holz Stück für Stück weg, alles nur mit unseren Händen. Ich war erst zwölf Jahre alt. Auf meinen kleinen Händen bekam ich weiße und rote Blasen. Es tat mir weh, aber ich weinte nicht; die anderen Frauen auch nicht. Wir arbeiteten wie verrückt…« Sie nahm ein Taschentuch heraus und wischte sich die Tränen vom Gesicht.

Die Vietnamesen, die neben uns saßen und ebenfalls Ente aßen, schauten Frau König erstaunt an. Obwohl sie ihre Sprache nicht verstehen konnten, bemerkten sie ihre traurige Stimme. Alle schwiegen.

»Die Fabrik meines Vaters war durch die Bomben total zerstört worden. Ein Offizier der Besatzungsarmee sagte, es sei unmöglich, dass hier in den nächsten zehn Jahren eine Produktion entstehen könnte. Er hatte sich geirrt.« Frau Königs Stimme klang plötzlich lauter und klar. »Als mein Vater und die anderen Männer aus der Gefangenschaft zurückkamen, hatten wir schon die ganze Stadt geräumt. Sie mussten nur noch neu aufbauen.«

»Unglaublich!« Ich war tief beeindruckt.

»Wissen Sie, was wir auf unserem Grundstück wieder aufgebaut haben?«

»Wohnungen oder eine Fabrik?«, vermutete ich. Wohnungen zum Wohnen, eine Fabrik zum Produzieren. Beides fand ich sehr wichtig.

»Nein, wir haben zuerst das Theater in der ursprünglichen Form wiederaufgebaut.«

»Was?« Das konnte ich kaum glauben. Es war wirklich ein zivilisiertes

Volk, das in der Heimat von Goethe und Beethoven lebte. Leider verstanden die neben uns sitzenden Vietnamesen wahrscheinlich weder Deutsch noch Chinesisch. Sonst hätte ich ihnen gerne diese Geschichte erzählt. »Und dann?«

»Dann kam langsam alles wieder in geordnete Bahnen. Die Firma meines Vaters lief gut. Leider starben meine Eltern Anfang der Sechzigerjahre. In der Mitte der Siebziger war dann auch mein Mann nicht mehr am Leben. Er starb an Leberkrebs. Ich habe in Ihrem Kurs sehr starke Energie gespürt. Leider gab es damals kein Qi Gong in Deutschland. Glauben Sie, man hätte ihn mit Qi Gong behandeln können?«

»Ich weiß nicht, aber vielleicht hätte es ihm etwas geholfen.«

»Ach, nach dem Tod meines Mannes war ich so hilflos. Wir haben keine eigenen Kinder, und ich bin nicht in der Lage, einen Betrieb zu führen. Dann habe ich alles verkauft. Das tat mir sehr weh, weil die Firma von meinem Urgroßvater aufgebaut worden war und schon mehr als hundert Jahre bestanden hatte. Ich weiß bis jetzt noch nicht, ob ich das Richtige getan habe.«

»Doch! Sie haben das Richtige getan! Man muss wissen, wann man aufhören soll.« Ich gab ihr recht.

Dann aßen wir gemeinsam die Ente. Sie schmeckte mir jetzt viel besser als vorher.

»Aber Sie dürfen nicht glauben, dass ich jetzt nichts anderes mehr zu tun habe, als Kreuzfahrten zu unternehmen«, begann Frau König nach einer Weile, in der sie sich nur mit dem Essen beschäftigt hatte. »Ich schreibe ein Buch!«

»Oh! Darf ich lesen, was Sie geschrieben haben? Es würde mich interessieren.«

»Es ist noch nicht veröffentlicht worden. Kein Verlag will mein Buch nehmen.«

»Schade. Aber Sie werden bestimmt einen Verlag finden. Sie erzählen faszinierende Dinge!« Das meinte ich ehrlich.

Frau König seufzte: »Aber eines verstehe ich immer noch nicht. Ich bin schon in vielen Ländern gewesen. Es gibt überall auf der Welt Diktatoren wie Mao in Ihrer Heimat, Zin in Nordkorea, Castro in Kuba, Ho Chi Minh in diesem Land und Stalin in Russland. Sie waren oder sind alle genauso wie Hitler Diktatoren! Warum wurde damals nur Deutschland so bestraft?« Sie warf einen Entenknochen auf den Teller.

»Ich weiß es auch nicht genau. Aber eines ist für mich klar: Sie sind nicht alle genauso wie Hitler, und man darf sie auch nicht genauso beurteilen.«
»Warum nicht? Alle sind Diktatoren!«
»Nein, so einfach ist das nicht!«
»Dann erklären Sie mir den Unterschied!«
»Also.« Ich suchte nach Worten, mit denen ich meine Gedanken klar ausdrücken konnte. So einfach war es für mich nicht, über Politik zu sprechen. »Ich sehe das so: In der ganzen Geschichte unterscheidet man Freund oder Feind nach unterschiedlichen Typen, gleichen Religionen oder gleicher politischer Meinung. Natürlich nutzen Diktatoren das, um ihre Macht zu erhalten. So schoben zum Beispiel Stalin und der Vorsitzende Mao alle, die ihre Macht störten, auf die Seite von so genannten Antirevolutionären und politischen Verbrechern, und deswegen sind auch viele ermordet worden.«
Frau König nickte.
»Aber was die Nazis getan haben, war wieder anders: Sie unterschieden Freund und Feind nicht nur nach Religion oder politischer Meinung, sondern in erster Linie nach der Blutsverwandtschaft. Sie behaupteten, dass sie selbst die Besten wären und manche Volksgruppen mit anderem Blut zu den Niedrigsten gehörten, die vernichtet werden sollten. Das war die schlimmste Idee und die schlimmste Tat in der Geschichte der Menschheit. Einige Millionen Menschen wurden deswegen ermordet, egal ob Mann oder Frau, ob alt oder gerade geboren, egal mit welchem religiösen Glauben oder politischen Ideen: Finden Sie das nicht schlimm?«
»Doch!«, stimmte Frau König zu.
»Sagen Sie mir, welches Raubtier tut so etwas? Wer tötet, nicht aus Hunger und nicht, um das eigene Revier zu verteidigen? Nur töten, die eigene Art töten, so viele wie möglich.«
»Es gibt kein solches Raubtier, außer es ist verrückt.« Frau König schüttelte den Kopf.
»Hitler war so ein Verrückter. Leider war er aber auch ein Mensch und deshalb noch gefährlicher als ein Raubtier.«
»Wissen Sie – nein, das können Sie nicht wissen. Vieles kann man nicht wissen, weil es bedeckt und verpackt ist.« Sie lachte. »Haben Sie diese Tablettenschachtel noch?«

»Ja, sie ist noch da.« Ich zog sie aus der Hosentasche.
»Wissen Sie, was darin ist?«, fragte sie. Bevor ich etwas sagen konnte, antwortete sie schon selbst. Sie griff in die Schachtel und zog dann überraschend den großen Ring heraus, den ich sie beim Qi-Gong-Kurs ausziehen ließ. »Das ist ein dreikarätiger, lupenreiner Diamant.« Sie klang, als hätte sie einen Sieg errungen.
»Oh!« Alle Leute in unserer Nähe schauten mit großen Augen auf den funkelnden Stein. Manche rissen auch ihre Münder auf. Diese Markthalle hatte ein Glasdach, durch das die Sonne schien und auf diesem weißen, lupenreinen Diamanten explodierte.
Ich fand das gar nicht lustig. »Stecken Sie ihn bitte sofort wieder in Ihre Tasche! Warum tun Sie das?« Mein Himmel! Die ganze Zeit über war ich ahnungslos mit diesem Diamanten spazieren gegangen.
»Finden Sie immer noch, dass ich eine spießige, geizige, reiche alte Dame bin?«, fragte sie mich.
»Nein, Frau König, Aber es ist nicht nötig und sogar gefährlich, dass Sie es auf diese Art beweisen.« Ich schaute mich vorsichtig um. »Wir müssen sofort von hier weg. Sie haben schon große Aufmerksamkeit erweckt.«
»In Ordnung.« Sie gab der Verkäuferin zwanzig Dollar.
»No, no!« Die Verkäuferin wehrte mit beiden Händen ab, und auch der kräftige Mann an ihrer Seite schüttelte den Kopf. Auf eine kleine Tafel schrieb er die Summe: »18 000 Dong« und erklärte uns gestenreich, dass er nicht herausgeben könne.
»No, no.« Obwohl Frau König wusste, dass 18 000 Dong gerade mal 2,50 Dollar wert waren, wollte sie kein Rausgeld. Diese Salzente hatte sie glücklich gemacht.
»Passen Sie gut auf Ihre Tasche auf!« Es bereitete mir Sorge, dass sie den Diamanten in der Tasche hatte, denn in der Halle wussten nun auch andere um dieses Geheimnis. Ich zog sie weg. Die Menschen zur Seite drückend, bemühten wir uns, so schnell wie möglich zum Ausgang zu gelangen. Als wir gerade draußen waren, sah ich, dass uns das Paar vom Entenstand folgte.
»Mein Himmel, laufen wir, schnell!«, sagte ich.
»Nein, ich kann nicht mehr«, keuchte Frau König.
Ich sah mich schon wieder kämpfen. Das Paar kam immer näher. Jetzt trugen sie etwas in den Händen. Eine Waffe?

Schon hatten sie uns erreicht. »Gehen Sie zur Seite! Drücken Sie Ihre Tasche fest an sich!« Ich schob die alte Dame weiter und nahm eine Kampfhaltung ein.
»Wir schenken euch das«, sagte die kleine, junge Vietnamesin in fließendem Chinesisch und drückte mir das große Paket in die Hände.
»Was ist das?«, fragte Frau König. Noch immer drückte sie ihre kleine Louis-Vuitton-Tasche an sich.
»Eine Ente. Eine ganze gekochte Salzente.« Meine Stimme klang belegt.

»Mein Himmel, hier sieht es aus wie in New York.« – »Ja, oder wie in Tokio, nein, moderner als in Tokio! So viele Wolkenkratzer gibt es dort noch nicht.« So unterhielten sich die Leute an Deck untereinander, als unser Schiff auf dem Huangpo in Richtung Bund fuhr. Es war früh am Morgen Anfang 2000. Der kalte Wind sagte uns, dass wir schon weit von Südasien entfernt waren. Hier war Winter, richtig kalter Winter. Mein Herz schlug schnell, wie verrückt pochte es, weil ich in meine Heimat Shangahi zurückgekommen war, diesmal mit der *MS Europa*. Ich sprang als Erster an Land, nachdem alle Zollbürokratie erledigt war. Ich lief in das erste Kaufhaus am Hafen und kaufte, kaufte wie verrückt. Chinesen kommen für gewöhnlich mit Geschenken aus der Ferne zurück. Ich hatte in der letzten Zeit von anderen Landsleuten gelernt, dass man vieles am besten in China kaufen sollte, weil die meisten Waren sowieso hier hergestellt wurden. Warum sollte man sie von so weit her wieder zurückbringen und zehnfach dafür bezahlen?
Die Verkäufer und Verkäuferinnen lachten. Kaum hatten sie den Laden geöffnet, kam so ein Verrückter wie ich. »Haben Sie gerade einen dicken Geldbeutel auf der Straße gefunden?« Eine Kassiererin machte sich über mich lustig.
»Bitte alles schön verpacken, und ohne chinesische Zeichen auf der Verpackung!«, bat ich sie.
»Ah, Sie sind bestimmt gerade aus dem Ausland zurückgekommen!« Dann sagte sie einem anderen Mädchen leise etwas ins Ohr, woraufhin beide wieder in Lachen ausbrachen.
In Europa heißt es immer, China ist das Land des Lächelns. Was man nicht weiß, ist, dass man sich unter solchem Lachen nicht immer angenehm fühlt.

»Haha!« Ich lachte auch zweimal, aber sehr unnatürlich.
»Was wollen Sie haben? Einen Gutschein oder einen anderen Service? Sie haben schon für mehr als 3000 Yuan gekauft«, fragte mich eines der Mädchen, nachdem sie meine Einkäufe verpackt hatte.
»Ein Gutschein? Nein, der nützt mir nichts. Ich kann diesmal nur bis heute Abend in Shanghai bleiben.«
»Dann vielleicht das Taxi? Sie dürfen es bis zu acht Stunden auf unsere Kosten benutzen.«
»Das ist sehr gut! Danke schön!« Hier war ich in China. Ich musste keine Angst vor »Kükü-Fahrern« haben.
»Gut, abgemacht!« Das Mädchen nahm den Telefonhörer zur Hand.
»Das Taxi wartet schon vor der Tür auf Sie«, sagte sie zu mir und schob mir den Einkaufswagen zum Ausgang. Sie trug wie das andere weibliche Personal auch einen eleganten, orangefarbenen Anzug.
Ich war sehr beeindruckt, nicht nur von ihrer Schönheit, sondern auch von dem fließenden Service.
»Wenn Sie wieder einmal aus dem Ausland hierherkommen, besuchen Sie auch wieder zuerst unser Haus. Sie sind immer herzlich willkommen«, sagte sie zu mir, nachdem sie alles ins Auto gepackt hatte, und ging dann zurück in den Laden.
»Sie sind ein Vertragskunde, deshalb brauchen wir den hier nicht mehr.« Der junge Taxifahrer schaltete den Zähler aus. Er trug eine schwarze Lederjacke und Bluejeans, fast genau wie ich. »Aus welchem Land kommen Sie?«
»Ich bin Shanghaier. Haben Sie das nicht gemerkt?« Seit dem ersten Schritt in die Stadt sprach ich schon im Shanghai-Dialekt. Was war das denn für eine Frage?
»Gut, gut! Wohin soll ich fahren?« Er drehte den Kopf zu mir nach hinten.
»Fahren Sie zuerst zur Schule. Hier ist die Adresse.« Ich gab ihm einen Zettel.
Er hatte einen neuen Wagen, innen groß und sauber, viel Platz für mich. Aber wie war es draußen? Furchtbar! Unzählige Autos ließen kaum einen freien Platz auf der Straße. Ein riesiger Strom bewegte sich auf der Autobahn, die durch das Stadtzentrum führte. Ich nahm erstaunt wahr, dass mein Taxi nur auf der Zwischenetage fuhr. Es gab hier eine Autobahn mit fünf Etagen, und wir waren auf der dritten.

Im Internet hatte ich gelesen, dass China es bereits auf Platz zwei der größten Autobahnländer geschafft hatte. Amerika war auf Platz eins, Kanada auf dem dritten und Deutschland auf dem vierten Platz. Kaum zu glauben, dass damals, bevor ich aus China wegging, das hieß vor 1992, kein einziger Chinese in diesem Land eine Autobahn sehen konnte. Dieses Tempo, diese Aufbaugeschwindigkeit ließ die ganze Welt staunen. Mich wunderte es natürlich auch. Ich kam regelmäßig nach China zurück, und jedes Mal musste ich es neu kennenlernen.
Im Vorbeifahren sah ich sehr viele Wolkenkratzer, die ich noch nicht kannte. Hier, wo wir uns jetzt befanden, gab es nur noch eine Etage Autobahn, die sich wie ein weißer Gürtel durch einen Wald aus riesigen Gebäuden zog. Langsam verließen wir auch den, und der Taxifahrer steuerte seinen Wagen zu einer Uferstraße, um den Fluss entlang weiterzufahren.
»Moment, ist das der Sudschou?«, fragte ich.
»Ja. Erkennen Sie ihn nicht mehr?«, fragte der Fahrer zurück.
»Und was machen die Leute hier?«
»Angeln, Fische angeln! Sie können es selbst sehen.«
»Was? Moment, halten Sie hier, bitte!« Ich stieg aus und ging zum Ufer. »Ist das der Sudschou? Ist das der Fluss, der schon in meiner Kindheit schwarzes, stinkendes Wasser führte?«, fragte ich mich selbst. Vor mir hatte ich ein ganz anderes Bild als in meiner Erinnerung. Das Wasser lief noch genauso wie früher in seinem breiten Flussbett, aber es war weder schwarz, noch stank es. Am Ufer war viel Grünes gepflanzt, ganze Bambuswälder waren entstanden. »Gibt es hier Fische?«, fragte ich einen Angler.
Er antwortete nicht, sondern zeigte nur mit seinem Kinn auf ein großes Gefäß. Darin schwammen tatsächlich einige Fische und Krabben. Dass dieser Fluss, der durch ein Industriegebiet lief und von tausend Firmen als Abwasserkanal benutzt worden war, sich so verändern konnte! Damals, vor zehn Jahren, als man die Losung »Reinigung des Sudschou« in den Zeitungen lesen konnte, hatten viele Leute gelacht. Sie empfanden das Vorhaben als Witz, als Märchen, und mir war es genauso ergangen. Aber jetzt...
Ich schaute mir den Fluss noch einmal an. Zwar war das Wasser noch etwas trübe, nicht ganz sauber, aber es hatte keine schwarze Farbe mehr und keinen Gestank. Der Umweltschutz war auch kein Fremdwort

mehr für Chinesen. Ein Fluss, der sein Gesicht verändert hatte, lag vor meinen Augen. Daneben, am Ufer, lagen zwei grüne Alleen und noch weiter weg ein riesiges Gelände mit verschiedenen Gebäuden in unterschiedlichen Farben und Stilrichtungen. »Wohnen Sie hier?«, fragte ich den Angler.

»Hier? Nein.« Jetzt sprach er. »Hier ist es zu teuer wegen der Flusslandschaft. Ich habe dort, hinter dem großen Haus, eine Wohnung gekauft.« Er zeigte wieder mit dem Mundwinkel, diesmal auf das gegenüberliegende Ufer.

Ich ging mit vielen Gedanken im Kopf zum Auto zurück.

»Sind Sie schon lange aus Shanghai weg?«, fragte mich der Fahrer.

»Ja, aber ich komme so oft wie möglich zurück.«

»Es verändert sich ständig. Wir Taxifahrer kennen diese Stadt manchmal selbst nicht mehr. Es kommt immer etwas Neues dazu. Wenn wir mit den Gästen in die Vorstädte oder in die Provinz fahren, gibt es dann oft Probleme, den Weg zu finden. Wissen Sie, dass eine Landkarte nach sechs Monaten hier schon veraltet ist?« Er steuerte den Wagen während des Erzählens immer weiter. »Dürfen wir hineinfahren?«, fragte er diesmal nicht mich, sondern durch das geöffnete Fenster die Türwache der Schule.

»Nein, das ist nur den Autos der Lehrer und Verwaltungsbeamten gestattet«, antwortete ein Mann mit roter Armbinde. Er stand zwischen dem geöffneten Tor und unserem Auto.

»He, Sie haben es gehört. Leider müssen Sie zu Fuß hineingehen«, wandte sich der Fahrer an mich.

»Das ist kein Problem.«

»Halt! Jetzt läuft der Unterricht noch. Besucher dürfen nicht hineingehen.« Diesmal stand der Mann vor mir.

»Ich bin kein Besucher. Ich komme aus Deutschland hierher wegen meines Sohnes. Er lernt hier. Ich habe diesmal nur einen Tag in Shanghai! Darf ich jetzt hineingehen?«, sagte ich sehr laut.

»Formular ausfüllen, bitte.« Er ging in den Wachraum, ich folgte ihm. Dort füllte ich im Eiltempo das Formular aus.

Ein Jahr lang hatte ich meinen Sohn nicht mehr gesehen. Jetzt konnte ich diese Sehnsucht, dieses schmerzhafte Denken und Vermissen bald befriedigen. Ich war aufgeregt und ging rasch über einen Sportplatz zu einem großen, weißen Gebäude. Ich wollte meinen Sohn sofort aus dem

Klassenzimmer holen und ihn in das beste Restaurant in einem großen Kaufhaus und dann auf das Schiff mitnehmen. Er durfte alles verlangen, egal ob er das beste Essen oder ein teures Spielzeug wollte. Ich würde ihm alles kaufen. Dann dürfte er die *MS Europa* besichtigen … Er würde überrascht und vielleicht auch etwas stolz auf seinen Vater sein.
Ich lief so hastig, dass meine Schritte in diesem ruhigen Gebäude ein Echo hervorriefen.
»Sind Sie Herr Chen, der Vater von Chen, She Da?«, fragte mich eine junge Frau in weißer Kaschmirjacke und dunkelblauen Hosen. Sie stand oben am Ende der Treppe.
»Ja, das bin ich«, antwortete ich erstaunt.
»Die Torwache hat mich schon telefonisch darüber informiert, dass Sie kommen. Ich bin die Klassenlehrerin Ihres Sohnes. She Da hat gerade Computer-Unterricht. Können Sie bitte erst einmal mit mir in mein Büro kommen?«
»Ja, natürlich.« Das plötzliche Auftreten der Frau hatte mich ganz unvorbereitet getroffen, ich konnte ihr nur folgen.
Sie führte mich in ein großes Büro mit vielen Tischen und Stühlen, an manchen Tischen saßen Lehrer. Sie führte mich zu dem Tisch neben dem Fenster. »Bitte nehmen Sie Platz.« Sie zeigte auf den Stuhl, der auf der anderen Seite des Tisches ihr gegenüber stand. »Wann sind Sie in Shanghai angekommen?«
»Gerade vorhin erst, vor zwei Stunden.« Ich schaute auf meine Uhr.
»Sind Sie direkt vom Flughafen hierhergekommen?«
»Nein, ich bin diesmal mit dem Schiff gekommen.«
»Mit dem Schiff? Wie lange hat denn die Fahrt von Deutschland nach Shanghai gedauert?« Sie riss ihre Augen auf.
»Das ist ein Kreuzfahrtschiff. Ich bin in Singapur zugestiegen und fahre jetzt schon seit mehr als zwei Wochen darauf.«
»Sie haben so ein Glück! Weiß She Da davon? Ich meine, dass Sie heute hierherkommen?«
»Ja, natürlich! Ich habe ihn schon in Deutschland telefonisch darüber informiert.«
»Ach so! Jetzt weiß ich, warum Ihr Sohn sich momentan nicht auf den Unterricht konzentrieren kann.«
»Das … das ist sehr menschlich, oder? Wir haben uns seit einem Jahr nicht mehr gesehen.«

»Herr Chen, ich mache mir Sorgen um Ihren Sohn, weil seine Prüfungsnoten nur mittelmäßig sind. Er ist ein sehr kluges Kind. Er sollte fleißiger lernen.«
»Mitte? Die Mitte ist schon in Ordnung. Sie müssen sich keine Sorgen machen. Ich glaube, er ist noch jung und man darf nicht zu viel verlangen!«
»Zu viel verlangen? Sie wissen doch sicher, dass Ihr Sohn in diesem Jahr die Aufnahmeprüfung für das Gymnasium machen soll, oder? Die neunjährige Grundausbildung, fünf Jahre Grundschule und vier Jahre Mittelschule, sind für ihn bald vorbei. Ob er nun in die Berufsschule oder ins Gymnasium geht, darüber entscheiden nur die Noten der kommenden Prüfung. Sie sind doch selbst Akademiker. Soviel ich weiß, haben Sie Ihr Diplom in Peking gemacht. Sie wollen bestimmt, dass Ihr Sohn ins Gymnasium und danach zur Universität geht, oder?«
»Das muss mein Sohn selbst entscheiden.« Meine Stimme war laut. Was hatte das zu bedeuten? Ich kam von so weit her, zum ersten Mal war ich in dieser Schule und hatte die Lehrerin gerade erst kennengelernt. Warum machte sie mir so einen Druck? Diese Lehrerin sah noch jung aus, woher kam diese eiskalte, bürokratische Ausstrahlung? »Ich möchte jetzt meinen Sohn sehen.«
»Jetzt läuft der Unterricht noch.«
»Egal. Ich habe ihn schon lange nicht mehr gesehen. Sagen Sie mir bitte, in welchem Zimmer er Unterricht hat.«
»307. Ich hoffe, dass er zum Nachmittagsunterricht zurück sein wird. Er beginnt um 14.30 mit Mathematik und Chemie, das sind gerade seine Schwachpunkte …«
»Nein, ich glaube nicht. Er bleibt heute Nachmittag bei mir und soll sich einmal richtig amüsieren und Spaß haben. Sein Leben soll nicht nur im Klassenzimmer stattfinden …« Ich stand auf und ging zur Tür.
»Junger Mann, was haben Sie gesagt?« Ein alter Lehrer mit weißem Haar sprach mich von seinem Tisch aus an. »Überlegen Sie einmal: Als Sie im gleichen Alter wie Ihr Sohn waren, hatten Sie da so gute Chancen in der Schule wie er? Was bedeutet ›Spaß haben‹? Sie wissen es schon, oder? Lernen heißt nicht Spaß suchen und arbeiten heißt auch nicht Spaß machen.«
»Auf Wiedersehen!« In diesem Raum konnte ich keine Sekunde länger bleiben.

Das Zimmer lag am Anfang eines Flures im dritten Stock. Hier war es auch ruhig. Ich ging zu der dunkelblauen Tür und schaute durch das eingelassene Fenster. Viele Tische standen da, und auf jedem Tisch stand ein Monitor, vor dem ein Schüler oder eine Schülerin saß. Etwa vierzig Paar junge Augen schauten ganz aufmerksam auf den Bildschirm. Ihr Lehrer, ein junger Mann mit Brille, saß auf einer Empore hinter einem großen Tisch. Er tippte gerade etwas in seinen Computer.

Meine Hand, die bereit war, an die Tür zu klopfen, sank langsam wieder herab. Dieses Klassenzimmer beeindruckte mich. Wir schrieben den Anfang des Jahres 2000. Gleichaltrige Schüler in anderen Ländern wussten vom Computer nicht mehr, als dass er ein teures Spielzeug war, und hier setzte man zukunftsweisend Computer schon in der Schule ein …

Mein Blick schweifte durch den Raum. Ja, da sah ich ihn. Seine Frisur zeigte schon einen gewissen Stil: Die dicken, schwarzen Haare waren etwas länger und alle nach rechts gekämmt. Er blickte unverwandt auf den Monitor.

Ein paar Minuten später klingelte es und sofort öffneten sich einige Türen. Wie Wasser, das durch einen gebrochenen Deich drängt, marschierten die Kinder lärmend nach draußen. Der Vormittagsunterricht war jetzt beendet. Sie gingen alle nach Hause oder in die Mensa.

Die Tür vor mir öffnete sich ebenfalls. Ich musste dem nach draußen drängenden Schülerstrom Platz machen. »Papa!« Inmitten des Menschenflusses rief She Da nach mir. Dann umarmten wir uns. Er war wieder größer geworden, mit seinen vierzehn Jahren wuchs er gerade wie ein junger Bambus.

»Gehen wir!«, sagte ich zu meinem »Kleinen« und wir liefen mitten im fließenden Strom die Treppe hinunter.

Mein Sohn sprang! Seine Schritte wirkten elastisch, als wir die Schule verlassen hatten. »Was machen wir? Gehen wir zuerst in dieses Restaurant?« Er gab mir einen Zettel, den er sich gerade ausgedruckt hatte. Darauf konnte man ganz genau sehen, wo das Restaurant lag und welche Spezialitäten es dort gab, zum Beispiel Bao Ze mit Krebseiern und gehacktem Schweinefleisch gefüllt.

»Kein Problem! Nachdem wir deine Großeltern besucht haben, fahren wir dorthin.«

»Und heute Nachmittag bleibe ich bei dir. Ich möchte so gerne dieses Schiff sehen!«
»Ja, natürlich, das habe ich auch so geplant.«
»Langes Leben!« Er sprang noch mehr. Wie ein Vogel, der gerade aus dem Käfig entkommen ist, sang und tanzte er.
Ich lachte vom Herzen bis ins Gesicht. Das bedeutete Glück, wirkliches Glück für alle Väter dieser Welt, wenn sie die Wünsche der Kinder erfüllen und ihre Freude spüren konnten …
Wir fuhren dann zuerst zu meinen Eltern. Sie lachten auch über das ganze Gesicht, weil Sohn und Enkel plötzlich gemeinsam in ihrer Wohnung auftauchten. »Du hast so viele Geschenke von so weit her mitgebracht. Warum denn? Uns fehlt hier gar nichts«, sagte meine Mutter.
»Sie sind nicht alle für euch, manche gehören She Da. Sie sollen erst einmal hierbleiben. Wir verbringen den Nachmittag zusammen und She Da holt seine Sachen später bei euch ab«, sagte ich.
»Was? Gerade da, und schon wollt ihr wieder gehen? Bleibt doch hier und esst mit uns zusammen«, sagte mein Vater. Aber mein Sohn wehrte hinter seinem Rücken kopf- und händeschüttelnd ab.
Ich wusste natürlich, was er wollte. Nachdem ich einige Ausreden gefunden hatte, saßen wir wieder im Taxi. Leider hatte ich diesmal meinen Bruder nicht getroffen, weil er auf einer Geschäftsreise in Kanada war.
»Das ist ein gutes Restaurant. Ich kenne es. Die Jugendlichen heutzutage, so wie dein Sohn, sind einfach klug!«, sagte der Fahrer während der Fahrt. Er steuerte seinen Wagen wie ein Akrobat einmal links, einmal rechts an den anderen Wagen vorbei und versuchte so schnell wie möglich vorwärts zu kommen. »Wir sind da«, sagte er nach einer Weile erleichtert.
»Hier?« Ich konnte es kaum glauben. Unser Wagen parkte in einer kleinen Straße in einem alten Wohnviertel. Die kleinen, halb verfallenen Gebäude schienen nicht viel mit der heutigen Metropole Shanghai zu tun zu haben. »Wie kann hier ein gutes Restaurant sein?« Ich schaute meinen Sohn zweifelnd an, weil er seine Informationen nur aus dem Internet hatte und selbst noch nie hier gewesen war.
»Ja, hier! Über den Steinweg bis zum Ende, dann sind Sie schon da«, nickte der Fahrer. »Viel Spaß wünsche ich euch.« Seine Stimme klang etwas gepresst. Er mochte vielleicht zehn Jahre jünger sein als ich.

»Du darfst mit uns kommen. Ich lade dich ein«, sagte ich zu ihm.
»Darf ich? Schön!« Er lachte auf, zog den Autoschlüssel aus dem Schloss und ging voran.
Unser Ziel lag am Ende des kleinen Weges. Durch die geöffnete, dunkelrote Tür sah man drinnen ein Plakat, auf dem mit dicker, weißer Farbe der Name stand: »Die besondere Welt«. Ein interessanter Name! Aber er passte zu diesem Restaurant. Beim ersten Schritt hinein fühlte ich mich schon wie im Zoo. Tausend verschiedene Fische, Krebse und Krabben schwammen rechts, links und sogar oberhalb von unseren Köpfen in Bassins. Hier trennte das Glas zwei verschiedene Welten. Man musste sich etwas fürchten, denn einige Meter weiter wurden wir von anderen Tieren begrüßt. Dort war es trocken, und hinter dem Glas lagen unzählige lebendige Schlangen. Zwei große Kobras standen ungefähr einen Meter hoch und hatten ihre Hälse tellerbreit gespreizt.
»Bitte keine Angst! Folgen Sie mir«, bat uns eine Kellnerin.
»Ich habe damit kein Problem.« Der Taxifahrer ging vorbei.
»Ich auch nicht.« Mein Sohn ging vor mir.
»Hoffentlich ist das Glas stabil genug.« Ich lief als Letzter vorsichtig zwischen den beiden bösen Schlangen hindurch.
»Wir haben viele besondere Speisen, und alle sind frisch!« Das Mädchen stand neben unserem Tisch und reichte jedem von uns eine Speisekarte.
Ich wusste natürlich, was mein Sohn gerne essen wollte und bestellte gefüllte Teigtaschen wie Bao Ze mit einer Füllung aus gehacktem Schweinefleisch und Krebseiern, Wan-Tan-Suppe mit Krabben und so weiter, außerdem einen großen gekochten Fisch.
Der Fahrer wollte nicht auswählen. »Ich esse nur, was du bestellst«, sagte er. Also nahm ich noch gegrillte Ente und gesalzene Schweinezunge. Das würde unseren Tisch füllen.
»Was ist mit unseren Spezialitäten?«, fragte das Mädchen. Sie schien noch nicht mit unserer Bestellung zufrieden zu sein.
»Spezialitäten? Ich habe doch den Fisch bestellt!«, antwortete ich ihr.
»Ja, das ist eine unserer Spezialitäten. Aber für Ihren Sohn sollten Sie lieber noch Schlange dazubestellen. Das ist das Beste gegen Hautallergien …«
»Er hat kein Problem mit Allergien. Seine Haut sieht sehr gut aus!«

»Ja, natürlich! Aber Schlangenhaut verstärkt die Kraft. Schlangenfleisch, ja besonders die Galle tut den Augen sehr gut.«
»Stimmt das?« Ich musste überlegen. She Da hatte mir erzählt, dass er die Schrift an der Tafel nur schwer lesen konnte. Viele seiner Klassenkameraden trugen bereits Brillen.
»Wenn Sie etwas bestellen wollen, dann lieber Giftschlange. Die wirkt besser. Ja, diese große Kobra …«
»Warum die Kobra?«, fragte mein Sohn.
»Das ist das Beste, was wir haben. Aber ich mag sie nicht. Jede Woche frisst sie eine andere von unseren Schlangen. Gestern hat sie meine grüne Lieblingsschlange gefressen …« Sie spitzte missbilligend ihren Mund.
»Gut, wir nehmen sie!«
Ich schaute mich um. Kaum zu glauben, dass es in so einer abgelegenen Gegend so ein luxuriöses Restaurant gab. Von der Tischdecke bis zum Stuhl war die gesamte Einrichtung erstklassig. Die Decke des Raumes war einem Himmel mit Abendrot nachempfunden. Darunter saßen schon viele Gäste.
»Erzähl mal, was hast du in der letzten Zeit gemacht?«, fragte ich meinen Sohn beim Teetrinken.
»Ich habe dir doch schon alles am Telefon erzählt«, antwortete She Da.
»Ich gehe Zigaretten kaufen«, sagte der Fahrer zu uns und stand auf.
»Ja, du hast es mir erzählt. Was willst du in Zukunft machen? Jetzt sind wir nur zu zweit. Du darfst es mir ruhig sagen.«
»Ich … ich will das Gleiche wie du machen«, sagte er leise.
»Oh! Das freut mich sehr, wenn du Tai-Chi- und Qi-Gong-Meister werden willst. Das ist ein guter Beruf! Es tut den Leuten gut und dir auch. Willst du es haupt- oder nebenberuflich machen? Willst du jetzt schon anfangen zu üben? Du siehst etwas dünn aus, du solltest mit den Übungen anfangen. Ich zeige sie dir gern.« Ich nahm ihn bei der Schulter. Ich freute mich unwahrscheinlich, seine Worte waren eine richtige Überraschung für mich.
She Da schüttelte den Kopf: »Ich … ich wollte sagen, dass ich genau wie du nach der Mittelschule zuerst arbeiten gehen will.«
»Was? Damals war die Kulturrevolution …«
»Ich hasse die Schule. Ich hasse die Prüfungen. Es ist so langweilig. Ich

will nach der Mittelschule in die Berufsschule oder als Soldat in die Armee gehen!«, erklärte er.
»Warum willst du das?«
»Viele Leute haben gar nicht lange gelernt und verdienen trotzdem gutes Geld.«
»Das stimmt.« Der Fahrer hatte die letzten Worte gehört. »Schau mich an. Ich habe nur die Mittelschule beendet. Und dann, was ist dann passiert?« Er steckte eine Zigarette in den Mund. »Ich habe durch das Fahren alles erreicht, Wohnung, Urlaub und Auto. Einige meiner Verwandten haben studiert. Aber ihr Gehalt beträgt nur halb so viel wie mein Verdienst.«
»Wie viel verdienst du?«, fragte ihn She Da mit weitgeöffneten Augen.
»Siebentausend Yuan.«
»So viel!«
»Dein Vater verdient bestimmt viel mehr.«
»Aus welchem Grund glaubst du das?«, fragte ich ihn.
»Mein Gefühl sagt mir das! Als Taxifahrer bemerke ich immer, wer Geld hat und wer nicht. Bei dir kann das jeder Dummkopf wissen, du hast beim Bestellen gerade nicht einmal nach den Preisen gefragt, und …« In diesem Moment brachte die Kellnerin einen Behälter zum Tisch, in dem ein Fisch zappelte. »Knapp über zwei Kilogramm«, sagte sie zu uns. »Wollen Sie ihn?«
Ich nickte.
Nun erschien ein Mann in schwarzer Kleidung zu unserem Tisch. Er stellte einen Korb in die Mitte und öffnete den Deckel. »Oh!«, schrien die Leute auf. Eine Kobra stellte ihren Oberkörper auf. Sie schaute sich um und machte ihren Hals breit. Ein furchtbar kalter Blick schoss aus den Schlangenaugen zu uns. Wir spürten einen lebensgefährlichen Druck. Es war kein Wunder, dass man sie in China »Augenschlange« nannte und dass sie im alten Ägypten und Indien als heilige Macht galt. Leider wusste diese »Majestät« noch nicht, dass sie bald gekocht und gehackt würde, wie ein gefangener Held stand sie stolz auf dem Tisch.
»Sollen wir sie in Suppe kochen, mit Fritillaria und Bockshorn, oder mit Ginseng und Eucommia dampfen?«, fragte der schlanke Mann mit ruhiger Stimme. Seine Hände hielt er in den großen, schwarzen Jackentaschen versteckt.

»Was … was ist der Unterschied?« Meine Stimme zitterte.
»Ersteres ist gut dafür, die Hitze zu vertreiben und Gifte zu entfernen sowie einen Blutstau abzuleiten. Für Augen, Haut, Lunge und Leber ist sie sehr gut. Das zweite Rezept verstärkt Ihre Lebensenergie, wirkt magenstärkend und wärmestauend …«
»Wir nehmen das erste Rezept! Sie wissen so viel über chinesische Medizin. Haben Sie das studiert?«, fragte ich verblüfft.
»Medizin studiert? Nein, ich bin ein Wanderarbeiter. Ich verdiene mein Geld mit meinem Leben. Ich hatte nicht so viel Glück wie mein Freund aus dem gleichen Dorf. Obwohl er auch ein Wanderarbeiter war, hat er es bis ganz nach oben geschafft. Jetzt gehört das Restaurant ihm … Gehen Sie bitte zur Seite.«
»Was ist mit Ihrem Finger?«, fragte She Da erstaunt. Diesem Schlangenfachmann fehlten zwei Finger.
»Ich habe sie selbst abgeschnitten, weil mich eine Schlange gebissen hat«, erklärte er und wies uns erneut an, Abstand zu halten. Er nahm einen Metallstock aus der Tasche, wie ihn Lehrer zum Zeigen benutzten, und zog ihn auf einen Meter Länge aus. Damit lenkte er die Schlange ab. »Zack!« Als die Schlange ihren Kopf interessiert zur Seite drehte, nahm er blitzschnell ihren Hals in die rechte Hand. Dann begann zwischen den beiden ein Kampf um Leben und Tod: Die Schlange wickelte ihren langen Körper um seinen rechten Arm und versuchte, den Kopf zwischen seinen Fingern herauszuziehen. Ihr Maul war geöffnet, und zwei scharfe, weiße Zähne waren zum Angriff bereit.
Der Mann wusste ganz genau, was mit ihm passieren würde, sollte dieser kleine Kopf aus seinen Händen rutschen. Er drückte ihn mit ganzer Kraft, sodass ihm schon der Schweiß übers Gesicht lief. Er hatte weniger Finger als andere Menschen, deshalb spielte seine Kraft eine größere Rolle. Aber die Kobra hatte auch Kraft, sie schraubte sich immer enger um seinen Arm. Ihr Schwanz erreichte sogar seine Schulter und ein paar Mal gelang es der Schlange, sich bis zum Hals des Mannes zu winden. Ein brutaler Kampf, aber geräuschlos. Es gab keine Schreie, alles lief ruhig ab, so ruhig, dass viele Gäste im Restaurant gar nichts davon bemerkten.
»Vorsicht, Vorsicht! Lass sie frei! Nein! Nein, halte sie fest! Sonst beißt sie dich!«, schrie ich, ohne genau zu wissen, was ich sagen sollte.

Er ließ sich nicht aus der Ruhe bringen. Langsam kam der Kampf zu einem klaren Ende: Die Kobra verlor ihre Kraft und ihr Körper, der den Mann so fest gehalten hatte, entspannte sich.
»Die Schale bitte! Schnell!« Der Mann nutzte die Gelegenheit und holte aus seiner Jackentasche eine glänzende Schere heraus. Schnell klemmte er den Kopf der Schlange zwischen die geöffneten Klingen.
Die Kobra war nicht dumm. Sie zog ihren Körper wieder zusammen und versuchte, sich herauszuwinden.
Doch der Schlangenmann hielt den Kopf der Schlange mit der Schere über die Schale.
Jetzt wusste ich, wozu die Schale diente: als Sammelgefäß für das Blut.
»Halt! Bitte sofort aufhören!«, schrie ich.
»Warum?« Der Mann schaute mich überrascht an. »Haben Sie Angst vor Blut? Ich kann das auch in der Küche machen. Aber Sie und Ihr Sohn sollten das Schlangenblut trinken, so wie die anderen Gäste das auch immer tun. Das verstärkt Ihre Energie!«
»Nein, ich will nicht. Ich habe andere Möglichkeiten, Lebensenergie zu bekommen. Willst du das Blut trinken?«, fragte ich She Da.
»Nein!« Er schüttelte den Kopf.
»Was dann? Soll ich dem Koch sagen, dass er das Tier lebendig in die Suppe werfen soll?«, fragte der Mann. Er hielt die Schlange noch immer ganz fest, hatte aber die Schere weggenommen.
»Nein, Sie sollen sie nicht kochen. Ich habe keinen Appetit mehr. Du, She Da?«, fragte ich meinen Sohn. Erneut schüttelte er den Kopf.
»Dann bringen Sie die Schlange in ihren Käfig zurück«, forderte ich.
»Aber Sie haben sie bestellt«, wandte die Kellnerin ein.
»Ich weiß! Ich bezahle sie trotzdem. Aber Sie dürfen sie nicht mehr verkaufen. Bringen Sie das Tier zurück zum Schlangenberg.«
»Wieder ein Retter! Aber noch nicht einmal Buddha rettet giftige Schlangen. Wissen Sie, warum? Weil die Schlange einen Menschen nur einmal küsst, und danach ist es egal, ob sie sich bedanken wollte oder nicht!« Der Schlangenmann verstaute die Kobra wieder im Korb.
Nun wurde eine Speise nach der anderen aufgetragen. Leider hatte ich keinen großen Hunger mehr. Zum Glück hatte She Da einen gesegneten Appetit. Alles, was auf dem Tisch lag, hatte er sich gewünscht.
Auch dem Taxifahrer schmeckte es. »Wohin fahren wir danach? Zu Ihrem Schiff?« Er wischte sich über seinen fettigen Mund.

»Ja!«
»Langes Leben!« Mein Sohn hob freudig beide Hände hoch.
Nach dem Essen setzten wir uns wieder in das Taxi. Das Auto fuhr zuerst langsam durch das Wohnviertel und dann mit normalem Tempo auf der Straße. Dieses Gebiet lag nicht im Stadtzentrum. Man sah während der Fahrt einige Fabriken. Plötzlich huschten vor dem Autofenster Schienen vorbei. Ein unbeschreibliches Gefühl stieg aus meiner tiefen Erinnerung auf. »Halt, bitte! Ich will einen Spaziergang an den Schienen machen.«
»Was willst du?« Der Fahrer bremste. »Warum willst du dort spazieren gehen? Das sind sehr schmutzige, unbenutzte Schienen. Sie sollen bald entfernt werden, weil die Strecke für die Magnetbahn in Zukunft bis hierher verlängert werden soll...«
»Warte hier. She Da, komm mit mir.« Ich stieg aus, und mein Sohn folgte mir.
Der Fahrer hatte nichts Falsches erzählt. Das waren alte, verrostete Schienen. »She Da, schau einmal: Diese Schienen sind noch mit Holz von unten befestigt. Das sind vielleicht die letzten alten Schienen in Shanghai. Schade!«, sagte ich.
»Warum ist das schade? Hier fährt bestimmt kein Zug mehr.« Diese alten Schienen interessierten She Da nicht besonders. Mit seinen Lederschuhen war es auch nicht sehr bequem, auf dem schwarzen Holz und Metall zu laufen.
»Wer kann länger oben bleiben?« Ich stand auf einer Stahlschiene. »Als ich noch ein Kind war, habe ich das sehr oft mit einem Freund gemacht.« Ich lief einige Meter auf den Schienen. Mein Körper begann zu wackeln, doch noch konnte ich mich halten.
She Da machte nicht mit. Er stand zwischen den beiden Schienensträngen, beschienen vom Licht der Wintersonne. Seine Hände hatte er in den Hosentaschen vergraben. Sein rundes Gesicht und die kindliche Ausstrahlung erinnerten mehr an meinen Jugendfreund Chao, Qiang. Es war zu Beginn der Kulturrevolution gewesen. Ganz China versank im Chaos. Unsere Grundschule hatte geschlossen, und kein Schüler durfte zum Unterricht gehen. Wir gingen an den Schienen entlang immer weiter... Qiang wollte mehrere Tage zu Fuß nach Wushi laufen, um dort seine Großeltern zu besuchen... Wir waren damals zehn Jahre alt gewesen.

»She Da, lass uns zum Auto zurückgehen.« Ich wollte mich nicht mehr weiter erinnern, denn es war eine traurige Geschichte. Hier hatten wir uns zum letzten Mal verabschiedet. Danach hatte ich meinen Jugendfreund nie wiedergesehen. Er blieb spurlos verschwunden.
»Fahren wir zur Schule!«, sagte ich zum Fahrer, als wir wieder im Taxi saßen.
»Was?«, riefen mein Sohn und der Taxifahrer gleichzeitig aus.
»Ja, zur Schule. Ich habe meine Entscheidung geändert«, sagte ich.
»Warum denn? Papa, ich habe mich schon so auf dein Schiff gefreut.« Mein Sohn weinte fast.
»Du bist ein Schüler. Deine Hauptaufgabe ist das Lernen«, sagte ich.
»Lass doch deinen Sohn das Kreuzfahrtschiff sehen«, sprach der Fahrer dazwischen.
»Halt deinen Mund und konzentriere dich bitte auf das Fahren«, wies ich ihn zurecht.
»Ich will jetzt nicht in die Schule gehen. Dort macht es gar keinen Spaß.« Mein Sohn sagte das nicht laut, aber mit innerer Bewegung.
»Gar keinen Spaß?«, fragte ich.
»Doch, mancher Unterricht gefällt mir schon, wie Geschichte und der Computer-Unterricht. Aber –«
»Was aber? Lernen heißt nicht, Spaß zu suchen. Wenn du erwachsen bist, wirst du wissen, dass Arbeit auch nicht gleichbedeutend mit Spaß ist.« Meine Stimme war immer noch scharf. Dann herrschte Stille. Bis zur Schule sprach niemand mehr.
She Da und ich stiegen langsam aus und gingen zum Tor.
»She Da! Findest du deinen Vater sehr unliberal?«, fragte ich ihn, als wir am geöffneten Tor standen. Ich beugte mich nach vorne und zog seine grüne Felljacke zurecht.
Er rang um Fassung. »Ja, du bist sehr unliberal!«, sagte er dann.
»She Da, kannst du das verstehen? Du sollst fleißig lernen! Nach der Abschlussprüfung wirst du aufs Gymnasium gehen. Dann wirst du zur Universität gehen und studieren! Wenn du dein Diplom hast, wenn du richtig erwachsen bist, darfst du gerne selbst entscheiden, was du tun willst. Aber jetzt … jetzt finde ich, dass es meine Pflicht ist, dir zu einer akademischen Ausbildung zu verhelfen. She Da, du bist ein kluges Kind und du hast so gute Lernbedingungen, von denen dein Vater in seiner Jugend nur träumen konnte. Du wirst es bestimmt schaffen!«

Er stand schweigend und trotzig vor mir.
»She Da, ich hatte in der Grundschule eine sehr nette Direktorin. Damals, in der Kulturrevolution, hatte man sie wie eine Verbrecherin angeklagt. Aber trotzdem sagte sie oft zu uns: ›Bitte fleißig lernen! Für euch und auch für dieses Land.‹ Ich gebe jetzt ihre Worte an dich weiter. Bitte lerne fleißig. Für dich und auch für dieses Land.« Ich hielt mit beiden Händen seine zitternden Hände fest.
Endlich nickte er.
»Gut, sehr gut. Dein Mathematikunterricht hat schon vor ein paar Minuten begonnen. Geh jetzt.« Ich ließ seine Hände los.
Er drehte sich um und ging unter den Blicken der Türwache in den Schulhof, aber nur ein paar Meter weit; dann kam er wieder zurück.
»Papa! Auf Wiedersehen! Eigentlich, eigentlich wollte ich nur ein bisschen länger bei dir bleiben. Ich… ich habe dich so lange nicht mehr gesehen. Wann kommst du wieder?« Endlich rannen ihm zwei Tränen aus den Augen und tropften über seine Wangen herunter. Dann lief er in die Schule hinein.
Mein Herz fühlte sich an, als ob man ein Messer hineingestoßen hätte und meine Augen wurden heiß und feucht. Wenn She Da sich noch einmal zu mir herumdrehte, würde ich zu ihm laufen und ihn von hier wegbringen. Ich würde ihm sagen, dass ich Tag und Nacht an ihn dachte und er nicht einmal aus meinem Kopf und meinem Herzen verschwunden war, egal wo ich war. Ich würde ihm jeden Wunsch erfüllen, bis zur letzten Minute, da ich Shanghai verlassen musste…
Aber er drehte sich nicht um. Er ging mit gesenktem Kopf über den Sportplatz und verschwand in dem weißen Gebäude.
Ich ging alleine zu meinem Taxi zurück, mit schweren Beinen. »Zum Hafen!«
Ich saß auf dem Rücksitz und starrte hinaus. Ich sah eine supermoderne Stadt mit gigantischem Wachstum. Ich fühlte mich verloren und einsam.
»He, ist es dieses Schiff? Wow! Das ist das schönste Schiff, das ich in meinem Leben gesehen habe!« Der Fahrer stieg selbst zuerst aus. Er stand am Ufer und schaute mit offenem Mund an der *MS Europa* hoch.
»Fahr nach Hause. Ich brauche dich nicht mehr.« Ich schlug die Autotür zu und wandte mich ab.

»Aber du hast noch zwei Stunden!« Er folgte mir bis zur Schiffstreppe. »Du kannst dir andere Kunden suchen. Ich wünsche dir gute Geschäfte! Auf Wiedersehen!«

Im Abendrot fuhr unser Schiff ab. Die Bläser spielten wieder auf dem Deck. Viele Gäste schwenkten die Hände, Halstücher oder Blumen zum Bund. Dort begannen gerade die farbigen Neonlampen zu leuchten. Ein faszinierendes Bild: Unter immer dunkler werdendem blauem Himmel erschienen immer hellere Gebäude; viele hohe Gebäude, die untereinander mit eigenem Stil, Farbe und Größe konkurrierten, zogen an uns vorbei. »Shanghai, du hast dich wieder sehr verändert«, sagte ich halblaut und lehnte mich an die Reling.
Meine Heimatstadt. Die Heimat, etwas, das nur beim Verlassen existiert und richtig spürbar ist, würde langsam wieder nur in meiner Erinnerung bleiben. Doch jetzt konnte ich noch einen letzten Blick darauf werfen. Unser Schiff fuhr über den Huangpu weiter auf die Mündung des Yangtse in Chinas östlichem Meer zu.
Wie ein Schmetterling im Wald fliegt, fuhr unser Schiff zwischen den Wolkenkratzern und leuchtenden Gebäuden, dem majestätischen Fernsehturm und den Brücken hindurch. Es erschien mir wie eine Märchenwelt! Ich konnte es kaum glauben, einige Jahre zuvor war hier nur ein verfallenes und unbewohnbares Gebiet gewesen. Aber jetzt gehörte es schon zur Spitzenklasse in dieser Metropole. Leider wusste die Welt noch nicht viel davon. Die Kameras der Weltpresse nahmen lieber Bilder auf, die zur eigenen Weltanschauung passten, so wie schmutzige alte Straßen und unzivilisierte Menschen aus diesem Land.
Man hat zwei Methoden, das innere Gleichgewicht zu beherrschen, wenn man vor dem Erfolg und der Leistung anderer Menschen steht. Die erste ist, den Erfolg der anderen zu akzeptieren und als Herausforderung zu nehmen. Man bemüht sich selbst, etwas zu verbessern, und erlangt dadurch innere Ruhe. Will man den Erfolg der anderen nicht akzeptieren, ist die zweite Methode, Probleme zu suchen, die man in der Öffentlichkeit aufbauscht, um so die Erfolge der anderen in den Hintergrund zu drängen. Dadurch kann man auch zu innerer Ruhe gelangen. Manche Menschen sind so, und manchmal ist ein ganzer Staat so!
»China ist ein schlafender Riese. Bitte wecken Sie ihn nicht. Lassen Sie

ihn weiterschlafen. Wenn er aufwacht, erschüttert er die ganze Welt.« Wer hatte das vor langer Zeit gesagt? Napoleon?! Dieser Mann war sehr klein! Nicht nur an Körpergröße, sondern auch im Herzen! Wie hätte er sonst hoffen können, dass die Chinesen, ein Fünftel der Bewohner dieser Erde, für sein Wohl und seine Ruhe weiterschlafen würden?
China war jetzt wach, obwohl niemand es geweckt hatte. Es war heute richtig aufgewacht. Aber die Welt war nicht erschüttert worden. Hatte Napoleon damals den Riesen überschätzt? Oder hatte die heutige Welt selbst geschlafen?
Ich dachte und dachte. Der kalte Wind hüllte mich ein und brachte mir bekannte Düfte mit.
Das nächste Ziel hieß Hongkong. Dort sollte planmäßig die Kreuzfahrt für mich zu Ende gehen. Ich war fünf Jahre zuvor schon in dieser Stadt gewesen. Damals hatte Hongkong noch nicht wieder zu China gehört. In der Mitte des 19. Jahrhunderts hatte England durch Drogengeschäfte wie Opiumhandel den chinesischen Markt erobert, und nach dem gewonnenen Opiumkrieg war Hongkong als britische Niederlassung gemietet worden. Jetzt war die geliehene Zeit schon vorbei. Hongkong war schon seit zweieinhalb Jahren wieder chinesisch.
Die ganze Welt beobachtete es genau. Man wollte ganz genau sehen, ob und welche Veränderungen es geben würde, ob die chinesische Regierung ihr Versprechen halten würde: Hongkong sollte sein System fünfzig Jahre lang nicht verändern. Dann, was würde dann passieren? Wäre es kein »Land mit zwei Systemen« mehr? Ja, ich glaubte auch, es würde nur ein System bleiben, aber kein Kommunismus!
Viele Leute wissen immer noch nicht, dass das System für ein Land wie die Kleidung für einen Menschen ist. Man kann sie ausziehen und wechseln. Wer ginge denn heute noch davon aus, dass meine Heimat, die Hongkong bald überholen würde, noch mit Maos rotem kommunistischem System bekleidet wäre? Und wenn diese fünfzig Jahre vorbei waren, würde Hongkong seine geliebte Kleidung sicher behalten können.
Doch hat man sich schon vorbereitet auf diese explodierende Energie, die durch die befreite Produktivkraft und das Produktionspotenzial ins Leben gerufen wird? Hat sich die Welt auf diese riesige Herausforderung schon vorbereitet, wenn China das System der freien Marktwirtschaft und den Kapitalismus komplett aufgenommen hat?

Mein weißer Anzug flatterte im Wind, der vom Fluss her wehte. Das Schiff hatte sich schon weit vom Bund entfernt. Ich konnte das Ufer nicht mehr erkennen, es war zu weit weg. Es war dunkel. Aber in der Ferne, wo der Wasserspiegel zu Ende war, leuchtete der Himmel noch hell. Unter diesem Himmel stand meine unvergessliche Stadt, Shanghai.

Eigentlich wollte ich noch einige Tage in Hongkong bleiben. Aber ich hatte Heimweh! So würde ich ohne weitere Verzögerung nach Deutschland zurückfliegen. Dort gab es meine Familie, meine Frau, meine Schule und die tausend bekannten Gesichter, die alle schon bei mir gelernt hatten oder noch lernten. Und es gab auch die Ruhe, die aus der wunderschönen Landschaft erwuchs. Mein Herz und meine Seele fühlten sich deswegen fest dort verankert. Ich spürte auch, das dort etwas auf mich wartete. Mein Schicksal würde eine ganz neue Wendung nehmen. Das ist das Leben! Wenn man lebt, ist es so, als wenn man auf einem Schiff fährt: Manchmal hat man blauen Himmel und ruhigen Wellengang. Manchmal gibt es Sturm und wilde Wogen. Man kann leider nicht alles nach eigenem Willen steuern, aber man kann von allem profitieren. Bei ruhiger Fahrt fühlt man sich erfrischt und entspannt. Das beruhigt Seele und Körper. Bei stürmischer Fahrt ist man von starkem Kampfeswillen erfüllt, das verstärkt den Mut.
Und jetzt? Jetzt brauchte ich dringend Erholung für den nächsten Start. Ich suchte einen Hafen für meine Seele und wollte mich dort einige Zeit in Ruhe aufhalten.

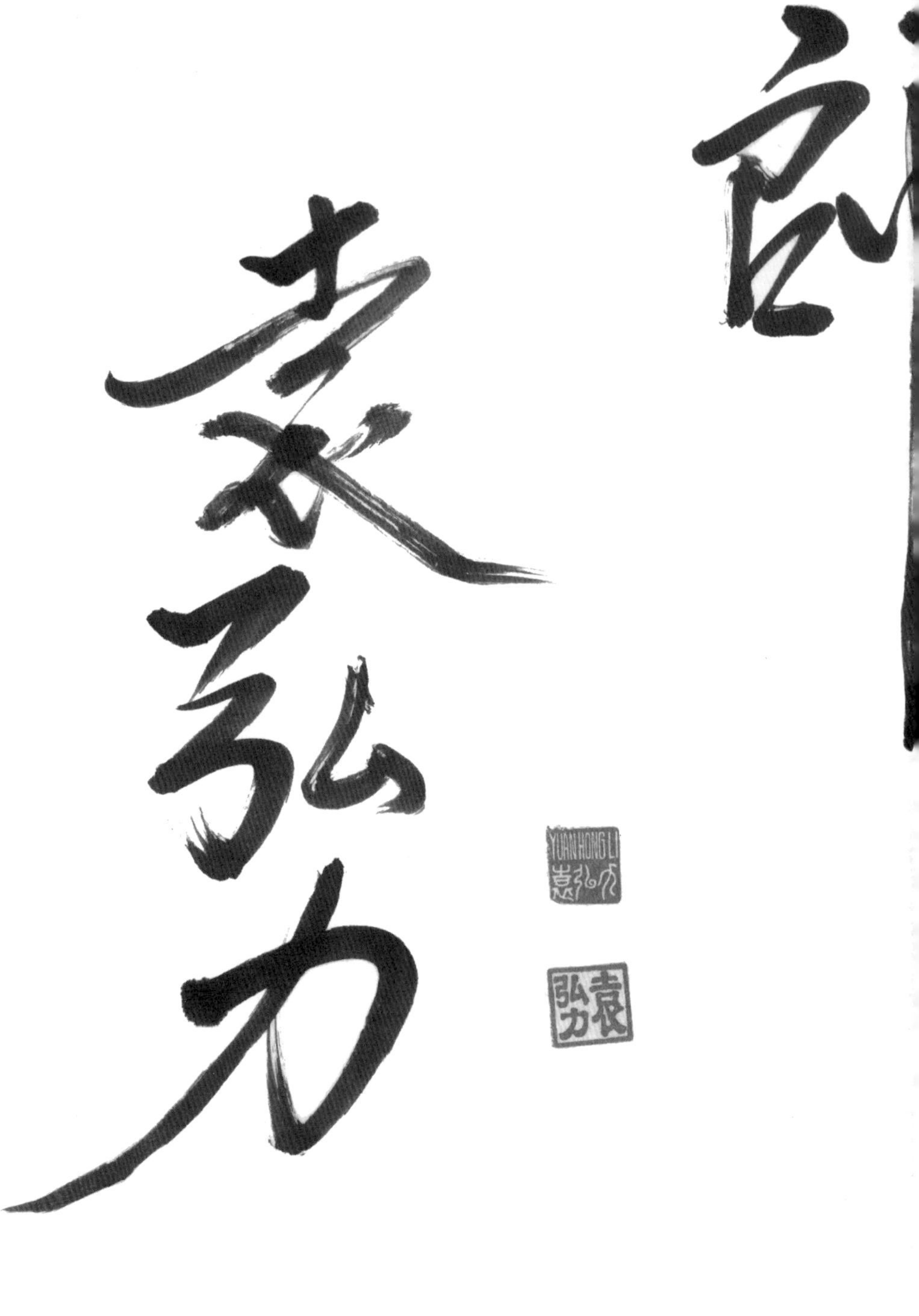
YUAN HONG LI
袁弘力